本报告出版得到

国家社会科学基金后期资助项目（11FKG006）国家科技支撑计划

"中华文明探源及其相关文物保护技术（2013~2015）"项目课题

"中华文明起源过程中三大都邑性聚落综合研究"课题（编号2013BAK08B04）

的资助

本报告出版得到

国家重点文物保护专项补助经费资助

小兜里

（上）

浙江省文物考古研究所
海宁市博物馆 编著

文物出版社
北京·2015

图书在版编目（CIP）数据

小兜里／浙江省文物考古研究所，海宁市博物馆编著．
—北京：文物出版社，2015.11
ISBN 978 - 7 - 5010 - 4375 - 0

Ⅰ.①小…　Ⅱ.①浙…②海…　①文化遗址 - 考古
发掘 - 海宁市　Ⅳ.①K878.04

中国版本图书馆 CIP 数据核字（2015）第 206952 号

小兜里

编　　著：浙江省文物考古研究所　海宁市博物馆

责任编辑：黄　曲
封面设计：程星涛
责任印制：梁秋卉

出版发行：文物出版社
社　　址：北京市东直门内北小街 2 号楼
邮政编码：100007
网　　址：http://www.wenwu.com
邮　　箱：web@wenwu.com
经　　销：新华书店
印　　刷：北京鹏润伟业印刷有限公司
开　　本：880×1230　1/16
印　　张：49.5　插页：3
版　　次：2015 年 11 月第 1 版
印　　次：2015 年 11 月第 1 次印刷
书　　号：ISBN 978 - 7 - 5010 - 4375 - 0
定　　价：680.00 元

Xiaodouli

I

(with an English Abstract)

by

Zhejiang Provincal Institute of Cultural Relics and Archaeology

Haining Municipal Museum

Cultural Relics Press

Beijing · 2015

目　　录

插图目录

表格目录

第一章 概 述

第一节 海宁市地理环境与历史沿革

一 地理环境

海宁市地处长江三角洲杭嘉湖平原南缘，位于北纬30°15′~30°35′，东经120°18′~120°52′，隶属浙江省嘉兴市。海宁东与海盐县接壤，南临钱塘江，与萧山市隔江相望，西连余杭市，北与桐乡市和嘉兴市郊区为邻（图1-1）[①]。境内有沪杭铁路、京杭古运河和沪杭、杭浦、嘉绍、杭州绕城、钱江隧道等高速公路。海宁东西长约52千米，南北宽约30千米，总面积723平方千米。海宁大地构造属扬子准地台钱塘台坳的余杭—嘉兴台陷，在侏罗纪（约在1.95亿年前）以前为浅海区，侏罗纪开始上升，接受陆相河湖沉积，并经历了火山喷发和岩浆侵入活动。第四纪更新世，又经历了多次海进海退，形成一些滨海或浅海相沉积和海陆交互相沉积，后海水渐退，杭州湾范围缩小，喇叭口初步形成，海宁成陆。

海宁地形狭长，地貌南高北低，地势由西南向东北倾斜，除东北和东南有少数山丘外，余均为平原。平原占87.94%，山丘占1.81%，水域占10.25%，地面吴淞高程4米~8米。区域内以高阳山最高，海拔253.3米，其他均在200米以下。境内东南部的袁花、黄湾一带低丘，延伸至海盐县境内，山体为火山岩及次火山岩，一般以块状英安质含角砾晶屑凝灰熔岩、溶凝灰岩为主，也有岩屑溶角砾凝灰岩，溶结凝灰岩，局部夹流纹岩含角砾凝灰熔岩。分布于硖石街道和海昌街道的东山、西山、大横山、小横山、东乜山和西乜山等残丘，为滨海沉积的碳酸盐岩，并遭受不同程度的硅化。距今6亿年左右，下部为紫红色硅化灰质白云岩，含较多燧石，往上过渡为燧石条带灰质白云岩，夹薄层硅质页岩。中部为细晶灰质白云岩，夹钙质炭质页岩，经化验，该层炭质页岩发热量为943~413大卡/千克。往上为黑色条带状硅灰质白云岩，山体为强硅化灰质白云岩，硅化呈网脉状、蜂窝状，被淋滤和溶蚀后，钙质流失，残留网格状或蜂窝状硅质骨架，形成蜂窝状溶蚀孔洞，在某些钻孔中，亦见到大小不等、形状各异的溶蚀洞。在几组裂隙的交汇处，往往形成较大的洞穴，这些裂隙和溶洞水是硖石街道地下水资源的重要组成部分。境内大多数史前遗址中能发现这类蜂窝状硅化岩石块，本次小兜里发掘清理的石础用的就是这类石材。

海宁境内大部分地区被第四系所掩盖。据物探资料，基底构造位置处于桐乡—平湖凹陷南缘，北东向的赭山—硖石断裂带纵贯全市，断裂带以西为次一级的凸起和凹陷（即长安凸起和斜桥次凹），以东为次级相对隆起带。境内的新石器时代遗址分布与长安、斜桥凸起、硖石相对隆起地带

[①] 地图引自《浙江省地图册》，页4，星球地图出版社，2006年。

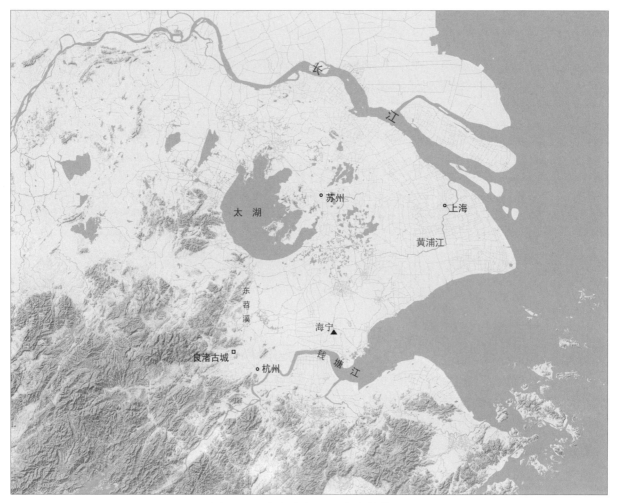

图 1-1　海宁在长江三角洲的位置

非常吻合。

　　海宁地处钱塘江北岸海宁潮激射地段，历史上曾多次发生海进和海陆变迁，平原土壤以河（江）、海作用为主导，母质来源于江、海、河、湖沉积物。南部紧靠钱塘江，接受东海泥沙的大片沉积；土壤质地偏砂，具海相特征；北部为古陆，受内陆河、湖物质沉积；中部为海、陆相过渡地带，受海、河、湖交互沉积，分别经历了盐渍化、脱盐脱钙、潮土化、潴育化和沼泽潜育化等复杂的成土过程，受人类活动的深刻影响，形成了旱地、水田明显分异，潮土与水稻田相间分布的格局。东南丘陵和东北残丘的土壤母质为喷出岩，中酸性结晶岩类和碳酸盐沉积岩类。在亚热带生物气候条件下，经过脱硅富铝化、弱红壤化等成土过程的坡残积体，形成棕黄—棕红色酸性土壤。平原土壤断面线，自盐仓垦区至袁花、谈桥一带，呈西南—东北走向，经长安、周王庙、盐官、斜桥、马桥等镇和街道，断面的土种分布顺序是流板砂、咸砂土、全砂泥、半砂泥田、黄松田、黄砂田、黄斑田、黄心青紫泥田、青紫泥田。土壤质地由砂到黏，土壤母质由河口相到内陆河湖相。

　　境内潮土广布于各地的旱地土壤，面积为 129 平方千米，占土壤总面积的 25%。潮土是在地表水和地下水的双重影响下发育而成的土壤，母质为河、湖、河口相冲积沉积物，土层深厚，达 1.5 米以上。土壤发生层的色泽和质地较为均一，中下部受地下水及地表渗漏水的影响，有锈纹锈斑，或锰铁结核。主要土属为堆叠土，大多经人工挑客土堆叠而成，有粉质、壤质、黏质堆叠土等 3 个土种。境内大多数新石器时代遗址发现于潮土上[①]。

钱塘江河口对海宁的地貌有重大影响。钱塘江河口数千年来几经变迁。约在 7000 年前，硖石、嘉兴、松江一带是杭州湾浅海区域内的一系列小岛。6000 年前，海水渐次退出，杭州湾喇叭口奠定后，导致沙量进出不平衡，逐渐形成沙坎。距今约 2500 年前，由于沙坎成长到一定高度，潮波由强烈变形而破裂，形成了举世闻名的涌潮奇观。强大的海潮，对钱塘江两岸的地貌改造起了两大作用：一是迫使江道河口发生显著变化，13～18 世纪的 500 年间，钱塘江多次改道，海宁江岸大坍大涨达 11 次之多，最后江道大幅度北移，使原属海宁、地处江北的赭山、文堂山、河庄山、蜀山等地变为江南，海宁南境缩地 20～25 千米。二是江流涌潮夹带大量泥沙堆积两岸，使沿江地面抬高（比内地高出 3 米左右），形成沿江高地和潮间浅滩。

海宁市地处太湖流域，为北亚热带海洋性湿润气候区，四季分明，冬夏较长，春秋较短，年均气温 15.9℃，年均降雨量 1184.8 毫米。境内河流众多，水源丰富，水系内外、上下交叉，形成错综复杂的局面。境内主要河流涉及钱塘江、上塘河和运河等 3 个方面的水系。钱塘江位于市境南缘，境内江岸长 53.6 千米，北岸东西两端滩涂建设有尖山围垦和盐仓围垦，尖山围垦于 1997 年至 2005 年建设而成，面积 42.0 平方千米，盐仓围垦于 1979 年至 1980 年冬建设而成，面积 19.9 平方千米。上塘河水系在海宁市境内流域面积共有 185.6 平方千米，属沿海高区，河道平时水位高出北部运河水系 1.5～2.0 米。市境北部下河地区，乃大运河为主干的杭嘉湖平原水网的一部分，属运河水系[②]。海宁的大多数新石器时代遗址分布在下河地区（图 1 - 2）。

二　历史沿革

海宁历史悠久，距今约 6000 年前的新石器时代马家浜文化时期，就有人类在这里渔猎耕种、繁衍生息。

据历史记载，在春秋时期，海宁为越之武原乡、檇李乡及御儿乡地。周敬王二十六年（前 494 年）一度属吴，寻复属越。战国时期，海宁为楚越争战之地，楚怀王二十三年（前 306 年）楚郡江东，遂为楚地。

秦王政二十五年（前 222 年）定荆江南地，降越君，置会稽郡，设海盐县。二十六年（前 221 年）移长水县治于夹谷（今硖石），今海宁为长水（后改由拳）、海盐二县地。西汉元狩四年（前 119 年）于会稽郡海盐县置司盐之官，盐官一名始于此，海宁地属由拳、海盐地。东汉建安八年（203 年），孙权以陆逊为海昌屯田都尉并领县事。

三国吴黄武二年（223 年），析海盐、由拳置盐官县，属吴郡，隶扬州，为海宁建县之始。

南朝陈永定二年（558 年）十二月割吴郡盐官、海盐、前京三县置海宁郡，郡治盐官。为海宁邑名之始，隶扬州。

---

①　摘录自海宁市志编纂委员会：《海宁市志》第二编自然地理，第一章地质地貌，页 34、31～50、73～75、83，汉语大词典出版社，1995 年。

②　摘录自海宁市水利志编纂委员会编：《海宁水利志》概述，页 1，第一章自然环境，第一节地貌、地质、土壤，页 51、58，方志出版社，1998 年。

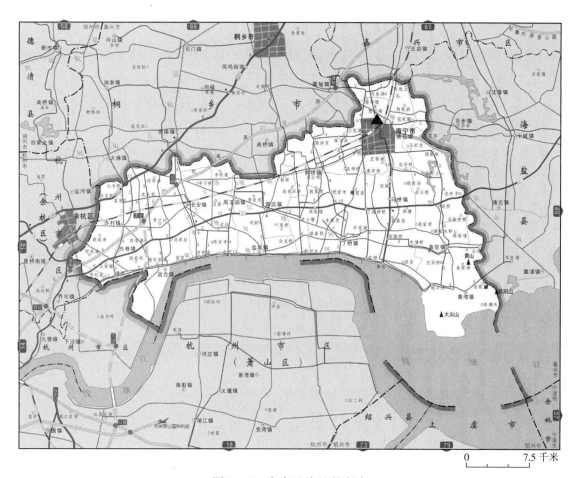

图 1-2　小兜里遗址的所在

隋开皇九年（589年）废海宁郡，海盐并入盐官县，属杭州。大业三年（607年），改杭州为余杭郡，盐官县属之。

唐武德七年（624年）并入钱塘县，属杭州，原海盐地并入嘉兴。贞观四年（630年）复置盐官县，属杭州隶江南道。天宝元年（742年）改杭州为余杭郡，盐官县属之，隶江南东道。至德二年（757年）分江南为浙东西道，余杭郡属之。乾元元年（758年）复改余杭郡为杭州，盐官县属杭州，隶浙江西道。

五代，盐官县为吴越境地，属西府杭州，隶浙江西道。

北宋太平兴国三年（978年）盐官县属杭州，隶浙江西道。至道三年（997年）隶两浙路。南宋建炎三年（1129年）七月，升杭州为临安府，盐官县属之，隶两浙路。

元至元十三年（1276年）盐官县属杭州路，隶江淮行省。元贞元年（1295年），因户口繁多升县为盐官州，天历二年（1329年）改名海宁州。

明洪武二年（1369年）降为海宁县，属杭州府。清乾隆三十八年（1773年）复升为州。

民国元年（1912年）改州为县，直属浙江省，民国三十七年（1948年）属第一行政督察区。

1949年5月，海宁解放，6月建海宁县，县治从盐官移硖石镇，属嘉兴专区。1950年5月，海盐县沈荡区狮岭乡3个村和桐乡县屠甸区凫山乡7个村划归海宁县。1958年10月，撤销海盐县，大部并入海宁县，至1961年10月海宁、海盐两县分设，原属海盐的13个人民公社，仍划归海盐，狮岭公社留属海宁。1986 年 11 月，撤海宁县，设海宁市，属嘉兴市①。2003 年设立 4 个街道 8 个镇，其中双山（戗山）乡和狮岭乡合并为海昌街道，海昌街道是史前遗址密集分布区。

第二节　海宁境内的新石器时代遗址

海宁是马家浜文化、崧泽文化和良渚文化分布的重要区域。据明代董毂《碧里杂存》记载②，早在明代就有人在海宁发现类似于良渚文化的遗物：

"正德甲戌，吾乡硖石友人沈拓，于紫硖山土中，得异石无数，有如斧钺者、圭璧者、方者、圆者。而长者厚仅二三分，周围口尤廉薄。各有圆穷，穷皆倒棍。黄白黑绿，各不同，光洁工巧，人为有所不如。见者皆以为霹雳砧而藏之。嘉靖丁巳，黄湾马氏开山作圹，亦于土中得如前者一十六枚，其形极相似，白者光可鉴。皆余所亲见者，谅非人之所为，且人亦安事于此，岂即器车之类乎？"

海宁的文物调查工作始于 20 世纪 50 年代。1958 年 6 月海宁博物馆成立，借用 192 平方米民房作为陈列展览场地，展品中就有新石器时代的石器和陶器。20 世纪 50 年代的第一次全国文物普查资料因"文革"原因而缺失，尚保存的 1960 年 3 月编印的《浙江省文物保护单位目录》中提到了小兜里、赞山、菩提寺、龙腰（尾）山等 4 处遗址。第二次全国文物普查资料登记到 1988 年，资料显示共发现史前遗址 42 处。第三次浙江省文物普查登记到 2003 年，资料显示史前遗址累计增加到 60 处，第三次全国文物普查登记到 2010 年 12 月，共登记史前遗址达 93 处。目前发现的大部分遗址均以良渚文化为主体，小部分遗址为崧泽文化和良渚文化并存，只有郭家石桥和坟桥港遗址的主体文化面貌属马家浜文化。已知的海宁新石器时代遗址有（图 1 - 3）：

许村

1. 凉亭下遗址

2. 茗山遗址

长安

3. 姚家篽遗址

4. 管城遗址

5. 圣堂浜遗址

6. 施家墩遗址

7. 凤凰基遗址

8. 莫家桥遗址

---

① 摘录自海宁市志编纂委员会：《海宁市志》第一编建置，第一章沿革，页 3～11，汉语大词典出版社，1995 年。
② 董毂：《碧里杂存》，页 115～116《器车》，《丛书集成初编》，民国 26 年六月初版。

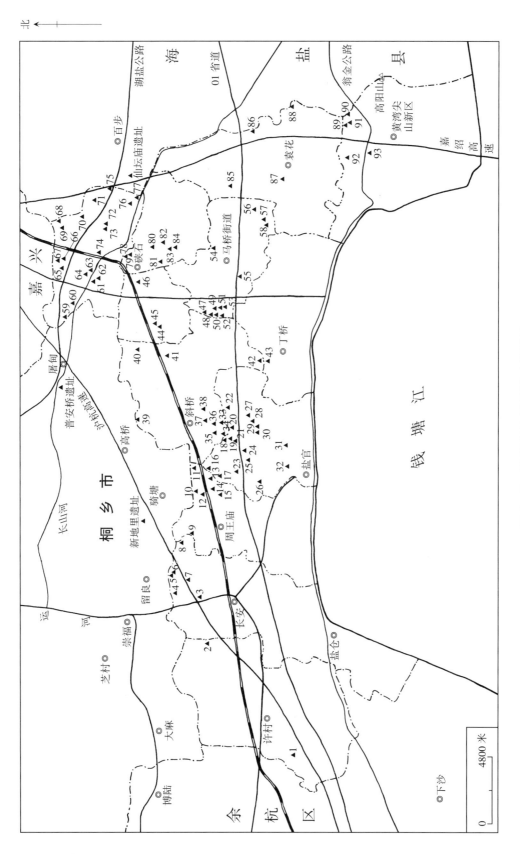

图 1－3　海宁市的新石器时代遗址
（图内数字所指称遗址与正文介绍的一一对应）

周王庙

9. 博儒遗址

10. 沈家埭遗址

11. 荷叶地遗址

12. 李园遗址

13. 邢家场遗址

14. 杨家角遗址

15. 上林庵遗址

盐官

16. 丰介桥遗址

17. 沈家石桥遗址

18. 朱家兜遗址

19. 徐家庄遗址

20. 夏家兜遗址

21. 乐安浜遗址

22. 前七漾桥遗址

23. 东港司桥遗址

24. 范家浜遗址

25. 佘墩庙遗址

26. 先生坝遗址

27. 千金阁遗址

28. 莲花遗址

29. 沈家角遗址

30. 桃园遗址

31. 盛家埭遗址

32. 徐步桥遗址

斜桥

33. 东八角漾遗址

34. 西八角漾遗址

35. 大坟里遗址

36. 白坑头遗址

37. 秀才公桥遗址

38. 河石桥遗址

39. 长鱼池遗址

40. 石前遗址

41. 郭家石桥遗址

42. 金石墩遗址

丁桥

43. 夏家小桥遗址

海州

44. 蒋家山遗址

45. 南洋浜遗址

46. 基隆墩遗址

马桥

47. 达泽庙遗址

48. 伊家桥遗址

49. 瑞寺桥遗址

50. 朱福浜遗址

51. 汤家浜遗址

52. 柏土庙遗址

53. 球墩庙遗址

54. 坟桥港遗址

55. 黄墩庙遗址

56. 黄板桥遗址

57. 南方桥遗址

58. 木排地遗址

海昌街道

59. 罗秋浜遗址

60. 马佳桥遗址

61. 吴徐遗址

62. 小兜里遗址

63. 南许家门遗址

64. 老坟头遗址

65. 西殳山遗址

66. 公主坟遗址

67. 秀才遗址

68. 龙潭港遗址

69. 姚家浜遗址

70. 崔家场遗址

71. 李家桥遗址

72. 荷花寺遗址

73. 小黄山遗址

74. 大坟墩遗址

75. 徐家桥遗址

76. 皇坟头遗址

77. 长生堰遗址

硖石街道

78. 北亚山遗址

79. 郜家岭遗址

80. 赞山遗址

81. 九虎庙遗址

82. 大园里遗址

83. 都家遗址

84. 西汇遗址

袁花

85. 三官墩遗址

86. 高地遗址

87. 龙尾山遗址

88. 中坟山遗址

黄湾

89. 菩提寺遗址

90. 沈埠念遗址

91. 黄家浜遗址

92. 施家地遗址

93. 花山遗址

一　考古发掘过的遗址

海宁发现的新石器时代遗址数量为嘉兴地区之最，分布可分为东、西两大区块，中间以南北向的平阳堰港相隔。东部区块从黄湾向北经袁花、马桥到硖石。西部区块主要为今许村、长安、周王庙、盐官和斜桥一带，南以盐官为喇叭状顶点向北扩散延伸进入桐乡地界。自 1978 年以来截至 2013 年，经考古发掘的重要遗址有 20 余处。

1. 荷叶地遗址

荷叶地遗址位于海宁市周王庙镇星火村六组（图 1 - 3，11）。1988 年 8 月星火砖瓦厂取土时发现，遗址总面积约 10000 余平方米。浙江省文物考古研究所与海宁市博物馆对该遗址进行了两期抢救性考古发掘。第一期发掘 1988 年 9 月，发掘面积约 400 平方米，清理出良渚文化墓葬 16 座，随葬品有玉、石、陶器等文物 200 多件。除 M1 为崧泽晚期墓葬外，其余墓葬为良渚文化早期和中期阶段。第二期发掘 2002 年 11 月 ~2003 年 4 月，发掘面积 500 平方米，文化层厚约 2 ~ 3.1 米，共清理良渚文化墓葬 12 座，出土器物 51 件。荷叶地遗址是嘉兴地区良渚文化时期的一处较高等级墓地，圆丘形的祭坛形式，墓地有若干次与火有关的重要活动迹象①。

---

① 刘斌：《海宁荷叶地良渚文化遗址》，《中国考古学年鉴（1988）》，文物出版社，1989 年。浙江省文物考古研究所：《海宁荷叶地遗址》，嘉兴市文化局编《崧泽·良渚文化在嘉兴》，浙江摄影出版社，2005 年。

2. 杨家角遗址

杨家角遗址位于海宁市周王庙镇星火村二组（图 1 – 3，14）。是一处边长约 100 米的土墩。2002 年 12 月土地整理时发现。土墩最高处海拔约 6.7 米，经过考古发掘及钻探确认，遗址的主体面积约 3500 平方米，揭露面积约 900 平方米，清理墓葬 22 座，出土编号遗物 114 件（组），其中陶器 68 件，以鼎、豆、罐、簋、双鼻壶为主；石器 10 件，其中钺 4 件，锛 3 件，镰、刀、网坠各 1 件；玉器 36 件（组），其中锥形器 10 件，管珠 26 件（组）。遗址主体属良渚文化，第 5 层出土的遗物中有崧泽文化器物，主要有粗泥陶的凿形足鼎[1]。

3. 徐家庄遗址

徐家庄遗址位于海宁市盐官镇徐家庄自然村（图 1 – 3，19）。2007 年 1 月土地整理时发现，2 月 2 日至 3 月 8 日进行考古发掘工作，发掘面积 300 平方米，清理良渚文化墓葬 10 座，出土随葬品玉、石、陶器 74 件（组）。从出土器物形制判断，徐家庄遗址年代为良渚文化早期到晚期偏早阶段[2]。

4. 佘墩庙遗址

佘墩庙遗址地属郭店乡（现盐官镇）联丰村十六组，北距 01 省道约 500 米，东临宁郭塘（图 1 – 3，25）。1985 年 3 月文物普查时发现，1995 年 5 月砖瓦厂取土发现玉琮、玉璧等良渚文化重要遗物，5 月 23 日到 7 月 6 日进行考古发掘，揭露面积 700 平方米，清理良渚文化墓葬 27 座、灰坑 1 个，出土玉器、石器和陶器等 260 余件（组）。随葬品有玉琮、玉璧、冠状玉器、石钺、石镰、石锛和石"耘田器"等，为一处良渚文化的中等级墓地[3]。

5. 千金角遗址

千金角（阁）遗址位于海宁市盐官镇郭店桃园村（图 1 – 3，27）。1978 年 3 月至 4 月浙江省文管会对该遗址进行考古发掘，揭露面积 188 平方米。地层简单，表土层下即为良渚文化堆积，清理良渚文化墓葬 10 座[4]。

6. 莲花遗址

莲花遗址位于海宁市的中南部，隶属海宁市盐官镇桃园村王家场（图 1 – 3，28）。2006 年 4 月因取土而发现该遗址，当即进行了局部清理，揭露面积 300 平方米，清理宋墓 1 座，马桥文化灰坑 3 个，良渚文化墓葬 9 座，发掘区内共获玉、石、陶器 70 余件。2010 年钻探确认遗址面积约 6300 平方米。从良渚文化墓葬出土的随葬品来看，其年代应为良渚文化晚期[5]。

7. 盛家埭遗址

盛家埭遗址位于海宁市盐官镇安星村（图 1 – 3，31）。1978 年 3 月至 4 月浙江省文管会对该遗址进行考古试掘，布设 8 米×1 米探沟一条。地层简单，表土层下即为良渚文化堆积，清理良渚

---

① 浙江省文物考古研究所：《海宁杨家角遗址发掘情况简介》，嘉兴市文化局编《崧泽·良渚文化在嘉兴》，浙江摄影出版社，2005 年。

② 浙江省文物考古研究所、海宁市文物保护管理所：《浙江海宁徐家庄遗址良渚文化墓葬发掘简报》，《东南文化》2013 年第 3 期。

③ 浙江省文物考古研究所、海宁市博物馆：《海宁佘墩庙遗址》，嘉兴市文化局编《崧泽·良渚文化在嘉兴》，浙江摄影出版社，2005 年。

④ 浙江省文物考古研究所：《浙江北部地区良渚文化墓葬的发掘》，浙江省文物考古研究所编《浙江省文物考古研究所学刊》（建所十周年纪念专刊 1980 ～ 1990），科学出版社，1993 年。

⑤ 海宁市博物馆：《浙江海宁莲花遗址发掘报告》，《东南文化》2007 年第 2 期。

文化墓葬 1 座①。

8. 徐步桥遗址

徐步桥遗址位于海宁市盐官镇城北村，南距盐官景区约 1000 米（图 1 - 3，32）。1978 年 3 月至 4 月浙江省文管会对该遗址进行考古发掘。发掘前当地农民因农田建设取土，暴露部分文化遗物。开 4 条探沟，总计发掘面积 304 平方米。表土层下即为良渚文化堆积，清理良渚文化墓葬 15 座②。

9. 东八角漾遗址

东八角漾遗址位于海宁市斜桥镇新农村，南临郭店地界（图 1 - 3，33）。2004 年 11 月土地整理时发现，12 月 2 日至 2005 年 1 月 19 日进行考古发掘，揭露面积约 600 平方米，发现人工堆筑的小高土台墓地一处，清理墓葬 10 座，获各类器物共 38 件。每座墓葬都遭到不同程度地盗掘破坏，从残存的随葬品来看，该墓地的年代为良渚文化早期和中期③。

10. 金石墩遗址

金石墩遗址位于海宁市斜桥镇金石墩小集镇南侧（图 1 - 3，42），遗址总面积约 11000 平方米。2002 年 1 月土地整理中发现，同月进行抢救性清理，揭露面积约 1400 平方米。清理墓葬 13 座，出土随葬器物陶、石、玉器总计 159 件（组），有玉钺、玉镯、玉锥形器、石"耘田器"、陶鼎、陶甗、陶双鼻壶等。金石墩遗址是一处良渚文化时期人工堆筑营建的中小型墓地。根据出土随葬品的质地和形态来看，此墓地的年代贯穿良渚文化始终。遗址随葬陶器上的刻划符号数量较多，11 件陶器上发现 8 个种类的 15 个刻划符号④。

11. 达泽庙遗址

达泽庙遗址位于海宁市马桥街道先锋村（图 1 - 3，47）。1988 年窑厂取土时发现，1990 年 3 月至 5 月浙江省文物考古研究所对其进行考古发掘，揭露面积 342 平方米，发现和清理圜丘遗迹 1 处、墓葬 12 座。墓葬中共出土陶器 80 件、石器 5 件、玉石饰品 16 件（组）。陶器种类丰富，器种有鼎、双鼻壶、豆、盆、罐、篓、盘、纺轮等；石器为 4 件石钺和 1 件黑色石滑轮；玉石饰品中有管、坠、锥形器、瑗、串挂饰和徽状饰等。从墓葬出土的随葬品来看，时代从崧泽晚期到良渚中晚期。崧泽文化晚期 M10 的龙首徽状饰发现于墓主头部顶端，透闪石软玉，背面的切割痕迹证明，这件龙首玉器是从原先的单体圆雕龙切割下来后改制而成，说明这一阶段龙形玉器的形象已经成熟⑤。

12. 瑞寺桥遗址

瑞寺桥遗址位于海宁市马桥街道柏士社区，现为经编产业园区经都七路和环南五路的东

---

① 浙江省文物考古研究所：《浙江北部地区良渚文化墓葬的发掘》，浙江省文物考古研究所编《浙江省文物考古研究所学刊》（建所十周年纪念专刊 1980～1990），科学出版社，1993 年。

② 浙江省文物考古研究所：《浙江北部地区良渚文化墓葬的发掘》，浙江省文物考古研究所编《浙江省文物考古研究所学刊》（建所十周年纪念专刊 1980～1990），科学出版社，1993 年。

③ 浙江省文物考古研究所、海宁市博物馆：《海宁东八角漾遗址发掘报告》，嘉兴市文化局编《崧泽·良渚文化在嘉兴》，浙江摄影出版社，2005 年。

④ 海宁市博物馆：《浙江海宁金石墩遗址发掘报告》，《东南文化》2003 年第 5 期。

⑤ 浙江省文物考古研究所、海宁市博物馆：《海宁达泽庙遗址的发掘》，浙江省文物考古研究所编《浙江省文物考古研究所学刊》，长征出版社，1997 年。方向明：《良渚玉器的龙首纹和神人兽面像》，浙江省文物考古研究所编《浙江省文物考古研究所学刊》第九辑，科学出版社，2009 年。

南角地块（图 1 - 3，49）。2007 年 5 月巡查周边遗址时发现，为一不规则高土墩，南北长约 80 米，东西宽约 50 米。2010 年 10 月至 2011 年 5 月由于海宁经编产业园区的建设，对海宁瑞寺桥遗址进行了抢救性考古发掘，发掘面积 1300 多平方米，清理崧泽文化晚期至良渚文化早期墓葬 34 座，出土陶、石、玉、骨器等 120 余件（组），M16 头端出土的圆和弧边三角形组合的玉饰较为重要①。

13. 坟桥港遗址

坟桥港遗址位于海宁市马桥街道马桥村（图 1 - 3，54）。1987 年 3 月砖瓦厂取土时发现。1988 年 1 月，嘉兴市文管会对该遗址进行考古发掘，发掘面积 197.5 平方米，揭露的文化层堆积内涵丰富，包含马家浜文化晚期、崧泽文化和良渚文化遗物。发现灰坑 1 个、直筒形土坑水井 2 个，清理墓葬 8 座。出土器物 96 件，有陶器、石器、玉器、骨器以及芦苇编织篓和植物标本葫芦瓜子、桃核等。采集标本有较完整的马家浜文化晚期夹砂灰陶侧把盉 1 件②。

14. 南方桥遗址

南方桥遗址位于海宁市马桥街道新塘村（图 1 - 3，57）。2004 年 12 月土地整理时发现石钺、陶器等文物，海宁市博物馆对遗址进行抢救性清理，清理面积约 100 平方米，文化层较薄，发现 1 座墓葬。该墓葬为长方形竖穴土坑墓，墓坑南端已残，残长 185、宽 100、深 30 厘米。骨架清楚，仰身直肢，性别难辨，头向朝南，墓向 180 度。出土随葬品有陶鼎、尊、豆和石钺、镞等 7 件。从随葬品来看，应为良渚文化晚期③。

15. 龙潭港遗址

龙潭港遗址位于海宁市海昌街道勤民村，地处海宁和海盐交界的一个高土墩上（图 1 - 3，68）。2010 年 9 月钻探调查时发现该遗址，总面积约 12000 平方米，大部分遗址面积处于海宁地界。1997 年浙江省文物考古研究所对海盐地界的龙潭港遗址进行考古发掘，揭露面积 700 平方米，文化堆积较厚，最厚处超过 4.5 米，清理汉墓 8 座和良渚文化墓葬 20 座。良渚文化墓葬中出土随葬品 369 件（组），种类有陶、玉、石、骨、角、牙等多种质料，少量陶器表面饰有精美的刻划纹，玉器中有璧、钺、冠状饰、璜、玦、镯、珠等。龙潭港墓地的主体为良渚文化中期阶段，是嘉兴地区一处较高等级的墓地④。

16. 大坟墩遗址

大坟墩遗址位于海宁市海昌街道黎峰村（图 1 - 3，74）。1994 年 4 月至 6 月，浙江省文物考古研究所对遗址进行抢救性考古发掘，揭露面积 935 平方米，清理良渚文化墓葬 13 座，土筑祭坛 1 个，积石沟遗迹 1 处。墓葬年代贯穿良渚文化始终，以纯净土起建的多重土筑祭坛是本次发掘的一个重要收获，另外还发现了沟底铺设草木灰和红烧土，其上排列石块，类似墙基的积石沟⑤。

① 浙江省文物考古研究所、海宁市博物馆：《海宁瑞寺桥遗址考古发掘简报》，浙江省文物考古研究所编著《浙北崧泽文化考古报告集（1996~2014）》，文物出版社，2014 年。
② 海宁市政协文教卫体与文史委员会编：《海宁历史文化遗存》页 5，浙江省人民出版社，2006 年。
③ 海宁市博物馆：《浙江海宁南方桥遗址》，《嘉兴文博》2005 年第 1 期。
④ 浙江省文物考古研究所、海盐县博物馆：《浙江海盐县龙潭港良渚文化墓地》，《考古》2001 年第 10 期。
⑤ 浙江省文物考古研究所、海宁市博物馆：《浙江省海宁市大坟墩遗址的发掘》，浙江省文物考古研究所编《浙江省文物考古研究所学刊》第七辑，杭州出版社，2005 年。

17. 徐家桥遗址

徐家桥遗址位于海宁市海昌街道星光村六组，东邻海盐百步镇（图1-3，75）。1982年土地整理时发现，采集的标本有夹砂红陶鱼鳍形、圆锥形和"T"字形鼎足，泥质灰陶盆、圈足盘等残片以及石镰、石犁和鹿骨等。鹿角，当地村民称之为"龙角"，据村民介绍其出土数量最多。

2005年10月，因湖盐公路拓宽改建工程的需要，海宁市博物馆配合浙江省文物考古研究所对此遗址进行抢救性发掘，揭露面积645平方米。获得各类编号器物标本28件以及大量陶片标本及兽骨。遗址主体为崧泽文化到良渚文化时期[1]。

18. 皇坟头遗址

皇坟头遗址位于海宁市海昌街道长山村张家荡（图1-3，76）。2006年5月农民取土时发现，遗址的北侧在20世纪90年代窑厂取土时遭到严重破坏。2008年9月到10月对遗址的西南部进行考古发掘工作，揭露面积330平方米，清理新石器时代墓葬52座、汉墓3座、宋墓1座和明墓1座。共出土随葬品700多件，有龙首形玉器、玉冠状梳背、玉环璧、玉环镯、七孔石刀等，七孔石刀长度达48厘米，为浙北地区首见。2011年3月至2013年12月，浙江省文物考古研究所对皇坟头遗址再次进行考古发掘，揭露面积达4000平方米，清理墓葬50多座，新发现叠石圈遗迹已达18座。出土玉、石、陶、骨等各类文物800余件，其中有玉璧、玉冠状器、玉璜、玉纺轮、玉镯、象牙镯等一批珍贵文物[2]。

19. 郜家岭遗址

郜家岭遗址位于海宁市区东山西坡（图1-3，79）。1988年2月，浙江省文物考古研究所对遗址进行抢救性考古发掘，清理墓葬12座、器物群4组，获各类器物173件（组）。随葬品以陶长颈稍扁鼓腹双鼻壶、折腹圈足盆、浅盘弧腹高圈足盘、"T"字形足鼎及玉坠、玉珠、石钺为基本组合。郜家岭是一处良渚文化晚期阶段的小型墓地[3]。

20. 九虎庙遗址

九虎庙遗址位于海宁市硖石街道农丰社区九虎小区（图1-3，81）。1985年文物普查时发现，确定面积为16000平方米。2005年8月试掘面积160平方米，清理崧泽文化墓葬3座，出土随葬器物18件。2008年7月，浙江省文物考古研究所对遗址进行详细的考古勘探和试掘，试掘面积400平方米，清理崧泽文化墓葬1座、良渚文化墓葬2座，出土随葬品40件。确定了面积约6000平方米作为保护范围，2010年8月九虎庙遗址公布为海宁市市级文物保护单位[4]。

21. 三官墩遗址

三官墩遗址位于海宁市袁花镇小浜钱家村南（图1-3，85）。1984年文物普查时发现，墩高1~1.5米。1986年3月至4月，浙江省文物考古研究所对该遗址进行考古发掘，发掘面积490平方米。文化堆积分上、下两层，下层属良渚文化层，出有夹砂红陶的鱼鳍形足鼎和圈足壶、泥质黑陶的双鼻壶、矮圈足豆、簋、器盖、罐、盆等器物残片，还有柳叶形石镞、石镰和

---

① 浙江省文物考古研究所资料。
② 芮国耀、马竹山、章竹林：《浙江海宁皇坟头新石器时代遗址》，国家文物局主编《2012中国重要考古发现》，页24~27，文物出版社，2013年。
③ 浙江省文物考古研究所、海宁市博物馆：《海宁郜家岭良渚文化墓地发掘报告》，《东南文化》2002年第3期。
④ 浙江省文物考古研究所、海宁市博物馆：《海宁九虎庙遗址考古简报》，浙江省文物考古研究所编著《浙北崧泽文化考古报告集（1996~2014）》，文物出版社，2014年。

石"耘田器"等石器。该层清理 5 座良渚文化墓葬，均为南北向长方形浅坑，墓内残存有骨架，头向南，随葬品最多的为 45 件（M4），陶器的基本组合为鼎、豆、壶。上文化层出土的夹砂红陶以绳纹甗为主，还有鼎、器盖等；硬陶有席纹、叶脉纹罐、壶、豆、钵、盆的残片。泥质陶以灰陶为主，还有少量泥质红陶。纹饰有绳纹、条纹、斜方格纹。另外还清理了马桥文化时期的灰坑 3 个、水井 2 口①。

二　其他重要遗址

2010 年 8 月，在前期考古调查的基础上，海宁市博物馆请浙江省文物考古研究所技工对海宁市范围内的遗址进行了进一步的考古勘探，发现了一批保存相对完整的大型遗址。除考古发掘过的盛家埭、达泽庙、龙潭港和三官墩等遗址外，还有以下九处大型遗址值得重视②。

1. 施家墩遗址

施家墩遗址位于海宁市长安镇兴福村 7 组（图 1 - 3，6）。1973 年浙江省文管会调查时发现，并对该墩进行过一次清理，出土有原始青瓷豆、罐、盆等遗物。2009 年 8 月，浙江省文物考古研究所对施家墩遗址进行了钻探调查，初步认定该遗址年代为新石器时代到春秋战国。该遗址范围东西长约 200 米，南北宽约 150 米，总面积近 3 万平方米。遗址中部为一长方形高墩，面积约 5000 平方米，现存相对高度约 5 米。新石器时代文化层厚约 0.5 米到 1 米，文化层土色由黄褐色土渐变为灰褐色土，并夹杂红烧土颗粒，采集标本有印纹硬陶片、夹砂红陶鱼鳍形鼎足、泥质灰陶双鼻壶碎片等。2011 年 1 月公布为省级文物保护单位。

2. 朱家兜遗址

朱家兜遗址位于盐官镇群益村（图 1 - 3，18）。1980 年 11 月发现，斜郭港南北向贯穿遗址，当时遗址面积估算为 5 万~6 万平方米。1988 年荷叶地遗址考古发掘期间，曾对朱家兜遗址进行过探沟调查，发现丰富的红烧土堆积。2010 年 8 月调查发现，斜郭港西面土墩已成低田，东面遗址面积约 3 万平方米。遗址内耕土层厚约 0.5~1 米，文化层厚约 0.7~1 米，土质较松，色灰黑。采集遗物有夹砂红陶圆锥形、鱼鳍形、牛舌形鼎足，泥质灰陶罐、双鼻壶，石斧、破土器等以及饰有回纹、方格纹和编织纹的印纹陶片。1985 年 4 月在如意桥东南田中发现一座被破坏的灶的遗迹，采集到崧泽文化夹砂红陶隔档鼎 2 件，凿形足。朱家兜遗址年代为新石器时代至西周③。

3. 秀才公桥遗址

秀才公桥遗址位于海宁市斜桥镇三联村村委西 800 米处（图 1 - 3，37）。2009 年第三次全国文物普查时发现。该遗址为一个相对高度约 2.5 米的大土墩，面积约 9000 平方米，其上现有 7 户农宅。遗址东、西两侧有河道。采集标本有夹砂红陶的"T"字形鼎足、鱼鳍形鼎足，泥质灰陶有罐、壶等口沿、腹片等。2010 年 8 月钻探表明，文化层厚约 1.5 米。

4. 郭家石桥遗址

郭家石桥遗址位于海宁市斜桥镇永安村吴家门（图 1 - 3，41）。1980 年发现，还有一段有意

①　杨楠：《浙江海宁三官墩新石器时代遗址》，《中国考古学年鉴（1987）》，文物出版社，1988 年。
②　参考海宁市第三次全国文物普查材料。
③　浙江省文物局编：《文物考古资料》，1986 年 4 月，页 67，内部资料。

思的插曲①。1982 年公布为海宁县文物保护单位，1989 年公布为浙江省文物保护单位。采集标本有夹砂红陶釜、牛鼻形耳、宽带耳器盖，泥质灰陶盆口沿和石锛、石斧以及鹿角、象牙等。2010 年 8 月钻探表明，遗址面积达 3 万平方米，文化层厚约 1.5 米，遗址主体面貌为马家浜文化时期。

5. 公主坟遗址

公主坟遗址位于海昌街道东叕山南坡（图 1 - 3，66）。为一个相对高约 2.5 米的大土墩，上种植毛竹。2001 年在村委会用房建筑过程中发现石器，该房建在土墩西端，有剖面保留，采集有夹砂红陶圆锥形鼎足和泥质灰陶罐的残片等。2010 年 8 月钻探表明，除了一些地方为水泥路面或场地无法实施钻探而不知情况，现有面积约 2800 平方米，文化层厚 2 米以上，内涵丰富，特别是土墩的东北角发现较多的红烧土块和颗粒、陶片。

6. 秀才遗址

秀才遗址位于海宁市海昌街道东叕山北麓 300 米处的一个高土墩上，相对高度在 4 米左右（图 1 - 3，67）。2009 年 6 月第三次全国文物普查时发现，发现时已有人盗掘。采集标本有夹砂红陶圆锥形、"T"字形鼎足和泥质灰陶盆、圈足盘等腹片。2010 年 8 月钻探表明，遗址面积约 3500 平方米，文化层厚 2 米以上。

7. 崔家场遗址

崔家场遗址位于海宁市海昌街道金星村十三组（图 1 - 3，70）。1996 年发现，2003 年被公布为海宁市市级文物保护单位。采集标本有夹砂红陶鱼鳍形、圆锥形鼎足，泥质灰陶豆、罐残片，黑皮陶簋残片和残石器等。2010 年 8 月钻探表明，遗址面积约 4600 平方米，文化层厚约 1.5 米。

8. 赞山遗址

赞山遗址位于海宁市硖石街道高丰村（图 1 - 3，80）。1977 年发现，1982 年被公布为海宁市市级文物保护单位。采集的标本有夹砂红陶"T"字形、圆锥形、牛舌形鼎足，泥质灰陶罐、双鼻壶、豆、盆等，石钺、破土器、耘田器、矛、有段石锛等石器及印纹硬陶片，硬陶片上饰回纹、波浪纹。2010 年 9 月钻探表明，该遗址总面积达 26000 平方米，文化层厚约 1.3 米，内涵丰富，保存情况较好。

9. 施家地遗址

施家地遗址位于海宁市黄湾镇黄山村施家地，北与袁花镇相邻（图 1 - 3，92）。2001 年土地整理时发现。采集标本有夹砂红陶的牛舌、"T"字形鼎足和泥质灰陶盆腹片以及印纹硬陶片等。2010 年 8 月钻探表明，该遗址面积达 18000 平方米，文化层厚约 1.1 米。

---

① 1980 年 6 月，海宁县农业局在庆云郭家石桥采集土样标本，送嘉兴地区农科所土肥组化验（编号 80 - 50），化验发现该土样速效磷的含量高于一般土样的四五十倍。1981 年 1 月 11 日，嘉兴地区农科所土肥组王国峰向海宁县文化馆、博物馆和嘉兴地区文物管理委员会汇报《关于在海宁县庆云公社永安大队发现古文化遗址的报告》。王国峰在报告中提到，结合"当地干部对取样地点的一些历史传说，曾判断该土样地点可能是一古文化遗址"，当年 10 月，他和当地农科站一起去现场调查，"在田间沟渠边发现大量火烧红土、兽骨、碎陶片，从我们所采集的夹粗砂陶罐（残破）、牛牙、鹿骨（角）等样品判断，似属马家浜文化遗址，与桐乡罗家角遗址十分相似"，当年 11 月 9 日，王国峰"函告浙江省博物馆文物考古队牟永抗同志……牟同志接信后，即于 11 月 12 日去庆云看了现场，据他从现场回来后给我的回信说：'那里确是一处新石器时代遗址……这是一次较重要的发现'"。王国峰建议相关部门做进一步的调查之外，"并向当地干部、群众宣传保护文化遗址的有关政策和文物知识，落实必要的保护措施"，对于他采集的标本，"请示明接收单位，即行送上"。采自浙江省文物保护单位记录档案"郭家石桥"。

第三节　小兜里遗址的地理环境

小兜里遗址位于海宁市海昌街道火炬社区，原双山乡，地理坐标为北纬 30°33′06″，东经 120° 40′39″。遗址距离西夋山 3.0 千米、东夋山 3.5 千米。西夋山高 30.7 米，东夋山高 25.7 米。双山 为境内夋山和史山之合称，夋、史两字，地方读音相近，当地习惯均称夋山，按其方位，分称西 夋山、东夋山。据《石泾小志》记载：夋山在汉代属由拳县。三国（吴）后改属嘉兴县，五代 （后晋）又改属崇德县，至明宣德五年（1430 年）分割崇德县时，归属桐乡县。1950 年夋山乡划 归海宁县，始更名双山乡。2003 年双山乡划归海宁市海昌街道，2007 年小兜里自然村开始整体 拆迁。

小兜里遗址距离东南方向的西山 2.0 千米、东山 2.5 千米。西山高 46.0 米，东山高 88.9 米。 遗址北距东西向长山河 550 米，东距南北向长水塘 1.5 千米。长山河，为嘉兴地区南排出海干渠， 1978 年由海宁、海盐、平湖、嘉兴、桐乡、嘉善和德清等七县 20 万民工所开挖，长山河在海宁境 内利用原长水塘局部、横塘河、长水河三条河道拓宽疏浚而成，河底宽 20～45 米，河底高 −1 米。 长水塘，古水名，源自境内诸山，北流至嘉兴注入南湖，今长水塘起于硖石镇，流经狮岭及嘉兴 王店至嘉兴市区，是海宁市北水南引、洪涝北泄的主干河道之一。

小兜里，因村周三面环水称兜，且与港东大兜里相对，故名。小兜里遗址位于小兜里自然村 的北面。遗址西半部分为高出周边水田约 2 米的高土墩，遗址东半部分被取土后为旱地，地表暴 露出许多陶片。遗址东侧为高差达 3 米的低洼田，南面为鱼塘，西、北两面为小河浜。小兜里遗 址最早收录在 1960 年 3 月编印的《浙江省文物保护单位目录》第 43 页，列入第三批保护单位。 1973 年文物调查时确定遗址年代为新石器时代至春秋战国，面积 1200 平方米，资料中还提到该遗 址在 20 世纪 50 年代由浙江省文物管理委员会发现。小兜里遗址东部分在 20 世纪 90 年代被砖瓦厂 取土破坏，据当地村民介绍，取土时曾经发现玉璧和石钺等遗物。1994 年，遗址南面开挖鱼塘两 个，在鱼塘的北岸发现较多的新石器时代陶片。2003 年，浙江省第三次文物普查，海宁市博物馆 确定小兜里遗址东西长约 100 米，南北宽约 50 米，面积约 5000 平方米（图 1 - 4；彩版 1 - 1、2）。

小兜里遗址北约 600 米为吴徐遗址，东北约 1000 米为南许家门遗址和老坟头遗址，东约 3000 米为大坟墩遗址，东北约 6400 米为龙潭港遗址，东约 7500 千米为海盐县仙坛庙遗址，西偏北约 8000 米为桐乡市普安桥遗址。

第四节　小兜里遗址的发掘和资料的整理

由于海宁市经济开发区建设文苑路北延工程涉及小兜里遗址所在范围，经国家文物局批准， 浙江省文物考古研究所和海宁市博物馆共同组建考古队，自 2009 年 4 月开始对小兜里遗址进行抢 救性考古发掘，发掘分为东、西两区，共四期。前三期发掘西区，自 2009 年 4 月至 2010 年 7 月， 发掘执照分别为考执字（2009）第（167）号、考执字（2009）第（343）号、考执字（2010）第 （50）号，领队均为方向明。第四期发掘自 2010 年 12 月至 2011 年 5 月，发掘执照 2011 第 169 号， 领队方向明，实际领队仲召兵，第四期发掘参见本报告第六章（图 1 - 5）。由于建设方的推诿，

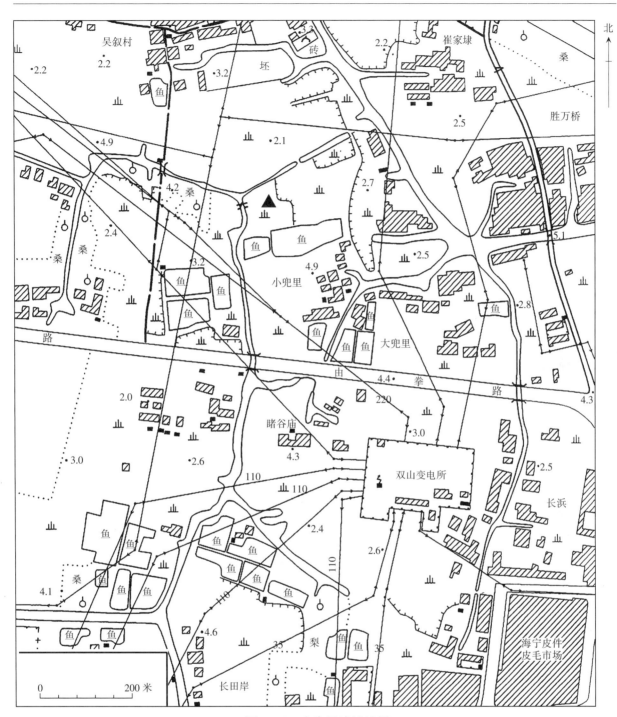

图 1-4 小兜里遗址地图

考古发掘进展非常不顺利。

小兜里遗址资料整理工作自 2012 年 9 月至 2013 年 7 月。

一 第一期发掘（2009 年 4 月 10 日~7 月 20 日）

2009 年 4 月 10 日，浙江省文物考古研究所和海宁市博物馆组成的小兜里考古队正式进点，参加人员有方向明（浙江省文物考古研究所，领队）、周建初（海宁市博物馆）、盛文嘉（浙江艺术职业学院，实习生）（彩版 1-3）。次日，考古队和海宁市博物馆董月明副馆长一起，与海

图 1-5　小兜里遗址第一至第四期发掘位置图

宁市经济开发区相关人员商议具体事宜，从开发区张姓部长处首次得知土墩所在的位置并非陆路通过，而是建设为桥墩，并引西边河道东西穿越而过，这一规划在发掘之前未有告知（发掘日记 P2），在建设方提供的工程图上也未反映出来（参见图 1-5 布方的底图），作为海宁市经济开发区的建设方以及开挖拓浚河道的海宁市水利局，不可能不知道文物法的规定，我们认为是有意的隐瞒，这为后续的考古发掘增加了不少变数，给考古发掘和遗址的保护带来了极大的被动。

4 月 12 日，考古队开始对土墩进行初步钻探。经钻探确认，土墩最高部位表土层厚约 0.6 ~ 0.8 米，文化层厚约 0.8 ~ 1.2 米，并有陶片出露，文化层大致分为上、下两层，上层为黄褐色堆筑土，下层为夹杂"草木灰"的灰黑土，有红烧土颗粒，"性状不错"（发掘日记 P5）。土墩东侧为旱地，原先属于土墩的一部分，钻探确认此处文化层尚保存厚约 0.3 ~ 0.5 米，堆积一般。土墩南、北现为水田，表土层下即为泥沼层，局部有少量陶片，性质不明。

4 月 14 日至 16 日，在前期钻探的基础上，工地统一用推土机将表土层清除。

4 月 17 日至 20 日，召集民工整理机械推土后的发掘区。

4 月 21 日，正式布方，探方规格为 10 米 × 10 米，由西向东、从北到南分别为 T1 ~ T9，位于南部的 T10、T12 以开挖探沟的形式了解堆积情况，并未完全发掘。发掘主要集中在北部的六个探方，周建初负责 T1 和 T4，盛文嘉负责 T2 和 T5，方向明负责 T3 和 T6（彩版 1-4）。

5 月 2 日，浙江省文物考古研究所王海明副所长听取考古队汇报发掘区范围的基本建设还有东西向河道拓浚开挖情况后，指示考古队马上对土墩西部进行初步调查。经过钻探确认，现仅存土墩的西部，也就是要东西穿过桥的河道所涉及的遗址范围，东西长约 40 米，南北宽约 40 米。这样，文苑路北延工程涉及土墩的西侧，至少还有 1600 平方米的范围。考古队及时将这一结果向考古所和海宁市博物馆、海宁市文广新局进行了汇报。

5 月 12 日，鉴于发掘工作紧张，浙江省文物考古研究所杨卫、陕西技工郭宗录加入小兜里考古队。

7 月 20 日，小兜里遗址第一期考古发掘结束。因工程部门已经在土墩南北区域筑路建设，无法对发掘区的南北做进一步的考古工作（彩版 1–5～7）。

第一期发掘期间，浙江省文物考古研究所马竹山、海宁市博物馆章竹林帮助清理了 M2、M5 等。浙江大学文化遗产院曹锦炎教授等曾专程到工地考察，经考古所同意，浙江大学从事物探和三维扫描的师生对遗址进行了相关方面的尝试性工作。浙江省文物鉴定委员会柴眩华、周刀、王牧等到工地专程参观了 M8 的清理和起取文物的工作。海宁市人民政府分管文化的相关领导也专程到工地看望考古队员、了解发掘的进展。

7 月 21 日，小兜里考古队盛文嘉、周建初继续留守住地，除了关注小兜里西部土墩的情况，还同时负责绍嘉高速公路段徐家桥遗址的考古工作。

第一期发掘水平零点借用工程部门设在发掘区西南角的水泥电线杆上的基点，海拔 6.056 米。7 月 6 日，工程部门修改为 6.076 米（工程部门编号为"文苑路 BM5"）。这一零点一直沿用至第三期发掘结束。

第一期发掘共清理新石器时代墓葬 19 座，并及时刊发了发掘收获[1]。

二　第二期发掘（2009 年 10 月 9 日～2010 年 1 月 13 日）

在得到海宁市文化广电新闻出版局（体育局）的承诺之后，浙江省文物考古研究所指示对土墩西部进行正式发掘。2009 年 10 月 9 日，小兜里遗址考古队重新组织，除了方向明（领队）、周建初、盛文嘉之外，南京大学历史系考古学专业博士研究生梁丽君和硕士研究生蔡述亮、徐凤芹参加实习，开始小兜里第二期发掘。

考古队进点之前，先委托海宁市博物馆对表土层进行了统一机械揭去，发现遗址的西部已被晚期堆积彻底破坏，遗址西部边缘已到，发掘区中心的红烧土堆积甚为集中。在前期工作中还了解到，当地村民在遗址的南部工程区范围内采集到了玉器，经确认为崧泽文化阶段玉器，说明小兜里遗址周边还有不少同时期遗址点分布。

10 月 10 日，第二期发掘由北向南、从东到西开始布方，分别编号 T13～T20，规格 10 米×10 米，由于第一期发掘结束后工程部门在建造桥墩时破坏了 T13～T15 东半部分，所以这三个探方已不完整。先期各探方负责人具体如下：T13（梁丽君）、T14（徐凤芹）、T15（郭宗录）、T16（蔡述亮）、T17（盛文嘉）、T18（周建初、方向明）。后来，因为北部墓葬和南部石礅遗迹的清理，在 T16 北部和 T18 南部分别增设了 T21、T22（彩版 1–8）。

第二期发掘期间，12 月 10 日至 12 日，北京大学考古文博学院硕士邓振华、高玉和浙江省文物考古研究所陈旭高到工地进行植物考古（彩版 1–9～12）。11 月 5 日，日本金泽大学中村慎一

① 浙江省文物考古研究所、海宁市博物馆：《2009 年海宁小兜里遗址良渚墓葬的发掘》，《南方文物》2010 年第 2 期。

教授带领爱媛大学槙林启介、中部大学渡部开也、金泽大学小柳美树到遗址进行考察参观（彩版1-15）。

由于第二期发掘区涉及的工程部门海宁市水利局和海宁市经济开发区互相推诿扯皮，考古发掘经费在大家的努力下迟迟不能落实。2010年1月13日，在未能结束野外发掘的情况下，考古队忍痛对发掘区进行了覆土回填，小兜里遗址第二期考古工作结束，考古队也退掉了驻扎了近十个月的出租房（彩版1-16）。

三 第三期发掘（2010年3月16日~2010年7月27日）

在各方努力和相关领导的过问下，小兜里第二期考古发掘区的考古经费基本达成协议，海宁市水利局愿意支付。2010年3月16日，小兜里考古队再次进点，由方向明（领队）、周建初、盛文嘉和郭宗录组成。次日，方向明随负责考古项目经费的王海明副所长，与海宁市文化广电新闻出版局（体育局）和海宁市博物馆相关人员，与海宁市水利局签订了小兜里考古发掘协议，考古发掘经费48万，协议7月底完成野外考古发掘。

除了第二期已经布设的T13~T22之外，新布T23~T27，基本包括了小兜里遗址的西部范围，而此时小兜里桥已经竣工了（图1-6；彩版1-17）。

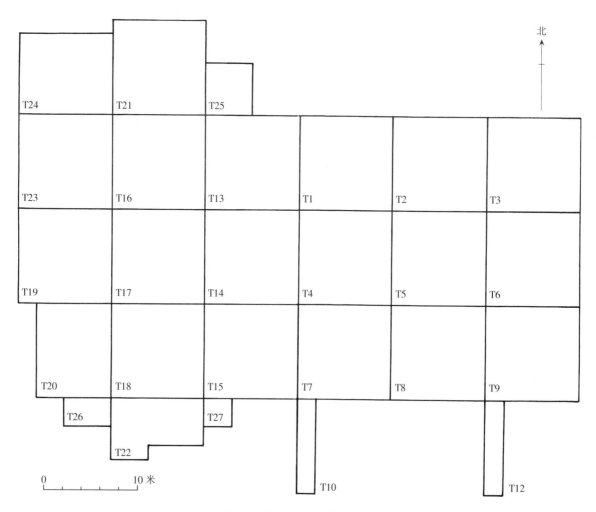

图1-6 小兜里遗址第一至第三期发掘布方图

第三期发掘期间，7月16日至17日，北京大学考古文博学院秦岭副教授带领硕士邓振华、高玉和剑桥大学考古学博士庄奕杰、澳大利亚国立大学洪晓纯到工地再次进行植物考古（彩版1－13、14）。

第三期发掘末期，海宁市水利局的相关人员开始主动到工地现场了解规划的河道要通过的小兜里遗址东区。经过所领导同意，考古队对遗址东部涉及河道的范围进行了再次勘探，并由北向南布了T28～T30三个探方（即东区TG1所在），规格10米×5米，清理完M49之后随即覆土回填，待发掘经费落实后再行工作。这一发掘区域也即小兜里第四期发掘的东区（详见第六章）。

2010年7月27日，小兜里遗址第三期考古结束（彩版1－18）。由于工程建设方时间的限制，遗址的南北实际上还未完全到边，造成了很大的遗憾。

四 资料的整理（2012年9月～2013年7月）

小兜里遗址整理场地安排在海宁市博物馆后院的简易房子内进行，参加整理的主要有方向明、盛文嘉、仲召兵，方向明和盛文嘉负责小兜里第一至第三期发掘材料的整理，仲召兵负责小兜里东区发掘材料的整理。在此期间，海宁市博物馆周建初承担了墓葬出土大口缸及部分彩绘陶器的修复，海宁市博物馆王伟观察了墓葬起取的部分人骨，并出具了初步报告。部分陶器分别运往余杭临平玉架山和海宁皇坟头遗址考古工地，在领队楼航和芮国耀的支持下，帮助进行了修复。2013年7月，小兜里部分玉石器随同杭州市余杭博物馆、浙江省文物考古研究所、北京大学考古文博学院三家合作的"玉架山遗址出土玉器无损分析研究"课题组到北京大学考古文博学院进行矿物学材质和微量元素的测定。同时，小兜里遗址出土的红烧土块烧制温度的检测得到了中国科技大学张居中教授的帮助，在他们的实验室进行了检测分析。浙江省文物考古研究所科技考古室陈旭高承担了小兜里遗址的孢粉观察和分析，同时北京大学考古文博学院高玉、秦岭也提供了小兜里植物考古的报告[①]。

小兜里遗址第一至三期考古资料的整理工作，具体分工如下：盛文嘉负责墓葬出土器物的绘图和文字记录，部分地层和灰坑单元的完整器也由盛文嘉绘图，最后由方向明审定，方向明还对器物文字部分的描述进行了较大的修订。小兜里遗址全部出土遗物的拍摄由盛文嘉负责。方向明负责地层和灰坑等单元的整理和统计，负责选取标本的绘图、上墨，负责墓葬中不能复原器物的观察和描绘示意图，并撰写文字说明，墓葬等遗迹图的上墨，地层图的拼接和上墨也均由方向明完成。小兜里东区整理工作全部由仲召兵负责。

① 小兜里崧泽文化遗存参见浙江省文物考古研究所、海宁市博物馆：《海宁小兜里遗址第一～三期发掘的崧泽文化遗存》、《海宁小兜里遗址第四期（东区）发掘收获》，浙江省文物考古研究所编著《浙北崧泽文化考古报告集（1996～2014）》，文物出版社，2014年。

第二章　西区地层堆积和遗址堆积过程

　　小兜里遗址第一至三期发掘中受到了基建工程的干扰，致使 T13、T14 和 T15 东部在发掘前被建设方取土野蛮破坏，东西地层在细节上不能完整对应。同时，由于发掘时间和人员的限制，遗址堆积南、北边界的具体情况也并不十分清楚（图 2－1~4）。发掘时各探方的地层自行编号，发掘过程中和结束后随时统层，本章节介绍的地层序号均为统层后的结果，地层序号以由上到下的顺序为原则。需要说明的是，由于台墩形遗址跨度大，以多个土台为依托的单元在各自的营建、使用和废弃堆积中存在着同步和不同步的情况，地层顺序号不能完全反映时间上的先后。如 T22—T18—T17—T16—T21西壁反映南北两侧土台之间的"草木灰"等堆积与土台南部的拓展地层就无法依顺序编号。

　　"草木灰"堆积是一个约定俗成的名词，实际上是草和植物禾叶、茎秆炭化的结果，并非燃烧后废弃所致。"草木灰"往往呈层状堆积，层与层之间为粉状的淤泥，这些淤泥应为"草木灰"堆积过程中的间隔（彩版 2－1）。"草木灰"形成的具体性质尚不明了。

图 2－1　小兜里遗址第一期发掘场景（东北—西南）

图 2－2　小兜里遗址第一期发掘场景（西南—东北）

图 2 - 3　小兜里遗址第三期发掘场景（北—南）　　图 2 - 4　小兜里遗址第三期发掘场景（南—北）

第一节　地层堆积

以下五个典型剖面介绍遗址的总体堆积状况。

一　T22—T18—T17—T16—T21 西壁

这一地层剖面说明位于发掘区西部的南、北两座崧泽文化晚期土台在营建、拓展和使用过程中的基本情况，位于南部的土台称为土台Ⅰ，位于北部的土台称为土台Ⅱ。考虑到土台在拓展过程中的堆积也按照地层序号叙述，故土台营建时的堆积地层也依地层编号（图 2 - 5、6；彩版 2 -2 ~ 11）。

第①层，表土层，灰白色土，质地松软。发掘前统一用推土机揭去，因台墩形遗址南、北缓坡，故该层仅在南、北局部有所保留。

第②层，灰褐色土，质地较为紧密。T22 所在的南部区域甚薄，厚仅 4 厘米；T21 所在的北部呈斜坡状堆积，土色略偏黑褐色，最厚部位达 70 厘米；T16 所在的中部区域也有最厚约 20 厘米的堆积保存。该层包含印纹陶，并有包含马桥文化时期遗物的灰坑和水井等遗迹开口，说明遗址在良渚文化结束并废弃了一段时间之后，才进入到马桥文化时期。第②层下直接叠压良渚文化和崧泽文化时期堆积。

第③层，质地纯净的黄土。仅分布于 T16 和 T17 局部，在凹陷的草木灰堆积上部，以及 T23 南部。是这一区域崧泽文化晚期堆积之后的再营建，应进入了良渚文化时期。该层没有陶片出土，凹陷部位堆积最厚 50 厘米。

第④~⑦层，属于土台Ⅰ向南的拓展堆积。

第④层，黄色斑土，质地紧密。东西向的石磡直接填埋在堆积中，说明石磡和该层的拓展共时。该层在 T22 部位为表土层破坏，推测原先范围应大致在第⑥层南部起始处。该层最厚 56厘米。

第⑤层，灰褐色土，夹杂丰富的红烧土颗粒和红烧土残块。该层的红烧土残块性质接近红烧土遗迹（F1），推测可能是红烧土遗迹（F1）废弃后需要平整，然后堆积于土台南坡所致。

第⑥层，黄褐色土，夹杂少量红烧土颗粒。仅局部分布，堆积成因也可能与第⑤层有关。

第⑦层，黄褐色土，质地紧密，包含烧土颗粒，烧土颗粒越靠近土台Ⅰ越多，远离土台Ⅰ渐少。

第⑦层以下和第⑧～⑪层以下开口土台Ⅰ和北部的土台Ⅱ，第⑧～⑪层堆积的上部呈凹弧状，为第③层纯净黄土叠压。

第⑧层，草木灰层。堆积层线甚为清晰，但南、北部包含物明显有别，其中靠近土台Ⅰ的堆积中红烧土块和草木灰丰富，尤其是南部，几乎均为红烧土块。靠近土台Ⅱ的堆积土色渐变为灰褐，夹杂的仅是烧土颗粒。堆积南北渐变之间无法再划分小层。该层凹陷部位最厚约45厘米。

第⑨层，草木灰层。仅分布于土台Ⅰ北部，草木灰为多层的斜坡状堆积。

第⑩层，草木灰层。仅分布于第⑧～⑪层草木灰堆积层的中间部位，甚薄，最厚仅10厘米。

第⑪层，黄土和灰褐色土。南、北堆积性状明显有别，靠近土台Ⅰ的为夹杂层状草木灰的黄土，靠近土台Ⅱ的渐变为质地松软的灰褐色土。堆积南北渐变之间无法再划分小层。凹陷部位最厚约50厘米。

第⑪层以下即为土台Ⅰ和土台Ⅱ，其中土台Ⅰ可以分为早晚两个阶段，土台Ⅱ为一次性营建，从第⑧～⑪层属于土台使用过程中的废弃堆积分析，红烧土块和草木灰丰富的堆积靠近土台Ⅰ，说明这一阶段的主体土台是土台Ⅰ。第⑧～⑪层的废弃堆积属于土台Ⅰ晚期阶段和土台Ⅱ。

第⑫层，黄褐色土，夹杂红烧土颗粒。南北对应，包裹着土台Ⅰ，斜坡状堆积，位于上部的堆积呈台阶状。该层属于土台Ⅰ的最后营建堆积。

第⑬层为土台Ⅰ晚期阶段的主体营建堆积，第⑯～㉒层是土台Ⅰ早期阶段的主体营建堆积，第⑮层为土台Ⅱ的营建堆积。第⑭层为土台Ⅰ早期阶段的废弃堆积，当然，也不排除部分属于土台Ⅱ的废弃。

第⑬层，黄斑土，质地较为纯净，其中上部受红烧土遗迹（F1）烧烤而变红变硬。该层最厚约40厘米。

第⑫层最高层面与红烧土遗迹（F1）大体齐平，第⑫层与第⑬层的最高面和厚度也就是目前土台Ⅰ晚期阶段营建和使用时的高度和厚度，土台最高面标高 -110厘米，海拔约5米，土台堆积厚约60厘米。

第⑭层，草木灰层。草木灰在底部特别明显，呈层状堆积，至上部渐变为灰黑色土，质地松散。堆积厚度从南向北渐渐趋薄，是土台Ⅰ早期阶段的废弃堆积，土台Ⅱ也可能共同参与了废弃，但主要是属于土台Ⅰ早期阶段。

第⑮层，黄斑土，团状，是土台Ⅱ的营建堆积。分布在T16和T21区域，保存的厚度约80厘米。

第⑯层，黄褐色土，质地不甚紧密。由南向北最后呈斜坡状，堆积在土台Ⅰ早期阶段的南坡，堆积往南的界限不清。

第⑰～㉒层，是土台Ⅰ早期阶段的主体营建堆积，总厚度近90厘米。

第⑰层，黄斑土，质地纯净。

第⑱层，纯净黄土，质地纯净。

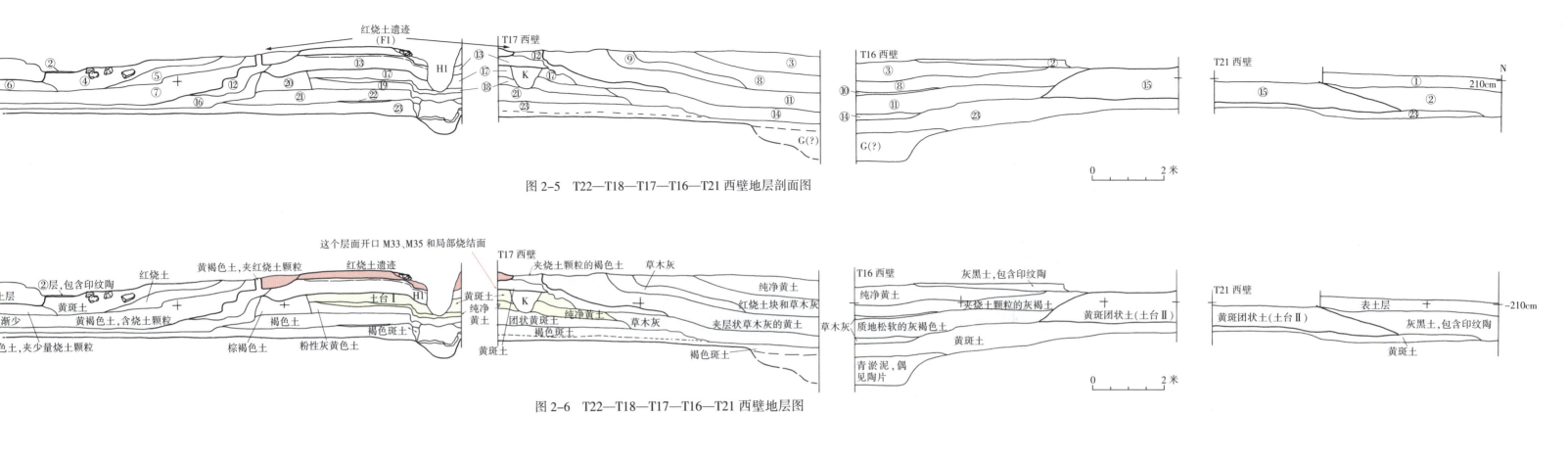

图 2-5　T22—T18—T17—T16—T21 西壁地层剖面图

图 2-6　T22—T18—T17—T16—T21 西壁地层图

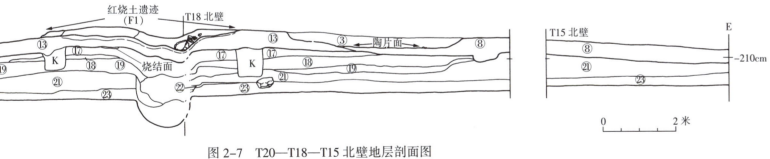

图 2-7　T20—T18—T15 北壁地层剖面图

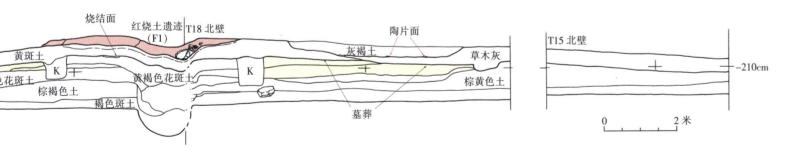

图 2-8　T20—T18—T15 北壁地层图

第⑲层，灰黄色土，粉性，质地纯净。

第⑳层，棕褐色土，质地纯净。仅局限于土台 I 的南部，与第⑰～⑲层之间呈斜直状堆积。

第㉑层，褐色土，质地纯净。

第㉒层，草木灰层，夹杂少量呈水平状分布的粗泥陶片，甚薄。

第㉓层，自 T22～T17 为褐色斑土，T16 渐变为黄斑土，质地纯净。另外 T17 所在的第㉓层可以根据土色上下深浅的渐变分为两个亚层。

开口于第㉓层以下，在 T17 和 T16 之间有一包含青色淤泥的沟状遗迹，堆积中偶见陶片，这一沟状遗迹由西向东约至于 T13、T14 交界的西部为止，恰好将土台 I、II 分割，说明两个土台在起始营建的时候，它们各自避开了沟，或者以原先的沟作为分界，营建时又直接覆盖了沟。

第㉓层以下为生土层。

二　T20—T18—T15 北壁

T20—T18—T15 北壁地层序号，依据 T22—T18—T17—T16—T21 西壁，但一些地层因为堆积土层的渐变，以及所在探方还有另外范围的地层堆积，不是完全对应。T15 北壁剖面参考 T14 南壁地层（图 2-7、8；彩版 2-12、13）。

第①层，表土层。发掘前工地统一起取，仅 T20 西部保留。

第③层，灰褐色土，包含物较少。主要分布于 T18 中部和 T17 的中南部，不能与 T17 所在的西壁第③层对应，M20、M21 打破该层。该层下开口陶片面。

第⑧层，草木灰层。分布于 T18 东部以及向东的区域。对应于 T18 西壁的第⑧～⑪层，该层下开口 M33 和 M35，其中 M33 还为陶片面直接叠压。

第⑬层，黄斑土，质地纯净。堆积上部因为红烧土遗迹（F1）的烧烤而呈红色，坚硬，红烧土遗迹（F1）在 T20 北壁剖面上还呈多层次的斜状堆积。因为表土层扰乱，该层西部边界不明，东部堆积大体渐薄于 T18 中部，也就是土台 I 晚期堆积阶段的东缘。

第⑰～⑲层，黄褐色斑土，质地纯净。对应 T18 西壁的第⑰～⑲层。第⑰层层面上开口有小范围的烧结面，M33 和 M35 也是这一层面上的遗迹，属于土台 I 早期阶段。

第㉑层，棕褐色土和棕黄色土。从 T20 所在的棕褐色土至于 T18 渐变为棕黄色土，质地纯净。该层在 T18 中部趋薄，但靠近 T18 和 T15 部位又开始增厚，这一区域可能存在着另外一个土台，位于 T7 的崧泽文化晚期 M19、M16、M18 和 M17 墓葬组可能就归属于这个土台，墓组位于它的东南部。

第㉒层，草木灰层。仅分布于 T18 西北一角，甚薄。

第㉓层，褐色斑土，质地纯净。

第㉓层以下为生土层。

三　T16—T23 南壁（附 T14 北壁）

由于发掘区西部为晚期堆积破坏，以土台 I 废弃堆积草木灰层为代表的堆积向西范围不明。T13 南壁因为发掘地层壁面局部坍塌等，以 T14 北壁剖面反向替代（图 2-9；彩版 2-14～18）。

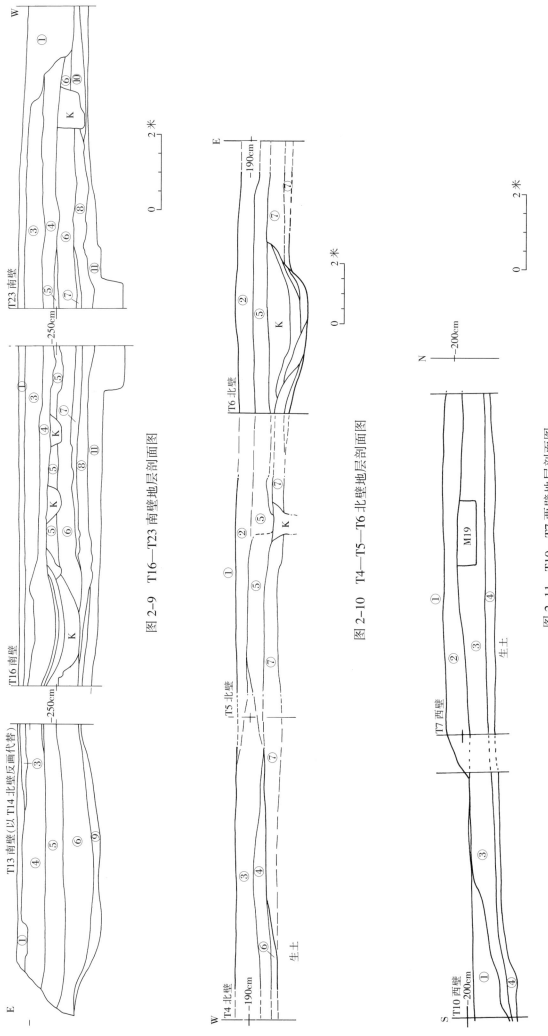

图 2-9　T16—T23 南壁地层剖面图

图 2-10　T4—T5—T6 北壁地层剖面图

图 2-11　T10—T7 西壁地层剖面图

第①层，表土层。

第③层，质地纯净的黄土。仅分布于 T16 和 T17 局部区域草木灰堆积的凹陷部位，以及 T23 南部，是这一区域崧泽文化堆积之后的再营建堆积，应属于良渚文化时期，该层没有陶片出土。

第④层，黑灰色的草木灰层，夹杂烧土颗粒。

T16 南壁剖面第④层下有三处凹弧底的坑状遗迹（K），发掘时未做具体清理。

第⑤层，由多层状的草木灰和灰黄土并夹杂红烧土颗粒组成。至 T23 渐渐趋薄并消失。

第⑥层，由黄褐色土、灰褐色土组成，较为斑杂，质地松软。

第⑦层，多层状堆积的草木灰。仅分布于 T16 和 T23 局部。

第⑧层，黄斑土。仅分布于 T16 和 T23。

第⑨层，层状堆积的草木灰层。仅分布于 T16 以东部位。

第⑩层，黄斑土，但与第⑧层有区别。

第⑪层，青灰色粉土，质地甚为松软，含有少量陶片。在 T16 和 T23 连接部位呈坑状。

第⑪层以下为生土。

四　T4—T5—T6 北壁

T4—T5—T6 北壁地层清理的不完整，简要介绍如下（图 2-10；彩版 2-19~21）：

第①层，表土层。

第②层，黄斑土，质地紧密，包含物较少。主要分布于 T5、T6，应该是与 M6、M2、M5 等诸墓有关的营建堆积。

第③层，黑灰色草木灰层，夹杂烧土颗粒，包含物较少。与 T14 北壁第①层同。

第④层，由多层状的草木灰和灰黄土并夹杂红烧土颗粒组成。与 T14 北壁第⑤层同。

第⑤层，夹杂草木灰的灰黄土。仅 T5、T6 局部分布。此层下的 T5 北壁开口小坑一座，包含物为草木灰，未清理及底。T6 北壁也有一大圜底坑，内为多层次堆积的草木灰，平面未清理完整。

第⑥层，夹杂草木灰的灰黄土。仅分布于 T4，与 T14 北壁第⑥层同。

第⑦层，青灰色斑土，偶见碎小陶片。

第⑦层以下为生土。

五　T7—T10 西壁（东部的南北向探沟剖面）

以 T7、T10 西壁为例（图 2-11；彩版 2-22）。

第①层，表土层。

第②层，黄斑团状土，质地紧密，包含物极少。T10 北部仅局部分布。该层下开口 M19。

第③层，灰褐色土，质地紧密，包含少量烧土颗粒和碎小陶片。至 T10 南端，约距离 T7 南壁 7.5 米处，渐渐趋薄并直至消失。

第④层，深灰色土，质地松软，无包含物。

第④层以下为生土。

第二节　遗址堆积过程

小兜里新石器时代遗迹除了营建的土台和土台的拓展以及废弃之外，还有土台上的建筑遗迹以及灰坑等。通过对地层堆积的分析和遗迹平面之间空间分布关系的判读，将遗址堆积分为崧泽文化晚期和良渚文化两大阶段（图2-12）[①]。

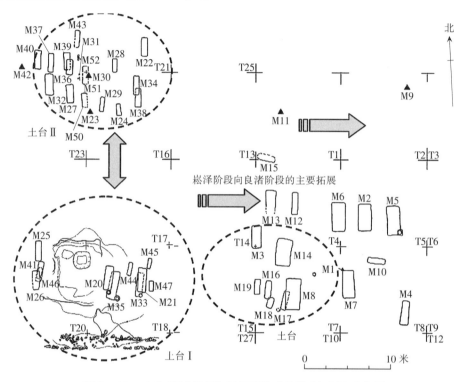

图2-12　小兜里遗址西区新石器时代堆积过程示意图

崧泽文化晚期的主要堆积位于西部，尤其是西南以红烧土遗迹（F1）为主体的遗迹以及相关的墓葬，这一区域遗迹单元依托的土台即土台Ⅰ。西北部崧泽文化晚期墓葬及相关遗迹依托的土台即土台Ⅱ。土台Ⅰ、Ⅱ在营建、使用过程中的废弃堆积主要集中在两者的中间区域，堆积方向有向东的趋势。

M17墓组所在的东南区域还应该有一个崧泽文化晚期的主体土台，但具体情况不明。

良渚文化时期的主要堆积集中于东北部，依托崧泽文化晚期土台Ⅰ、Ⅱ和东南部土台直接向东和东北方向营建、拓展，以M6、M2和M5以及M14、M8这两组墓葬为代表。西北部的良渚文化时期堆积，虽然也有如M27等墓葬为代表，但总体上规格不高，年代较之于东北部也相对要晚一些。

小兜里良渚文化之后是印纹陶时期的堆积，时代约相当于马桥文化至西周时期，除了遗址（土墩）中心部位有这一阶段的灰坑（井）遗迹外，堆积主要分布于土墩的南、北两侧，呈斜坡状堆积，依托新石器时代的土墩主体，不再进行加高营建。

土墩局部还出土了少量汉代和宋元时期的遗物。

---

① 在本报告第八章"结语"中，章节执笔者将本节所叙"崧泽文化晚期"堆积定为"崧泽文化末期"，部分归属"良渚文化早期"，特此说明。

第三章　西区新石器时代墓葬

第一节　概　述

西区发现新石器时代墓葬共 50 座（编号 M1～M47、M50～M52，M48、M49 位于东区，详见本书第六章），依平面分布范围大致可分为三个主要区域：西北、西南和东南区域，除了西南区域的墓葬均为崧泽文化晚期之外，西北和东南区域的墓葬从崧泽文化晚期延续至良渚文化时期（图 3－1）。

西南区域依托土台 I 的墓葬分为以 M33、M35 和 M20、M21 为代表的两个阶段（彩版 3－1、2），西北区域的墓葬布设相对没有规律（彩版 3－3、4），东部区域的 M6、M2、M5 墓组埋设最为有序（彩版 3－5、6）。

第二节　分　述

墓葬以序号分述。

M1

（一）概述

M1 位于 T8 西北，在清理表土层时发现 2 件叠压的石钺后确认为墓葬，经甄别，工地统一起取表土时发现的位于该位置的 1 件玉钺、2 件玉管也应属于同一墓葬单元。在清理石钺时，同一层面上还发现有近代瓷片，说明 M1 已遭到彻底破坏（图 3－2；彩版 3－7）。

（二）遗物

编号器物 5 件（图 3－3）。

M1:1，石钺。出土时已断裂成五块。灰白色夹杂灰色斑点，粉砂质泥岩①。所绘为出土时朝上面。顶端留有琢打痕，所绘左侧肩部有凹缺。双向管钻孔，孔内径 2.4～2.45、所绘面外径约 3.0、另面外径约 2.8 厘米。双面弧刃，刃部两面均有较多的崩缺。高 16.3、上宽约 10.9、刃宽约 12.2、最厚 0.89 厘米（彩版 3－8）。

M1:2，石钺。青灰色，夹杂灰白色纹路，泥岩。所绘为出土时朝上面。整器扁薄均匀，呈"风"字形。顶端缘面经修磨较平整，留有少量琢打痕。钺两面近顶端部位经打磨，微斜刹趋薄。双向管钻孔，孔内径 2.17～2.19、所绘面外径 2.40、另面外径 2.38 厘米。双面弧刃，所绘面左侧刃部转角有小崩缺。高 12.95、上宽 9.2、现存刃宽 10.7、最宽 10.8、最厚 0.42 厘米（彩版 3－9）。

---

① 石器岩性参考《文家山》、《卞家山》石器鉴定章节。见浙江省文物考古研究所：《文家山》附录一，文物出版社，2011 年；《卞家山》附录二，文物出版社，2014 年。

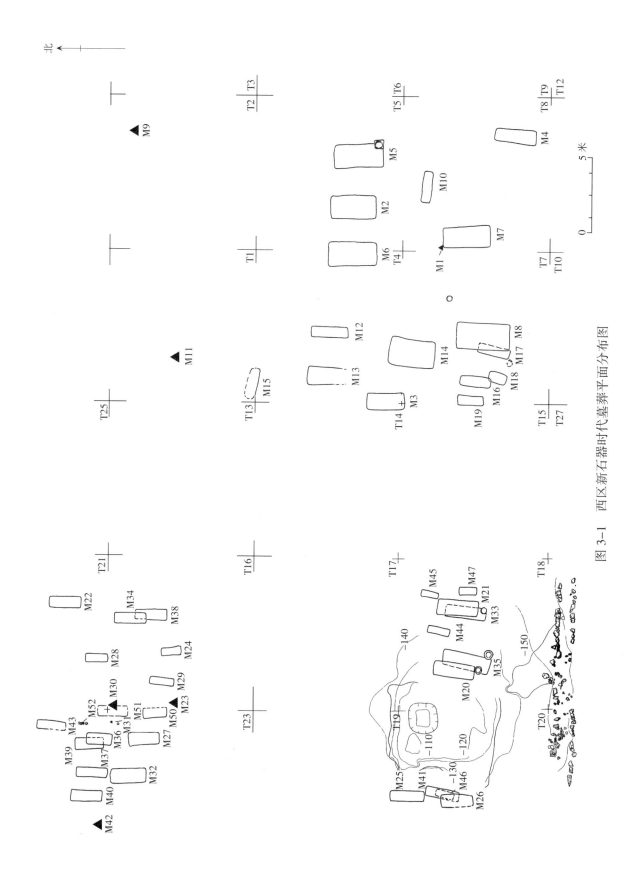

图 3-1 西区新石器时代墓葬平面分布图

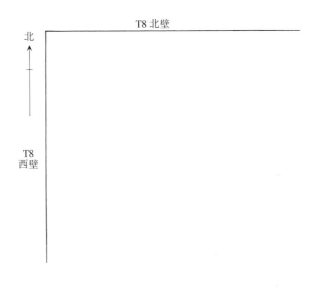

图 3 - 2 M1 平面图及所在位置图

1、2. 石钺

M1:3，玉钺。沁蚀呈白色，透闪石。所绘面表皮剥蚀严重，另面局部可见浅绿色质地。整器呈长"风"字形。顶端弧凸。单向管钻孔，所绘面孔径 2.08、另面孔径 1.79 厘米。双面弧刃，刃部有崩缺。高 22.15、上宽约 9.8、刃宽 13.54、最厚 1.0 厘米（彩版 3 - 10）。

M1:4，玉管。浅黄绿色，局部有黄褐色斑，叶蜡石。圆柱体，外壁留有片切割痕。管钻穿孔①，孔径 0.38 厘米。高 2.2、外径 0.98 ~ 1.02 厘米（彩版 3 - 11）。

M1:5，玉管。沁蚀呈白色，局部可见翠绿色斑点，透闪石。整体呈鼓形，所绘上端面及外壁一侧留有线切割痕。双向桯钻孔，孔内径 0.15、两面孔外径约 0.4 厘米。高 1.26、外径 1.15 ~ 1.3 厘米（彩版 3 - 12）。

M2

（一）概述

M2 位于 T5，是与 M6、M5 同属一组的显贵墓葬。2009 年 5 月 4 日开始发掘，5 月 6 日清理完毕。

M2 方向正北，墓口南北长 2.95、东西宽 1.40、墓坑深约 0.8 米，墓口绝对高度 - 1.78 米。

---

① 湖州昆山遗址发掘首次在 M18:3 玉管的双向钻孔发现有台痕，应为双向管钻。参见浙江省文物考古研究所、湖州市博物馆：《昆山》页 42，文物出版社，2006 年。这类小尺寸的钻孔也应该归属为"管钻"。本次发掘的玉管，经仔细观察，双向钻孔的内壁留有明显或不太明显台痕的标本数量相当多，尤其是孔壁较直的玉管，说明玉管孔采用双向管钻的方法具有相当的普遍性。

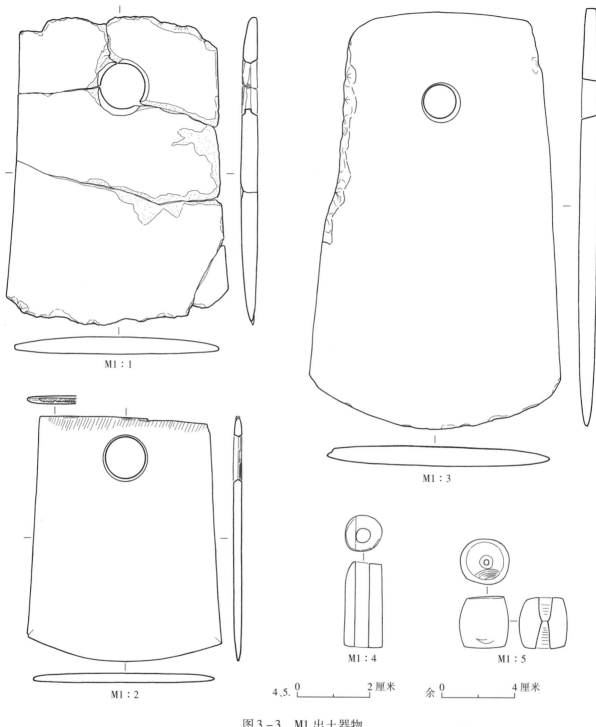

M1:1

M1:2

M1:3

M1:4

M1:5

4、5. 0 ———— 2厘米　　　余 0 ———— 4厘米

图3-3　M1 出土器物

墓坑开口线除了东、西两壁局部有断续外，余皆十分清晰，填土以质地相对松散的黄褐色土为主，其中东壁局部似乎向外侧蔓延，推测可能是墓穴开口部位的后期崩塌所致，如是，现墓穴高度大体保持了原本状况（彩版3-13）。

发掘采取了十字隔梁的方法，清理过程中墓坑壁的剥离并不顺利（彩版3-14）。在距离墓口深约0.5米中，平、剖面上均未发现葬具痕迹，剖面上也没有堆积层次的分别，填土中包含物也极少，仅有少量碎陶片、红烧土颗粒等。墓穴西北部约距墓口深9厘米处，发现有猪牙残骸，可能是墓葬填土中的无意夹杂。

距离墓口深约 0.53 米时，墓穴东北部首先出露泥质红陶罐（M2∶18），为便于清理，不再留取纵向剖面，仅保留横向剖面，横向剖面的上部经确认无误后也降低了高度。

经过平面铲刮，葬具痕迹基本出露，呈宽带状，棕褐色土，宽约 10～12 厘米不等。每次铲刮，平面的上下位置并不对应，显然与葬具腐朽倒塌之后葬具本身的位移，如折断、崩塌等复杂情况有关。由于葬具倒塌的复杂性，平面出露时宽带状的痕迹仅分布于墓穴的西部，呈"［"状，西北和西南拐角特征不明显。依痕迹，葬具南北长约 2.60、东西宽约 1.1 米。

横剖面的堆积分为三层（彩版 3 - 15）：

第①层，黄褐色填土，底部呈凹陷状，与竖状的葬具残留（第③层堆积）的两侧难以区分；

第②层，葬具内的堆积。从上至下包括有随葬陶器（M2∶22 豆）、多层次的淤泥、玉钺（M2∶34）和人骨残骸。这一层堆积底部为凹弧状，人骨残骸也直达墓底。葬具应为凹弧底的独木棺，独木棺宽度约 75 厘米；

第③层，独木棺两侧呈竖状堆积的葬具残留，现高 31 厘米，宽 12～20 厘米不等，为团块状淤泥，高度明显高于内侧的独木棺。在后期的剖面清理中还发现，这一堆积的局部还打破墓底，推测置放好独木棺后，再用框架固定。这一框架，也就是原始的"椁"，只是椁盖尚不能完全明确（彩版 3 - 16、17）。

除了最早出露的 M2∶18 红陶罐之上未有淤泥，其余随葬品的上面或其间均有灰白色的淤泥或层状的淤泥，反映了有机质葬具腐朽和葬具空间中的多次淤积。M2∶18 红陶罐朝上出露的一面，还发现有较为明显的砸击点，应是葬具倒塌时直接砸击所致（彩版 3 - 18）。

另外，在集中出土玉器的相关剖面上，可以清晰地发现厚达 10 余厘米的葬具遗痕，如果仅仅是独木棺盖的残痕，显然也不合常理，可能除了棺盖之外，还有椁盖（彩版 3 - 19）。

M2 仅头骨、右肱骨局部、部分肋骨残骸可辨，仰身。墓主胸腹以下的一些骨骸难以甄别，如位于中部的横向肢骨，不能确认是不是都属于墓主，又如位于 M2∶29 陶篮体和篮盖之间的肢骨，一端端部较为齐整，应为原盛放于篮内的动物骨骸，但长度却明显大于篮体。

根据器物的出土状况，尤其是高程，推测 1、18、19～24 号器物原先可能放置于独木棺上。M2∶1 陶翘流盉，盖体正面朝上，位于盉体北侧近 20 厘米，彼此高差也达 10 厘米。墓穴北部的 18～21、22～24 号陶器基本位于东、西两侧，M2∶21 红陶盆其下还从上到下依次叠压了 26、25、28 和 33 号器物。

M2∶18 红陶罐上有葬具倒塌的砸击点，说明这些放置在棺上的器物原先还有空间，也就是说椁是加盖的。以上这些判断的依据为棺椁之间的陶器起取后，明显发现它们与下层随葬品之间还存在着相当厚的层状淤泥堆积（彩版 3 - 20）。

墓内玉器主要分为三组：位于头骨下方有管串一组，以及冠状梳背 1 件；锥形器 1 件和璜形环镯一组、缀补环镯 1 件均位于右臂部位；玉钺东西向横置，恰位于横隔梁下，以致最后打掉横剖面时才发现（图 3 - 4；彩版 3 - 21、22）。

（二）遗物

编号器物 34 件（组），其中陶器 21 件（组）、石刀 1 件、玉器 12 件（组）（图 3 - 5A～G）。

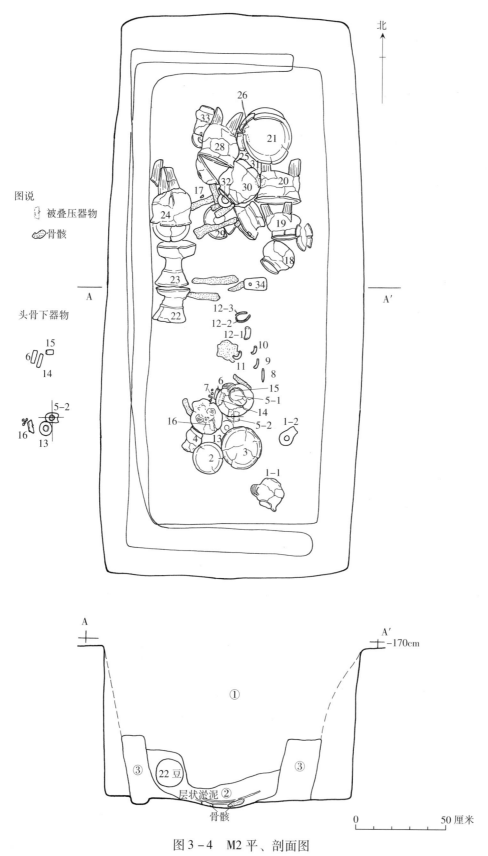

图说
被叠压器物
骨骸

头骨下器物

图 3-4　M2 平、剖面图

1、5. 陶翘流盉　2、3. 陶盆　4、33. 陶双鼻壶　6、14、15. 长玉管　7. 玉管串　8. 玉锥形器　9～11. 玉璜形器　12. 分体式玉缀镯
13、31、32. 陶器盖　16. 玉冠状梳背　17. 玉坠饰　18. 红陶罐　19、20. 陶鼎　21. 红陶盆　22、23. 陶豆　24、28. 陶甗　25. 陶杯
26. 石刀　27. 陶纺轮　29. 陶簋　30. 陶罐　34. 玉钺（①黄褐色土　②葬具内的堆积　③葬具残留）

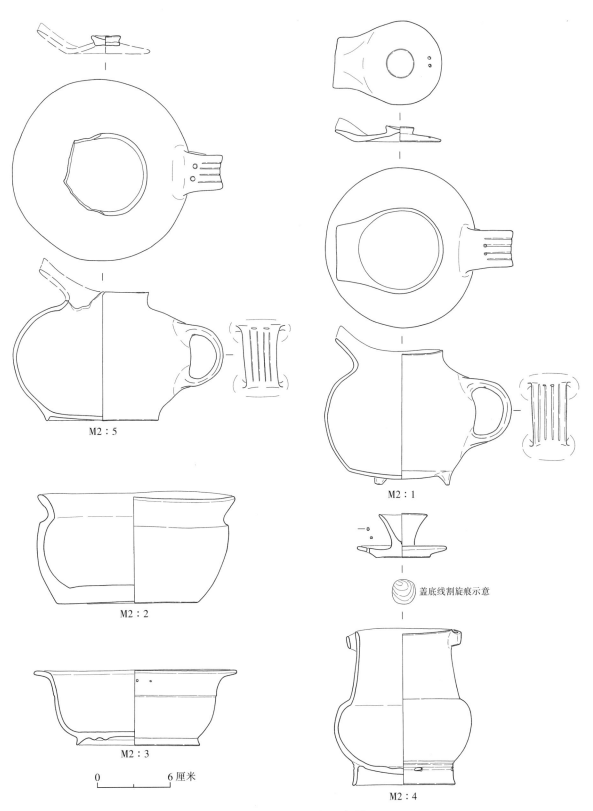

M2：5

M2：2

M2：3

0　　　　　6厘米

M2：1

盖底线割旋痕示意

M2：4

图 3 - 5A　M2 出土陶器

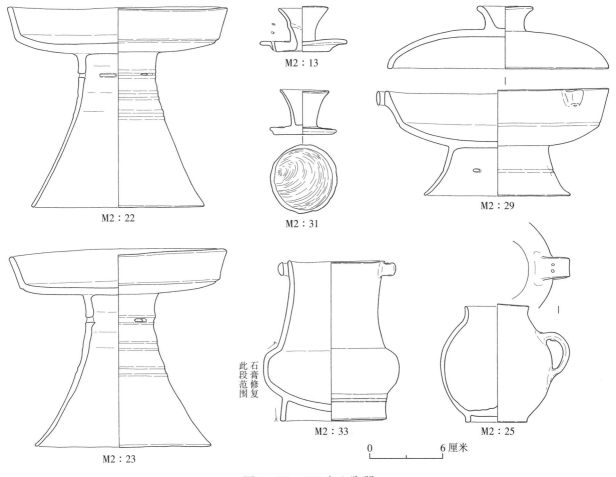

M2：22　　　　　M2：13　　　　M2：31　　　　M2：29

M2：23　　　　　　　　　此段范围 石膏修复　　　M2：33　　　　M2：25

0　　　　6厘米

图 3 - 5B　M2 出土陶器

　　M2：1，陶翘流盉①（含器盖）。出土时口部朝南，流口朝东倾倒。紧邻盉体北部有一片淡红色的痕迹，略低于盉体出露高度，范围约 10 厘米见方，应是葬具上的漆痕残留。盖位于盉体的北侧，反映了葬具倒塌过程中器物组合的分离。两者均为夹细砂黄褐胎黑皮陶。小圈足形盖纽，盖一侧箕形上翘与盉体翘流相合，另一侧有两个相距约 0.3 厘米的小圆孔与盉宽把上的孔对应。盖高 1.9、盖长径 8.2、短径 6.7 厘米。盉侈口，一端做出箕形宽翘流，微束颈，圆鼓腹。与翘流相对的一侧按贴半环形宽把，把上饰四道竖向凹线。器底按贴三个近等距分布的矮锥形足。盉高 12.6、流宽 6.9、把宽 2.9～3.1、腹径约 12.6～12.8 厘米（彩版 3 - 23）。

　　M2：2，陶盆。正置，盆内有动物肢骨残骸，盆底还有管珠，管珠当与墓主头骨下方所出的管珠为同一组。M2：2 盆紧挨 M2：3 盆和 M2：4 双鼻壶。泥质灰褐胎灰陶。侈口，折肩，弧腹，腹部

---

① 这类翘流、鼓腹、矮圈足或小乳足的陶器，《福泉山》（文物出版社，2000 年）称之为"陶匜"、"陶阔把翘流壶"；《浙江北部地区良渚文化墓葬的发掘（1978～1986）》（《浙江省文物考古研究所学刊》，科学出版社，1993 年）称之为"盉形罐"；《浙江海盐县龙潭港良渚文化墓地》（《考古》2001 年第 10 期）称之为"带流罐"；《新地里》（文物出版社，2006 年）分别称之为"乳丁足盉"和"圈足盉"。本报告统一称为"翘流盉"，其基本特征为翘流、鼓腹、矮圈足和小乳足共存，与本报告小兜里 M9：3 翘流宽把杯有别，阔把杯腹部相对较直，有瘦体和胖体之别，海盐龙潭港 M12 所见，两种形式的阔把杯共存，这类阔把杯，翘流部位宽大，也并不适合直饮。翘流宽把杯是从翘流盉发展过来的一个亚型。"翘流盉"也有别于良渚文化晚期出现的"三足盉"，后者为等腰安置的细长三足，后足略粗大，把手置于腹背或腹背与颈部之间，是与袋足鬶共存的良渚文化晚期典型酒水器（参见方向明：《长江下游地区新石器时代盉鬶的若干问题》，嘉兴市文广新局等编《江南文化之源——纪念马家浜遗址发现五十周年图文集》，中国摄影出版社，2011 年）。

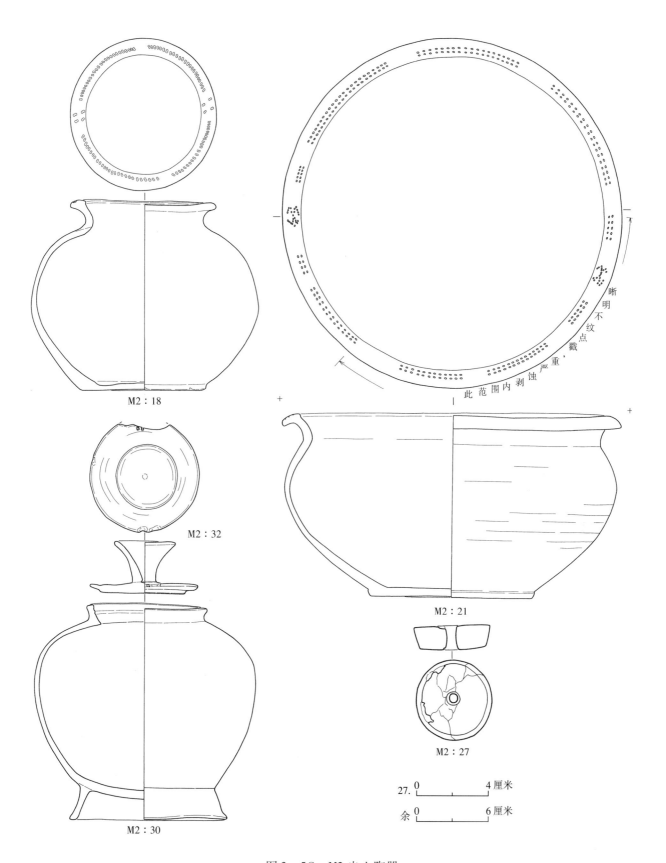

图 3 - 5C　M2 出土陶器

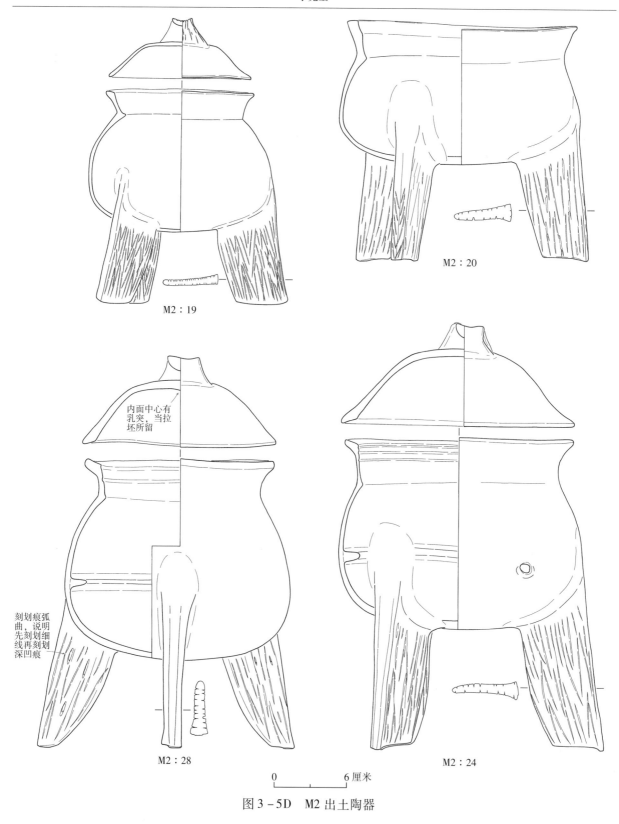

M2：19

M2：20

内面中心有
乳突，当拉
坯所留

刻划痕弧
曲，说明
先刻划细
线再刻划
深凹痕

M2：28

M2：24

0　　　　　　6厘米

图3-5D　M2出土陶器

略变形，平底微内凹。高8.1~8.8、口径15.9~16.3、底径11.5~12.2厘米（彩版3-24）。

　　M2：3，陶盆。正置，盆内有动物肢骨残骸。泥质灰胎黑皮陶。敞口，翻折沿，沿下有两个相距0.9厘米的小孔，其下又饰一周折痕，下腹弧收，圈足内底按抹两圈凹槽。高5.9~6.0、口径16.4~16.9、圈足径10.0~10.1厘米（彩版3-25）。

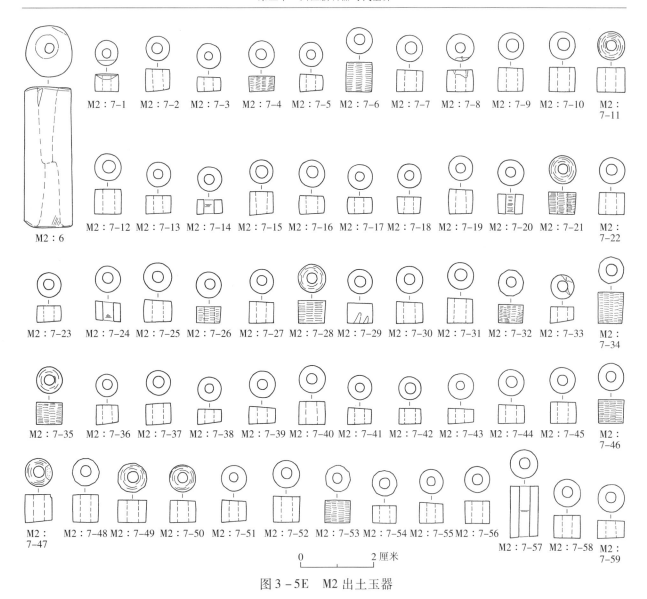

M2：6

M2：7-1　M2：7-2　M2：7-3　M2：7-4　M2：7-5　M2：7-6　M2：7-7　M2：7-8　M2：7-9　M2：7-10　M2：7-11

M2：7-12　M2：7-13　M2：7-14　M2：7-15　M2：7-16　M2：7-17　M2：7-18　M2：7-19　M2：7-20　M2：7-21　M2：7-22

M2：7-23　M2：7-24　M2：7-25　M2：7-26　M2：7-27　M2：7-28　M2：7-29　M2：7-30　M2：7-31　M2：7-32　M2：7-33　M2：7-34

M2：7-35　M2：7-36　M2：7-37　M2：7-38　M2：7-39　M2：7-40　M2：7-41　M2：7-42　M2：7-43　M2：7-44　M2：7-45　M2：7-46

M2：7-47　M2：7-48　M2：7-49　M2：7-50　M2：7-51　M2：7-52　M2：7-53　M2：7-54　M2：7-55　M2：7-56　M2：7-57　M2：7-58　M2：7-59

0 ____ 2厘米

图3-5E　M2出土玉器

M2：4，陶双鼻壶（含器盖）。出土时口沿朝西南倾倒，起取壶体后发现下方叠压盖体。盖为泥质灰褐胎黑皮陶，表皮多剥蚀。喇叭形盖纽，盖面微上翘，近盖缘有两个相距约0.6厘米的孔，盖底面有线割痕。盖高3.4～3.5、盖径7.3～7.4厘米。壶为泥质灰胎黑皮陶。直口，沿两侧按贴竖向小鼻，领较高，鼓腹，内底留有拉坯旋痕。圈足近腹部饰三周凹弦纹，凹弦纹下设六个近等距分布的扁椭圆形镂孔。壶高12.0～12.4、口径8.0～8.1、圈足径8.6～8.7厘米（彩版3-26）。

M2：5，陶翘流盉（含器盖）。微微侧倾，起取杯体后发现盖体位于下方，盖正面朝上。两者均为夹细砂黄褐胎黑皮陶。浅杯形小盖纽，纽高仅0.9厘米。盉侈口，箕形宽翘流，残损，微束颈，圆鼓腹。与翘流相对的一侧按贴半环形宽把，把上部有两个相距约0.6厘米的圆孔，其下饰四条竖向凹线。矮圈足。盉残高10.3、把宽2.8、腹径14.4～14.5厘米（彩版3-27）。

M2：6，长玉管。为M2：5翘流盉和墓主头骨所压，其东侧另有M2：14、15长玉管以及多件管珠。长玉管横置，管珠孔多朝上，应为墓主项饰（彩版3-28）。鸡骨白，局部有青黄色斑块，透闪石。整器呈圆柱体，外壁留有两道片切割痕。双向桯钻孔，孔壁旋痕较明显，两端面微弧凸，与一般齐整的端面有别。孔内径0.23厘米。高3.72、外径1.25～1.33厘米（彩版3-29）。

M2:7，玉管串。因起取M2:4陶双鼻壶和墓主头骨后粘黏，现场未编小号。经过室内清理，共59件，均叶蜡石，中孔管钻而成（彩版3-30）。

M2:7-1，深褐色。孔径0.24厘米。高0.49、外径0.68厘米。

M2:7-2，深褐色。孔径0.25厘米。高0.61、外径0.68厘米。

M2:7-3，紫褐色。孔径0.23厘米。高0.40、外径0.66厘米。

M2:7-4，深褐色，外壁未抛光，留有横向打磨痕，平面呈多边形构成的圆形。孔径0.29厘米。高0.42、外径0.70厘米。

M2:7-5，浅褐色。孔径0.24厘米。高0.49、外径0.64厘米。

M2:7-6，浅褐色，外壁未抛光，留有横向打磨痕。孔径0.29厘米。高0.80、外径0.72厘米。

M2:7-7，深褐色。孔径0.30厘米。高0.60、外径0.71厘米。

M2:7-8，深褐色。孔径0.26厘米。高0.58、外径0.75厘米。

M2:7-9，深褐色。孔径0.29厘米。高0.63、外径0.69～0.70厘米。

M2:7-10，深褐色，外壁未抛光，留有横向打磨痕。孔径0.30～0.31厘米。高0.65、外径0.72～0.73厘米。

M2:7-11，深褐色，外壁未抛光，留有横向打磨痕，两端面均留有同心圆状旋痕。孔径0.29～0.30厘米。高0.66、外径0.77～0.78厘米。

M2:7-12，紫褐色。孔径0.32厘米。高0.65、外径0.73～0.74厘米。

M2:7-13，深褐色。孔径0.25厘米。高0.51、外径0.67～0.68厘米。

M2:7-14，浅褐色。孔壁有旋痕，孔径0.27厘米。高0.38、外径0.69～0.71厘米。

M2:7-15，深褐色。孔径0.28～0.29厘米。高0.63、外径0.64～0.65厘米。

M2:7-16，深褐色，润泽。孔径0.31厘米。高0.55、外径0.72厘米。

M2:7-17，深褐色。孔径0.23～0.24厘米。高0.46、外径0.69厘米。

M2:7-18，浅褐色、深褐色层状分布。孔径0.26厘米。高0.46、外径0.68厘米。

M2:7-19，深褐色。孔径0.26厘米。高0.68、外径0.68厘米。

M2:7-20，深褐色。孔壁有旋痕，孔径0.26～0.27厘米。高0.53、外径0.70厘米。

M2:7-21，深褐色，外壁未抛光，留有横向打磨痕，且两端面均留有同心圆状旋痕。孔径0.29厘米。高0.58、外径0.76厘米。

M2:7-22，深褐色。孔径0.29厘米。高0.59、外径0.71厘米。

M2:7-23，深褐色。孔径0.28厘米。高0.46、外径0.67厘米。

M2:7-24，深褐色。孔壁有旋痕，孔径0.29厘米。高0.56、外径0.69～0.70厘米。

M2:7-25，紫褐色。孔径0.29厘米。高0.63、外径0.76厘米。

M2:7-26，褐色，外壁未抛光，留有横向打磨痕。孔径0.28厘米。高0.42、外径0.69厘米。

M2：7－27，深褐色。孔径 0.25 厘米。高 0.56、外径 0.68 厘米。

M2：7－28，深褐色，外壁未抛光，留有横向打磨痕，两端面均留有同心圆状旋痕。孔径 0.29 厘米。高 0.62、外径 0.76～0.77 厘米。

M2：7－29，深褐色，润泽，外壁凹陷处未抛光。孔径 0.30～0.31 厘米。高 0.55、外径0.69～0.70 厘米。

M2：7－30，深褐色。孔径 0.29 厘米。高 0.59～0.60、外径 0.73 厘米。

M2：7－31，深褐色，外壁未抛光，留有横向打磨痕。孔径 0.31 厘米。高 0.69、外径 0.71 厘米。

M2：7－32，褐色，外壁未抛光，留有横向打磨痕，两端面均留有同心圆状旋痕。孔径 0.29～0.30 厘米。高 0.49、外径 0.69～0.72 厘米。

M2：7－33，浅褐色。孔径 0.29 厘米。高 0.45、外径 0.65 厘米。

M2：7－34，深褐色，外壁未抛光，留有横向打磨痕，两端面均留有同心圆状旋痕。孔径 0.28～0.29 厘米。高 0.85、外径 0.72 厘米。

M2：7－35，深褐色，外壁未抛光，留有横向打磨痕，两端面均留有同心圆状旋痕。孔径 0.28 厘米。高 0.60、外径 0.71～0.72 厘米。

M2：7－36，浅褐色。孔径 0.24 厘米。高 0.50、外径 0.60～0.61 厘米。

M2：7－37，深褐色，外壁未抛光，留有横向打磨痕，两端面均留有同心圆状旋痕。孔径 0.29 厘米。高 0.56、外径 0.68～0.70 厘米。

M2：7－38，深褐色。孔径 0.25 厘米。高 0.43、外径 0.67 厘米。

M2：7－39，深褐色。孔径 0.29 厘米。高 0.50、外径 0.73 厘米。

M2：7－40，深褐色，外壁未抛光，留有横向打磨痕。孔径 0.29～0.30 厘米。高 0.64、外径 0.71～0.73 厘米。

M2：7－41，深褐色。孔径 0.25 厘米。高 0.45、外径 0.64 厘米。

M2：7－42，深褐色。孔径 0.30 厘米。高 0.44、外径 0.60 厘米。

M2：7－43，深褐色。孔径 0.23 厘米。高 0.40、外径 0.67～0.68 厘米。

M2：7－44，紫褐色。孔径 0.31 厘米。高 0.53、外径 0.73 厘米。

M2：7－45，深褐色，外壁未抛光，留有横向打磨痕。孔径 0.28 厘米。高 0.67、外径 0.71 厘米。

M2：7－46，深褐色，外壁未抛光，留有横向打磨痕，所绘下端面留有同心圆状旋痕。孔径 0.28 厘米。高 0.65、外径 0.70～0.72 厘米。

M2：7－47，深褐色，外壁未抛光，留有横向打磨痕，两端面均留有同心圆状旋痕。孔径 0.29 厘米。高 0.75、外径 0.74～0.76 厘米。

M2：7－48，深褐色，外壁未抛光，留有横向打磨痕。孔径 0.29 厘米。高 0.73、外径 0.72～0.73 厘米。

M2：7－49，紫褐色，外壁未抛光，留有横向打磨痕，两端面均留有同心圆状旋痕。孔径 0.29 厘米。高 0.60、外径 0.75～0.77 厘米。

M2：7－50，深褐色，外壁未抛光，留有横向打磨痕，所绘上端面留有同心圆状旋痕。孔径

0.28～0.29 厘米。高 0.60、外径 0.70～0.71 厘米。

　　M2:7－51，深褐色。孔径 0.25 厘米。高 0.61、外径 0.68 厘米。

　　M2:7－52，深褐色，外壁未抛光，留有横向打磨痕，两端面均留有同心圆状旋痕。孔径 0.29 厘米。高 0.70、外径 0.74～0.76 厘米。

　　M2:7－53，深褐色，外壁未抛光，留有横向打磨痕。孔径 0.28～0.29 厘米。高 0.61、外径 0.70～0.72 厘米。

　　M2:7－54，深褐色，外壁未抛光，留有横向打磨痕。孔径 0.28～0.29 厘米。高 0.48、外径 0.67～0.68 厘米。

　　M2:7－55，紫褐色。孔径 0.24 厘米。高 0.57、外径 0.67～0.68 厘米。

　　M2:7－56，深褐色，外壁未抛光，留有横向打磨痕。孔径 0.28 厘米。高 0.59、外径 0.69～0.70 厘米。

　　M2:7－57，深褐色。孔壁有管钻错位痕，孔径 0.29 厘米。高 0.87、外径 0.77 厘米。

　　M2:7－58，褐色，外壁未抛光，留有横向打磨痕。孔径 0.29 厘米。高 0.59、外径 0.74～0.76 厘米。

　　M2:7－59，黄褐色，出土时已碎裂。孔径 0.27～0.30 厘米。高 0.48、外径 0.74～0.75 厘米。

　　M2:8，玉锥形器。出土时锥尖朝南。浅绿色有白沁，质地纯净，透光，透闪石。截面近圆形，两侧各有一道片切割痕。端部不出榫头，双向桯钻孔，孔内径 0.09 厘米。端部另有片切割痕。长 5.55、直径 0.54～0.58 厘米（彩版 3－32）。

　　M2:9～11，玉璜形器。共三件一组，均位于墓主右臂部位，可能单独或彼此串系后作为臂饰，也可能作为墓主胸前组佩，因葬具倒塌而位移（彩版 3－31）。

　　M2:9，玉璜形器。所绘为出土时朝上面。浅绿色有白沁，透光，透闪石。整器或为环镯改制而成，复原环镯直径约 6.15 厘米。内外壁均弧凸，外壁面更甚，说明均为管钻成形。两端切割为榫凸状，有双向桯钻系孔，孔呈椭圆形。高 1.55、宽 4.58、最厚 0.53 厘米（彩版 3－33）。

　　M2:10，玉璜形器。所绘为出土时朝上面。浅绿色有白沁，透光，透闪石。整器或为环镯改制而成，复原环镯直径约 4.5 厘米。内外壁均弧凸，说明均为管钻成形。两端切割为榫凸状，有双向桯钻系孔，孔内径约 0.1 厘米。其中所绘左端还留有半个双向桯钻孔，右侧端仅留有由内壁向外壁方向的桯钻残痕，这一桯钻痕可能是原来器件（环镯）上的修补缀合孔，环镯再次残损后又改制成现在这种形式。高 1.75、宽 4.28、最厚 0.89 厘米（彩版 3－34）。

　　M2:11，玉璜形器。所绘为出土时朝上面。浅绿色有白沁，透光，透闪石。整器或为环镯改制而成，复原环镯直径约 4.48 厘米。内外壁均弧凸，说明均为管钻成形。两端切割为榫凸状，有双向桯钻系孔，孔内径约 0.1 厘米。其中所绘左端还留有半个双向桯钻孔。高 1.8、宽 4.3、最厚 0.81 厘米（彩版 3－35）。

　　M2:12，分体式玉缀镯。裂为三块，出土时一块已位移。浅绿色有白沁，透光，透闪石。镯两面均较平整，一侧端有原本玉料本身的凹缺，凹缺面经打磨。外廓及中孔均为管钻而成，所绘上端的外壁还留有双向管钻的错位台痕，中孔内壁可见横向及纵向打磨痕。孔内径 5.25～5.30、

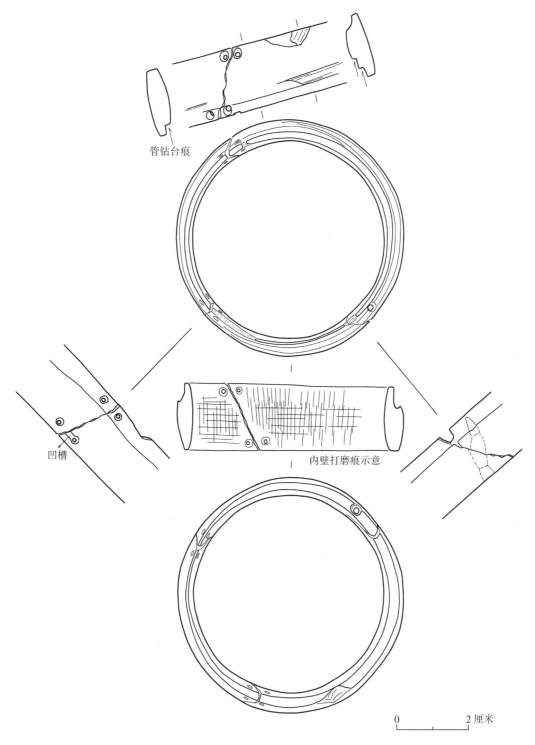

管钻台痕

凹槽

内壁打磨痕示意

0　　　　　2 厘米

图 3 - 5F　M2 出土分体式玉缀镯（M2∶12）

所绘上孔外径 5.35、下孔外径 5.42 厘米。两处的缀合以两侧的双向桯钻孔，一处的缀合较为特别，为上下的双向桯钻孔。镯高 1.67 ~ 1.76、直径 6.12 ~ 6.22 厘米（彩版3 - 36）。

M2∶13，陶器盖。位于墓主头骨下方，未发现有其他器物与之配伍。泥质灰褐胎黑皮陶。喇叭形盖纽，盖纽底部与盖底相通。盖面近平，一侧有两个相距约 0.5 厘米的小孔。盖高 3.5 ~ 3.6、盖径 7.1 ~ 7.2 厘米（彩版3 - 37）。

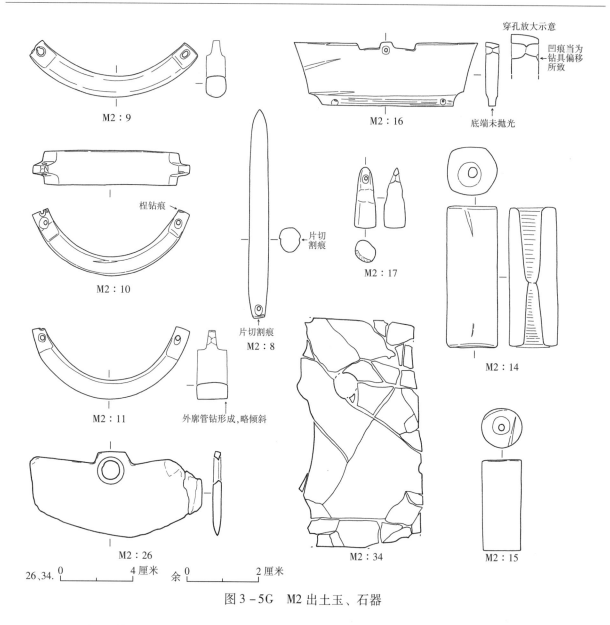

图 3 - 5G　M2 出土玉、石器

　　M2:14，长玉管。鸡骨白，局部有褐色丝状纹路，透闪石。整器呈圆柱体，外壁一侧留有片切割痕。双向桯钻孔，孔壁旋痕较明显，孔开口转折面均较圆润。孔内径 0.21 厘米。高 3.67、外径 1.28～1.35 厘米（彩版 3 - 38）。

　　M2:15，长玉管。浅黄绿色，有白沁，透光，透闪石。整器呈圆柱体，所绘上端面留有片切割痕。双向桯钻孔，孔内径 0.15 厘米。高 2.31、外径 0.98～1.03 厘米（彩版 3 - 39）。

　　M2:16，玉冠状梳背。位于头骨下，冠顶朝东，低于墓主头骨最高点约 10 厘米，冠体榫部残留有骨牙质地的梳体。所绘右侧为墨绿色，左侧为黄褐色，局部有白沁，透光，透闪石。整器略呈上大下小的扁平倒梯形，器表有玻璃光泽。顶中部内凹切割为介字形冠，冠顶下方为双向桯钻孔。顶部两侧较平直，留有片切割痕。两侧边斜微内凹弧，下端和榫部转角内凹。扁榫的两面留有横向切割、打磨痕迹，上有两个双向桯钻小孔，榫部底端面未抛光。高 1.63、上宽 4.99、榫高约 0.3、最厚 0.35 厘米（彩版 3 - 40）。

　　M2:17，玉坠饰。位于脚端陶器部位，系孔朝南，低于 M2:18 红陶罐最高点约 30 厘米。浅绿色，极少白沁，透光，透闪石。利用锥形器下端部改制，中部偏上有近一周较宽的凹槽。双向桯钻孔，孔内径 0.1 厘米。长 1.57、最大直径 0.56 ~ 0.63 厘米（彩版 3 - 41）。

M2：18，红陶罐。墓穴中最早出露的随葬品，倾倒，口沿朝西南，器表有砸击点。泥质红褐胎红陶。侈口，卷沿，沿面有一周戳刺纹样，戳刺以两个紧密相连的戳点为一组，整体围绕着两个"四点"的纹样展开。圆鼓腹，平底微内凹。高 14.7 ~ 15.2、口径 11.8 ~ 11.9、底径约 10.0 ~ 10.3 厘米（彩版 3 - 44）。

M2：19，陶鼎（含器盖）。向南倾倒，盖位于鼎东侧，局部压鼎口沿，盖体内面朝上。两者均为夹砂灰褐胎灰陶。桥形盖钮，盖钮面有刻划。盖高 4.8、盖径 11.7 ~ 11.9 厘米。鼎侈口，沿面微内凹，圆鼓腹。鱼鳍形足，足截面较扁平，外侧略厚，足两面均有细密的八字形刻划。通高 16.7 ~ 17.0、鼎身高 11.2 ~ 11.4、口径 12.0 ~ 12.1 厘米（彩版 3 - 45）。

M2：20，陶鼎。向南倾倒，M2：19 鼎足局部压 M2：20 鼎口沿，M2：21 红陶盆口沿一侧又压 M2：20 鼎足。夹砂红褐胎红陶。侈口，沿内壁有一周微凸折痕，呈双凹弧状。垂腹，腹部最大径中部偏下。鱼鳍形足，足横截面外侧明显较宽，外侧面中间起一道折棱，折棱两侧有"V"形刻划，足两面均有刻划。通高 18.2 ~ 19.0、鼎身高 10.7 ~ 11.4、口径 18.6 ~ 19.1 厘米（彩版 3 - 46）。

M2：21，红陶盆。正置，微向南倾斜。泥质红褐胎红陶，表皮有剥蚀。侈口，卷沿，沿面有一周戳刺纹样，纹样以两个特别的符号为中心有序展开。鼓腹，腹部最大径偏上，下腹斜弧收，腹外壁有数道不连续的细凹弦纹。假圈足，平底微内凹。高 14.4 ~ 14.8、口径 27.6 ~ 27.9、底径约 13.3 厘米（彩版 3 - 47）。

M2：22，陶豆。出土时豆盘朝北倾倒。泥质灰胎黑皮陶，外表多剥蚀，仅见盘内壁有少量黑皮残留。敞口，折腹，折腹部位微内凹。豆圈足中上部饰三组凸弦纹，每组由两周凸弦纹构成，上组凸弦纹内戳三个不等分的近长方形镂孔。高 15.6 ~ 15.9、口径 17.8 ~ 18.0、圈足径 14.0 ~ 14.2 厘米（彩版 3 - 42）。

M2：23，陶豆。出土时朝北倾倒。泥质灰胎灰陶。敞口，折腹，折腹部位微内凹。豆圈足中上部饰三组凸弦纹，每组由两周凸弦纹构成，上组凸弦纹之间戳三个近等分的长方形镂孔。高 15.2 ~ 15.7、口径约 18.0、圈足径约 14.6 厘米（彩版 3 - 43）。

M2：24，陶甗（含器盖）。甗口和盖体均向南倾倒，甗体内有层状淤泥堆积，说明曾有空间存在。两者均为夹砂红褐胎红陶。桥形盖钮，盖缘外展。盖高 8.3、盖径 18.9 ~ 19.4 厘米。甗折沿，长颈，内壁微内凹，上部饰两周凹弦纹。鼓腹，腹内壁中部偏下贴塑一周隔档以承箅，隔档下有一注水孔。鱼鳍形足，足横截面外侧较宽，外侧面起一道微凸宽棱，足两面均有八字形刻划。通高 24.4 ~ 24.8、甗身高 15.0 ~ 15.2、口径 18.1 ~ 18.6 厘米（彩版 3 - 48）。

M2：25，陶杯。出土时口沿向北倾倒。泥质灰胎灰陶。直口微外翻，鼓腹，腹部一侧按贴半环形把，把上部有两个相距约 0.3 厘米的孔，内底留有拉坯旋痕，矮圈足。高 9.1 ~ 9.3、口径 5.1 ~ 5.3、圈足径 5.0 厘米（彩版 3 - 49）。

M2：26，石刀（"耘田器"、"菱角形石刀"[①]）。局部压 M2：25 陶杯，出土时北低南高。沁蚀

[①] "菱角形石刀"，依杨美莉：《良渚文化石质工具之研究——三角形石质工具的形制、性质之分析》，《农业考古》1999 年第 3 期。

呈灰黄色，泥岩。所绘右侧有残缺。上部中央梯形凸起，有双向管钻孔，孔内径1.02、所绘面外径1.43、另面外径1.35厘米。两侧肩部上翘，"V"形双面弧刃。高4.48、现残宽9.43、最厚0.51厘米（彩版3-50）。

M2:27，陶纺轮。为M2:26石刀所压，又夹于M2:28鼎足之间，正面朝上。泥质灰褐胎黑皮陶，表皮多剥蚀。两面均较为平整，竖截面近倒梯形。高1.3、外径4.2、孔内径约0.5厘米（彩版3-51）。

M2:28，陶甗（含器盖）。口沿朝西南倾倒。盖为夹砂红褐胎红陶，但盖面呈黑色。桥形盖纽，盖内面中心有乳状凸起，是拉坯时所留痕。盖高7.2、盖径15.5~16.2厘米。甗为夹砂红褐胎红陶。长颈，折沿，沿下内壁中部饰一周凹弦纹。鼓腹，腹内壁中部偏下泥条贴塑一周隔档以承箅，注水孔部位残损。鱼鳍形足，足横截面外侧较宽，外侧面起一道微凸宽棱，足两面均有"V"形刻划，其中一面内还间杂戳划凹窝。通高22.7~22.9、甗身高约16、口径14.9~15.7厘米（彩版3-52）。

M2:29，陶簋（含器盖）。出土时簋口向西南倾倒，原来盛放的动物肢骨已伸入簋体内，盖体位于簋体西侧，内面朝上，均为动物肢骨所压。两者均为泥质灰胎灰陶。浅杯形盖纽，盖缘弧内收。盖高4.9~5.0、盖径17.8~18.1厘米。簋敞口，口沿外侧设三个等距分布的竖穿小鼻，折腹，折腹部位有一周凹弦纹。圈足外撇，圈足中部一周凹弦纹，其内戳三个近等距分布的扁椭圆形镂孔，与沿外侧小鼻位置刚好相对。簋高13.1~13.5、口径18.0~18.3、圈足径11.9~12.0厘米（彩版3-53）。

M2:30，陶罐。口沿向西南倾倒，M2:32盖位于罐口沿下方，罐圈足又另压M2:31盖。夹砂红褐胎红陶。罐内外局部有黑色烟炱，形成原因不明。侈口，沿面内壁微内凹，中部另有一周凹凸弦纹。腹部最大外径偏上，圈足外撇。高16.7~17.2、口径9.8~9.9、圈足径12.5~13.2厘米（彩版3-54）。

M2:31，陶器盖。配伍关系不明，也可能作为单独器物随葬。泥质灰胎灰陶。喇叭形盖纽，盖面近平，盖缘部位经过改制，使得外径明显较小。盖内面有线割痕。盖高3.4~3.6、盖径5.4~5.6厘米（彩版3-55）。

M2:32，陶器盖。与M2:30陶罐配伍。泥质灰胎黑皮陶。喇叭形盖纽，盖面近平，盖内面有不明显的线割痕。盖高4.1~4.2、盖径4.9~5.0厘米（彩版3-56）。

M2:33，陶双鼻壶（含器盖）。壶体朝南倾倒，盖体位于壶体南侧，盖纽朝上，未修复。壶为泥质黄褐胎黑皮陶。直口微外翻，口沿外侧按贴竖向小鼻，高领微内凹弧，鼓腹，圈足近腹部饰有两周折痕。高12.6~12.7、口径7.7~8.3、圈足径8.6~9.0厘米（彩版3-57）。

M2:34，玉钺。横置于墓室中部，刃部朝东。沁蚀呈白色，石膏状，朽烂碎裂，透闪石（？）。顶端较平直，管钻孔，孔径约1.3厘米。高约12、残宽约7、厚约0.4厘米（彩版3-58）。

M3

（一）概述

M3位于T4西南角，工地统一清理表土层时在该部位出土玉冠状梳背1件，经过平面铲刮后确认为墓葬单元。墓葬平面开口时分为内、外两重，内重为黄褐色土，外重为棕褐色土，内重南北长 2.1、东西宽 0.6 ~ 0.73 厘米，是棺的范围（彩版 3 - 59）。墓口高度 - 1.63 ~ - 1.68 米，墓口南北长 2.51、东西宽 1.00、现深 0.2 米（图3 - 6）。

由于墓穴过浅，清理时仅选取了横剖面来了解葬具结构。堆积分为三层（彩版 3 - 60）：

第①层，黄褐色土，该层下部与第②层上部分界不甚明显，但与第②层下部区分显著；

第②层，灰褐色淤泥，局部为多层状，但非白色淤泥，应是凹弧底葬具所留，墓主骨骸及 M3∶6 玉筒形器均出于此层；

第③层，棕褐色土，位于凹弧底葬具的两侧，应是葬具外填土。

M3 墓主骨骸甚为错位，下颌骨远离于头盖骨东北，间距约 35 厘米，齿面朝下；佩戴有玉筒形器的右臂骨与左股骨并行；一侧的胫腓骨曲尺形折断，并叠压 M3∶8 石钺。墓主右肱骨、左尺桡骨、右股骨和一侧的胫腓骨缺失。

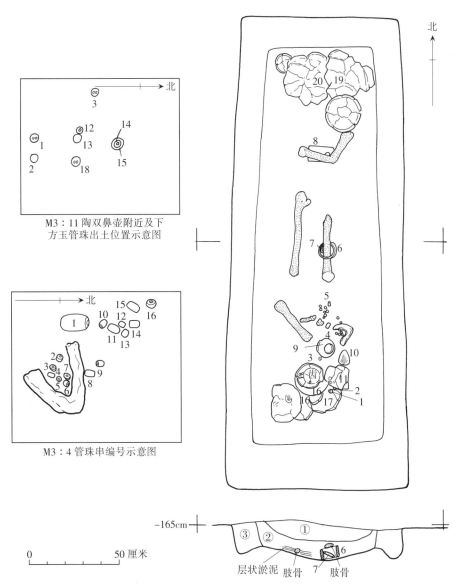

图 3 - 6　M3 平、剖面图

1 ~ 3、13、15、18. 玉隧孔珠　4. 玉管珠串　5. 玉坠饰　6. 玉筒形器　7. 小玉环　8. 石钺　9. 陶壶
10. 漆器　11. 陶双鼻壶　12、14. 玉管　16. 陶簋　17. 陶盆　19. 陶甗　20. 陶罐

墓主头骨压 M3：16 陶簋（含器盖）一侧，M3：16 簋体、簋盖均翻转，簋体和头骨又压簋盖。簋圈足内及 M3：10 漆器下发现墓主牙齿。如果排除 M3 为二次葬的可能，那么原先墓主头骨应该位于现下颌骨的部位，作为项饰的管珠串基本保持原位，头骨位移后打翻了位于南部的 M3：16 陶簋（含器盖）（图 3 - 7；彩版 3 - 61、62）。

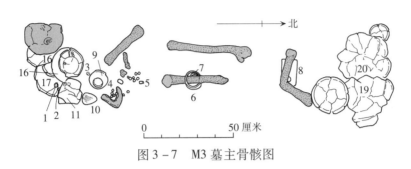

图 3 - 7 M3 墓主骨骸图

M3 共出土玉隧孔珠 6 件，是良渚文化早期除了反山遗址之外出土玉隧孔珠最多的墓例，这些玉隧孔珠基本位于墓主头骨部位。M3：13、15、18 玉隧孔珠和玉管珠均位于 M3：11 陶双鼻壶下方，M3：1、2 玉隧孔珠出土时高度大体与此齐平，属于同一层次。M3：14 玉管和 M3：15 玉隧孔珠出土时紧密黏合，玉管还恰好位于玉隧孔珠正中，M3：13 玉隧孔珠与 M3：12 玉管也紧密黏合，就不会是巧合了。这是考古发掘中第一次发现玉隧孔珠与玉管的系缀组合，验证了反山、瑶山墓葬头端部位隧孔珠的组合形式（彩版 3 - 63）。

（二）遗物

编号器物 21 件（组），其中陶器 6 件（组）、石钺 1 件、玉器 13 件（组）、囊形漆器 1 件（图 3 - 8A ~ C）。

M3：1，玉隧孔珠。出土时隧孔朝上。浅绿色偏黄，背面白沁相对较多，透光，透闪石。平面近圆形，器表有多处切割痕。正面弧凸，顶端面略平。隧孔面微弧凸，隧孔先后以两侧斜向桯钻而成。厚 0.98、外径 1.65 ~ 1.70 厘米（彩版 3 - 64）。

M3：2，玉隧孔珠。出土时隧孔朝下。青绿色，叶蜡石。半球状，正面圆弧，较光洁，隧孔面平整，修磨痕明显，隧孔先后以两侧斜向桯钻而成。厚 0.47、外径 0.89 ~ 0.91 厘米（彩版 3 - 65）。

M3：3，玉隧孔珠。出土时隧孔朝上。鸡骨白，透闪石。半球状，正面圆弧，隧孔面平整，隧孔先后以两侧斜向桯钻而成。厚 0.41、外径 0.69 ~ 0.70 厘米（彩版 3 - 66）。

M3：4，玉管珠串。集中于位移的下颌骨部位，共 16 件。除 M3：4 - 16 为萤石外，余均为透闪石（彩版 3 - 67）。

M3：4 - 1，浅黄绿色有白沁，透光。外壁弧凸，鼓形，留有切割痕，横截面呈不规则圆形。双向管钻孔，孔壁有错位台痕，孔内径约 0.55 厘米。高 2.25、外径 1.47 ~ 1.57 厘米（彩版 3 - 68）。

M3：4 - 2，浅绿色，有少量白沁，透光。整体呈鼓形，外壁一侧留有切割痕。双向桯钻孔，孔内径 0.19 厘米。高 0.78、外径 0.80 ~ 0.85 厘米（彩版 3 - 69）。

M3：4 - 3，浅绿色，有白沁，透光。横截面近圆角正方形，外壁留有一道不明显的切割痕。双向桯钻孔，一端孔呈椭圆形，另端孔呈圆形，如线图所示，若以 a、b、c 分别表示三个主要施力方向，推测先从 a 方向桯钻一端孔，再从 b 方向桯钻另端孔，最后从 c 方向使上、下桯钻孔穿透及扩孔。孔内径 0.14 厘米。高 0.63、外径 0.93 ~ 1.03 厘米（彩版 3 - 70）。

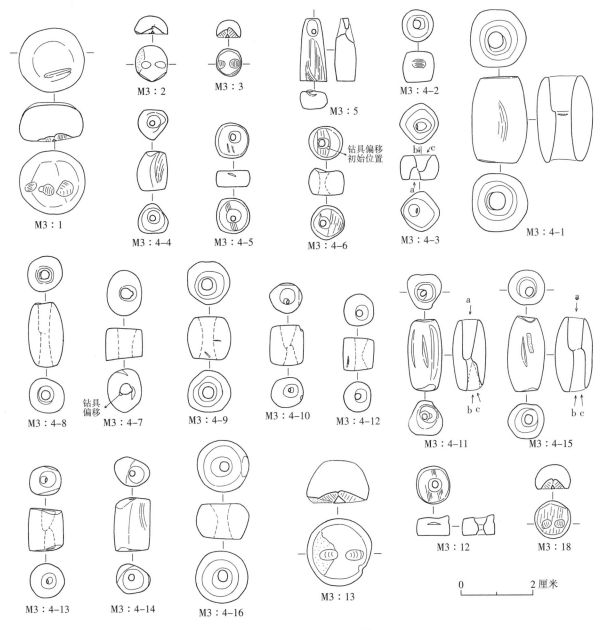

图 3 - 8A　M3 出土玉器

M3:4 - 4，浅黄色有白沁，透光。平面近圆角三角形，外壁两侧有切割痕。双向桯钻孔，孔内径 0.12 厘米。高 0.98、外径 0.74 ~ 0.81 厘米（彩版 3 - 71）。

M3:4 - 5，鸡骨白，微透光。整体呈鼓形，外壁一侧和上、下端面均留有片切割痕。双向桯钻孔，孔内径 0.15 厘米。高 0.43、外径 0.87 ~ 0.91 厘米（彩版 3 - 72）。

M3:4 - 6，浅绿色，少量白沁，有裂纹，透光。整体近鼓形，一端面较平整，留有切割痕，另端面微凹弧，有线切割痕，穿孔一侧边缘还另有一个桯钻凹点。双向桯钻孔，孔内径 0.14 厘米。高 0.66、外径 0.85 ~ 0.88 厘米（彩版 3 - 73）。

M3:4 - 7，浅绿色，少量白沁，透光。横截面呈椭圆形，一端面微弧凸，另端面较平直，留有切割痕，孔一侧边缘还另有桯钻凹点。双向桯钻孔，所绘上端面孔径 0.35 ~ 0.41、下端面孔径 0.25 ~ 0.32 厘米。高 0.82、外径 0.94 ~ 1.17 厘米（彩版 3 - 75）。

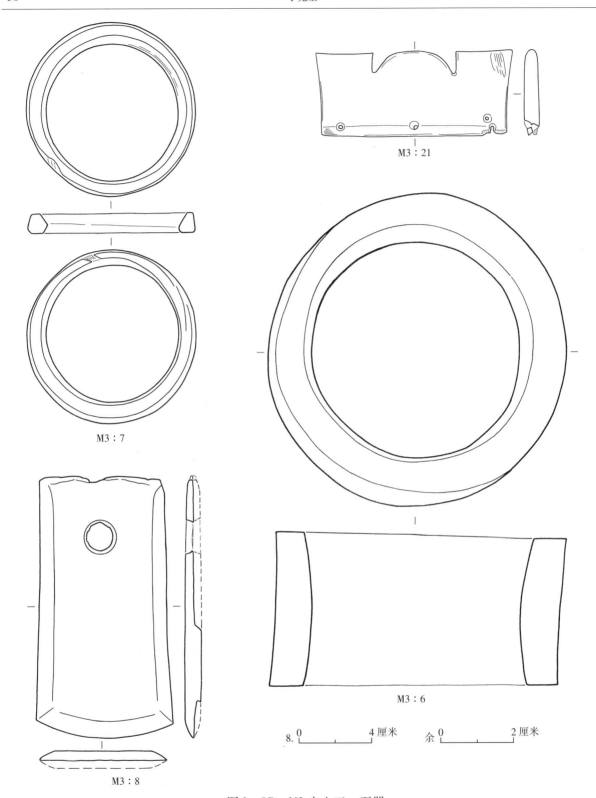

图 3 - 8B   M3 出土玉、石器

　　M3:4 - 8，浅黄绿色，有白沁，透光。鼓形，横截面呈不规则圆形。上、下两端孔的开口转折面较圆润。双向管钻孔，孔壁中部有错位台痕，孔内径约 0.22 厘米。高 1.64、外径 0.88 ~ 0.97 厘米（彩版 3 - 74）。

　　M3:4 - 9，鸡骨白，局部可见灰白色透光纹路。近鼓形，横截面呈多边圆形。外壁隐约可见几处片切割痕。双向桯钻孔，孔内径0.36厘米。高1.08、外径1.09～1.13厘米（彩版3－76）。

M3：4－10，鸡骨白，局部微透光。不规则圆柱体，所绘上端外壁与端面转折处有两道近90度夹角不相交的片切割痕。双向桯钻孔，孔内径约0.1厘米。高1.02、外径0.80～0.88厘米（彩版3－77）。

M3：4－11，浅黄绿色，有白沁，透光。鼓形，横截面呈圆角三角形。外壁有三道片切割痕。双向桯钻孔，所绘上端孔呈圆形，下端孔呈椭圆形，下端孔壁有调整桯钻角度的凹痕，如线图所示，a、b、c分别表示三个主要施力方向，推测先从a方向桯钻所绘上端孔，再从b方向桯钻下端孔，后经调整从c方向使上、下桯钻孔穿透及扩孔。孔内径约0.13厘米。高1.83、外径0.83～0.89厘米（彩版3－78）。

M3：4－12，鸡骨白。圆柱体，外壁一侧留有片切割痕。双向桯钻孔，孔内径0.17厘米。高0.84、外径0.78～0.82厘米（彩版3－79）。

M3：4－13，鸡骨白，所绘上端有黄色斑。不规则圆柱体。双向桯钻孔，孔内径约0.1厘米。高1.09、外径0.88～0.97厘米（彩版3－80）。

M3：4－14，鸡骨白。横截面呈不规则椭圆形，外壁一侧留有切割痕。双向桯钻孔，孔内径0.14厘米。高1.4、外径0.88～0.95厘米（彩版3－81）。

M3：4－15，浅黄色有白沁，透光。鼓形，横截面呈圆角三角形。外壁一侧有片切割痕。双向桯钻孔，如线图所示，与M3：4－11一样，所绘孔壁下端也调整过钻具施力方向。孔内径约0.25厘米。高1.89、外径0.86～0.98厘米（彩版3－83）。

M3：4－16，翠绿色，出土时已碎裂成三块，透光。整体呈鼓形，表面粗糙。双向桯钻孔，孔内径0.3厘米。高0.92、外径1.31～1.32厘米（彩版3－82）。

M3：5，玉坠饰。与M3：4玉管珠串为伍，出土时系孔朝北。浅绿色，有少量白沁，透光，透闪石。利用锥形器端部改制，外壁一侧留有双向片切割痕，底端留有线切割痕。双向桯钻孔，孔内径0.1厘米。长1.62、最大直径0.72厘米（彩版3－84）。

M3：6，玉筒形器。原先佩戴于墓主右下臂，侧转后将肢骨齐整截断，清理后发现筒形器内还有小玉环1件（M3：7），小玉环可能原先配系在下臂部位，也可能是筒形器侧转后恰好套合了位于其他部位的小玉环（彩版3－85、86）。沁蚀呈白色，石膏状，朽烂甚，透闪石（？）。整器微倾斜，上、下两面较平整，外壁微内凹。中孔内壁微弧凸，双向管钻而成。孔内径约5.67、所绘上孔外径约6.3、下孔外径约6.2厘米。高3.85～4.07、直径7.72～7.82厘米（彩版3－87）。

M3：7，小玉环。位于M3：6玉筒形器内。灰绿色，夹杂小黑点，有白沁，透闪石。整器扁平，双向管钻外廓及中孔，经修磨，转折处已较圆润。所绘上端面一侧有原本取料时的凹缺，所绘下端面留有切割痕，凹缺面光滑。孔内径3.62～3.65、所绘上孔外径约3.8、下孔外径约3.9厘米。高0.45～0.49、直径4.50～4.59厘米（彩版3－88）。

M3：8，石钺。为墓主下肢骨所压，刃部朝西，东高西低（见彩版3－62）。所绘为出土时朝上面。沁蚀呈灰白色，朽烂甚，呈片状剥落，所绘另面表皮大面积剥落，页岩。钺两侧斜直，有清晰的棱脊线。双向管钻孔，孔内径1.52、所绘面外径1.73厘米。双面弧刃，刃脊线清晰。高13.75、上宽约6.6、刃宽7.5、最厚约0.9厘米（彩版3－89）。

M3：9，陶壶。微倾斜。泥质灰褐胎黑皮陶，表皮有剥蚀。直口微内收，圆鼓腹，圈足外撇，圈足近腹部饰两周微折棱。高9.5～10.0、口径6.1～6.2、圈足径6.4～6.5厘米（彩版3－90）。

M3：16　　　　　　　　　　M3：9　　　　　　　　　　M3：11

M3：19　　　　　　　　0　　　　6 厘米　　　　M3：20

图 3 - 8C　M3 出土陶器

　　M3：10，漆器。垂囊形。长 8、最宽 6、现厚约 2 厘米（图略）（彩版 3 - 91）①。

　　M3：11，陶双鼻壶。泥质灰褐胎黑皮陶。口沿微外翻，口沿外侧按贴竖向小鼻，颈部微内凹弧，鼓腹上部略折，圈足。高约 13.2、口径约 10.1、圈足径约 10.6 厘米（彩版 3 - 92）。

M3：12，玉管。鸡骨白，局部可见浅黄色晶体，透闪石。横截面呈圆形，外壁一侧及所绘上端面有切割痕。双向桯钻孔，孔内径0.2厘米。高0.38~0.45、外径0.91~0.98厘米（彩版3-94）。

M3：13~15，均透闪石，位于M3：11陶双鼻壶下。

M3：13，玉隧孔珠。出土时隧孔朝下。绿色有白沁，局部有黄褐色斑。平面呈不规则圆形，正面弧凸，隧孔面较平整，隧孔先后以两侧斜向桯钻对穿。厚1.12、外径1.58~1.70厘米（彩版3-93）。

M3：14，玉管。紧贴M3：15玉隧孔珠，保持原样，未剥离（彩版3-95）。鸡骨白，局部可见浅灰色晶体。横截面呈圆形（图略）。

M3：15，玉隧孔珠。出土时隧孔朝上。浅黄绿色有白沁。整器平面呈圆形，两面均较平整，一面有一个隧孔，隧孔先后以两侧斜向桯钻对穿（图略）。

M3：16，陶簋（含器盖）。翻转，为墓主头骨所压。盖为泥质褐胎黑皮陶，表皮多剥蚀。浅杯形盖纽，盖纽不在盖面正中心，近盖缘有两个相距约0.6厘米的孔。盖高6.3~6.5、盖径19.0~19.5厘米。簋为泥质灰褐胎灰陶。敞口，口沿外侧饰一周凹弦纹，设有三个近等分的竖穿小鼻，微折腹，折腹下按贴一周垂棱。高圈足外展，圈足中部偏上饰一周折棱，折棱上、下错位按戳四个近椭圆形镂孔。簋高9.4~9.6、口径18.2~18.4、圈足径13.2~13.4厘米（彩版3-96）。

M3：17*①，陶盆。泥质褐胎黑皮陶，残损甚，不能修复。

M3：18，玉隧孔珠。出土时隧孔朝上。浅黄色，叶蜡石。半球状，正面圆弧，较光洁，隧孔面平整，有明显的修磨痕，隧孔先后以两侧斜向桯钻对穿。厚0.61、外径0.95~0.97厘米（彩版3-97）。

M3：19，陶甗（含器盖）。盖内面朝上，压甗身，甗碎裂甚。两者均为夹砂黄褐胎红陶。桥形盖纽，盖纽面有刻划，盖缘微外展。盖高7.5、盖径约18.1厘米。甗微不正，侈口，宽沿，深腹，腹壁较直。腹内壁中部偏下有隔档以承箅，注水孔残。鱼鳍形足，足横截面外侧较宽，两面均有八字形刻划，并间或按戳。通高24.0~26.1、甗身高15.6~17.7、口径约18.4厘米（彩版3-98）。

M3：20，陶罐（含器盖）。碎裂甚，盖呈倾斜状位于罐身西北。盖为泥质红褐胎红陶。变体立鸟形盖纽，近盖缘有两个相距约1.6厘米的孔。盖高3.8、盖径9.5~9.6厘米。罐为泥质黑灰胎黑皮陶。口外翻，耸肩，鼓腹，圈足外撇。高18.6~19.0、口径约10.8、圈足径16.2厘米（彩版3-99）。

M3：21，玉冠状梳背。清理T4表土层时发现，当时未见下方头骨出露。绿色有白沁，局部有红褐色斑，透光，透闪石。整器略呈上大下小的扁平倒梯形，顶部中央切割为半圆形凸起，顶部两侧微内凹。两侧边也微内凹弧。底端切磨为扁榫，榫面保留粗糙面，其上分布三个近等距分布的双向桯钻小孔，中间桯钻孔壁有朱痕残留，所绘右侧一孔破损后，在相应的榫部上方再双向桯钻一孔。高2.21、上端宽5.28、榫高约0.3、最厚0.37厘米（彩版3-100）。

M4

（一）概述

M4位于T8东南部。墓穴开口高度-2.00米，墓口长2.65、宽约0.8、现深0.13米，墓向北偏东6°。

墓主骨骸保存极差，仅墓穴中部残存肢骨局部，无法辨识葬具（图3-9；彩版3-101）。

---

① 标注"＊"符号的器物，均不能完整修复。所绘线图也均为示意图，仅作参考。本报告下同。

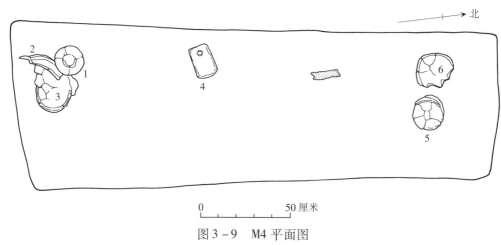

图 3 - 9 M4 平面图
1. 陶罐 2. 陶盘 3. 陶盆 4. 石钺 5. 陶鼎 6. 陶豆

（二）遗物

编号器物 6 件（组）（图 3 - 10）。

M4∶1，陶罐。竖置。泥质灰胎灰陶。侈口，鼓腹，平底。高 12.0 ~ 12.2、口径 8.3 ~ 8.7、底径 6.8 ~ 6.9 厘米（彩版 3 - 102）。

M4∶2，陶盘。圈足朝西侧置。泥质灰胎灰陶。敞口，厚唇，坦腹，矮圈足。圈足断茬不正，利用豆改制而成。高约 3.9 ~ 4.6、口径 23.8 ~ 23.9、圈足径 12.4 厘米（彩版 3 - 104）。

M4∶3，陶盆。竖置，其上叠压红胎黑皮陶片，可能是盆盖残片。泥质灰褐胎灰陶。敞口，唇外翻，沿下一侧有圆形小镂孔，折腹，下腹斜收，内凹底。高 4.3 ~ 5.1、口径 20.0 ~ 20.2、底径约 9.2 ~ 10.2 厘米（彩版 3 - 105）。

M4∶4，石钺。所绘为出土时朝上面。朽烂甚，沁蚀呈黄褐色，表皮剥蚀严重，呈片状剥落，朝下面保存略好，泥岩。整器呈"凤"字形。双面管钻孔，孔内径 2.19 ~ 2.21、所绘面外径 2.38、另面外径 2.45 ~ 2.55 厘米。双面弧刃。高约 16.9、复原上宽约 10.5、复原刃宽约 11.9、最厚约 1.3 厘米（彩版 3 - 103）。

M4∶5*，陶鼎（含器盖）。竖置。均粗泥红陶。盖纽为歪把形，盖径约 16 厘米。鼎翻沿，浅腹，腹部一周凸脊，脊面上有按捺，凸脊下安装凿形足，足中横截面呈扁椭圆形。口径约 16.2 厘米。

M4∶6，陶豆。泥质灰胎灰陶。敞口，坦腹，圈足外撇。高 8.8 ~ 9.5、口径约 19.7、圈足径 11.3 ~ 11.7 厘米（彩版 3 - 106）。

M5

（一）概述

M5 位于 M2 东侧，铲刮平面时两墓同时发现（彩版 3 - 107）。发掘之前制订了"集体作业，随时记录"、"隔梁式下挖"等计划后，于 2009 年 5 月 14 日正式清理，至 5 月 19 日清理完毕。

墓穴开口高度 -1.67 米 ~ -1.70 米，墓口南北长 3.30、东西宽约 1.45 米，自凹弧的墓底至墓口深 1.10 米。墓穴东南角被一置放陶大口缸的 0.6 米 × 0.65 米的小坑打破，该小坑东、南两边坑线清晰，打破 M5 的坑线不甚清晰，应与 M5 葬具倒塌之后，填土和封土下陷有关（图 3 - 11）。

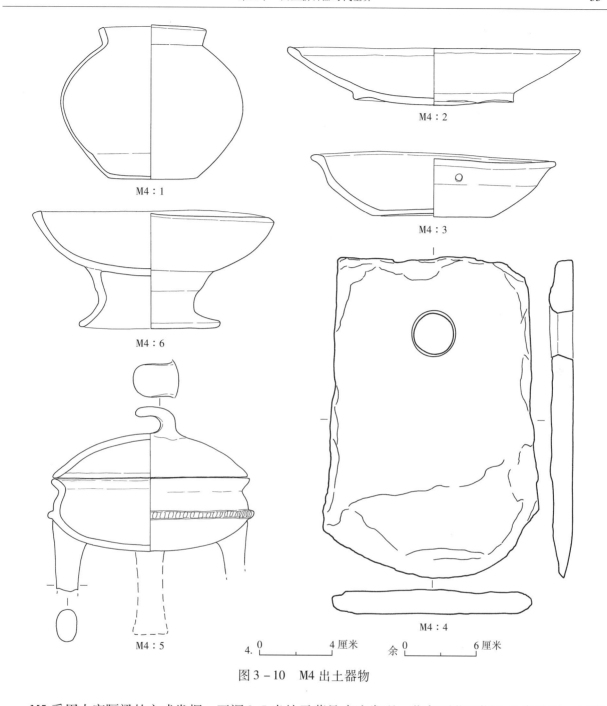

图 3 - 10　M4 出土器物

　　M5 采用十字隔梁的方式发掘，至深 0.5 米处无葬具痕迹发现。墓穴西北至深 0.6 米处时，红陶罐首先出露，遂继续在平面上铲刮观察，发现整体呈长方形的框形葬具痕迹，框形痕迹为棕褐色黏性土，宽 8～10 厘米，框形葬具南北长 2.6、东西宽 1.05～1.15 米。随后，先局限于这一长方形的框形痕迹内清理，发现所有的随葬品均在此范围内，一些器物紧贴于此框的内壁（彩版3 - 108～112）。

　　M5 横剖面可以分为八层（彩版3 - 113）：

　　第①层，黄褐色土，夹杂少量陶片、红烧土颗粒等，为墓葬填土；

　　第②层，棕褐色淤泥，质地紧密，甚黏，应是木质葬具朽烂后的遗存；

　　第③层，棕褐色土，黏性，质地紧密，也即平面出露的框形葬具痕迹；

　　第④层，灰白色的多层次的淤泥，应是原先有空间存在，多次淤积后的遗存；

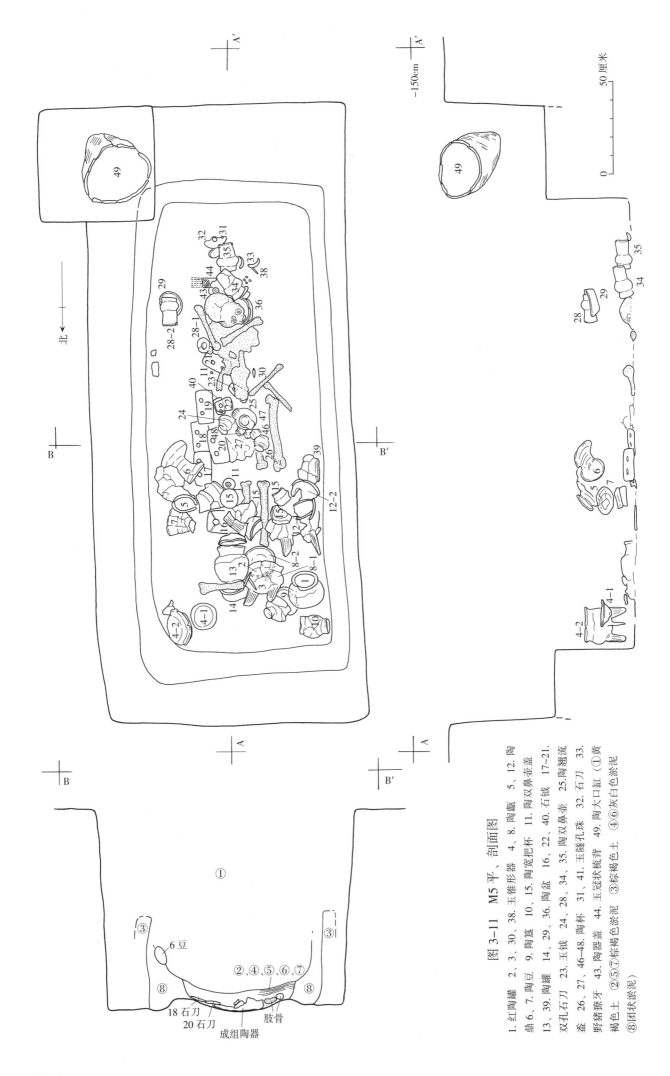

图 3-11 M5 平、剖面图

1. 红陶罐 2、3、30、38. 玉锥形器 4、8. 陶瓶 5、12. 陶鼎 6、7. 陶豆 9. 陶簋 10、15. 陶宽把杯 11. 陶双鼻壶盖 13、39. 陶罐 14、29、36. 陶盆 16、22、40. 石钺 17~21. 双孔石刀 23. 玉钺 24、28、34、35. 陶双鼻壶 25. 陶翘流 盉 26、27、46~48. 陶杯 31、41. 玉隧孔珠 32. 石刀 33. 野猪獠牙 43. 陶器盖 44. 玉冠状梳背 49. 陶大口缸 （①黄 褐色土 ②⑤⑦棕褐色淤泥 ③褐色淤泥 ④⑥灰白色淤泥 ⑧团块状淤泥）

第②、③、④层野外发掘时原本归属同一层，经过对比、甄别，确认这一堆积还可以细分小层。一些报告中称呼为"板灰"的只是个暂称，实际上可分为有空间的淤泥淤积和葬具朽烂后的痕迹两类①，野外往往将前者混入进了后者。

第⑤层，同第②层；

第⑥层，局部的灰白色淤泥，并包含于棺内的随葬品和墓主骨骸；

第⑦层，同第②层，仅局部可辨一定的厚度；

第⑤、⑦层野外分层，经多次甄别，应该呈"⊃"形，是独木凹弧底葬具（棺）受压挤扁后的遗存。

第⑧层，团状淤泥堆积，也即凹弧棺下部与椁之间的堆积，可能原先叠垫了部分木头。

通过对 M5 葬具"板灰"性状的读识，并结合随葬品的出土状况，可以基本判定随葬品在棺内、外，或棺椁之间的位置。

位于棺椁之间的有：位于墓室东侧的 M5∶4 陶瓿（含器盖）、M5∶7 陶豆、M5∶5 陶鼎、M5∶6 陶豆、M5∶28 陶双鼻壶和 M5∶29 陶盆；位于墓室西侧的 M5∶10 陶宽把杯（含器盖）、M5∶1 红陶罐、M5∶15 陶宽把杯（含器盖）和 M5∶12 陶鼎（含器盖）（图 3 - 12）。

0　　　　　　　　50 厘米

图 3 - 12　M5 分属于不同埋藏层次的随葬品

1. 红陶罐　2、3、30、38. 玉锥形器　4、8. 陶瓿　5、12. 陶鼎　6、7. 陶豆　9. 陶簋　10、15. 陶宽把杯　11. 陶双鼻壶盖　13、39. 陶罐　14、29、36. 陶盆　16、22、40. 石钺　17～21. 双孔石刀　23. 玉钺　24、28、34、35. 陶双鼻壶　25. 陶翘流盉　26、27、46～48. 陶杯　31、41. 玉隧孔球　32. 石刀　33. 野猪獠牙　37. 长玉管　42. 玉珠　43. 陶器盖　44. 玉冠状梳背　45. 玉管珠串　49. 陶大口缸　50. 玉管

---

① 葬具朽烂后的堆积性状观察颇为棘手，在发掘 M6 时，通过对墓主骨骸下方凹弧棺堆积的甄别，得以确认。M6 由于遭受了暴雨水浸，不得已先保全随葬品的平面分布情况，然后再进行横剖面观察，但却得到了意外的收获。凹弧棺底板残存厚约 4 厘米，由呈海绵状的棕褐色淤泥组成，是木质纤维朽烂后还未受到过多的外力挤压而逐渐淤积形成，有别于因为空间的存在而形成的灰白色层状淤泥，这也是小兜里良渚文化墓葬中木质葬具朽烂后"板灰"的基本特征。

　　M5：4 陶瓿（含器盖），瓿体正置，紧贴框形葬具的内壁，口沿局部碎裂下落。盖位于瓿的一侧，内面朝上。倒塌时，要有一定的空间才会有如此的下落状态（彩版 3 – 114）。

　　M5：6、M5：7 陶豆均为 M5：5 陶鼎所压，前者向东倾倒，在横剖面上很难解释它原来位于的层次，推测棺椁之间纵向的狭长空间内，底部可能另有木头叠垫。

　　M5：7 陶豆的倾倒和碎片散落情况值得一提。豆圈足由东向西倾倒，豆盘碎片却跌落在墓穴的中部，豆盘碎片外壁朝上，与豆圈足拼接处高差逾 10 厘米，豆盘碎片还另为 M5：15 陶宽把杯所压，又说明在葬具倒塌时这一部位的空间非常宽裕（彩版 3 – 115）。

　　M5：10 陶宽把杯如同 M5：6 陶豆，均向框形内壁倾倒，或许可以说明棺椁之间由于凸弧形棺盖的弧度致使部分随葬陶器倾倒，并随着葬具的倒塌向不同方向倾侧。

　　M5：15 陶宽把杯除了上文提到的盖体下落、碎片叠压 M5：7 陶豆盘片外，本身杯体也四分五裂，如果说原先是呈正置状态位于棺椁之间的话，那么葬具倒塌之后，似乎整体向墓穴中部翻了个跟头而碎裂，圈足底部朝上且分离、盖体位移且内面朝上，碎片之间的高差最大达 13 厘米。

　　M5：28 陶双鼻壶位于 M5：29 陶盆内，M5：29 陶盆正置，紧贴框形葬具内壁，盆底与确认的棺底有近 20 厘米的高差。另外，位于墓主右肩部位的陶双鼻壶盖很有可能与 M5：28 陶双鼻壶配伍，如是，那么两者之间的高差就达 30 厘米。

　　M5 葬具结构和倒塌过程复原示意，以及一些陶器的倒塌示意如图 3 – 13A、B。

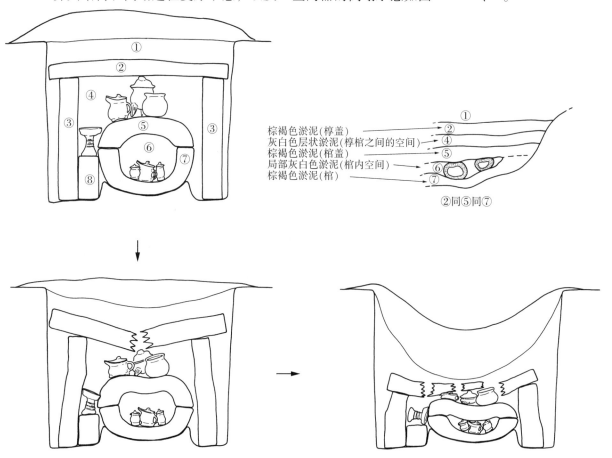

图 3 – 13A　M5 葬具结构和倒塌过程复原示意图

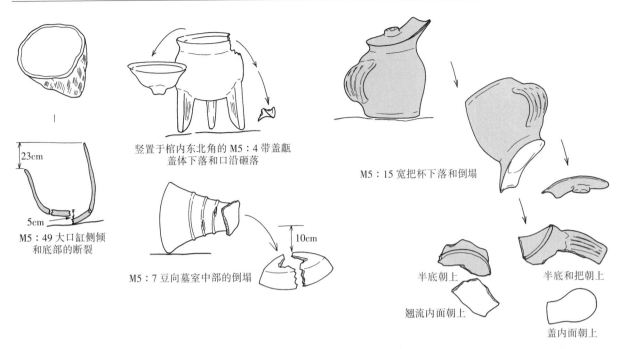

竖置于棺内东北角的 M5：4 带盖甗
盖体下落和口沿砸落

23cm

5cm

M5：49 大口缸侧倾
和底部的断裂

M5：7 豆向墓室中部的倒塌

10cm

M5：15 宽把杯下落和倒塌

半底朝上

半底和把朝上

翘流内面朝上

盖内面朝上

图 3 – 13B　M5 一些陶器的倒塌示意图

　　M5 墓主骨骸保存尚可，但是位移较大。如：墓主下颌骨位于头骨上方，头骨又下滑至交叉的上臂骨处，尺骨和桡骨完全不在正常位置，下肢骨基本保持原样，略偏移，可能与叠压下肢部位的随葬陶器数量多、相对较为稳定有关。若将头骨往北移动作复原丈量，墓主骨骸长在 1.50 ~ 1.6 米之间。由于骨质酥松，野外对左股骨和右胫、腓骨进行了测量（图 3 – 14）。室内整理清理头骨时，又剥剔出七枚较为完整的牙齿（彩版 3 – 116）。

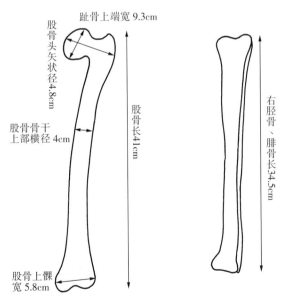

趾骨上端宽 9.3cm

股骨头矢状径 4.8cm

股骨干上部横径 4cm

股骨长 41cm

右胫骨、腓骨长 34.5cm

股骨上髁宽 5.8cm

图 3 – 14　M5 墓主下肢骨的测量数据

（二）遗物

　　编号器物 59 件（组），其中陶器 33 件（组）、石器 9 件、玉器 16 件（组）、牙器 1 组（图3 – 15A ~ L）。

M5∶1，红陶罐。是最早出露的随葬品，由北向南微微侧倾，整器基本完整，口沿一侧原本残缺。泥质黄褐胎红陶，表皮有剥蚀。侈口，沿外卷，沿面有一周戳刺纹样，各以两个符号为中心有序展开。鼓腹，腹部有数道彼此不平行的凹弦纹。平底微内凹。高 18.9～19.2、口径 15.1～15.3、底径约 11.5 厘米（彩版 3－117）。

M5∶2，玉锥形器。与 M5∶3 玉锥形器是最早出露的玉器，两者呈交叉状叠压倾倒的 M5∶8 陶甗（含器盖），应该是陶甗倾倒后锥形器才下落叠压的。沁蚀呈白色，局部有黄褐色沁，透闪石。横截面近圆形，锥体一侧留有片切割痕，端部有榫，榫上有双向桯钻穿孔，残损。残长 5.12、直径 0.68 厘米（彩版 3－118）。

M5∶3，玉锥形器。沁蚀呈白色，局部有黄褐色沁，透闪石。横截面近圆形，端部有榫，榫上有双向桯钻穿孔。长 5.97、直径 0.72 厘米（彩版 3－120）。

M5∶4，陶甗（含器盖）。甗身竖置，紧贴葬具内壁，口沿一侧断裂后翻转滚落至甗足部位，彼此落差 23 厘米，甗盖内面朝上，位于甗身一侧，与甗口沿落差 10 厘米。两者均为夹砂红褐胎红陶，盖面局部有黑色烟炱。桥形盖纽。盖高 7.25、盖径 15.1～15.3 厘米。甗侈口，厚唇，垂腹，内壁有一周隔档，注水孔残损。鱼鳍形足，足横截面外侧较宽，有一宽带状凸起，足两面均有同向刻划，一足外侧下部刻划“×”形符号。通高 18.1～18.5、甗身高 11.9～12.3、口径 15.7～16.4 厘米（彩版 3－119）。

M5∶5，陶鼎。向北倾倒，叠压 M5∶6、M5∶7 陶豆。夹砂红褐胎红陶。侈口，口沿内壁的中部折隆起，形成双凹弧。垂腹。鱼鳍形足，足横截面外侧较宽，足两面均有同向刻划，一足下部刻划“V”形符号。通高 22.9～23.6、鼎身高 15.6～16.3、口径约 14.4 厘米（彩版 3－121）。

M5∶6，陶豆。豆盘朝东倾倒。泥质灰褐胎黑皮陶，豆圈足表皮多剥蚀。敞口，唇微外翻，折腹，折腹部位微内凹。圈足中部偏上饰三组凸弦纹，每组由两周凸弦纹构成，两周凸弦纹之间按戳两个扁椭圆形镂孔，上下两组对应，中组错位分布。圈足外撇。高 16.3～17.2、口径约 19.3、圈足径约 15.2 厘米。

M5∶7，陶豆。豆圈足朝东倾倒，豆盘碎片散落于棺内中部，局部为 M5∶15 陶宽把杯盖叠压，豆盘碎片外壁朝上，与豆圈足高差逾 10 厘米。泥质灰褐胎黑皮陶。敞口，折腹，折腹部位微内凹。圈足中部偏上饰三组凸弦纹，每组由两周凸弦纹构成，上组和中组的两周凸弦纹之间按戳错位分布的扁椭圆形镂孔各三个。圈足外撇。高 16.3～16.5、口径 17.2～17.4、圈足径 13.9～14.2 厘米（彩版 3－122）。

M5∶8，陶甗（含器盖）。朝南倾倒，盖为甗口沿所压，内面朝上。两者均为夹砂灰褐胎黑皮陶。桥形盖纽，盖内面中心留有拉坯旋痕。盖高 6.3、盖径 17.6～18.0 厘米。甗侈口，直腹，腹内壁中部偏下有隔档，隔档下有一注水孔。鱼鳍形足，足横截面扁平，厚度较均匀。足两面均有细密的八字形斜刻划，近足跟部位间或按戳。通高 23.6～24.1、甗身高 15.7～16.4、口径 17.9～18.3 厘米（彩版 3－123）。

M5∶9，陶簋（含器盖）。位于 M5∶1 红陶罐下，红陶罐压簋口沿局部，由西向东倾倒。盖为泥质灰胎黑皮陶，表皮有剥蚀。杯形盖纽，盖内面有拉坯痕。盖高 6.9～7.1、盖径 15.3～15.5 厘米。簋为泥质灰褐胎黑皮陶，表皮多剥蚀。子母口，子口内敛微上翻，沿外侧设三个近等分的竖穿小鼻，下腹折收。圈足微外撇，圈足中上部饰两周凹弦纹，上、下凹弦纹内共按戳八个不等分

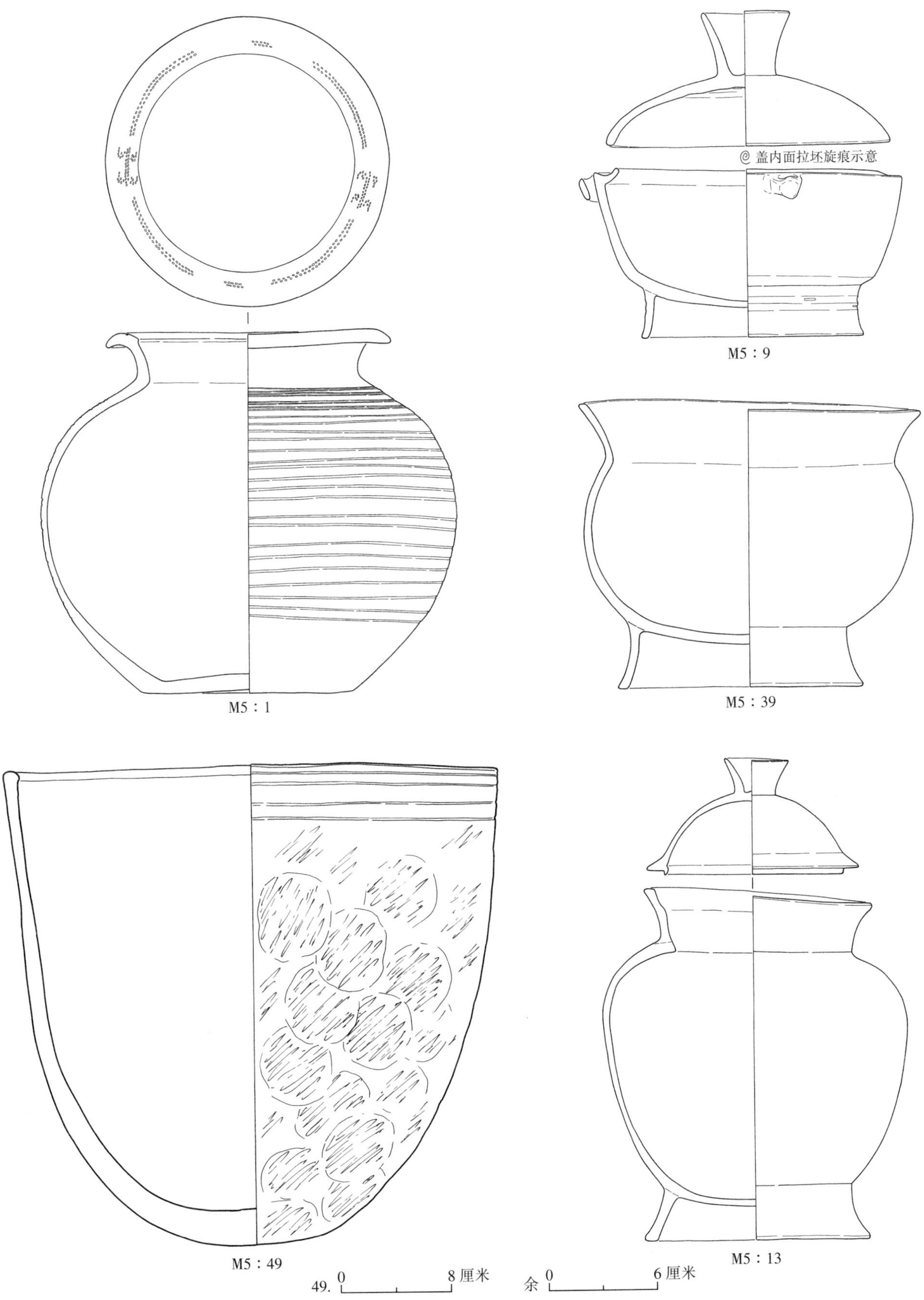
盖内面拉坯旋痕示意
M5：9
M5：1
M5：39
M5：49
M5：13
49. 0 8厘米
余 0 6厘米

图3－15A　M5出土陶器

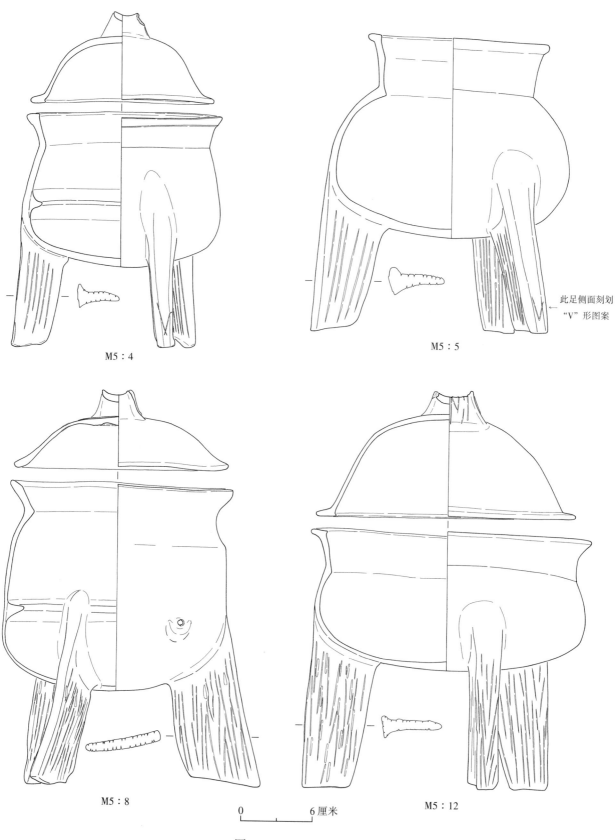

M5 : 4

M5 : 5

此足侧面刻划
"V"形图案

M5 : 8

M5 : 12

0   6厘米

图 3 - 15B   M5 出土陶器

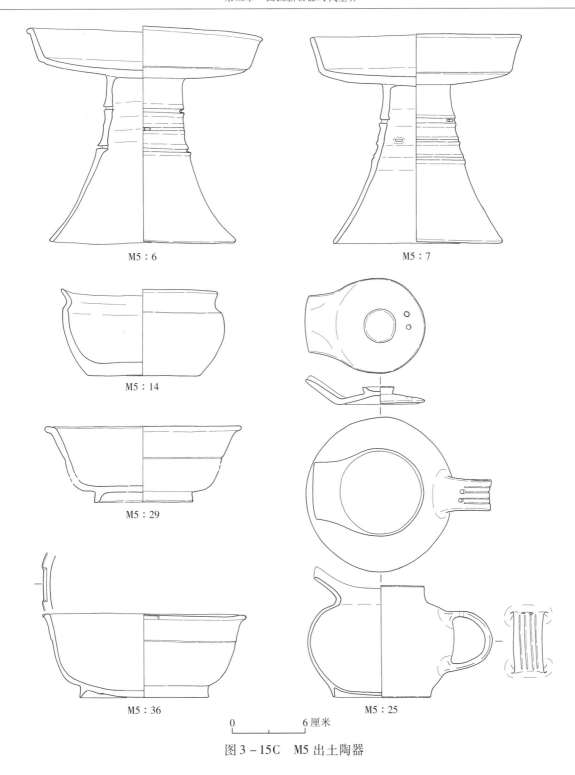

M5：6　　　　　　　　　　　　　　M5：7

M5：14

M5：29

M5：36　　　　　　　　　　　　　　M5：25

0　　　　　　6厘米

图 3 – 15C　M5 出土陶器

的扁椭圆形镂孔，呈上下错落状，大多未穿透。簋高 8.6 ~ 9.0、口径 14.3 ~ 14.5、圈足径 11.9 ~
12.1 厘米（彩版 3 – 124）。

　　M5：10，陶宽把杯（含器盖）。位于葬具内西北角，倾倒，流口朝西，宽把朝下，杯体出露一
面有砸击点，整器已被压碎。杯体出露最高点标高 -241.5 厘米，相应墓底 -266 厘米，高差逾 20
厘米。两者均为夹细砂黄褐胎黑皮陶。浅碟形盖纽，盖一侧箕形上翘。盖高 3.6、盖长径 13.6、
短径 9.8 厘米。杯一侧作箕形宽翘流，微束颈。与翘流相对的一侧按贴半环形宽把，把上端有两

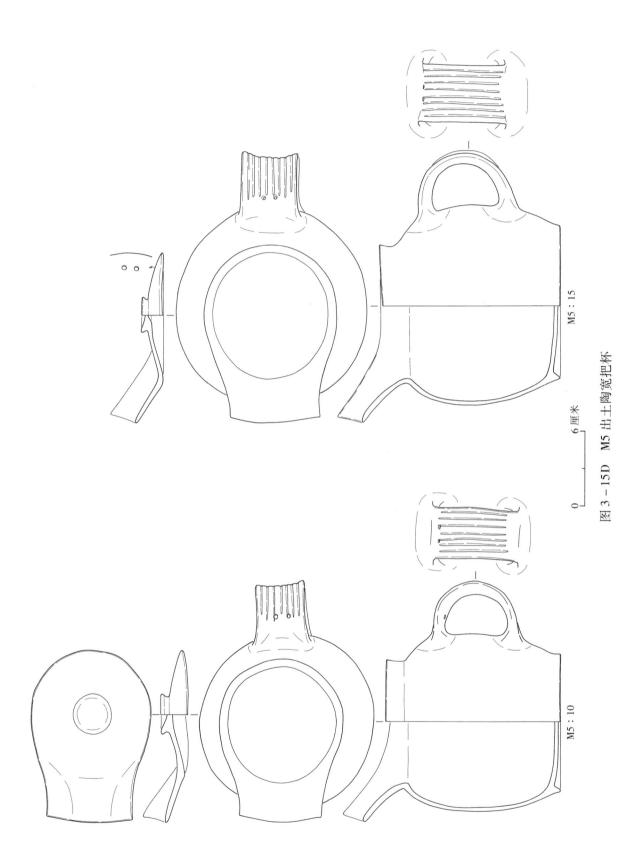

M5 : 15

M5 : 10

0   6厘米

图 3 - 15D M5 出土陶宽把杯

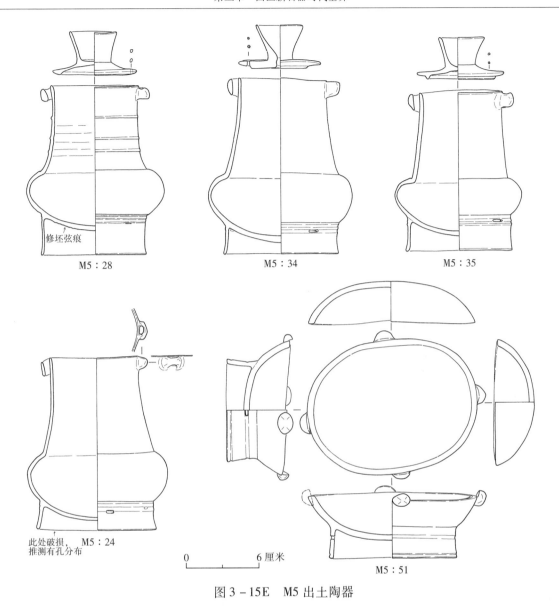

M5：28

M5：34

M5：35

修坯弦痕

此处破损，　M5：24
推测有孔分布

0　　　　　　6厘米

M5：51

图 3 – 15E　M5 出土陶器

个相距约 0.7 厘米的小圆孔，其下刻划七条竖向凹槽。矮圈足。杯高 17.8、流宽 6.8、把宽 3.9 ~
4.0、腹径 14.1 ~ 14.5、圈足径 10.9 ~ 11.1 厘米（彩版 3 – 125）。

　　M5：11，陶双鼻壶盖。盖纽朝上，配伍关系不明。泥质灰胎灰陶。喇叭形盖纽，盖面近平，
近盖缘有两个相距约 0.2 厘米的孔。盖内面有线切割痕。盖高 3.4 ~ 3.6、盖径 6.9 ~ 7.0 厘米（彩
版 3 – 126）。

　　M5：12，陶鼎（含器盖）。口沿朝南倾倒，盖位于口沿下，盖内面朝上。两者均为夹砂黄褐胎
红陶，表皮有剥蚀。桥形盖纽，纽面有斜向刻划。盖高 10.1、盖径 20.8 ~ 21.1 厘米。鼎侈口，宽
沿面，浅盆形腹。鱼鳍形足，横截面外侧较宽，足两面及外侧均有八字形和“V”形刻划，足一
面还间或按戳。通高 19.9 ~ 20.6、鼎身高 10.6 ~ 11.2、口径 21.8 ~ 22.8 厘米（彩版 3 – 127）。

　　M5：13，陶罐（含器盖）。口沿朝南倾倒，圈足部位被一横向的动物肢骨叠压。盖为泥质灰褐
胎黑皮陶。喇叭形盖纽，盖纽中心有乳突，子母口盖。盖高 5.9 ~ 6.1、盖径 11.5 ~ 11.6 厘米。罐
为夹砂红褐胎黑皮陶，表皮多剥蚀。侈口，口沿内壁中部微隆起，形成双凹弧，与 M5：5 陶鼎口

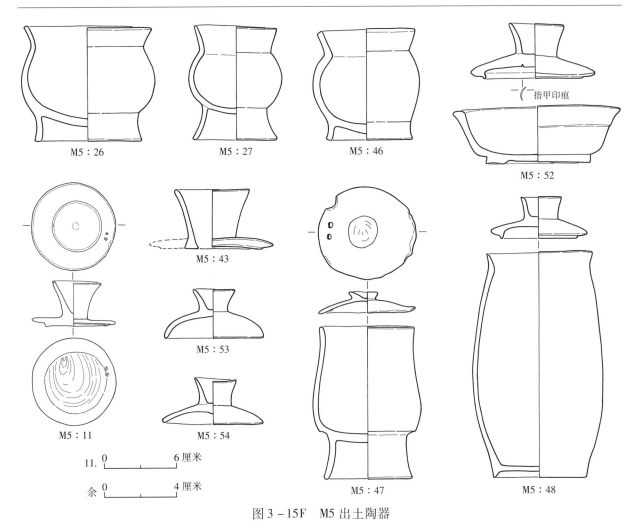

M5：26　M5：27　M5：46　M5：52

指甲印痕

M5：43

M5：11　M5：53

M5：54

11. 0 　　　　6 厘米

余 0 　　　　4 厘米

M5：47　M5：48

图 3 - 15F　M5 出土陶器

沿特征一致。耸肩，圈足外撇。高 17.6 ~ 18.5、口径 12.2 ~ 12.5、圈足径 12.1 ~ 12.4 厘米（彩版 3 - 128）。

M5：14，陶盆。覆置。泥质黄褐胎红陶。整器略变形，侈口，斜弧腹，平底。高 6.4 ~ 7.1、口径 12.8 ~ 13.0、底径约 9.2 ~ 9.5 厘米（彩版 3 - 129）。

M5：15，陶宽把杯（含器盖）。除了盖体下落、叠压 M5：7 陶豆盘局部外，杯体也四分五裂，其中杯圈足断裂分散在两处，圈足朝上，一片圈足叠压内面朝上的杯体，宽把另外脱落。M5：15 碎片分布范围最大约 45×30 厘米，最大高差约 15 厘米（图 3 - 16）。盖为夹细砂灰褐胎黑皮陶。浅碟形盖纽，盖一侧作箕形上翘与杯体翘流相合，另一侧有两个相距约 0.6 厘米的小圆孔与宽把上的孔对应。盖高约 4.4、盖长径约 13.5、短径 10.0 厘米。杯为夹细砂灰黄胎黑皮陶。一侧作出箕形宽翘流，微束颈。与翘流相对的一侧按贴半环形宽把，把上端有两个相距约 0.6 厘米的小圆孔，其下刻八条竖向凹槽。矮圈足。杯高 18.2、流宽 7.4、把宽 4.6、腹径 15.9、圈足径 11.9 ~ 12.2 厘米（彩版 3 - 130）。

M5：16，石钺。位于 M5：13 陶罐（含器盖）南部下方，平置，刃部朝西，刃部为 M5：15 陶宽把杯残片所叠压，但两者间隔多层淤泥，石钺出露标高 -272.5 厘米，与宽把杯残片出露高度相差达 10 厘米（彩版 3 - 131）。所绘为出土时朝上面。灰绿色夹杂少量灰白色纹路，石质细腻，泥岩。顶端经修磨微弧凸，局部留有制作时的琢打疤痕。钺两面孔周均留有朱痕，所绘面保存相对

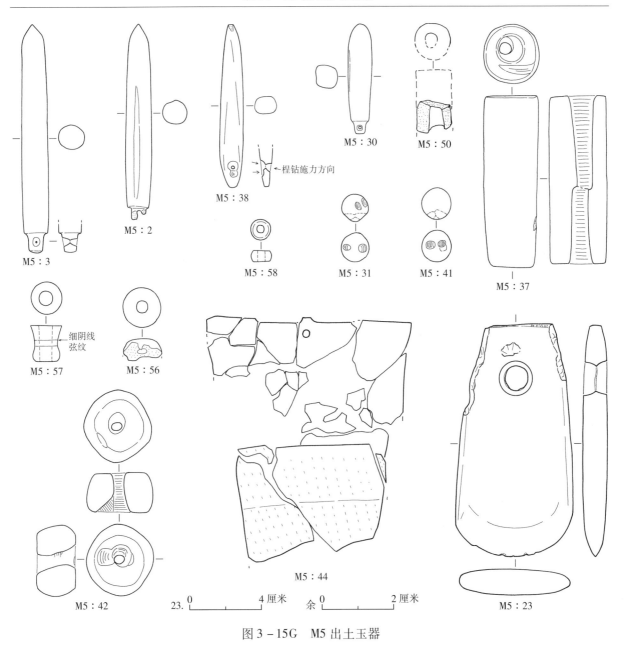

M5：30

M5：50

M5：2

M5：3

捏钻施力方向

M5：38

M5：58

M5：31

M5：41

M5：37

细阴线
弦纹

M5：57

M5：56

M5：44

M5：42

23. 0　　　　4 厘米　　余 0　　　2 厘米

M5：23

图 3 - 15G　M5 出土玉器

较多，孔壁也可见朱痕。双向管钻孔，孔壁不见管钻所留旋痕，但留有管钻台痕。孔内径 2.43 ~
2.49、所绘面外径 2.92 ~ 2.93、另面外径 2.82 ~ 2.83 厘米。双面弧刃。高 16.1、上宽 11.0、刃宽
12.7、最厚 1.05 厘米（彩版 3 - 132）。

　　M5：17 ~ 21，双孔石刀。M5：17、20、19 的局部分别叠压 M5：18，墓主肢骨和脊椎骨局部压
M5：21。斜边梯形的双孔石刀 M5：17 ~ 19，纵向有序排列，而 M5：20、21 刚好相反（彩版 3 -
133）。

　　M5：17，双孔石刀。青灰色，出土时朝上面局部有灰白色纹路，泥岩。整器扁薄，近斜梯形，
顶端经修磨较平直，局部留有琢打疤痕。两面近顶端微斜刹，有斜向打磨痕，其下有一条较为平
直的细刻阴线。两个双向管钻孔，其中朝上面左侧孔缘距刀侧约 5.0 厘米，内径 1.94、朝上面外
径 2.11、另面外径 2.12 厘米；右侧孔缘距刀侧约 4.95 厘米，内径 1.94、两面外径均 2.13 厘米。
双面刃，刃部平直，刃脊线清晰。长边高约 9.4、短边高 8.5、最高 9.5、刃宽 19.5、最厚 0.6 厘

图 3 - 15H M5 出土玉管珠串（M5:45）

米（彩版 3 - 134）。

M5:18，双孔石刀。青灰色，出土时朝上面局部有灰白色纹路，泥岩。整器扁薄，近斜梯形，顶端两侧有片切割痕，端面有斜向打磨痕，中间留有少量琢打疤痕。顶端较为平直，两面近顶端微斜刹，有斜向打磨痕，有一条较为平直的不明显的细刻阴线。两个双向管钻孔，其中朝上面左侧孔缘距刀侧 4.86 厘米，另面孔壁旋痕呈交叉叠压状，内径 1.85~1.90、朝上面外径 2.08、另面外径 2.09 厘米；右侧孔缘距刀侧 4.94 厘米，其两面孔壁有明显的数周凹旋痕，凹旋痕上下直径有别，可能管钻过程中曾换过钻具。右侧孔内径 1.84~1.87、朝上面外径 2.07、另面外径 2.11 厘米。双面刃，刃部平直，刃脊线较为清晰，刃部两侧转角有崩缺。长边高 9.7、短边高 8.6、最高 9.85、刃宽 18.75、最宽 19.35、最厚 0.67 厘米（彩版 3 - 135）。

M5:19，双孔石刀。所绘为出土时朝上面。青灰色，局部有灰白色纹路，泥岩。整器扁薄，

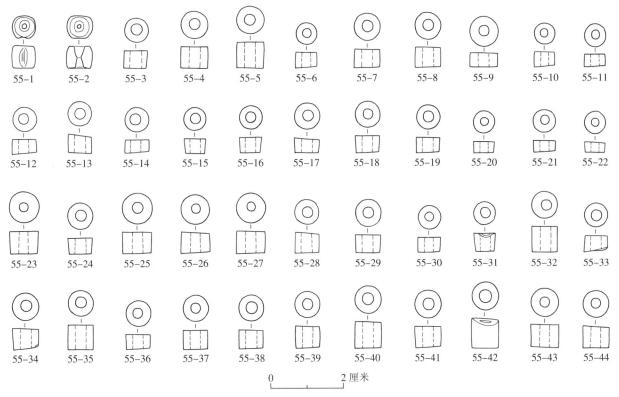

图 3 - 15I　M5 出土玉管串（M5∶55）

近斜梯形，顶端经修磨较平直，局部尚留有琢打疤痕。两面近顶端略斜刹，有斜向打磨痕，其下部有一条较为平直的细刻阴线，局部打磨痕超过阴线。两个双向管钻孔，孔壁有明显的数周凹旋痕，其中左侧孔缘距刀侧 4.91 厘米，内径 1.89、所绘面外径 2.09、另面外径 2.14 厘米；右侧孔缘距刀侧 4.83 厘米，内径 1.91、所绘面外径 2.11、另面外径 2.11 厘米。双面刃，刃部平直，刃脊线清晰。长边高 9.7、短边高 7.6、最高 9.8、刃宽 19.1、最厚 0.62 厘米（彩版 3 - 136）。

　　M5∶20，双孔石刀。所绘为出土时朝上面。青灰色，局部有灰白色纹路，泥岩。整器扁薄，近斜梯形，顶端经修磨，局部尚留有琢打疤痕。两面近顶端略斜刹，且有打磨痕，其下有一条较为平直的细阴线，所绘面较清晰。阴线下方有两个双向管钻孔，其中左侧孔缘距刀侧 5.0 厘米，内径 1.86~1.90、所绘面外径 2.17、另面外径 2.03~2.05 厘米；右侧孔缘距刀侧 4.91 厘米，内径 1.93~1.94、所绘面外径 2.16、另面外径 2.09 厘米。双面刃，刃部平直，刃脊线清晰，所绘刃部右侧转角有崩缺。长边高 9.4、短边高 7.55、最高 9.8、刃宽 18.85、最宽 19.2、最厚 0.59 厘米（彩版 3 - 137）。

　　M5∶21，双孔石刀。所绘为出土时朝上面。深灰色夹杂灰白色点，角岩。整器近斜梯形，顶端面略经修磨，留有琢打疤痕。两个双向管钻孔，其中所绘左侧孔缘距刀侧 4.08 厘米，内径 1.52~1.59、所绘面外径 1.97、另面外径 1.84 厘米；右侧孔缘距刀侧 4.06 厘米，内径 1.55~1.61、所绘面外径 2.01、另面外径 1.87 厘米。双面刃，刃部平直，所绘左侧转角有崩缺，经修磨也成刃部。长边高约 7.3、短边高 7.15、最高 9.15、刃宽 16.6、最厚 1.02 厘米（彩版 3 - 138）。

　　M5∶22，石钺。出土时刃部朝西，出露标高 -270 厘米。所绘为出土时朝上面。灰白色夹杂青灰色斑，质地坚硬，砾岩。整器较为厚重，横截面呈扁椭圆形。顶端经修磨弧凸。双向琢打孔，

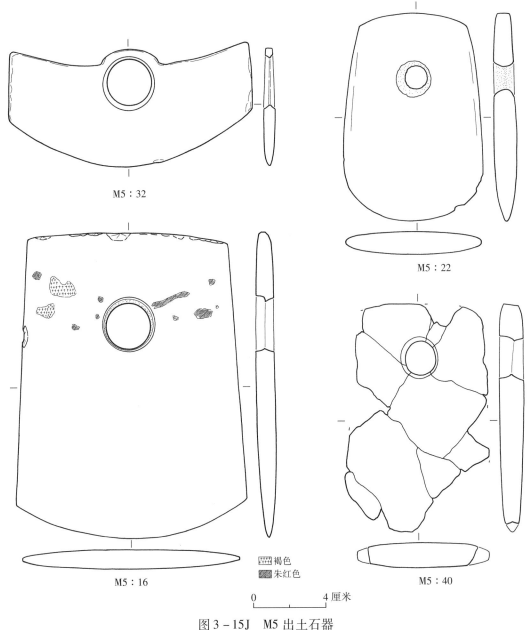

M5：32

M5：22

▦ 褐色
▨ 朱红色

0　　　　　4 厘米

M5：16

M5：40

图 3－15J　M5 出土石器

孔壁可见琢打小凹点。孔内径 1.21～1.23、所绘面外径 1.85～1.86、另面外径 1.93～2.0 厘米。双面弧刃，刃部有崩缺，崩缺在所绘的另一面。高 10.96、上宽 5.9、刃宽 7.6、最厚 1.20 厘米（彩版3－139）。

　　M5：23，玉钺。出土时刃部朝西南，局部为墓主盆骨所压，出露标高 － 271.5 厘米。所绘为出土时朝上面。沁蚀呈白色，蛇纹石。横截面呈扁椭圆形，上端经修磨平整，上部两侧均有打缺，所绘左侧相对甚。双向管钻孔，孔内径 1.35、两面外径均 1.8 厘米。双面弧刃，刃部有崩缺，崩缺在另一面。高 12.3、上宽 3.7、刃宽 6.47、最厚 1.3 厘米（彩版 3－140）。

　　M5：24，陶双鼻壶。口沿朝北倾倒。泥质灰褐胎黑皮陶。直口，沿两侧按贴竖向小鼻，高领内收，圆鼓腹，圈足。圈足近腹部饰两周凹弦纹，下组凹弦纹下按戳数个扁椭圆形镂孔。高 13.7～13.8、口径 7.3～7.5、圈足径 9.2～9.8 厘米（彩版 3－141）。

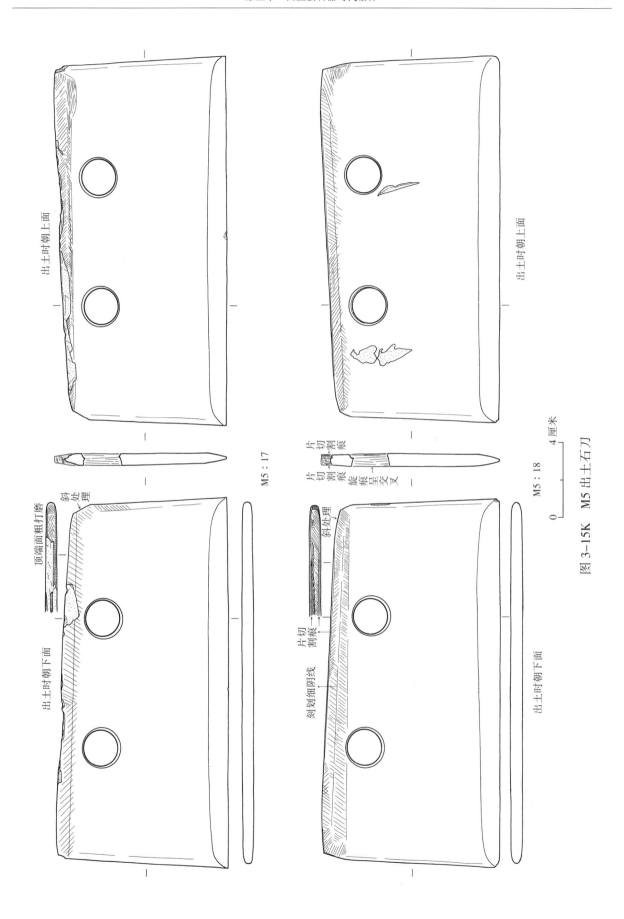

出土时朝上面

M5：17

出土时朝上面

M5：18

出土时朝下面

顶端面粗打磨

斜处理

出土时朝下面

斜处理

刻刻细阴线

片切割痕

片切割痕

片切割痕

片切割痕呈交叉

0 4 厘米

图 3-15K M5 出土石刀

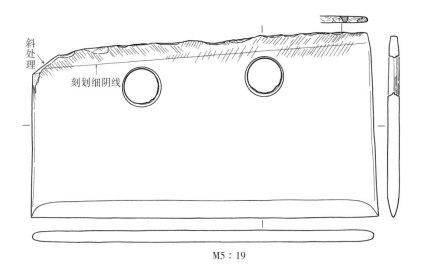

M5：19

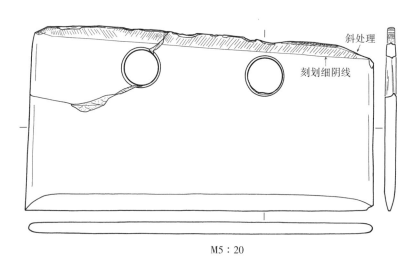

M5：20

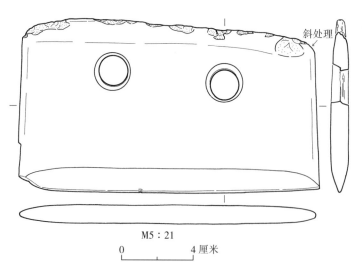

M5：21

0   4 厘米

图 3 - 15L　M5 出土石刀

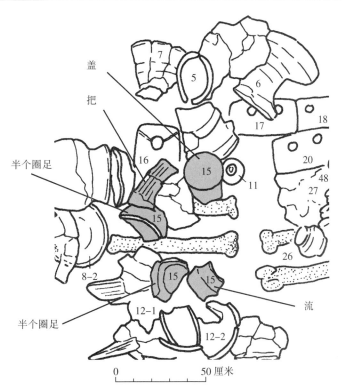

图 3-16 M5:15 陶翘流盉碎片散落图

M5:25，陶翘流盉（含器盖）。正置，流口朝西北，碎裂甚。盖为夹细砂黄褐胎黑皮陶，陶质与杯体有异，且盖径比杯口径略大。浅碟形盖纽，盖一侧作箕形上翘与翘流相合，另一侧有两个相距约 0.6 厘米的小圆孔与宽把上的孔对应。盖高 2.3、盖长径 9.8、短径 7.5 厘米。杯为夹细砂灰褐胎黑皮陶。侈口，一侧作箕形宽翘流，圆鼓腹。与翘流相对的一侧按贴半环形宽把，把上端有两个相距约 0.3 厘米的小圆孔，其下刻划四条竖向凹槽。矮圈足。杯高 10.6、流宽 4.5、把宽 2.3~2.7、腹径 11.9~12.1、圈足径 7.4~8.0 厘米（彩版 3-144）。

M5:26，陶杯。口沿朝北倾倒。泥质灰褐胎黑皮陶。侈口，圆鼓腹，圈足微外撇。高 6.0~6.1、口径 6.9~7.0、圈足径 5.8 厘米（彩版 3-142）。

M5:27，陶杯。泥质灰褐胎黑皮陶。侈口，领较高，圆鼓腹，圈足外撇。高 5.9~6.1、口径 4.6~4.8、圈足径 4.4~4.6 厘米（彩版 3-143）。

M5:28，陶双鼻壶（含器盖）。位于墓室东南侧，壶体向北倾倒，位于 M5:29 陶盆内，紧贴葬具西侧内壁，壶盖位于西北斜下方，盖纽朝上，壶体最高点标高 -243.5 厘米，盖体标高 -268.5 厘米，彼此高差达 25 厘米（彩版 3-145）。盖为泥质灰胎黑皮陶。杯形盖纽，近盖缘一侧有两个相距 0.5 厘米的孔。盖高 3.4~3.5、盖径 6.9 厘米。壶为泥质灰胎灰陶。直口，口沿外侧按贴竖向小鼻，高领中部饰三周凸弦纹，圆鼓腹。圈足近腹部刻数周凹弦纹，凹弦纹下按戳四个近等分的短、深的凹痕。壶高 13.3~13.5、口径 6.9~7.2、圈足径 8.5~8.7 厘米（彩版 3-146）。

M5:29*，陶盆。正置，盆内有 M5:28 陶双鼻壶，盆底高度距墓室中底部（棺底）近 20 厘米。泥质褐胎黑皮陶。碎裂甚，不能整体修复。敞口，口沿外展，腹部一周凹弦纹，矮圈足。高约 6、口径约 16、圈足径约 8 厘米。

M5：30，玉锥形器。锥尖朝北，标高 -271.5 厘米。浅绿色，局部有白沁，透光，透闪石。形体粗短，横截面近圆形，顶端圆弧，器表一侧留有片切割痕，端部有榫，榫上有双向桯钻孔。长2.86、直径 0.64 厘米（彩版 3 - 147）。

M5：31，玉隧孔珠。位于 M5：32 石刀南侧。沁蚀呈白色，透闪石。近球形，正面留有两处切割痕，背面有一个隧孔，隧孔以两侧略斜向桯钻对穿。外径 0.68 ~ 0.77 厘米（彩版 3 - 148）。

M5：32，石刀（"耘田器"）。刀背朝南，刃部局部为 M5：35 陶双鼻壶（含器盖）所压（彩版3 - 149）。所绘为出土时朝上面。沁蚀呈灰黄色，夹杂灰白色小点，泥岩。整器扁薄，表皮局部有剥落。上部中央有半圆形凸起，双向管钻孔。孔内径 2.46、所绘面外径 2.78、另面外径 2.79 厘米。两翼上翘，肩部及两侧局部留有琢打疤痕。双面弧刃。高 6.35、宽 13.46、最厚 0.62 厘米（彩版 3 - 150）。

M5：33，野猪獠牙，一组。朽烂甚，有 2 件剥剔得较为清楚，标高 -269.5 厘米，其中 1 件压M5：38 玉锥形器，该锥形器很有可能与成组野猪獠牙一起卯销在某种载体上作为头饰。

M5：34，陶双鼻壶（含器盖）。紧邻墓主头骨南侧，壶体向东南倾倒，压 M5：35 陶双鼻壶圈足，盖体位于壶体圈足下方，侧竖。盖为泥质灰胎灰陶。喇叭形盖纽，盖纽底部与盖底有孔穿透，盖面近平，一侧有两个相距约 0.45 厘米的孔。盖高 3.4、盖径 6.6 ~ 6.7 厘米。壶为泥质灰褐胎黑皮陶，表皮有剥蚀。口沿外侧按贴竖向小鼻，斜直颈内收，圆鼓腹。圈足近腹部饰两周凹弦纹，下组凹弦纹内按戳五个近等分的扁椭圆形镂孔。壶高 13.7 ~ 13.9、口径 6.8 ~ 7.3、圈足径 9.2 ~9.4 厘米（彩版 3 - 151）。

M5：35，陶双鼻壶（含器盖）。为 M5：34 陶双鼻壶所压，壶体向南倾倒，盖体位于壶体东侧，内面朝上，压 M5：32 石刀。盖为泥质灰胎黑皮陶。杯形盖纽，盖面一侧有两个相距 0.5 厘米的孔。盖高 3.3、盖径 7.2 厘米。壶为泥质灰胎灰陶。斜直口，口沿外侧按贴竖向小鼻，长颈内收，圆鼓腹。圈足近腹部有两周凹弦纹，上组凹弦纹下按戳数个扁椭圆形镂孔，均未穿透。壶高 12.5 ~12.8、口径 6.8 ~ 6.9、圈足径 8.8 厘米（彩版 3 - 152）。

M5：36，陶盆。由西向东侧倾，墓主头骨局部于盆内，在室内修复时陶盆内还出土玉管珠，已统一编号 M5：55，共 44 件。敞口，唇外翻，沿外侧设四个近等分的长方形凹缺，斜弧腹，上腹部饰一周折痕，矮双圈足。高 6.4 ~ 6.7、口径 15.9 ~ 16.9、圈足径 10.5 ~ 10.6 厘米（彩版 3 -153）。

M5：37，长玉管。位于墓主头骨下方。浅绿色有白沁，透光，透闪石。圆柱体，端面转折较圆润，两端面均留有程度不同的切割痕。双向管钻孔，孔壁可见旋痕，近中部有错位台痕。孔内径约 0.31 厘米。高 4.5、外径 1.47 ~ 1.58 厘米（彩版 3 - 156）。

M5：38，玉锥形器。位于成组野猪獠牙的其中 1 枚之下。浅黄绿色，有白沁，透光，透闪石。横截面呈椭圆形，顶端略歪斜，端部不出榫，其上有双向桯钻穿孔，所绘面在穿孔之下还有一个桯钻凹痕。长 4.26、最大直径 0.63 厘米（彩版 3 - 159）。

M5：39，陶罐。口沿朝西倾倒，紧贴于葬具西壁，局部为 M5：12 陶甗（含器盖）所压。泥质灰褐胎黑皮陶，表皮有剥蚀。侈口外翻，圆鼓腹，圈足外撇。高 14.4 ~ 15.2、口径 18.2 ~ 18.7、圈足径 12.9 ~ 13.4 厘米（彩版 3 - 154）。

M5：40，石钺。叠压在 M5：22 石钺下方。灰黑色，砂质结构酥松，粉砂岩。碎裂，朽烂甚

（彩版 3 - 160）。顶端微弧凸。双向管钻孔，孔内径 1.7 ~ 1.8、所绘面外径 2.05 ~ 2.25、另面外径 2.0 ~ 2.1 厘米。双面弧刃。残高 11.99、复原上宽约 7.0、复原刃宽约 7.9、最厚 1.32 厘米（彩版 3 - 161）。

　　M5：41，玉隧孔珠。位于 M5：21 双孔石刀北侧。浅黄绿色，叶蜡石（？）。圆球形，一侧隧孔开口面经打磨较平整，隧孔以两侧略斜桯钻对穿。外径 0.82 ~ 0.85 厘米（彩版 3 - 157）。

　　M5：42，玉珠。位于 M5：40 石钺下，隧孔朝下。浅绿色有白沁，透光，透闪石。整体呈鼓形，平面方中带圆。外壁一侧与所绘上端面转折处留有凹痕。双向桯钻孔，孔内径 0.37 厘米。所绘下端面左侧有一斜向桯钻痕，与穿孔相连，所绘穿孔开口面右侧可见另一斜向桯钻痕，可能是制作隧孔失败后改制，或者是隧孔珠使用破损后改制。高 1.1、最大外径 1.89 厘米（彩版 3 - 158）。

　　M5：43，陶器盖。位于墓主头骨南侧下方。泥质灰胎灰陶。盖面残缺三分之二。杯形盖纽，盖纽底部与盖底相通，盖面近平，盖缘局部微上翘。高 3.2、盖径约 6.8 厘米（彩版 3 - 155）。

　　M5：44，玉冠状梳背（含梳）。位于墓主头骨南侧，上叠压有墓主下颌骨，横置。梳已朽烂，为深黄色的象牙材质（彩版 3 - 162、163）。整器扁平，下部梳齿残缺，仅存上部，有交叉菱形刻纹。梳近顶端 1.5 厘米处较下端凸起略厚，顶端为凹槽状卯与梳背榫部相合。梳残高约 3.1、最宽约 4.15、最厚约 0.35 厘米。冠状梳背沁蚀呈白色，石膏状，碎裂残缺，透闪石。整器略呈上大下小的倒梯形，顶端中部内凹切割为介字形冠，其下有双向桯钻孔。两侧边斜内凹弧收，下端转角内凹。近底端切磨为扁榫，榫部情况不明。两者残高约 6.5、冠状梳背高约 3.7、上端宽约 5.7、最厚约 0.3 厘米。冠状梳背一侧还有 1 件管珠（彩版 3 - 164）。

　　M5：45，玉管珠串。位于墓主头骨下方，除 M5：37 长玉管单独编号外，余统一起取，现场未编小号，野外判断是以 M5：37 长玉管为主体串系的管珠串（彩版 3 - 165）。

　　共计 66 件。未注明者均为叶蜡石，管钻孔（彩版 3 - 166 ~ 170）。

　　M5：45 - 1，墨绿色夹杂灰黄色斑及黑色小点，局部有少量白沁，润泽，透闪石。圆柱体，外壁一侧留有切割痕，所绘上端面留有线切割痕。双向桯钻孔，孔内径 0.1 厘米。高 2.26、外径 1.09 ~ 1.17 厘米（彩版 3 - 166）。

　　M5：45 - 2，黄色有白沁，透光，透闪石。鼓形，外壁一侧留有切割痕。双向桯钻孔，孔内径 0.17 厘米。高 0.70、外径 0.64 ~ 0.67 厘米。

　　M5：45 - 3，深褐色。算珠形。孔内径 0.18 厘米。高 0.20、外径 0.56 厘米。

　　M5：45 - 4，褐色。算珠形。孔内径 0.20 厘米。高 0.29、外径 0.52 厘米。

　　M5：45 - 5，褐色。算珠形。孔内径 0.16 厘米。高 0.31、外径 0.53 厘米。

　　M5：45 - 6，深褐色。算珠形。孔内径 0.18 厘米。高 0.23、外径 0.57 厘米。

　　M5：45 - 7，深褐色。算珠形。双向桯钻孔，孔内径 0.15 厘米。高 0.32、外径 0.51 厘米。

　　M5：45 - 8，褐色。算珠形。孔内径 0.20 厘米。高 0.32、外径 0.54 厘米。

　　M5：45 - 9，褐色。算珠形。孔内径 0.17 厘米。高 0.34、外径 0.53 厘米。

　　M5：45 - 10，深褐色。算珠形。孔内径 0.17 厘米。高 0.32、外径 0.53 厘米。

　　M5：45 - 11，深褐色。算珠形。孔内径 0.20 厘米。高 0.29、外径 0.57 厘米。

　　M5：45 - 12，深褐色。算珠形。孔内径 0.12 厘米。高 0.23、外径 0.54 厘米。

M5：45－13，褐色。算珠形。孔内径 0.18 厘米。高 0.27、外径 0.56 厘米。

M5：45－14，深褐色。算珠形。孔内径 0.18 厘米。高 0.30、外径 0.56 厘米。

M5：45－15，褐色。算珠形。孔内径 0.18 厘米。高 0.26、外径 0.56 厘米。

M5：45－16，褐色。算珠形。孔内径 0.19 厘米。高 0.30、外径 0.55 厘米。

M5：45－17，褐色。算珠形。孔内径 0.18 厘米。高 0.23、外径 0.56 厘米。

M5：45－18，褐色。算珠形。孔内径 0.18 厘米。高 0.22、外径 0.55 厘米。

M5：45－19，褐色。算珠形。孔内径 0.14 厘米。高 0.24、外径 0.54 厘米。

M5：45－20，深褐色。算珠形。孔内径 0.15 厘米。高 0.23、外径 0.55 厘米。

M5：45－21，深褐色。算珠形。孔内径 0.18 厘米。高 0.26、外径 0.55 厘米。

M5：45－22，深褐色。算珠形。孔内径 0.15 厘米。高 0.24、外径 0.55 厘米。

M5：45－23，深褐色。算珠形。孔内径 0.16 厘米。高 0.23、外径 0.55 厘米。

M5：45－24，深褐色。算珠形。孔内径 0.20 厘米。高 0.27、外径 0.55 厘米。

M5：45－25，深褐色。算珠形。孔内径 0.18 厘米。高 0.26、外径 0.56 厘米。

M5：45－26，褐色。圆柱体。孔内径 0.28 厘米。高 0.45、外径 0.70 厘米。

M5：45－27，褐色。圆柱体，竖截面呈梯形。孔内径 0.30 厘米。高 0.60、外径 0.65～0.66 厘米。

M5：45－28，青绿色，透光，有裂纹，萤石。鼓形。双面桯钻孔，孔内径 0.26 厘米。高 0.73、外径 0.88～0.89 厘米（彩版 3－168）。

M5：45－29，黄色有白沁，透光，透闪石。整体呈球形。此孔壁修磨甚好，未见旋痕，更无错位台痕，无法确定钻孔工艺。孔内径 0.33 厘米。高 1.21、外径 1.30～1.31 厘米（彩版 3－168）。

M5：45－30，黄绿色有白沁，透光，透闪石。鼓形。双面桯钻孔，孔内径 0.18 厘米。高 0.68、外径 0.69～0.70 厘米（彩版 3－168）。

M5：45－31，褐色。圆柱体，竖截面近梯形。孔内径 0.29 厘米。高 0.47、外径 0.72 厘米。

M5：45－32，褐色。圆柱体，外壁微内凹。双向管钻孔，孔壁内有错位痕，孔内径 0.32 厘米。高 1.15、外径 0.68～0.69 厘米。

M5：45－33，褐色。圆柱体。双向管钻孔，孔壁内有错位痕，孔内径 0.32 厘米。高 1.23、外径 0.65～0.67 厘米。

M5：45－34，褐色。多边形圆柱体，外壁有横向打磨痕。双向管钻孔，孔壁内错位痕明显，孔内径 0.34 厘米。高 1.38、外径 0.67～0.69 厘米。

M5：45－35，深褐色。圆柱体。所绘上端孔的开口面呈椭圆形，孔内径 0.31 厘米。高 0.76、外径 0.81～0.82 厘米。

M5：45－36，褐色。圆柱体，竖截面呈梯形。孔内径 0.29 厘米。高 0.56、外径 0.68 厘米。

M5：45－37，深褐色。圆柱体，竖截面呈梯形。孔内径 0.29 厘米。高 0.55、外径 0.78 厘米。

M5：45－38，褐色。圆柱体。孔内径 0.30 厘米。高 0.61、外径 0.78～0.79 厘米。

M5：45－39，褐色。圆柱体。双向管钻孔，孔壁内错位痕明显，孔内径 0.30 厘米。高 0.93、外径 0.81 厘米。

M5:45-40，褐色。圆柱体，竖截面略呈梯形。孔内径0.31厘米。高0.67、外径0.81厘米。

M5:45-41，褐色，润泽。圆柱体，竖截面呈梯形。孔内径0.29厘米。高0.65、外径0.76厘米。

M5:45-42，深褐色。圆柱体。孔内径0.30厘米。高0.75、外径0.89~0.90厘米。

M5:45-43，深褐色。圆柱体，外壁中部微鼓。孔内径0.29厘米。高0.49、外径0.78厘米。

M5:45-44，深褐色。圆柱体，外壁中部微鼓。孔内径0.30厘米。高0.67、外径0.81厘米。

M5:45-45，褐色。圆柱体，竖截面呈梯形。孔内径0.29厘米。高0.55、外径0.79厘米。

M5:45-46，深褐色。圆柱体，竖截面近梯形。孔内径0.30厘米。高0.64、外径0.81厘米。

M5:45-47，褐色。圆柱体，竖截面近梯形。孔内径0.30厘米。高0.58、外径0.80~0.81厘米。

M5:45-48，褐色。圆柱体，竖截面略呈梯形。孔内径0.29厘米。高0.53、外径0.77~0.78厘米。

M5:45-49，深褐色。圆柱体，外壁中部微鼓。孔内径0.32厘米。高0.64、外径0.86厘米。

M5:45-50，褐色，润泽。圆柱体。双向管钻孔，孔壁内错位痕明显，孔内径0.30厘米。高0.92、外径0.81厘米。

M5:45-51，深褐色。圆柱体，外壁中部微鼓，局部留有打磨痕。孔内径0.31厘米。高0.78、外径0.89厘米。

M5:45-52，深褐色。圆柱体，外壁局部留有打磨痕。孔内径0.31厘米。高0.74、外径0.81~0.85厘米。

M5:45-53，褐色。圆柱体。孔内径0.30厘米。高0.60、外径0.80厘米。

M5:45-54，深褐色。圆柱体，横竖截面近梯形。孔内径0.31厘米。高0.78、外径0.89厘米。

M5:45-55，深褐色。圆柱体，外壁局部留有打磨痕。孔内径0.32厘米。高0.82、外径0.92厘米。

M5:45-56，深褐色夹杂黄白色斑。圆柱体，竖截面略呈梯形。孔内径0.31厘米。高0.87、外径0.90厘米。

M5:45-57，深褐色。圆柱体。孔内径0.32厘米。高0.85、外径0.84厘米。

M5:45-58，深褐色。圆柱体，外壁局部留有打磨痕。孔内径0.31厘米。高0.74、外径0.91厘米。

M5:45-59，褐色。圆柱体。孔内径0.29厘米。高0.72、外径0.82厘米。

M5:45-60，墨绿色夹灰黄色斑及黑色小点，局部有少量白沁，润泽，透闪石。圆柱体，外壁一侧留有切割痕。双向桯钻孔，孔内径0.14厘米。高2.27、外径1.05~1.12厘米（彩版3-167）。

M5:45-61，沁蚀呈白色，石膏状，透闪石。鼓形。双向桯钻孔，孔内径约0.13厘米。高1.13、外径1.19~1.23厘米。

M5:45-62，沁蚀呈白色，石膏状，透闪石。鼓形。无法确定钻孔工艺，孔内径0.26厘米。高1.09、外径0.91~0.94厘米。

M5:45-63，沁蚀呈白色，石膏状，透闪石。圆柱体，外壁与端面转折圆弧。双向桯钻孔，孔内径约 0.16 厘米。高 1.08、外径 0.82 ~ 0.95 厘米。

M5：45 – 64，沁蚀呈白色，石膏状，透闪石。鼓形。无法确定钻孔工艺，孔内径约 0.18 厘米。高 0.99、外径 0.87 ~ 0.96 厘米。

M5：45 – 65，沁蚀呈白色，石膏状，透闪石。鼓形。无法确定钻孔工艺，孔内径 0.19 厘米。高 0.49、外径 0.48 厘米。

M5：45 – 66，沁蚀呈浅褐色，残。圆柱体。孔内径 0.28 厘米。高 0.53、外径 0.75 厘米。

M5：46 ~ 48，均为杯，口沿朝东倾倒。

M5：46，陶杯。泥质褐胎黑皮陶。侈口，圆鼓腹，圈足微外撇。高 5.8 ~ 5.9、口径 5.3、圈足径 4.7 厘米（彩版 3 – 172）。

M5：47，陶杯（含器盖）。盖为夹细砂灰胎黑皮陶。浅碟形盖纽，盖缘一侧微上翘，另一侧有两个相距约 0.3 厘米的小圆孔，此盖可能为翘流盉或翘流杯的盖改制。盖高 1.2、盖径 4.8 ~ 5.3 厘米。杯为泥质灰褐胎黑皮陶，表皮多剥蚀。直口微外翻，腹下垂，高圈足微外撇。杯高 8.0、口径 5.1 ~ 5.2、圈足径 4.8 厘米（彩版 3 – 173）。

M5：48，陶杯（含器盖）。盖为泥质灰褐胎黑皮陶。杯形盖纽，子母口。盖高 2.2、盖径 5.2 厘米。杯为夹细砂灰胎芯，其外为泥质灰褐胎衣，最外为黑皮。侈口，深弧腹，矮圈足。高 11.8 ~ 11.9、口径 5.7、圈足径 5.1 ~ 5.2 厘米（彩版 3 – 174）。

M5：49，陶大口缸。M5 墓穴填埋封土后再在东南角开挖小坑置放大口缸，由于葬具倒塌，填土和封土下陷，致使这一小坑的坑底难以辨识，大口缸也由东南向西北侧倾，口沿两端高差达 23 厘米。大口缸底部断裂，碎片错位 5 厘米，碎片内底最深处标高 –223.5 厘米。整器略有变形，并非受墓穴挤压所致。夹粗砂红褐胎红陶，内外壁均施有灰白色陶衣，外壁相对比内壁涂抹匀称，外壁的涂层局部还另有灰黑色陶衣残留，性质不明。口部微外敞，口沿外壁有不甚明显的凹弦纹，其下拍印粗浅的篮纹，拍印单元大体呈近圆形，外径 5 ~ 6 厘米。大圜底。通高 33.5、口径 34.2 ~ 35.3、缸内深约 31.1 厘米（彩版 3 – 175）。

M5：50，玉管。位于 M5：49 陶大口缸内，距大口缸口沿 5 厘米深。沁蚀呈白色，朽烂甚，石膏状，透闪石。圆柱体，所绘上端孔开面呈椭圆形，下端残损。残高 1.64、最大外径 1.04 厘米（彩版 3 – 171）。

M5：51 ~ 54，室内整理时从纵向隔梁所在的随葬陶器堆中清理。

M5：51，陶盘（含器盖）。两者均为泥质黄褐胎黑皮陶。盖平面呈椭圆形，与盘体相合，穹隆状。盖高 3.4、长径 13.8、短径 10.0 厘米。盘平面也呈椭圆形。敞口，口沿外壁按贴四个对应的椭圆形半球状小錾，坦腹。圈足中部偏上饰一周凹弦纹，其内按戳四个对应的长方形镂孔，近圈足底部也饰一周凹弦纹。含錾高 5.1 ~ 5.7、盘体高 4.6 ~ 5.2、口长径约 14.0、口短径约 10.7、圈足长径约 10.7、圈足短径约 8.2 厘米（彩版 3 – 176）。

M5：52，陶盘（含器盖）。两者均为泥质黄褐胎黑皮陶。杯形盖纽，盖内面有一指甲印，盖面内收成矮圈足。盖高 2.9 ~ 3.0、盖径 6.7 ~ 6.8 厘米。盘敞口，唇微外翻，斜弧腹，腹部饰一周折痕，矮双圈足。盘高 2.9 ~ 3.1、口径 8.9 ~ 9.2、圈足径 5.6 ~ 5.7 厘米。盖径远小于盘口径，两者不一定配伍（彩版 3 – 177）。

M5：53，陶器盖。泥质灰褐胎黑皮陶，表皮多剥蚀。杯形盖纽，盖面弧收。高 2.6、盖径

5.5～5.6厘米（彩版3－178）。

M5∶54，陶器盖。泥质灰褐胎黑皮陶，表皮有剥蚀。杯形盖纽。高约2.3～2.5、盖径5.3～5.5厘米（彩版3－179）。

M5∶55，玉管串。位于M5∶36陶盆内，共计44件。除M5∶55－1、55－2为透闪石外，余均为叶蜡石，管钻穿孔，可见孔壁旋痕（彩版3－181）。

M5∶55－1，浅黄色有白沁，透光。鼓形，外壁面一侧留有片切割痕。双向桯钻孔，孔内径0.12厘米。高0.61、外径0.60～0.66厘米（彩版3－182）。

M5∶55－2，浅黄色有白沁，透光。鼓形，外壁面一侧留有片切割痕。双向桯钻孔，孔内径0.12厘米。高0.61、外径0.61～0.69厘米（彩版3－182）。

M5∶55－3，深褐色。孔径0.30厘米。高0.48、外径0.62～0.63厘米。

M5∶55－4，浅褐色。孔径0.26厘米。高0.60、外径0.73厘米。

M5∶55－5，深褐色。孔径0.26厘米。高0.72、外径0.74～0.75厘米。

M5∶55－6，浅黄褐色。孔径0.24厘米。高0.45、外径0.60厘米。

M5∶55－7，深褐色。孔径0.31厘米。高0.51、外径0.71厘米。

M5∶55－8，深褐色。孔径0.29厘米。高0.57、外径0.70～0.71厘米。

M5∶55－9，褐色。孔径0.29厘米。高0.40、外径0.77厘米。

M5∶55－10，褐色。孔径0.23厘米。高0.41、外径0.60～0.62厘米。

M5∶55－11，黄褐色。孔径0.23厘米。高0.33、外径0.60～0.61厘米。

M5∶55－12，深褐色，润泽。孔径0.28厘米。高0.42、外径0.68～0.70厘米。

M5∶55－13，深褐色。孔径0.29厘米。高0.52、外径0.65～0.66厘米。

M5∶55－14，深褐色。孔径0.28厘米。高0.36、外径0.65厘米。

M5∶55－15，深褐色。孔径0.28厘米。高0.39、外径0.58～0.60厘米。

M5∶55－16，褐色，润泽。孔径0.28厘米。高0.42、外径0.59厘米。

M5∶55－17，深褐色，润泽。孔径0.30厘米。高0.42、外径0.67～0.69厘米。

M5∶55－18，浅褐色。孔径0.26厘米。高0.48、外径0.66～0.67厘米。

M5∶55－19，深褐色。孔径0.30厘米。高0.42、外径0.66厘米。

M5∶55－20，浅褐色。孔径0.23厘米。高0.29、外径0.56厘米。

M5∶55－21，浅黄褐色。孔径0.23厘米。高0.31、外径0.58～0.59厘米。

M5∶55－22，浅黄褐色。孔径0.22厘米。高0.28、外径0.55厘米。

M5∶55－23，浅黄褐色。孔径0.26厘米。高0.60、外径0.78厘米。

M5∶55－24，深褐色。孔径0.31厘米。高0.46、外径0.67厘米。

M5∶55－25，深褐色。孔径0.29厘米。高0.60、外径0.78～0.79厘米。

M5∶55－26，褐色。孔径0.25厘米。高0.59、外径0.78厘米。

M5∶55－27，褐色。孔径0.25～0.26厘米。高0.65、外径0.79厘米。

M5∶55－28，深褐色。孔径0.28厘米。高0.57、外径0.66厘米。

M5∶55－29，紫褐色。孔径0.31厘米。高0.48、外径0.71厘米。

M5∶55－30，浅黄褐色。孔径0.23厘米。高0.41、外径0.62厘米。

M5∶55－31，深褐色。孔径 0.29 厘米。高 0.49、外径 0.60～0.61 厘米。

M5∶55－32，浅褐色。孔径 0.26～0.27 厘米。高 0.69、外径 0.71～0.72 厘米。

M5∶55－33，褐色。孔径 0.30 厘米。高 0.44、外径 0.67～0.68 厘米。

M5∶55－34，褐色。孔径 0.30 厘米。高 0.57、外径 0.71～0.73 厘米。

M5∶55－35，浅褐色，微透光。孔径 0.30 厘米。高 0.68、外径 0.68～0.69 厘米。

M5∶55－36，褐色，润泽。孔径 0.30 厘米。高 0.41、外径 0.66 厘米。

M5∶55－37，浅黄色。孔径 0.28 厘米。高 0.54、外径 0.68 厘米。

M5∶55－38，深褐色，润泽。孔径 0.31 厘米。高 0.53、外径 0.67 厘米。

M5∶55－39，深褐色，润泽。孔径 0.31 厘米。高 0.63、外径 0.68 厘米。

M5∶55－40，深褐色。孔径 0.31 厘米。高 0.72、外径 0.73～0.74 厘米。

M5∶55－41，浅褐色。孔径 0.29 厘米。高 0.56、外径 0.71～0.72 厘米。

M5∶55－42，深褐色，润泽。孔径 0.32 厘米。高 0.81、外径 0.74 厘米。

M5∶55－43，深褐色。孔径 0.26 厘米。高 0.63、外径 0.76 厘米。

M5∶55－44，褐色，微透光。孔径 0.26 厘米。高 0.61、外径 0.73 厘米。

M5∶56，玉珠。清理 M5∶27～48 器物时发现。沁蚀呈白色，石膏状，残损，透闪石。从仅剩的端面推测，原本整体呈鼓形。孔径 0.31 厘米。残高 0.59、外径约 1.1 厘米（彩版 3－183）。

M5∶57，玉珠。清理 M5∶27～48 器物时发现。沁蚀呈白色，石膏状，透闪石。整体呈喇叭形，中部束腰，并饰有两周凹弦纹。孔径约 0.32 厘米。高 0.92、外径 0.84～0.85 厘米。喇叭形管有时也作为端饰用（彩版 3－184）。

M5∶58，玉珠。位于 M5∶44 玉冠状梳背右侧。深褐色。算珠形。管钻孔，孔内径 0.22 厘米。高 0.31、外径 0.53 厘米。

M5∶59，陶器盖。位于 M5∶7 陶豆下。泥质黑皮陶。仅能辨认杯形盖纽（图略）（彩版 3－180）。

M6

（一）概述

M6 位于 M2 西侧，M5 和 M7、M8 依次清理完毕后，于 2009 年 6 月 2 日正式发掘 M6，发掘采取十字隔梁方式进行。6 月 3 日框形葬具痕迹和北部红陶盆出露，至 6 月 8 日基本清理完毕（彩版 3－185～187）。期间，6 月 5 日傍晚的强风豪雨吹翻了保护的毛竹棚子，致使墓穴内进水，墓穴受到了相当程度的破坏（彩版 3－188）。6 月 19 日，再次对墓葬结构进行了解剖式发掘。M6 的清理发掘受到了当地媒体的关注（彩版 3－189～191）。

M6 墓口出露时为深黄褐色土，墓坑线清晰（彩版 3－192）。正南北方向，墓穴开口南北长 3.2、东西宽 1.5～1.65 米，墓底至墓口深约 0.6 米，墓口高度 －1.75 米。距墓口深约 10 厘米处即出露棕褐色土的框形葬具痕迹，在下挖过程中，这一框形痕迹并不垂直，宽度也有很大的变化，符合葬具倒塌朽烂后的堆积性状。距墓口深约 24 厘米处，出露的框形痕迹除了西北角不明显之外，其余三角均向外突出，应该是葬具结构的体现（图 3－17；彩版 3－193～195）。

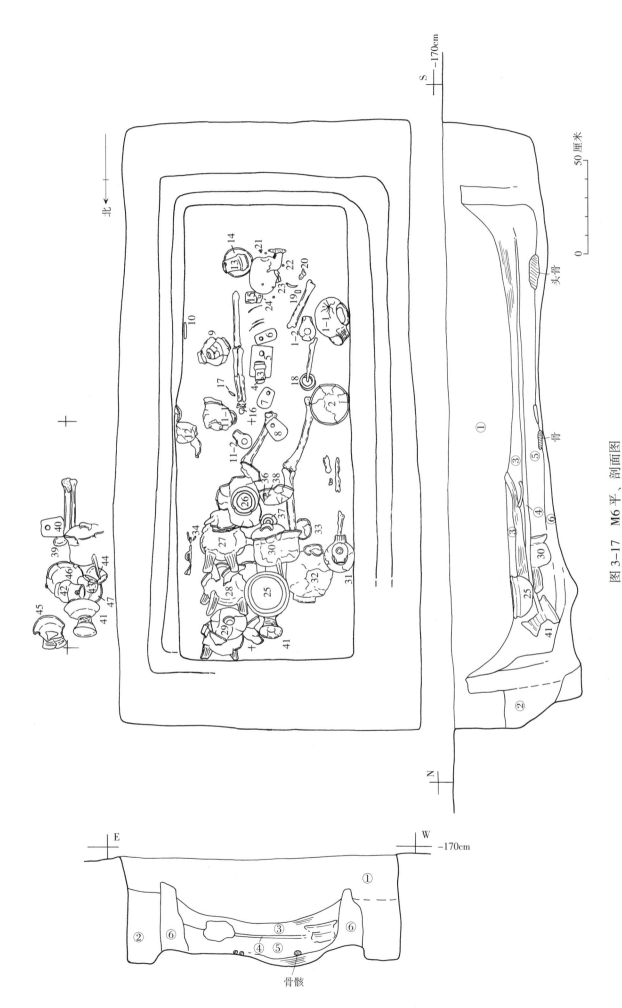

图 3-17　M6 平、剖面图

1、11、31. 陶翘流盉　2. 陶盘　3、9、13、42、43. 陶双鼻壶　4~8、10、40. 石钺　12、14. 陶盆　15. 玉钺　16、19、35. 玉管　17、36. 玉锥形器　18. 玉镯　20. 野猪獠牙　21. 玉管串　22. 玉隆孔　珠　23. 玉冠状梳背　24. 长玉管　25. 红陶管　26. 红陶盆　27、30. 红陶罐　28、29. 陶瓶　32. 陶罐　33、37~39、47. 陶器盖　34. 玉坠饰　41、45. 陶豆　44. 陶杯　46. 陶盘（①②深褐色土　③夹灰　白色淤泥的褐色土　④黄褐色土　⑤⑥棕褐色淤泥）

由于墓室遭受了浸泡，纵、横剖面没有保留完整。墓室东北部随葬了上、下两层陶器（彩版 3 - 196、197），其中下层陶器清理后的底面要低于墓室中部墓底 5 厘米，由于没有合适的剖面，这一部位随葬品与葬具之间的关系难以判断。

M6 墓坑内堆积分为六层（彩版 3 - 198 ~ 208）：

第①层，深褐色土，质地较纯净，含极少量小陶片和红烧土颗粒，是墓葬的填土和倒塌土；

第②层，深褐色土，质地较纯净，与第①层很难区分，是葬具外的填土；

第③层，夹杂层状灰白色淤泥的褐色土，其中层状灰白色淤泥的分布并不连贯，呈断续状，应该是葬具倒塌和葬具局部倒塌之后形成的堆积；

第④层，黄褐色土，质地非常纯净，厚约 2 厘米，呈水平状分布于葬具范围内，25 号红陶盆、26 号红陶罐和南部的层状灰白色淤泥叠压该层土；

第⑤层，棕褐色淤泥，其间出土随葬器物和墓主骨骸，应是葬具朽烂后的堆积；

第⑥层，棕褐色淤泥，与第⑤层多浑然一体，仅局部可辨，如墓主肢骨压盖层，该层应为葬具底朽烂后的残存。

M6 在清理过程中未留取完整的剖面，基本清理完内凹弧棺内底后，才继续留取剖面，确认了被墓主骨骸叠压的凹弧底葬具的遗存。细部可见在 4 厘米厚的凹弧形堆积中，由仅局部呈层状、总体呈断续蜂窝状的棕褐色土夹杂灰褐色土组成，其间未有层状的灰白色淤泥，是葬具朽烂之后"板灰"的基本性状（彩版 3 - 209）。

墓坑内竖状的棕褐色葬具痕迹，野外曾区分为椁和棺痕迹的残留（彩版 3 - 210）。通过对于墓底的解剖，大体确认 M6 为独木凹弧底棺，外套方形椁，部分随葬器物被摆放在棺椁之间（图 3 - 18；彩版 3 - 211 ~ 213）。

M6 南端部位第③层夹杂的层状灰白色淤泥为多次淤积形成，说明之前这一区域有过相当大的空间，夹杂在灰白色淤泥之间的薄薄的棕褐色土，可能是木质葬具朽烂之后渗入木质纤维内的淤土，该层土出露的标高为 - 210 厘米。M6 北端部位第③层夹杂的层状灰白色淤泥与 25 号红陶盆之间的关系是共存关系，也就是淤泥的形成与红陶盆所在的空间一致，而以上这些堆积又叠压第④层黄褐色土。这样，第③层内的层状灰白色淤泥的堆积极有可能是椁盖下、棺上的空间，也就是以 25 号红陶盆为代表的随葬器物原先应置放在棺和椁之间（彩版 3 - 214 ~ 218）。

夹杂在灰白色淤泥中的棕褐色土堆积，其性状值得关注，41 号陶豆倾倒，其北部该层堆积厚逾 10 厘米。在局部的 1 厘米的厚度中，灰白色淤泥和棕褐色土分别为二、四层，其间实际上还有一层呈小波浪状的灰褐色土。26 号红陶罐所在剖面亦然（彩版 3 - 219、220）。

9 号陶双鼻壶所在的埋藏情况略有区别，壶倾侧，其下叠压一层上下各有灰白色淤泥相夹的棕褐色土，厚 1 ~ 2 厘米。再下为厚约 7 厘米的层状棕褐色土，但无灰白色淤泥相夹。清理完该层后，墓主骨骸出露。这层厚约 7 厘米的堆积应该是这一区域棺盖的残存（彩版 3 - 221、222）。

3 号陶双鼻壶整体横置，壶体高度 - 203 厘米，壶腹径约 6.5 厘米，隔着厚约 7 厘米的"板灰"叠压 4 号和 5 号石钺，4 号石钺标高 - 217 厘米。足见葬具在倒塌朽烂过程中，这一"板灰"层仍具有较强的支撑力，遗憾的是器物修复时没有留意壶体内的淤泥是呈水平状的还是其他形状（彩版 3 - 223）。

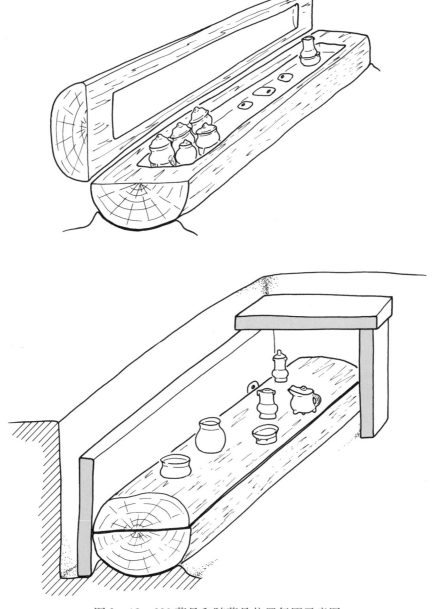

图 3-18　M6 葬具和随葬品位置复原示意图

1 号陶翘流盉口沿侧向框形葬具内壁，盉盖下落于一侧，彼此落差近 10 厘米，尤为重要的是，在盉体的一侧居然留有砸击点的疤痕和碎裂的放射线（彩版 3-224），如果排除下葬时有意的对于陶器的砸裂，只能说明这是葬具倒塌时有空间存在的结果（彩版 3-225）。在修复时还注意到现盉体内尚留有的淤泥为多层次的灰白色淤泥，与确认的“板灰”性状完全不同。

25 号红陶盆、26 号红陶罐均正置，下压的陶鼎、隔档甗均齐刷刷地由北向南互相叠压倾倒。红陶盆口沿完整，整器也完整，罐口沿有裂痕，整器压垮散裂，红陶盆器高不到 12 厘米，罐器高达 20 厘米（彩版 3-226）。与凹弧棺底的堆积完全一致的“板灰”土层叠压 25 号红陶盆口沿朝北的一侧，且“掉落”进红陶盆内，红陶盆内的堆积也非层状的灰白色淤泥，而是“板灰”。26 号红陶罐的南侧为灰白色淤泥所压，该层灰白色淤泥几乎贴近 25 号红陶盆。红陶盆和红陶罐口沿标高在 -210 厘米～-214 厘米。以上说明，红陶盆和红陶罐原先位于棺椁之间，红陶盆内的部分堆积应是椁盖板的遗痕，椁盖板的空间高度至少高于红陶罐的20厘米。红陶盆和罐叠压的鼎、甗互相挤压倾倒，又说明鼎、甗所在，原先也应该存在空间，这一空间就是棺内空间（彩版3-227、228）。

在起取25号红陶盆和26号红陶罐之后，也即棕褐色的板灰层和层状的灰白色淤泥层，其下叠压三件（组）陶鼎、甗，27、28、29号带盖陶鼎、甗呈互叠状由北向南倾倒，其中28号带盖鼎的盖体滑落于一侧，落差也有10厘米（彩版3-229）。在清理完这三件（组）陶器后，出露了层状的灰白色淤泥，并另有下层随葬陶器和墓主骨骸露头（彩版3-230~232）。在这三件（组）陶器出土状况中，彼此有序地由北向南倾倒，即29号⇒28号⇒27号，但是彼此的叠压却是27号⇒28号⇒29号。

通过对"板灰"堆积相的识读，并结合随葬器物的出土标高，至少有9件（组）陶器、1件石钺位于棺椁之间。它们分别是25号红陶盆、26号红陶罐、2号陶盘、1、11和31号陶翘流盉、3、9和13号陶双鼻壶以及紧贴框形葬具内壁的10号石钺（图3-18；彩版3-233）。

与墓主下肢骨骸同时露头的有叠压于下肢骨的40号石钺以及46号带盖陶簋等，在清理时发现，随葬陶器的高度低于墓穴的棺底，通过对于纵向剖面的解剖也可以基本确认，具体形成原因不明。

墓主骨骸基本完整，四肢略有错位，头骨翻转面向朝南，安插的玉冠状梳背残断也相应位移，应该因墓室内存在水的波动以及葬具倒塌砸击等原因所致。墓主四肢平面出露略有高差，如上肢标高约-227厘米，左下肢标高约-231厘米。若从墓主头骨南端丈量至右趾骨部位，总长约1.6米。墓主颅骨极其酥松，但基本保留原貌，颅骨内的淤积分为上、下两层，上层为多层状的灰白色淤泥，下层为质地纯净的棕褐色土，与"板灰"中的棕褐色土完全一致（彩版3-234~244）。

墓室西北部位呈纵向分布的骨骸，性质不明（彩版3-245）。

（二）遗物

编号器物47件（组），其中陶器27件（组）、石器7件、玉器12件（组）、牙器1组（图3-19A~K）。

M6:1，陶翘流盉（含器盖）。两者均为夹细砂黄褐胎黑皮陶，表皮有剥蚀。浅碟形盖纽，盖一侧作箕形上翘与翘流相合。盖高3.7、盖长径11.7、短径8.6厘米。盉侈口，一端作出箕形宽翘流，微束颈，圆鼓腹。与翘流相对的一侧按贴半环形宽把，把上刻多道不连续的竖线。器底按贴三个等分的矮锥形足。盉高16.8、流宽约5.8、把宽4.3~4.5、腹径约16.7厘米（彩版3-246）。

M6:2，陶盘。泥质灰胎灰陶。盘体有高低，略变形。敞口，唇微内卷，坦腹，圈足外撇。圈足中部偏上饰一周凹弦纹，其内按戳三个大致等分的近长方形镂孔。高7.1~8.1、口径19.8~20.3、圈足径14.1~14.2厘米（彩版3-247）。

M6:3，陶双鼻壶。泥质灰胎灰陶。直口外翻，口沿外侧按贴竖向小鼻，长颈内凹弧，折鼓腹，圈足外展，内底留有拉坯痕，外底中心有乳突。高9.0~9.4、口径5.6~5.9、圈足径4.7厘米（彩版3-248）。

M6:4，石钺。所绘为出土时朝上面。黄褐色夹杂青灰色斑点，质地坚硬，弱熔结角砾凝灰岩。整器较为厚重，横截面近扁椭圆形。顶端弧凸，经琢打修磨后较为平整。双向桯钻孔，孔开口处经修磨，甚大，呈不规则圆形。孔内径0.55~0.60、所绘面外径2.08~2.27、另面外径2.03~2.07厘米。双面弧刃。高9.1、上宽约3.95、刃宽约4.9、最厚2.03厘米（彩版3-249）。

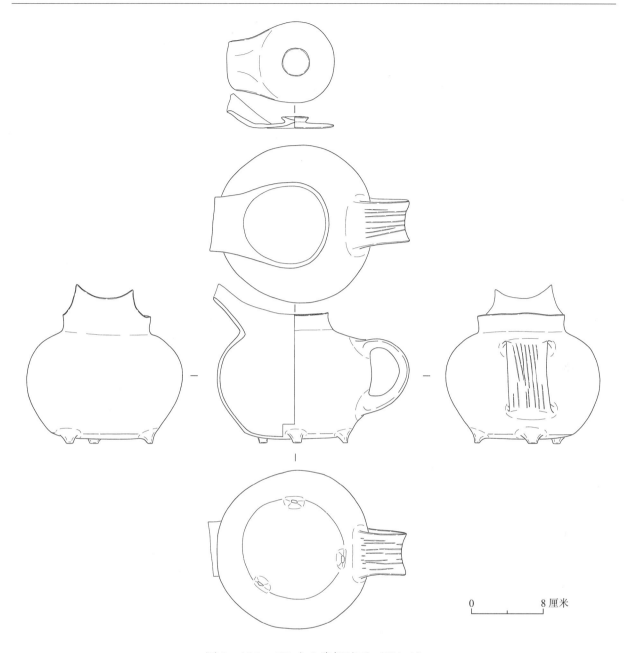

图 3 - 19A　M6 出土陶翘流盉（M6：1）

　　M6：5，石钺。所绘为出土朝上面。沁蚀呈灰白色，质地较疏松，泥岩。顶端略显不平整。双向管钻孔，孔内径 1.99～2.01、两面外径均 2.24～2.25 厘米。双面刃，刃部有崩缺，崩缺在所绘的另一面。高 16.55、上宽 10.12、刃宽 11.52、最厚 0.75 厘米（彩版 3 - 250）。

　　M6：6，石钺。所绘为出土时朝上面。青灰色夹杂黄褐色斑，质地坚硬，弱熔结角砾凝灰岩。整器较为厚重。顶端经琢打修磨较为平整，两侧转角圆弧。双向桯钻孔，孔内径 0.96～1.01、所绘面外径 1.62、另面外径 1.68～1.70 厘米。双面弧刃。高 10.92、上宽约 4.97、刃宽约 6.0、最厚 1.40 厘米（彩版 3 - 251）。

　　M6：7，石钺。所绘为出土时朝上面。青灰色夹杂白色纹路，质地坚硬，弱熔结角砾凝灰岩。整器较为厚重。顶端经修磨微弧凸。双向琢打孔，孔壁有桯修痕。此类石钺石质坚硬厚重，可能

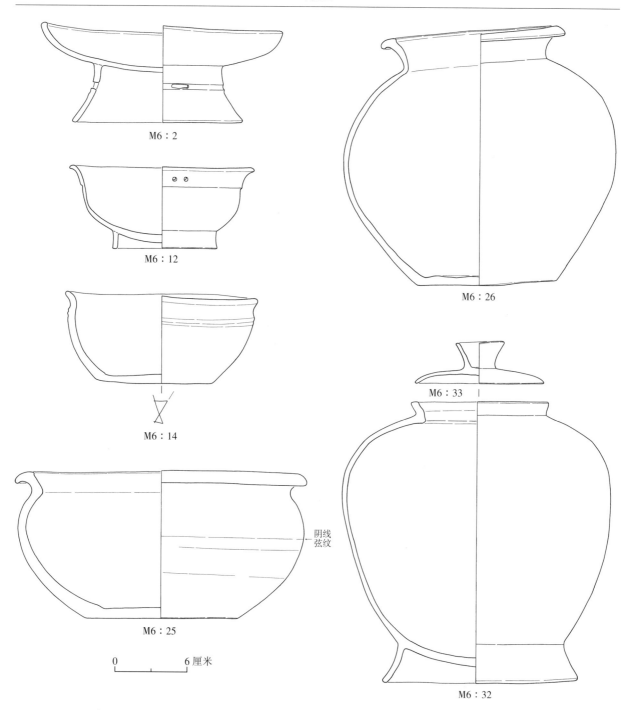

图 3-19B M6 出土陶器

同 M13：4 石钺一样，先用桯钻一个凹痕，后琢打扩孔并穿透，最后再桯修孔壁。孔内径 1.52～1.65、所绘面外径 2.37～2.55、另面外径 2.48～2.53 厘米。双面弧刃。高 10.6、上宽约 6.1、刃宽约 7.45、最厚 1.61 厘米（彩版 3-252）。

M6：8，石钺。所绘为出土朝上面。灰黑色夹杂反光晶体，局部有橙黄色和灰白色斑。整器甚为厚重。顶端近平。双向桯钻孔，孔内径 0.79～1.02、所绘面外径 1.60～1.67、另面外径 1.68～1.73 厘米。双面弧刃。高 11.68、上宽约 6.0、刃宽约 8.29、最厚 1.58 厘米（彩版 3-253）。

M6：9，陶双鼻壶（含器盖）。两者均为泥质黄褐胎黑皮陶，壶体外表剥蚀严重。杯形盖纽，盖

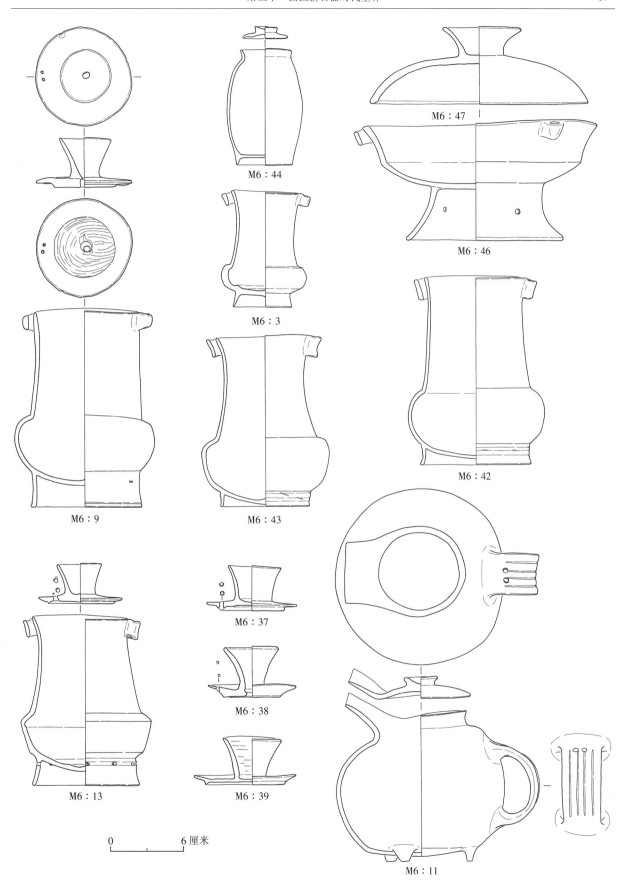

M6：44

M6：47

M6：46

M6：3

M6：9

M6：43

M6：42

M6：37

M6：38

M6：39

M6：13

0　　　　　6厘米

M6：11

图 3 - 19C　M6 出土陶器

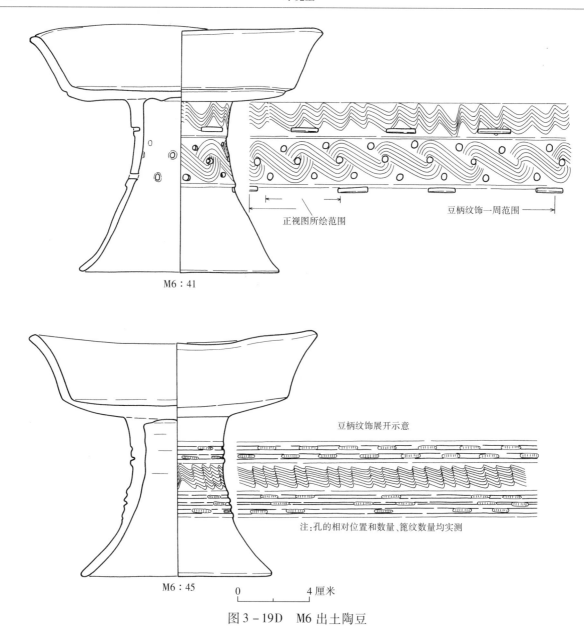

正视图所绘范围

豆柄纹饰一周范围

M6：41

豆柄纹饰展开示意

注：孔的相对位置和数量、篦纹数量均实测

M6：45

0　　　　　4厘米

图3-19D　M6出土陶豆

纽底部与盖底有圆孔穿透，盖面一侧有两个相距0.3厘米的孔，盖底面留有线割痕。盖高3.9～
4.0、盖径7.7～7.9厘米。壶直口微外翻，口沿外壁按贴竖向小鼻，长颈较直，微折鼓腹，圈足
中部偏上按戳有三个近长方形小镂孔。壶高15.4～15.7、口径8.6～8.7、圈足径8.9～9.4厘米
（彩版3-254）。

M6：10，石钺。淡青色，局部沁蚀呈紫灰色斑块，泥岩。整器平面呈矮"风"字形，顶端经
修磨留有琢打疤痕。双向管钻孔，孔内径2.32～2.45、所绘面外径3.05、另面外径2.79～2.80厘
米。双面弧刃，所绘面左下侧有剥片痕，刃部右侧有打缺，经修整也锋利。此石钺可能经过改制。
高8.9、上宽8.22、刃宽8.66、最厚1.19厘米（彩版3-257）。

M6：11，陶翘流盉（含器盖）。两者均为夹细砂红褐胎黑皮陶，表皮多剥蚀。盖片缺失甚多，
浅碟形盖纽，盖一侧作箕形上翘与翘流相合。盖高约2.4、盖长径10.0、短径7.3厘米。盉侈口，
一端作箕形宽翘流，微束颈。与翘流相对的一侧按贴半环形宽把，把上端有两个相距约0.4厘米

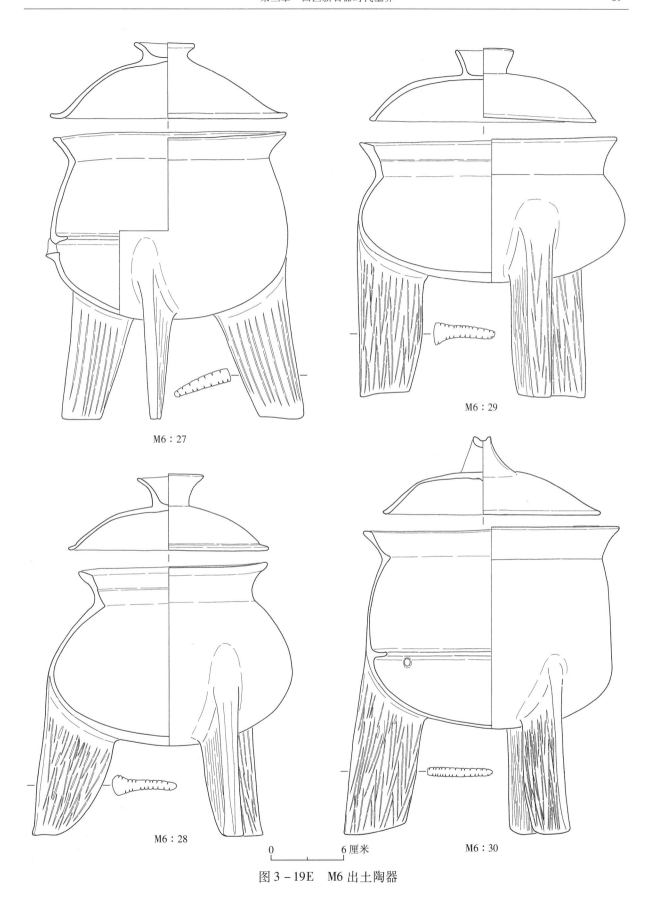

M6：27

M6：29

M6：28

M6：30

0 _____ 6厘米

图 3 - 19E M6 出土陶器

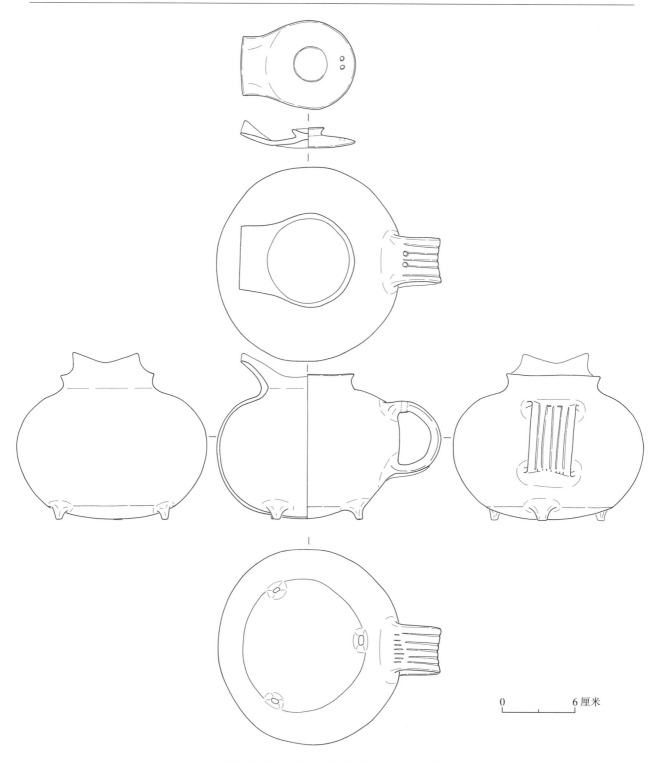

图 3 - 19F　M6 出土陶翘流盉（M6：31）

的小圆孔，其下刻四道不连续的竖向凹线。器底按贴三个等分的矮锥形足。盉高 13.4、流宽约
4.8、把宽 3.2～3.3、腹径 13.9～14.0 厘米（彩版 3 - 255）。

　　M6：12，陶盆。泥质灰褐胎黑皮陶。敞口外翻，口沿下一侧有两个相距约 0.6 厘米的孔。颈
部饰一周折痕，斜弧腹，圈足。高 6.4～6.6、口径 15.1～15.6、圈足径 8.6～8.7 厘米（彩版 3 -
256）。

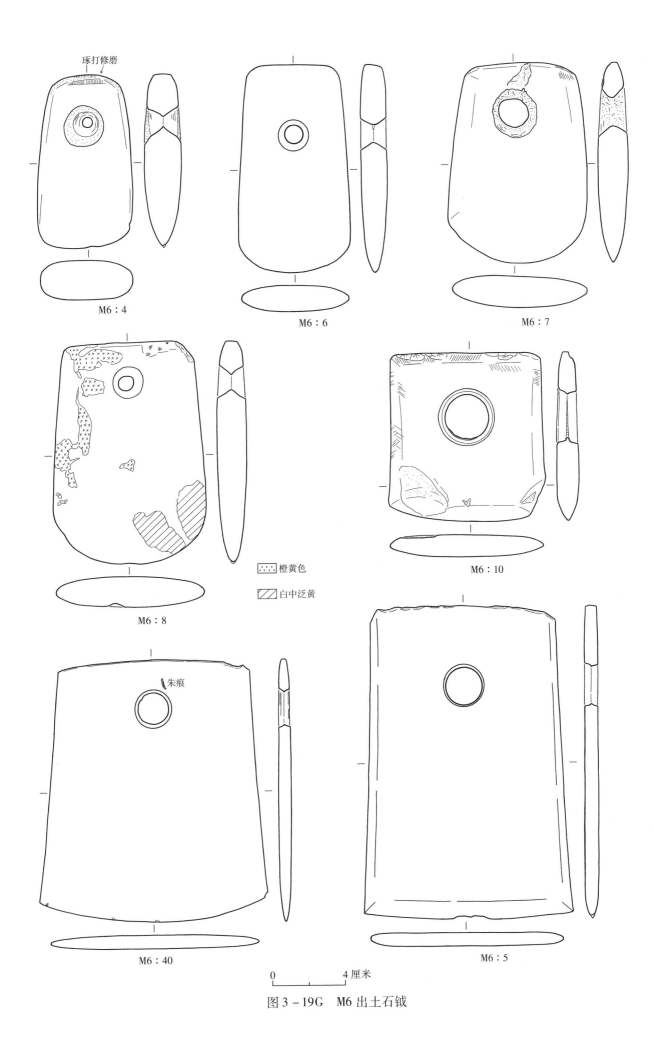

琢打修磨

M6：4

M6：6

M6：7

M6：8

橙黄色

白中泛黄

M6：10

朱痕

M6：40

M6：5

0　　　　　　4厘米

图 3 - 19G　M6 出土石钺

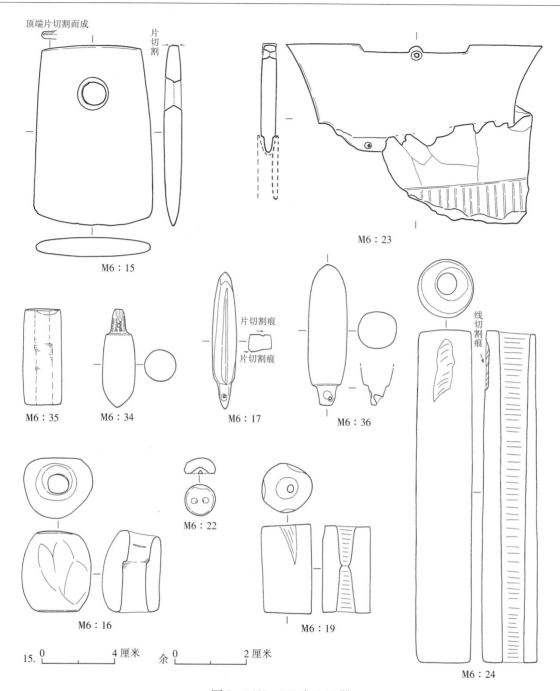

图 3 - 19H M6 出土玉器

　　M6:13，陶双鼻壶（含器盖）。两者均为泥质黄褐胎黑皮陶，壶体外表剥蚀严重。杯形盖纽，盖面一侧有两个相距0.4厘米的孔。盖高3.1～3.2、盖径6.7～6.8厘米。壶直口外翻，口沿外侧按贴竖向小鼻，长颈，斜内收，腹部折收。圈足近腹部有两周凹弦纹，下凹弦纹上按戳九个扁椭圆形镂孔。壶高13.2～13.6、口径8.0～8.2、圈足径8.6～8.7厘米（彩版3-258）。

　　M6:14，陶盆。泥质灰胎灰陶。敞口外翻，颈部以下饰二三道凹弦纹，斜弧腹，平底。底部有一个刻划符号。高6.7～7.3、口径15.6～15.8、底径约9.2～9.7厘米（彩版3-259）。

　　M6:15，玉钺。所绘为出土时朝上面。沁蚀呈白色，局部可见白色泛绿色质地，朽烂甚，透闪石。顶端为双向片切割而成，微弧凸。双向管钻孔，孔内径约1.31、所绘面外径约1.62、另面

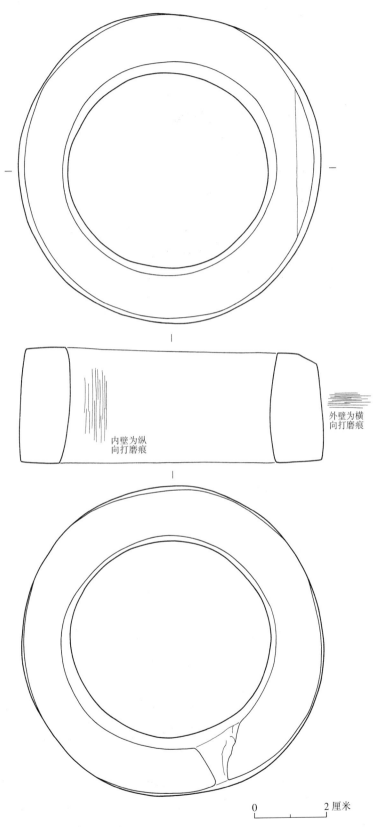

内壁为纵
向打磨痕

外壁为横
向打磨痕

0　　　　　　2厘米

图 3 - 191　M6 出土玉镯（M6∶18）

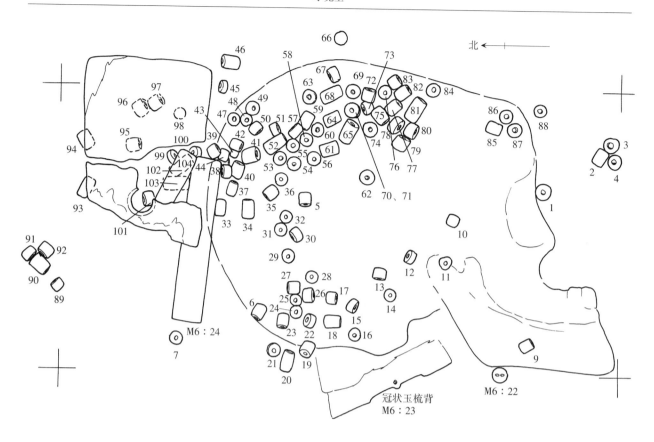

图 3 – 19J　M6：21 玉管串出土平面图
（M6：21 – 105、106 位于玉冠状梳背下方）

外径约 1.59 厘米。双面弧刃。高 9.5、上宽 5.38、刃宽 6.46、最厚 0.98 厘米（彩版 3 – 261）。

　　M6：16，玉管。鸡骨白，局部可见半透光的纹路，透闪石。外壁一侧较平整，留有不明显的切割痕。另一侧弧凸，且由多个棱面组成。双向管钻孔，孔壁可见错位台痕，孔内径 0.57 厘米。高 2.11、最大外径 1.87 厘米（彩版 3 – 260）。

　　M6：17，玉锥形器。绿色，局部有白沁，透光，透闪石。外表有两处竖向片切割痕。横截面近长方形，首尖，端部有尖榫，榫上有双向桯钻穿孔。长 3.56、最大边长 0.62 厘米（彩版 3 – 262）。

　　M6：18，玉镯。浅绿色，局部有墨绿色及黄褐色斑，有白沁，透闪石。外廓为管钻成形，经修磨后微弧凸，可见横向打磨痕。两面均较为平整。所绘上端面一侧有倾斜面，下端一侧有原本取料时的凹缺，凹缺面经打磨。中孔双向管钻，内壁经修磨，可见竖向打磨痕，已不见台痕。中孔内径 5.21～5.47、所绘上端外径 5.56～5.74、下端外径 5.46～5.68 厘米。镯高 2.87～3.15、直径

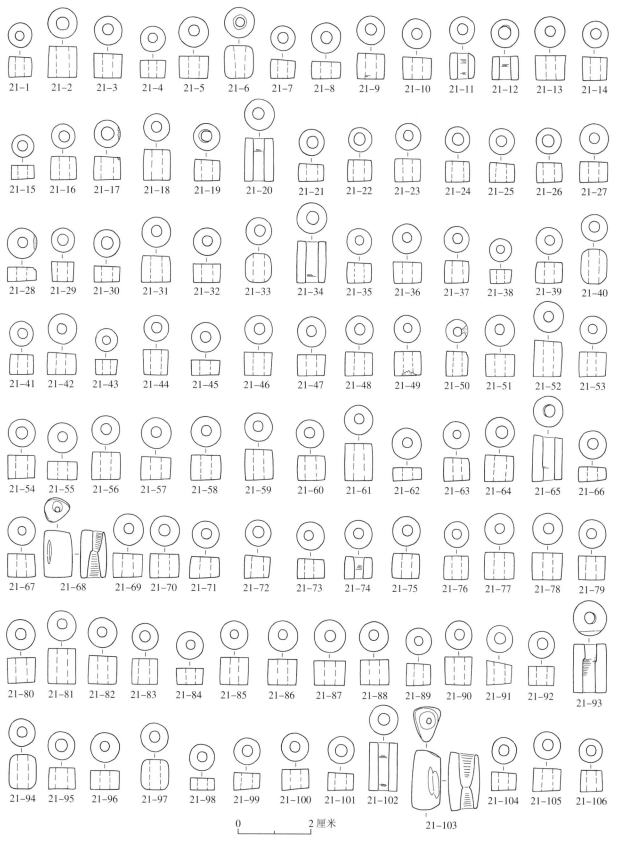

图 3 - 19K　M6 出土玉管串（M6：21）

7.93~8.17 厘米（彩版 3 - 263）。

M6：19，玉管。鸡骨白，局部可见浅灰色晶体，透闪石。外壁有多处片切割痕迹。中孔双向桯钻，孔内径 0.19 厘米。高 2.33、最大外径 1.39 厘米（彩版 3 - 264）。

M6：20，野猪獠牙，一组。朽烂甚，未能起取。

M6：21，玉管串。共计 106 件。除 M6：21 - 68 与 M6：21 - 103 为透闪石外，余均为叶蜡石。圆柱体，管钻孔（图 3 - 19J、K；彩版 3 - 265）。

M6：21 - 1，深褐色。外壁中部微鼓。孔径 0.26 厘米。高 0.41、外径 0.77 厘米。

M6：21 - 2，紫褐色。孔径 0.27~0.33 厘米。高 0.86、外径 0.77~0.78 厘米。

M6：21 - 3，深褐色。孔径 0.27~0.28 厘米。高 0.69、外径 0.76~0.77 厘米。

M6：21 - 4，黄色。孔径 0.28~0.30 厘米。高 0.47、外径 0.71~0.72 厘米。

M6：21 - 5，黄色。孔径 0.29~0.30 厘米。高 0.60、外径 0.80 厘米。

M6：21 - 6，深褐色。整体呈鼓形。孔径 0.29~0.36 厘米。高 0.85、外径 0.75 厘米。

M6：21 - 7，黄色。孔径 0.25~0.27 厘米。高 1.49、外径 1.67 厘米。

M6：21 - 8，黄色。孔径 0.26~0.27 厘米。高 0.48、外径 0.79~0.80 厘米。

M6：21 - 9，紫褐色。所绘孔壁下端有错位痕。孔径 0.25~0.26 厘米。高 0.71、外径 0.76 厘米。

M6：21 - 10，黄色。孔径 0.28~0.29 厘米。高 0.61、外径 0.79 厘米。

M6：21 - 11，深褐色。孔壁有错位痕。孔径 0.31~0.32 厘米。高 0.70、外径 0.72 厘米。

M6：21 - 12，浅黄色。孔壁有错位痕。孔径 0.30~0.34 厘米。高 0.65、外径 0.72~0.73 厘米。

M6：21 - 13，深褐色。孔径 0.28~0.32 厘米。高 0.67、外径 0.84~0.85 厘米。

M6：21 - 14，浅褐色。孔径 0.25~0.29 厘米。高 0.65、外径 0.69 厘米。

M6：21 - 15，褐色。孔径 0.29~0.30 厘米。高 0.39、外径 0.65 厘米。

M6：21 - 16，紫褐色。外壁中部微鼓。孔径 0.31~0.34 厘米。高 0.65、外径 0.72 厘米。

M6：21 - 17，深褐色。外壁中部微鼓。孔径 0.31~0.34 厘米。高 0.67、外径 0.75~0.76 厘米。

M6：21 - 18，紫褐色。孔径 0.31~0.33 厘米。高 0.83、外径 0.73 厘米。

M6：21 - 19，深褐色。孔径 0.29~0.34 厘米。高 0.57、外径 0.72 厘米。

M6：21 - 20，紫褐色。孔壁有错位痕。孔径 0.28~0.29 厘米。高 1.15、外径 0.77 厘米。

M6：21 - 21，深褐色。孔径 0.30~0.31 厘米。高 0.51、外径 0.72 厘米。

M6：21 - 22，紫褐色。孔径 0.29~0.30 厘米。高 0.59、外径 0.70 厘米。

M6：21 - 23，深褐色。孔径 0.28~0.29 厘米。高 0.64、外径 0.72 厘米。

M6：21 - 24，深褐色。孔径 0.29~0.30 厘米。高 0.59、外径 0.67 厘米。

M6：21 - 25，深褐色。孔径 0.29~0.30 厘米。高 0.55、外径 0.70 厘米。

M6：21 - 26，深褐色。孔径 0.30~0.31 厘米。高 0.54、外径 0.71 厘米。

M6：21 - 27，褐色。孔径 0.27~0.28 厘米。高 0.56、外径 0.77 厘米。

M6：21 - 28，褐色。孔径 0.26~0.27 厘米。高 0.41、外径 0.80 厘米。

M6：21 - 29，深褐色。孔径 0.30~0.31 厘米。高 0.54、外径 0.65 厘米。

M6：21－30，深褐色。孔径 0.29～0.30 厘米。高 0.46、外径 0.71～0.72 厘米。

M6：21－31，黄色。外壁中部微鼓。孔径 0.28～0.29 厘米。高 0.69、外径 0.81～0.82 厘米。

M6：21－32，黄色。孔径 0.28 厘米。高 0.51、外径 0.75 厘米。

M6：21－33，深褐色。鼓形。孔径 0.27～0.28 厘米。高 0.76、外径 0.73 厘米。

M6：21－34，紫褐色。孔壁有错位痕。孔径 0.28～0.31 厘米。高 1.11、外径 0.80 厘米。

M6：21－35，深褐色。外壁中部微鼓。孔径 0.25～0.26 厘米。高 0.55、外径 0.68 厘米。

M6：21－36，浅黄色。孔径 0.28～0.29 厘米。高 0.58、外径 0.78 厘米。

M6：21－37，浅褐色。孔径 0.24～0.25 厘米。高 0.62、外径 0.69 厘米。

M6：21－38，浅褐色。孔径 0.23～0.24 厘米。高 0.39、外径 0.62 厘米。

M6：21－39，紫褐色。外壁中部微鼓。孔径 0.32～0.33 厘米。高 0.56、外径 0.74 厘米。

M6：21－40，浅褐色。鼓形。孔径 0.27～0.28 厘米。高 0.91、外径 0.71 厘米。

M6：21－41，褐色。孔径 0.29～0.30 厘米。高 0.56、外径 0.65 厘米。

M6：21－42，褐色。孔径 0.28～0.29 厘米。高 0.59、外径 0.80 厘米。

M6：21－43，褐色。孔径 0.23～0.24 厘米。高 0.41、外径 0.60～0.61 厘米。

M6：21－44，深褐色。孔径 0.30～0.31 厘米。高 0.66、外径 0.70 厘米。

M6：21－45，浅褐色。孔径 0.27～0.28 厘米。高 0.43、外径 0.77 厘米。

M6：21－46，紫褐色。孔径 0.28～0.29 厘米。高 0.63、外径 0.77 厘米。

M6：21－47，深褐色。孔径 0.26～0.27 厘米。高 0.57、外径 0.77 厘米。

M6：21－48，褐色。孔径 0.27～0.30 厘米。高 0.64、外径 0.76 厘米。

M6：21－49，深褐色。外壁中部微鼓。孔径 0.27～0.28 厘米。高 0.68、外径 0.76 厘米。

M6：21－50，浅褐色。孔径 0.29～0.30 厘米。高 0.68、外径 0.63 厘米。

M6：21－51，浅褐色。孔径 0.28～0.29 厘米。高 0.61、外径 0.81 厘米。

M6：21－52，黄褐色。孔径 0.26～0.27 厘米。高 1.0、外径 0.76～0.77 厘米。

M6：21－53，深褐色。孔径 0.28 厘米。高 0.68、外径 0.75 厘米。

M6：21－54，褐色。孔径 0.31 厘米。高 0.63、外径 0.73 厘米。

M6：21－55，浅褐色。孔径 0.27～0.28 厘米。高 0.49、外径 0.82 厘米。

M6：21－56，紫褐色。外壁中部微鼓。孔径 0.26 厘米。高 0.75、外径 0.78 厘米。

M6：21－57，黄褐色。孔径 0.28～0.29 厘米。高 0.63、外径 0.82 厘米。

M6：21－58，浅褐色，所绘下端呈浅黄色。孔径 0.27～0.28 厘米。高 0.68、外径 0.82 厘米。

M6：21－59，浅褐色。孔径 0.26～0.27 厘米。高 0.83、外径 0.76 厘米。

M6：21－60，深褐色。孔径 0.25～0.26 厘米。高 0.66、外径 0.76 厘米。

M6：21－61，深褐色。孔径 0.25～0.26 厘米。高 1.03、外径 0.77 厘米。

M6：21－62，黄色。孔径 0.28 厘米。高 0.35、外径 0.80 厘米。

M6：21－63，紫褐色。孔径 0.26 厘米。高 0.62～0.63、外径 0.74～0.75 厘米。

M6：21－64，褐色。孔壁有错位痕。孔径 0.28～0.30 厘米。高 0.72、外径 0.80 厘米。

M6：21－65，浅褐色。孔壁有错位痕。孔径 0.29～0.31 厘米。高 1.24、外径 0.81～0.82 厘米。

M6：21－66，一半浅褐色，一半浅黄色。孔径 0.28 厘米。高 0.42、外径 0.78 厘米。

M6∶21－67，深褐色。孔径0.25～0.26厘米。高0.63、外径0.77～0.78厘米。

M6∶21－68，浅绿色有白沁，透闪石，透光。整体呈不规则三棱柱体，外壁留有片切割痕。双向桯钻，孔内径0.15厘米。高1.22、外径0.68～0.73厘米。

M6∶21－69，一半深褐色，一半浅黄色。孔径0.27～0.28厘米。高0.65、外径0.81～0.82厘米。

M6∶21－70，深褐色。孔径0.28厘米。高0.65、外径0.79厘米。

M6∶21－71，黄褐色。孔径0.28～0.29厘米。高0.56、外径0.78厘米。

M6∶21－72，深褐色。孔径0.30～0.31厘米。高0.63、外径0.71厘米。

M6∶21－73，深褐色。外壁中部微鼓。孔径0.25厘米。高0.54、外径0.76厘米。

M6∶21－74，褐色。孔径0.25～0.26厘米。高0.63、外径0.76厘米。

M6∶21－75，褐色。外壁中部微鼓。孔径0.26厘米。高0.69、外径0.78厘米。

M6∶21－76，深褐色。孔径0.30～0.31厘米。高0.62、外径0.72厘米。

M6∶21－77，深褐色。孔径0.31厘米。高0.70、外径0.82厘米。

M6∶21－78，一半深褐色，一半浅黄色。孔径0.29～0.30厘米。高0.72、外径0.84厘米。

M6∶21－79，紫褐色。孔径0.27厘米。高0.66、外径0.74厘米。

M6∶21－80，深褐色。孔径0.28～0.30厘米。高0.66～0.67、外径0.74～0.75厘米。

M6∶21－81，褐色。孔径0.28厘米。高0.93、外径0.76～0.77厘米。

M6∶21－82，深褐色。孔径0.28厘米。高0.74、外径0.76～0.77厘米。

M6∶21－83，黄褐色。孔径0.33厘米。高0.68、外径0.71～0.72厘米。

M6∶21－84，褐色。孔径0.27～0.28厘米。高0.42、外径0.71厘米。

M6∶21－85，浅褐色。孔径0.28厘米。高0.72～0.73、外径0.78厘米。

M6∶21－86，深褐色。孔径0.27～0.28厘米。高0.66、外径0.76厘米。

M6∶21－87，浅褐色。孔径0.29～0.30厘米。高0.63、外径0.84厘米。

M6∶21－88，褐色。孔径0.30厘米。高0.63、外径0.79厘米。

M6∶21－89，褐色。孔径0.26～0.27厘米。高0.59、外径0.68厘米。

M6∶21－90，深褐色。孔径0.28厘米。高0.73、外径0.76厘米。

M6∶21－91，灰褐色。孔径0.27厘米。高0.62、外径0.66厘米。

M6∶21－92，深褐色。孔径0.32厘米。高0.51、外径0.70厘米。

M6∶21－93，紫褐色。孔壁有错位台痕。孔径约0.2厘米。高1.27、外径0.92～0.96厘米。

M6∶21－94，褐色。整体呈鼓形。孔径0.28厘米。高0.89～0.90、外径0.72～0.73厘米。

M6∶21－95，黄色。孔径0.32～0.33厘米。高0.57、外径0.72厘米。

M6∶21－96，褐色。孔径0.29～0.30厘米。高0.50、外径0.79厘米。

M6∶21－97，褐色。鼓形。孔径0.29厘米。高0.81、外径0.75～0.76厘米。

M6∶21－98，褐色。孔径0.26厘米。高0.30、外径0.64厘米。

M6∶21－99，深褐色。孔径0.30厘米。高0.48、外径0.71～0.72厘米。

M6∶21－100，灰黄色。孔径0.30厘米。高0.56、外径0.75厘米。

M6∶21－101，褐色。孔径0.31厘米。高0.48、外径0.71厘米。

M6∶21－102，深褐色。孔径0.30～0.31厘米。高1.27、外径0.77厘米。

M6：21－103，浅绿色有白沁，透闪石，透光。整体呈不规则三棱柱体，外壁留有片切割痕。双向桯钻，孔内径 0.15 厘米。高 1.49、外径 0.71～0.87 厘米。

M6：21－104，褐色。孔径 0.28 厘米。高 0.49、外径 0.68 厘米。

M6：21－105，浅褐色。孔径 0.28～0.29 厘米。高 0.61、外径 0.73～0.74 厘米。

M6：21－106，褐色。孔径 0.32 厘米。高 0.54、外径 0.64 厘米。

M6：22，玉隧孔珠。深褐色，叶蜡石。平面呈圆形，正面弧凸，背面有一个隧孔，隧孔以两侧略斜桯钻对穿。厚 0.41、外径 0.86 厘米（彩版 3－266）。

M6：23，玉冠状梳背（含梳）。梳为深黄色象牙材质。整器扁平，下部为梳齿，残缺甚多，上部顶端为凹槽状卯，与梳背榫部相合。梳残高约 2.8、残宽 4.0 厘米。冠状梳背泛青，沁蚀呈白色，朽烂甚，透闪石。整器略呈上大下小的倒梯形，顶端中部切割介字形冠，冠下为双向桯钻孔。两侧边斜内凹弧收，下端转角内凹。近底端切磨为榫，榫部两侧斜弧收，其上分布三个双向桯钻小孔。两者残高约 4.7、冠状梳背高 2.78、上端宽 6.83、榫高约 0.4、最厚 0.43 厘米（彩版 3－267）。

M6：24，长玉管。浅绿色夹杂黄褐色斑，局部有白沁，透光，透闪石。所绘一侧上端面留有线切割痕，该端面外径略小。单向管钻，也可能由更长的玉管，经双向管钻后切割改制而成，该管也是小兜里遗址最长的玉管。所绘上孔径 0.85、下孔径 0.56 厘米。高 8.71、最大外径 1.52 厘米（彩版 3－268）。

M6：25，红陶盆。泥质红褐胎红陶。侈口，卷沿，沿面局部有戳刺纹。沿内侧下一周微内凹，鼓腹，腹部最大径偏上，下腹弧收，外壁有数道细凹弦纹，平底。高 11.4～11.7、口径约 23.9～24.2、底径 12.7～12.8 厘米（彩版 3－269）。

M6：26，红陶罐。泥质红褐胎红陶，表皮多剥蚀。口部倾斜不正。侈口，卷沿，鼓腹，平底。高 19.5～20.6、口径约 14.9、底径约 11.4 厘米（彩版 3－270）。

M6：27，陶甗（含器盖）。两者均为夹砂红褐胎红陶，保存较好。浅碟形盖纽，盖缘外展。盖高 5.9～6.0、盖径约 19.3 厘米。甗侈口，腹部最大径中部偏下，腹内壁有一周隔档，隔档之下有一注水孔。鱼鳍形足，足外侧略厚，两面均有斜向刻划。通高 22.4～22.9、甗身高 14.5～15.0、口径约 18.9 厘米（彩版 3－271）。

M6：28，陶鼎（含器盖）。盖为泥质灰褐胎灰陶，表皮多剥蚀。喇叭形盖纽，盖缘外展。盖高 5.9～6.1、盖径约 16.2 厘米。鼎为夹砂黄褐胎红陶。侈口，内沿面中部有一周凹弦纹，鼓腹。鱼鳍形足，足外侧较厚，外侧面起凸棱，足两面均有 "V" 形刻划，在中上部间杂短促的戳刻。通高 21.0～21.7、鼎身高 13.7～14.4、口径约 16.2 厘米（彩版 3－272）。

M6：29，陶鼎（含器盖）。盖为泥质灰褐胎黑皮陶，表皮有剥蚀。浅杯形盖纽。盖高 5.6～5.8、盖径约 18.9 厘米。鼎为夹砂黄褐胎红陶。鼎身外壁及足根部局部有黑色烟炱，应为实用器。侈口，沿内面中部有一周弦纹，鼓腹。鱼鳍形足，足外侧较厚，两面均有 "V" 形或八字形刻划。通高 20.2～20.7、鼎身高 13.2～13.7、口径约 20.7 厘米（彩版 3－273）。

M6：30，陶甗（含器盖）。两者均为夹砂灰褐胎黑皮陶，表皮多剥蚀。桥形盖纽，盖内面中心有拉坯旋痕。盖高 6.2、盖径 17.8 厘米。甗侈口，沿面内凹，深腹，腹内壁中部偏下有一周隔档，隔档之下有一注水孔。鱼鳍形足，足横截面扁平均匀，两面均有细密的 "V" 形刻划，近足根部有三道短促戳刻错落分布。通高 24.1～24.6、甗身高 15.7～16.2、口径约 21.0 厘米（彩版 3－274）。

M6：31，陶翘流盉（含器盖）。两者均为夹细砂黄褐胎黑皮陶。浅碟形盖纽，盖一侧作箕形上翘与翘流相合，另一侧有两个相距约 0.3 厘米的小圆孔。盖高 2.2、盖长径 9.4、短径 6.9 厘米。盉侈口，一端作箕形宽翘流，微束颈，圆鼓腹。与翘流相对的一侧按贴半环形宽把，把上端有两个相距约 0.5 厘米的小圆孔，其下五条竖向刻划，近底转折处刻七道短划。器底按贴三个近等分的矮锥形足。盉高 13.2、流宽 5.3、把宽 3.5～3.8、腹径 15.0～15.5 厘米（彩版 3–276）。

M6：32，陶罐。夹砂灰褐胎红陶。侈口，内沿面中部凸起，呈双凹弧沿面，耸肩，圈足外撇。高 22.1、口径 11.2、圈足径 16.0 厘米（彩版 3–275）。

M6：33，陶器盖。应与 M6：32 陶罐配伍。泥质灰胎灰陶。杯形盖纽。盖高 3.3、盖径 10.6 厘米（彩版 3–277）。

M6：34，玉坠饰。暗红色，叶蜡石。类锥形器，形体粗短。横截面近圆形，首钝尖，端部有榫，榫部可见横向修磨痕，其上有双向桯钻穿孔。长 2.59、直径 0.85 厘米（彩版 3–278）。

M6：35，玉管。黄褐色，局部有黑褐色杂质，叶蜡石。双向管钻孔，孔壁错位痕明显，可见管钻交接处台痕，孔内径约 0.3 厘米。高 2.51、外径 1.1 厘米（彩版 3–279）。

M6：36，玉锥形器。墨绿色夹杂黄褐色斑，有白沁，透闪石。体粗短。横截面近圆形，首钝尖，端部有榫，其上有双向桯钻穿孔。长 3.7、直径 1.03 厘米（彩版 3–280）。

M6：37，陶器盖。泥质灰胎灰陶。杯形盖纽，盖面近平，一侧有两个相距约 0.35 厘米的孔，子母口。高 3.4～3.6、盖径 7.4 厘米（彩版 3–281）。

M6：38，陶器盖。泥质灰胎灰陶。杯形盖纽，盖纽底部与盖底有孔穿透。盖面上翘，一侧有两个相距约 0.8 厘米的孔。高 4.0～4.1、盖径 7.1～7.2 厘米（彩版 3–282）。

M6：39，陶器盖。泥质黄褐胎黑皮陶。杯形盖纽，盖面微上翘，子母口。高 3.6～3.9、盖径 8.0～8.4 厘米（彩版 3–283）。

M6：40，石钺。所绘为出土时朝上面。青绿色夹杂灰白色纹路，石质坚硬细腻，表面有玻璃光泽，是小兜里遗址石钺中光泽感最好的一件，粉砂质泥岩。整器扁薄均匀，平面呈“风”字形。顶端经修磨几乎不见琢打痕，所绘顶端右侧打缺。顶端面弧凸。所绘面孔上方留有一道朱痕。双向管钻孔，孔内径 1.67～1.72、两面外径均为 1.99 厘米。双面弧刃，所绘刃部右侧转角有小崩缺。高 13.84、上宽 10.41、现存刃宽 12.26、最宽 12.4、最厚约 0.7 厘米（彩版 3–284）。

M6：41，陶豆。泥质灰褐胎灰陶。整器不正。敞口，唇外翻，折腹，折腹部位内凹。圈足上部饰一周篦状器划成的水波纹，下端再按戳三个大致等分的长方形凹缺，打破水波纹。其下为一周折棱，折棱之下镂刻圆孔及篦状器刻划的以小圆孔为中心的交互螺旋线，螺旋线之间另有圆形戳孔，这实际上是圆和弧边三角组合纹样的孑遗。篦状器由六齿组成。高 12.6～13.1、口径 15.1～16.1、圈足径 11.1～11.6 厘米（彩版 3–285）。

M6：42，陶双鼻壶。泥质黄褐胎黑皮陶。直口微外翻，口沿外侧按贴竖向小鼻，长颈微内凹弧，圆鼓腹。圈足饰三周折棱，上、中两周折棱下错落分布十三个扁平长条形孔，大部分未穿透。高 14.8～14.9、口径 8.4～8.6、圈足径 8.9～9.2 厘米（彩版 3–286）。

M6：43，陶双鼻壶。泥质灰褐胎黑皮陶，表皮多剥蚀。直口外翻，口沿两侧按贴竖向小鼻，长颈内凹弧，折鼓腹，腹部最大径偏上。圈足饰两周微凸弦纹。其上又斜向刻划十一个短凹痕。高 13.4～13.6、口径 7.7～8.0、圈足径 7.2～7.3 厘米（彩版 3–287）。

　　M6∶44，陶杯（含器盖）。两者均为夹细砂黄褐胎黑皮陶，杯表皮有剥蚀。浅碟形盖纽。盖高
1.0、盖径3.7厘米。杯口外翻，深腹，圈足。杯高9.1～9.2、口径4.1～4.2、圈足径4.5～4.6
厘米（彩版3-288）。

　　M6∶45，陶豆。泥质黄褐胎黑皮陶。整器不正，变形较大。敞口外翻，折腹。圈足中部偏上
微内凹弧，饰上下两组各三、四道凸弦纹。上组三道凸弦纹之间上有七个篦状器按戳，下有八个
篦状器按戳，交错分布。下组四道凸弦纹，相邻两周凸弦纹之间均有五个篦状器按戳，交错分布。
上下两组凸弦纹之间为一周篦状器划成的水波纹。篦状器由八齿组成。圈足内壁及豆盘底部留有
制作痕。高12.3～13.0、口径15.7～16.4、圈足径10.4～10.6厘米（彩版3-289）。

　　M6∶46，陶簋。泥质灰褐胎黑皮陶，表皮有剥蚀。敞口微外翻，口沿外侧设三个近等分的竖
穿小鼻，折腹。圈足中部有四个近等分的小镂孔。高9.1～9.7、口径19.1～19.4、圈足径12.9～
13.0厘米（彩版3-290）。

　　M6∶47，陶器盖。应与M6∶46陶簋配伍。泥质灰胎黑皮陶，表皮有少量剥蚀。喇叭形盖纽。
盖高6.1～6.2、盖径约18.0厘米（彩版3-291）。

M7

（一）概述

　　M7位于T8西部，北端陶器在表土层下即已出露。正南北向，墓口南北长3.10、东西宽
1.25～1.35、深0.2米，墓口高度-1.95米。

　　M7平面葬具范围不清晰，仅隐约可辨东西宽0.75米，墓底齐平。墓主骨骸依稀可辨，仰身，
头南足北，右下肢略有曲折，若大致复原趾骨位置，墓主骨骸南北长1.55～1.60米（图3-20；
彩版3-292～294）。

图3-20　M7平面图

1. 陶盆　2. 石刀　3、4. 石钺　5. 陶豆　6. 陶鼎　7. 陶簋　8. 陶罐　9. 石锛　10. 安柲石钺

（二）遗物

编号器物 10 件（组），其中陶器 5 件（组）、石器 5 件（图 3 – 21A、B）。

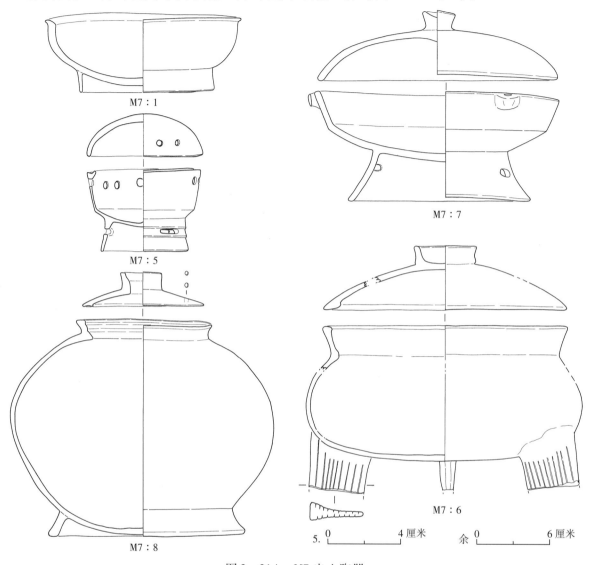

图 3 – 21A　M7 出土陶器

M7∶1，陶盆（含器盖）。紧贴于墓主头骨南侧（或局部叠压墓主头骨）。盖已朽烂，不能复原。盆为泥质灰胎黑皮陶。唇外翻，斜弧腹，圈足。高 5.7～6.3、口径约 16.2、圈足径约 11.1 厘米（彩版 3 – 295）。

M7∶2，石刀。位于葬具痕迹之外，朽烂甚，不能明确一定是墓内随葬品。沁蚀，碎裂成多块，所绘右侧残缺。外表呈灰黄色，泥岩。双面刃。高约 3.5、残长约 7.6、最厚约 0.6 厘米（彩版 3 – 296）。

M7∶3，石钺。叠压墓主右锁骨，平置，刃部朝西。所绘为出土时朝下面。青灰色，夹杂灰白色小点，表皮局部沁蚀成开裂，泥岩。顶端略经修磨，两侧转角琢打凹缺成肩部。所绘面孔两侧有朱痕残留。双向管钻孔，孔内径 2.29～2.31、两面外径均为 2.58～2.62 厘米。双面弧刃，两侧转角脊线较清晰。所绘面右下角残缺。高 15.0、上宽约 12.4、刃宽 11.1、最宽 13.3、最厚 1.2 厘米（彩版 3 – 297）。

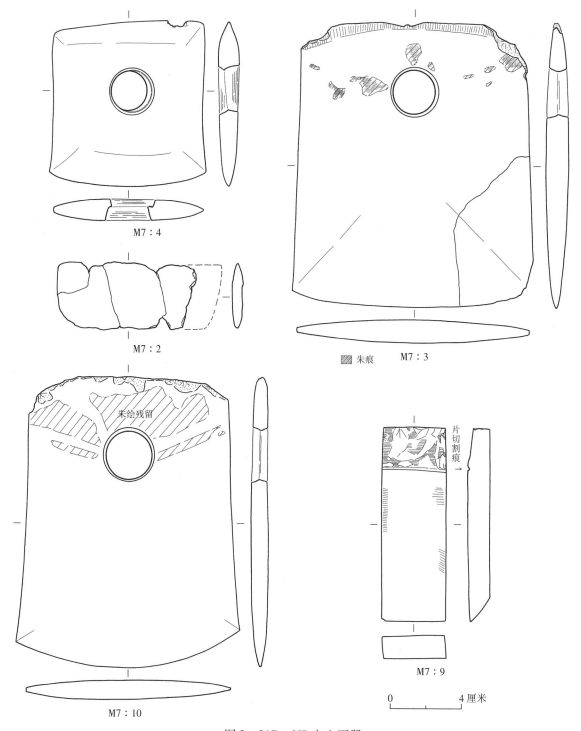

M7：4

M7：2

朱绘残留

朱痕　　M7：3

片切割痕→

M7：9

M7：10

0　　　　　　4厘米

图 3－21B　M7 出土石器

　　M7：4，石钺。位于墓主右上肢外侧，刃部朝东。所绘为出土时朝上面。青灰色，沁蚀呈灰白色斑块，泥岩。整器平面呈矮"风"字形，所绘顶端右侧有崩缺，顶端和上部斜刹，也呈刃状，脊线明显。双向管钻孔，孔内径 1.9～2.07、所绘面外径 2.47、另面外径 2.44～2.48 厘米。四角转折脊线较清晰。双面弧刃。高 8.7、上宽 8.2、刃宽 8.6、最厚 1.16 厘米（彩版 3－298）。

　　M7：5，陶豆（含器盖）。位于墓主左股骨外侧。器形甚小，为明器。盖为泥质黄褐胎黑皮陶，表皮有剥蚀。穹隆状，近盖缘一侧有两个相距约 0.7 厘米的孔。盖高 2.3、盖径 6.4 厘米。豆为泥质灰褐胎灰陶。子母口，沿下分布五组不等分的孔，每组两个镂孔。近圈足处折腹。圈足两条折棱，折棱之间按戳三个近等分的长方形镂孔。豆高4.3、口径6.3、圈足径4.9厘米（彩版3－299）。

M7∶6*，陶鼎（含器盖）。整体向西南倾倒，盖内面朝上，为鼎口沿部位所压。两者均为夹砂褐陶。盖纽为浅杯形，外壁施红衣，盖纽径5厘米。鼎侈口，沿面微内凹，垂腹，鱼鳍形鼎足，足横截面之外侧面明显较厚。

M7∶7，陶簋（含器盖）。叠压M7∶8带盖陶罐，正置，均碎裂压扁。均为泥质黄褐胎黑皮陶，簋表皮多剥蚀。浅碟形盖纽，相对较小。盖高5.3～5.6、盖径19.5～19.7厘米。簋敞口，口沿外侧设三个近等分竖穿小鼻，折腹。圈足中部有三个大致等分的椭圆形镂孔。簋高8.0～8.7、口径约19.8、圈足径14.8～15.0厘米（彩版3－300）。

M7∶8，陶罐（含器盖）。盖为泥质灰胎灰陶。浅杯形盖纽，盖纽底部与盖底有孔相通，近盖缘一侧有两个相距约0.6厘米的孔。盖高2.7、盖径10.1厘米。罐为夹砂灰胎灰陶，局部表皮呈黄褐色。侈口，内沿面有两周凹弦纹，圆鼓腹，圈足外撇。罐高16.5～17.2、口径约11.2、圈足径16.4厘米（彩版3－301）。

M7∶9，石锛。平置，背面朝上，一侧为M7∶8陶罐碎片所压，刃部又压M7∶10石钺。所绘为出土时朝下面。青灰色，局部有灰白色纹路，流纹岩。扁平长方形，修磨较精，仅起段部位留打制疤痕，段位于锛体四分之一处。段先横向片切割，再打击而成，最后横向打磨修整。单面刃，刃口锋利，无使用痕迹。通高10.18、段高2.2～2.35、上宽3.4、刃宽3.5、最厚1.23厘米（彩版3－302）。

M7∶10，安柲石钺。位于墓主右下肢外侧，平置，刃部朝西（见彩版3－294）。柲依朱痕丈量，长57厘米，宽约5厘米。出土时石钺背面朱痕保存相对较好，根据痕迹，安柲后石钺镶插入卯孔深仅5厘米左右，朱痕以钺孔上的倒梯形为中心，两侧另各有两道，应是缚扎之后再行的涂绘（图3－21C；彩版3－303）。

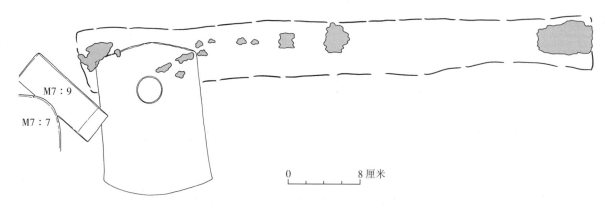

图3－21C　M7∶10石钺及安柲痕迹

所绘为出土时朝下面。灰褐色夹杂灰白色点，光泽感甚佳。整器平面呈"风"字形。顶端略经修磨，尚留有打制痕，两侧微倾斜。两面上部均留有朱痕，所绘面保存较好。双向管钻孔，孔内径2.52、所绘面外径2.80、另面外径2.80～2.82厘米。双面弧刃。高15.3、上宽约11.0、刃宽12.34、最厚约1.0厘米（彩版3－304）。

M8

（一）概述

M8 位于 T7 中部。T7 表土层揭取后刮面，发现多重的长方形框线，确认为显贵墓葬，野外发掘历时 4 天（彩版 3 – 305 ~ 311）。

M8 墓向微偏东 3 度。墓口南北长 3.48、东西宽 1.6、现深 0.35 米。墓内葬具痕迹南北长 2.9、东西宽 1.1 米。墓口标高 – 1.70 米 ~ – 1.80 米。

M8 的清理采用十字隔梁方式，考虑到剖面留取过程可能会对随葬品的出土情况产生干扰，横剖面宽度暂定为 0.4 米宽。由于墓穴过浅，随葬品提早暴露，便仅留取横剖面。横剖面可观察到葬具中间微凹弧，局部尚保留 1 ~ 2 厘米不等的葬具朽痕，应是凹弧底的独木棺，独木棺宽度 0.85 米。独木棺两侧为柱状的葬具遗痕，宽 9 ~ 14 厘米不等，判断是紧贴独木棺外侧、用来固定独木棺和保护独木棺空间的"椁"（彩版 3 – 312）。

在清理 M8 脚端部位随葬的陶器时，发现有不规则的约 20 × 30 厘米范围的彩绘痕迹，由红、黄、黑三种颜色组成，黄色局部似乎在红色的下方，但不能辨识图案，彩绘痕迹高度 – 2.02 米，叠压在东高西低的 M8：20 陶盆上，推测可能是葬具上的漆绘，也可能是单独的漆器残痕（彩版 3 – 313 ~ 315）。

M8 墓主骨骸保存不佳，仅可辨头骨局部、下颌牙齿及局部肢骨（图 3 – 22A）。

（二）遗物

编号器物 26 件（组），其中陶器 7 件（组）、石钺 4 件、玉器 14 件（组）、牙器 1 组。M8 玉璜、石钺共出，在崧泽文化至良渚文化墓葬中甚为少见（图 3 – 23A ~ H）。

M8：1，玉璜。位于 M8：2 玉镯的外侧，东高西低侧倾，断裂为两截（彩版 3 – 316）。另外，从墓主胸腹部位的成组玉管珠还可以发现，随葬器物多偏向墓室的西部，可见在葬具倒塌时大约在墓主的右肩部位有一个大的倒塌砸击点，才致使玉璜、管珠串大规模地向墓室西部位移。所绘为出土时朝上面，也是璜的正面。灰绿色有白沁，局部可见黄色斑块，透闪石。整体扁平呈半璧状，正面微弧凸，背面较平。上端较平直，留有片切割痕，中部切割成半圆形凹缺，凹缺缘面打磨痕较明显，系孔为双向桯钻。高 4.8、最宽 10.35、最厚 0.53 厘米（彩版 3 – 317）。

M8 出土玉镯 2 件，即 M8：2 和 M8：8，各穿戴于墓主左、右两臂，彼此位置几乎与墓室南壁平行，最高点标高一致，均 – 2.00 米，但右臂骨弯肘，不知是有意所为，还是因为葬具倒塌所致。

M8：2，玉镯。浅绿色夹杂黄褐色斑，局部沁蚀呈白色，透闪石。外廓为管钻成形，经修磨，外壁微内凹。所绘下端面较为平整，局部还留有线切割痕；另面略有高低，一侧还有原本取料时的凹缺，凹缺面经打磨。中孔单向管钻，内壁经修磨，仅局部可见管钻时的旋痕。环镯孔仅单向管钻，这类标本发现甚少，也可能是双向管钻后，再进行了分割。所绘上端孔径 5.98 ~ 6.05、下端孔径 5.57 ~ 5.77 厘米。镯高 2.02 ~ 2.28、直径 8.44 ~ 8.61 厘米（彩版 3 – 318）。

M8 墓室中部有石钺 4 件。其中 M8：3 紧邻 M8：8 玉镯，叠压 M8：4 石钺，刃部均朝西，M8：4 为保留有彩绘的安柲石钺，石钺刃部一角叠压墓主股骨。M8：3 石钺标高 – 201 厘米，M8：4 石钺标高 – 202.5 厘米。M8：5 石钺刃部紧贴 M8：3 石钺刃部下方，刃部朝东，略西高东低侧倾，落差 1.5 厘米。M8：6 石钺位于墓主右股骨外侧，与股骨顺向，刃部朝南，标高 – 201.5 厘米。

图 3 - 22A   M8 平、剖面图

1. 玉璜 2、8. 玉镯 3~6. 石钺 7. 玉钺 9、21. 玉圆牌 10、11、22. 玉坠饰 12. 玉管珠串 13. 陶豆 14、20. 陶盆 15. 陶豆
盖 16. 陶双鼻壶 17. 野猪獠牙 18. 陶罐 19. 陶甗

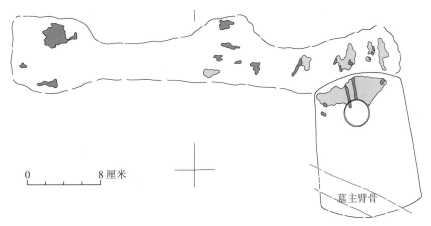

图 3-22B M8：4 石钺出土平面图

M8：3，石钺。所绘为出土时朝下面。青灰色夹杂灰白色纹路，泥岩。整器平面呈"风"字形，扁薄平整。顶端修磨平整。所绘面孔侧留有少量朱痕，M8：3 出土时叠压在 M8：4 之上，所绘面残留有 M8：4 的朱痕和柠檬黄痕（彩版 3-319）。另面有细小的朱痕。双向管钻孔，孔内径 2.67~2.70、所绘面外径 3.02、另面外径 2.90~2.97 厘米。双面弧刃。高 14.8、上宽 10.8、刃宽 12.6、最厚约 0.6 厘米（彩版 3-320）。

M8：4，安秘石钺。野外清理之初，发现有纵向断续分布的由红、黄两种彩组成的漆痕，原以为是葬具的残留，后发现彩绘压 M8：4 石钺顶端一角，在起取 M8：3 石钺后，确认 M8：4 为安秘石钺（图 3-22B；彩版 3-321）。秘痕长 42 厘米，宽 4~8 厘米不等。从石钺顶端部位未有彩绘痕迹的部位判断，插入秘銎内深约 5 厘米左右（彩版 3-322~325）。钺青灰色夹杂黑色小点，石质较为细腻，凝灰岩。顶端修磨平整，略弧凸。出土时朝上面孔右侧留有一道竖向的片切割痕。钺两面孔附近均有朱痕和柠檬黄痕残留。双向管钻孔，孔内径 2.40~2.42、朝上面外径 2.94~2.99、另面外径 2.96~2.97 厘米。双面弧刃，朝上面刃部右侧转角有崩缺。高 16.5、上宽约 9.5、现存刃宽约 9.9、最宽 10.3、最厚 0.67 厘米（彩版 3-326）。

M8：5，石钺。所绘为出土时朝上面。黄褐色夹杂青灰色纹路，局部包含有石英砂颗粒，石质坚硬，熔结凝灰岩。顶端修磨平整，微弧凸，所绘面右上角打缺。双向桯钻孔，孔内径 1.66~1.69、所绘面外径 1.95~2.03、另面外径 2.0 厘米。双面弧刃，所绘面刃部左侧转角有残缺。高 9.6、上宽约 6.3、现存刃宽约 7.5、最厚 1.02 厘米（彩版 3-327）。

M8：6，石钺。所绘为出土时朝上面。灰黄色夹杂青灰色斑点，熔结凝灰岩。整器坚硬厚重，截面近扁椭圆形。顶端弧凸，经修磨较为平整，所绘面左上角有打缺，钺两面近顶端竖向打磨成倾斜面。双向桯钻孔，所绘面孔开口面较不圆整，结合孔壁剖面观察，所绘面桯钻时钻具调整角度较大。推测先桯钻所绘之另面的孔，后桯钻所绘面孔，最后调整钻具角度使之穿透。孔内径 0.83、所绘面外径 1.57~1.68、另面外径 1.63~1.64 厘米。双面弧刃。高 13.26、上宽约 5.5、刃宽 6.4、最宽约 6.65、最宽约 7.6、最厚 1.68 厘米（彩版 3-328）。

M8：7，玉钺。基本呈东西向出土，刃部略朝西南，顶部上翘，高差 3 厘米，刃部一角为 M8：18 陶罐碎片所压。所绘为出土时朝下面。墨绿色夹杂黄褐色斑，局部被沁蚀呈白色，透闪石。整器平面呈"风"字形，横截面呈扁梭子形。顶端缘面倾斜，可能是玉料本身的不完整或缺陷。顶端面局部还有打磨痕。双向管钻孔，孔内径 0.91、所绘面外径 1.10、另面外径 1.14 厘米。刃部有

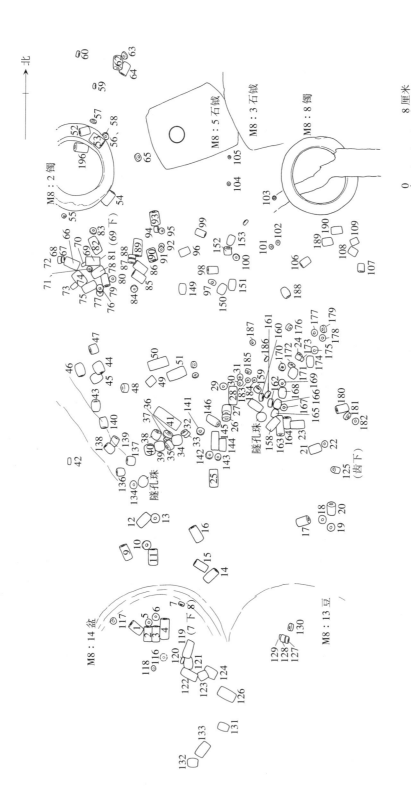

图 3-22C　M8：12 玉管珠串出土位置平面图

（M8：12-110~115 位于 M8：3 石钺北侧）

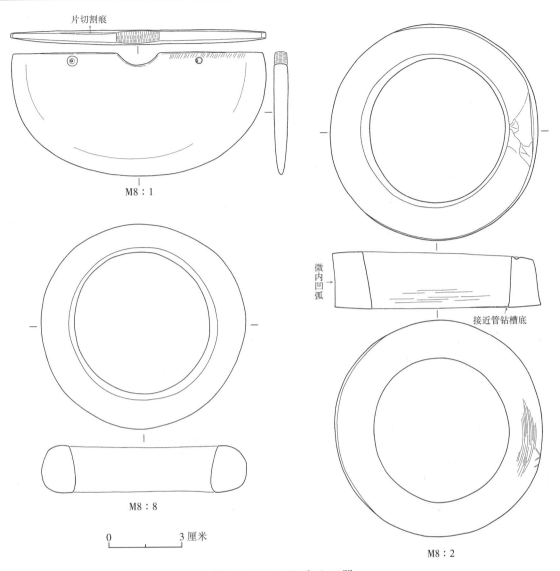

片切割痕

微内凹弧

接近管钻槽底

M8：1

M8：8

M8：2

0　　　　　　3厘米

图 3 - 23A　　M8 出土玉器

缺口。高 15.9、上宽约 6.8、刃宽约 8.6、最厚 1.0 厘米（彩版 3 - 329）。

M8：8，玉镯。贯穿环镯的臂骨东高西低，高差约 2 厘米。黄褐色有白沁，透闪石。镯体截面呈椭圆形，两面均较为平整。中孔双向管钻，孔内壁经修磨已不见管钻旋痕及台痕，孔内径 5.50 ~ 5.63 厘米。镯高 1.75 ~ 1.83、直径 8.0 ~ 8.25 厘米（彩版 3 - 330）。

M8：9，系孔玉圆牌。出土时系孔朝北，标高 -199 厘米。所绘为出土时朝上面。黄褐色，局部有白沁，透闪石。外廓为管钻成形，两面均较为平整。所绘面有两处近 90 度夹角的片切割痕。中孔为线切割，孔壁局部经打磨修整，孔内径 1.62 ~ 1.76 厘米。圆牌中孔利用线切割技术，甚为少见。系孔为双向桯钻而成，孔内径 0.1、所绘面孔外径 0.3、另面孔外径 0.32 厘米。整器外径 4.75、厚 0.35 ~ 0.40 厘米（彩版 3 - 331）。

M8：10，玉坠饰。位于脚端陶器北侧，标高 -200 厘米。一端残损，但残损的碎片却在 M8：19 带盖陶甗碎片下方，即 M8：22，足见葬具倒塌之后挤压的力量（排除人为有意的砸碎）。鸡骨白，局部可见褐色晶体，透闪石。为条璜改制而成。两面均较为平整，双向桯钻系孔。孔内径 0.2 厘米。整器高 5.0、最宽 1.0、最厚 0.4 厘米（彩版 3 - 332）。

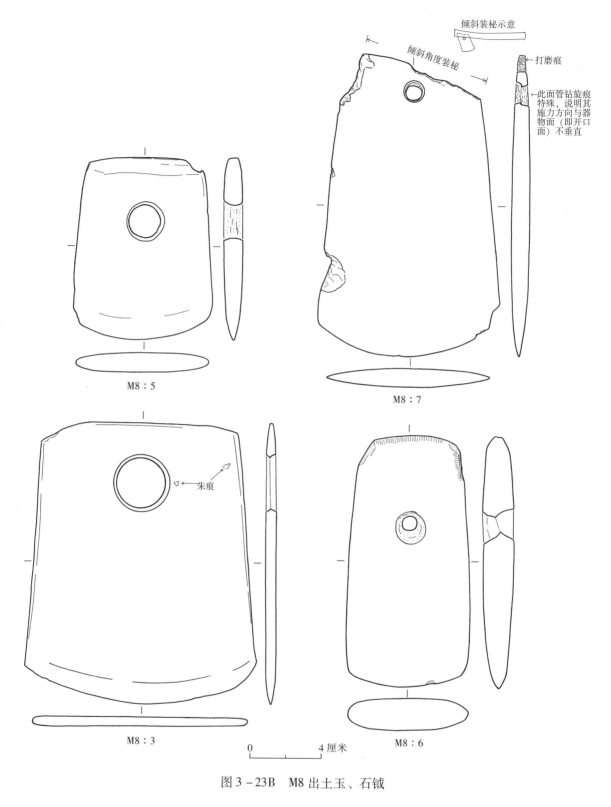

图 3 - 23B M8 出土玉、石钺

M8:11，玉坠饰。类锥形器，位于墓主头骨东侧，锥尖朝北，标高 -205.5 厘米。鸡骨白，透闪石。整器可能利用边角料制成，也不排除有意切割为歪弧状。有意切割成有一定弧度的类锥形器在良渚文化中也有发现，可能象征"野猪獠牙"的性质。首尖，有一道片切割痕，中部一侧留有内凹状的切割痕。端部有双向桯钻系孔，孔内径0.1、所绘面孔外径0.2、另面孔外径0.3 厘米。

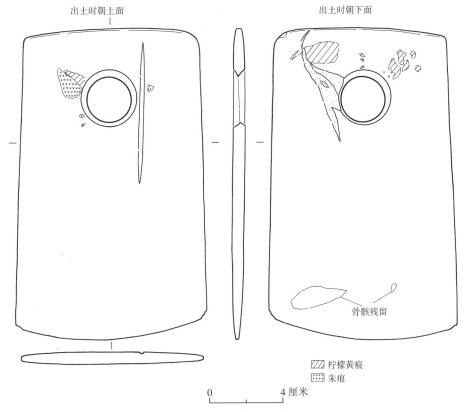

出土时朝上面

出土时朝下面

骨骸残留

柠檬黄痕

朱痕

0　　　　　　4 厘米

图 3 - 23C　M8 出土安柲石钺（M8∶4）

长 2.65、直径 0.36 ~ 0.46 厘米（彩版 3 - 333）。

M8∶12，玉管珠串。包括 2 件玉隧孔珠、193 件玉管珠，是目前为止浙北嘉兴地区该时期墓葬中出土数量最多的墓例。M8∶12 - 135、156 隧孔珠位于头骨西侧，彼此间距 13.5 厘米，隧孔均朝下。位于 M8∶3 石钺附近、位置稍远、形体也略小的 6 颗玉管 M8∶12 - 110 ~ 115 也暂归为 M8∶12 串组。管珠分布以墓主头骨为中心，主要散乱于南部随葬陶器以及墓主胸腹等部位，由于没有合适的网格测量框，现场采用用牙签插 10 × 10 厘米网格的方法进行原大测绘后，再根据管珠组合和走向编小号起取。管珠串可以分为上、下两层，大体上为环周状，一些管珠之间黏合甚为紧密，说明原先就存在串系关系。从实际情况看，管和珠有序间隔，位于 M8∶13 陶豆西侧下方的 M8∶12 - 119 ~ 124 甚为清晰。位于 M8∶14 陶盆内的 M8∶12 - 2 ~ 4 管珠呈并列状出土，其中前 2 件一端另有一相对短矮的管。当然，实际的情况或许更复杂一些，如，M8∶12 - 1 ~ 7 位于 M8∶14 陶盆内，M8∶14 陶盆和 M8∶15 陶豆盖下的管珠或另外单独成组（图 3 - 22C；彩版 3 - 334 ~ 336）。

根据外形，管珠可分为形体略长和短矮的管、鼓形的珠。未注明者均为叶蜡石（彩版 3 - 337）。

M8∶12 - 1，浅绿色，局部有黄褐色斑及裂纹，润泽。双向管钻孔，孔壁有错位痕，孔内径 0.22 厘米。高 1.85、外径 0.96 厘米。

M8∶12 - 2，黄绿色，局部有黄褐色斑，润泽。双向管钻孔，孔壁有错位痕，孔内径约 0.25 厘米。高 1.78、外径 0.92 ~ 0.98 厘米。

M8∶12 - 3，浅黄绿色，局部有黄褐色斑。双向管钻孔，孔壁有错位痕，孔内径约 0.22 厘米。高 1.54、外径 0.89 ~ 0.93 厘米。

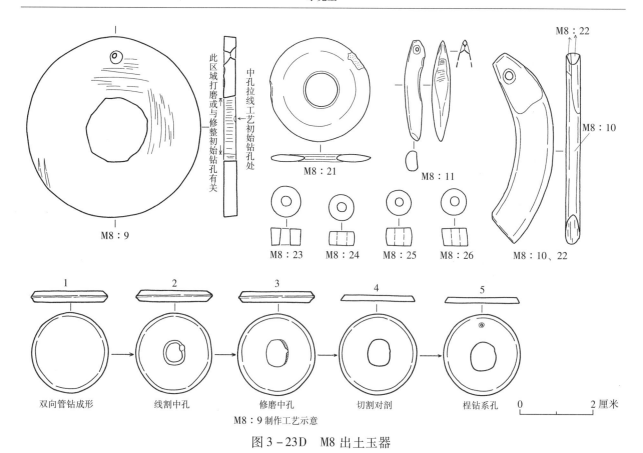

图 3－23D　M8 出土玉器

　　M8：12－4，黄色，透光。横截面近椭圆形。双向管钻孔，孔壁有错位痕，孔内径约 0.25 厘米。高 2.14、外径 0.86～1.01 厘米（彩版 3－338）。

　　M8：12－5，黄色，透光。外壁中部微鼓。孔径 0.26 厘米。高 0.41、外径 0.77 厘米。

　　M8：12－6，黄色，透光。外壁中部微鼓。孔径 0.26 厘米。高 0.48、外径 0.79 厘米。

　　M8：12－7，黄色，透光，有裂纹。外壁中部微鼓。孔径约 0.26～0.27 厘米。高 0.30、外径 0.57 厘米。

　　M8：12－8，浅黄色，透光，有裂纹。外壁中部微鼓。孔径 0.27 厘米。高 0.31、外径 0.55～0.56 厘米。

　　M8：12－9，浅黄绿色，局部有黄褐色斑及裂纹，润泽。双向管钻孔，孔壁有错位痕，孔内径约 0.26 厘米。高 1.59、外径 0.88～0.96 厘米（彩版 3－339）。

　　M8：12－10，浅绿色，透光。外壁中部微鼓。孔径 0.24 厘米。高 0.45、外径 0.81～0.82 厘米。

　　M8：12－11，浅黄绿色，局部有红褐色斑，润泽。双向管钻孔，孔壁有错位痕，孔内径约 0.26 厘米。高 1.77、外径 0.98～1.04 厘米（彩版 3－340）。

　　M8：12－12，浅黄绿色，局部有黄褐色斑。双向管钻孔，孔壁有错位痕，孔内径约 0.28 厘米。高 1.69、外径 0.94～0.96 厘米。

　　M8：12－13，浅黄色，透光。外壁中部微鼓。孔径 0.24 厘米。高 0.49、外径 0.79 厘米。

　　M8：12－14，浅黄绿色，局部有黑色斑。双向管钻孔，孔壁有错位痕，孔内径约 0.22 厘米。高 1.51、外径 1.01～1.04 厘米。

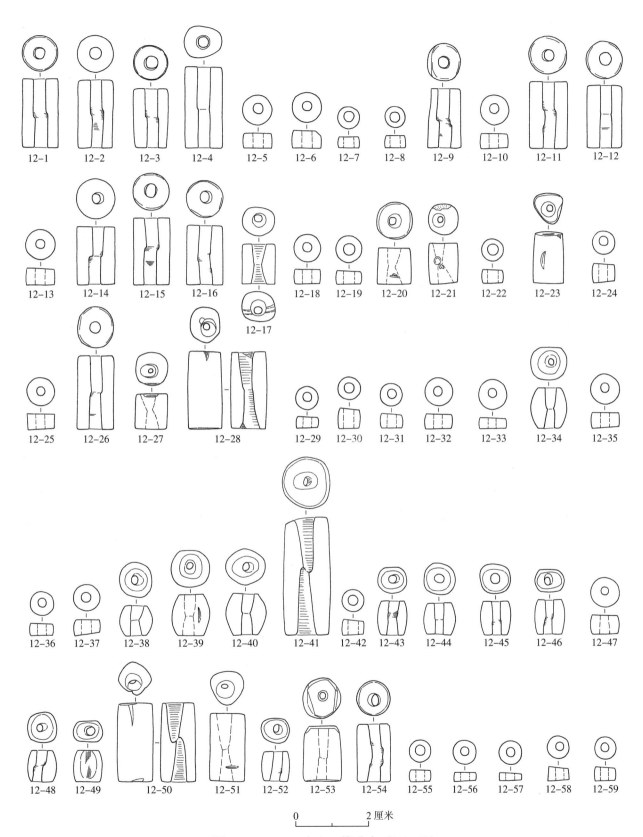

0 ⊢────────⊣ 2厘米

图 3 - 23E　M8 出土玉管珠串（M8：12）

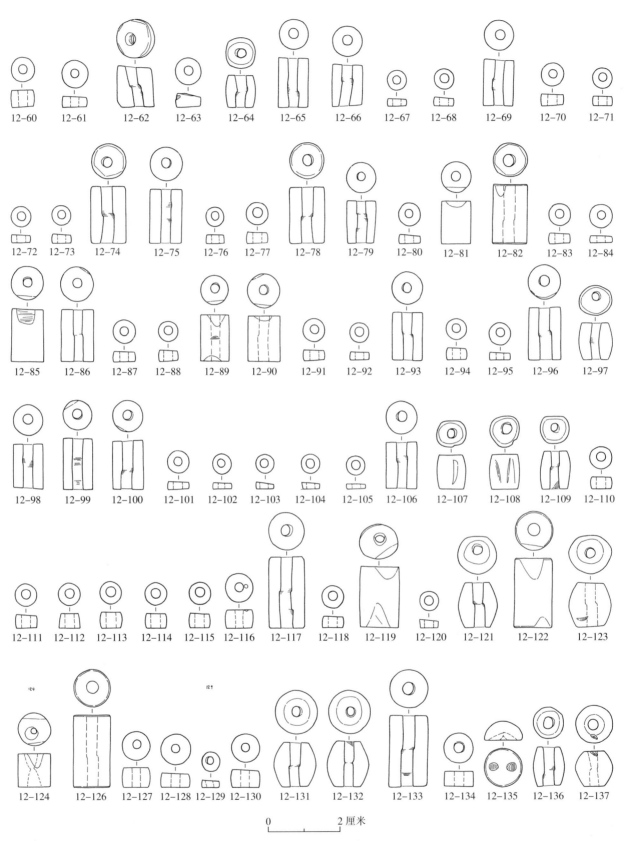

图 3 – 23F　M8 出土玉管珠串（M8：12）

图 3 - 23G　M8 出土玉管珠串（M8：12）

　　M8：12 - 15，黄色，局部有灰褐色斑。双向管钻孔，孔壁有错位痕，所绘下端孔的开口呈椭圆形，孔内径约 0.25 厘米。高 1.77、外径 0.93 ~ 0.96 厘米。

　　M8：12 - 16，黄绿色，局部有灰褐色斑。双向管钻孔，孔壁有错位痕，孔内径约 0.25 厘米。高 1.60、外径 0.96 厘米。

　　M8：12 - 17，浅绿黄色有白沁，润泽，透光，透闪石。双向桯钻孔，孔内径 0.18 厘米。所绘下端面有线切割痕。高 1.04、外径 0.82 ~ 0.88 厘米（彩版 3 - 342）。

　　M8：12 - 18，黄色，透光。外壁中部微鼓。孔径 0.24 厘米。高 0.37、外径 0.70 厘米。

M8：12－19，黄色，透光。外壁中部微鼓。孔径 0.27 厘米。高 0.35、外径 0.69 厘米。

M8：12－20，浅绿色有白沁，润泽，透光，透闪石。外壁一侧有片切割痕。双向桯钻孔，孔内径 0.15 厘米。高 0.98、外径 0.87～0.90 厘米。

M8：12－21，沁蚀呈白色，局部有灰绿色晶体，透闪石。外壁一侧有桯钻未穿的凹点，外壁还留有片切割痕。双向桯钻孔，孔内径 0.15 厘米。高 1.12、外径 0.80～0.85 厘米（彩版 3－343）。

M8：12－22，黄色，透光。外壁中部微鼓。孔径 0.27 厘米。高 0.37、外径 0.58 厘米。

M8：12－23，沁蚀呈白色，局部有透光浅绿色晶体，透闪石。整器呈不规则三棱柱形。外壁三面均留有片切割痕。双向桯钻孔，孔内径 0.15 厘米。高 1.36、外径 0.82～0.86 厘米（彩版 3－344）。

M8：12－24，黄色，透光。外壁中部鼓形弧凸。孔径 0.24～0.25 厘米。高 0.52、外径 0.64 厘米。

M8：12－25，浅黄色，透光，有裂纹。孔径 0.22 厘米。高 0.43、外径 0.76 厘米。

M8：12－26，黄色，局部有褐色杂质，润泽。双向管钻孔，孔壁有错位痕，孔内径约 0.28 厘米。高 1.93、外径 0.99～1.06 厘米。

M8：12－27，沁蚀呈白色，透闪石。双向桯钻孔，孔内径约 0.14 厘米。高 0.94、外径 0.87～0.92 厘米（彩版 3－345）。

M8：12－28，鸡骨白，透闪石。外壁有两处片切割痕。双向桯钻孔，且多次调整钻具施力方向，孔内径约 0.20 厘米。高 2.05、外径 0.92～0.98 厘米（彩版 3－341）。

M8：12－29，黄色，透光。外壁中部微鼓。孔径 0.25 厘米。高 0.37、外径 0.58 厘米。

M8：12－30，黄色，透光。外壁中部微鼓。孔径 0.25～0.26 厘米。高 0.55、外径 0.63 厘米。

M8：12－31，黄色，透光。外壁中部微鼓。孔径 0.25 厘米。高 0.40、外径 0.63 厘米。

M8：12－32，黄色，透光，有裂纹。外壁中部微鼓。孔径 0.19～0.20 厘米。高 0.42、外径 0.78 厘米。

M8：12－33，浅黄色，透光，有裂纹。外壁中部微鼓。孔径 0.22 厘米。高 0.32、外径 0.78～0.79 厘米。

M8：12－34，浅黄色，透光，有裂纹。整体呈鼓形。双向桯钻孔，孔内径 0.21 厘米。高 1.10、外径 0.86～0.97 厘米（彩版 3－346）。

M8：12－35，黄色，透光，有裂纹。孔径 0.22～0.23 厘米。高 0.44、外径 0.77 厘米。

M8：12－36，黄色，透光。外壁中部微鼓。孔径 0.22 厘米。高 0.33、外径 0.66 厘米。

M8：12－37，黄色，透光。外壁中部微鼓。孔径 0.24～0.25 厘米。高 0.43、外径 0.71 厘米。

M8：12－38，浅绿黄色，透光。鼓形。双向桯钻孔，孔内径约 0.21 厘米。高 0.83、外径 0.89～0.93 厘米。

M8：12－39，浅绿黄色，透光，有裂纹。鼓形。外壁面留有切割痕。双向桯钻孔，孔内径 0.17 厘米。高 1.12、外径 0.98～1.08 厘米。

M8：12－40，黄色，透光，有裂纹。鼓形。双向桯钻孔，孔内径 0.23 厘米。高 1.10、外径 0.93～1.09 厘米。

M8：12 - 41，鸡骨白，局部有横向灰黄色丝状纹，透闪石。双向桯钻孔，孔内径约 0.17 厘米。高 3.12、外径 1.27 ~ 1.34 厘米。

M8：12 - 42，浅绿黄色，透光，有裂纹。外壁中部微鼓。孔径 0.25 厘米。高 0.43、外径 0.61 ~ 0.62 厘米。

M8：12 - 43，浅绿黄色，透光，有裂纹。鼓形，截面呈椭圆形。双向管钻孔，孔壁有错位痕，孔内径 0.21 厘米。高 0.90、外径 0.68 ~ 0.80 厘米。

M8：12 - 44，浅绿黄色，透光，有裂纹。鼓形。双向管钻孔，孔内径 0.21 ~ 0.22 厘米。高 0.87、外径 0.83 ~ 0.87 厘米。

M8：12 - 45，浅绿黄色，透光，有裂纹。鼓形。双向管钻孔，孔内径 0.24 厘米。高 0.91、外径 0.79 ~ 0.85 厘米。

M8：12 - 46，浅绿黄色，透光，有裂纹。鼓形。双向管钻孔，孔内径约 0.21 厘米。高 0.94、外径 0.63 ~ 0.82 厘米。

M8：12 - 47，浅黄色，透光。外壁中部微鼓。孔径 0.20 厘米。高 0.52、外径 0.80 厘米。

M8：12 - 48，浅黄绿色，透光。鼓形。双向管钻孔，孔内径 0.21 厘米。高 0.86、外径 0.78 ~ 0.80 厘米。

M8：12 - 49，浅绿黄色，透光。鼓形，截面呈椭圆形。外壁面留有片切割痕。双向管钻孔，孔内径约 0.25 厘米。高 0.87、外径 0.58 ~ 0.80 厘米。

M8：12 - 50，鸡骨白，透闪石。外壁留有片切割痕。双向桯钻孔，孔内径约 0.15 厘米。高 2.10、外径 0.94 ~ 0.98 厘米（彩版 3 - 347）。

M8：12 - 51，鸡骨白，局部有横向黄色丝状纹，透闪石。双向桯钻孔，孔内径 0.18 厘米。高 1.82、外径 0.93 ~ 0.98 厘米（彩版 3 - 348）。

M8：12 - 52，浅黄色，透光，有裂纹。近鼓形。双向管钻孔，孔径 0.22 ~ 0.23 厘米。高 0.79、外径 0.68 ~ 0.76 厘米。

M8：12 - 53，浅黄绿色，局部有黄褐色斑，润泽。双向管钻孔，孔壁有错位痕，孔内径 0.19 厘米。高 1.47、外径 1.05 ~ 1.08 厘米。

M8：12 - 54，灰绿色，局部有褐色斑，润泽。双向管钻，孔壁有多处错位痕，孔内径约 0.24 厘米。高 1.55、外径 0.92 ~ 0.94 厘米。

M8：12 - 55，浅黄色，透光，有裂纹。外壁中部微鼓。孔径 0.24 ~ 0.25 厘米。高 0.31、外径 0.61 厘米。

M8：12 - 56，浅黄色，透光。孔径 0.24 厘米。高 0.23、外径 0.58 厘米。

M8：12 - 57，浅黄色，透光。孔径 0.24 厘米。高 0.22、外径 0.62 厘米。

M8：12 - 58，浅黄色，透光。孔径 0.24 厘米。高 0.39、外径 0.57 ~ 0.59 厘米。

M8：12 - 59，浅黄色，透光。外壁中部微鼓。孔径 0.24 ~ 0.25 厘米。高 0.36、外径 0.60 厘米。

M8：12 - 60，浅黄色，局部有黑点杂质，透光。外壁中部微鼓。孔径 0.25 厘米。高 0.48、外径 0.60 ~ 0.64 厘米。

M8：12 - 61，浅黄色，透光。外壁中部微鼓。孔径 0.24 厘米。高 0.30、外径 0.69 厘米。

M8：12－62，浅绿黄色，局部有褐色斑。双向管钻孔，孔壁有错位痕，孔内径约0.24厘米。高1.07、外径1.01～1.05厘米（彩版3－349）。

M8：12－63，浅黄色，透光。孔径0.25厘米。高0.35、外径0.69～0.70厘米。

M8：12－64，浅绿黄色，局部有少量黑色杂质，透光。整体呈鼓形。双向管钻孔，孔壁有错位痕，孔内径约0.24厘米。高0.88、外径0.77～0.83厘米。

M8：12－65，浅绿黄色，局部有褐色斑，润泽。双向管钻孔，孔壁有错位痕，孔内径0.28厘米。高1.33、外径0.84厘米。

M8：12－66，浅绿黄色，局部有褐色斑。双向管钻孔，孔壁有错位痕，孔内径0.25厘米。高1.13、外径0.83厘米。

M8：12－67，浅黄色，透光。外壁中部微鼓。孔径0.23厘米。高0.21、外径0.52～0.53厘米。

M8：12－68，浅黄色，透光。外壁中部微鼓。孔径0.24厘米。高0.25、外径0.53厘米。

M8：12－69，浅黄绿色，局部有灰褐色斑。双向管钻孔，孔壁有错位痕，孔内径0.25厘米。高1.23、外径0.93厘米。

M8：12－70，浅黄色，透光。外壁中部微鼓。孔径0.25厘米。高0.32、外径0.62厘米。

M8：12－71，浅黄色，透光。外壁中部微鼓。孔径0.24厘米。高0.27、外径0.53厘米。

M8：12－72，浅黄色，透光。外壁中部微鼓。孔径0.23厘米。高0.24、外径0.53厘米。

M8：12－73，浅黄色，透光，有裂纹。外壁中部微鼓。孔径0.23厘米。高0.25、外径0.54厘米。

M8：12－74，浅绿黄色，局部有褐色斑。双向管钻孔，孔壁有错位痕，孔内径约0.26厘米。高1.53、外径0.92～0.97厘米。

M8：12－75，浅绿黄色，局部有褐色斑，润泽。整器较为规整。双向管钻孔，孔壁有错位痕，孔内径约0.26厘米。高1.41、外径0.88厘米。

M8：12－76，浅黄色，透光。外壁中部微鼓。孔径0.24厘米。高0.23、外径0.53厘米。

M8：12－77，浅黄色，透光，有裂纹。外壁中部微鼓。孔径0.24厘米。高0.31、外径0.59厘米。

M8：12－78，浅黄绿色，局部有红褐色杂质，润泽。双向管钻孔，孔壁有错位痕，孔内径约0.26厘米。高1.50、外径0.95～0.96厘米。

M8：12－79，浅绿色，局部有褐色杂质。整体上大下小。双向管钻孔，孔壁有错位痕，孔内径约0.24厘米。高1.13、外径0.78～0.80厘米。

M8：12－80，浅黄色，透光，有裂纹。外壁中部微鼓。孔径0.24厘米。高0.22、外径0.62～0.63厘米。

M8：12－81，翠绿色，局部有黄褐色斑。双向管钻孔，孔壁有错位痕，孔内径0.25厘米。高1.15、外径0.82厘米。

M8：12－82，浅黄色，局部有灰褐色杂质。双向管钻孔，孔壁有错位痕，孔内径约0.25厘米。高1.57、外径0.88～0.94厘米。

M8：12－83，浅黄色，透光，有裂纹。外壁中部微鼓。孔径0.24厘米。高0.29、外径0.59

厘米。

M8：12-84，浅黄色，透光。外壁中部微鼓。孔径0.23厘米。高0.19、外径0.61厘米。

M8：12-85，浅绿黄色，局部有灰褐色斑，润泽。双向管钻孔，孔壁有错位痕，孔内径0.25厘米。高1.41、外径0.88厘米。

M8：12-86，浅绿色，有裂纹。双向管钻孔，孔壁有错位痕，孔内径0.25厘米。高1.36、外径0.87~0.88厘米。

M8：12-87，浅黄色，透光，有裂纹。外壁中部微鼓。孔径0.25厘米。高0.29、外径0.63厘米。

M8：12-88，浅黄色，透光。外壁中部微鼓。孔径0.24厘米。高0.31、外径0.52厘米。

M8：12-89，浅绿黄色，局部有灰褐色斑，润泽。双向管钻孔，孔壁有错位痕，孔内径0.25厘米。高1.23、外径0.83厘米。

M8：12-90，浅绿色，局部有褐斑，润泽。双向管钻孔，孔壁有错位痕，孔内径约0.25厘米。高1.18、外径0.87厘米。

M8：12-91，浅黄色，透光，有裂纹。外壁中部微鼓。孔径0.24厘米。高0.29、外径0.59厘米。

M8：12-92，浅黄色，透光，有裂纹。外壁中部微鼓。孔径0.24厘米。高0.21、外径0.54厘米。

M8：12-93，浅黄绿色，局部有黑色杂质，润泽。双向管钻孔，孔壁有错位痕，孔内径约0.25厘米。高1.26、外径0.85厘米。

M8：12-94，浅黄色，透光。外壁中部微鼓。孔径0.24厘米。高0.32、外径0.55厘米。

M8：12-95，浅黄色，透光。孔径0.24厘米。高0.21、外径0.57厘米。

M8：12-96，浅绿黄色，局部有灰黑色杂质，润泽。双向管钻孔，孔壁有错位痕，孔内径约0.25厘米。高1.40、外径0.87~0.88厘米。

M8：12-97，浅黄色，透光，有裂纹。鼓形，平面近椭圆形。双向管钻孔，孔壁有错位痕，孔内径0.22厘米。高1.00、外径0.76~0.91厘米。

M8：12-98，翠绿色，局部有褐色斑。双向管钻孔，孔壁有错位痕，孔内径0.25厘米。高1.18、外径0.83厘米。

M8：12-99，黄绿色，局部有黄褐色斑。双向管钻孔，孔壁有错位痕，孔内径0.25厘米。高1.35、外径0.82~0.83厘米。

M8：12-100，浅黄色，局部有黄褐杂质。双向管钻孔，孔壁有错位痕，孔内径0.25厘米。高1.29、外径0.84~0.85厘米。

M8：12-101，浅黄色，透光。外壁中部微鼓。孔径0.24厘米。高0.21、外径0.59厘米。

M8：12-102，浅黄色，透光。外壁中部微鼓。孔径0.23厘米。高0.18、外径0.54厘米。

M8：12-103，浅黄色，透光。外壁中部微鼓。孔径0.23厘米。高0.19、外径0.52厘米。

M8：12-104，浅黄色，透光。外壁中部微鼓。孔径0.24厘米。高0.19、外径0.49厘米。

M8：12-105，浅黄色，透光。外壁中部微鼓。孔径0.23厘米。高0.13、外径0.52厘米。

M8：12-106，浅黄绿色，局部有灰褐色斑。双向管钻孔，孔壁有错位痕，孔内径约0.24厘米。高 1.21、外径 0.86 厘米。

M8：12 - 107，浅黄色，透光。鼓形，平面近椭圆形。外壁一侧留有片切割痕。双向管钻孔，孔壁有错位痕，孔内径 0.24 厘米。高 0.89、外径 0.71 ~ 0.83 厘米。

M8：12 - 108，浅黄绿色，透光。鼓形。外壁两侧留有片切割痕。双向管钻孔，孔壁有错位痕，孔内径 0.22 厘米。高 0.91、外径 0.78 ~ 0.82 厘米。

M8：12 - 109，浅黄色，透光。鼓形，平面近椭圆形。双向管钻孔，孔壁有错位痕，孔内径 0.21 厘米。高 0.99、外径 0.85 厘米。

M8：12 - 110，浅黄色，透光，有裂纹。外壁中部微鼓。孔径 0.24 厘米。高 0.32、外径 0.59 厘米。

M8：12 - 111，浅黄色，透光，有裂纹。外壁中部微鼓。孔径 0.24 厘米。高 0.36、外径 0.60 厘米。

M8：12 - 112，浅黄色，透光。孔径 0.24 厘米。高 0.38、外径 0.56 厘米。

M8：12 - 113，浅黄色，透光，有裂纹。外壁中部微鼓。孔径 0.25 厘米。高 0.44、外径 0.62 厘米。

M8：12 - 114，浅黄色，透光，有裂纹。外壁中部微鼓。孔径 0.25 厘米。高 0.38、外径 0.60 厘米。

M8：12 - 115，浅黄色，透光，有裂纹。外壁中部微鼓。孔径 0.25 厘米。高 0.39、外径 0.60 厘米。

M8：12 - 116，浅黄色，透光，有裂纹。外壁中部微鼓。所绘上端面有桯钻未穿凹痕。孔径 0.23 厘米。高 0.46、外径 0.77 ~ 0.78 厘米。

M8：12 - 117，黄绿色，局部有黄褐色斑。双向管钻孔，孔壁有错位痕，孔内径约 0.30 厘米。高 1.89、外径 0.98 ~ 1.00 厘米。

M8：12 - 118，浅黄色，透光。外壁中部微鼓。孔径 0.24 厘米。高 0.30、外径 0.59 厘米。

M8：12 - 119，浅黄绿色，局部有灰褐色斑。双向管钻孔，孔壁有错位痕，孔内径约 0.22 厘米。高 1.63、外径 0.93 ~ 1.09 厘米。

M8：12 - 120，浅黄色，透光。孔径 0.25 厘米。高 0.23、外径 0.50 厘米。

M8：12 - 121，浅黄色，透光。鼓形。双向管钻孔，孔壁有错位痕，孔内径 0.21 厘米。高 1.20、外径 1.07 厘米。

M8：12 - 122，翠绿色，局部有黄褐色斑。双向管钻孔，孔壁有错位痕，孔内径约 0.30 厘米。高 1.84、外径 0.99 ~ 1.05 厘米。

M8：12 - 123，浅黄色，透光。鼓形，平面呈椭圆形。外壁留有切割痕。双向管钻孔，孔壁有错位痕，孔内径 0.26 厘米。高 1.16、外径 1.00 ~ 1.15 厘米。

M8：12 - 124，浅绿色，局部有白沁，透闪石。双向桯钻孔，孔内径 0.17 厘米。高 0.87、外径 0.85 ~ 0.90 厘米（彩版 3 - 350）。

M8：12 - 125，空号①。

---

① 根据 M8：12 野外现场平面图来看，M8：12 - 125 位于牙齿下，当时或随同牙齿起取，而 2013 年 6 月 19 日王伟清洗 M8 牙齿时发现三颗管珠，后分别编号为 M8：24、25、26，推测 M8：12 - 125 是其中一颗。

M8：12－126，黄色，局部有灰褐色斑，润泽。双向管钻孔，孔壁有错位痕，孔内径 0.32 厘米。高 1.92、外径 0.98～1.01 厘米。

M8：12－127，浅黄色，透光，有裂纹。外壁中部微鼓。孔径 0.22 厘米。高 0.52、外径 0.77 厘米。

M8：12－128，浅黄色，透光，有裂纹。外壁中部微鼓。孔径 0.23 厘米。高 0.39、外径 0.81～0.83 厘米。

M8：12－129，浅黄色，透光。外壁中部微鼓。孔径 0.18 厘米。高 0.19、外径 0.53 厘米。

M8：12－130，浅黄色，透光。外壁中部微鼓。孔径 0.22 厘米。高 0.49、外径 0.79 厘米。

M8：12－131，浅黄色，透光。整体呈鼓形。双向管钻孔，孔壁有错位痕，孔内径 0.23 厘米。高 1.20、外径 1.12～1.18 厘米。

M8：12－132，浅黄色，透光。整体呈鼓形。双向管钻孔，孔壁有错位痕，孔内径 0.23 厘米。高 1.21、外径 1.06～1.15 厘米。

M8：12－133，黄绿色，局部有褐色斑，有裂纹，润泽。双向管钻孔，孔壁有错位痕，孔内径约 0.26 厘米。高 1.90、外径 0.99～1.05 厘米。

M8：12－134，浅黄色，透光。外壁中部微鼓。孔径 0.24 厘米。高 0.41、外径 0.80 厘米。

M8：12－135，玉隧孔珠。浅黄色，透光。平面呈圆形，正面弧凸，背面平整且有一个隧孔，隧孔先后以两侧斜桯钻对穿而成。厚 0.49、外径 0.99～1.02 厘米（彩版 3－351）。

M8：12－136，浅绿色，透光，有裂纹。鼓形。双向管钻孔，孔壁有错位痕，孔内径 0.22 厘米。高 1.04、外径 0.82～0.89 厘米。

M8：12－137，浅黄色，透光。鼓形。所绘上端面有一条切割痕。双向管钻孔，孔壁有错位痕，孔内径 0.22 厘米。高 1.04、外径 0.82～0.89 厘米。

M8：12－138，浅黄色，透光。鼓形。双向管钻孔，孔壁有错位痕，孔内径 0.21 厘米。高 0.97、外径 0.77～0.87 厘米。

M8：12－139，浅黄色，透光。鼓形，平面呈椭圆形。双向管钻孔，孔壁有错位痕，孔内径 0.21 厘米。高 1.00、外径 0.89～0.94 厘米。

M8：12－140，浅黄色，透光。鼓形，平面近椭圆形。双向管钻孔，孔壁有错位痕，孔内径 0.21 厘米。高 0.92、外径 0.81～0.90 厘米。

M8：12－141，灰绿色，透光，有裂纹。外壁中部微鼓。孔径 0.24 厘米。高 0.38、外径 0.78 厘米。

M8：12－142，黄色，透光，有裂纹。外壁中部微鼓。孔径 0.23 厘米。高 0.34、外径 0.79 厘米。

M8：12－143，浅黄色，透光，有裂纹。外壁中部微鼓。孔径 0.20 厘米。高 0.38、外径 0.78 厘米。

M8：12－144，鸡骨白，透闪石。所绘上端面留有线切割痕。双向桯钻孔，孔内径约 0.18 厘米。高 1.18、外径 0.88～0.89 厘米（彩版 3－352）。

M8：12－145，鸡骨白，透闪石。整体呈三棱柱形。外壁侧面留有横向及竖向片切割痕。双向桯钻孔，孔内径约 0.20 厘米。高 1.89、外径 0.87～0.89 厘米（彩版 3－353）。

M8：12－146，鸡骨白，透闪石。外壁一侧留有横向片切割痕。双向桯钻孔，孔内径约0.18厘米。高1.44、外径0.79~0.86厘米（彩版3－354）。

M8：12－147，浅黄色，透光。外壁中部微鼓。孔径0.24厘米。高0.45、外径0.64厘米。

M8：12－148，浅黄色，透光。外壁中部微鼓。孔径0.24厘米。高0.47、外径0.64~0.66厘米。

M8：12－149，浅黄色，透光，有裂纹。鼓形，平面呈椭圆形。双向管钻孔，孔壁有错位痕，孔内径0.21厘米。高0.98、外径0.77~0.85厘米。

M8：12－150，浅黄色，透光，有裂纹。鼓形，平面呈椭圆形。双向管钻孔，孔壁有错位痕，孔内径约0.20厘米。高0.96、外径0.84~0.88厘米。

M8：12－151，浅黄色，透光。鼓形。双向管钻孔，孔壁有错位痕，孔内径0.22厘米。高0.89、外径0.77~0.81厘米。

M8：12－152，浅绿色。双向管钻孔，孔壁有错位痕，孔内径0.25厘米。高1.14、外径0.83厘米。

M8：12－153，灰绿色，透光。双向管钻孔，孔壁有错位痕，孔内径0.25厘米。高0.36、外径0.56~0.57厘米。

M8：12－154，浅黄色，透光。外壁中部微鼓。孔径0.24厘米。高0.47、外径0.64~0.66厘米。

M8：12－155，鸡骨白，透闪石。外壁一侧留有竖向片切割痕。双向桯钻孔，孔内径约0.23厘米。高1.61、外径0.85~0.91厘米（彩版3－355）。

M8：12－156，玉隧孔珠。浅黄色，透光，有裂纹。平面呈圆形，正面弧凸，背面平整且有一个隧孔，隧孔先后以两侧斜桯钻对穿而成。厚0.51、外径约1.02厘米（彩版3－356）。

M8：12－157，浅黄色，透光，有裂纹。外壁中部微鼓。孔径0.24厘米。高0.47、外径0.64~0.66厘米。

M8：12－158，浅黄色有白沁，透闪石。外壁留有两处片切割痕。双向桯钻孔，孔内径0.12厘米。高1.59、外径0.88~0.98厘米（彩版3－357）。

M8：12－159，浅黄色，透光，有裂纹。外壁中部微鼓。孔径0.24厘米。高0.42、外径0.63厘米。

M8：12－160，浅黄色，透光，有裂纹。外壁中部微鼓。孔径0.24厘米。高0.37、外径0.62厘米。

M8：12－161，浅黄色，透光。外壁中部微鼓。孔径0.24厘米。高0.33、外径0.57~0.58厘米。

M8：12－162，浅黄色，透光，有裂纹。外壁中部微鼓。孔径0.25厘米。高0.47、外径0.65厘米。

M8：12－163，鸡骨白，局部有透光泛绿色晶体，透闪石。外壁一侧留有两处切割痕。双向桯钻孔，孔内径0.16厘米。高2.07、外径1.00~1.09厘米（彩版3－359）。

M8：12－164，浅黄色有白沁，局部有红褐色沁，透闪石。外壁一侧留有横向片切割痕。双向桯钻孔，孔内径0.17厘米。高1.25、外径0.99~1.07厘米（彩版3－360）。

M8：12－165，浅黄色，透光，有裂纹。鼓形，平面近三角形。双向管钻孔，孔内径0.20厘米。高 0.97、外径 0.82~0.92 厘米。

M8:12-166，浅黄色，透光，有裂纹。鼓形。双向管钻孔，孔壁有错位痕，孔内径 0.19 厘米。高 0.87、外径 0.93~0.97 厘米。

M8:12-167，浅黄色，透光。外壁中部微鼓。孔径 0.25 厘米。高 0.26、外径 0.63 厘米。

M8:12-168，浅黄色，透光。鼓形。双向管钻孔，孔壁有错位痕，孔内径 0.19 厘米。高 1.14、外径 1.01~1.11 厘米。

M8:12-169，浅黄色，透光，有裂纹。外壁中部微鼓。孔径 0.22 厘米。高 0.40、外径 0.77 厘米。

M8:12-170，浅黄色，透光，有裂纹。外壁中部微鼓。孔径 0.25 厘米。高 0.32、外径 0.58 厘米。

M8:12-171，浅黄色，透光，有裂纹。鼓形。双向管钻孔，孔内径 0.17 厘米。高 0.94、外径 0.84~0.93 厘米。

M8:12-172，浅黄色，透光，有裂纹。外壁中部微鼓。孔径 0.24 厘米。高 0.48、外径 0.65 厘米。

M8:12-173，浅黄色，透光，有裂纹。外壁中部微鼓。孔径 0.21 厘米。高 0.33、外径 0.80 厘米。

M8:12-174，浅黄色，透光，有裂纹。鼓形，平面呈椭圆形。双向管钻孔，孔壁有错位痕，孔内径 0.17 厘米。高 0.94、外径 0.73~0.94 厘米。

M8:12-175，浅黄色，透光，有裂纹。外壁中部微鼓。孔径 0.22 厘米。高 0.36、外径 0.81 厘米。

M8:12-176，浅黄色，透光，有裂纹。外壁中部微鼓。孔径 0.25 厘米。高 0.44、外径 0.69 厘米。

M8:12-177，浅黄色，透光，有裂纹。外壁中部微鼓。孔径 0.22 厘米。高 0.38、外径 0.80 厘米。

M8:12-178，浅黄色，透光。孔径 0.24 厘米。高 0.39、外径 0.71 厘米。

M8:12-179，浅黄色，透光，有裂纹。外壁中部微鼓。孔径 0.22 厘米。高 0.42、外径 0.76 厘米。

M8:12-180，浅绿色有少量白沁，通透，透闪石。双向桯钻孔，孔内径 0.18 厘米。高 1.12、外径 0.67~0.73 厘米（彩版 3-358）。

M8:12-181，浅黄色，透光，有裂纹。外壁中部微鼓。孔径 0.23 厘米。高 0.33、外径 0.71 厘米。

M8:12-182，浅黄色，透光，有裂纹。外壁中部微鼓。孔径 0.23 厘米。高 0.34、外径 0.70 厘米。

M8:12-183，浅黄色，透光。外壁中部微鼓。孔径 0.25 厘米。高 0.47、外径 0.59 厘米。

M8:12-184，浅黄色，透光，有裂纹。外壁中部微鼓。孔径 0.25 厘米。高 0.33、外径 0.63~0.64 厘米。

M8:12-185，浅黄色，透光，有裂纹。外壁中部微鼓。孔径 0.25 厘米。高 0.36、外径 0.62

厘米。

　　M8：12－186，浅黄色，透光。外壁中部微鼓。孔径 0.25 厘米。高 0.50、外径 0.59 厘米。

　　M8：12－187，浅黄色，透光，有裂纹。外壁中部微鼓。孔径 0.24 厘米。高 0.36、外径 0.60 厘米。

　　M8：12－188，浅黄色，透光，有裂纹。鼓形。双向管钻孔，孔壁有错位痕，孔内径 0.22 厘米。高 0.98、外径 0.84 ~ 0.87 厘米。

　　M8：12－189，浅黄色，透光，有裂纹。鼓形，平面近三角形。双向管钻孔，孔壁有多处错位痕，孔内径 0.21 厘米。高 0.97、外径 0.79 ~ 0.87 厘米。

　　M8：12－190，浅黄色，透光，有裂纹。鼓形，平面呈椭圆形。双向管钻孔，孔壁有错位痕，孔内径 0.22 厘米。高 0.97、外径 0.76 ~ 0.87 厘米。

　　M8：12－191，浅黄色，透光，有裂纹。外壁中部微鼓。孔径 0.25 厘米。高 0.36、外径 0.61 厘米。

　　M8：12－192，浅黄色，透光。外壁中部微鼓。孔径 0.20 厘米。高 0.52、外径 0.71 厘米。

　　M8：12－193，浅黄色，透光，有裂纹。鼓形，平面呈椭圆形。双向管钻孔，孔壁有错位痕，孔内径 0.21 厘米。高 0.83、外径 0.76 ~ 0.82 厘米。

　　M8：12－194，黄色，透光，有裂纹。鼓形，平面呈椭圆形。双向管钻孔，孔壁有错位痕，孔内径 0.23 厘米。高 1.00、外径 0.85 ~ 0.88 厘米。

　　M8：12－195，浅黄绿色，局部有黄褐色斑。双向管钻孔，孔壁有错位痕，孔内径 0.27 厘米。高 1.42、外径 0.88 ~ 0.93 厘米。

　　M8：12－196，浅黄绿色，局部有黄褐色斑。孔径 0.26 厘米。高 1.29、外径 0.84 厘米。

　　M8：13，陶豆。竖置，豆柄已穿破豆盘。泥质黄褐胎黑皮陶，表皮保存尚可，局部有剥蚀。敞口，折腹。圈足外展，中部有一周宽带状凸弦纹，其上有三个大致等分的近长方形镂孔。高 17.8 ~ 18.6、口径约 20.9、圈足径约 16.5 厘米（彩版 3 - 361）。

　　M8：14，陶盆。位于 M8：13 陶豆西侧。泥质红褐胎黑皮陶，表皮多剥蚀。敞口，唇微内收，束颈，斜弧腹，平底。高 6.8 ~ 7.4、口径 17.1、底径约 8 厘米（彩版 3 - 362）。

　　M8：15，陶豆盖。编号前误以为盆，实际为 M8：13 陶豆盖，出土时盖纽朝下。泥质黄褐胎黑皮陶，表皮保存尚可。浅杯形盖纽。盖高 7.8 ~ 8.1、盖径约 22.3 厘米（彩版 3 - 363）。

　　M8：16，陶双鼻壶。为 M8：13 陶豆侧压，向南倾倒。泥质灰褐胎黑皮陶，表皮多剥蚀。直口外敞，口沿外侧按贴竖向小鼻，长颈内凹弧，圆鼓腹，圈足外展。颈下部有两周凸弦纹。高 14.2 ~ 14.7、口径约 7.9、圈足径约 9.1 厘米（彩版 3 - 364）。

　　M8：17，野猪獠牙，一组。多位于 M8：15 陶豆盖一侧，余位于 M8：13 陶豆和 M8：14 陶盆之间。朽烂，数量不详，不能起取（图略）。

　　位于脚端部位的陶器有罐、带盖甗、盆，罐、甗均被压扁，碎裂甚（彩版 3 - 365）。

　　M8：18*，陶罐。碎裂甚，在观察葬具结构时未完全起取碎片，在剖面上可清晰看出碎片呈凹弧状堆积，也说明葬具为凹弧底独木棺（彩版 3 - 366）。泥质红褐胎黑皮陶，局部胎芯黑色。翻沿，沿面有一道凹弦纹，鼓腹，圈足。高度不明，口径复原约 18.5、圈足径约 18 厘米。

　　M8：19*，陶甗（含器盖）。口沿向东倾倒，盖内面朝上。夹砂红陶。朽烂甚，不能完整复原。

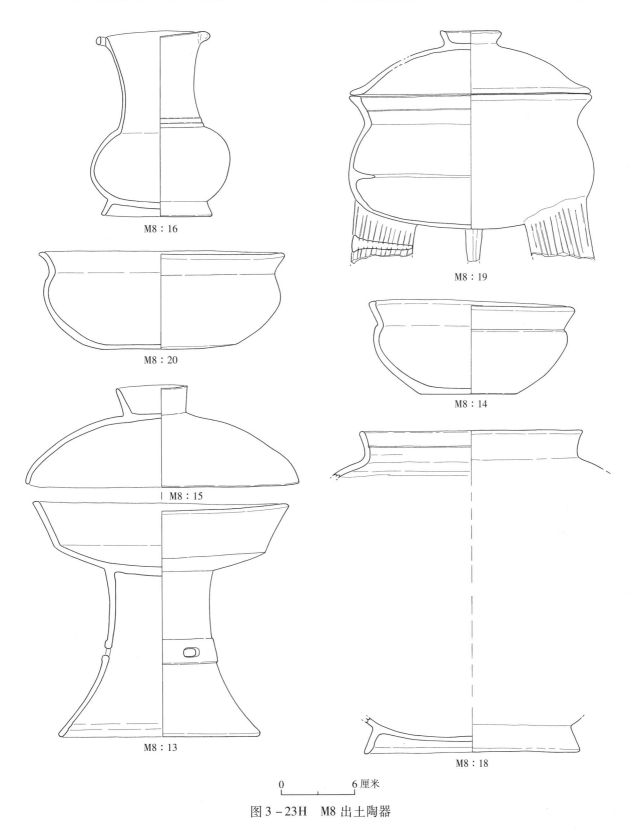

M8：16

M8：19

M8：20

M8：14

M8：15

M8：13

M8：18

0　　　　　　6厘米

图 3－23H　M8 出土陶器

盖纽为浅杯形。鼎折沿，宽沿面中部微折凸起，浅腹，有隔档，"T"字形鼎足刻划细密的直线。

　　M8：20，陶盆。西高东低，略侧倾，口沿标高分别为－194.5 厘米和－201.5 厘米。泥质灰褐胎黑皮陶，表皮局部剥蚀。敞口外翻，腹微鼓，下腹斜收，平底。高 7.5～7.8、口径 20.1、底径约 12.5 厘米（彩版 3－367）。

M8∶21，玉圆牌。位于 M8∶19 陶甗碎片下 2 厘米处。鸡骨白，局部可见褐色晶体，透闪石。整器平面呈圆形，甚为扁薄，打磨光洁。整器最厚部位在"肉"部偏外缘部位，最厚部位向中孔斜刹，是有意研磨的结果。孔内径 0.89、整器外径 2.67～2.72、最厚 0.2 厘米（彩版 3－368）。

M8∶22，玉坠饰。实际上是 M8∶10 的碎片，位于 M8∶19 陶甗残片下 3.5 厘米处。可与 M8∶10 拼对，整体描述详见 M8∶10（彩版 3－369）。

M8∶23，玉管。浅黄色，叶蜡石，透光。管钻穿孔，孔径 0.25～0.26 厘米。高约 0.48、外径 0.78～0.79 厘米（彩版 3－370）。

M8∶24，玉管。浅黄色，叶蜡石，透光，有裂纹。外壁中部微鼓。管钻穿孔，孔径 0.25 厘米。高 0.37、外径 0.70 厘米（彩版 3－371 左）。

M8∶25，玉管。浅黄色，叶蜡石，透光，有裂纹。外壁中部微鼓。管钻穿孔，孔径 0.22 厘米。高 0.49、外径 0.70 厘米（彩版 3－371 中）。

M8∶26，玉管。浅绿色，叶蜡石，透光，有裂纹。外壁中部微鼓。管钻穿孔，孔径 0.25 厘米。高 0.45、外径 0.69 厘米（彩版 3－371 右）。

M8 脚端部位起取的漆绘图案目前保存尚佳（彩版 3－372）。

［附］M8 东北部的陶大口缸

M8 东北部清理出土陶大口缸一件，出土时竖置，未发现明确的坑。大口缸内填土与周边填土也不能分辨，编号 T7②∶683（原编号 T7②∶1），大口缸底部标高－209 厘米（彩版 3－373、374）。夹粗砂黄褐色胎红陶。近直口，口沿外壁有多道凹弦纹，其下拍印斜向篮纹，拍印单元约 5×7 厘米。大圜底，底部拍印篮纹呈顺时针方向。通高约 31.4、口径约 31.1 厘米（图 3－24；彩版3－375）。

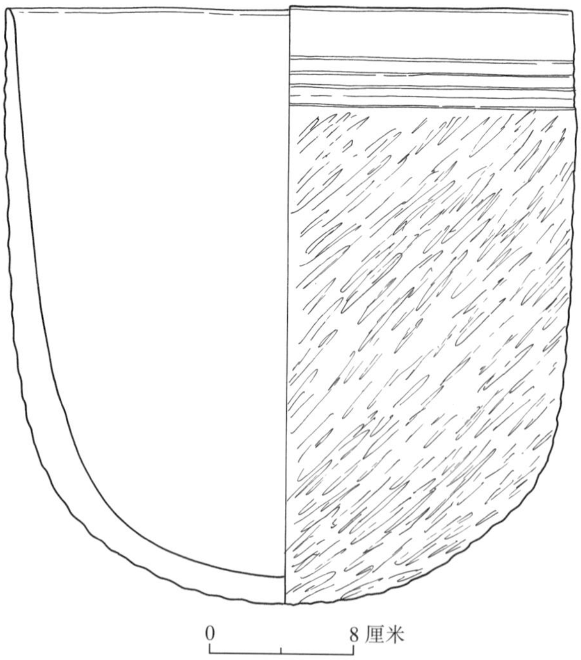

图 3－24　M8 东北部出土的陶大口缸（T7②∶683）

M9

（一）概述

M9 位于 T2 东北部。墓坑已被晚期堆积破坏，仅发现一组陶器，相对年代属于良渚文化晚期，说明在良渚文化晚期，该区域土台有向东北拓展的趋势。M9 陶器出露标高 -2.70 米，与南部 M6、M2、M5 墓组随葬品出露高度接近（图 3 - 25；彩版 3 - 376）。

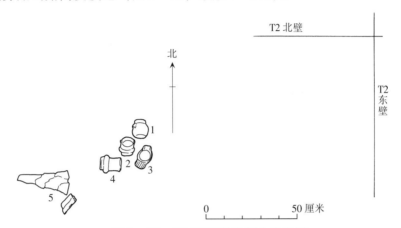

图 3 - 25　M9 平面图及所在位置图

1. 陶贯耳壶　2、4. 陶双鼻壶　3. 陶宽把杯　5. 陶鼎

（二）遗物

编号器物 5 件（图 3 - 26）。

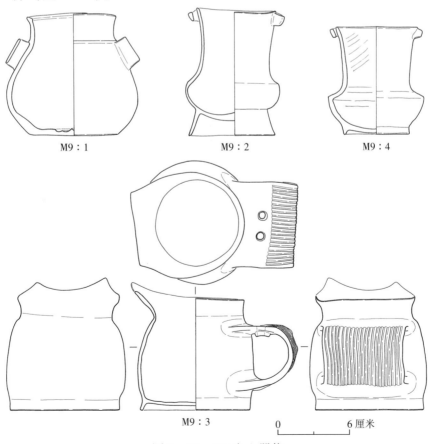

图 3 - 26　M9 出土器物

M9:1，陶贯耳壶。向北倾倒。泥质灰胎灰陶。口微外翻，肩颈部饰一周凸弦纹，肩部两侧按贴竖向半环形耳。垂腹，平底，内底留有拉坯旋痕。高约9.5、口径7.3、底径7.3厘米（彩版3－377）。

M9:2，陶双鼻壶。向北微侧倾。泥质灰胎灰陶。口外撇，口沿外侧按贴竖向小鼻，长颈内凹弧，鼓腹，圈足外撇。高9.8~10.2、口径6.2~6.5、圈足径6.9~7.0厘米（彩版3－378）。

M9:3，陶宽把杯。竖置。夹砂灰胎黑皮陶，表皮多剥蚀。侈口一端作箕形宽翘流，束颈。与翘流相对的一侧按贴半环形宽把，把上端有两个相距0.9厘米的小圆孔，其下有细长的泥条并列按贴。矮圈足。高10.5、流宽约5.9、把宽6.7~6.8、圈足径9.1厘米（彩版3－379）。

M9:4*，陶双鼻壶。向东倾倒。泥质灰陶。朽烂甚，难以修复。口外展，长颈，扁折腹，矮圈足。高约8.5、口径约6.8、最大腹径7.9、圈足径约5.4厘米。

M9:5*，陶鼎。仅为口沿和腹部残片（图略）。

M10

（一）概述

M10位于T8北部，推测原先应开口于表土层下。墓坑内填土为黄土夹杂颗粒状灰黑土。近东西向，墓主头向西。墓穴长1.90、宽0.55、现深0.20厘米，墓口开口标高－222厘米~－218厘米（图3－27；彩版3－380、381）。

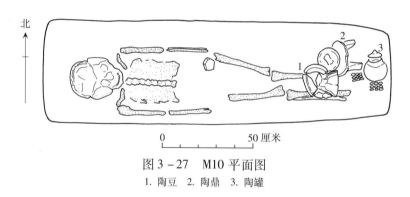

图3－27　M10平面图
1. 陶豆　2. 陶鼎　3. 陶罐

M10墓主仰身直肢，骨骸总长1.7米，虽均依稀可辨，但无法起取，也无法进行骨骼测量（彩版3－382）。从M10:3陶罐（含器盖）罐体完整情况推测，M10极有可能没有葬具。

（二）遗物

编号器物3件（组），位于墓室东端，均叠压墓主下肢（图3－28；彩版3－383）。

M10:1，陶豆。碎裂，向西倾倒，叠压M10:2陶鼎。泥质黄褐胎黑皮陶。敛口，斜收腹。圈足中上部内凹呈束腰状，上部弧凸，局部有朱痕残留，并分布有三个镂孔，中部微弧凸，亦分布有三个镂孔，且与上组镂孔错落分布，下部外展，有一周朱痕残留。圈足形态与凸棱豆柄一致。高10.4~10.9、口径14.2~14.6、圈足径10.5~10.8厘米（彩版3－384）。

M10:2，陶鼎（含器盖）。向西倾倒。整器有变形。两者均为粗泥陶。半环形盖纽。盖高约6.1、复原外径约12.7~13.4厘米。鼎直口微外翻，折腹起凸棱，凿形足。通高约12.7、鼎身高约6.4、口径约13.2厘米（彩版3－385）。

M10:3，陶罐（含器盖）。向北侧倾，罐体基本完整，盖面有彩绘（彩版3－386）。盖为泥质

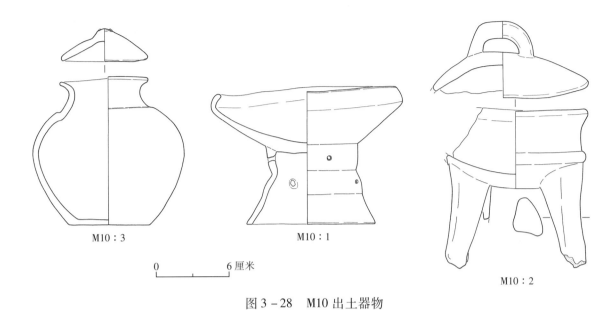

图 3 - 28　M10 出土器物

灰胎黑皮陶，表皮有剥蚀。盖纽原本缺失，盖面有彩绘，图案不明。罐为泥质灰胎灰陶。口外翻，束颈，窄折肩，鼓腹，腹部最大径中部偏上，平底。罐高11.3～11.8、口径7.0～7.5、底径6.3～6.6厘米（彩版3 -387）。

M11

（一）概述

M11 位于 T1 内的东西隔梁西部。没有发现墓坑，仅为东西向分布的一组陶器，陶器组合完整，应是墓葬单元。从 M11:3 粗泥陶鼎的凿形足分析，其年代与 M10 接近。在发掘清理中，M11 单元打破的土台中出土有夹砂鱼鳍形鼎足。M11 陶器单元出土层面的标高为 -210 厘米（图 3 -29；彩版3 -388）。

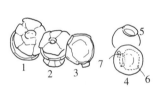

图 3 - 29　M11 平面图

1. 陶盘　2. 陶豆　3. 陶鼎　4. 陶盆
5. 陶罐　6. 陶杯　7. 陶纺轮

（二）遗物

编号器物 7 件（组），基本没有被压扁（图 3 -30）。

M11:1，陶盘（含器盖）。向北倾侧。盖为粗泥陶。浅杯形盖纽，盖纽外缘按捺锯齿状，盖面有两两对称但不等分的小镂孔四个。盖高 6.7～7.0、盖径 17.7～18.1 厘米。盘为泥质灰胎黑皮陶，表皮多剥蚀。敞口，宽沿，沿面剔刻五组圆和弧边三角组合纹样，圆由两个扁椭圆形孔组成。坦腹，圈足一侧有两个相距约 1.5 厘米的镂孔。盘高 3.3～3.6、口径 16.8～17.4、圈足径 10.9～11.0 厘米（彩版3 -389）。

M11:2，陶豆（含器盖）。向北倾侧。盖为粗泥陶。浅杯形盖纽，盖面折收，盖缘微展。盖高 6.1～6.2、盖径 15.4～15.9 厘米。豆为泥质黄褐胎灰陶。敞口，沿较宽，坦腹。圈足与腹部按抹处有一周凸棱。圈足上部微弧凸，下部外撇。圈足上部和中部装饰有三组镂孔，由大镂孔和小镂孔组合而成。豆高 8.3～9.2、口径 15.3～15.7、圈足径 10.0～10.2 厘米（彩版3 -390）。

M11:3，陶鼎（含器盖）。口沿压 M11:2 陶豆（含器盖）。盖和鼎均为粗泥陶。角状盖纽。盖高 4.9、盖径 11.7～12.3 厘米。鼎敞口，内沿折，折腹部有一周凸棱，凿形足。通高 13.3～13.9、

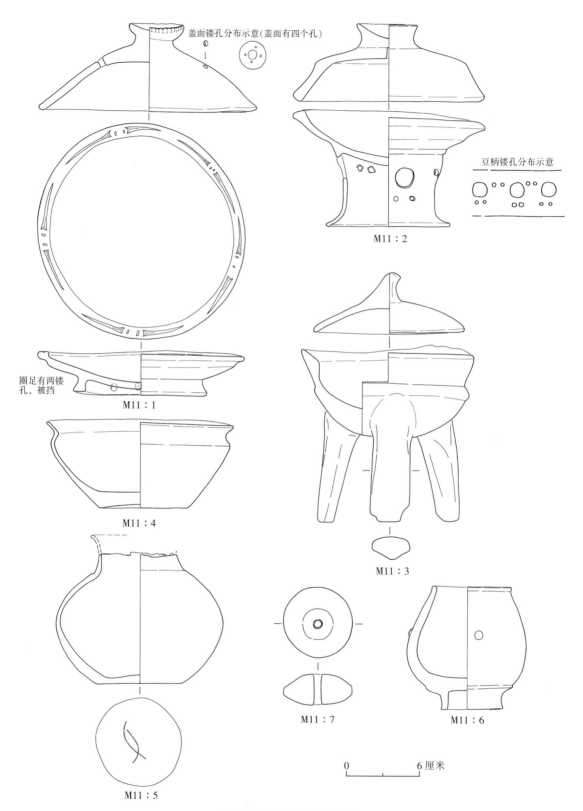

盖面镂孔分布示意(盖面有四个孔)

豆柄镂孔分布示意

M11：2

M11：1

圈足有两镂
孔，被挡

M11：4

M11：3

M11：5

M11：7

M11：6

0　　　　　　6厘米

图 3－30　M11 出土器物

鼎身高 6.7~7.4、口径 14.0~14.5 厘米（彩版 3-391）。

M11:4，陶盆。覆置。泥质黄褐胎灰陶。口外翻，斜收腹，内凹底。高 6.5~7.0、口径 14.2~15.4、底径 7.0~7.2 厘米（彩版 3-392）。

M11:5，陶罐。泥质灰胎灰陶。口部残缺。颈肩部有一周折内凹，圆鼓腹，平底。底部有一刻符。残高 10.0~10.4、底径 6.9~7.1 厘米（彩版 3-394）。

M11:6，陶杯。位于 M11:4 陶盆下，倾倒，口沿朝东，M11:4 陶盆可能起到杯盖的功能。敛口，唇微外翻，垂腹，中部腹壁粘贴四个近等分的泥点。圈足，腹部与圈足交界处减地形成一周凸棱。高 9.7、口径 6.3~6.4、圈足径 5.0~5.2 厘米（彩版 3-395）。

M11:7，陶纺轮。位于 M11:4 陶盆下，为 M11:6 陶杯侧压。泥质黄褐胎灰陶。两面均弧凸，端面中心相对较平。高 2.4、外径 5.5~5.7、孔内径 0.5~0.6 厘米（彩版 3-393）。

M12

（一）概述

M12 位于 T4 中部。表土层揭取后，T4 平面出露的迹象较为丰富，除了 T4 西南部 M3 和东隔梁部位的 M6 之外，M12 和 M13 并列成对，在东、北部有草木灰条带出露（彩版 3-396）。

M12 是随葬陶器发现后才确认的，原应开口于表土层下。墓坑南北长 2.55、东西宽 0.7、现深 0.10~0.25 厘米，墓坑开口标高 -177 厘米~-184 厘米。墓主骨骸保存一般，墓主头向南，骨架有位移，如头骨明显下移，左肱骨内折，股骨也错位，骨骸全长约 1.70 米。虽然没有确认葬具，但是从墓主骨骼位移的情况分析，不能排除 M12 有葬具的可能（图 3-31A；彩版 3-397）。整理墓主头骨时剥剔出牙齿一枚（彩版 3-398）。

清理中发现南北墓底高差甚为明显，如头端部位标高 -190 厘米，脚端部位标高 -215 厘米，落差近 25 厘米。起取随葬品后，对墓葬整体进行了纵剖面观察，发现墓底呈波浪状起伏，凹陷部位为灰黄色土，与打破的土台土色接近。推测墓葬起挖后又及时填埋，墓主骨骸下方的葬具痕迹不能辨认（彩版 3-399、400）。

（二）遗物

编号器物 8 件（组），分别位于头端和脚端部位（图 3-32A、B；彩版 3-401~403）。

M12:1，陶盆。位于头端部位，正置，盆内有头骨残留。泥质灰胎灰陶。口外翻，束颈，斜收腹，平底，内底不平整。高约 6.7、口径约 17.6、底径约 11.4 厘米（彩版 3-404）。

M12:2，陶双鼻壶（含器盖）。向东倾倒，口沿为 M12:1 陶盆所压，壶体碎裂甚，墓主左肱骨上端叠压壶体。两者均为泥质黄褐胎黑皮陶。盖朽烂甚，不能修复。浅杯形盖纽。复原盖高约 2.2、复原盖径约 8.9 厘米。壶口微外撇，口沿外侧按贴竖向小鼻，长颈斜内收，鼓腹，腹部最大径偏上，圈足。壶高 14.2~14.5、口径约 8.1、圈足径约 9.5 厘米（彩版 3-405）。

M12:3，玉锥形器。位于墓主头骨上方，锥尖朝南。浅黄色，叶蜡石。横截面呈椭圆形，首尖，端部打磨成斜刹面，其上有双向桯钻孔。长 3.47、直径 0.65 厘米（彩版 3-409）。

M12:4，玉管珠串。共计 53 件，包括 2 件大管珠和 51 件小管珠，其中 M12:4-38~53 位于墓主头骨下方，其余出露于头骨西侧，组合串系关系明确，也是野外发现串饰中以大管珠为主体串系小管珠的例证之一（图 3-31B；彩版 3-403）。

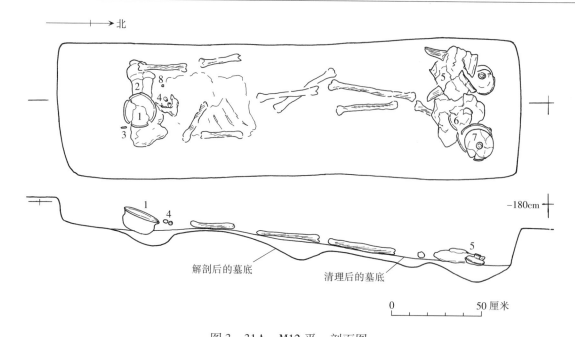

图 3 – 31A M12 平、剖面图

1. 陶盆 2. 陶双鼻壶 3. 玉锥形器 4. 玉管珠串 5. 陶瓿 6. 陶罐 7. 陶筥 8. 玉隧孔珠

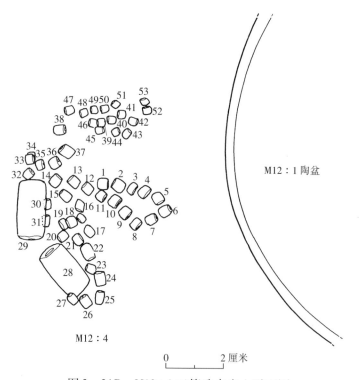

图 3 – 31B M12:4 玉管珠串出土平面图

均为叶蜡石，管钻穿孔。除 M12:4 – 28、M12:4 – 29 外，余均为圆柱体，较为规整（彩版3 – 410 ~ 412）。

M12:4 – 1，灰白色，局部有褐色杂质。所绘端面有残损。孔径 0.27 ~ 0.29 厘米。高 0.34、外径 0.55 ~ 0.57 厘米。

M12:4 – 2，浅黄色。孔径 0.27 ~ 0.28 厘米。高 0.39、外径 0.58 ~ 0.59 厘米。

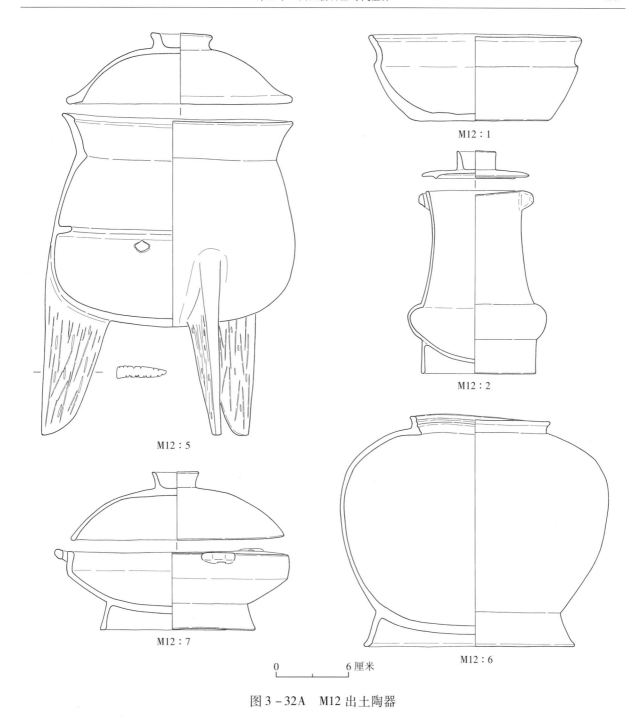

M12：1

M12：2

M12：5

M12：7

M12：6

0　　　　　6厘米

图 3 - 32A　M12 出土陶器

M12：4 - 3，浅黄色，局部有褐斑。孔径 0.29 ~ 0.30 厘米。高 0.41、外径 0.58 ~ 0.60 厘米。

M12：4 - 4，浅绿色。外壁中部微鼓。孔径 0.28 ~ 0.30 厘米。高 0.41、外径 0.61 厘米。

M12：4 - 5，浅黄色，局部有褐色杂质。外壁中部微鼓。孔径 0.28 ~ 0.29 厘米。高 0.40、外径 0.63 ~ 0.64 厘米。

M12：4 - 6，浅黄色。外壁中部微鼓。孔径 0.28 ~ 0.30 厘米。高 0.37、外径 0.64 厘米。

M12：4 - 7，浅绿色，局部有褐色杂质。外壁中部微鼓。孔径 0.28 ~ 0.29 厘米。高 0.43、外径 0.64 ~ 0.54 厘米。

M12：4 - 8，白色。所绘端面有残损。孔径 0.27 ~ 0.30 厘米。高 0.39、外径 0.64 ~ 0.65 厘米。

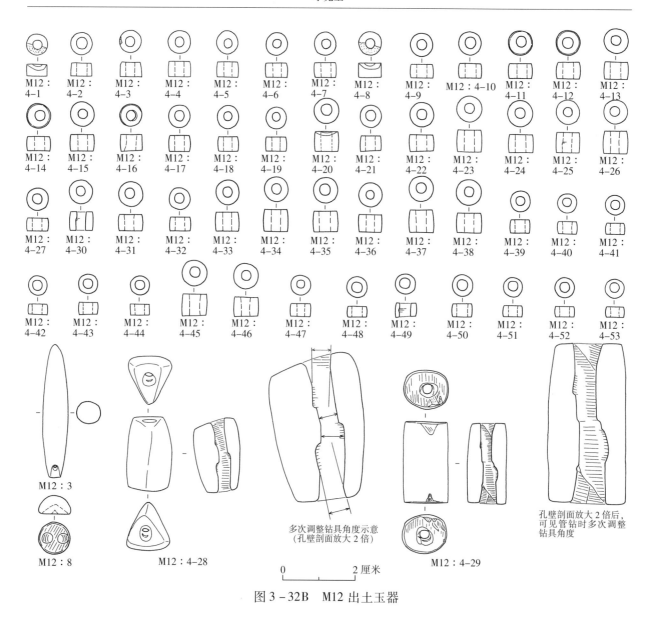

图 3 – 32B　M12 出土玉器

　　M12：4 – 9，浅黄色，局部有褐色杂质。外壁中部微鼓。孔径 0.27 ~ 0.28 厘米。高 0.38、外径 0.64 ~ 0.65 厘米。

　　M12：4 – 10，浅黄绿色，局部有褐斑。外壁中部微鼓。孔径 0.27 ~ 0.30 厘米。高 0.43、外径 0.64 ~ 0.65 厘米。

　　M12：4 – 11，浅黄色。外壁中部微鼓。孔径 0.27 ~ 0.29 厘米。高 0.39、外径 0.65 ~ 0.66 厘米。

　　M12：4 – 12，浅绿色，所绘端面沁蚀呈白色。外壁中部微鼓。孔径 0.28 ~ 0.29 厘米。高 0.45、外径 0.65 ~ 0.66 厘米。

　　M12：4 – 13，浅黄绿色，局部有褐色杂质，有裂纹。外壁中部微鼓。孔径 0.28 ~ 0.30 厘米。高 0.46、外径 0.66 厘米。

　　M12：4 – 14，浅绿色，局部有褐色杂质，有裂纹。外壁中部微鼓。孔径 0.27 ~ 0.29 厘米。高 0.40、外径 0.66 厘米。

　　M12：4 – 15，浅黄绿色，一端被沁蚀呈黄褐色。外壁中部微鼓。孔径 0.27 ~ 0.29 厘米。高

0.48、外径 0.66 厘米。

M12:4 - 16，浅黄色，局部有褐色杂质。孔径 0.29 ~ 0.32 厘米。高 0.46、外径 0.58 ~ 0.59 厘米。

M12:4 - 17，浅绿色。外壁中部微鼓。孔径 0.27 ~ 0.28 厘米。高 0.45、外径 0.58 厘米。

M12:4 - 18，沁蚀呈白色。外壁中部微鼓。孔径 0.27 ~ 0.28 厘米。高 0.39、外径 0.57 ~ 0.58 厘米。

M12:4 - 19，浅绿色。外壁中部微鼓。孔径 0.27 ~ 0.28 厘米。高 0.37、外径 0.58 厘米。

M12:4 - 20，浅绿色。所绘上端面略残损。孔径 0.28 ~ 0.29 厘米。高 0.53、外径 0.67 厘米。

M12:4 - 21，浅黄色，局部有褐斑。外壁中部微鼓。孔径 0.27 厘米。高 0.43、外径 0.57 厘米。

M12:4 - 22，浅黄色，局部有褐斑。外壁中部微鼓。孔径 0.28 ~ 0.30 厘米。高 0.44、外径 0.67 ~ 0.68 厘米。

M12:4 - 23，浅绿色，局部沁蚀呈白色。外壁中部微鼓。孔径 0.27 ~ 0.29 厘米。高 0.56、外径 0.67 厘米。

M12:4 - 24，浅黄色，局部有黄褐色斑。外壁中部微鼓。孔径 0.28 ~ 0.29 厘米。高 0.46、外径 0.68 厘米。

M12:4 - 25，浅绿色。外壁中部微鼓。孔径 0.27 ~ 0.89 厘米。高 0.45、外径 0.58 厘米。

M12:4 - 26，浅绿色，局部有褐色杂质。外壁中部微鼓。孔径 0.27 ~ 0.28 厘米。高 0.39、外径 0.57 ~ 0.58 厘米。

M12:4 - 27，浅黄色，有裂纹。外壁中部微鼓。孔径 0.27 ~ 0.28 厘米。高 0.37、外径 0.58 厘米。

M12:4 - 28，浅黄色，局部有黑色点状杂质，有裂纹，透光。呈不规则三棱柱形。孔壁内有多处管钻形成的错位痕。所绘下端孔的开口面略呈椭圆形，这一部位钻具调整角度相对较大，推测钻孔时是先钻上端孔，后钻下端孔，多次调整角度为与上端孔对穿。孔内径约 0.21 厘米。高 1.86、外径 1.13 ~ 1.25 厘米（彩版 3 - 413）。

M12:4 - 29，灰褐色，局部有紫黑色杂质，透光。呈不规则椭圆形柱体。孔壁内也有多处管钻形成的错位痕，孔内径约 0.2 厘米。高 2.12、外径 1.05 ~ 1.17 厘米（彩版 3 - 414）。

M12:4 - 30，浅黄色，局部有褐色杂质。外壁中部微鼓。孔径 0.28 ~ 0.30 厘米。高 0.53、外径 0.66 ~ 0.67 厘米。

M12:4 - 31，灰绿色，局部有褐色杂质。外壁中部微鼓。孔径 0.27 ~ 0.29 厘米。高 0.45、外径 0.66 厘米。

M12:4 - 32，浅黄色，局部有褐色杂质。外壁中部微鼓。孔径 0.27 厘米。高 0.36、外径 0.57 厘米。

M12:4 - 33，浅黄色，局部有褐斑。外壁中部微鼓。孔径 0.28 ~ 0.29 厘米。高 0.51、外径 0.68 厘米。

M12:4 - 34，绿色，局部有褐斑。外壁中部微鼓。孔径 0.28 厘米。高 0.59、外径 0.68 厘米。

M12:4 - 35，灰绿色，局部有褐斑。外壁中部微鼓。孔径 0.28 厘米。高 0.54、外径 0.68

厘米。

M12：4－36，浅黄色，局部有黄褐色杂质。外壁中部微鼓。孔径 0.27～0.29 厘米。高 0.46、外径 0.66 厘米。

M12：4－37，沁蚀呈白色。外壁中部微鼓。孔径 0.28～0.30 厘米。高 0.60、外径 0.68 厘米。

M12：4－38，沁蚀呈黄白色，局部有黄褐色杂质。外壁中部微鼓。孔径 0.28～0.29 厘米。高 0.52、外径 0.67 厘米。

M12：4－39，浅黄色。外壁中部微鼓。孔径 0.27 厘米。高 0.33、外径 0.54 厘米。

M12：4－40，灰绿色，局部有黄褐色杂质。外壁中部微鼓。孔径 0.26～0.27 厘米。高 0.31、外径 0.53 厘米。

M12：4－41，浅绿色。外壁中部微鼓。孔径 0.26～0.27 厘米。高 0.28、外径 0.52 厘米。

M12：4－42，黄白色。外壁中部微鼓。孔径 0.26～0.27 厘米。高 0.29、外径 0.53 厘米。

M12：4－43，浅绿色，有裂纹。外壁中部微鼓。孔径 0.26～0.27 厘米。高 0.31、外径 0.53 厘米。

M12：4－44，白绿色，有裂纹。孔径 0.26～0.27 厘米。高 0.27、外径 0.52 厘米。

M12：4－45，灰绿色。外壁中部微鼓。孔径 0.27～0.29 厘米。高 0.58、外径 0.68 厘米。

M12：4－46，黄白色，局部有褐斑。外壁中部微鼓。孔径 0.27～0.30 厘米。高 0.51、外径 0.68 厘米。

M12：4－47，浅黄色。外壁中部微鼓。孔径 0.26～0.27 厘米。高 0.35、外径 0.56 厘米。

M12：4－48，浅黄色。外壁中部微鼓。孔径 0.27 厘米。高 0.29、外径 0.56 厘米。

M12：4－49，浅绿色。外壁中部微鼓。孔壁有错位痕，孔径 0.26～0.29 厘米。高 0.39、外径 0.55 厘米。

M12：4－50，白绿色，有裂纹。外壁中部微鼓。孔径 0.26～0.27 厘米。高 0.34、外径 0.55 厘米。

M12：4－51，浅黄色，局部有褐色杂质。外壁中部微鼓。孔径 0.27 厘米。高 0.28、外径 0.54 厘米。

M12：4－52，浅黄色，局部有褐色杂质。外壁中部微鼓。孔径 0.26～0.27 厘米。高 0.28、外径 0.53 厘米。

M12：4－53，浅绿色，局部有褐斑。外壁中部微鼓。孔径 0.26 厘米。高 0.26、外径 0.54 厘米。

M12：5，陶甗（含器盖）。向北倾倒。两者均为夹砂黄褐胎红陶，表皮有剥蚀，局部有烟炱，盖内面亦有。浅碟形盖纽，盖缘外展。盖高 5.0～5.2、盖径 17.7～18.2 厘米。甗侈口，内沿折，深腹，腹部最大径偏下，腹内壁中部偏下有一周隔档，隔档之下有一注水孔。鱼鳍形足，足横截面近三角形，足两面均有八字形和"V"形刻划，并间杂有短且深的刻划。通高 24.8～25.5、甗身高约 16.1～16.8、口径 18.1～18.7 厘米（彩版 3－406）。

M12：6，陶罐。为 M12：5 陶甗（含器盖）和 M12：7 陶簋（含器盖）叠压。夹砂褐胎红陶。侈口，沿内面饰两周凹弦纹，耸肩，鼓腹，圈足。高 17.9～18.5、口径 11.4～11.5、圈足径 17.3～

17.5 厘米（彩版 3 – 407）。

M12∶7，陶簋（含器盖）。向北侧倾。两者均为泥质灰白—黄褐胎黑皮陶，盖和簋均有胎色变化，为烧制时温度和气氛不均有关。浅杯形盖纽。盖高约 5.4、盖径约 17.4 厘米。簋敛口，外沿部设三个近等分的竖穿小鼻，折腹斜收，圈足外撇。簋高约 6.0 ~ 6.2、口径约 18.2、圈足径约 12.7 厘米（彩版 3 – 408）。

M12∶8，玉隧孔珠。位于头骨西侧，隧孔朝上。翠绿色，有裂纹，透光，萤石。整器呈半球状，正面弧凸，背面平整，可见打磨痕。隧孔以两侧斜向桯钻对穿而成。厚 0.47、外径 0.87 厘米（彩版 3 – 415）。

M13

（一）概述

M13 位于 T4 西部，M3 东北，南部为东西向扰坑破坏。墓坑南北向，残长 2.39、宽 1.12、现深 0.22 米，葬具痕宽 0.75 米，墓底标高 –195 厘米（图 3 –33；彩版 3 –416、417）。

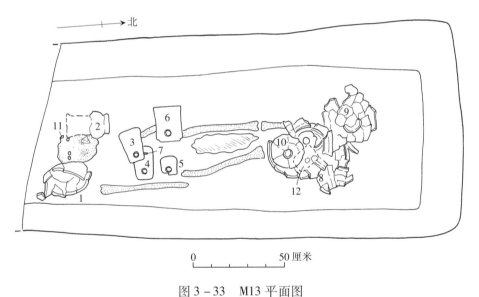

图 3 – 33　M13 平面图
1. 陶盆　2. 陶双鼻壶　3 ~ 6、12. 石钺　7. 玉锥形器　8. 陶甗　9. 陶罐　10. 陶豆　11. 玉管串

墓主骨骸保存较差，但可明确随葬器物均叠压墓主。另外，股骨之间有一片长约 30、宽约 10 厘米的零星分布的朱痕，排除了其为 M13∶6 石钺的秘痕，可能为葬具上的漆绘（彩版 3 – 418）。

（二）遗物

编号器物 13 件（组）（图 3 –34A ~ D）。

M13∶1，陶盆。正置，位于墓主头骨东侧。泥质灰胎灰陶。口外翻，束颈，斜弧腹，平底。高 9.1 ~ 9.3、口径 17.0 ~ 18.3、底径 12.0 ~ 12.3 厘米（彩版 3 – 419）。

M13∶2，陶双鼻壶（含器盖）。向南倾倒。两者均为泥质灰胎黑皮陶。浅杯形盖纽，子母口。盖高 2.0、盖径 6.5 厘米。壶直口微外翻，口沿外侧按贴竖向小鼻，长颈内凹弧，折鼓腹，腹部最大径偏上，圈足近腹部有两周折痕，内底留有拉坯旋痕。壶高 17.7 ~ 17.9、口径约 8.3、圈足径

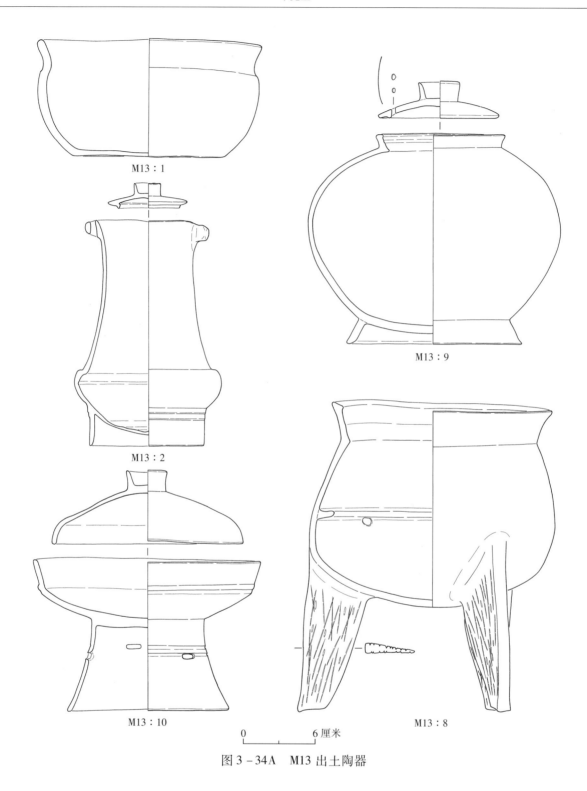

M13：1

M13：2

M13：10

M13：9

M13：8

0 _____ 6 厘米

图 3－34A M13 出土陶器

约9.5厘米（彩版3－420）。

　　M13墓主胸腹部位出土石钺4件，均压墓主骨骸，刃部均朝西，标高－188厘米～－190厘米，M13：3石钺压 M13：7玉锥形器和 M13：4石钺。

　　M13：3，石钺。所绘为出土时朝上面。沁蚀呈黄褐色，表皮剥蚀严重，呈粉状脱落，泥岩。整器平面呈"风"字形。双向钻孔，孔内径约1.6厘米。双面刃。残高17.4、上残宽8.4、最宽

10.9、最厚约 1.05 厘米（彩版 3 - 421）。

　　M13:4，石钺。紫色夹杂白色斑块，石质坚硬细腻，紫灰色弱熔融结角砾岩/粉砂质泥岩。整器较为厚重。顶端经修磨已不见琢打痕，端面弧凸，与钺的两面转折处打磨成倾斜面。双向琢打孔，孔内径 1.91 ~ 1.97 厘米。出土时朝上面有两处桯钻未穿透的凹痕，右桯钻凹痕下部边缘伴随着琢打痕。出土时朝下面也有一处桯钻未穿透的凹痕，且上部边缘伴随着琢打痕。根据这一现象，结合该石钺的双向琢打穿孔，判断琢打孔可能是先桯钻凹痕，然后朝桯钻中心斜向琢打凹痕边缘，扩孔并穿透。双面弧刃。高 17.05、上宽约 8.44、刃宽约 10.03、最厚 2.4 厘米（彩版 3 - 424）。

　　M13:5，石钺。所绘为出土时朝上面。青灰色，表皮有凹坑，质坚厚重，有光泽，熔结凝灰岩（?）。顶端有琢打制痕，略经修磨已圆润，端面近"Z"字形曲折，有可能是钺残断后再改制。双向管钻孔，孔内径约 1.75、所绘面外径 2.25、另面外径 2.20 厘米。双面弧刃，刃部有个极小崩缺。高 9.86、上宽约 8.2、刃宽约 9.76、最厚约 1.36 厘米（彩版 3 - 422）。

　　M13:6，石钺。出土时已碎裂成多块。沁蚀呈灰黄色，泥岩。上部两侧有肩，呈凹缺状。双向管钻孔，孔内径 2.35 ~ 2.49、所绘面外径 2.63 ~ 2.74、另面外径 2.68 ~ 2.76 厘米。双面刃。高 19.5、置鋬部宽约 10.9、肩宽约 14、复原刃宽约 15.2、最厚约 1.0 厘米（彩版 3 - 423）。

　　M13:7，玉锥形器。位于 M13:3 和 M13:4 石钺之间，锥尖朝南，残断。浅黄绿色，局部夹杂黄褐色斑，叶蜡石。横截面呈圆形，首尖，近端部有横向打磨痕，有双向桯钻孔。长 8.17、直径 0.66 厘米（彩版 3 - 425）。

　　墓主脚端部位清理了陶器 3 件、石钺 1 件，石钺位于陶器下方，陶器均被压扁（彩版 3 - 430）。

　　M13:8，陶甗。向南倾倒，叠压 M13:10 陶豆（含器盖）。夹砂红褐胎红陶。侈口，内沿折，

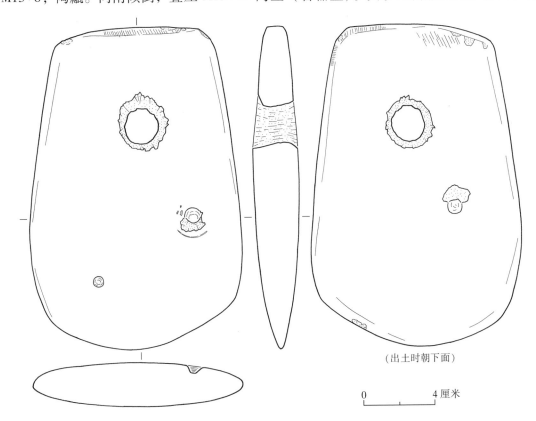

（出土时朝下面）

0　　　　　4厘米

图 3 - 34B　M13 出土石钺（M13:4）

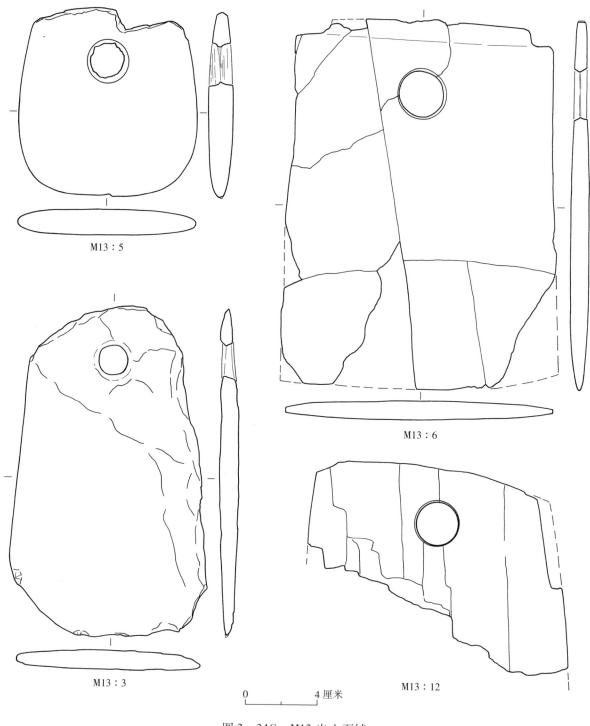

M13：5

M13：6

M13：3

M13：12

0   4 厘米

图 3 - 34C   M13 出土石钺

垂腹，腹内壁中部偏下有一周隔档，隔档之下有一注水孔。鱼鳍形足，足横截面呈三角形，足外
侧较厚，足两面均有八字形或"V"形的刻划，并夹杂短且深的戳刻。通高23.6～24.6、甗身高
约15.5～16.3、口径17.5～18.2厘米（彩版3-431）。

M13：9，陶罐（含器盖）。正置，罐身微正置，已压扁，盖叠压M13：10陶豆（含器盖），说
明葬具坍塌时使盖产生了位移。盖为泥质褐胎黑皮陶。浅杯形盖纽，近盖缘有两个相距0.6厘米的
孔。盖高2.8～3.0、盖径9.80～9.85厘米。罐为夹砂红褐胎黑皮陶。侈口，口沿内面有两周凹弦纹，

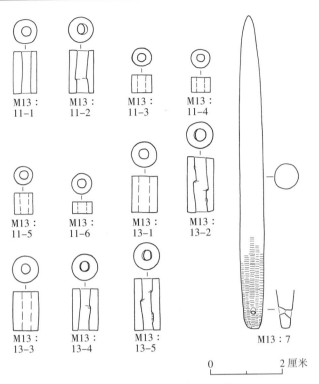

图 3 - 34D　M13 出土玉器

鼓腹，圈足。罐高 16.5 ~ 16.6、口径 10.2 ~ 10.3、圈足径 14.1 ~ 14.3 厘米（彩版 3 - 432）。

　　M13:10，陶豆（含器盖）。正置。两者均为泥质灰胎黑皮陶。浅杯形盖纽，近盖缘弧收。盖高 5.8、盖径 15.8 厘米。豆敞口，折腹，近折腹部饰一周凸弦纹。圈足中部偏上饰两周凹弦纹，弦纹处设上下两组近长方形镂孔，上组三个，下组两个，基本错落分布。豆高约 11.8、口径约 18.8、圈足径约 13.4 厘米（彩版 3 - 433）。

　　M13:11，玉管串。位于墓主头骨南侧及 M13:1 陶盆和 M13:2 陶双鼻壶（含器盖）之间，2 件较长玉管与 4 件短玉管并列出土（彩版 3 - 426）。均为叶蜡石，圆柱体，管钻穿孔（彩版 3 - 427）。

　　M13:11 - 1，沁蚀呈灰白色。孔径约 0.18 厘米。高 1.13、外径 0.67 厘米。

　　M13:11 - 2，沁蚀呈灰白色。双向管钻孔，孔壁有错位痕，孔径约 0.25 厘米。高 1.14、外径 0.68 厘米。

　　M13:11 - 3，沁蚀呈灰白色。平面呈椭圆形。孔径 0.23 厘米。高 0.46、外径 0.51 ~ 0.53 厘米。

　　M13:11 - 4，沁蚀呈灰白色。孔径 0.21 厘米。高 0.41、外径 0.50 ~ 0.53 厘米。

　　M13:11 - 5，沁蚀呈灰白色。平面呈椭圆形。孔径 0.2 厘米。高 0.56、外径 0.47 ~ 0.51 厘米。

　　M13:11 - 6，沁蚀呈灰白色，偏绿。孔径 0.22 厘米。高 0.3、外径 0.52 ~ 0.54 厘米。

　　M13:12，石钺。位于脚端随葬陶器下，刃部朝西南，朽烂甚，呈条片状脱落，现仅存上部。沁蚀呈青灰色。上端面弧凸。双向管钻孔，孔内径约 2.35、所绘面外径 2.46 厘米。残高 10.9、上宽约 12.78、最厚约 0.84 厘米（彩版 3 - 428）。

　　M13:13，玉管串。共计 5 件，出土时位于南部紧挨扰坑部位（图上未标），应属于 M13:11 成组玉管串的一部分。均为叶蜡石，圆柱体，较为规整（彩版 3 - 429）。

　　M13:13 - 1，沁蚀呈灰白色。管钻穿孔，孔径 0.25 厘米。高 0.95、外径 0.69 厘米。

　　M13：13－2，沁蚀呈灰白色。双向管钻孔，孔壁有错位痕，孔径约0.25厘米。所绘下端孔的开口形态呈椭圆形，说明管钻时，先钻所绘上端孔，再钻下端孔，后再次调整钻具角度，以便与上端孔对齐并穿透。高1.46、外径0.71～0.73厘米。

　　M13：13－3，沁蚀呈灰白色。管钻穿孔，孔径0.26厘米。高1.03、外径0.69厘米。

　　M13：13－4，沁蚀呈灰白色。双向管钻孔，孔壁有错位痕，孔径0.20厘米。所绘下端孔的开口形态也呈椭圆形，高1.11、外径0.69～0.70厘米。

　　M13：13－5，沁蚀呈灰白色。双向管钻孔，孔壁有多处错位痕，孔径0.22厘米。高1.35、外径0.71～0.72厘米。

M14

（一）概述

　　位于T7西北部，其北端伸入到T4南部。由于一直保持着T7北隔梁，未能及时发现墓圹开口，2009年6月下旬为赶工期发掘依T4南壁的探沟时发现，历时5个工作日清理完毕（彩版3－434）。

　　M14原本应该开口于表土层下。墓坑南北长3.10、东西宽1.7～1.8、现深0.35～0.45米，墓穴中部墓底标高－225厘米，与M8大体接近（图3－35A；彩版3－435、436）。

　　M14有葬具，平面呈长方形框形，宽1.15～1.30米，宽带状的葬具痕宽10厘米不等，但与剖面并不完全对应，是因为葬具在倒塌过程中的位移所致。

　　M14也以十字隔梁方式清理，但为了顾全随葬品位置的相对完整，最后仅留取了横剖面来观察葬具结构。堆积分为五层（彩版3－437）：

　　第①层，黄褐色土，质地较为紧密，应为墓葬回填土；

　　第②层，棕褐色土，局部呈多层状，或小块的团状，应是葬具痕迹残留，墓主肢骨出于此层中，该层底部为凹弧状，当是独木棺葬具（彩版3－438）；

　　第③层，灰褐色土，在平面上可以小范围剥剔出"木质"残留面，但仅局限于墓室中部偏东部位，是独木棺棺底以下的堆积（彩版3－439、440）；

　　第④层，棕褐色土，位于独木棺西部下方，质地相对紧密，堆积性状与第③层明显不同；

　　第⑤层，黄褐色土，质地紧密，应为葬具外填土。

　　随葬品起取完毕后，对墓葬南部进行了解剖观察，葬具外填土呈倾斜状，未发现棹的痕迹（彩版3－441）。

　　由此可证，M14葬具为独木棺，墓穴西侧高于东侧，西侧于独木棺下另铺垫木板，最后回填埋设。

　　墓主骨骸保存一般，但骨骼结构完整，骨骸总长约1.8米。骨骸呈之字形位移，如头骨朝西北侧弯，下颌骨脱离，两侧肱骨朝东倾斜，而下臂骨则又转而向西，下肢骨也呈曲折状。整理墓主头骨时剥剔出牙齿七枚（彩版3－442）。

　　墓主头骨附近除了陶双鼻壶、盆外，还有成组的玉管珠和野猪獠牙，头骨上方另有小范围的朱痕，最大范围约4×8厘米，这一朱痕叠压成组野猪獠牙中的2件，性质不明（图3－35B；彩版3－443）。由于头骨难以起取，野外对其进行了解剖，颅内淤泥为棕褐色向灰白色过渡，淤泥性状可作为葬具空间内淤积情况的参考（彩版3－444）。

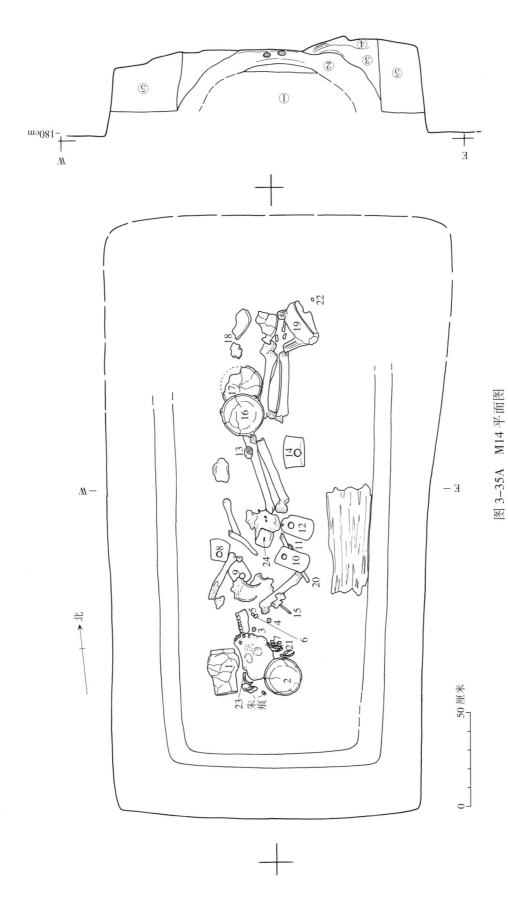

图 3-35A　M14 平面图

1、18. 陶双鼻壶　2. 陶盆　3、4. 玉隧孔珠　5、6、22、27. 玉管　7、25、26. 玉管串　8~10、14. 石钺　11. 玉镯　12. 玉钺　13. 玉钺镦　15. 玉锥形器　16. 陶簋　17. 陶簋盖　19. 陶瓶　20. 长玉管　21. 玉坠饰　23. 野猪獠牙　24. 玉钺瑁　(①⑤黄褐色土　②④棕褐色土　③灰褐色土)

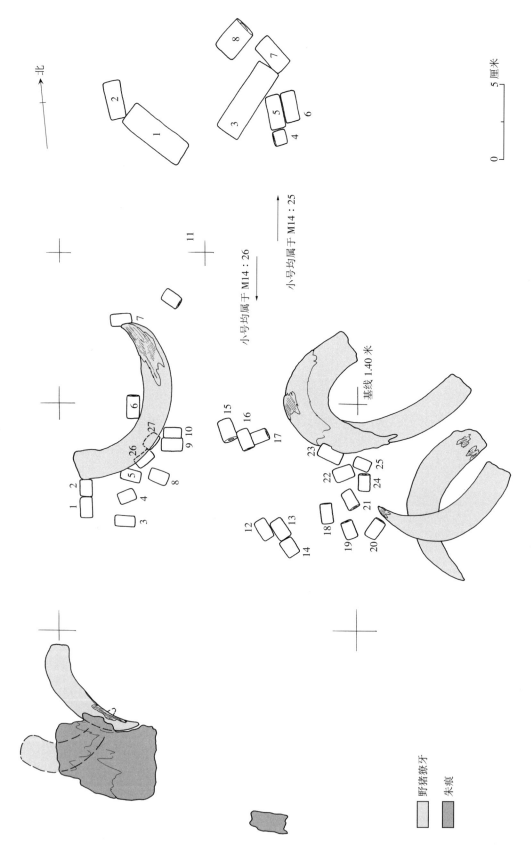

图 3-35B　M14 头端部位的牙束发器和玉串饰出土平面图

野猪獠牙

朱痕

（二）遗物

编号器物28件（组），其中陶器6件、石钺4件、玉器14件（组）、牙器3件（组）、骨质器1件（图3-36A～G）。

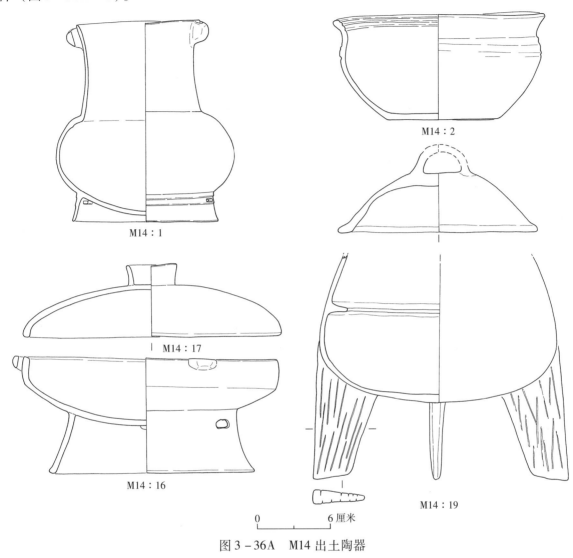

图3-36A　M14出土陶器

　　M14:1，陶双鼻壶。位于墓主头骨西侧，向南倾倒。泥质褐胎黑皮陶。壶身微不正，口微外翻，口沿两侧按贴竖向小鼻，颈部内凹弧，相对较粗矮，圆鼓腹。圈足近腹部有两周折棱，折棱间按戳有大小不等的镂孔，现共存六个，错落分布。壶高15.6～16.0、口径约10.1、圈足径约11.9厘米（彩版3-445）。

　　M14:2，陶盆。位于墓主头骨东侧，呈南高北低侧倾，口沿局部压墓主头骨。泥质红褐胎红陶，表皮有剥蚀。口外翻，口沿内面有三周不明显的凹弦纹，肩部外壁也分布几周不明显的凹弦纹，腹部弧收，平底。高7.9～8.3、口径16.8～17.5、底径8.8～9.2厘米（彩版3-446）。

　　M14出土玉隧孔珠2件，均位于墓主头骨下方，隧孔朝上，间距8厘米，两者又与成组玉管串保持了相当的距离，说明隧孔珠与串饰之间不存在配伍关系（彩版3-447）。

　　M14:3，玉隧孔珠。浅绿色有白沁，隧孔面局部有黄褐色斑，透光，透闪石。平面近圆形，正面弧凸，隧孔面相对平整。正面和侧边均有片切割痕。隧孔先后以两侧斜桯钻对穿而成。厚

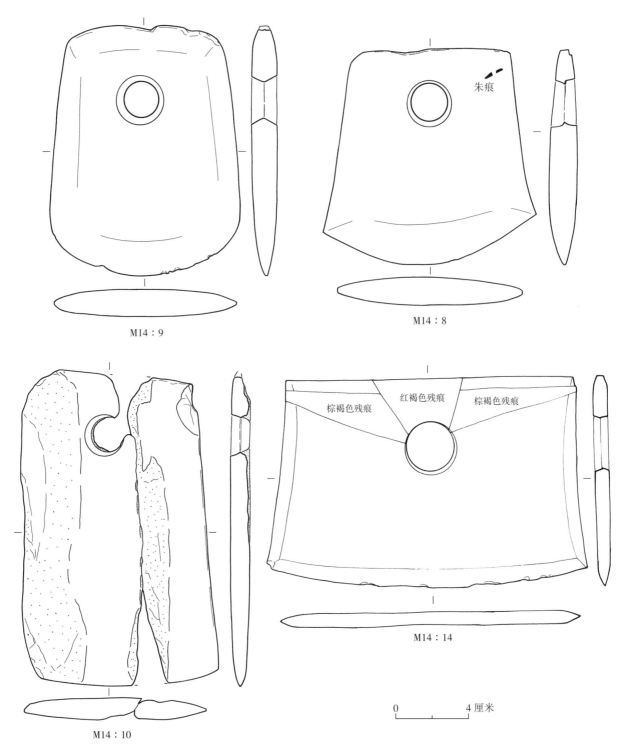

M14：9

M14：8　朱痕

M14：10

M14：14　棕褐色残痕　红褐色残痕　棕褐色残痕

0　　　　　4厘米

图3－36B　M14出土石钺

0.89、外径1.74～1.91厘米（彩版3－448）。

M14：4，玉隧孔珠。浅绿色有白沁，质地纯净，透光，透闪石。平面呈圆形，正面弧凸，隧孔面相对平整，局部有凹缺。厚1.2、外径1.95～2.0厘米（彩版3－449）。

M14：5，玉管。位于墓主下颌骨东侧。浅绿色有白沁，质地纯净，透光，透闪石。横截面呈方中带圆。外壁留有片切割痕，所绘上端面留有线切割痕。双向桯钻，孔内径0.17厘米。高

2.32、外径 1.04～1.13 厘米（彩版 3－450）。

M14：6，玉管。位于墓主下颌骨东侧，与 M14：5 相邻。浅绿色有白沁，所绘下端有黄色斑，透光，透闪石。平面呈圆中带方。外壁留有片切割痕，所绘上端面留有线切割痕。双向桯钻。高 1.69、外径 1.01～1.10 厘米（彩版 3－451）。

M14：7，玉管串。共计 4 件。位于墓主头骨东侧成组野猪獠牙的下方。从出土情况观察，与另行编号的 M14：21 玉坠饰当成组串系。均为叶蜡石，圆柱体，管钻穿孔（彩版 3－452、453）。

M14：7－1，浅黄色，局部有白斑。孔径 0.26～0.29 厘米。高 0.95、外径 0.67 厘米。

M14：7－2，浅黄色。孔径 0.25～0.27 厘米。高 0.98、外径 0.75 厘米。

M14：7－3，浅黄色，局部有褐斑。孔径 0.27～0.30 厘米。高 1.12、外径 0.75 厘米（彩版 3－454）。

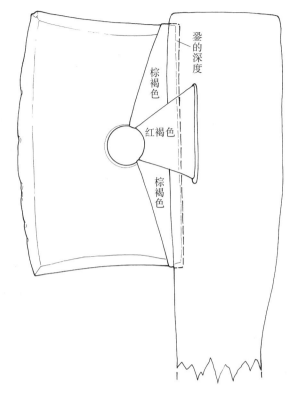

图 3－36C　M14：4 石钺安柄捆系示意图

M14：7－4，浅绿色夹杂白斑。孔径 0.25～0.30 厘米。高 1.12、外径 0.74 厘米（彩版 3－455）。

M14 共出土石钺 4 件，其中 3 件位于墓主胸腹部位（彩版 3－456）。

M14：8，石钺。位于墓主左肱骨外侧，刃部朝北，西高东低，标高分别为 －217 厘米和 －210 厘米，起取后石钺背面孔上方留有"V"形朱痕（彩版 3－457、458）。所绘为出土时朝下面。沁蚀呈灰白色，局部有青灰色斑点，凝灰岩。整器平面呈"风"字形，顶端有琢打痕。双向管钻孔，孔内径 2.0、所绘面外径 2.45、另面外径 2.41 厘米。双面弧刃。高 11.4、上宽 8.7、刃宽 11.3、最厚约 1.5 厘米（彩版 3－462）。

M14：9，石钺。位于墓主左肱骨内侧，局部为肋骨和其他碎骨所压，刃部朝西北，西高东低，标高分别为 －219 厘米和 －223 厘米。青灰色，表皮有凹坑，质坚厚重，有光泽，砾岩（？）。顶端有琢打痕，经修磨已圆润，端面弧凸。双向桯钻孔，孔内径 1.95、所绘面外径 2.55、另面外径 2.59 厘米。双面弧刃，刃部有崩缺。高 13.2、上宽 8.68、刃宽 10.32、最厚约 1.45 厘米（彩版 3－463）。

M14：10，石钺。叠压墓主右上臂和佩戴于右腕部位的 M14：11 玉镯、M11：20 长玉管的一端。刃部朝东，微东高西低，标高分别为 －221 厘米和 －222 厘米（彩版 3－459～461）。所绘为出土时朝上面。青灰色，有明显的纹理，沁蚀成两半，局部有片状剥落，流纹岩。整器平面略呈"风"字形。双向管钻孔，孔内径 1.74、所绘面外径 2.15 厘米。双面弧刃。高约 16.4、刃宽约 9.7、最宽约 10.8、最厚约 1.1 厘米（彩版 3－464）。

M14：11，玉镯。穿戴于右腕。翠绿夹杂黄褐色，局部有白沁，透光，透闪石。外廓为管钻成形，近一半外廓陡直，另一半外廓略弧凸，外壁较为光滑。镯一面平整，另一面微弧凸。中孔双向管钻，孔壁相对镯外廓打磨得要粗糙些，局部可见几处凹痕，当为双向管钻的错位，孔壁也可

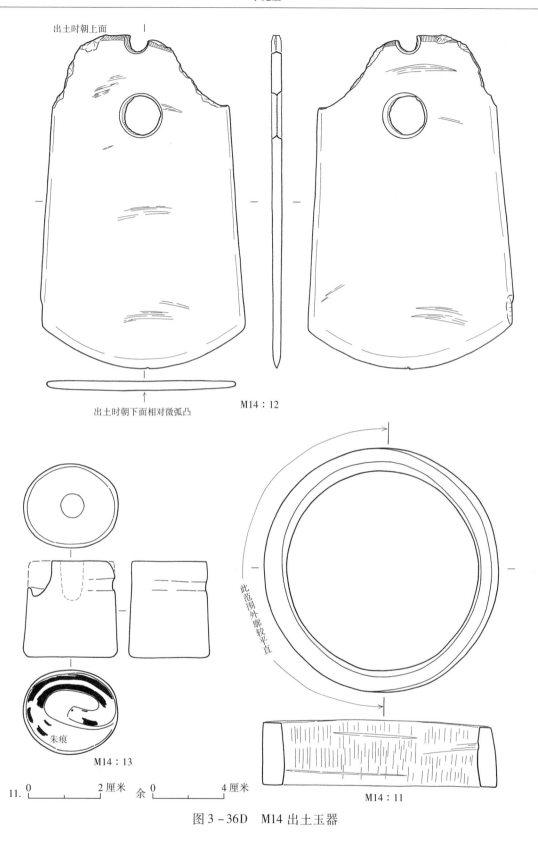

图 3 - 36D　M14 出土玉器

见竖向修磨痕。孔内径 5.2 ~ 5.3、所绘上孔外径 5.38 ~ 5.63、下孔外径 5.38 ~ 5.44 厘米。高 1.49 ~ 1.70、直径 6.31 ~ 6.38 厘米（彩版 3 - 465）。

　　M14：12，玉钺。钺体位于盆骨右侧，刃部朝东，东高西低，标高分别为 - 222 厘米和 - 225

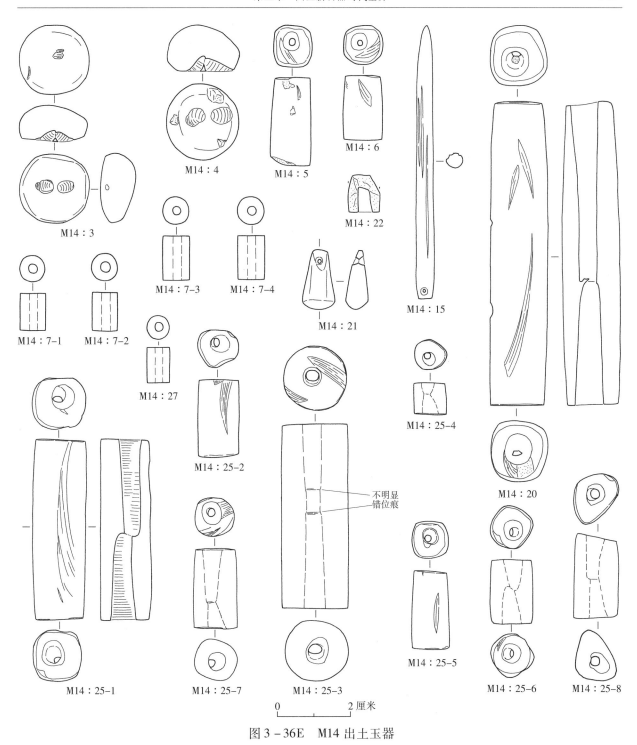

图 3-36E　M14 出土玉器

厘米，配伍有象牙质的瑁（M14：24）和镦（M14：13），由于位移甚，加之横隔梁的保留，瑁又朽烂，配伍关系没有得到及时确认，后根据镦及延伸的零星朱痕，即柲上的彩绘，才得以确认。依瑁、镦之距，现总长 55 厘米（彩版 3-466）。

钺浅绿色，有白沁，局部有灰黑色点状杂质，出土时朝上面左侧有深褐色斑块，透光，透闪石。整器平面呈"风"字形，扁薄均匀。上端缘面保留有打制痕迹，出土时朝上面的右上角打缺，左侧亦有残损，中部有半个双向管钻孔，残孔两侧经修磨而成倾斜面。残孔下相距约 2.0～2.1 厘米处另有一个双向管钻孔，孔内径 2.01、朝上面外径 2.31、另面外径 2.37 厘米。端面残缺不平，端面中部为残孔，推测原先玉钺残断后再改制成现在的形态。钺两面均有线切割痕，方向一致，主要分布在上下部位，符合"在同一切割剖面上看到开始切割阶段和临近结束阶段起伏波幅逐渐平稳的状态"①，首尾波峰波谷差值不大，易被保留切割痕迹。双面弧刃，刃中部有小崩缺，在朝下面。高 17.6、上宽约 9.6、刃宽约 11.05、最厚 0.53 厘米（彩版 3-468）。

M14:13，象牙镦。叠压于左股骨下端的上方，刚出露时保留着鲜艳的朱痕（彩版 3-467）。黄色。朽烂甚。整器平面呈椭圆形，竖截面近梯形。端面凸起，有朱痕残留，似螺旋形。卯孔为凹弧底，卯孔外径 1.25~1.30、深 2.1 厘米。侧面微内凹弧。高 5.09、截面短径 4.46、长径 5.18 厘米（彩版 3-469）。

M14:14，石钺。平置，刃部朝西，略东高西低，标高分别为 -221.5 厘米和 -223 厘米，正面孔上方残留有捆系痕迹，但是清理时未注意到秘在平面上的残痕，石钺起取后，背面的捆系痕迹更为明显（彩版 3-470、471）。野外对石钺孔捆系痕迹进行了及时的观察，发现穿孔上方的倒梯形红褐色痕迹叠压两侧呈叉形展开的棕褐色痕迹，石钺顶部 5~7 厘米宽的部位未有彩痕，应是纳入到柲的深度（图 3-36C；彩版 3-472）②。

所绘为出土时朝下面。深灰色夹杂灰白色点，质地细腻、坚硬，角岩。整器平面呈矮"凤"字形，扁薄规整。顶端缘面经打磨，已不见琢打痕迹。两面上部和穿孔周围留有朱痕（捆系痕迹），朱痕延及钻孔内壁。上部有双向管钻孔，孔内径 2.65、所绘面外径 2.88、另面外径 2.84 厘米。两侧斜直微内凹弧，脊线较清晰，且边缘面经修磨平整。双面弧刃，刃脊线不十分明显，刃部有崩缺，主要在所绘反面。高 11.05、上宽 15.9、刃宽 17.3、最厚 0.66 厘米（彩版 3-473）。

M14:15，玉锥形器。锥尖朝西北，为墓主脊椎骨所压，标高 -222 厘米。绿色有白沁，近端部有青灰色杂质，透光，透闪石。横截面近圆形，局部有多道片切割痕，首尖，端部有双向桯钻孔。长 7.16、直径 0.39~0.43 厘米（彩版 3-474）。

M14:16，陶簋（含 M14:17 盖）。正置，叠压 M14:17 盖及下肢骨局部。泥质黄褐胎黑皮陶。敛口，口沿外侧设三个近等分竖穿小鼻，坦腹。圈足微外撇，中部偏上分布有三个近等分的椭圆形镂孔。簋高 8.9~9.3、口径 20.6~21.1、圈足径 16.6~16.8 厘米（彩版 3-475）。

M14:17，陶簋盖。起初误以为豆，应与 M14:16 簋体配伍。泥质黄褐胎黑皮陶。浅杯形盖纽，盖缘弧收。盖高 5.6~5.8、盖径 20.9~21.2 厘米（彩版 3-476）。

M14:18*，陶双鼻壶。泥质红褐胎黑皮陶。朽烂甚，不能复原，器形难辨（图略）。

M14:19*，陶甗（含器盖）。口沿朝东侧倾。夹砂褐陶。朽烂甚，难以复原。盖体为半环状把手。甗体口沿不明，垂腹，鱼鳍形足，足横截面外侧较厚。盖残高 7、外径 16.5 厘米。甗足长 12 厘米（彩版 3-477）。

M14:20，长玉管。位于右上肢肘关节部位，一端为 M14:10 石钺所压。所绘为出土时朝下面。浅绿色有白沁，透光，透闪石。横截面圆中带方，所绘侧面及其另面均留有片切割痕，所绘下端面留有线切割痕。双向钻孔，所绘上端孔的上部孔径呈收缩状，下部则变化不明显，其底端留有管钻芯形态。管钻槽底圆润，而钻芯端面粗糙，当为管钻取芯后残留。根据此孔剖面形态，其上

① 牟永抗：《关于史前琢玉工艺考古学研究的一些看法》，《牟永抗考古学文集》，页 621，科学出版社，2009 年。
② 纳柲及捆系也可参见桐庐小青龙 M10:3 玉钺复原，见浙江省文物考古研究所、桐庐博物馆：《浙江桐庐小青龙新石器时代遗址发掘简报》，《文物》2013 年第 11 期。

部或为桯钻形成，下部则为管钻。一孔之内运用两种钻孔工艺或与其管的形态有关，因桯钻底端形态多为凹弧底，孔径相应收缩，在狭长的管内双向桯钻成功对穿的技术要求颇高，而先用桯钻使上端孔径较大（相当于扩孔），使得管钻深度减少，即减少了管钻时的阻力，加上管钻底端面积相对较大，相对容易和与之对应的孔穿透。所绘下端孔的孔径均呈收缩状，凹弧底，从孔剖面形态上分析，当属桯钻。孔内两者穿透部位截面呈扇形，据此推测，先桯钻所绘下端的孔，再用管钻穿透，并取管钻芯。孔内径 0.17 ~ 0.25 厘米。高 7.97、外径 1.49 ~ 1.52 厘米（彩版 3 - 478）。

M14：21，玉坠饰。应与 M14：7 玉管串配伍。绿色，局部有浅黄色斑，叶蜡石。近水滴状，截面呈椭圆形，表面有多处打磨痕，可见打磨面之间转折棱。双向桯钻系孔，孔壁陡直泛白，应与质地偏软有关。孔内径约 0.1 厘米。长 1.55、直径 0.6 ~ 0.84 厘米（彩版 3 - 479）。

M14：22，玉管。朽烂甚，沁蚀呈白色，石膏状。残高 0.95、外径 0.82 厘米（彩版 3 - 480）。

M14：23，野猪獠牙。一组，至少 7 件，当为墓主头端部位的组合饰件，头骨上方的小范围朱痕可能与这一组件有关。

M14：24，象牙瑁。黄色。略呈长方体，朽烂甚（图略）（彩版 3 - 481）。

M14：25，玉管串。位于墓主颈、胸部位的骨骼下方。共 8 件，均为透闪石。

M14：25 - 1，浅绿色有白沁，所绘下端有黄褐色斑，透光。整器打磨较好，规整光滑。平面呈方中带圆。外壁三面均留有片切割痕，所绘上端面留有线切割痕。双向桯钻，孔内径 0.22 厘米。高 4.71、外径 1.32 ~ 1.49 厘米（彩版 3 - 482）。

M14：25 - 2，浅黄色有白沁，所绘上端有褐斑，透光。外壁有多处片切割痕。双向桯钻，孔内径约 0.2 厘米。高 2.03、外径 0.97 ~ 1.08 厘米（彩版 3 - 483）。

M14：25 - 3，浅绿色有白沁，透光。整器用料上乘，形制较大，圆整光滑，制作甚精。圆柱体。壁面圆润不见切割痕，在所绘上端有两个施力方向的线切割痕，而下端只留有不明显的切割痕。双向管钻，孔壁光滑，仅在近中部留有不明显的旋痕及台痕，孔内径 0.39 厘米。高 4.85、外径 1.65 ~ 1.76 厘米（彩版 3 - 484）。

M14：25 - 4，浅黄色，局部有褐斑，少量白沁，透光。平面不圆整。外壁留有片切割痕。双向桯钻，孔内径 0.15 厘米。高 0.8、外径 0.81 ~ 0.88 厘米（彩版 3 - 485）。

M14：25 - 5，浅黄色有白沁，透光。平面呈圆中带方。外壁留有两处片切割痕。双向桯钻，所绘上端面有钻具偏移形成的凹痕，孔内径 0.17 厘米。高 2.0、外径 0.90 ~ 0.99 厘米（彩版 3 - 486）。

M14：25 - 6，浅黄绿色有白沁，所绘下端有褐斑，透光。平面呈圆中带方。外壁一侧留有片切割痕，所绘下端面则留有线切割痕。双向桯钻，孔内径 0.2 厘米。高 1.67、外径 1.07 ~ 1.14 厘米（彩版 3 - 487）。

M14：25 - 7，浅绿色有白沁，透光。平面呈圆形。外壁隐约可见切割痕，所绘上端面则留有切割痕。双向桯钻，孔内径 0.19 厘米。高 2.06、外径 1.07 ~ 1.16 厘米（彩版 3 - 488）。

M14：25 - 8，浅黄色有白沁，透光。平面近三角形。外壁留有几处片切割痕。双向桯钻，两端孔的开口不圆整，应与多次调整钻具施力方向有关，孔内径约 0.24 厘米。高 2.15、外径 1.05 ~ 1.42 厘米（彩版 3 - 489）。

M14：26，玉管串。位于墓主头骨下方。共 27 件，均为叶蜡石，圆柱体，较为规整，管钻穿孔（彩版 3 - 490 ~ 494）。从出土位置和形态组成判断，可能与 M14：7 和 M14：21 为同串。

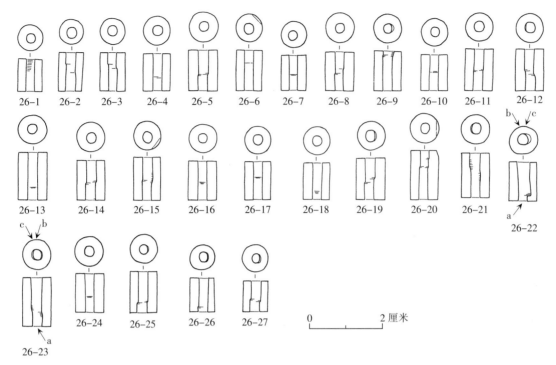

图 3 - 36F　M14 出土玉管串（M14∶26）

　　M14∶26 - 1，浅黄色，局部有褐斑。所绘上部孔壁旋痕比下部明显，孔径 0.24 ~ 0.25 厘米。高 0.85、外径 0.66 厘米。

　　M14∶26 - 2，浅黄绿色，局部有黑褐杂质。双向管钻，孔壁有错位痕，孔径 0.26 ~ 0.27 厘米。高 0.95、外径 0.59 ~ 0.66 厘米。

　　M14∶26 - 3，浅黄色夹杂深褐色斑。双向管钻，孔壁有错位痕，孔径 0.25 ~ 0.26 厘米。高 0.98、外径 0.70 ~ 0.71 厘米。

　　M14∶26 - 4，黄绿色，局部有褐斑。双向管钻，孔壁错位痕不明显，可见双向管钻交接处旋痕，孔径 0.26 ~ 0.27 厘米。高 0.94 ~ 0.95、外径 0.71 ~ 0.72 厘米。

　　M14∶26 - 5，浅黄绿色，局部有黑褐杂质。双向管钻，孔壁有错位痕，孔径 0.26 ~ 0.27 厘米。高 1.05 ~ 1.06、外径 0.75 厘米。

　　M14∶26 - 6，浅黄翠色，有裂纹。双向管钻，孔壁错位痕不明显，可见双向管钻交接处旋痕，孔径 0.25 ~ 0.27 厘米。高 1.07、外径 0.66 ~ 0.69 厘米。

　　M14∶26 - 7，黄绿色，局部有黑褐杂质。双向管钻，孔壁有错位痕，孔径 0.26 ~ 0.27 厘米。高 0.90、外径 0.67 ~ 0.68 厘米。

　　M14∶26 - 8，浅黄翠色。双向管钻，孔壁有错位痕，孔径 0.26 厘米。高 0.99、外径 0.77 厘米。

　　M14∶26 - 9，黄绿色。双向管钻，孔壁有错位痕，孔径 0.27 ~ 0.28 厘米。高 1.05 ~ 1.06、外径 0.74 ~ 0.75 厘米。

　　M14∶26 - 10，黄绿色，局部有褐色杂质。双向管钻，孔壁错位痕不明显，可见双向管钻交接处旋痕，孔径 0.25 ~ 0.26 厘米。高 0.94、外径 0.72 厘米。

　　M14∶26 - 11，黄绿色，局部有褐斑。双向管钻，孔壁有错位痕，孔径 0.25 ~ 0.26 厘米。高 1.08 ~ 1.09、外径 0.72 ~ 0.75 厘米。

M14：26 – 12，黄绿色。双向管钻，孔壁有错位痕，孔径 0. 25～0. 26 厘米。高 1. 10、外径 0. 75 厘米。

M14：26 – 13，浅黄色，局部有褐色杂质。双向管钻，孔壁错位痕不明显，可见双向管钻交接处旋痕，且所绘上部孔壁旋痕比下部明显，孔径 0. 25～0. 26 厘米。高 1. 24、外径 0. 77 厘米。

M14：26 – 14，翠色，局部有褐斑。双向管钻，孔壁有错位痕，所绘孔壁右侧错位痕为微内凹状，可见管钻时曾调整施力方向，孔径 0. 25～0. 27 厘米。高 1. 03～1. 04、外径 0. 76～0. 79 厘米。

M14：26 – 15，浅黄翠色，局部有褐色杂质。双向管钻，孔壁有错位痕，所绘孔壁右侧错位痕亦为微内凹状，孔径 0. 25～0. 27 厘米。高 1. 13、外径 0. 75 厘米。

M14：26 – 16，黄翠色，局部有褐色杂质。双向管钻，孔壁错位痕不明显，可见双向管钻交接处旋痕，孔径 0. 24～0. 25 厘米。高 0. 98、外径 0. 77 厘米。

M14：26 – 17，浅黄绿色，局部有褐斑。双向管钻，孔壁错位痕不明显，可见双向管钻交接处旋痕，孔径 0. 24～0. 25 厘米。高 1. 0、外径 0. 7 厘米。

M14：26 – 18，黄绿色，局部有少量灰褐色杂质。双向管钻，仅在所绘孔壁下端略内凹，应是管钻时错位形成，后又经修整已不明显，孔径 0. 25～0. 26 厘米。高 0. 94、外径 0. 74 厘米。

M14：26 – 19，浅黄绿色。双向管钻，孔壁有错位痕，孔径 0. 25～0. 28 厘米。高 1. 10、外径 0. 77 厘米。

M14：26 – 20，黄翠色，局部有褐色杂质。双向管钻，孔壁有三处错位痕，孔径 0. 25～0. 26 厘米。高 1. 31、外径 0. 75～0. 76 厘米。

M14：26 – 21，黄翠色相间，局部有褐色杂质。双向管钻，孔壁有错位痕，为微内凹状，所绘上孔外径 0. 26～0. 30、下孔外径 0. 24～0. 25 厘米。高 1. 17、外径 0. 76～0. 77 厘米。

M14：26 – 22，黄绿色，局部有少量灰褐色杂质。双向管钻，孔壁有错位痕，且较为明显。根据孔壁剖面分析，管钻时至少有三个施力方向，即 a、b、c，推测先钻 a 方向，再钻 b 方向，最后用 c 方向穿透（如图 3 – 36F 所示）。所绘上孔外径 0. 26～0. 33、下孔外径 0. 23～0. 25 厘米。高 1. 01～1. 02、外径 0. 76～0. 77 厘米。

M14：26 – 23，黄绿色相间，局部有少量灰褐色杂质。双向管钻，孔壁有错位痕，且所绘上部孔壁左剖面有微弧凸，根据孔壁剖面分析，同 M14：26 – 22 一样，管钻时至少有三个施力方向，即 a、b、c，推测先钻 a 方向，再钻 b 方向，略偏，改用 c 方向并穿透（如图 3 – 36F 所示）。所绘上孔外径 0. 26～0. 30、下孔外径 0. 24～0. 25 厘米。高 1. 26、外径 0. 77 厘米。

M14：26 – 24，浅翠色，局部有少量灰褐色杂质。双向管钻，孔壁错位痕不明显，可见双向管钻交接处旋痕，孔径 0. 24～0. 25 厘米。高 1. 0、外径 0. 77 厘米。

M14：26 – 25，灰绿色，局部有灰褐色杂质。双向管钻，孔壁有错位痕，孔径 0. 25～0. 27 厘米。高 1. 07、外径 0. 75 厘米。

M14：26 – 26，灰黄色夹白斑。双向管钻，所绘孔壁左下有错位痕，所绘上孔外径 0. 25、下孔外径 0. 23 厘米。高 0. 88、外径 0. 67～0. 70 厘米。

M14：26 – 27，黄绿色，局部有极少灰褐色杂质。双向管钻，孔壁有错位痕，孔径 0. 24～0. 26 厘米。高 0. 80、外径 0. 69～0. 72 厘米。

M14：27，玉管。头端出土，是室内整理时发现并重新编号的。从出土位置和材质判断，可能与 M14：7、M14：21 和 M14：26 为同串。深绿色夹杂褐斑，局部有灰黑色杂质，叶蜡石。形制较为规整，圆柱体。管钻穿孔，孔径 0.25～0.26 厘米。高 0.95、外径 0.68 厘米（彩版 3 - 495）。

M14 头端部位及头骨起取后的玉管串和成组的野猪獠牙头饰情况参见彩版 3 - 496～498。

M14 在选取剖面清理的南部还出土有骨质器一件（图上未标），编号 M14：28，长约 10、宽约 4.5 厘米，厚度不明。局部有涂朱痕，器形不明（图 3 - 36G）。

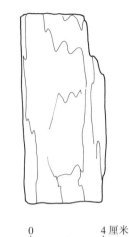

0　　　　　4 厘米

图 3 - 36G　M14 出土骨质器（M14：28）

M15

（一）概述

M15 位于 T1 西南角，开口在 T4 西北部的红烧土和草木灰堆积下。在发掘沿 T1 西壁的探沟时遭到破坏，长度不明，宽约 0.6 米，现深 0.30 米，墓底标高 - 248 厘米。略呈西北—东南向，头向西北。葬具不明（图 3 - 37；彩版 3 - 499）。

（二）遗物

编号器物 4 件（组）（图 3 - 38）。

M15：1，陶鼎（含器盖）。正置。两者均为粗泥陶。变体立鸟形盖纽，盖面近平。盖高 4.0、盖径约 16.8 厘米。鼎翻沿，束颈，斜弧腹，鱼鳍形足。足横截面近扁椭圆形，足上端沿鼎身弧度按捺四个凹孔，足两面均有竖向刻划。鼎高 13.4～14.5、鼎身高 7.2～8.3、口径约 18.7 厘米（彩版 3 - 500）。

M15：2，陶盘。竖置。泥质灰胎灰陶。敞口，坦腹，圈足一侧有两个相距约 1 厘米的镂孔。高

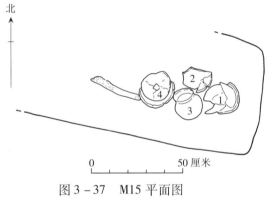

北

0　　　　　50 厘米

图 3 - 37　M15 平面图
1. 陶鼎　2. 陶盘　3. 陶罐　4. 陶豆

5.0～5.4、口径 18.4～18.5、圈足径 10.5～10.6 厘米（彩版 3 - 501）。

M15：3，陶罐。完整，未破损，向西北倾倒。泥质青灰胎灰陶。侈口，圆鼓腹，平底，内底留有制作痕。高 14.9～15.3、口径约 10.4、底径约 8.2 厘米（彩版 3 - 502）。

M15：4，陶豆（含器盖）。正置。盖为泥质灰胎黑皮陶，黑皮多剥蚀。盖纽缺失，为浅杯形盖纽，盖缘内收。盖残高 5.3、盖径约 17.8 厘米。豆为泥质灰褐胎灰陶。直口，弧腹中上部按贴一周垂棱，圈足中上部弧凸，饰三个长方形镂孔和两个相距约 3.9 厘米的小镂孔。豆高 8.4、口径约 19、圈足径 11.1～11.2 厘米（彩版 3 - 503）。

M16

（一）概述

M16 位于 T7 西部，表土层下开口。墓坑填土与土台土接近，是随葬陶器出露后才辨认出

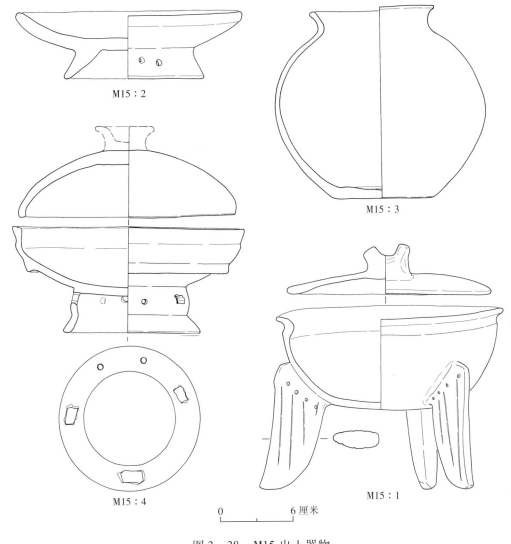

M15：2

M15：3

M15：4

M15：1

0   6厘米

图 3 - 38　M15 出土器物

墓坑线的。墓坑南北长 2.05、宽 0.56、现深 0.15 米，墓底标高 - 235 厘米。墓底未发现淤泥，推测没有木质葬具，从骨骼略有位移判断，可能仅有简单的包裹而已（图 3 - 39；彩版 3 - 504）。

墓主骨骼保存较差，依稀可辨仰身直肢，头骨压碎，下颌骨脱落略位移，下肢骨略交错。骨骼全长约 1.40 米。整理墓主头骨时剥剔出牙齿（彩版 3 - 505）。

（二）遗物

编号器物 4 件（组），除带盖陶壶位于头骨部位外，余均叠压在脚端（图 3 - 40；彩版 3 - 506）。

M16：1，陶壶（含器盖）。位于墓主头骨上方，口沿向东倾倒。盖为泥质青灰胎灰陶。穹隆状，顶略平，中心有一穿孔。盖高 1.9 ~ 2.0、盖径 5.7 厘米。壶为泥质灰胎灰陶。侈口，肩颈部饰一周凹折痕，折腹，平底微内凹。壶高 8.2 ~ 8.6、口径 5.6 ~ 5.9、底径 5.0 厘米（彩版 3 -507）。

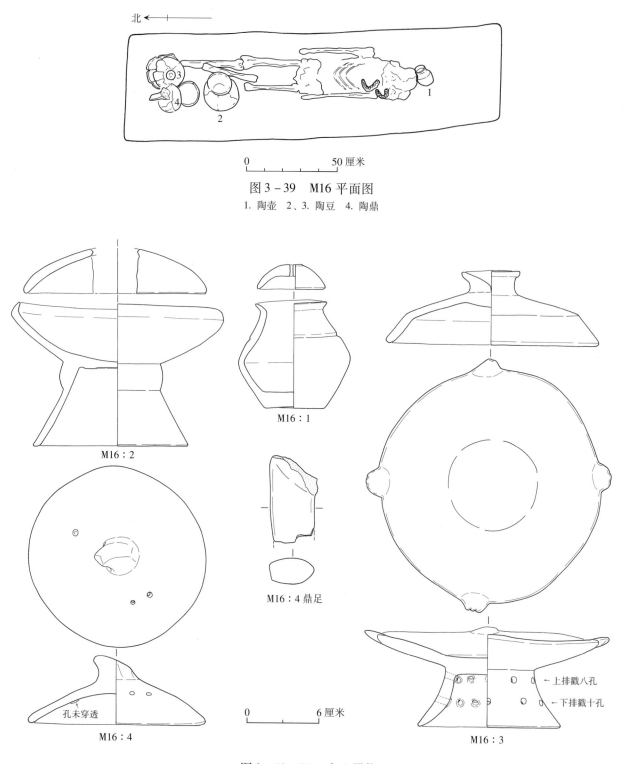

北 ←——

0 ————— 50 厘米

图 3 – 39　M16 平面图
1. 陶壶　2、3. 陶豆　4. 陶鼎

M16：1

M16：2

M16：4 鼎足

M16：4

孔未穿透

0 ——— 6 厘米

← 上排戳八孔
← 下排戳十孔

M16：3

图 3 – 40　M16 出土器物

　　M16：2，陶豆（含器盖）。倒置。盖为粗泥陶，残缺甚多。盖残高 3.5、复原盖径约 15 厘米。豆为泥质黄褐胎黑皮陶，表皮剥蚀。敛口，坦腹，圈足上部圆弧凸，其下束腰，下部外展。豆高约 11.4、口径 16.2～16.6、圈足径 12.5～12.9 厘米（彩版 3 – 508）。

M16：3，陶豆（含器盖）。正置。两者均为泥质灰黄胎灰陶。浅杯形盖纽，盖面微折收。表皮有剥蚀。盖高5.8～5.9、盖径17.0～17.3厘米。豆盘敞口，沿外侧按贴四个近等分的鸡冠状小錾，坦腹，圈足分布上、下两排镂孔，上排八个，下排十个，上下镂孔错位分布。含錾高7.3～8.0、盘体高7.0～7.5、口径18.0～18.5、圈足径11.5～11.6厘米（彩版3-509）。

M16：4，陶鼎（含器盖）。向南倾倒，压M16：3陶豆，盖侧翻。均为粗泥陶。角状盖纽，盖面一侧有两个相距约1.1厘米的穿孔，另一侧有一个未穿透孔的凹痕。盖高5.5、盖径13.9～14.5厘米。鼎朽烂甚，仅剩一残足，足横截面中部较厚实（彩版3-510）。

M17

（一）概述

M17位于T7西南部，为M8所叠压，也应该开口于表土层下。墓坑线难以辨认，是发现北端陶器后才得以确认。墓葬头向南，墓向160°，墓坑长2.15、宽0.60、现深0.34厘米，墓底标高-244厘米（图3-41；彩版3-511）。墓主骨骸保存甚差，仅可大体辨认，肢骨细小，骨骸总长约1.5米。

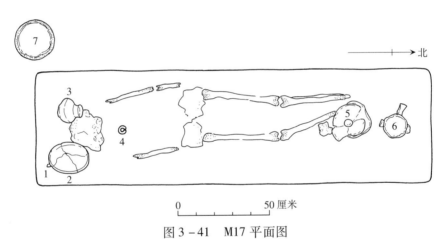

图3-41　M17平面图
1. 玉坠饰　2. 陶盆　3. 陶壶　4. 玉玦　5. 陶盘　6. 陶鼎　7. 陶大口缸

紧贴M17西南位置有一陶大口缸，陶大口缸出露时未能确认M17墓口，起取后才发现M17，这一陶大口缸应该与M17有关。经过对大口缸所在剖面的观察，没有发现明显的挖坑填埋，鉴于大口缸出土时就已经裂开，还对缸内堆积进行了观察，填土为灰褐色，没有发现特别之处。大口缸口部北高南低，标高分别为-199厘米和-203厘米（彩版3-512～516）。

（二）遗物

编号器物7件（组）（图3-42）。

M17：1，玉坠饰。位于M17：2陶盆口沿下方。沁蚀呈白色，局部可见浅黄色，透闪石。条璜改制。单向桯钻系孔，所绘面桯钻系孔之下隐约另有桯钻凹痕。高1.59、最宽1.02、最厚0.29厘米（彩版3-517）。

M17：2，陶盆。位于墓主头骨东侧，向西侧倾，标高分别为-231厘米和-243厘米（彩版3-518）。泥质灰胎灰陶。敞口，沿下一侧有两个相距约0.9厘米的孔，斜弧腹，平底微内凹。高5.1～5.6、口径20.7～21.4、底径7.5厘米（彩版3-519）。

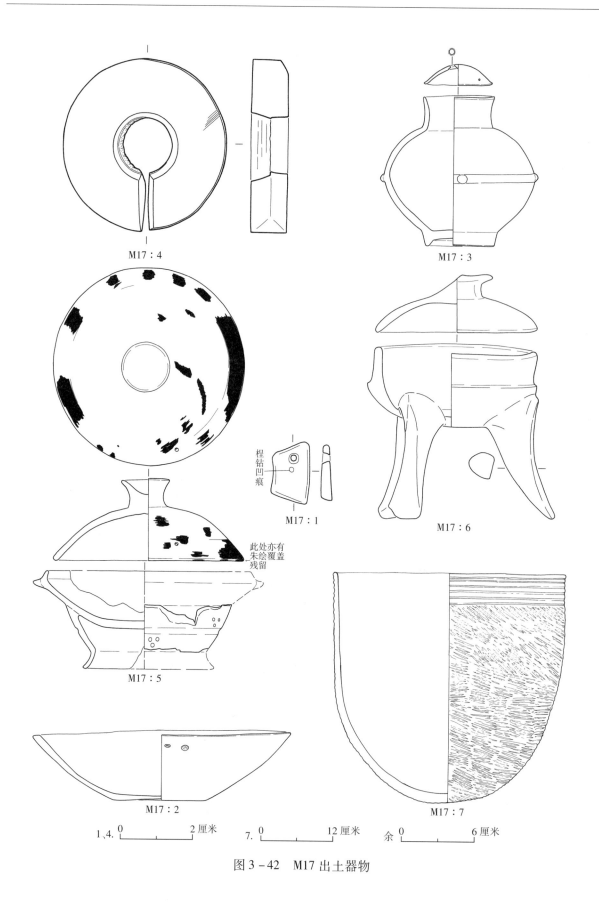

M17:4

M17:3

桯钻凹痕

M17:1

M17:6

此处亦有
朱绘覆盖
残留

M17:5

M17:2

M17:7

1、4. 0 ____ 2厘米   7. 0 ____ 12厘米   余 0 ____ 6厘米

图 3-42　M17 出土器物

M17:3,陶壶(含器盖)。位于墓主头骨西侧,向北侧倾,盖为头骨所压(彩版3－520、521)。盖为泥质灰胎灰陶。穹隆状,盖缘微外撇,近顶部有穿孔一个,近盖缘有一小穿孔。盖高1.7、盖径5.5~5.6厘米。壶为泥质灰褐胎黑皮陶,表皮有红色彩绘,图案为交互波浪纹。直口微外翻,鼓腹,腹中部饰一周凸弦纹,弦纹上有四个大致对称的圆形泥点。圈足,外底刮削而成。壶高11.9、口径5.9~6.0、圈足径5.6~5.7厘米(彩版3－522)。

M17:4,玉玦。位于墓主胸部,豁口朝北。所绘为出土时朝上的一面。翠绿色,局部有白沁,透闪石。玦外缘面局部留有旋痕,为管钻成形。两面平整,所绘正面留有不明显的切割痕,另面上端有斜杀面。双向管钻孔,尚留有管钻错位的台痕,孔内径1.45、所绘面孔外径1.77、另面孔外径1.56厘米。豁口为双向片切割而成。豁口高1.49、内宽0.13、外宽0.20厘米。玦外径4.47、最厚约1.05厘米(彩版3－523)。

M17:5,陶盘(含器盖)。正置,压右趾骨。两者均为泥质黄褐胎黑皮陶,表皮有剥蚀。浅杯形盖纽,盖面局部有朱痕残留,近盖缘有一小镂孔。盖高6.6、盖径15.7厘米。盘残缺甚多。敛口,沿两侧按贴近三角形小鋬,圈足上部和中部饰凹弦纹,按捺上下错落的由三个未穿透孔组成的倒三角形纹样。高约7.8、复原口径约16.7、复原圈足径约10.9厘米(彩版3－524)。

M17:6,陶鼎(含器盖)。向西倾侧(彩版3－525)。均粗泥陶。角状盖纽。盖高4.6、盖径13.0~13.1厘米。鼎为直口,折腹部有一周凸棱,凿形足。通高12.9~13.8、鼎身高5.7~6.6、口径13.1~13.6厘米(彩版3－526)。

M17:7,陶大口缸。夹粗砂灰褐陶。直口,尖圜底,口沿外壁上部有多道弦纹,其下拍印斜向篮纹。高36.5、口径37.8厘米(彩版3－527)。

M18

(一)概述

M18位于T7西南部,为M16所叠压。墓坑线难以辨认,是发现陶器之后才确认的,开口于表土层下。为小孩墓,头向南,墓向162°,长1.15、宽0.65、现深0.35米,墓底标高－246厘米(图3－43;彩版3－528)。整理墓主头骨时剥剔出牙齿(彩版3－529)。

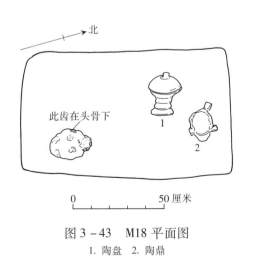

图3－43 M18平面图
1. 陶盘 2. 陶鼎

（二）遗物

编号器物2件（组）（图3-44）。

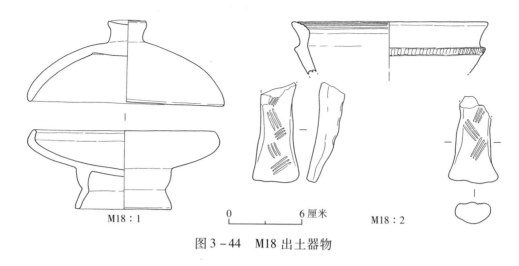

图3-44　M18 出土器物

M18:1*，陶盘（含器盖）。向西侧倾（彩版3-530）。两者均为泥质灰褐胎黑皮陶。盖高6.7、盖径约16.2 厘米。豆为弧敛口，束腰形圈足。豆高约6、口径约15 厘米（彩版3-531）。

M18:2*，陶鼎。粗泥红陶。朽烂甚，不能复原。折沿外展，沿面有多道凹弦纹，折腹部位有凸脊，脊面有按捺，凿形足，足正面有纵向"之"字形刻划。口径约16 厘米。

M19

（一）概述

T7 西部是崧泽文化晚期墓葬分布相对集中的区域，在揭取表土层后，除了T7 中部的 M8 得以确认之外，西部的墓坑线难以辨认，仅南北向疑是线，M19 也如此。

墓坑南北长1.70、东西宽0.60、现深0.45 米，墓底标高 -252 厘米。墓主骨骸保存甚差，仅依稀可辨，仰身直肢，头向南，从头骨至脚踝约长1.3 米（图3-45；彩版3-532）。

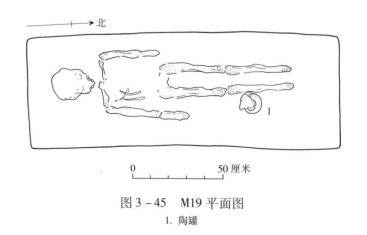

图3-45　M19 平面图
1. 陶罐

（二）遗物

编号器物1件（组）（图3-46）。

M19:1，陶罐（含器盖）。位于右下肢外侧，正置。盖为泥质灰褐胎黑皮陶。盖顶端有断茬痕，盖纽原本缺失。盖高 2.9 ~ 3.2、盖径 11.5 ~ 12.0 厘米。罐为粗泥陶。口外翻，沿一侧下有一个穿孔，鼓腹，平底。罐高 8.4 ~ 8.8、口径 7.8 ~ 8.0、底径 5.2 ~ 5.4 厘米（彩版 3 - 533）。

图 3 - 46　M19 出土器物

M20

（一）概述

小兜里遗址第二期发掘开始也统一起取表土，在 T20、T18 出露了大范围的红烧土块堆积，并在红烧土堆积的东部，也即 T18 中部发现了并列的 M20 和 M21，M20 南部还埋设有陶大口缸（彩版 3 - 534）。墓坑南北长 2.70、东西宽 0.85、最深 0.62 米，墓口标高 - 130 厘米，墓底标高 - 187 厘米 ~ - 192 厘米（图 3 - 47）。

M20 横剖面中没有发现填土下凹塌陷的迹象，只是近墓底部位有两层平行的淤泥，当是葬具挤压后的残存（彩版 3 - 535、536）。墓坑内堆积分为三层：

第①层，黄褐色斑土，夹杂丰富的红烧土颗粒，应是打破红烧土遗迹（F1）后再回填所致；

第②层，黄褐色斑土，包含物相对较少，与第①层之间没有明显的分界；

第③层，灰白色淤泥，分为上下两层，均厚约 1 厘米，墓主肢骨偏于下层，该层应为葬具残留。

人骨保存状况甚差，仅依稀可以辨认局部骨骸，头向南（彩版 3 - 537）。

墓坑东南角埋设陶大口缸 1 件，是在清理完 M20 后才发现（彩版 3 - 538）。

（二）遗物

编号器物 8 件（组）（图 3 - 48A、B）。

M20：1，陶盆。正置，墓主头骨残骸叠压盆的局部，盆口沿下方有 M20：2 和 M20：3 玉坠饰（彩版 3 - 539）。盆为泥质灰胎灰陶。敞口，折沿，沿外侧粘贴四个近等分的鸡冠状小鋬。坦腹，假圈足平底，足部外缘切剔三个近等分的凹缺，凹缺呈 "M" 形。盆高 4.9 ~ 5.7、口径 22.4 ~ 22.8、底径 9.0 ~ 9.4 厘米（彩版 3 - 540）。

M20：2，玉坠饰。鸡骨白，下端夹杂不规则点状墨绿色晶体，透闪石。所绘正面、上端面和下端面均留有线切割痕。双向桯钻系孔，错位明显，孔内径 0.2、两面外径均为 0.28 厘米。坠饰长 2.65、宽 1.26、最厚 0.46 厘米（彩版 3 - 545）。

M20：3，玉坠饰。鸡骨白，夹杂不规则灰白色晶体斑，透闪石。为边角料改制。所绘面留有线切割痕，左缘留双向片切割痕。双向桯钻系孔，孔内径 0.12、所绘面孔外径 0.2 厘米。坠饰长 4.15、上宽 0.81、下宽 1.14、最厚 0.38 厘米（彩版 3 - 546）。

M20：4，陶壶。向西侧倾，壶体有彩绘（彩版 3 - 541）。泥质灰褐胎灰陶。由于胎薄，火候低，加之碎裂，修复时已不完整，剥蚀也甚。鼓腹，矮圈足，下腹部近圈足片削成内凹状，足端切剔三个近等分凹缺，凹缺呈 "M" 形。残高 9.6、圈足径 6.0 厘米（彩版 3 - 542）。

M20：5，陶豆（含器盖）。位于墓主脚端部位，盖（M20：5 - 1）压豆盘（M20：5 - 2），盖内面朝上，豆体向东侧倾，压墓主下肢，压扁甚（彩版 3 - 543）。两者均为泥质黄褐胎黑皮陶，表皮基本脱落，外壁局部均有朱痕。杯形盖纽，高耸。盖高 12.0、盖径 21.0 ~ 21.6 厘米。豆敛口，口沿外侧粘贴三个等分布列的穿孔小鼻，弧腹垂棱，垂棱上有正、倒三角形镂刻，是圆和弧边三角组合图案的简约形式。豆柄有四周凸棱，上部两组凸棱上有圆和弧边三角组合图案。豆未能修复，尺寸不明（彩版 3－544）。

M20：6，玉纺轮。位于墓主脚端部位，标高 －184 厘米。鸡骨白，夹杂不规则灰绿色晶体斑，透闪石。平面呈圆形，竖截面呈倒梯形。两面均较为平整，正面有两处主要施力方向相交的线切割痕，侧缘面局部可见近平行的旋痕，是管钻成形所留。背面微弧凸。整器先管钻成形，再用线切割对剖，双向桯钻穿孔，在正面中心穿孔处留有桯钻时钻具偏移形成的凹点。正、背两面的桯钻开口面均近椭圆形，说明桯钻时钻具曾多次调整施力方向。孔内径 0.24、正面孔外径 0.46～0.6、背面孔外径 0.61～0.76 厘米。纺轮正面外径 4.0～4.03、背面外径 3.89～3.92、最厚 1.05 厘米（彩版 3－547）。

M20：7*，陶鼎（含器盖）。紧贴葬具西北侧，基本正置。粗泥红陶。朽烂甚，难以修复。浅杯形盖纽，盖纽外径 4.2 厘米。鼎足鱼鳍形，抹划粗浅直线。足长 11.5 厘米。

M20：8，陶大口缸。位于墓坑东南角外侧，平面上坑线难以完全确认，发掘时采用剖面清理的方法，发现仅紧贴大口缸外壁处有坑线。大口缸口沿标高 －138

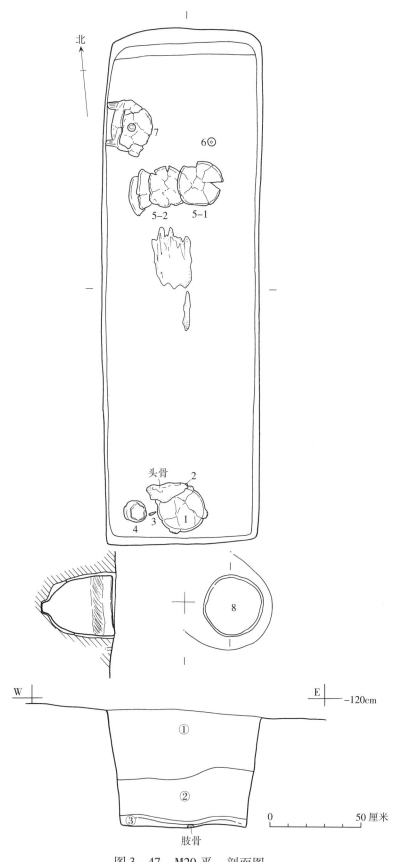

图 3－47　M20 平、剖面图

1. 陶盆　2、3. 玉坠饰　4. 陶壶　5. 陶豆　6. 玉纺轮　7. 陶鼎　8. 陶大口缸（①②黄褐色斑土　③灰白色淤泥）

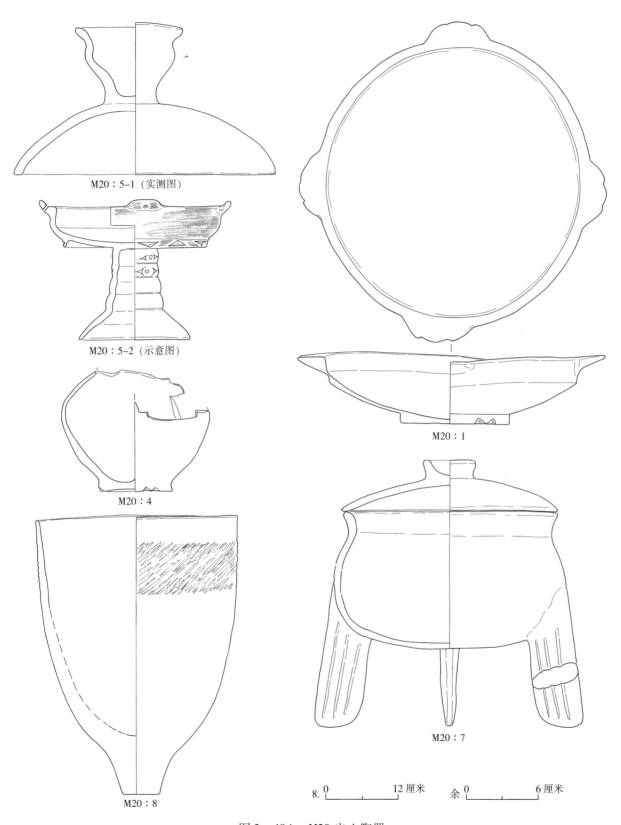

M20：5-1（实测图）

M20：5-2（示意图）

M20：4

M20：8

M20：1

M20：7

8. 0　　　　　12 厘米　　余 0　　　　　6 厘米

图 3 - 48A　M20 出土陶器

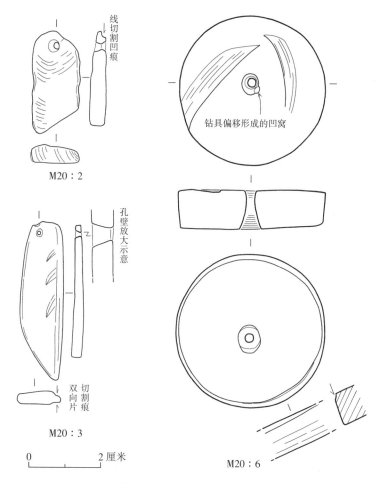

图 3 - 48B M20 出土玉器

厘米 ~ -139 厘米，标高 -150 厘米 ~ -155 厘米处的大口缸外壁填埋质地紧密、纯净之黄土，厚约1.5 厘米，黄土及底。缸内填土黄褐色（彩版 3 - 548 ~ 551）。大口缸为夹粗砂红褐胎红陶。近直口，口沿外壁下拍印一周宽约7.5 ~ 8.5 厘米的斜向篮纹，斜收腹，下部内凹收为小平底，小平底微微内凹。通高 44、口径30.6 ~ 32.9、底径5.9 厘米，大口缸内深约34 厘米（彩版 3 - 552）①。

M20 填土中出土有过烧的红烧土块 1 件、过烧的粗泥红陶凿形足鼎片 1 件（图略），其中红烧土块与红烧土遗迹（F1）所出土的一致，若是，很可能填埋 M20 时，红烧土遗迹（F1）已经废弃。

M21

（一）概述

M21 位于 M20 东侧，两者之间相距 3.10 米。墓坑南北长 2.61、东西宽约 0.94、现深 0.14 米，墓坑开口标高 -154 厘米 ~ -165 厘米，墓底标高 -168 厘米（图 3 - 49；彩版 3 - 553）。

墓主骨骸保存甚差，仅于墓穴偏南部位有牙齿及头骨局部残骸，头向南。没有发现葬具痕迹。从墓主牙齿散落和陶器相对完整情况等分析，M21 可能只有简单的葬具。根据现场牙齿残骸的磨损等情况判断，该墓主可能未成年（彩版 3 - 556）。

---

① 大口缸内壁填土尚作保留，其深度仅供参考。

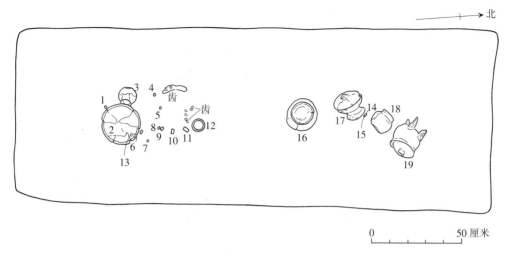

图 3 - 49　M21 平面图

1. 玉坠饰　2、16. 陶盆　3、18. 陶壶　4~7、9~11、14、15. 玉管　8、13. 玉隧孔珠　12. 玉镯形器
17. 陶豆　19. 陶甗

（二）遗物

编号器物 19 件（组），其中玉器散落于墓主上身部位，管珠均单独编号，墓主下肢部位随葬陶器呈纵向放置。随葬陶器火候不高，多有碎裂，但均未被压扁（图 3 - 50A、B；彩版 3 - 554、555）。

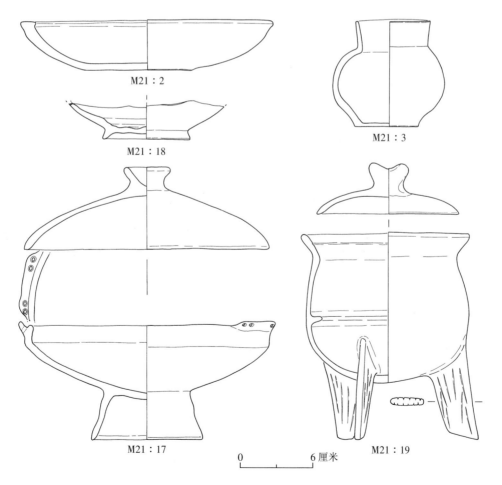

M21：2

M21：18

M21：3

M21：17

M21：19

图 3 - 50A　M21 出土陶器

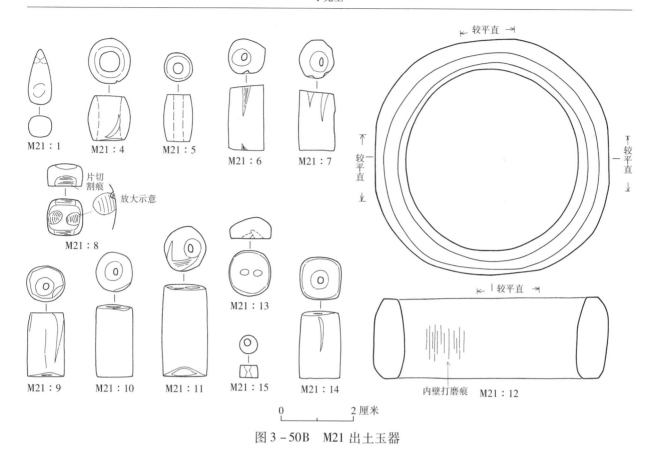

图 3-50B　M21 出土玉器

M21：1，玉坠饰。位于 M21：2 陶盆西南侧，标高 -161 厘米。浅黄色，透光，叶蜡石。水滴状，中部偏下一侧留有片切割痕。双向桯钻系孔，孔内径约 0.1 厘米。长 1.45、直径 0.56～0.62厘米（彩版 3-560）。

M21：2，陶盆。由西南向东北微微侧倾，盆口沿标高分别为 -164 厘米和 -166 厘米。泥质灰褐胎灰陶。敞口，宽沿，坦腹，平底。高 3.9～4.0、口径 20.4～20.7、底径 8.5～8.9 厘米（彩版3-557）。

M21：3，陶壶。向东倾倒，为 M21：2 陶盆口沿所压。泥质灰褐胎灰陶。直口，鼓腹，下腹近底微内凹弧，平底。高 8.3～8.5、口径 6.1～6.2、底径 4.8～5.2 厘米（彩版 3-558）。

M21 头端出土玉管 7 件，玉镯形器 1 件。玉管孔内填土多未剔除，内径和钻孔方式暂不明。

M21：4，玉管。鸡骨白，有光泽，透闪石。鼓形。外壁一侧留有切割痕。双向管钻孔，孔内径约 0.6 厘米。高 1.17、外径 0.64～0.74 厘米（彩版 3-561）。

M21：5，玉管。浅黄色，透光，叶蜡石。圆柱形，中部微弧凸。孔内填土尚作保留，暂不知钻孔工艺及孔内径。高 1.23、外径 0.74～0.82 厘米（彩版 3-562）。

M21：6，玉管。位于 M21：2 陶盆底。鸡骨白，有光泽，透闪石。平面呈不规则圆形。外壁一侧上、下有片切割凹痕。孔内填土尚作保留，暂不知孔内径，可能为双向桯钻孔。高 1.72、外径0.90～0.98 厘米（彩版 3-563）。

M21：7，玉管。鸡骨白，有光泽，透闪石。外壁一侧中部有凹缺，另一侧一端有两条片切割凹痕，均为切割成坯时所留。孔内填土尚作保留，暂不知孔内径，可能为双向桯钻孔。高 1.59、外径 0.97～1.0 厘米（彩版 3-564）。

M21 出土玉隧孔珠 2 件，与分布于头端部位的管珠应成组串缀。

M21：8，玉隧孔珠。出土时隧孔朝上。鸡骨白，有光泽，透闪石。平面方中带圆，正面微弧凸，所绘上、下两侧各留有片切割凹痕。背面隧孔以两侧略斜桯钻对穿而成。厚 0.60、外径 0.96～1.15 厘米（彩版 3－565）。

M21：9，玉管。鸡骨白，有光泽，透闪石。外壁有多道切割凹痕。孔壁内填土尚作保留，暂不知孔内径，可能为双向桯钻孔。高 1.68、外径 0.90～1.01 厘米（彩版 3－566）。

M21：10，玉管。鸡骨白，夹杂有少量灰绿色晶体，有光泽，质地紧密，透闪石。打磨较好，规整光滑，一端面隐约可见一条切割凹痕。孔内填土尚作保留，暂不知孔内径，可能为双向桯钻孔。高 1.86、外径 1.09～1.11 厘米（彩版 3－567）。

M21：11，玉管。鸡骨白，有光泽，质地紧密，透闪石。所绘上端面尚留有两条凹切割痕呈交叉状。孔内填土尚作保留，暂不知孔内径，可能为双向桯钻孔。高 2.38、外径 1.16～1.23 厘米（彩版 3－568）。

M21：12，玉镯形器。正置，从出土相对位置看，可能原先佩戴于墓主右上臂部位。鸡骨白，夹杂不规则点状墨绿色晶体，透闪石。整器打磨较好，规整光滑，转折圆润。外廓为双向管钻成形，经修磨成光滑弧凸面，后又有意在外缘等分修治四个平整面，似乎有琮形制的风格。镯两面均平整，所绘另面隐约可见两条切割凹痕。穿孔双向管钻，已经修治，局部可见纵向的打磨痕。孔内径 4.71、所绘上孔外径约 5.2、下孔外径约 5.1 厘米。镯高 1.94～2.15、直径 6.13～6.60 厘米（彩版 3－569）。

M21：13，玉隧孔珠。位于 M21：2 陶盆下。浅黄色，透光，叶蜡石。平面呈圆形，正面弧凸，背面有一个隧孔，隧孔先后以两侧略斜桯钻对穿而成。厚 0.53、外径 1.13～1.19 厘米（彩版 3－570）。

M21：14，玉管。与 M21：15 玉管均位于 M21：17 陶豆（含器盖）和 M21：18 陶壶之间。鸡骨白，夹杂有少量灰绿色晶体，有光泽，质地紧密，透闪石。平面近方形。外壁一侧有片切割凹痕。孔内填土尚作保留，暂不知孔内径，可能为双向桯钻孔。高 1.76、外径约 1.1 厘米（彩版 3－571）。

M21：15，玉管。鸡骨白，夹杂有少量灰绿色晶体，有光泽，质地紧密，透闪石。孔内填土尚作保留，暂不知孔内径，可能为双向桯钻孔。高 0.37、外径约 0.48 厘米（彩版 3－571）。

M21：16*，陶盆。正置。泥质褐胎黑皮陶。朽烂甚，无法修复。

M21：17*，陶豆（含器盖）。向西南侧倾。朽烂甚，不能复原。泥质黑胎灰陶。盖纽为浅杯形。纽径 3.7、盖径约 20、盖体通高约 5.5 厘米。豆盘为折弧腹，残留有上翘的长鼻，鼻上有对称双镂孔，矮小圈足。

M21：18*，陶壶。向西北倾倒。泥质褐胎黑皮陶，黑皮几乎完全脱落。朽烂甚，难以完整修复。口、颈部位有小穿孔。圈足径约 7.2 厘米。

M21：19，陶甗（含器盖）。向东南倾倒。盖为粗泥陶。双角形盖纽。盖高 4、盖径 11.7 厘米。甗为夹砂红褐胎红陶。多口，腹内壁中部偏下有隔档，注水孔残损，鱼鳍形足。高 16.3～16.4、甗身高 11.9～11.8、口径 13.6～13.8 厘米（彩版 3－559）。

M22

（一）概述

M22 位于 T21 东南部，开口于表土层下。墓坑南北长 2.12、东西宽 0.65、现深 0.15 米，墓底标高 -271 厘米。未发现人骨。陶器虽有倾侧，火候也甚低，但多未被压扁，陶器内也不是淤泥，推测可能仅是简单的葬具（图 3 - 51；彩版 3 - 572）。

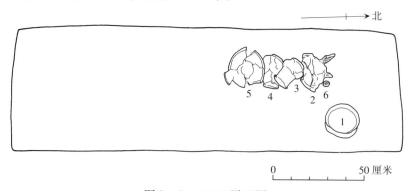

图 3 - 51　M22 平面图
1. 陶盆　2. 陶鼎　3、4. 陶双鼻壶　5. 陶盘　6. 陶纺轮

（二）遗物

编号器物 6 件，均位于北端（图 3 - 52；彩版 3 - 573）。

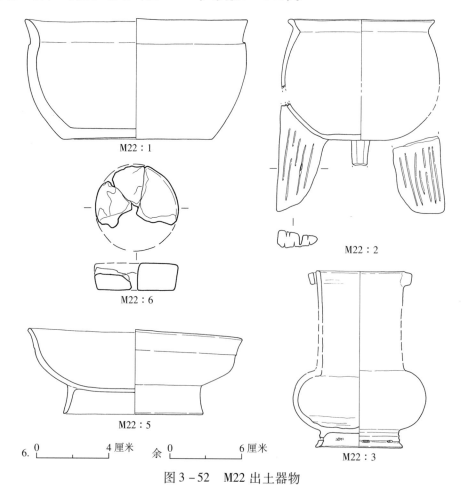

图 3 - 52　M22 出土器物

M22:1，陶盆。由东向西侧倾。泥质灰胎灰陶，表皮有剥蚀。口外翻，颈饰一周凸折线，腹部弧收，平底微内凹。高9.2~9.5、口径17.9~18.2、底径12.2~12.4厘米（彩版3-574）。

M22:2*，陶鼎。向南倾倒，侧压M22:3陶双鼻壶。夹砂红陶。一足残损，鼎口沿和腹部残碎，难以拼接。折沿，沿面内凹，鼓腹，鼎身底部较平，鱼鳍形足，足两面有长短线刻划，仅存的两足形态不一，一者足尖，另者足较平。

M22:3*，陶双鼻壶。向东南倾倒，压M22:4陶双鼻壶。泥质灰陶。朽烂，无法修复。长颈，鼓腹，圈足有弦纹和小长方形镂孔。高约14、口径约7.5厘米。

M22:4*，陶双鼻壶。向东倾倒。朽烂，无法修复（图略）。

M22:5，陶盘。正置，口沿压M22:4陶双鼻壶。泥质黄褐胎黑皮陶，表皮多剥蚀。敞口，斜弧腹，上腹部有一周折痕，圈足。高6.1~6.7、口径17.8~18.0、圈足径11.5~11.8厘米（彩版3-575）。

M22:6，陶纺轮。位于M22:2陶鼎北侧。朽烂甚，一半残损。泥质黄褐胎灰陶。两面均较为平整，竖截面呈倒梯形。高1.42、外径约4.55厘米（彩版3-576）。

M23

（一）概述

M23位于T16西壁的中部，开口于表土层下。仅发现2件陶双鼻壶，虽残碎，但能辨认原是完整器，可能为墓葬单元的残留。双鼻壶均朝南倾倒，壶体最高处-173厘米（图3-53；彩版3-577）。

（二）遗物

编号器物2件（图3-54）。

M23:1，陶双鼻壶（含器盖）。盖为泥质黄褐胎黑皮陶。浅杯形盖纽，盖纽底部有一乳突。盖高2.4、盖径7.6厘米。壶为泥质灰胎灰陶。直口，口沿外侧按贴竖向小鼻，短颈，鼓腹，圈足。圈足近腹部一周有近长方形小镂孔，大多残损，个数不详。壶高11.7~11.8、口径约7.3、圈足径9.4~9.6厘米（彩版3-578）。

M23:2，陶双鼻壶。泥质黄褐胎黑皮陶。腹部以上酥烂不能修复。鼓腹，圈足。残高7.1~7.8、圈足径约8.4厘米（彩版3-579）。

M24

（一）概述

M24位于T16中部。墓坑南北长1.37、东西宽0.48、现深0.20米，墓底标高-195厘米（图3-55；彩版3-580）。

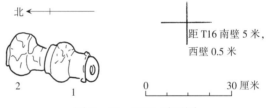

图3-53　M23平面图
1、2. 陶双鼻壶

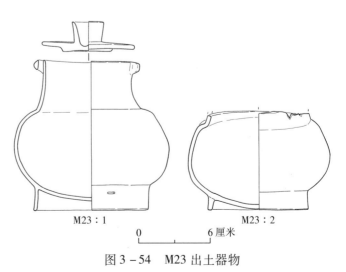

图3-54　M23出土器物

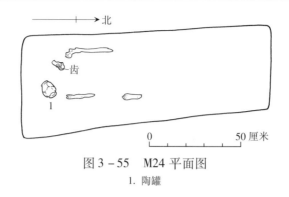

图 3 – 55　M24 平面图
1. 陶罐

仅发现零星肢骨和部分牙齿，为未成年。头向南。墓坑窄小，没有发现葬具，墓坑内填土与土台营建土几乎一致，是发现陶器后才确认为墓葬单元的。

（二）遗物

编号器物 1 件（图 3 – 56）。

M24：1，陶罐。向东北倾倒。泥质灰褐胎灰陶，质地较为坚硬。口部倾斜变形。直口，短颈，微鼓腹，圈足，内底中心有一拉坯形成的乳突。高 7.8 ~ 8.4、口径 6.2 ~ 7.1、圈足径 6.2 ~ 6.3 厘米（彩版 3 – 581）。

M25

（一）概述

M25 位于 T20 北隔梁，北部伸入至 T19，位于红烧土遗迹（F1）西侧（彩版 3 – 582）。开口于表土层下，北端为晚期堆积所破坏。墓坑南北长 2.32、东西宽 0.65、现深 0.24 米，墓口标高 –159 厘米，墓底标高 –183 厘米（图 3 – 57；彩版 3 – 583）。

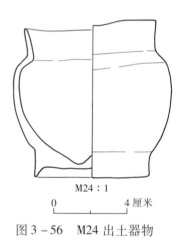

M24：1

图 3 – 56　M24 出土器物

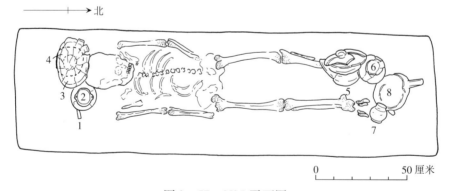

图 3 – 57　M25 平面图
1. 玉坠饰　2. 陶双鼻壶　3、4. 陶盆　5. 陶豆　6. 陶罐　7. 陶壶　8. 陶鼎

墓主骨骸保存尚可，但甚为酥松，起取困难。墓主仰身直肢，头向南，骨骸全长 1.55 米，头额部位标高 –163.5 厘米。未有葬具发现。

（二）遗物

编号器物 8 件（组），分布于墓主头端和脚端部位（图 3 – 58；彩版 3 – 584、585）。

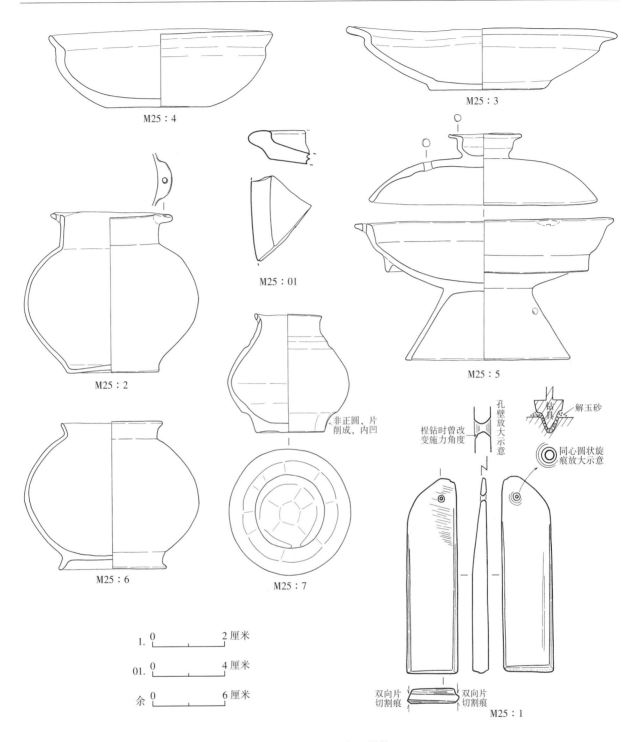

图 3－58 M25 出土器物

M25：1，玉坠饰。位于 M25：2 陶双鼻壶东侧，横置，系孔朝西，标高 -185.5 厘米。深绿色，夹杂小黑点，透光，透闪石。条片状，两侧及底端均留有双向片切割痕。系孔为双向桯钻，一面系孔附近有同心圆状旋痕，为实心钻带动解玉砂磨蹭所致（如示意图所示），孔内径 0.1 厘米。整器长 5.15、宽 1.37、最厚 0.41 厘米（彩版 3 -586）。

M25：2，陶双鼻壶。正置，位于墓主头骨东侧，且为头骨所侧压，西侧为 M25：3 陶盆叠压。口沿标高 -175.5 厘米。泥质灰胎灰陶。直口，口沿两侧对称按贴半椭圆形扁平竖孔小鼻，短颈，鼓腹，内凹底。高 12.3～12.8、口径 8.3～8.6、底径 7.1～7.5 厘米（彩版 3－587）。

M25：3，陶盆。位于墓主头骨南侧，由北向南侧倾。泥质灰胎黑皮陶。敞口，宽折沿，斜收腹，假圈足。高 4.5～5.2、口径 22.3～22.9、底径约 9.5 厘米（彩版 3－588）。

M25：4，陶盆。位于 M25：3 陶盆下方，覆置（彩版 3－589）。泥质灰胎灰陶。敞口，束颈，斜弧腹，平底。高 5.8～6.2、口径 17.9～18.6、底径 8.5～8.7 厘米（彩版 3－590）。

M25：5，陶豆（含器盖）。叠压于墓主左下肢骨上，向西倾倒。盖为泥质灰褐胎灰陶。盆形盖纽，盖面一侧有两个相距约 4.3 厘米的穿孔。盖高 5.6～5.7、盖径 18.5～18.9 厘米。盘为泥质灰褐胎黑皮陶。敞口，宽沿，口沿部按贴三个近等分的半圆形竖孔小鼻，垂棱，圈足上有两个相距约 6.2 厘米的小镂孔。盘高 10.8～11.2、口径 20.5～21.1、圈足径 13.2～13.6 厘米（彩版 3－591）。

M25：6，陶罐。正置，叠压于墓主左下肢骨上，为 M25：5 陶豆（含器盖）侧压。泥质黄褐胎灰陶。侈口，鼓腹，圈足。高 11.6～11.7、口径约 8.4、圈足径 8.9～9.0 厘米（彩版 3－592）。

M25：7，陶壶。完整，向西北侧倾，叠压 M25：8 陶鼎。泥质灰胎黑皮陶，表皮多剥蚀。翻沿，沿面两侧各有一个斜向穿孔。颈、肩部位有两周凹弦纹，鼓腹，下腹部近圈足片削成内凹，矮圈足，足端切剔三个近等分凹缺。高 9.2～9.4、口径 5.4～5.5、圈足径 5.6～6.0 厘米（彩版 3－593）。

M25：8*，陶鼎。粗泥陶。局部为晚期堆积破坏，朽烂，不辨器形。

M25 填土中出土的陶片有夹粗砂褐陶大口缸片、泥质灰陶凸弦纹罐、泥质灰陶豆盘口沿和圈足等。其中豆盘口沿如 M25：01，泥质灰陶。浅折腹，厚唇。

M26

（一）概述

M26 位于 T20 中部，红烧土遗迹（F1）西侧，M25 南部（见彩版 3－582）。开口于表土层下，墓坑西部为晚期堆积破坏。墓坑南北长 2.22、东西宽约 0.70、现深 0.37 米，墓底标高 －213 厘米，底部由东向西倾斜（图 3－59；彩版 3－594、595）。

墓主骨骸保存甚差，仅可辨下肢骨屈肢。头向南。墓底土质黏湿，M26：4 陶豆（含器盖）碎片位移甚，推测原先有葬具。

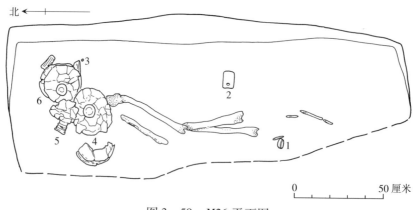

图 3－59　M26 平面图
1. 玉镯　2. 石钺　3. 玉管　4、5. 陶豆　6. 陶甗

（二）遗物

编号器物6件（组）（图3-60）。

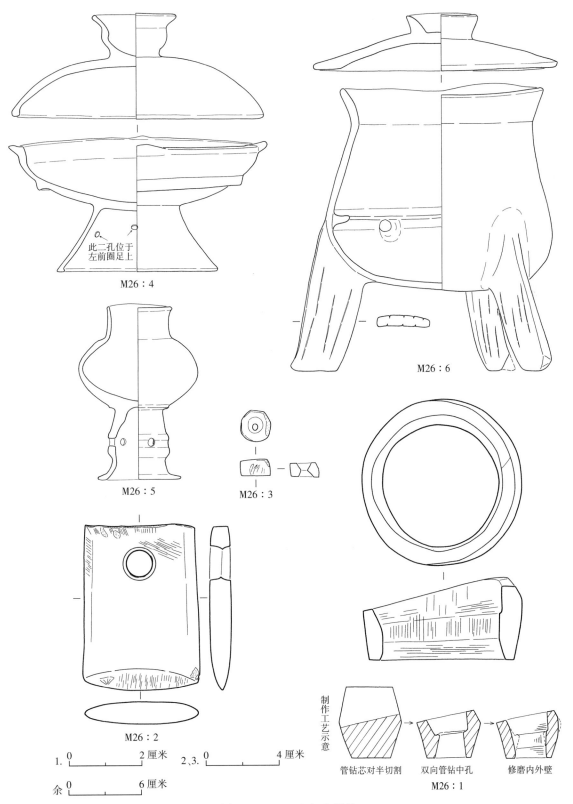

图 3-60　M26 出土器物

M26：1，玉镯。竖置，最高点标高 -213 厘米。翠绿色夹杂黄褐色，局部有白沁，透闪石。整器为双向管钻而成，一面较为平整，另一面倾斜，尚残留线切割痕迹。双向管钻穿孔，台痕已经修治。从孔内壁台痕位置及双向管钻用力角度分析，管钻成形后切割钻芯，然后双向管钻穿孔，最后再修治内外壁（图 3 - 60 示意图所示）。孔内径 3.25、所绘上孔外径 3.6、下孔外径 3.5 厘米。高1.3 ~ 2.07、直径4.35 厘米（彩版 3 - 597）。

M26：2，石钺。由东向西微微侧倾，刃部朝东，标高分别为 -204 厘米和 -205 厘米。所绘为出土时朝下面。沁蚀呈灰白色，两面均有竖向纹理，流纹岩。整器较厚实，顶端缘面经打磨。双向管钻孔，孔内径 1.45、所绘面外径 1.80、另面外径 1.84 厘米。双面弧刃，刃脊线不明显。高8.7、上宽5.91、刃宽6.2、最厚1.16 厘米（彩版 3 - 598）。

M26：3，玉管。位于脚端部位，竖置。浅黄色，局部有黄沁，透光，透闪石。平面呈多边形。管壁一侧有片切割痕。双向桯钻孔，孔内径约 0.1 厘米。高 0.32 ~ 0.41、截面径 0.75 ~ 0.80 厘米（彩版 3 - 596）。

M26：4，陶豆（含器盖）。叠压墓主趾骨，压扁，碎片有逾 10 厘米的位移（彩版 3 - 599）。盖为泥质黄褐胎黑皮陶。盆形盖纽。盖高 8.2 ~ 8.3、盖径 20.5 ~ 21.0 厘米。盘为泥质黄褐胎灰陶。敞口，宽沿，口沿外侧粘贴四个近等分的半圆形小鼻。斜弧腹中部按贴一周垂棱。圈足外撇，中上部一侧有两个相距 2.8 厘米且不在同一水平高度的小镂孔。含鋬高 10.7、盘体高 9.8 ~ 10.5、口径 20.0 ~ 20.3、圈足径 13.1 厘米（彩版 3 - 600）。

M26：5，陶豆。向东南倾倒，为 M26：4 陶豆（含器盖）和 M26：6 陶甗（含器盖）所压。泥质灰褐胎灰陶，外表尚有朱痕残留。直口，唇微外翻，鼓腹，高圈足。圈足与腹部交接处饰一周折棱，圈足中部弧凸，并减地成两周凸弧棱。两弧棱之间饰有三组近等分的圆形镂孔，每组两孔。足端外翻近平。高 13.6 ~ 13.9、口径 5.1 ~ 5.3、圈足径 6.4 ~ 6.7 厘米（彩版 3 - 601）。

M26：6，陶甗（含器盖）。微向西侧倾，已碎扁。两者均为粗泥陶。浅杯形盖纽。盖高 4.4 ~ 4.6、盖径 20.0 ~ 20.6 厘米。甗侈口，垂腹，腹内壁中下部有隔档，隔档之下有一注水孔，鱼鳍形足。通高 21.9 ~ 22.9、甗身高 15.5 ~ 16.5、口径 16.5 ~ 16.6 厘米（彩版 3 - 602）。

M27

（一）概述

M27 位于 T23 东北部，表土层下开口。2010 年 4 月 6 日观察平面时发现曲尺形折角线，经多次确认应为墓葬。墓坑南北长约 2.30、东西宽约 0.8 米，墓坑开口标高 -208 厘米。9 日开始清理发掘，考虑到墓穴狭长，仅留横剖面作业，当日于墓坑西壁标高 -227 厘米处出露覆置的泥质红陶罐一件，但至标高 -250 厘米深，横剖面堆积未有塌陷迹象，遗物也未有露头。10 日清理至标高 -280 厘米深，依然如此。为明确遗迹单元，依横剖面做两侧延伸剖面观察墓坑内填土和土台营建土的区别，发现剖面的坑线需要仔细观察才能辨识。11 日因雨停工。12 日清理至标高 -294 厘米深处出露墓主骨骸。17 日清理、记录完毕（彩版 3 - 603 ~ 610）。

墓坑底部为凹弧形，自墓口及底深 98 厘米，坑内堆积分为三层（彩版 3 - 607、608）：

第①层，灰褐色土，厚约 70 厘米，底部为凹弧状。横剖面所示，被墓坑打破的东侧为主体分布于 T16 的营建土台，土黄褐色，质地紧密；而被墓坑打破的西侧土色为灰褐色，质地相对紧密，与墓坑填土甚为接近；

第②层，灰褐色土，色偏深，底部微凹弧，厚约 20 厘米；

第③层，青灰色淤泥，墓主骨骸位于其间，骨骸上方局部可以辨认出棕褐色、断续厚 1~2 厘米的土层，应该是葬具腐朽之后的残留（彩版 3-609）。

葬具南北长约 2.20、宽约 0.5 厘米，其中南部 M27∶2 陶盆和 M27∶4 陶双鼻壶以南为黄褐色土，界限分明，应是葬具外填土。

墓底剥剔不是非常明确，但从骨骸倾斜度和绝对标高、两端随葬陶器的底部标高判断，墓室中部要深于南北两端，如移位至墓室中部的右尺桡骨所在墓底标高 -304 厘米，而北部 M27∶12 陶罐（含器盖）底部和南部 M27∶2 陶盆底部的标高均要高出 5 厘米。

墓主骨骸大体完整，仰身直肢，头骨移位横置，部位肋骨和脊椎骨分布较为凌乱，右尺桡骨也有位移，M27∶8 陶盘口沿一侧还为残骨骸所压，右趾骨部分位于 M27∶11 陶鼎足北侧，说明在葬具倒塌之前墓主骨骸位移的程度。墓主右肱骨长 28 厘米，肱骨直径 2 厘米，左股骨长 40.5 厘米，股骨直径 2.4 厘米。骨骸总长 1.47 米，若将头骨扶正，总长约 1.57 米（图 3-61；彩版 3-610）。

（二）遗物

编号器物 13 件（组）（图 3-62A、B；彩版 3-611~613）。

M27∶1，红陶盆。紧贴墓坑西壁，覆置，微向东倾斜，出露高度 -227 厘米，应是墓坑填土中的随葬品。泥质红褐胎红陶。整器显得略扁，口沿有残缺。侈口，鼓腹，腹部最大径中部偏上，平底微内凹。高 5.2~5.5、口径 13.5~13.7、底径 9.9~10.0 厘米（彩版 3-614）。

M27∶2，陶盆。微向北倾斜，出土时完好无损。泥质灰胎灰陶。整器显得略高。侈口，唇微内卷，斜弧腹，平底。高 7.1~7.5、口径 12.8~12.9、底径 7.2~7.3 厘米（彩版 3-615）。

M27∶3，陶器盖。内面朝上，位于 M27∶8 陶盆内，均为墓主头骨所压，该器盖应与 M27∶4 陶双鼻壶配伍。泥质灰胎黑皮陶。杯形盖纽，盖纽底部与盖底中心有孔穿透。盖面近平，近盖缘一侧有两个相距约 0.4 厘米的孔。盖底留有线切割痕。盖高 3.4~3.5、盖径 6.6~6.8 厘米（彩版 3-616 右）。

M27∶4，陶双鼻壶。向东南侧倾，圈足局部为 M27∶8 陶盆所压。泥质灰胎灰陶。长颈内收，口沿外侧按贴竖向小鼻，鼓腹，腹部最大径略偏上，内底留有拉坯痕。圈足近腹部有两周凹弦纹，其下按戳八个不等分的近长方形镂孔，足端微外撇。壶高 12.4~12.5、口径 7.0、圈足径 8.7~8.8 厘米（彩版 3-616）。

M27∶5，玉隧孔珠。位于右肱骨内侧。深褐色，叶蜡石。圆球形，规整。所绘面隧孔左孔径 0.19、深 0.35 厘米，右孔径 0.21、深 0.41 厘米。隧孔珠外径 0.65 厘米（彩版 3-617）。

M27∶6，陶杯。位于墓主左肩胛骨下，由东向西倾倒（见彩版 3-611）。泥质灰胎黑皮陶。直口，深弧腹，一侧有小把，把近顶端有两个横向相距 0.2 厘米的孔，矮圈足。高 11.6~11.8、口径 5.5~6.0、圈足径 6.4~6.5 厘米（彩版 3-618）。

M27∶7，陶器盖。正面朝上，分别为 M27∶8 陶盆和 M27∶6 陶杯所压，应与 M27∶6 陶杯配伍。泥质灰胎灰陶。喇叭形盖纽，盖面近平，盖面一侧有两个相距约 0.3 厘米的孔。盖底面留有线切割痕。高 3.2~3.3、盖径 6.0~6.1 厘米（彩版 3-619）。

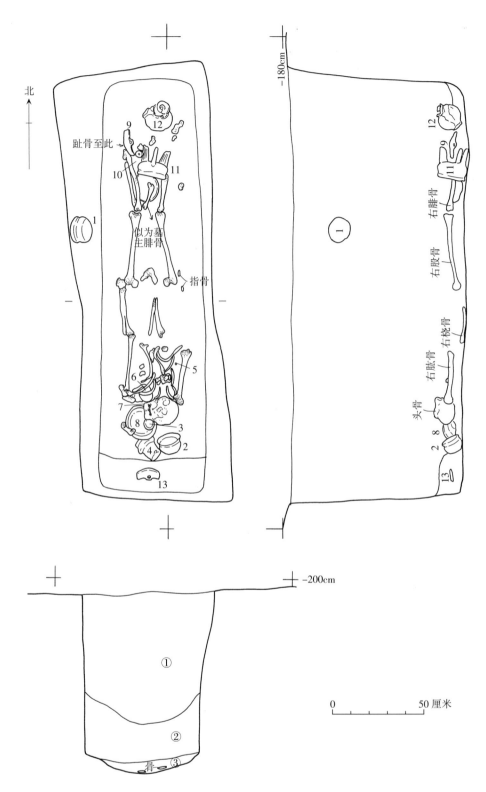

图 3-61 M27 平、剖面图

1. 红陶盆 2. 陶盆 3. 陶器盖 4. 陶双鼻壶 5. 玉隧孔珠 6. 陶杯 7. 陶器盖 8. 陶盘 9、
13. 石刀 10. 陶纺轮 11. 陶鼎 12. 陶罐（①②灰褐色土 ③青灰色淤泥）

　　M27：8，陶盘。正置，微向东北倾斜。泥质灰胎黑皮陶。敞口外翻，平沿，沿下一侧有两个
相距约 1 厘米的孔，上腹斜直，下腹弧折收，双圈足底。高 5.1~5.3、口径 17.7~18.0、底径

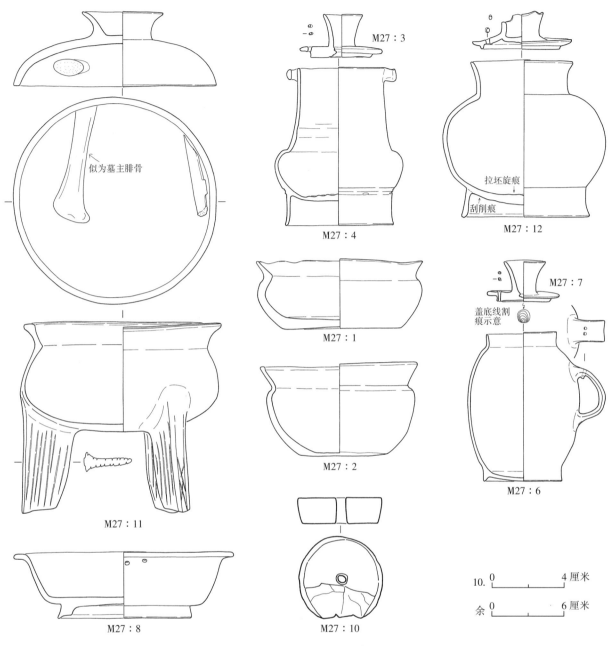

图 3 – 62A M27 出土陶器

10.7~11.0 厘米（彩版 3 – 620）。

M27:9，石刀（"耘田器"）。微向东北倾斜，下压墓主趾骨。朽烂甚，剥蚀严重，呈灰黄色，泥岩。上部中央梯形凸起，有双向管钻孔。孔内径 1.6、所绘面外径 1.65、另面外径 1.63 厘米。两侧肩部上翘，"V"形双面刃。高 4.9、宽 13.8、最厚 0.64 厘米（彩版 3 – 622）。

M27:10，陶纺轮。泥质灰褐胎灰陶。一侧残损。两面均较为平整，竖截面呈倒梯形。高 1.4、外径 4.6 厘米（彩版 3 – 621）。

M27:11，陶鼎（含器盖）。盖内面朝上，一侧为墓主下肢骨所压，微向西倾斜，部分伸入陶鼎口沿内。鼎身向南倾倒（见彩版 3 – 613）。泥质黄褐胎黑皮陶。喇叭形盖纽，盖纽原本残损，盖缘弧收。盖高 5.8~5.9、盖径 16.3~16.7 厘米。鼎夹砂红褐胎红陶。侈口，内沿折，浅腹，鱼

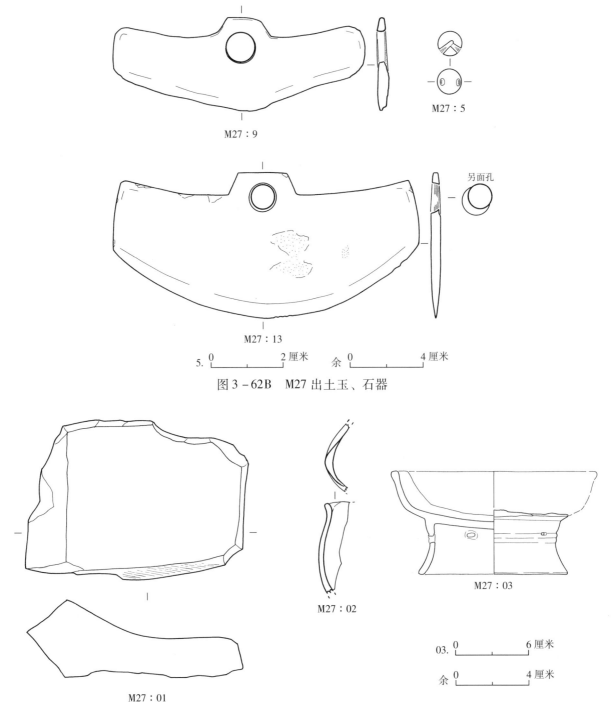

图 3 - 62B　M27 出土玉、石器

图 3 - 62C　M27 填土中出土器物

鳍形足（也可归属为"T"字形足）。足外侧较宽，外立面起一道宽凸棱，棱面下端有交叉斜向刻划痕，足两面均有斜向刻划痕。鼎高 14.6 ~ 15.0、鼎身高 8.3 ~ 8.7、口径 15.7 ~ 16.2 厘米（彩版3 - 624）。

　　M27:12，陶罐（含器盖）。向北倾侧。两者均为泥质灰黑—黄褐胎黑皮陶。杯形盖纽残，近盖缘一侧有两个相距约 0.6 厘米的孔。盖残高 3、盖径 8.2 ~ 8.4 厘米。罐口外翻，领较高，圆鼓腹，圈足微外展。内底有拉坯旋痕，外底有刮削痕。罐高 12.3 ~ 12.4、口径 8.3 ~ 8.4、圈足径

10.3～10.6 厘米（彩版 3 - 625）。

M27：13，石刀（"耘田器"）。位于墓室南部葬具外填土中，刃部朝北。所绘为出土时朝上面。深灰色夹杂灰白色点，角岩。整器扁薄规整，打磨光洁。上部中央梯形凸起，双向管钻孔，所绘面管钻相对较深，另面错位痕明显。孔内径 1.3、两面外径均 1.5 厘米。两侧肩部上翘，肩部及两侧边缘面均经打磨。双面弧刃，刃脊线不明显，刃部极少崩缺。高 7.6、宽 16.75、最厚 0.5 厘米（彩版 3 - 623）。

M27 填土中出土编号标本 3 件（图 3 - 62C）。

M27：01，砺石。石英砂岩。残损，一面的磨面甚凹弧。长约 12、宽 8.5、最厚 5.1 厘米（彩版3 - 626）。

M27：02，陶壶。泥质黑胎黑皮陶，外壁局部留有涂朱痕迹。口沿一侧内按捺呈流状。口径不明。

M27：03，陶盘。泥质灰胎黑皮陶。敞口，斜弧腹，高圈足中部微内凹弧，且减地成两周凸弦纹，弦纹内饰五个扁椭圆形镂孔。高约 8.2、口径约 16.8、圈足径 12.1 厘米（彩版 3 - 627）。

M28

（一）概述

M28 位于 T21 中南部。墓坑难以辨认，南北长约 1.5、东西宽约 0.5 米，墓底标高 - 226 厘米。墓主骨骸不存（图 3 - 63；彩版 3 - 628）。

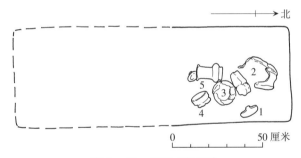

图 3 - 63　M28 平面图
1. 石刀　2. 陶鼎　3. 陶罐　4. 小陶盆　5. 陶双鼻壶

（二）遗物

编号器物 5 件（组），均位于墓室北端（图 3 - 64）。

M28：1，石刀（"耘田器"）。刃部偏向东北，微侧倾。所绘为出土时朝下面。沁蚀呈灰黄色，表皮多处剥蚀，泥岩。上部中央梯形凸起，两肩近平。双面弧刃，刃部两侧微上翘，刃脊线较清晰，刃部有呈齿状崩缺痕，可能为使用所致。高 4.8、宽 10.2、最厚 0.71 厘米（彩版 3 - 629）。

M28：2*，陶鼎。口沿朝东倾倒。夹砂灰黑陶。朽烂甚，不能复原，仅口沿和底部特征可辨。宽折沿，短颈，腹壁较直，没有鼎足。不能确认鼎足原本就残损，还是该器可能为釜。口径 19.5～20.5 厘米。

M28：3*，陶罐。竖置，微向西北倾斜。泥质灰陶。朽烂甚，无法修复，仅能辨认圈足。圈足径约 10 厘米（图略）。

M28：4*，小陶盆。向西南倾倒。泥质灰陶。朽烂甚，难以修复。翻沿，鼓腹，圈足。高约 6、

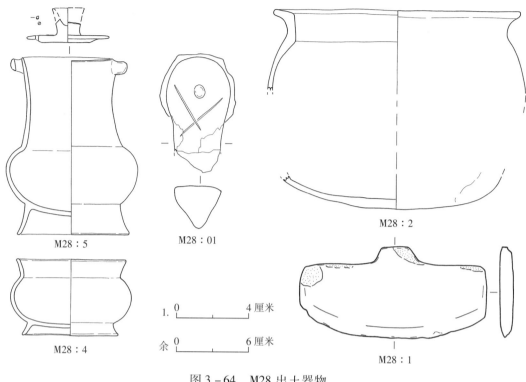

图 3 - 64　M28 出土器物

口径约 9 厘米。

M28:5，陶双鼻壶（含器盖）。向南倾倒。两者均为泥质黄褐胎黑皮陶，表皮剥蚀严重。浅杯形盖纽残，盖面平整，盖面一侧有两个相距约 0.2 厘米的孔。复原盖高约 2.8、盖径 6.3 ~ 6.8 厘米。壶口微外翻，口沿外侧按贴竖向小鼻，长颈内凹弧，鼓腹，圈足外撇。壶高 13.7 ~ 13.9、口径 7.5 ~ 7.7、圈足径 9.0 ~ 9.2 厘米（彩版 3 - 630）。

M28 填土中有粗泥红陶凿形足一件，编号 M28:01。足正面上部呈圆拱形凸起，圆形捺窝下方为"×"形刻划，足中部横截面呈三角形。

M29

（一）概述

M29 位于 T16 中部偏西。墓向北偏西 8 度。墓坑长 1.65、宽 0.45 米，墓底标高 - 222 厘米。墓主骨骸保存较差，头侧向东，仅余局部肢骨，其中 M29:2 陶甗下还有下肢骨残痕。从墓主牙齿等情况判断，应为未成年。随葬陶器均完整未被压碎，也未发现葬具痕迹，推测没有葬具（图3 - 65；彩版 3 - 631 ~ 633）。

（二）遗物

编号器物 5 件（组），除了覆置的 M29:1 陶盆外，余均位于墓主脚端部位（图 3 - 66）。

M29:1，陶盆。覆置。粗泥陶。敞口，下腹斜收，平底内凹，内底亦向上弧凸。高 8.5 ~ 9.2、口径 16.4 ~ 17.3、底径 9.5 ~ 9.7 厘米。粗泥陶盆并不多见，尤其是与陶双鼻壶共出（彩版 3 - 634）。

M29:2，陶甗。竖置。夹砂红褐胎红陶。侈口，内沿折，鼓腹，腹部最大径偏下，腹内壁中

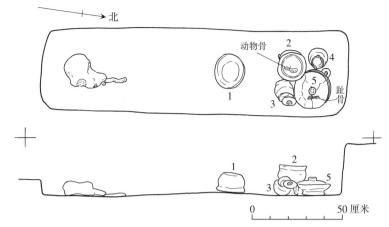

图 3 - 65　M29 平、剖面图
1. 陶盆　2. 陶甗　3. 陶罐　4. 陶双鼻壶　5. 陶簋

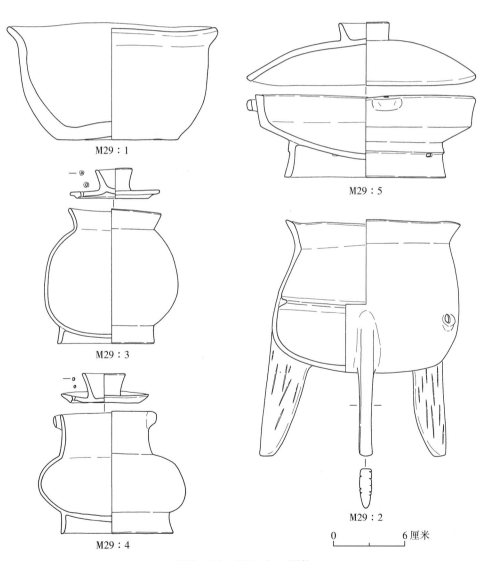

图 3 - 66　M29 出土器物

部偏下有一周隔档，隔档之下有一注水孔。鱼鳍形足，足横截面中部略厚，两面均有同向斜线刻划。通高 18.1 ~ 18.7、瓠身高 11.5 ~ 12.1、口径 14.4 ~ 15.1 厘米（彩版 3 – 635）。

M29：3，陶罐（含器盖）。微向东侧倾斜。两者均为黄褐胎黑皮陶。朽烂甚，表皮多剥蚀。浅杯形盖纽，近盖缘一侧有两个相距约 0.6 厘米的孔，盖面较为平整。盖高 2.3 ~ 2.4、盖径 7.2 ~ 7.4 厘米。罐侈口，圆鼓腹，腹部最大径中部偏下，圈足。罐高 10.2 ~ 10.7、口径 7.6 ~ 7.8、圈足径 7.6 ~ 8.0 厘米（彩版 3 – 636）。

M29：4，陶双鼻壶（含器盖）。盖体位于下方。两者均为泥质黄褐胎黑皮陶。浅杯形盖纽，盖面微上翘，近盖缘一侧有两个相距约 0.3 厘米的孔。盖高 2.3 ~ 2.4、盖径 6.8 ~ 7.1 厘米。壶身变形不正，口沿外侧按贴竖向小鼻，短颈，鼓腹，圈足。壶高 9.5 ~ 9.6、口径 7.1 ~ 7.4、圈足径约 9.2 厘米（彩版 3 – 637）。

M29：5，陶簋（含器盖）。竖置。两者均为泥质黄褐胎黑皮陶，表皮有剥蚀。浅杯形盖纽，盖缘微外翻。盖高 5.0、盖径 18.5 ~ 18.9 厘米。簋直口，平唇，外沿部设三个近等分竖穿小鼻，折腹，圈足。圈足中部偏上有一周折棱，棱下镂别三个近等分的长方形镂孔。簋高 6.1 ~ 6.5、口径 18.1 ~ 18.6、圈足径 13.1 ~ 13.3 厘米（彩版 3 – 638）。

M30

（一）概述

M30 位于 T16 西北角。未发现墓坑，仅有陶豆（含器盖）和玉坠饰各 1 件，应为墓葬单元（图 3 – 67）。

（二）遗物

M30：1*，陶豆（含器盖）。压扁，碎甚。泥质红胎黑皮陶。质地疏松，朽烂甚，不能修复。盖体不明，豆盘为弧敛口，豆柄为凸棱，刻剔凹凸弧边纹样。

M30：2，玉坠饰。鸡骨白，局部有红

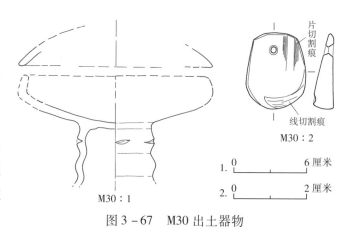

图 3 – 67   M30 出土器物

沁，表皮有光泽，透闪石。所绘面右上部留有双向片切割痕，下部则留有线切割痕，另面平整。距顶面约 0.3 厘米处有双向桯钻孔一个，孔内径 0.18、所绘面外径 0.24、另面外径 0.34 厘米。整器长 1.96、上宽 1.1、下宽 1.62、最厚 0.55 厘米（彩版 3 – 639）。

M31

（一）概述

M31 位于 T23 东北角。未发现墓坑及骨骸，仅出土器物 4 件，应为墓葬单元。器物出土所依底部标高为 – 214 厘米（图 3 – 68；彩版 3 – 640）。

（二）遗物

编号器物 4 件（图 3 – 69）。

M31：1*，陶盆。正置。泥质灰黑陶，外表剥蚀甚。仅能辨认口沿及底部。折宽沿外展，沿面

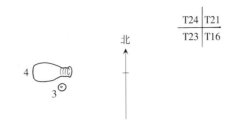

图 3-68　M31 平面图及所在位置图
1. 陶盆　2. 陶罐　3. 陶纺轮　4. 陶塔形壶

上有两个小穿孔，浅坦腹，内凹底。口径约 20、底径 6~6.5 厘米。

M31:2，陶罐。向西侧倾。泥质灰胎灰陶。侈口，口略变形，窄折肩，鼓腹，平底。内底留有拉坯痕。高 12.2~13.5、口径 10.9~11.1、底径 19.2 厘米（彩版 3-641）。

M31:3，陶纺轮。泥质黄褐胎红陶，表皮有剥蚀。外缘呈不规则圆形，竖截面近倒梯形。厚 1.5、直径 4.2~4.5 厘米（彩版 3-642）。

M31:4，陶塔形壶。向东倾倒。泥质灰胎灰陶。上部浅杯形，与壶体不连通，颈部饰三周凸弦纹，凸弦纹下有一个不规则菱形口。菱形口上边长 3.5、下边长 4.0、左边长 2.5、右边长 3.2 厘米。弧腹，平底。内底留有拉坯旋痕。高 19.7~20.0、顶径 5.4~5.6、底径 8.8~8.9 厘米（彩版 3-643）。

M31 填土中出土石锛一件，编号 M31:01。片状纹理，粉砂质泥岩，沁蚀呈灰白色。整器扁平，上部残缺，下端侧刃。残高 2.78、刃宽 3.24、最厚 0.66 厘米（彩版 3-644）。

M32

（一）概述

M32 位于 T23 东北部。开口于表土层下，墓坑开口标高 -215 厘米~-220 厘米。墓坑南北长 2.42、东西宽 0.92、现深 0.55 米（图 3-70；彩版 3-645~647）。

墓坑填土灰褐色，质地较为紧密。横剖面未发现葬具迹象（彩版 3-648）。墓底也较为平整，墓底中部标高为 -270 厘米。墓主骨骸保存甚差，仅有头骨及部分肢骨可辨。

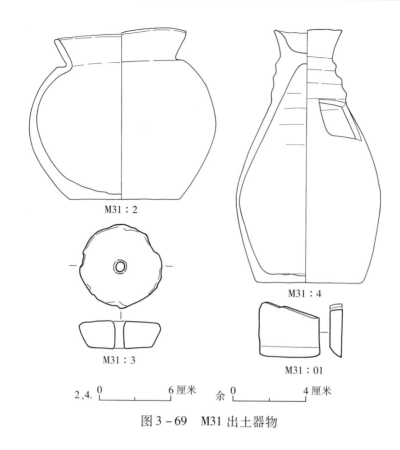

M31∶2

M31∶4

M31∶3

M31∶01

2、4. 0　　　　　6厘米　　　余 0　　　　　4厘米

图 3 - 69　M31 出土器物

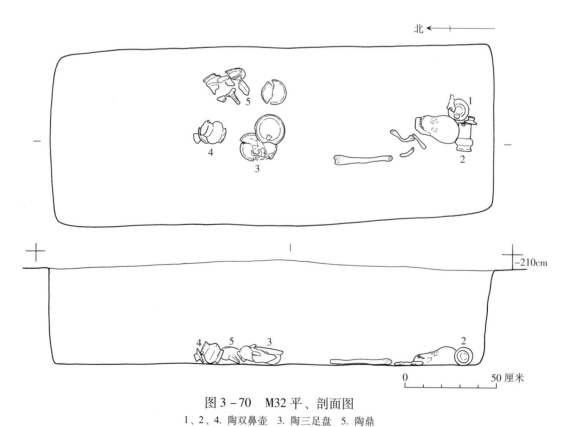

图 3 - 70　M32 平、剖面图
1、2、4. 陶双鼻壶　3. 陶三足盘　5. 陶鼎

（二）遗物

编号器物5件（组），分布于墓主头部和脚端部位（图3-71）。

M32∶1，陶双鼻壶。正置，颈部折断。泥质黄褐胎黑皮陶。壶口微外撇，长颈内凹弧。口沿两侧按贴竖向小鼻，小鼻两侧口沿外壁刻六周不等距的细阴线弦纹，其下刻细阴线交互螺旋状图案六组。长颈中部四周凸弦纹，其下又刻细阴线螺旋状图案七组。鼓腹，上腹部刻细阴线鸟形图案。圈足外撇。高14.5~14.6、口径8.3、圈足径9.9~10.1厘米（彩版3-649）。

M32∶2，陶双鼻壶（含器盖）。向东倾倒。盖为泥质褐胎灰陶，表皮多剥蚀。喇叭形盖纽，盖面一侧有一孔。盖高4.0~4.2、盖径7.7厘米。壶为泥质褐胎黑皮陶，表皮剥蚀。壶口微外撇，口沿两侧按贴竖向小鼻，长颈内凹弧，鼓腹，圈足外撇。圈足近腹部设四个近等分的镂孔。壶高14.1~14.4、口径7.5~7.8、圈足径8.9~9.2厘米（彩版3-650）。

M32∶3，陶三足盘（含器盖）。盘竖置，盘内有一片盖的碎片，盖的大部碎片位于盘西北，局部盖体压盘口沿。两者均为泥质黄褐胎黑皮陶。喇叭形盖纽，近盖缘外折。盖高5.8~6.1、盖径

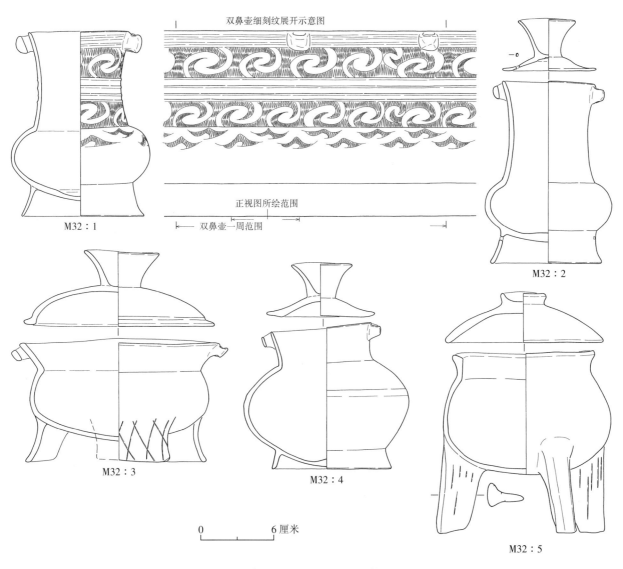

图3-71 M32出土器物

15.4~15.8厘米。盘侈口，沿两侧按贴竖向小鼻，盆形盘身，三宽扁足外撇，足面刻划斜向交叉纹。盘高9.4~9.8、盘体高7.7~8.1、口径16.2~16.4厘米（彩版3-652）。

　　M32:4，陶双鼻壶（含器盖）。向东北倾倒，壶体压盖内面。盖为泥质黄褐胎黑皮陶，表皮多剥蚀。喇叭形盖纽，盖缘微上翘。盖高4.2~4.3、盖径8.6~8.8厘米。壶为泥质灰胎灰陶。壶身倾斜，直口微外翻，口沿两侧按贴竖向小鼻，短颈，鼓腹，腹中部偏上隐约有一周较宽的弦纹，圈足。壶高10.8~11.6、口径8.1~8.4、圈足径9.5~9.8厘米（彩版3-653）。

　　M32:5，陶鼎（含器盖）。鼎向东北倾倒，压扁碎裂，盖内面朝上，与鼎有8厘米间距（彩版3-651）。器盖和鼎身外壁为夹砂灰褐胎灰陶，三足为夹砂红褐胎红陶，推测可能是烧造时，直接置于窑床，未使用支烧工具，使足部烧成温度略低于器身和盖，因而出现陶色差异。浅碟形盖纽。盖高3.9~4.0、盖径12.9~13.0厘米。鼎侈口，内沿折，垂腹，"T"字形足。鼎高14.1~14.4、鼎身高9.5~9.8、口径11.6~11.8厘米（彩版3-654）。

　　M32填土中出土编号标本9件（图3-72）。

　　M32:01，陶鼎口沿。夹砂褐陶。折沿，长颈，颈内壁微内凹。口径约12厘米。

　　M32:02，陶鼎足。夹砂红陶。鱼鳍形，刻划雨点状短直线。

　　M32:03，陶鼎口沿。夹砂褐陶。折沿，长颈，颈部内壁两道内凹弧。口径约34厘米。

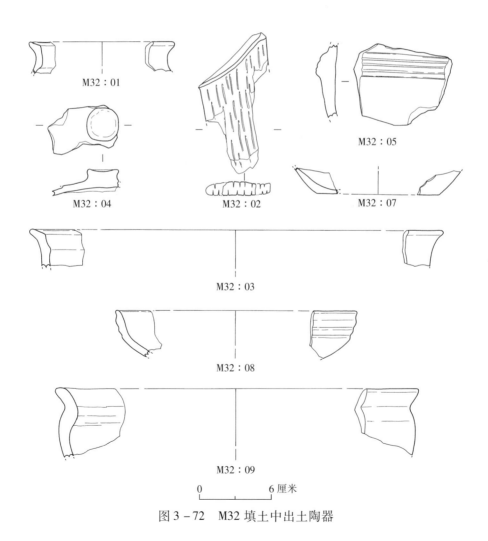

图3-72　M32填土中出土陶器

M32：04，陶盖纽。粗泥红陶。纽面微内凹。纽径约 2.7 厘米。

M32：05，陶瓮腹片。泥质灰陶。凸棱面上另有多道凹弦纹。

M32：06，陶瓮平底。泥质灰陶（图略）。

M32：07，陶壶平底。泥质灰胎黑皮陶。底径约 10 厘米。

M32：08，陶豆盘。泥质灰陶，剥蚀甚。外壁多道凹弧。口径约 20 厘米。

M32：09，陶盆口沿。泥质青灰胎青灰陶，过烧。翻沿。口径约 30 厘米。

M33

（一）概述

M33 位于 T18 中部偏东，与 M35 以及 M44、M45、M47 为同一层面开口的墓葬，均开口于陶片面下。墓口出露时为灰褐色土夹杂黑色草木灰堆积，当是墓穴塌陷时上层草木灰下陷所致。墓口南北长约 2.75、东西宽 0.7 ~ 0.85 米，墓穴两端深 0.6 ~ 0.65 米，中部凹陷，深达 0.9 米。现墓坑开口高度 – 190 厘米，墓底高度 – 270 厘米 ~ – 280 厘米。墓坑东南角有一打破墓坑的小圆坑，外径约 0.43、深 0.5 米，恰好容身一件大口缸（图 3 – 73；彩版 3 – 655 ~ 660）。

由于 M33 墓穴狭小，清理时留取东西向剖面（彩版 3 – 661 ~ 665），墓坑内堆积分为六层：

第①层，灰褐色土，呈凹弧状；

第②层，草木灰，该层层状堆积明显，该层底部与第④层之间较为水平；

第③层，黄斑土，位于剖面东、西两侧，呈竖状堆积；

第④层，黄斑土，厚 20 ~ 35 厘米，堆积上部较为水平（另侧剖面微弧拱），底部凹弧；

第⑤层，淤泥，墓主骨骸位于该层，应该是葬具倒塌、挤压、朽烂之后的堆积；

第⑥层，深褐色黄斑土，仅位于西侧，底部还有一层断续的纯净黄土铺垫。

从堆积相判断，第⑥层及底部的黄土铺垫是 M33 营建墓穴后的修整。在清理完墓主骨架后，对墓穴的南北堆积进行解剖，确认墓穴中部凹陷，且墓主骨骸也相应凹陷，凹陷的相对高度达 10 厘米，南北剖面同时也发现墓底有断续的纯净黄土铺垫，而墓穴的北端和南端，也就是葬具的淤泥层北部和南部，分别为黄色粉状土和棕褐色黄土，应该是葬具埋设后的填土（彩版 3 – 666 ~ 670）。

由此推测，M33 的葬具为两端上翘、中间凹弧的形状，与独木舟的形态一致。第④层黄斑土是 M33 的填土，随着葬具的倒塌而下陷，推测原本应该与墓口齐平。这样，若依现在墓口的开口高度，葬具高度约 60 厘米，填土厚约 30 厘米。从东西向剖面分析，葬具的宽度大体与墓穴底部宽度相若，约 60 厘米。位于墓穴两侧的第③层和第②层、第①层是墓穴塌陷后的堆积，具体成因不明①。

墓主仰身直肢，从颅骨至趾骨总长 1.60 米，若依盆骨部位下陷计，长约 1.63 米。另墓主股骨长 38、胫骨长 31 厘米。

（二）遗物

编号器物 10 件（组）（图 3 – 74；彩版 3 – 671 ~ 674）。

M33：1，陶大口缸。埋设于墓坑东南角，东南部位的口沿先行出露，平面坑线不甚清楚，似

---

① 第③层或可能是 M33 的封土层，由于葬具倒塌压扁而下落。

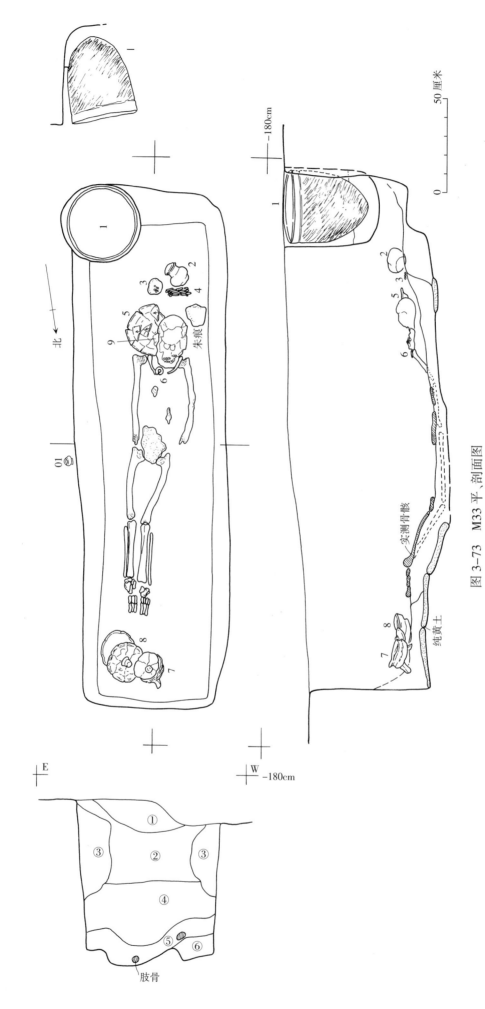

图 3-73 M33 平、剖面图

1. 陶大口缸 2. 陶壶 3. 石英子胃容器 4. 动物掌骨 5. 陶盆 6. 玉玦 7. 陶鼎 8. 陶豆 9. 玉隆孔珠（①灰褐色土 ②草木灰 ③④黄斑土 ⑤淤泥 ⑥深褐色黄斑土）

北

E

W −180cm

−180cm

0   50 厘米

朱痕

实测骨骸

纯黄土

肢骨

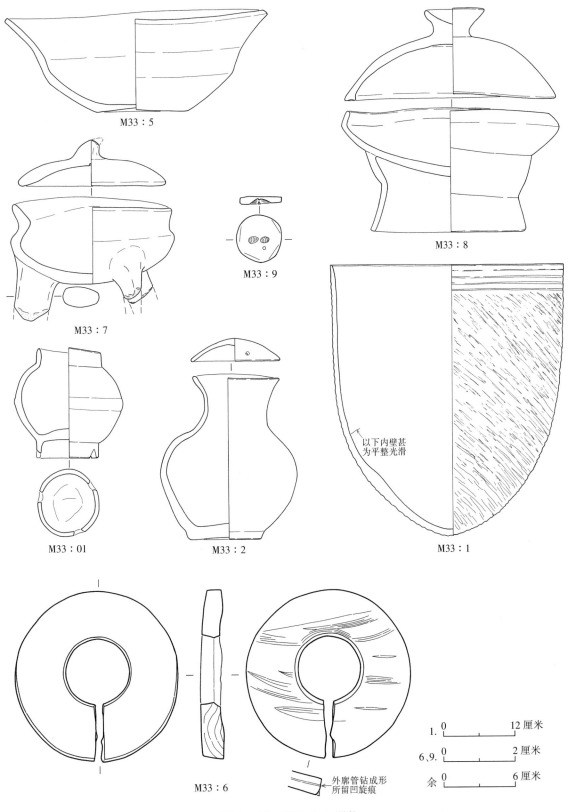

图 3 - 74 M33 出土器物

与墓坑开口线浑然一体，整器向西，即向墓穴内倾侧，野外经过 1/4 解剖确认，是先挖恰好能容身大口缸的圆坑，然后底部铺垫质地紧密的黄土，最后安放（彩版 3 – 675 ~ 678）。整器比较规整。夹粗砂褐胎红陶，内外均施一层白色陶衣。近直口，口沿外壁有两道凹弦纹，凹弦纹压其下拍印的斜向篮纹，局部可辨认拍印单元为 5×5 厘米。尖底，底部拍印篮纹呈逆时针旋转状。以泥条盘筑法制作而成。高 42.4、口径 37 ~ 39 厘米（彩版 3 – 679）。

M33：2，陶壶（含器盖）。向东倾侧，位于 M33：4 掌骨一侧，出土时盖体和壶体的彩绘甚为鲜艳（彩版 3 – 680、681）。盖为泥质灰胎灰陶。穹隆状，盖面有朱痕残留，近盖缘一侧有一个穿孔。盖高 1.8、盖径 7.3 ~ 7.4 厘米。壶为泥质黄褐胎黑皮陶，壶体有朱绘，图案不明。翻沿、束颈，鼓腹，假圈足底微内凹。壶高 13.1、口径 6.6 ~ 7.0、底径 5.8 ~ 6.2 厘米（彩版 3 – 682）。

M33：3，石英子骨容器。清理时发现骨质容器（骨雕筒?），可以脱开，并粘附有石英子，共 7 颗，大小在 1 厘米之内，原先应容纳于骨容器中（彩版 3 – 683）。

M33：4，动物掌骨。位于墓主头端上方，不明种属。另墓主头骨西侧另有一块 10 厘米见方的朱黄色迹象，颜色接近 M8 脚端部位所见，但色彩不鲜艳，图案不辨，性质也不明。

M33：5，陶盆。压墓主头骨，其中西侧的盆碎片背面朝上，推测原先应该距离墓主头骨有一定的高度，葬具塌陷后碎裂所致。泥质褐胎黑皮陶。整器较不规整。敞口，折腹，内凹底。高 7.2 ~ 8.0、口径 21.5 ~ 21.6、底径 7.2 ~ 7.4 厘米（彩版 3 – 684）。

M33：6，玉玦。位于墓主下颌骨下方，左右锁骨之间，豁口朝下。黄绿色，局部有黄白色沁，透闪石。管钻成形，外廓尚残留管钻形成的旋痕。一面平整，另一面留有同向的呈起伏状的线切割痕迹。中孔为双向管钻，且平整面管钻深度略大于起伏面，在起伏面孔的开口面附近残留有同心圆旋痕，据此推测先线切割一分为二，后双向管钻孔。孔内径 1.73、平整面外径 4.35 ~ 4.40、起伏面外径 4.45 ~ 4.46 厘米。豁口面有线切割痕。豁口高 1.45、内宽 0.23、外宽 0.24 厘米。玦外径 4.44 ~ 4.45、最厚 0.63 厘米（彩版 3 – 687）。

M33：7，陶鼎（含器盖）。压 M33：8 带盖陶豆。两者均为粗泥陶。角状纽，角尖残损，盖内面中心按捺未穿透凹孔。盖残高 3.7、盖径 12.0 ~ 12.1 厘米。鼎侈口，扁折腹，折腹部位起棱，三足残损，足截面中部微厚。鼎残高 9.9、鼎身高 6.1 ~ 6.9、口径 12.5 ~ 13.1 厘米（彩版 3 – 685）。

M33：8，陶豆（含器盖）。两者均为泥质黄褐胎黑皮陶。盖和豆盘外壁均有朱绘，图案不清。杯形盖纽。盖高 7.1 ~ 7.2、盖径 17.4 ~ 17.9 厘米。豆敛口，坦腹，圈足中部内凹呈束腰状，上部微弧凸，下部外展。豆盘高 9.2 ~ 9.9、口径 18.0 ~ 18.7、圈足径 12.7 ~ 13.0 厘米（彩版 3 – 686）。

M33：9，玉隧孔珠。紧贴墓主右耳郭部位，隧孔朝下。黄白色，局部夹杂少量灰褐色斑，透闪石。整器扁平，平面呈不规则圆形，两面均较为平整。背面隧孔先后以两侧斜向桯钻对穿而成。背面另有一未穿透桯钻痕，孔径 0.1 厘米。整器厚 0.2 ~ 0.26、外径 1.2 厘米（彩版 3 – 688）。

在清理剖面时于 M33 墓穴底部外侧出土完整陶壶一件，应是 M33 所在土台营建中的器物，附录如下：

M33：01，陶壶。泥质黄褐胎黑皮陶，表皮有朱痕残留。直口，圆鼓腹，腹中部饰一周凸弧棱，圈足由外底旋削而成，刻剔三个大致等距的凹缺，内底向上弧凸。高 8.4 ~ 8.8、口径 5.0 ~ 5.3、圈足径 5.0 ~ 5.4 厘米（彩版 3 – 689）。

M34

（一）概述

M34 位于 T16 东北，叠压 M38 北部。墓坑南北长 2.20、东西宽 0.73～0.78 米，墓坑开口不明显，墓底标高 -196 厘米。仅于 M34:2 陶盆侧发现墓主残存牙齿，葬具不明（图 3-75；彩版 3-690）。

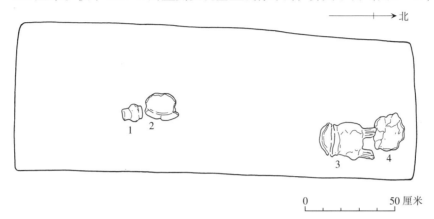

→ 北

0　　　　　50 厘米

图 3-75　M34 平面图
1. 陶双鼻壶　2. 红陶盆　3. 陶鼎　4. 陶罐

（二）遗物

编号器物 4 件（组）（图 3-76）。

M34:1，陶双鼻壶。向南倾倒。泥质灰褐胎黑皮陶，表皮多剥蚀。直口微内收，口沿两侧按贴两个竖向小鼻，短颈，鼓腹，圈足。高 10.1～10.2、口径约 6.1、圈足径 8.2 厘米（彩版 3-691）。

M34:2*，红陶盆。向东倾倒。泥质橙红陶。朽碎甚，未修复。口沿残，假圈足。圈足径约 11 厘米。

M34:3*，陶鼎（含器盖）。向南倾倒。朽烂甚，不能修复。盖为夹砂红陶。纽形制不辨。鼎体不明（图略）。

M34:4*，陶罐。夹砂红陶。朽烂甚，不能复原。仅能辨认圈足。圈足径约 12 厘米（图略）。

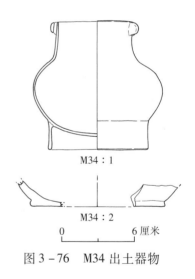

M34:1

M34:2

0　　　　6 厘米

图 3-76　M34 出土器物

M35

（一）概述

M35 位于 M33 西侧，恰好位于 T18 留取的南北向隔梁下。野外未经及时发现，陶大口缸出露后才辨认墓坑，大口缸口沿开口高度 -190 厘米，与 M33 墓口开口高度相若。墓坑开口南北长 3.20、东西宽 0.95～1.05 米，现深 0.45 米。方向北偏东 11 度（彩版 3-692～696）。

M35 开口面的东侧有一南北向的草木灰分布，在清理完叠压上部的填土后，发现草木灰呈凹弧状堆积，而且墓坑南部有大片的碎陶片，陶片压草木灰（图 3-77A、B；彩版 3-697～704）。陶片个体硕大，以瓮片为主，应该是土台 I 第二阶段"陶片面"的遗留，因 M35 葬具的倒塌而

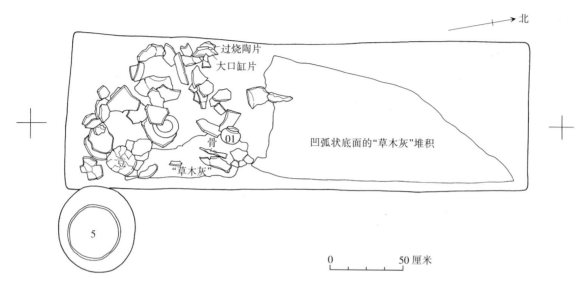

图 3-77A　M35 墓穴内的陶片堆积和草木灰堆积

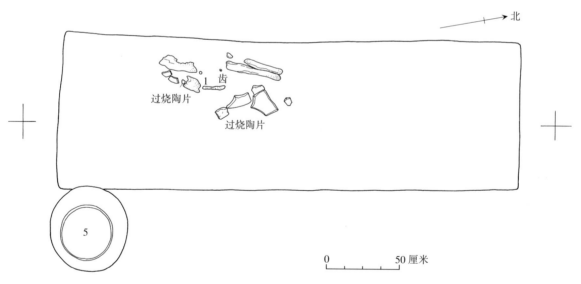

图 3-77B　M35 填土中的陶片及墓主骨骸出露

落入墓坑中。虽然如此，此部分器物还是暂时归为 M35 填土中的遗物，编号 M35：01 ～ M35：028。

墓坑内堆积分为五层（彩版 3 - 705 ～ 708）：

第①层，灰黄土，包含大量的陶片，主要分布于墓坑南部，呈凹弧状堆积；

第②层，草木灰，主要分布于北部，呈凹弧状堆积；

第③层，灰褐色土，与草木灰夹杂，可以归属到同一层；

第④层，黄褐色团状斑土，应是墓葬的填土，该层土的下部有一层青灰色的淤泥，但呈断续状，应该是葬具朽烂挤压后的残存；

第⑤层，青灰色淤泥，随葬品和骨骸出土于该层中，北部较厚，南部趋薄，并难以与第④层区分。

墓主骨骸保存不佳，仅能辨牙齿痕以及部分肢骨残段。M35 和 M33 是土台Ⅰ东部第一阶段的两座成对的成人墓葬（图 3 - 77C；彩版 3 - 709、710）。

（二）遗物

编号器物 5 件（组）（图 3 - 78；彩版 3 - 711 ～ 714）。

M35：1，玉隧孔珠。北距墓主齿痕 12 厘米。浅绿色，有白沁，透闪石。整器扁平，平面呈圆形，正面微弧凸，背面平整，背面隧孔先后以两侧斜向桯钻对穿而成。整器厚 0.27 ～ 0.36、外径 1.4 ～ 1.43 厘米（彩版 3 - 715）。

M35：2，陶豆（含器盖）。竖置。两者均为泥质灰胎灰陶，局部有朱痕残留。杯形盖纽，盖高 7.2 ～ 7.6、盖径 19.9 ～ 20.0 厘米。豆敛口，沿外侧粘贴三个近等距分布的小鋬，坦腹。圈足上部按捺六个未穿透的凹孔，中部束腰内凹，下部外展。高 9.3 ～ 10.1、口径 19.2 ～ 19.3、圈足径 12.2 ～ 13.0 厘米（彩版 3 - 716）。

M35：3，陶鼎（含器盖）。竖置，碎裂甚，局部压 M35：2 陶豆。两者均为粗泥陶。桥形盖纽。盖高 6.8、盖径 15.7 ～ 15.8 厘米。鼎微变形，直口微外展，折腹起棱，鱼鳍形足。鼎通高 14.0 ～ 14.5、鼎身高 8.5 ～ 9.0、口径 18.1 ～ 18.7 厘米（彩版 3 - 717）。

M35：4，陶盆。竖置，向西南侧倾。泥质灰胎灰陶。敞口，宽沿，斜收腹，近平底。高 6.3 ～ 7.2、口径 28.5 ～ 29.1、底径 14.7 ～ 15.2 厘米（彩版 3 - 719）。

M35：5，陶大口缸。竖置，向东略侧倾。夹粗砂褐胎红陶，内外均涂抹一层白色陶衣，陶衣夹杂沙粒。直口微敛，口沿外壁有两道凹弦纹，凹弦纹之下拍印斜向的篮纹，局部可辨认拍印单元为 5×5 厘米。至口沿向下约 16 厘米处，上下篮纹有别，其上斜向篮纹较为清晰，其下篮纹被白衣涂抹仅局部隐约可见。尖底。内壁上部修治光整，近内底垫痕较为明显，垫痕直径约 6 厘米。高 39.6、口径约 35.4 厘米（彩版 3 - 720）。

M35 填土（倒塌到墓室内）中出土了大量陶片，除 M35：01 陶壶为完整器外，其余陶片均不能复原。整理编号标本 28 件（图 3 - 79A ～ D）。

M35：01，陶壶。泥质灰褐胎灰陶，一侧颈、肩部有朱痕残留。直口微外撇，圆鼓腹，内凹底。内壁近底及内底尚留有拉坯痕。高 10.7 ～ 10.9、口径 6.4 ～ 6.5、底径 6.8 ～ 6.9 厘米（彩版 3 - 718）。

M35：02，陶盆口沿。泥质灰陶，剥蚀甚。翻沿，腹壁残留有一周凸棱。这类盆腹部较深。口径约 40 厘米。

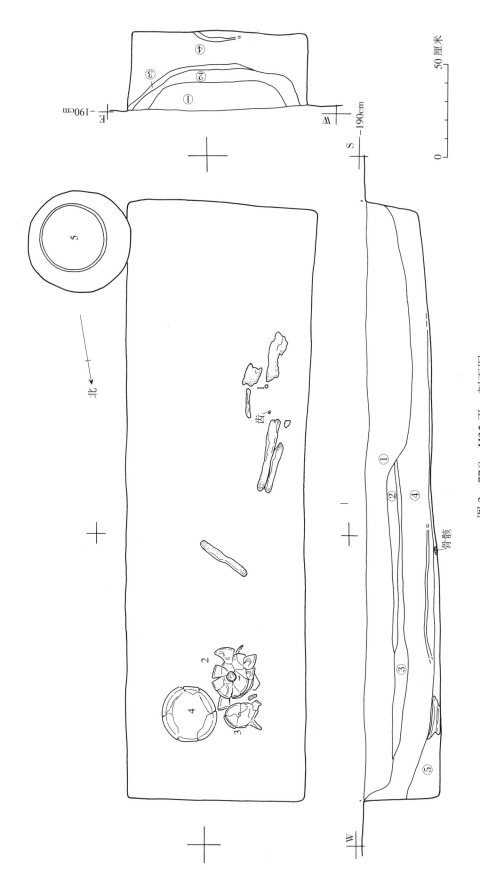

图 3-77C M35 平、剖面图

1. 玉隧孔珠 2. 陶豆 3. 陶鼎 4. 陶盆 5. 陶大口缸（①灰黄土 ②草木灰 ③灰褐色土 ④黄褐色团状斑土 ⑤青灰色淤泥）

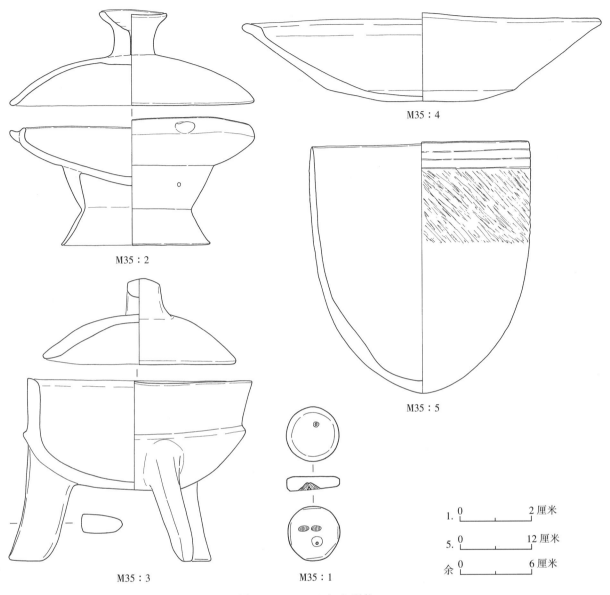

M35：4

M35：2

M35：5

M35：3   M35：1

1. 0 —————— 2 厘米
5. 0 —————— 12 厘米
余 0 —————— 6 厘米

图 3 - 78　M35 出土器物

M35：03，陶豆盘。泥质灰陶，剥蚀甚。敛口，弧折腹。口径约 32 厘米。

M35：04，陶罐（壶）圈足。泥质灰陶。圈足外壁内凹，残留有大小圆孔。圈足径约 13 厘米。

M35：05，陶罐圈足。泥质灰陶，剥蚀甚。残留有圆孔。圈足径约 18 厘米。

M35：06，陶豆柄。泥质灰陶，外壁涂朱，内壁留有刮削痕迹。现最大外径 8.2 厘米。

M35：07，陶器盖。泥质灰陶。浅杯形盖纽，残损。

M35：08，陶器盖。粗泥褐陶。纽径约 3.3 厘米。

M35：09，陶器盖。粗泥红陶。纽缘有按捺，纽面有 "+" 形刻划。纽径 5.1 ~ 5.6 厘米。

M35：010，陶器盖。粗泥红陶。环状把手，按贴三道凸脊，凸脊面上有按捺，凸脊之间刻划相向对称的多道弧线。

M35：011，陶刻槽盆。泥质灰陶。外表局部磨光较好，内面有放射状刻槽。底径约 14 厘米。

M35：012，陶罐底。泥质灰褐陶，外表剥蚀甚。内凹底。底径 10.8 厘米。

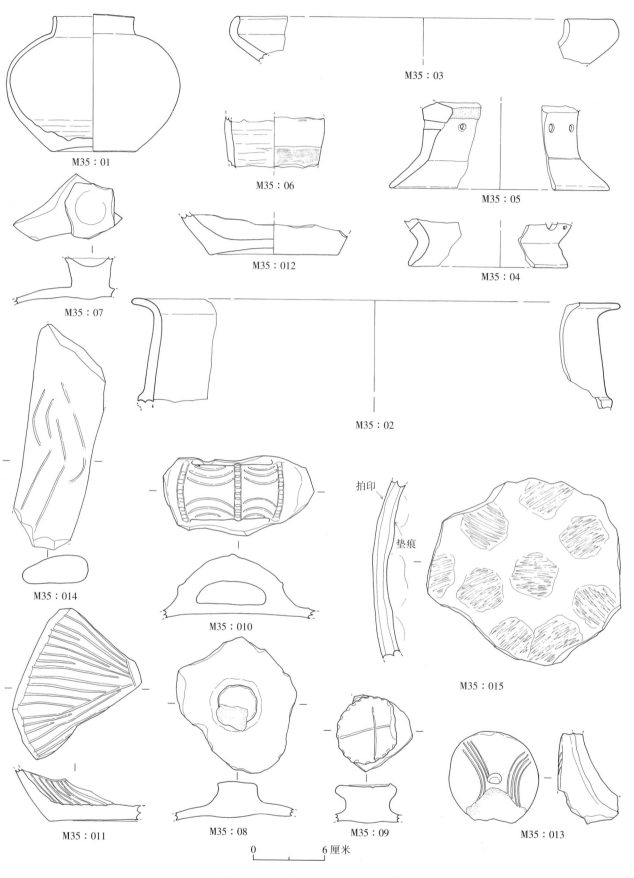

M35：01

M35：03

M35：06

M35：05

M35：012

M35：04

M35：07

M35：02

M35：014

M35：010

拍印

垫痕

M35：015

M35：011

M35：08

M35：09

M35：013

0　　　　　　6 厘米

图 3 - 79A　M35 填土中出土陶器

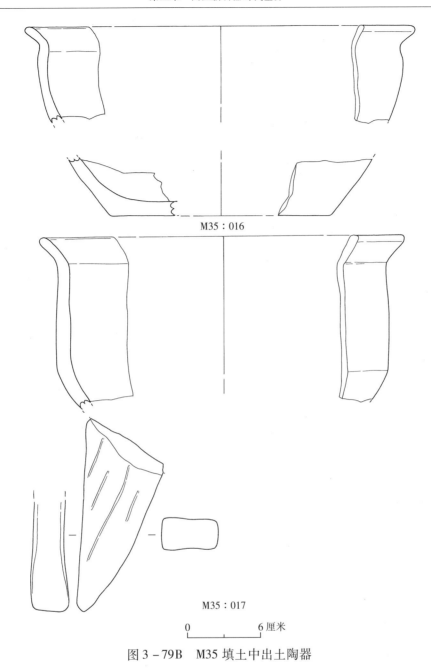

M35：016

M35：017

0   6厘米

图 3 - 79B　M35 填土中出土陶器

　　M35：013，陶鼎足。粗泥红陶。凿形，足正面上部呈圆拱形突起，以圆形捺窝为中心，两侧对称刻划四道弧线。

　　M35：014，陶鼎足。粗泥红陶，外表剥蚀甚。鱼鳍形，可依稀辨认两面刻划有绞索状纹样。

　　M35：015，陶大口缸腹片。夹粗砂黑胎褐陶，外壁局部有红陶衣。器壁最厚 1.5 厘米，外壁拍印篮纹单元约 4×4 厘米，相应的内壁有垫痕。这件大口缸的制作方法与 M5：49 大口缸完全一致，是一个值得重视的地方。

　　M35：016，陶盆。泥质褐陶，外表剥蚀甚。翻沿，平底。口沿和底片不能拼接，但应为一个个体。口径约 32、底径约 18 厘米。

　　M35：017，陶鼎。夹砂红陶，外壁施黑陶衣。折沿外展，折腹，类鱼鳍形足，足尖部略宽厚，类似凿形，刻划浅斜线。

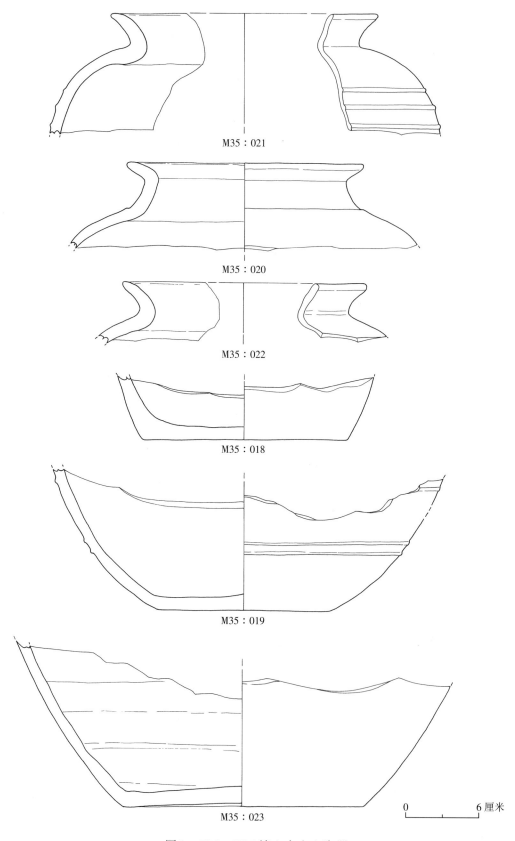

M35 : 021

M35 : 020

M35 : 022

M35 : 018

M35 : 019

M35 : 023

0   6 厘米

图 3 - 79C   M35 填土中出土陶器

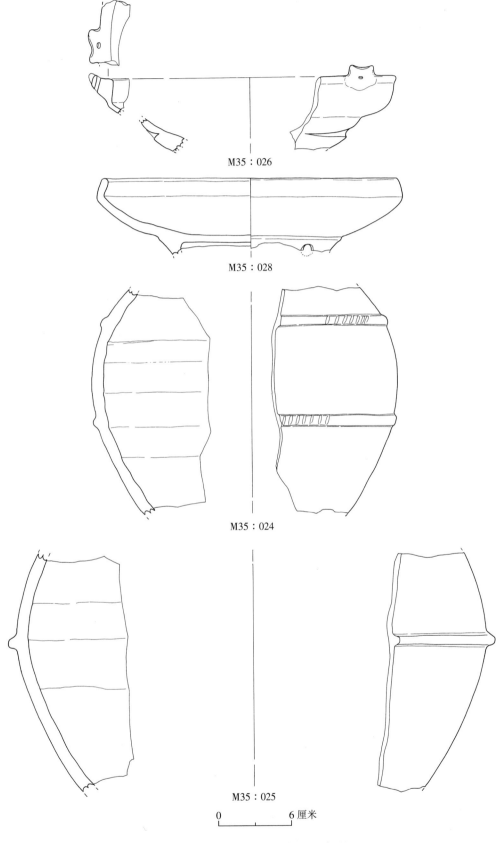

M35：026

M35：028

M35：024

M35：025

0　　　　　6厘米

图 3 - 79D　M35 填土中出土陶器

M35：018，陶瓮平底。泥质灰陶，剥蚀甚。底片基本完整。底径约 17 厘米。

M35：019，陶瓮平底。泥质灰陶，剥蚀甚。底片基本完整。下腹部残留有两组凸弦纹。底径约 14 厘米。

M35：020，陶瓮口沿。泥质灰陶，剥蚀甚。口沿基本完整，折翻沿，斜长颈，溜肩。口径 19.5 厘米。

M35：021，陶瓮口沿。泥质灰陶，剥蚀甚。口沿不完整，折翻沿。肩部残留有三组凸弦纹。口径约 22 厘米。

M35：022，陶瓮口沿。泥质灰陶，剥蚀甚。翻沿，口沿不完整。口径约 20 厘米。

M35：023，陶瓮平底。泥质灰陶，剥蚀甚。底片基本完整。底径约 19.5 厘米。

M35：024，陶瓮腹片。泥质灰陶，剥蚀甚。外壁残留有两周凸棱，凸棱面上有间断的按捺。最大腹径 26 厘米。

M35：025，陶瓮腹片。泥质灰陶，剥蚀甚。鼓腹部位有一周凸棱，内壁可见泥条盘筑痕迹。最大腹径 40 厘米。

M35：026，陶豆盘。泥质灰褐胎黑皮陶，黑皮多剥蚀。口微敛，口沿上残留有穿孔小鼻，弧折腹，圈足部位残留有弧边刻剔，应是圆和弧边三角组合图案的主题。口径约 24 厘米。

M35：027，陶壶。泥质紫褐色陶。过烧变形，碎片多，不能复原，经拼对也不能拼合为一个整体，说明不是就地碎裂的（彩版 3 - 721）。

M35：028，陶豆。泥质黑胎黑皮陶。敛口，弧腹，圈足残损，可能按剔有圆和弧边三角组合图案。口径约 25 厘米。

M36

（一）概述

M36 位于 T23 东北部，北部伸入 T24，局部压 M39。南北长 1.7、东西宽 0.65 ~ 0.7 米，墓底标高约 -236 厘米。未发现骨骼，也未发现葬具（图 3 - 80；彩版 3 - 722）。

（二）遗物

编号器物 5 件（组）（图 3 - 81；彩版 3 - 723）。

M36：1*，陶双鼻壶（含器盖）。向西倾倒，盖为双鼻壶口沿所压。泥质灰胎黑皮陶，黑皮基本剥蚀脱落。杯形盖纽。盖高约 4、盖径约 7 厘米。壶口内收，长颈，颈部外壁有三道凸弦纹，鼓腹，圈足底部有一周凹弦纹。壶体高约 12.5、口径约 6.4、圈足径约 9 厘米。

M36：2，陶双鼻壶（含器盖）。向西倾倒，盖纽朝上，偏于双鼻壶西北一侧。壶口一侧有残损，缺一鼻，整器变形不正。盖为泥质黄褐胎黑皮陶。喇叭形盖纽，盖纽底有圆形凹窝。盖面一侧有两个相距约 0.7 厘米的孔，盖底中心也有圆形凹窝。盖高 3.5 ~ 3.6、盖径 6.8 ~ 6.9 厘米。壶为泥质灰胎灰陶。壶口微外撇，口沿两侧按贴竖向小鼻，长颈内凹弧，鼓腹，圈足。高 12.7 ~ 13.5、口径约 7.8 ~ 8.2、圈足径 8.2 ~ 8.5 厘米（彩版 3 - 724）。

M36：3，陶鼎（含器盖）。鼎由东向西侧倾，口沿标高分别为 -223 厘米和 -229 厘米，盖位于鼎南部，正面朝上，标高 -231 厘米，但盖纽却在鼎口沿一侧，原因不明。三足端均有残损。盖为泥质黄褐胎黑皮陶，表皮多剥蚀。喇叭形盖纽，盖缘弧收。盖高 5.9 ~ 6.2、盖径 12.6 ~ 12.8 厘

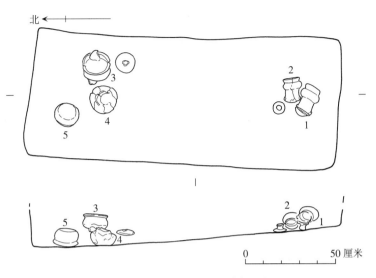

图 3 - 80　M36 平、剖面图
1、2. 陶双鼻壶　3. 陶鼎　4. 陶罐　5. 红陶盆

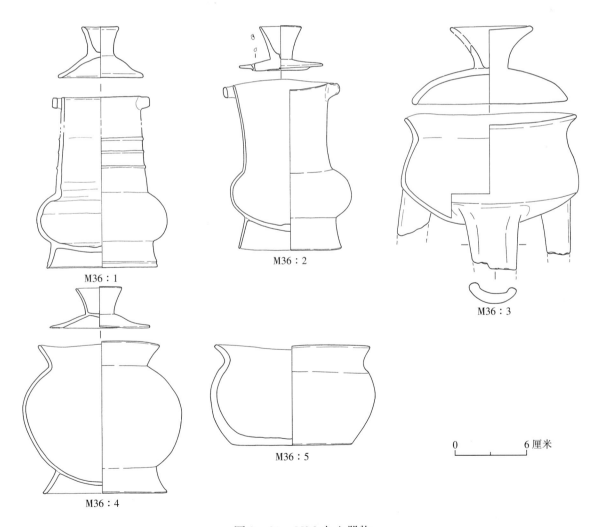

图 3 - 81　M36 出土器物

米。鼎为夹砂黄褐胎红陶。侈口，折腹，凹弧形瓦形足。鼎残高11.5～12.5、鼎身高7.9～8.9、口径14.0～14.8厘米（彩版3－726）。

M36：4，陶罐（含器盖）。正置。两者均为泥质灰胎灰陶。杯形盖纽，盖缘微外展。盖高3.2～3.3、盖径8.1～8.2厘米。罐侈口，鼓腹，腹部略不正，圈足外撇。罐高11.6～12.0、口径9.3～9.9、圈足径9.7～10.1厘米（彩版3－725）。

M36：5，红陶盆。覆置，盆底标高－230厘米。泥质红褐夹灰胎红陶。侈口，束颈，鼓腹，平底。高7.5～8.0、口径12.7～12.9、底径9.7～9.8厘米（彩版3－727）。

M37

（一）概述

M37位于T24中南部，M32以北。南北长2.10、东西宽0.60米，墓底中部标高－268厘米。未发现骨骸，也未发现葬具痕迹，但墓室北部陶器的盖体互相叠压，陶纺轮和石刀的标高也明显高于墓室中部（图3－82；彩版3－728）。

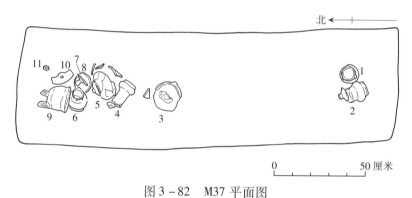

图3－82　M37平面图
1、5. 陶三系罐　2、4、6、7. 陶双鼻壶　3. 陶簋　8. 陶器盖　9. 陶鼎　10. 石刀　11. 陶纺轮

（二）遗物

编号器物11件（组），主要分布于墓葬南、北两端（图3－83；彩版3－729）。

M37：1，陶三系罐。竖置，微向北倾侧。泥质红褐胎红陶，外表多剥蚀。圈足残损。子母口，子口内敛微上翻，外沿侧设三个近等分竖穿小鼻，鼓腹，圈足。残高7.1、口径约6.2、残圈足径约8厘米（彩版3－730）。

M37：2，陶双鼻壶（含器盖）。向西北倾倒。两者均为泥质灰胎灰陶，外表剥蚀严重。沿两侧双鼻残损。喇叭形盖纽，近盖缘一侧有两个相距约0.3厘米的孔。盖高4.5～4.7、盖径8.4～8.6厘米。壶口微外撇，短颈，颈中部微内凹弧，鼓腹，圈足外撇。壶高8.8～9.2、口径约8.6、圈足径8.3厘米（彩版3－731）。

M37：3，陶簋。竖置。灰褐胎黑皮陶，外表剥蚀严重。子母口，子口内敛上翻，沿外侧设三个近等分横穿小鼻，下腹微折腹，圈足外撇，近足底饰一周阴线弦纹。簋高8.6～9.0、口径约13.7、圈足径9.9～10.0厘米（彩版3－732）。

M37：4，陶双鼻壶（含器盖）。向西北倾倒。两者均为泥质灰胎灰陶。盖缘和壶口均残损。杯形盖纽残缺，盖面一侧有两个相距约0.2厘米的孔。盖残高约1.2、盖径约7厘米。壶口微外撇，

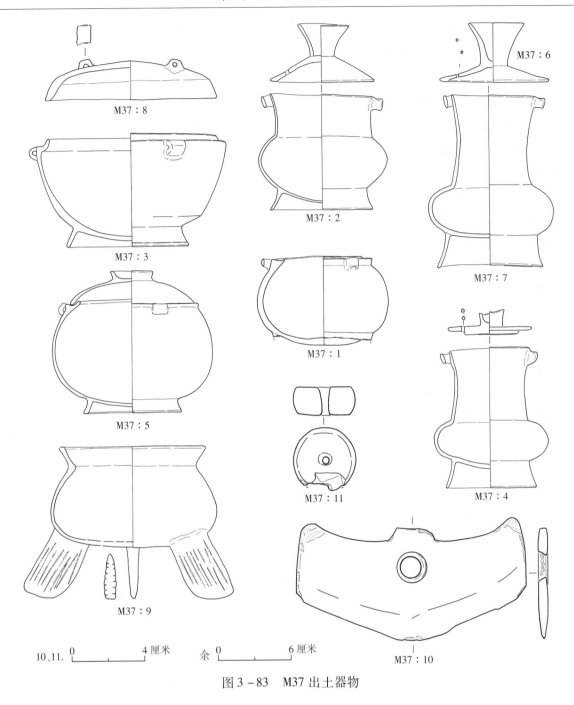

图 3 - 83　M37 出土器物

口沿两侧按贴竖向小鼻，长颈微内凹弧，鼓腹，圈足外展。壶高约 11.1、口径约 6.6、圈足径 7.5 ~ 7.6 厘米（彩版 3 - 733）。

　　M37：5*，陶三系罐（含器盖）。朝北倾倒，罐体碎裂甚。泥质灰陶。朽烂甚，仅修复盖。圈足形盖纽，盖体胎甚薄，仅 0.15 厘米。盖高 2.6 ~ 2.7、盖径 10.3 ~ 10.5 厘米。罐敛口，有三个等分的小牛鼻耳，口沿为子母口，鼓腹，胎体薄至 0.2 厘米，圈足（彩版 3 - 734）。

　　M37：6，陶双鼻壶。微向东倾侧，M37：7 陶盖应与此配伍。泥质灰褐胎黑皮陶，外表多剥蚀。壶口部残损，亦缺两鼻。壶口微外撇，长颈中部微内凹弧，鼓腹，圈足外展。壶高约 13.6、口径约 7、圈足径 8.6 ~ 9.0 厘米（彩版 3 - 735）。

　　M37：7，陶双鼻壶盖。位于 M37：6 东侧，侧置，压 M37：8 陶器盖。泥质灰褐胎黑皮陶。喇叭形盖纽，近盖缘一侧有两个相距约 0.8 厘米的孔。盖高 4.7、盖径 8.9～9.2 厘米（彩版 3-736）。

M37:8*，陶器盖。内面朝上，应是 M37:9 陶鼎盖。泥质褐陶。朽烂甚，不能复原。残留有小半环形盖纽，位于边侧。盖体高约 3、盖径约 14 厘米。

M37:9*，陶鼎。向南倾倒，盖体位于 M37:7 陶双鼻壶盖的下方。夹砂红陶，外表施白陶衣。朽烂甚，难以整体修复。折沿，沿面微内凹，垂腹，鱼鳍形足短小，足尖甚外撇，刻划线条甚细，足横截面内侧略厚。通高约在 12 厘米，口径约 12 厘米。

M37:10，石刀（"耘田器"）。刃部朝西南，基本平置，标高 -261 厘米。所绘为出土时朝下面，左侧断裂，出土时即如此。另面表皮有剥蚀。沁蚀呈灰褐色，泥岩。整器扁薄，边缘多处受损。上部中央梯形凸起，其下单面管钻孔，另面孔经修磨。孔内径 1.2、所绘面外径 1.6 厘米。两侧肩部上翘，肩部及两侧边缘面均经打磨。"V"形双面弧刃。高 5.8、宽 12.7、最厚 0.55 厘米（彩版 3-738）。

M37:11，陶纺轮。微朝西倾侧，标高 -258 厘米。泥质灰褐胎灰陶。一侧边缘有残缺。两面均较为平整，外廓弧凸。高 1.5、外径 3.4、孔内径 0.3 厘米（彩版 3-737）。

M38

（一）概述

M38 位于 T16 中部偏北，北部为 M34 叠压。墓坑不甚明显，骨骸仅能辨识局部的肢骨。墓坑南北长约 2.20、东西宽约 0.70 米，墓底标高 -254 厘米（图 3-84；彩版 3-739、740）。

图 3-84　M38 平面图
1. 陶盆　2. 陶杯　3. 陶盘　4. 陶簋　5. 陶鼎

（二）遗物

编号器物 5 件（组）（图 3-85）。

M38:1，陶盆。朝西倾侧。泥质灰胎灰陶。敞口，翻沿，口沿侧设四个近等分的半环状小鋬，翻沿处一侧按戳三组大致等分的穿孔，其中两组为两个相距约 1.7 厘米的穿孔，另一组则间距 2.1 厘米。斜收腹，平底。含鋬高 5.3～6.2、盆体高 5.3～6.0、口径 23.8～24.4、底径 11.3～12.2 厘米（彩版 3-741）。

M38:2，陶杯（含器盖）。向南倾倒，盖内面朝上，为杯体所压。盖为泥质黄褐胎黑皮陶。变体立鸟形盖纽。盖高 3、盖径 6.0～6.1 厘米。杯为泥质灰褐胎灰陶。侈口，深弧腹，矮圈足。杯高 13.7～13.8、口径 5.3～5.7、圈足径 7.0～7.1 厘米（彩版 3-742）。

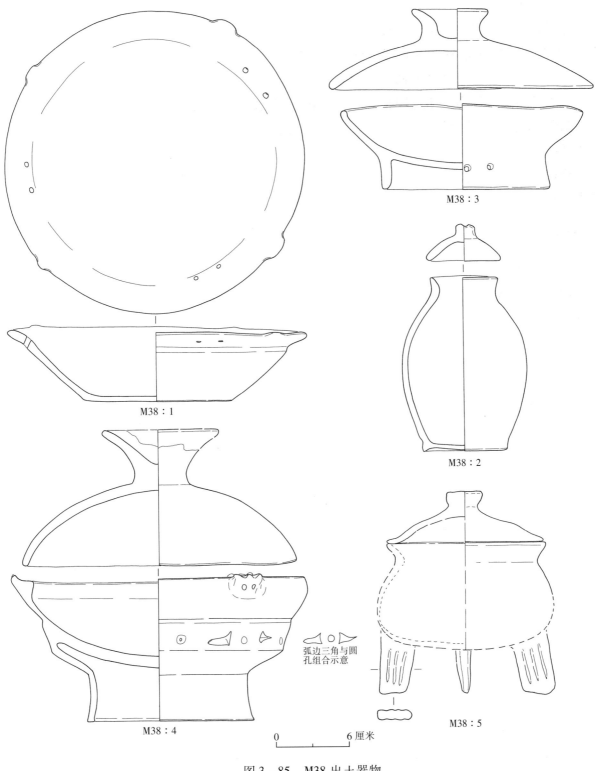

弧边三角与圆
孔组合示意

M38：1

M38：2

M38：3

M38：4

M38：5

0　　　　　6厘米

图3-85　M38出土器物

M38：3，陶盘（含器盖）。竖置，北侧为 M38：4 陶簋（含器盖）所压，起取后发现下面有墓主下肢骨。盖为泥质黄褐胎黑皮陶，表皮多剥蚀。浅杯形盖纽。盖高6.4、盖径21.4～22.0厘米。盘为泥质灰褐胎灰陶，表皮有剥蚀。敞口，盘口变形不正，坦腹，圈足，圈足一侧有两个相距1.3厘米的镂孔。盘高6.2～6.7、口径18.9～19.9、圈足径13.7～13.9厘米

（彩版3－743）。

　　M38:4，陶簠（含器盖）。竖置，叠压M38:3陶盘（含器盖）和M38:5陶鼎身。两者均为黄褐胎黑皮陶，外表剥蚀严重。喇叭形盖纽。盖高约10.8、盖径22.0～22.4厘米。簠敛口，口沿外侧设三个大致等分錾，錾内均有两个斜向穿孔，錾端两凹缺。坦腹，圈足与盘按接处按压后饰一周凹弦纹。圈足上部镂剔有五组圆孔和弧边三角组合图案，每组之间用圆孔间隔，圆孔部分未穿透。圈足上部至中部呈折腹状斜收。连錾高11.7、簠体高11.3、口径22.8～23.1、圈足径13.3～14.0厘米（彩版3－744）。

　　M38:5*，陶鼎（含器盖）。向北倾侧。粗泥红陶。朽烂甚，不能复原。鼎足为鱼鳍形，短矮，抹划粗浅。

M39

（一）概述

　　M39位于T24东南，为M36所叠压。墓向北偏东8度。墓坑南北长1.95、东西宽0.68米，墓底中部标高－290厘米。墓主头骨呈180度倒转，左右肱骨尚可剥剔，余骨骸朽烂不存（图3－86；彩版3－745～748）。

图3－86　M39平、剖面图
1、2、7.陶双鼻壶　3.石钺　4.陶器盖　5.陶盘　6.陶鼎　8.石刀

（二）遗物

　　编号器物8件（组）（图3－87）。

　　M39:1，陶双鼻壶（含器盖）。向东南倾倒，壶盖为墓主头骨和M39:2陶双鼻壶壶体所压。盖为泥质灰胎黑皮陶。杯形盖纽，盖纽底部与盖底有孔相通，盖面近平，近盖缘一侧有两个相距0.2厘米的孔。盖高3.7～4.0、盖径6.6～6.7厘米。壶为泥质灰黄胎黑皮陶，表皮剥蚀严重。口内收，口沿两侧按贴竖向小鼻，长颈中部偏上微内凹弧，微折肩，鼓腹。圈足近腹部饰上下两周凹弦纹，其中下凹弦纹内设七个不等分的扁椭圆形镂孔。壶高11.7～11.9、口径6.8～7.1、圈足径8.0～8.1厘米（彩版3－749）。

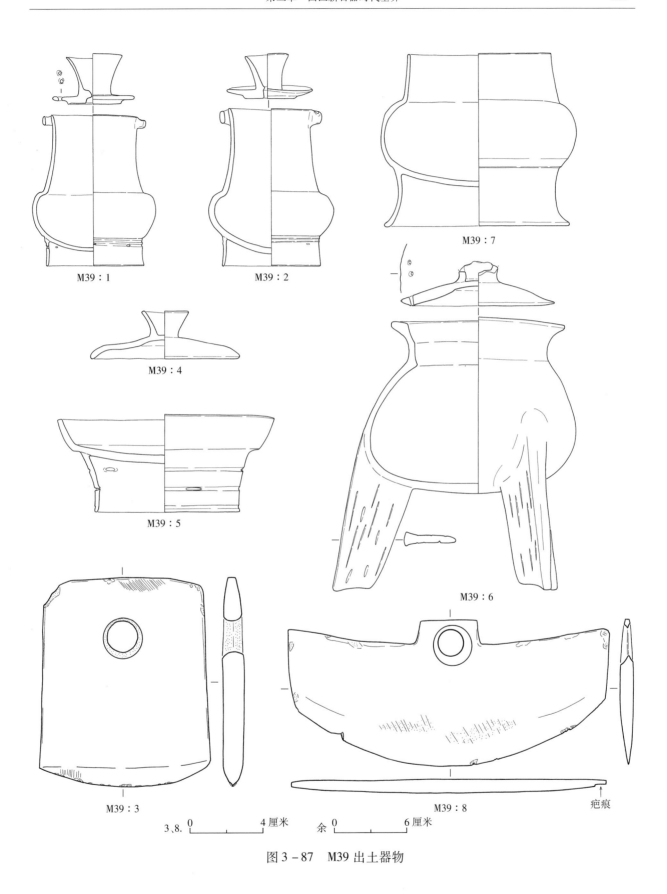

M39：1

M39：2

M39：7

M39：4

M39：5

M39：6

M39：3

M39：8

疤痕

3、8. 0 ____ 4 厘米　余 0 ____ 6 厘米

图 3 - 87　M39 出土器物

M39：2，陶双鼻壶（含器盖）。向西倾倒，壶盖部分伸入到 M39：1 陶双鼻壶口沿内，也为墓主头骨所压。盖为泥质黄褐胎黑皮陶。杯形盖纽，盖面微上翘。盖高 3.3 ～ 3.5、盖径约 7 厘米。壶为泥质灰褐胎黑皮陶，表皮多剥蚀。口内收，口沿两侧按贴竖向小鼻，长颈，鼓腹。圈足近腹部饰两周折痕，其下设有近长方形镂孔数个，现存两孔，均未穿透。壶高 12.3 ～ 12.5、口径 6.7 ～ 6.9、复原圈足径约 8 厘米（彩版 3 - 750）。

M39：3，石钺。平置，刃部朝西南，标高 -287 厘米。所绘为出土时朝下面，该面保存较好，青色夹杂灰白色纹路，另面沁蚀呈灰白色，辉绿岩（？）。整器较为厚重。顶端缘面经修磨较为平整，微弧凸。双向桯钻孔，因材质坚硬且颗粒粗，孔壁显得较为粗糙。孔内径 1.7、所绘面外径 2.15 厘米。双面弧刃，刃部有崩缺，刃脊线较为清晰。高 10.8、上宽 8.7、刃宽 9.3、最厚 1.2 厘米（彩版 3 - 751）。

M39：4，陶器盖。盖纽朝上，微向西侧倾，标高 -283 厘米。泥质灰胎黑皮陶，表皮多剥蚀。喇叭形盖纽，近盖缘弧收。高 3.8、盖径 12.0 ～ 12.1 厘米（彩版 3 - 752）。

M39：5，陶盘。朝东侧置。泥质黄褐胎黑皮陶，表皮多剥蚀。敞口，折腹，高圈足内收。圈足饰三周凹弦纹，其中上、中两周凹弦纹内设有近长方形镂孔各三个，错落分布，多数未穿透。高 7.3 ～ 7.7、口径 17.4 ～ 17.6、圈足径 11.6 ～ 11.9 厘米（彩版 3 - 753）。

M39：4 陶器盖位于 M39：5 陶盘一侧，两者可能配伍，但是尺寸甚不相符。

M39：6，陶鼎（含器盖）。鼎口沿向西倾侧，叠压鼎盖。盖为泥质灰褐胎黑皮陶。浅杯形盖纽残，盖面一侧有两个相距约 0.5 厘米的穿孔。盖残高 3.5、盖径 12.7 ～ 12.9 厘米。鼎为夹砂红褐胎红陶。侈口，内沿折，垂腹，鱼鳍形足，足外侧较宽。足两面均有同向斜线刻划，其中一面夹杂较短且深的戳刻。通高 20.8 ～ 21.6、鼎身高 13.2 ～ 14.0、口径 14.2 ～ 14.4 厘米（彩版 3 - 754）。

M39：7，陶双鼻壶。竖置，微向西北侧倾。泥质灰褐胎灰陶。口内收，鼓腹，高圈足外撇。高 13.5 ～ 13.6、口径 11.7 ～ 11.9、底径 15.1 ～ 15.4 厘米（彩版 3 - 755）。

M39：8，石刀（"耘田器"）。刃部朝东南，微向东南侧倾，标高 -284 厘米。所绘为出土时朝下面，另面表皮微剥蚀。深灰色夹杂灰白色点，角岩。整器扁薄规整，打磨光洁。上部中央梯形凸起，双向管钻孔，孔内径 1.4、所绘面外径 2.1、另面外径 1.95 厘米。两侧肩部上翘，肩部及两侧边缘面均经打磨，光洁。"V"形双面弧刃，刃部微有崩缺。高 7.7、宽 17.6、最厚 0.78 厘米（彩版 3 - 756）。

M40

（一）概述

M40 位于 T24 中南部，M37 的西侧。墓坑南北长 2.20、东西宽 0.65 ～ 0.70 米，墓底中部标高 -282 厘米。除头骨可大体剥剔外，余骨骸朽烂不存（图 3 - 88；彩版 3 - 757 ～ 759）。

（二）遗物

编号器物 11 件（组）（图 3 - 89A、B）。

M40：1，红陶盆。覆置，北高南低，叠压 M40：3 陶盆口沿一角。泥质红褐胎红陶。侈口，内沿折，折痕下微内凹，弧腹斜收，平底。高 8.1 ～ 8.9、口径 18.0 ～ 18.8、底径约 9.6 ～ 10.3 厘米

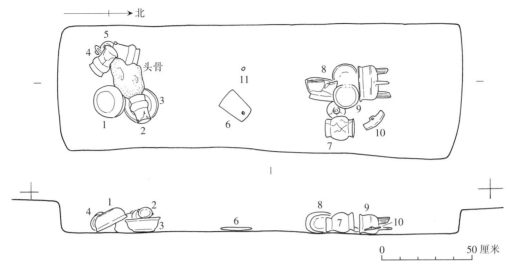

图 3-88 M40 平、剖面图
1. 红陶盆 2、4、5. 陶双鼻壶 3. 陶盆 6. 石钺 7. 陶罐 8. 陶簋 9. 陶鼎 10. 石刀 11. 玉锥形器

（彩版 3-760）。

M40:2，陶双鼻壶（含器盖）。壶体位于 M40:3 陶盆内，口沿朝东倾倒，壶盖位于 M40:1 红陶盆下。两者均泥质黄褐胎黑皮陶，外表多剥蚀。喇叭形盖纽。盖高 3.7~4.0、盖径 7.6~7.7 厘米。壶口微外敞，口沿两侧按贴竖向小鼻，长颈内凹弧，鼓腹，圈足外撇。壶高 14.9~15.5、口径 8.7~9.1、圈足径 9.3~9.4 厘米（彩版 3-762）。

M40:3，陶盆。竖置。泥质灰胎灰陶。敞口，平沿，外沿部设三个近等分凹缺，每个宽约 1.8 厘米。上腹部微内凹折，下腹折收，圈足外撇。高 6.1~6.5、口径 18.7~18.9、圈足径 10.1~10.4 厘米（彩版 3-761）。

M40:4，陶双鼻壶（含器盖）。向西北倾倒，壶盖位于壶体一侧下方，叠压 M40:5 陶双鼻壶（含器盖）。两者均泥质黄褐胎黑皮陶，外表剥蚀严重。喇叭形盖纽，盖面近平，盖缘内收成平底。盖高 3.2~3.4、盖径约 6.8 厘米。壶口沿两侧按贴竖向小鼻，长颈微内凹弧，鼓腹，圈足外撇。壶高 12.3~12.4、口径 7.6~7.9、圈足径 8.9~9.1 厘米（彩版 3-763）。

M40:5，陶双鼻壶（含器盖）。向南倾倒，壶盖位于口沿下方。外表多剥蚀。盖为泥质灰胎灰陶。喇叭形盖纽残，盖面一侧有两个相距约 1 厘米的孔。盖残高 2.6、盖径 6.7~6.9 厘米。壶泥质褐胎黑皮陶。口微外撇，口沿两侧按贴竖向小鼻，长颈内凹弧，鼓腹，圈足外撇。壶高 13.4~13.6、口径 7.3~7.4、圈足径 8.5~8.6 厘米（彩版 3-764）。

M40:6，石钺。平置，刃部朝西南，标高 -280 厘米。所绘为出土时朝上面。青灰色，夹杂灰白色纹理，泥岩。整器平面呈"风"字形，扁薄规整，有光泽。顶端缘面保留有琢打痕迹。上部有双向管钻孔，孔内径 1.5、所绘面外径 1.8、另面外径 1.7 厘米。两侧边斜直。双面弧刃。高 16.5、上宽 9.3、刃宽 11.3、最厚 0.43 厘米（彩版 3-765）。

M40:7，陶罐（含器盖）。向北倾倒，罐盖位于西侧，盖纽朝上。两者均为黄褐胎黑皮陶，外表多剥蚀。喇叭形盖纽。盖高 4.7~5.1、盖径约 10.15 厘米。罐侈口，深弧腹，腹部最大径偏上，圈足外撇。罐高 14.1~14.4、口径 10.1~10.3、圈足径 8.8~9.2 厘米（彩版 3-766）。

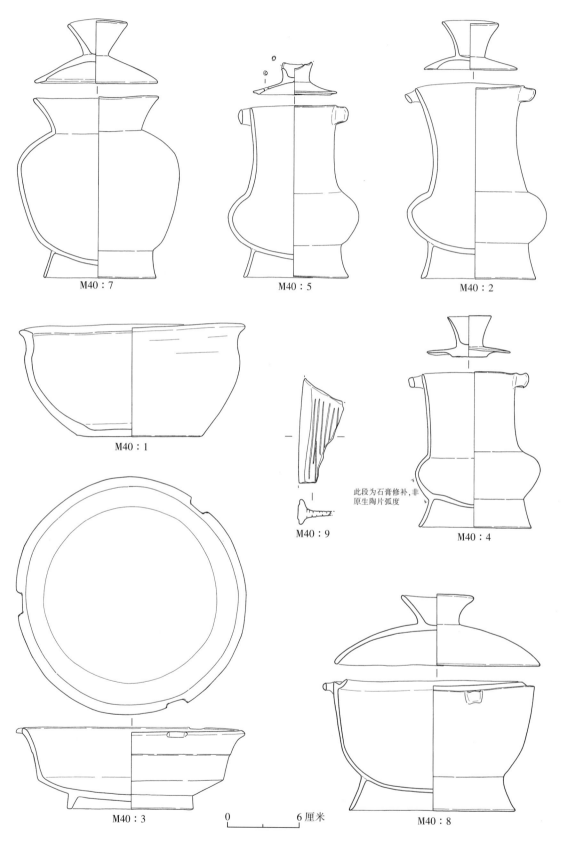

M40：7

M40：5

M40：2

M40：1

M40：9

此段为石膏修补,非
原生陶片弧度

M40：4

M40：3

0　　　　　6厘米

M40：8

图 3 - 89A　M40 出土陶器

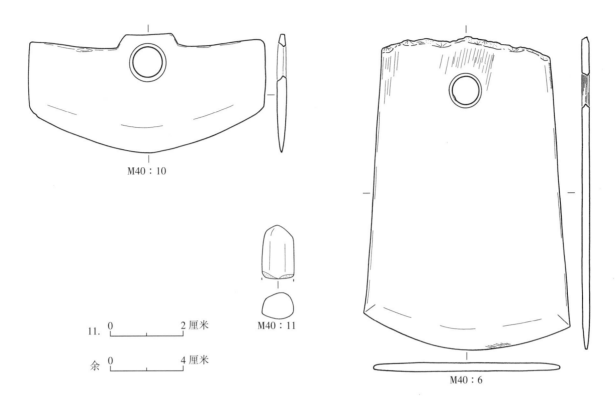

图 3 - 89B　M40 出土玉、石器

M40：8，陶簋（含器盖）。向西倾倒，豆盖位于西侧下方，且为 M40：9 陶鼎盖所压。两者均为黄褐胎黑皮陶，外表多剥蚀。喇叭形盖纽。盖高 5.5 ~ 5.75、盖径 16.6 ~ 16.8 厘米。簋子母口，子口内敛上翻，沿外侧设三个等分竖穿小鼻，斜弧腹，圈足外撇。簋高 9.9 ~ 10.4、口径约 14.2、圈足径 13.3 ~ 13.5 厘米（彩版 3 - 767）。

M40：9[*]，陶鼎（含器盖）。向南倾倒，顶盖内面朝上，叠压 M40：8 陶簋（含器盖）和 M40：7 陶罐盖。朽烂甚，不能完整复原。盖体为泥质褐陶。鼎身为夹砂红陶。仅可辨"T"字形鼎足，足外侧面抹划呈矮台形。

M40：10，石刀（"耘田器"）。刃部朝东北，微倾侧，标高 -280 厘米。灰白色，泥岩。整器扁薄，表皮局部有剥蚀。上部中央梯形凸起，双向管钻孔，孔内径 1.58、所绘面外径 2、另面外径 1.75 厘米。两侧肩部上翘，肩部及两侧边缘面均经打磨。"V"形双面弧刃。高 6.2、宽 12.9、最厚 0.53 厘米（彩版 3 - 768）。

M40：11，玉锥形器。沁蚀呈白色，石膏状，透闪石。朽烂，残存四块，所绘部分为最大块，锥首，截面呈不规则椭圆形。残长 1.3、直径 0.62 ~ 0.82 厘米（彩版 3 - 769）。

M41

（一）概述

M41 位于 T20 中部偏北，为 M26 所叠压。开口于 T20 所在的烧结面上，墓坑线不明显，随葬器物出土后才确认开口层面（彩版 3 - 770 ~774）。

墓坑北偏东 12 度。南北长 2.38、东西宽 0.6 米，开口层面标高 -176 厘米，墓底中部标高

－249厘米。墓主头骨和局部下肢骨可辨，墓主头骨最高－236厘米，牙齿标高－239厘米，下肢骨标高－242厘米～－245厘米，骨骸总长约1.60米，中间稍低，两端稍高（图3－90）。

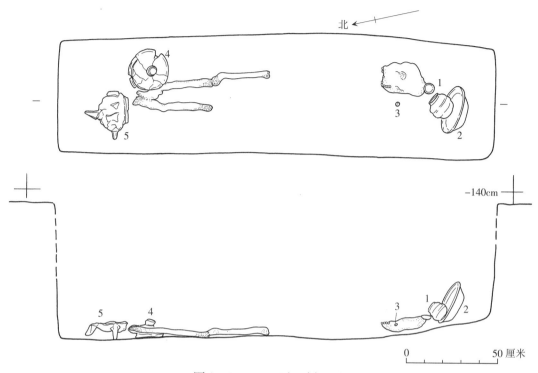

图 3－90 M41 平、剖面图
1. 陶壶 2. 陶盆 3. 玉隧孔珠 4. 陶豆 5. 陶鼎

　　墓主颅骨整体保存较差，破碎严重，多数无法分辨，骨壁厚度中等，齿弓呈抛物线形，保存有部分牙齿，其臼齿齿尖大部分磨去，齿质点暴露，性别不详，25～30 岁。

　　（二）遗物

　　编号器物5件（组）（图3－91）。

　　M41∶1，陶壶（含器盖）。壶体位于倾侧的 M41∶2 陶盆内，口沿向北倾倒，壶体底部标高－237厘米，壶盖位于东北一侧，叠压墓主头骨，内面朝上。盖为泥质灰胎黑皮陶。穹隆状，近盖缘一侧有一圆形穿孔。盖高2.0、盖径5.5～5.6厘米。壶为泥质灰褐胎黑皮陶，颈腹部残留有朱痕。直口，颈部一侧有一圆形穿孔，可与盖孔对应。双弧腹，假圈足底微内凹，足端切剔五个近等分凹缺。壶高9.2～9.5、口径5.5～5.6、底径6.3～6.6厘米（彩版3－775）。

　　M41∶2，陶盆。向北侧置，盆口沿最高标高－218厘米。泥质黄褐胎红陶。敞口，斜收腹，平底。高6.3～7.3、口径23.9～24.3、底径11.0～11.3厘米（彩版3－776）。

　　M41∶3，玉隧孔珠。位于墓主头骨左侧，隧孔朝上，标高－240厘米。鸡骨白，夹杂灰白色透光颗粒，透闪石。平面圆中带方，正面弧凸，背面较平整，隧孔先后以两侧略斜桯钻对穿而成。厚0.56、外径1.11～1.20厘米（彩版3－777）。

　　M41∶4，陶豆（含器盖）。位于右趾骨外侧，竖置，压扁甚。盖为泥质灰胎黑皮陶。杯形盖纽。盖高11.2～11.3、盖径11.0～11.6厘米。豆为泥质灰褐胎灰陶。敛口，喇叭形圈足，圈足中部有两个不对称的圆形镂孔。豆高10.0～10.9、口径17.1～17.2、圈足径11.0～11.6厘米（彩版3－778）。

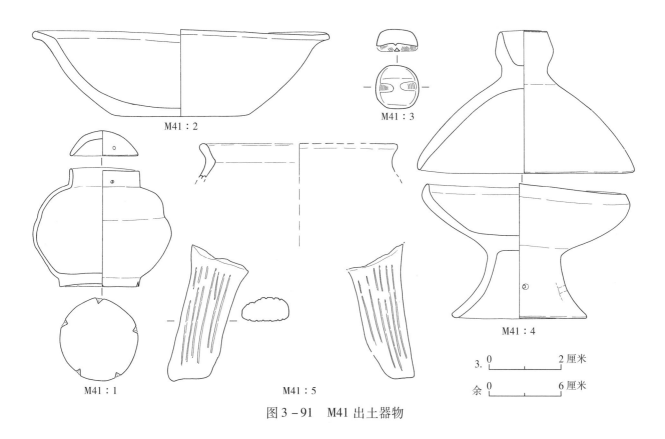

图 3 - 91　M41 出土器物

M41:5*，陶鼎。竖置，压扁甚。粗泥红陶。朽烂甚，不能复原，仅能辨认口沿和鼎足。折沿，鱼鳍形足，足面抹划浅直线，足中横截面呈扁椭圆形。

M42

（一）概述

M42 位于 M40 西侧。仅为一组 2 件陶器，暂编号墓葬单元（图 3 - 92）。

（二）遗物

M42:1，陶盆。泥质黄褐胎红陶。侈口，颈微束，斜弧腹，平底。高 7.9、口径 14.4、底径约 10.2 厘米（彩版 3 - 779）。

M42:2*，陶双鼻壶。绝对标高 -258 厘米。泥质灰陶。朽烂甚，不能复原，仅能辨认矮圈足。圈足径约 7 厘米。

M43

（一）概述

M43 位于 T24 东南，大部分在 T24 东隔梁内。开口于印纹陶堆积层下，墓坑西南角被 H9 打破。墓坑南北长 1.98、宽 0.48 米，墓底中部标高 -282 厘米（图 3 - 93；彩版 3 - 780、781）。

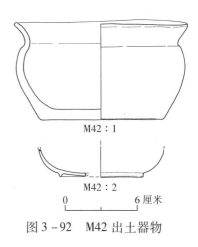

图 3 - 92　M42 出土器物

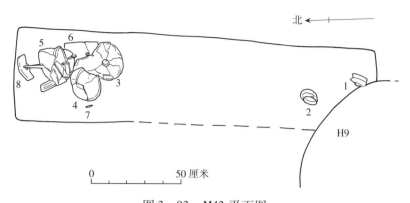

图 3-93　M43 平面图
1、2. 陶双鼻壶　3. 陶豆　4. 陶罐　5. 陶甗　6. 双孔石刀　7. 玉锥形器　8. 石刀

（二）遗物

编号器物 8 件（组）（图 3-94）。

M43：1*，陶双鼻壶。朝西北倾倒。泥质黑陶。仅能辨认圈足，圈足上有长方形小镂孔。圈足径约 7 厘米（图略）。

M43：2，陶双鼻壶。竖置，微向西侧倾。泥质黄褐胎黑皮陶，外表多剥蚀。颈部以上缺损。鼓腹，圈足外撇。残高 6.7~8.3、圈足径 7.7~8.1 厘米（彩版 3-782）。

M43：3*，陶豆（含器盖）。竖置，压扁碎裂甚，叠压 M43：6 石刀。泥质灰胎黑皮陶，黑皮基本脱落。仅可辨杯形盖纽、豆盘圈足及口沿部位的小鼻。圈足径约 12 厘米。

M43：4*，陶罐。竖置，微向东倾侧，叠压 M43：3 陶豆（含器盖）。泥质红褐陶。朽烂甚，不能复原，器形难辨（图略）。

M43：5，陶甗（含器盖）。向南倾倒，叠压 M43：6 石刀。盖为泥质灰胎灰陶。浅杯形盖纽，盖纽不在盖面正中心。盖高 6.1、盖径 16.9~17.5 厘米。甗为夹砂黄褐胎红陶。侈口，鼓腹，腹内壁中部偏下有一周隔档。鱼鳍形足，足横截面厚度较均匀，三足残缺甚多，其中一足面留有竖向刻划痕。通高 17.9~18.1、甗身高 11.8~12.0、口径 14.3~14.6 厘米（彩版 3-783）。

M43：6，双孔石刀。刃部朝东，由东向西侧倾，刃部标高 -276 厘米。所绘为出土时朝上面。出土时左侧已断裂并有残缺。青灰色，泥岩。整器扁薄规整，打磨光洁，近斜梯形。顶端面保留有琢打痕，所绘左侧转角斜处理，右侧转角亦经打磨。上部有两个双向管钻孔，孔壁内均有明显的数周凹旋痕。其中左侧孔缘距刀侧 4.57 厘米，内径 1.96、所绘面外径 2.14、另面外径 2.17 厘米；右侧孔缘距刀侧 4.55 厘米，内径 1.95、所绘面外径 2.15、另面外径 2.25 厘米。刀两侧微外撇。双面刃，刃部平直微上翘，刃脊线清晰，所绘左侧刃部有崩缺，崩缺主要在另面。长边高 8.1、短边高 6.6、中部最高 8.7、刃宽 18.8、最厚 0.51 厘米（彩版 3-786）。

M43：7，玉锥形器。平置，锥尖朝南，标高 -278 厘米。白色，受沁严重，石膏状，表皮有剥蚀，透闪石。横截面呈椭圆形，首尖，端部有榫，榫上有双向桯钻穿孔。长 3.4、直径 0.56~0.66 厘米（彩版 3-784）。

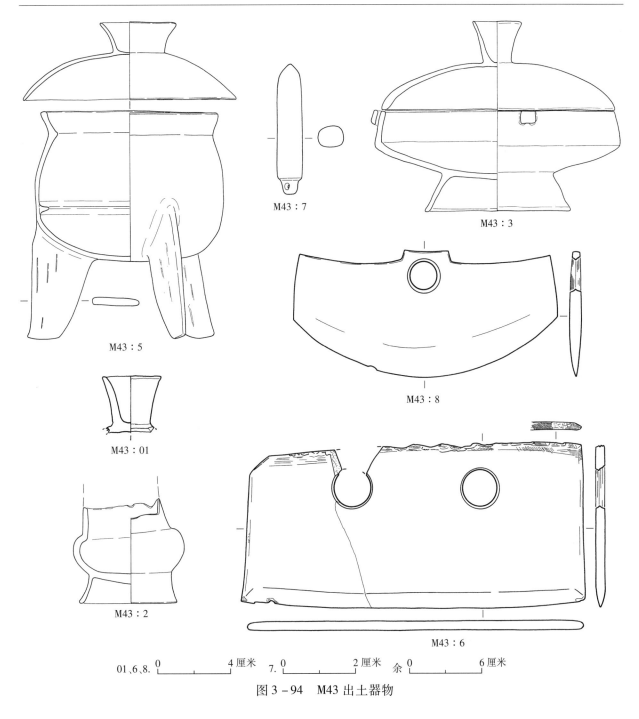

M43 : 7

M43 : 3

M43 : 5

M43 : 8

M43 : 01

M43 : 2

M43 : 6

01、6、8. 0 ⊢—————⊣ 4厘米　7. 0 ⊢———⊣ 2厘米　余 0 ⊢—————⊣ 6厘米

图 3 - 94　M43 出土器物

　　M43:8，石刀（"耘田器"）。刃部朝北，位于 M43:5 陶鬶足下方，标高 -281 厘米，鬶足部位最高 -274 厘米，如果 M43 有葬具，该石刀可能位于葬具外填土中。所绘为出土时朝下面。灰白色，角岩。整器扁薄规整，打磨光洁。上部中央梯形凸起，两侧转角微上翘。双向管钻孔，孔内径 1.5、两面外径均为 1.8 厘米。两侧肩部上翘，肩部及两侧边缘面均经打磨，光洁。"V"形双面弧刃，刃部崩缺为发掘时受损。高 6.6、宽 14.5、最厚 0.66 厘米（彩版3 - 785）。

　　M43 填土中出土的陶片碎小，可辨器类有崧泽文化阶段的粗泥红陶鼎腹片。另有泥质灰陶豆片、泥质灰陶杯形盖纽（M43:01）等。

M44

（一）概述

M44 位于 T18 中部偏北，也即 M35 和 M33 之间之北。墓向北偏东 14 度。长 1.47、宽 0.5 米，墓底标高 -236 厘米。未发现骨骸。从墓葬规模判断，应为孩童墓（图 3 - 95；彩版 3 - 787）。

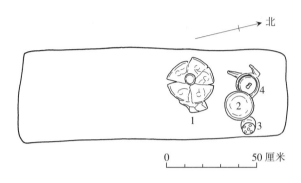

图 3 - 95　M44 平面图

1. 陶豆　2. 陶盆　3. 陶杯　4. 陶鼎

（二）遗物

编号器物 4 件（组）（图 3 - 96）。

M44:1，陶豆（含器盖）。竖置。盖为泥质灰褐胎黑皮陶。杯形盖纽。盖纽底部及盖面顶部饰一周宽朱痕。盖面刻划有六个以圆为中心的螺旋状纹样，盖缘饰一周宽弦纹，其上设近六等分的半环状图案与螺旋状纹样对应，纹样内朱绘。盖高 9.1、盖径 21.7 ~ 22.2 厘米。豆为泥质黄褐胎黑皮陶。豆盘残缺，无法整体修复，仅可确认为敛口，坦腹，束腰形圈足，圈足上部有三组倒三角形镂孔，每组三个孔。豆圈足径 12.0 ~ 12.6 厘米（彩版 3 - 788、789）。

M44:2，陶盆。竖置，微向东侧倾，叠压 M44:3 陶杯（含器盖）和 M44:4 陶鼎（含器盖）。泥质红褐胎红陶。敞口，斜直收腹，平底。高 7.4、口径 15.5 ~ 15.7、底径约 9.7 ~ 10.2 厘米（彩版 3 - 790）。

M44:3，陶杯（含器盖）。竖置，微向东侧倾。均为泥质褐胎黑皮陶，器表局部有朱痕残留。盖顶端部粘贴一乳突，近盖缘粘贴四个大致等分的乳突，子母口。盖高 2.3、盖径 6.8 ~ 6.9 厘米。杯敛口，鼓腹，平底微内凹，内底留有拉坯痕。杯高 8.4 ~ 8.5、口径 5.8 ~ 5.9、底径 5.2 ~ 5.4 厘米（彩版 3 - 791）。

M44:4*，陶鼎（含器盖）。竖置，鼎足断裂移位。粗泥红陶。双角形盖纽。盖外径约 10 厘米。鼎身具体形制不明，足中部横截面呈扁圆形。

M45

（一）概述

M45 位于 T18 东北，即 M33 东北侧。墓向北偏东 14 度。墓坑长 1.2、宽 0.4 米，墓底标高 -240 厘米。墓室中部残留有一保存甚差的孩童头骨，出露最高的标高 -236 厘米，头骨以北尚有局部的纤细肢骨可辨（图 3 - 97；彩版 3 - 792）。

M44：1

M44：1

M44：3

M44：4

M44：2

0　　　　　　6厘米

图 3 - 96　M44 出土器物

（二）遗物

编号器物1件（组）（图3 - 98）。

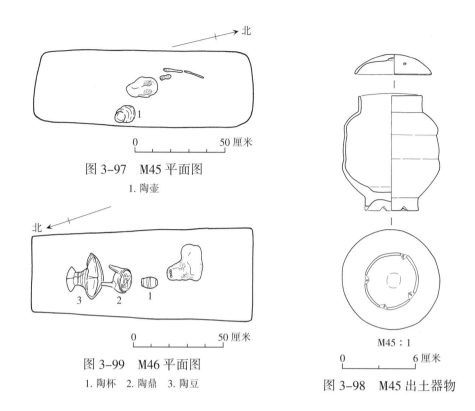

图 3-97　M45 平面图

1. 陶壶

图 3-99　M46 平面图

1. 陶杯　2. 陶鼎　3. 陶豆

M45：1

图 3-98　M45 出土器物

M45：1，陶壶（含器盖）。朝南倾侧。盖为泥质灰胎黑皮陶，盖面留有朱痕。穹隆状，近盖缘一侧有一个小穿孔。盖高 1.7、盖径 6.1～6.3 厘米。壶为泥质黄褐胎黑皮陶，颈部与腹部均有朱绘。直口，腹中部设两周内凹弦纹，呈三弧腹状，圈足，切剔四个大致等分的三角形凹缺。壶高 9.2～9.4、口径 5.0～5.1、圈足径 4.3～4.6 厘米（彩版 3-793）。

M46

（一）概述

M46 位于 T20 中部偏北，其上分别为 M41 和 M26 所叠压。墓向北偏东 18 度。墓坑长 1.2、宽 0.4～0.5 米，墓底中部标高 -271 厘米。墓室南部可大体剥剔出一孩童的头骨，出露最高的标高为 -266 厘米（图 3-99；彩版 3-794～797）。

（二）遗物

编号器物 3 件（组）（图 3-100）。

M46：1，陶杯。朝南倾倒。泥质灰胎黑皮陶，外表有朱痕残留。敛口，鼓部，腹部中间两周较宽凸弦纹，圈足外撇，切剔近六等分的三角形凹缺。高 8.3～8.8、口径 4.0～4.2、圈足径 4.3～4.7 厘米（彩版 3-798）。

M46：2，陶鼎（含器盖）。朝南倾倒。盖为泥质红褐胎红陶。穹隆状，盖顶面有一穿孔，近盖缘有两个相距 0.8 厘米的孔。盖面刻划图符，图符以重圈状纹样为中心，四角缠绕线束。盖高 3.1、盖径 10.4～10.6 厘米。鼎为粗泥陶。朽烂甚，无法剥剔修复，大致可辨认其为敞口、盆形鼎身、凿形足（彩版 3-799）。

M46：3，陶豆。朝南倾倒。泥质灰胎黑皮陶。敛口，子母口状。豆柄束腰，上部镂刻圆和弧

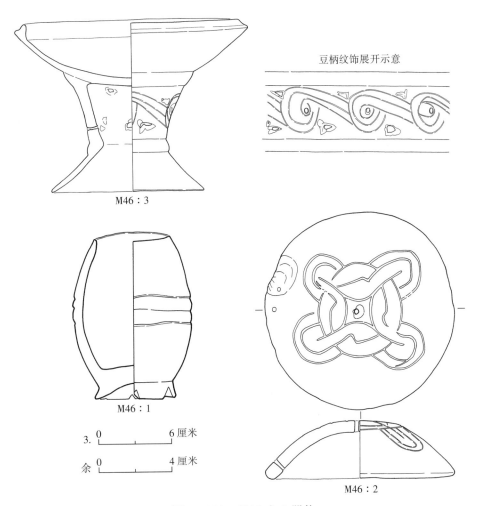

图 3 - 100　M46 出土器物

边三角并结合螺旋线的组合图案，中部一周凸弦纹，下部外展成喇叭形。高 12.8 ~ 13.6、口径约 17.4、圈足径 12.5 ~ 12.7 厘米（彩版 3 - 800）。

M47

（一）概述

M47 位于 T18 东部，也即 M33 东侧。墓坑南北长 1.2、东西宽 0.45 米，墓底中部标高 248 厘米。墓室南部可大体辨认出一孩童骨骸，墓室北端有肢骨残存（图 3 - 101；彩版 3 - 801）。

（二）遗物

编号器物 3 件（组）（图 3 - 102）。

M47:1，陶壶（含器盖）。朝北倾倒，叠压头骨。盖为泥质灰胎黑皮陶。穹隆状，盖面有朱痕残留，近盖缘一侧有一个穿孔，盖内面留有拉坯痕。盖高 1.7、盖径 5.2 厘米。壶为泥质灰褐胎黑皮陶，黑皮多剥蚀，外壁局部留有朱痕。直口，口沿部位有一个穿孔，与盖之孔可对应。鼓腹，圈足，切剔近四等分的三角形凹缺。壶高 9.2 ~ 9.4、口径 4.3 ~ 4.4、圈足径 4.7 ~ 4.8 厘米（彩版 3 - 802）。

M47:2*，陶豆（含器盖）。向东北倾倒，豆盘叠压盖。朽烂甚，无法完整修复。泥质褐胎黑

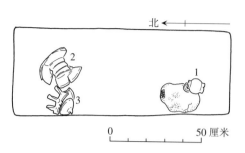

图 3 – 101　M47 平面图
1. 陶壶　2. 陶豆　3. 陶鼎

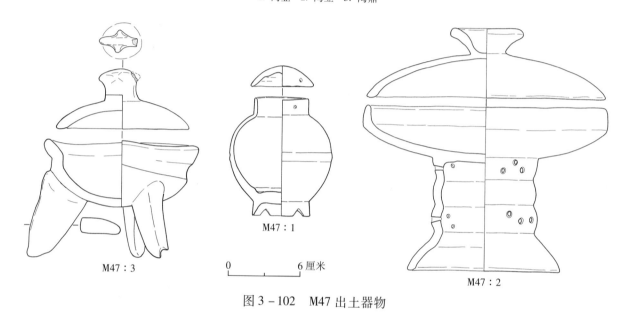

图 3 – 102　M47 出土器物

皮陶，外壁涂朱。盖纽为浅杯形。豆盘弧敛口，豆柄有三道凸棱，棱面上有多组小镂孔装饰。盖径约10厘米，其余尺寸不明。

M47：3，陶鼎（含器盖）。朝西南倾倒。粗泥陶。盖纽横截面似"十"字形。盖高4.8、盖径10.9厘米。鼎整器不整，敞口，盆形鼎身，折腹，鱼鳍形足。鼎通高8.9～9.5、鼎身高4.9～5.4、口径11.5～12.7厘米（彩版3–804）。

M50

（一）概述

M50位于T23东隔梁上，墓坑不清晰，在T16西壁上也难以辨认。墓坑南北长1.6米，宽度不明，墓底中部标高–229厘米。墓坑南部尚有头骨残骸（图3–103；彩版3–803）。

（二）遗物

编号器物4件（图3–104）。

M50：1，陶盆。覆置。泥质黄褐胎红陶。微敞口，颈部旋削一周，腹部斜内收，平底微内凹。高8.3～9.4、口径18.8～19.6、底径14.0～14.3厘米（彩版3–805）。

M50：2*，陶双鼻壶。竖置，微向西南倾侧。泥质灰胎褐红陶。口沿不明，长颈内收，鼓腹，圈足部位有两道弦纹。高度估计在11厘米，圈足径约8厘米。

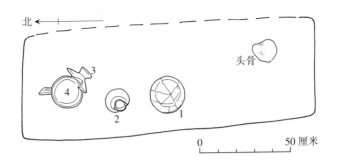

图 3 - 103 M50 平面图
1. 陶盆 2. 陶双鼻壶 3. 陶豆 4. 陶鼎

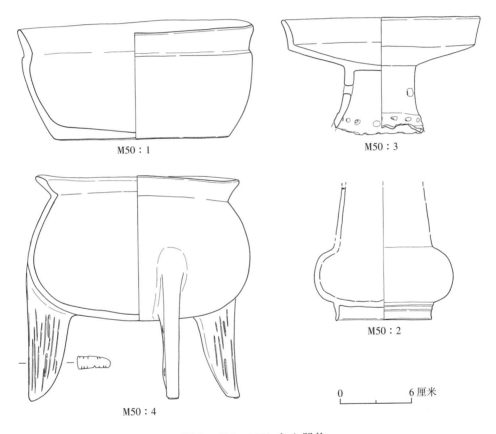

图 3 - 104 M50 出土器物

M50:3，陶豆。向西北倾倒，叠压 M50:4 陶鼎口沿。圈足未修复完整。泥质褐胎黑皮陶，外表多剥蚀。敞口，折腹。圈足上部有三个不等分的长方形镂孔，中部至少有上、下两排小镂孔，其上排有十五个，当中有两个未穿透，下排残缺。残高约9.2、口径15.6～16.6厘米（彩版3 - 806）。

M50:4，陶鼎。竖置。夹砂黄褐胎红陶。鼎身外壁及足根部有黑色烟炱，可能是实用器。侈口，内沿折，鼓腹，鱼鳍形足。足两面均有竖向刻划痕，其中一面上下各有深按戳。通高17.2～17.9、鼎身高约11.4～11.7、口径16.3～16.7厘米（彩版3 - 807）。

M51

（一）概述

M51 位于 T23 东隔梁北部，M50 之北，墓坑甚难辨认。南北长约 2.00、东西宽约 0.65 米，墓底中部标高 −241 厘米（图 3 − 105）。

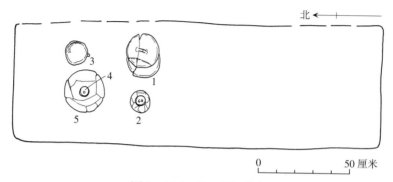

图 3 − 105　M51 平面图

1. 陶豆　2. 陶罐　3. 陶鼎　4. 石纺轮　5. 陶盘

（二）遗物

编号器物 5 件（组），均位于墓室北部（图 3 − 106；彩版 3 − 808）。

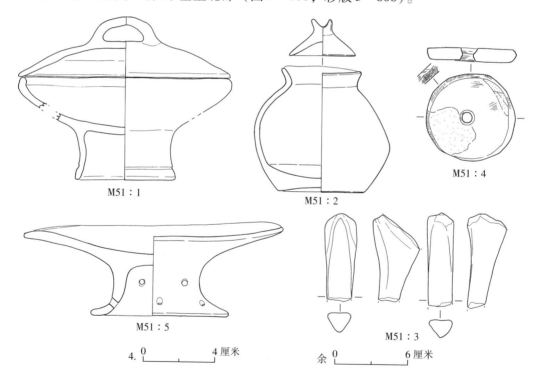

M51:1

M51:2

M51:4

M51:5

M51:3

4.　0　　　　　　4 厘米

余　0　　　　　6 厘米

图 3 − 106　M51 出土器物

M51:1*，陶豆（含器盖）。竖置。泥质灰陶。朽烂甚，不能修复。盖纽为半环状。盖体高约 4.9、盖径约 17.5 厘米。豆口沿微敛，坦腹，圈足下部有一周凹弦纹。豆圈足径 8.4 厘米。

M51:2，陶罐（含器盖）。竖置。盖为泥质灰胎灰陶。变体立鸟形盖纽。盖高 2.9、盖径 5.2 ～ 5.3 厘米。罐为泥质褐胎红陶。侈口，鼓腹，内凹底。罐高 10、口径 6.4 ～ 6.5、底径 6.6 ～ 7.0 厘米（彩版 3 - 809）。

M51:3*，陶鼎。竖置。粗泥红陶。朽烂甚，不能修复。口沿不辨，仅能辨识鼎足。凿形足，足正面向上收缩尖形并外凸，足横截面呈三角形，其中两足的形态个体差异甚大。

M51:4，石纺轮。平置于 M51:5 陶盘上。青灰色。整器呈不规则圆饼形，外廓有切磨痕。中心双向桯钻穿孔。高 0.6 ~ 0.7、外径 4.6 ~ 4.8、孔内径 0.58 厘米（彩版 3 - 810）。

M51:5，陶盘。竖置。泥质灰胎灰陶，剥蚀甚，火候甚低。敞口，沿微外翻，坦腹，圈足中部有上、下两组镂孔，每组各有七个镂孔，错位分布。高 7.55、口径 21.3 ~ 21.6、圈足径 11.3 ~ 11.6 厘米（彩版 3 - 811）。

M52

（一）概述

M52 位于 T24 东隔梁部位，打隔梁时发现，仅为一组 4 件陶器，均竖置，朽烂甚，应为墓葬单元，器物组所在层面（墓底）标高 - 244 厘米（图 3 - 107；彩版 3 - 812）。

（二）遗物

编号器物 4 件（图 3 - 108）。

M52:1*，陶豆。泥质灰陶。仅能辨近直口，折腹。口径约 16 厘米。

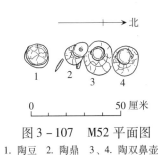

图 3 - 107 M52 平面图
1. 陶豆 2. 陶鼎 3、4. 陶双鼻壶

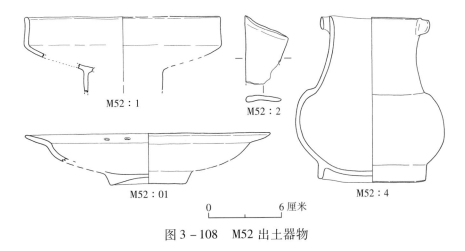

图 3 - 108 M52 出土器物

M52:2*，陶鼎。夹砂红陶。朽烂甚，无法修复。从出土时的印痕测量，鼎腹径约 14 厘米。鼎足为小鱼鳍形，横截面甚薄，最薄处仅 0.3 厘米。

M52:3*，陶双鼻壶。泥质灰褐陶。火候甚低，朽烂甚，无法修复。仅可辨鼓腹，圈足有多道弦纹，形制接近 M22:3 陶双鼻壶（图略）。

M52:4，陶双鼻壶。泥质灰褐胎黑皮陶，外表多剥蚀。口微外敞，口沿两侧按贴竖向小鼻，长颈微内凹，鼓腹，矮圈足。高 13.0 ~ 13.3、口径 7.5 ~ 8.0、圈足径 8.6 ~ 8.9 厘米（彩版 3 - 813）。

另，碎片中有一可复原陶盆*，编号 M52:01。泥质灰陶。敞口，宽沿，沿面有两个穿孔，假圈足内凹底。高约 4、口径约 20、底径约 6.2 厘米。

附录：T1 的一组器物（墓葬）

因受工期限制，沿 T1 西壁探沟利用工程车处理，清理中出土了一组器物，应为墓葬残留，计有陶器一组和石钺一件（图 3 – 109）。附录于此。

T1②：599，陶豆。泥质褐胎红陶。整器残损。浅盘，豆柄上部有两小圆穿孔，中部按剔圆和弧边三角组合图案，并戳刻小圆点。残高 11.5、口径约 20、圈足径约 11.6 厘米（彩版 3 – 814）。

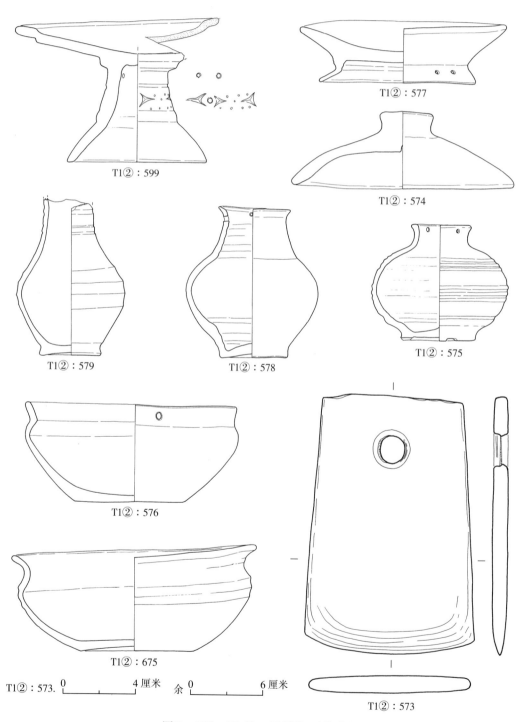

图 3 – 109　T1 的一组器物（墓葬）

T1②:577，陶盘。泥质灰胎黑皮陶。坦腹，矮圈足上有两个小圆穿孔。高4.4～5.0、口径16.7～17.0、圈足径11.8～12.1厘米（彩版3–815）。

T1②:578，陶壶。泥质灰胎灰陶。翻沿，口沿部位有一小穿孔，鼓腹，内凹底。高12、口径5.9、底径5.7厘米（彩版3–816）。

T1②:575，陶壶。泥质灰胎灰陶。翻沿，口沿部位对称有两小圆穿孔，鼓腹，腹部及上下有凹凸弦纹，花瓣足。高9.2、口径4.7～4.8、底径6.1厘米（彩版3–817）。

T1②:579，陶壶。泥质灰白胎灰陶。口部残损，长颈外壁多道凹弦纹，折腹部位三道凹弧，假圈足内凹底。残高12.4、底径5～5.2厘米（彩版3–818）。

T1②:576，陶盆。泥质灰胎灰陶，折沿，口沿一侧有一圆形穿孔，平底。高7.5～7.9、口径17.4～17.5、底径8.7～8.9厘米（彩版3–819）。

T1②:675，陶盆。泥质褐胎黑皮陶，黑皮保存甚佳，有光泽。翻沿，束颈，腹部有两道凹弧。高7.5～8.5、口径约22.5、底径约9.4厘米（彩版3–820）。

T1②:574，陶器盖。粗泥红陶。实心纽。盖高6.1、外径17.4～18.3厘米（彩版3–821）。

T1②:573，石钺。流纹岩，片状纹理。长13.6、顶宽7.7、刃部宽9.3、最厚0.8厘米。双向管钻孔，孔外径1.7～2、孔内径1.4～1.5厘米（彩版3–822）。

第四章　西区新石器时代土台及相关遗迹和遗物

　　小兜里是浙北地区新石器时代典型的台墩型遗址，跨度从崧泽文化晚期至良渚文化中期。从保存较好的遗址西部堆积分析，崧泽文化晚期土台的营建始于遗址的西南部，编号土台Ⅰ，并分为早、晚两个阶段，有红烧土遗迹、墓葬、灰坑、多层次堆积的"草木灰"等遗迹。土台Ⅱ位于土台Ⅰ的北部，两者之间的多层次草木灰堆积说明这两座土台曾共存过一段时期，相对于土台Ⅱ，土台Ⅰ显然是一处中心土台（图4-1；彩版4-1）。

　　小兜里西区的崧泽文化堆积不仅限于土台Ⅰ、土台Ⅱ，从M7等单元的分布情况和其他遗迹判断，至少在T15和T7所在部位还有一个中心土台，T15是一个"空方"，地层堆积质地纯净，没有包含物，M16~M18这些墓葬可能就属于这一土台。此外，T8尚有呈环状分布的M10和M4，T1的M11和M15也属于崧泽文化阶段，这一区域肯定也存在土台，或者是某个土台的拓展。这些可能存在的土台因为遗址保存的问题和发掘时间的局限，详细情况就不得而知了。

　　小兜里遗址良渚文化时期的堆积主要是依崧泽文化时期的土台向外拓展，主要分为两个区域：一是以原土台Ⅱ为基础，在遗址的西北部形成了以M27等为代表的集中堆积；二是依托土台Ⅰ，在保存土台Ⅰ的前提下，向东拓展营建，以M8和M6为代表的显贵大墓就是这一拓展营建过程中的主要遗迹。

　　小兜里东区的情况，由于主体文化层堆积早已经被取土破坏，堆积已经很不完整，仅能判断崧泽文化时期小兜里遗址的分布范围，以及这一范围的平面基本形状。

　　土台在营建拓展过程中的遗迹主要包括建筑遗迹、灰坑、陶片面、墓葬、以"草木灰"为代表的废弃堆积等，其中营建过程中的堆积土色纯净，包含物也甚少。

第一节　土台Ⅰ及相关遗迹和遗物

　　土台Ⅰ位于遗址西南部，与其相关的遗迹有烧结面、红烧土遗迹、灰坑、墓葬、陶片面、石础和以多层次"草木灰"堆积为代表的土台废弃堆积等（图4-2）。

　　T22—T18—T17西壁剖面提供了土台Ⅰ的堆积过程，也提供了土台Ⅰ南北的大体范围。结合土台Ⅰ的遗迹，土台Ⅰ可以分为两个阶段（彩版4-2、3）：

　　第一阶段：堆积第㉓层~第⑯层，第⑭层的"草木灰"堆积由南向北渐渐趋薄，是为土台Ⅰ第一阶段的废弃堆积。若依T18西壁为标准，以生土层面的营建堆积计算，土台Ⅰ第一阶段的高度约在1.2米，土台主体南北宽13米，土台主体的西部因被晚期堆积破坏不明，现东西长约14.5米，土台Ⅰ第一阶段的主体面积约188平方米。

　　土台Ⅰ第一阶段的遗迹主要有土台面的六处烧结面，以及墓葬M41、M46和M35、M33、

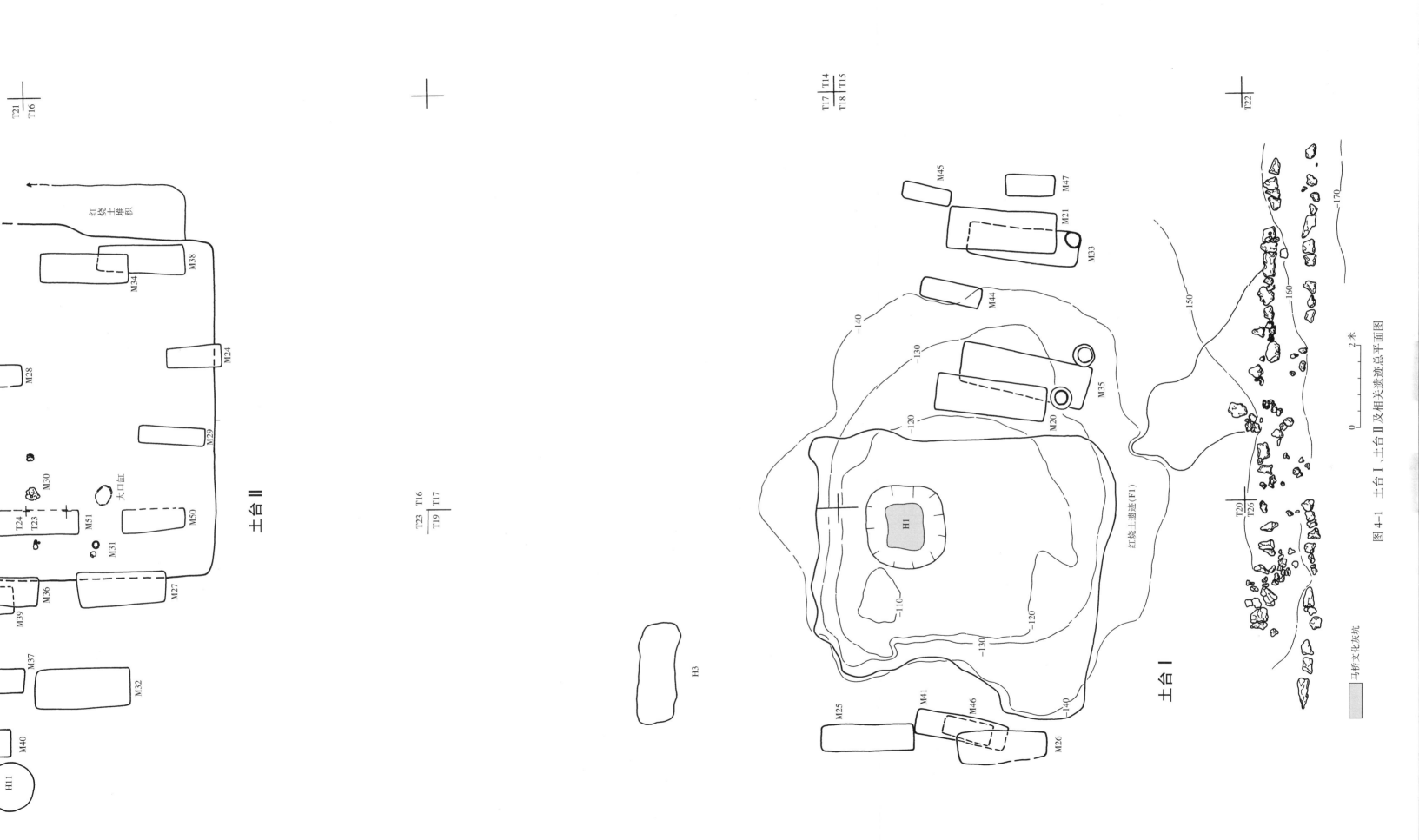

T21
T16

T17 | T14
T18 | T15

T22

红烧土堆积

M45

M47

M21

M33

M38

M44

M34

M35

M24

M20

M28

M29

-140

-130

-120

T23 | T16
T19 | T17

大口缸

M30

-110

红烧土遗迹（F1）

M51

M50

T24 | T23

M31

H1

-120

-130

M36

M27

T20
T26

-140

M39

H3

-150

-160

M37

M25

M41

M46

M32

-170

M26

M40

H11

土台 II

土台 I

马桥文化灰坑

0   2 米

图 4-1　土台 I、土台 II 及相关遗迹总平面图

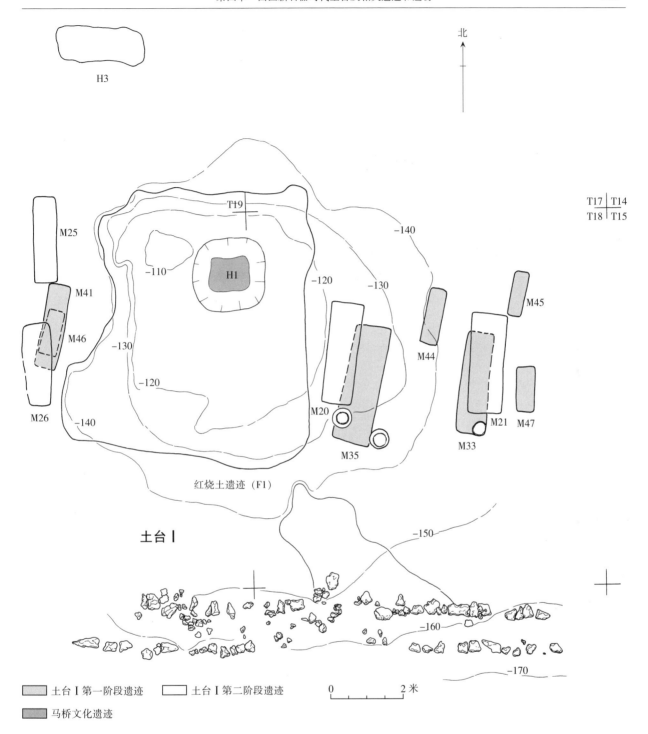

图4-2　土台 I 及相关遗迹总平面图

M44、M45、M47（墓葬情况介绍参见第三章第二节）。

　　第二阶段：土台 I 第一阶段结束后，开始了第⑬层堆积，营建土台 I 第二阶段，若依 T18 西壁剖面计算，土台 I 第二阶段现有高度约0.6米。

　　土台 I 第二阶段实际上还可以再分为两个阶段，其中以第⑬层、第⑫层为代表的堆积为早阶段，第⑫层南北堆积均呈斜坡状，是为这一阶段的护坡堆积，土台 I 第二阶段的早阶段土台的主体南北底部长约13.5米，土台顶部南北现长8米。同样，由于土台西部被晚期堆积破坏，现底部东西残长仅 12 米，顶部东西残长 9 米。

土台 I 第二阶段的晚阶段是土台 I 向南部的拓展，其中第⑦层的拓展范围超过了 T22 的范围，也就是至少已经拓展到土台 I 主体南缘的 10 米之外，但第⑦层堆积内的红烧土颗粒由北向南渐渐减少。界定土台 I 晚期阶段主体拓展的南缘是东西向的石磡，这一石磡距离土台 5 米，也就是说土台 I 晚期阶段土台顶部的南北长达 13 米。

土台 I 第二阶段的早晚时段相关遗迹不能一一甄别，尤其是红烧土遗迹的建设、使用和废弃，可能跨越了整个土台的第二阶段。

第二阶段遗迹有红烧土遗迹、土台南部的东西向石磡、土台东部的陶片面、土台西北的 H3，以及土台西部的 M25 和 M26、土台东部的 M20 和 M21。四座墓葬稍晚于上述遗迹。

T17 西北部清理的 H4、H7 等灰坑也属于土台 I 使用废弃过程中的遗迹，或者共属于土台 II。

土台 I 第二阶段的以多层次"草木灰"为代表的废弃堆积主要集中于土台 I 北部，至于东南部渐渐趋薄。土台 I 第二阶段北部的"草木灰"堆积与土台 II 向南的废弃堆积"共享"，但是靠近土台 I 北部斜坡部位的堆积其红烧土和多层次"草木灰"层次分明，包含物丰富，至少这一部分的废弃堆积来自于土台 I。

一 土台 I 第一阶段的多处烧结面

土台 I 第一阶段野外发现和清理了六处烧结面，均开口在第⑰、第⑱层面上，编号 1~6 号（图 4-3；彩版 4-4~8），高度 -170 厘米至 -200 厘米不等。平面形状也很不规则，如 6 号烧结面，南北长约 1.2、东西宽约 0.6 米，呈不规则的椭圆形。

烧结面似乎为短时期灼烧形成，烧结面周边难以剥剔。如 5 号烧结面，烧结面表面和中心部位呈黑褐色，周边和下部呈暗红色，烧灼的厚度约 10 厘米。

靠近 T18 西壁北部的烧结面在清理土台堆筑层时也发现上下叠压的烧结面（彩版 4-9），表面呈黑色，没有烧灼厚度。从发掘情况及剖面观察，烧结面实际的数量应该更多。

属于土台 I 第一阶段的墓葬除了东部以 M33、M35 和 M44、M45、M47 一组之外，西部的 M41 叠压 M46，说明土台 I 第一阶段有着一定的使用时间（图 4-3）。

二 土台 I 第二阶段的陶片面（TM）

陶片面开口于 T18 第③层下，叠压 T18 第⑧层"草木灰"层，属于土台 I 第二阶段遗迹。

T18 揭去表土层后，在 M21 北部发现一个小盗坑，盗坑底部出露大口缸碎片。第三期发掘清理土台 I 第二阶段东部堆积时，依大口缸陶片为面，进行平面揭露，发现陶片面的分布范围甚大，遂定名为"陶片面"（TM）。为了便于控制陶片面的开口层面，局部留取剖面进行清理发掘（彩版 4-10~15）。

陶片面主要分布于 M20 和 M21 以北的区域内，至于 T18 北壁消失，集中分布的范围东西长约3.5、南北宽约 2.5 米。塌陷在 M35 墓穴内的陶片也应该属于陶片面（参见 M35）。

陶片面的主要特点如下：

（1）叠压陶片面的土层和陶片之间剥剔时未发现灰白色的淤泥层，说明陶片面形成和土层叠压的时间间隔甚短；

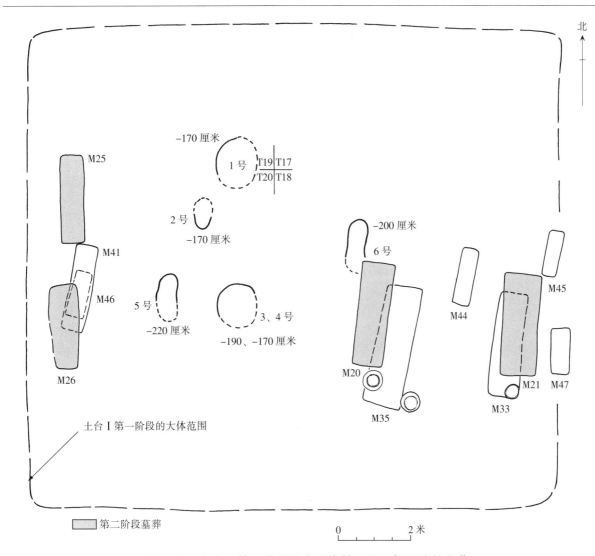

图 4 - 3　土台 I 第一阶段的多处烧结面和两侧埋设的墓葬

（2）陶片面本身并不平整，陶片面的高度 -170 厘米 ~ -180 厘米；

（3）陶片面的陶片断茬未有磨损痕迹，棱角明显；

（4）陶片面的陶片以大件器类为主，有夹粗砂红陶大口缸和泥质青灰陶大口瓮，个体碎片分布甚为集中。但在室内整理时，这些集中分布的陶片不能拼合为完整器；

（5）陶片面中的陶片以器内面朝上为主，不适合行走；

（6）陶片面中部纵向凹陷，下方恰好是 M33，应是 M33 墓穴倒塌之后形成（图 4 - 4）。

陶片面出土的遗物，以同一个体的陶片集中分布为主。标本举例如下[①]：

（1）陶鼎足

TM：6 - 1，粗泥红陶。足面有细浅的竖向抹划。与 TM：8 编号中发现的粗泥陶形态一致，应为一个个体（图 4 - 5，1）。

TM：6 - 2，粗泥红陶。足面有细浅的竖向抹划（图 4 - 5，4）。

TM：7 - 3，粗泥红陶。足面有细浅的竖向抹划（图 4 - 5，2）。

_____

① 编号中大号为野外编号，小号是整理时这个野外编号中的分类号。

T18 北壁(距 T18 东壁 5 米)

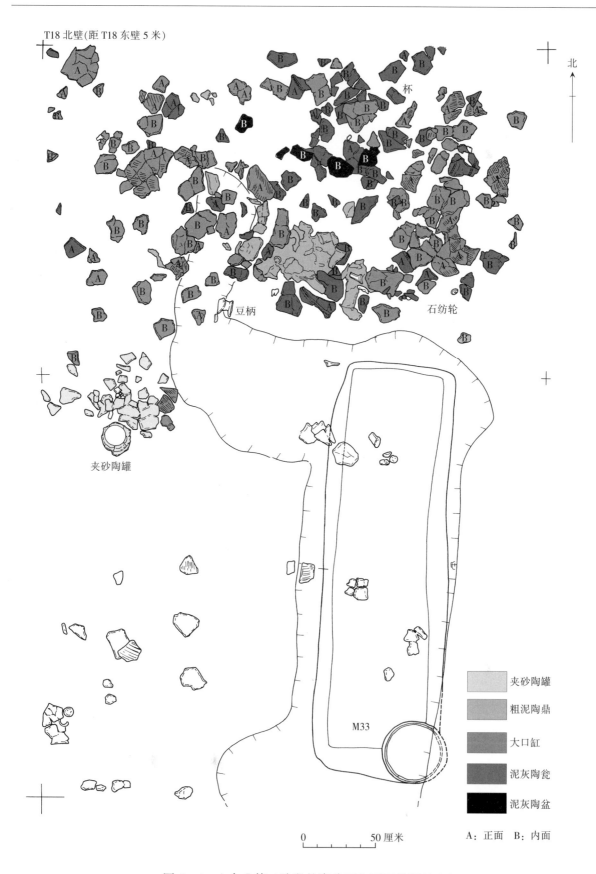

北

杯

豆柄

石纺轮

夹砂陶罐

M33

	夹砂陶罐
	粗泥陶鼎
	大口缸
	泥灰陶瓮
	泥灰陶盆

0　　　　　50 厘米

A：正面　B：内面

图 4-4　土台 I 第二阶段的陶片面和下面叠压的 M33

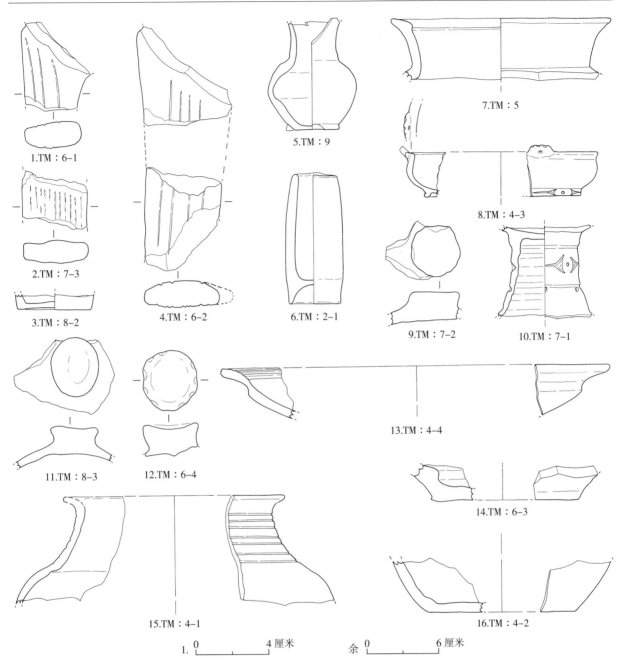

图4-5　土台Ⅰ第二阶段陶片面出土陶器

1、2、4. 鼎足　3、6. 杯　5. 壶　7、14. 罐　8、10. 豆　9、11、12 盖纽　13. 盆　15、16. 瓮（罐）

（2）陶豆

TM:4-3，豆盘。泥质灰陶。有垂棱，垂棱外壁镂刻圆和弧边三角组合图案，均未透穿，口沿另按贴小鸡冠耳，斜穿小孔（图4-5，8）。

TM:7-1，豆柄。泥质黑胎黑皮陶，黑皮多剥蚀，局部留有涂朱痕。镂刻圆和弧边三角组合图案（图4-5，10）。

（3）陶罐

TM:5，口沿。夹砂红陶。口沿内面唇下一周凹弦纹。口沿可以复原，少量腹片。口径约18厘米（图4-5，7）。

TM：6-3，平底。粗泥红陶。底径约 12 厘米。粗泥红陶罐甚为少见（图 4-5，14）。

（4）陶壶

TM：9，泥质灰胎灰陶。口部残损。敞口，鼓腹，花瓣足。残高 8.9、底径 4.1~4.3 厘米（图 4-5，5）。

（5）陶杯

TM：2-1，泥质灰胎灰陶。微敛口，直腹，圈足。高 10.5、口径约 3.3、底径 4~4.1 厘米（图 4-5，6）。

TM：8-2，杯底。泥质灰黑陶。底部微内凹。底径 6 厘米（图 4-5，3）。

（6）陶盆口沿

TM：4-4，泥质灰陶。坦腹，宽沿面，沿面上多道凹弦纹。口径约 32 厘米（图 4-5，13）。

（7）陶瓮（罐）

TM：4，均泥质灰陶，剥蚀甚，以瓮、罐片为主。口沿片仅 1 片，为瓮口沿，编号 TM：4-1，敛口，翻唇，颈外壁多道凹弦纹，口径约 18 厘米（图 4-5，15）。瓮（罐）类的平底片 8 片，分属八个个体。TM：4-2 为瓮底片，底径约 12 厘米（图 4-5，16）。腹片 180 片，多附着有条带状凸弦纹。

（8）陶大口缸

TM：8，以大片的夹粗砂红陶腹片为主（图略）。

TM：3，夹粗砂红陶。共有腹片 280 片、底片 1 片、口沿片 8 片。从口沿片判断，分属于三个个体（图略）。

（9）陶盖纽

TM：6-4，粗泥红陶。纽边按捏呈花边形（图 4-5，12）。

TM：7-2，粗泥红陶（图 4-5，9）。

TM：8-3，粗泥红陶。纽径 4~4.7 厘米（图 4-5，11）。

（10）石纺轮

TM：1，角岩。正面一侧有疤痕，但经打磨。整器不甚圆整，缘面有明显的磨制痕迹，孔壁甚直。外径 5.5~5.6、最厚 0.9、孔内径 0.75 厘米（图 4-6，1）。

（11）石锛

TM：10，流纹岩。弧背。长 5、宽 3.4、最厚 1.2 厘米（图 4-6，2）。

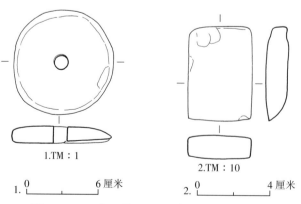

1.TM：1

2.TM：10

1. 0 ———— 6 厘米

2. 0 ———— 4 厘米

图 4-6　土台 I 第二阶段陶片面出土石器

1. 纺轮　2. 锛

三　土台 I 第二阶段的石磡

石磡东西走向，开口于 T18 第②层印纹陶堆积下，位于 T20、T18 南部，即 T22 北隔梁的位置。经南北向剖面确认，石磡的堆筑与 T18 第④层黄斑土同时，也就是在堆筑第④层时有序置放在第④层的上部，故石磡之间没有紧密咬合。野外判断石磡为土台 I 南部的界限，当时定名为"块石遗迹"。

石磡东西长约 13.8、南北宽约 1.8 米，大致可以分为南、北两排，其中东部 4.8 米范围内的两排块石间隔较为规整，石块堆放也较为整齐，两排南北间隔约 0.7 米。西部石磡相对凌乱，并夹杂了大体量块石。

石磡出露的高度东部略高，西部略低，标高在 -140 厘米至 -160 厘米（彩版 4-16～20）。

石磡的所有石块材质一致，均为红褐色火山熔岩，夹杂石英晶体，呈蜂窝状。多数蜂窝状密集的石块分量很轻，与海宁东山、夹山分布的这类山岩非常接近，当就地取材。遗憾的是，块石最后未起取标本。

四　土台 I 第二阶段的红烧土遗迹（F1）

小兜里第二期发掘在统一揭去表土层后，出露大范围的红烧土堆积，主要分布于 T20 和 T18，局部向北伸入 T19 和 T17，T19 西南角部位还有二次氧化的粗泥陶鼎口沿出露（编号 F1∶1）。T20 西部为晚期堆积破坏，估计红烧土遗迹的原来范围大体呈正方形，正南北方向，边长约 7 米，总体面积约 49 平方米。

红烧土遗迹出露时，位于西北部的红烧土堆积色泽显得特别红，质地致密坚硬，没有其他包含物，很纯净。平面呈圆角方形，东西长约 2.1、南北长约 1.8 米。南部还有一个外径约 12 厘米的柱痕，柱痕内尚有炭化的柱子痕迹，深度约 20 厘米。这一部位红烧土堆积出露的高度也相对较高，标高 -110 厘米，堆积渐渐向东南趋低，至于红烧土遗迹东南角部位标高 -140 厘米。通过对剖面的观察，确认这一部位的红烧土堆积呈浅坑状堆积，厚度约 18 厘米（彩版 4-21～26）。

红烧土遗迹的剖面参见图 2-5～2-8。在 T20 东隔梁的两侧剖面上，红烧土堆积呈竖向的坑状，似有意为之。但 T20 和 T18 北壁的红烧土堆积则呈一般的叠压性状（彩版 4-27～32）。

红烧土堆积的平均厚度约 20 厘米，清理完红烧土堆积后，出露黑色的烧灼面，没有发现硬面或其他居住的迹象。在 T18 和 T20 所在的红烧土堆积南部，可以分层，包含细碎的红烧土颗粒的堆积叠压了红烧土块包含丰富的堆积，但平面未予完整揭示（彩版 4-33～36）。

红烧土遗迹下为 T18 第⑬层黄斑土，土层上部约 6～10 厘米灼烧呈灰褐色，说明红烧土不是外地搬运而来，而是就地燃烧形成。

红烧土遗迹中的红烧土块质地紧密，火候高，形态基本为不规则形，仅有极少量的夹秆红烧土块。已经取样进行烧制温度的测试，分析研究供参考。

红烧土遗迹中出土了可以基本复原的鼎、盆、盖以及陶片，均二次氧化（彩版 4-37～43）[①]。这些二次氧化的陶器或陶片，色泽均为红色，质地酥松。陶片中以瓮罐和鼎碎片的数量为多，统计列表如下：

---

① 2009 年 12 月 23 日起取的陶片中可能混入了打破地层堆积的陶片，在此未计。

表 4 - 1   红烧土遗迹（F1）中出土的陶片统计

器类和部位	夹粗砂	粗泥	泥质
瓮罐腹片			95
瓮口沿			5
瓮平底			2
罐壶腹片			6
罐圈足			2
豆盘口沿			2
盖纽		3	
盖片		1	
鼎凿形足		1	
鼎隔档		1	
鼎腹片		17	
大口缸腹片	3		

考虑到红烧土遗迹是土台 I 第二阶段的中心遗迹，与东西两侧埋设的墓葬、北侧的草木灰废弃堆积和 H3、南部的东西向石磉均是有机的整体，判断红烧土遗迹应为特别的建筑单元，很可能是这处特别的房子着火之后的废弃。野外曾编号为 H8、红烧土遗迹，为了叙述方便，整理时定名为 F1（参见图 4 - 2）。

F1 出土标本如下（图 4 - 7、8）：

（1）陶鼎

F1 : 1，粗泥陶。直腹，翻沿，沿面有多道凹弦纹，腹部外壁也有多道抹划的凹弦纹，下腹部折，按捺呈凸脊状。鱼鳍形足，足面为密集的浅抹划。复原高约 24、口径约 34 厘米（图 4 - 7，1）。

F1 : 5，粗泥陶。浅腹，翻沿，沿面抹划有三道凹弦纹，腹部为套接，套接后再粘贴泥条，泥条呈凸脊状，再按捺。凿形足，足正面竖向按捺三个圆窝。高 15、口径约 20 厘米（图 4 - 7，2）。

F1 : 17，粗泥陶。鼓腹，翻沿，沿面有多道凹弦纹，鼓腹外壁有一周凸脊，凸脊上部抹划多道凹弦纹。凿形足，足面上部有圆形捺窝一个，并有抹划的相向对称弧线，足面下部为两组 "×" 形抹划。无法整体复原，鼎口径应超过 40 厘米，凿形足复原高约 25 厘米（图 4 - 7，3；彩版 4 - 44）。

（2）陶鼎足

F1 : 8，粗泥陶，二次氧化呈深红色，夹杂的蚌末呈灰白色。鱼鳍形，足面分别浅抹划四、五道（图 4 - 7，4；彩版 4 - 45）。

F1 : 13，夹砂陶。鱼鳍形，足面有短线刻划（图 4 - 7，5）。

（3）陶盖

F1 : 2，夹砂陶，火候低，显得厚重。盖纽残损。盖体有大体等分的四个穿孔。盖纽径 3.8、口径 24 厘米（图 4 - 8，1）。

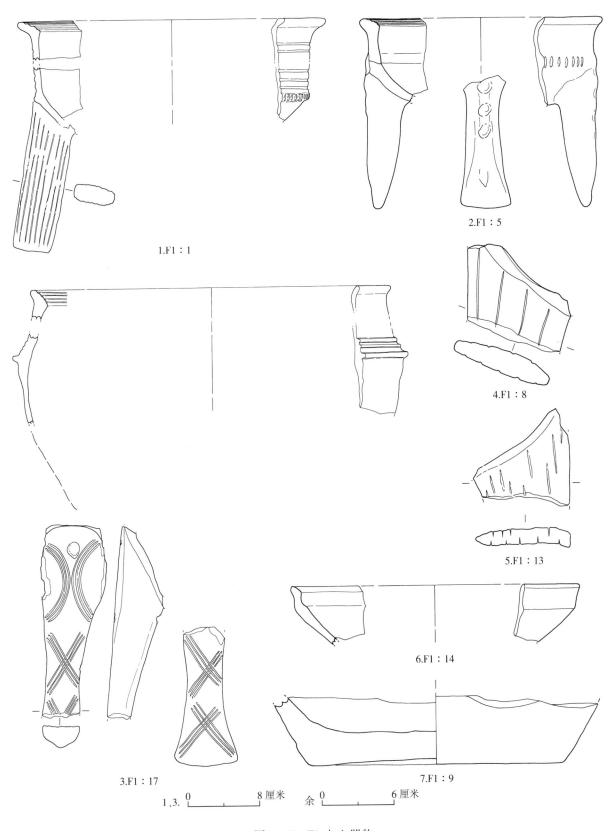

1.F1：1

2.F1：5

4.F1：8

5.F1：13

6.F1：14

3.F1：17

7.F1：9

1、3. ⊢——— 8厘米　　余 ⊢——— 6厘米
0　　　　　　　　　　　　0

图4-7　F1出土器物

1~3. 鼎　4、5. 鼎足　6. 豆盘　7. 瓮口部

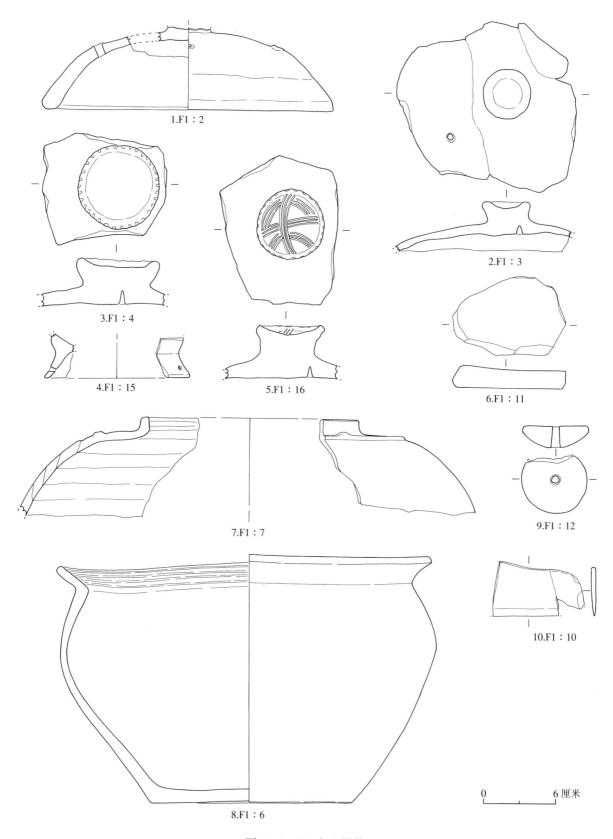

1.F1：2

2.F1：3

3.F1：4

4.F1：15

5.F1：16

6.F1：11

7.F1：7

9.F1：12

10.F1：10

8.F1：6

0   6 厘米

图 4-8　F1 出土器物

1~3、5. 陶盖（纽）　4. 陶罐圈足　6. 砺石　7. 陶瓮平底　8. 陶盆　9. 陶纺轮　10. 石刀

F1:3，粗泥陶，盖面二次氧化，残损。盖纽为浅杯形，盖内面相应部位有安装时的戳孔。盖体留有小孔。纽径约4厘米（图4-8，2）。

F1:4，粗泥陶，盖面二次氧化。仅存盖纽，浅杯形，缘面按捺。纽径约6.7厘米（图4-8，3）。

F1:16，粗泥陶，过烧呈红色。仅存盖纽，浅杯形，缘面按捺，纽内面有抹划的图案。纽径5.6~5.7厘米（图4-8，5；彩版4-46）。

（4）陶瓮

F1:7，泥质陶。小直口，耸肩，肩部按贴一周凸棱，按捏小耳。器壁剖面有明显的泥条盘筑痕迹。口径约18厘米（图4-8，7）。

F1:9，泥质陶。平底微内凹。底径21厘米，底部转交部位厚达3.3厘米，底部厚达2.1厘米（图4-7，7）。

（5）陶罐圈足

F1:15，泥质陶。圈足残有戳孔。圈足径约12厘米（图4-8，4）。

（6）陶豆盘（或可能为盆口沿）

F1:14，泥质陶。口径约24厘米（图4-7，6）。

（7）陶盆

F1:6，泥质陶，过烧呈深红色。碎裂变形，但可以完整复原。侈口，折沿，沿面上有多道凹弦纹，平底微内凹。高18.8~19.5、口径约31.5、底径约16.8厘米（图4-8，8；彩版4-47）。

（8）陶纺轮

F1:12，细泥陶。外径约5.5、厚1.7厘米（图4-8，9）。

（9）石刀

F1:10，角岩，侵蚀甚。残长7.5、最厚0.4厘米。复原形制应为"耘田器"（图4-8，10）。

（10）砺石

F1:11，细砂岩。一面磨砺平整，另面中部略凹弧。最厚1.8厘米（图4-8，6）。

（11）红烧土标本

F1:725~733，多为质地紧密的不规则形，小量有秆痕（彩版4-48~56）。

五　土台 I 第二阶段的 H3

H3 位于 T19 中部偏东部位，也即土台 I 的西北，距离土台 I 西北边缘约4.4米。在清理北部草木灰时先行出露大陶瓮口沿，随之发现大陶瓮周围的陶片堆积甚为集中，但坑壁不明确，可能是废弃过程中的凹洼区域，编号为 H3。

H3 堆积范围呈东西向，东西长约2.5、南北宽约0.9米。西部的 H3:1 大瓮口沿和东部的 H3:20 凿形足鼎标高均为 -200 厘米，底部标高在 -215 厘米左右，最深部位 -230 厘米。出土物除一件骨镞、少量动物骨骸之外，均为陶器局部和残片，尤其是粗泥陶质地的陶片，酥松，难以修复或辨认具体器形。整理时除 H3:23 陶瓮之外，余皆不能复原（图4-9；彩版4-57~64）。

野外登记编号器物共30件（图4-10A~D）。

H3:1，陶瓮。出土时竖置。泥质灰胎灰陶。长颈，翻沿，沿内面多道凹弦纹，溜肩，鼓腹，肩腹部按贴宽带状凸棱，棱面再抹划凹弦纹。腹部以下残损。口径约25、残高26.4厘米（图4-

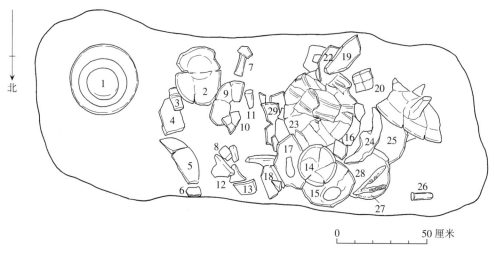

图 4 - 9   H3 平面图

1、2、5、19、23、34. 陶瓮 3、8. 陶杯 4、6、12、18、20、21、24、37、38. 陶鼎 7、11、22、26、29. 陶鼎足 9、10. 陶片 13、15. 陶罐 14. 陶圈足盘 16、25、33. 陶盖 17. 石英块石 27. 猪牙 28、31. 陶盆 30. 骨镞 32. 陶钵 35. 陶大口缸 36. 陶盖纽 (21、30～38 图上未标)

10A，1；彩版4－65)。

H3∶2，陶瓮腹底片。泥质灰陶。平底微鼓，外腹壁尚留有两组凸棱，凸棱中部抹划呈凹弧状。底径16.5厘米（图4－10A，4)。

H3∶3，陶杯。完整。泥质灰胎灰陶。敛口，折腹，折腹外壁有两道凹弧弦纹，底部内收，平底微内凹。高11.4、口径4.9～5.1、底径4.7～4.8厘米（图4－10C，8；彩版4－66)。

H3∶4，陶鼎腹片（？)。粗泥红陶。朽烂（图略)。

H3∶5，陶瓮腹片。泥质灰胎褐陶。外壁留有弦纹。器壁厚1.55厘米（图略)。

H3∶6，陶鼎腹片。粗泥红陶。朽烂（图略)。

H3∶7，陶凿形鼎足。粗泥陶。朽甚（图略)。

H3∶8，陶杯。泥质灰胎灰陶。口部残损，下腹部有一周凹弦纹，底部内收，平底内凹。残损部位的茬口磨圆度甚佳，推测口沿残损后尚继续使用。残高7.1、残外径5.9、底径4.8～4.9厘米（图4－10C，7；彩版4－67)。

H3∶9，陶片。泥质黑皮陶。器形不明（图略)。

H3∶10，陶片。泥质红陶。器形不明（图略)。

H3∶11，陶凿形鼎足。粗泥红陶（图4－10B，8)。

H3∶12，陶鼎隔档片。粗泥红陶。朽烂（图略)。

H3∶13，陶罐腹片。泥质灰陶。朽烂（图略)。

H3∶14，陶盘。泥质灰胎灰陶。圈足残损，直口，折腹。盘体高7、口径19.7～22厘米（图4－10C，4；彩版4－68)。

H3∶15，陶罐口沿。泥质灰胎灰陶。敛口，翻沿，鼓腹，颈肩部有抹划而成的折棱。口径15.1～15.7厘米（图4－10A，2；彩版4－69)。

H3∶16，陶盖片。粗泥红陶。盖身复原较高，不含纽约达7厘米，盖径约20厘米①（图4－10C，1)。

_____

① 从小兜里和其他遗址看，粗泥红陶材质的盖体也可与泥质灰陶豆盘配伍，不一定是粗泥红陶鼎的盖。

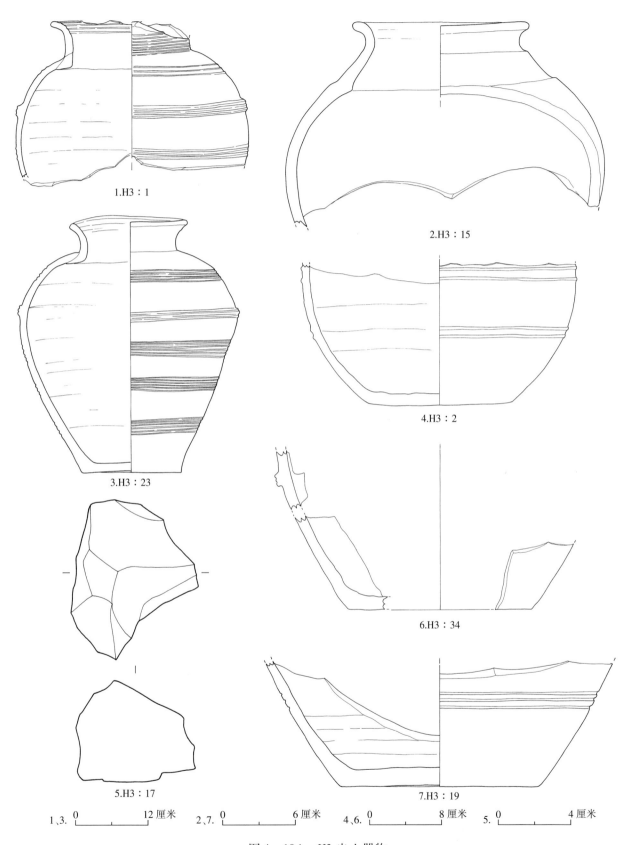

1.H3：1

2.H3：15

3.H3：23

4.H3：2

6.H3：34

5.H3：17

7.H3：19

1、3. 0 ⌊⌊⌊⌊⌊⌊ 12 厘米　　2、7. 0 ⌊⌊⌊ 6 厘米　　4、6. 0 ⌊⌊⌊ 8 厘米　　5. 0 ⌊⌊ 4 厘米

图 4－10A　H3 出土器物

1、3、4、6、7. 陶瓮　2. 陶罐　5. 石英块石

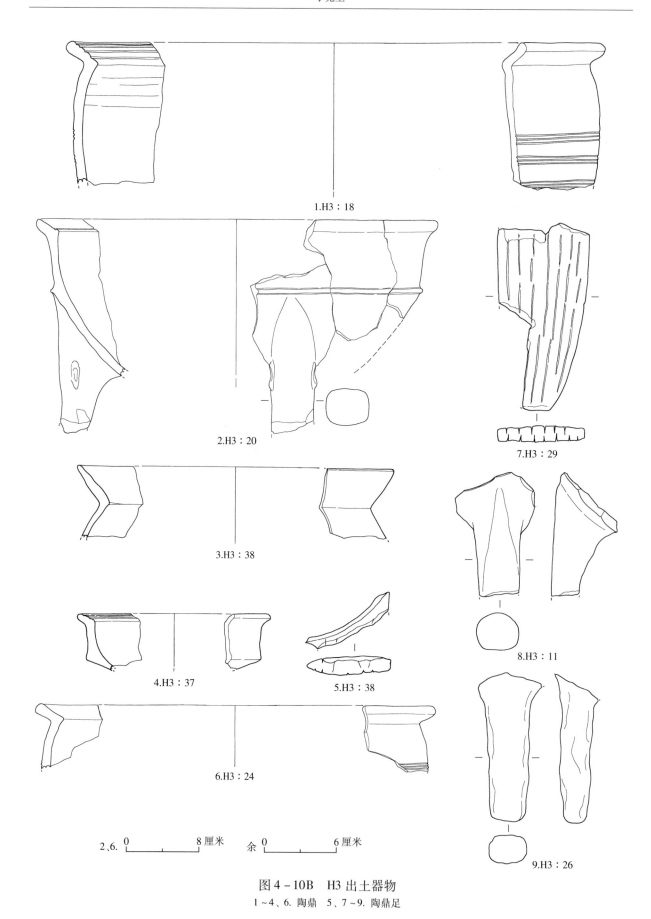

1.H3∶18

2.H3∶20

7.H3∶29

3.H3∶38

4.H3∶37

5.H3∶38

8.H3∶11

6.H3∶24

2、6. 0 ⎯⎯⎯ 8厘米　　余 0 ⎯⎯⎯ 6厘米

9.H3∶26

图4-10B　H3出土器物

1～4、6. 陶鼎　5、7～9. 陶鼎足

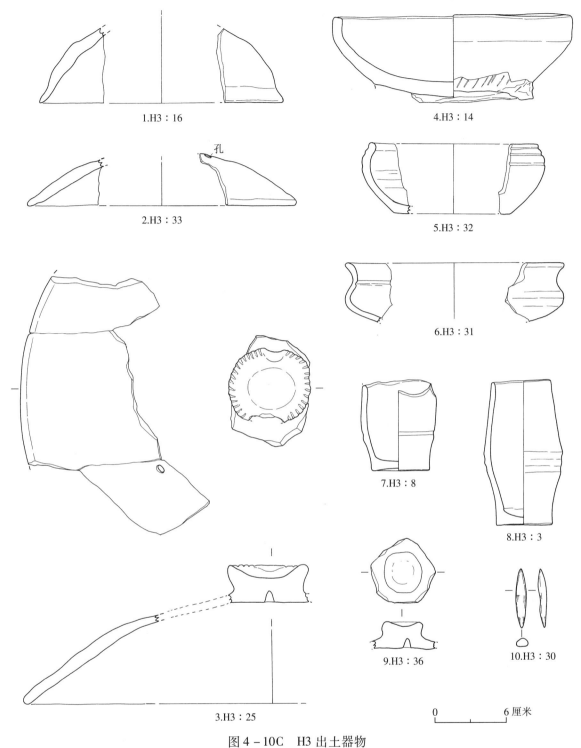

图 4 - 10C　H3 出土器物

1~3. 陶盖　4. 陶盘　5. 陶钵　6. 陶盆　7、8. 陶杯　9. 陶盖纽　10. 骨镞

H3：17，石英块石。尺寸约 8×7-5 厘米。有打制痕迹，可作为胎泥中的掺和料（图 4-10A，5）。

H3：18，陶鼎口沿。粗泥红陶。折沿，沿面多道凹弦纹，腹壁较直，存有三组三道不平行的凹弦纹抹划（图 4-10B，1）。

H3：19，陶瓮腹底片。泥质灰陶。平底微内凹，外腹壁残留有一组由三道抹划组成的凹弦纹。底径 16.4 厘米（图 4-10A，7）。

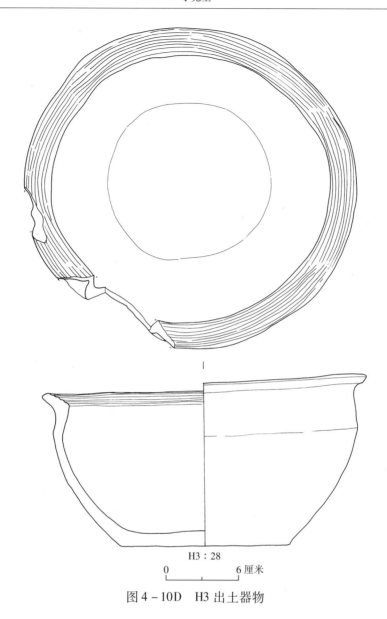

H3：28

0   6 厘米

图 4 – 10D　H3 出土器物

　　H3：20，陶鼎。粗泥褐陶。仅为口沿和足局部。折沿，沿面有一道不连贯凹弦纹，浅盆形，腹部按贴一周凸脊，凸脊下方置鼎足，足面上部两侧附贴耳状小泥条，足横截面为圆角长方形，应为凿形足。口径约 44 厘米（图 4 – 10B，2）。

　　H3：21，陶鼎口沿和腹片。粗泥红陶。朽烂已不成形（图略）。

　　H3：22，陶鼎足。粗泥红陶。朽烂（图略）

　　H3：23，陶瓮。出土时倾倒碎裂，碎片经修补后完整，但未能确认砸击点。泥质灰胎灰陶。翻沿，沿内面有多道不甚连贯的弦纹，溜肩，鼓腹，平底微内凹。鼓腹部位粘贴一周凸棱，肩部和下腹部另有四组由多道抹划组成的凹弦纹。通高 40.4、口径 19.1～19.4、底径 15.5～16.2 厘米（图 4 – 10A，3；彩版 4 – 70）。

　　H3：24，陶鼎口沿。粗泥红陶。折沿，腹壁较直，残有一组由多道抹划组成的凹弦纹组合。口径约 44 厘米（图 4 – 10B，6）。

　　H3：25，陶盖。仅为盖纽和盖体局部，不能拼合，但陶系完全一致，应为同一个体。粗泥红陶。盖纽为浅杯形，缘面除了对称的凹弧形按捺之外，再按捺斜向锯齿。盖体残留有小穿孔。盖纽外径约 6.6、盖口径约 40 厘米（图 4 - 10C，3）。

H3∶26，陶鼎足。粗泥红陶。捏制痕迹明显。足横截面呈扁椭圆形（图 4 - 10B，9）。

H3∶27，猪牙。位于 H3∶28 陶盆内，朽烂。

H3∶28，陶盆。除了口沿部位缺损一片外，残片修复后完整，没有发现明确的砸击点。翻沿，沿面有多道凹弦纹，口沿并不圆整①，斜收腹，平底。高 12.2 ~ 13.3、口径 26.5 ~ 27.5、底径 14 厘米（图 4 - 10D；彩版 4 - 71）。

H3∶29，陶鼎足。夹砂红陶。鱼鳍形，刻划深（图 4 - 10B，7）。

H3∶30，骨镞。动物肢骨制成。长 4.7、宽 0.9、最厚 0.55 厘米（图 4 - 10C，10；彩版 4 - 72）。

另在整理过程中，从收集的陶片中清理出标本 8 件。

H3∶31，陶盆。泥质灰胎黑皮陶。翻沿，扁鼓腹。口径约 18 厘米（图 4 - 10C，6）。

H3∶32，陶钵。泥质灰胎灰陶。敛口，鼓腹，口沿外壁抹划三道凹弦纹，平底。高约 5.5、口径约 13.8 厘米（图 4 - 10C，5）。

H3∶33，陶盖片。盖体残留有穿孔。盖径约 22 厘米（图 4 - 10C，2）。

H3∶34，陶瓮腹底片。泥质灰胎灰陶。外壁按贴凸棱，平底。底径约 20 厘米（图 4 - 10A，6）。

H3∶35，陶大口缸片。夹粗砂红陶。腹部胎壁厚仅 1.1 厘米，篮纹拍印范围较大。

H3∶36，陶盖纽。粗泥红陶。浅杯形，内面有戳捺。纽径约 3.1 厘米（图 4 - 10C，9）。

H3∶37，陶鼎口沿。粗泥红陶。翻沿，沿面多道凹弦纹，折腹。口径约 16 厘米（图 4 - 10B，4）。

H3∶38，陶鼎。夹砂红陶。仅存口沿和鱼鳍形残足，足根部附着有烟炱。口径约 26 厘米（图 4 - 10B，3、5）。

六　土台 I 营筑中的遗物

营建、堆筑土台 I 的地层包含物甚少，T20 所在的第⑰层出土有少量陶片，该层堆积属于土台 I 第一阶段，还有 T18 的相关堆积。举例如下：

（一）陶器

1. 鼎

T18⑤∶427，粗泥红陶。侈口，宽沿面外折，沿面有两道凹弦纹，鼎身为浅腹盆形，上腹部有一周凸脊，脊面按捺。凸脊上部抹划三道波浪纹，凸脊下部装置凿形鼎足。足上部呈圆拱形，有抹划和戳刻图案。口径约 28 厘米（图 4 - 11，1）。

2. 鼎足

T18⑤∶613，凿形。粗泥红陶，外表留有灰白色陶衣。足上部呈圆拱形，按捺和抹划以圆窝为中心的放射线和重圈图案（图 4 - 11，2；彩版 4 - 73）。

---

① 这一时期出土的泥质灰陶厚胎平底盆，其口沿往往不圆整。

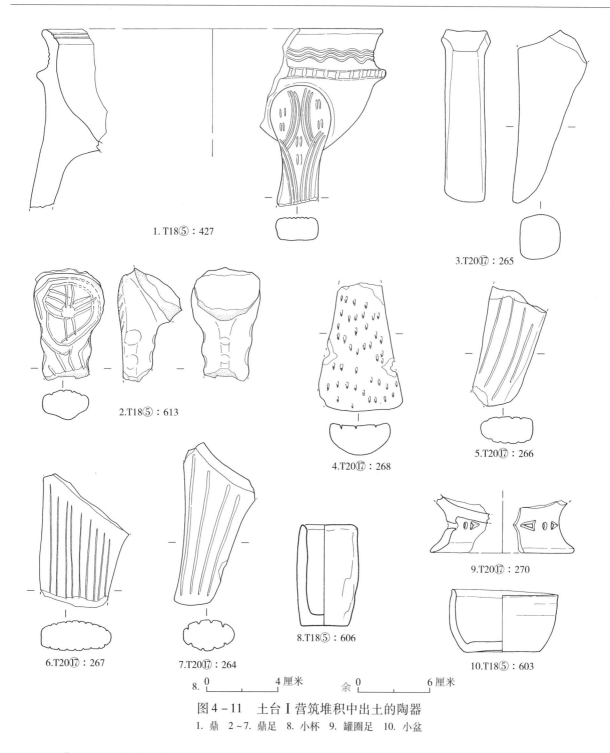

1. T18⑤：427

3.T20⑰：265

2.T18⑤：613

4.T20⑰：268

5.T20⑰：266

6.T20⑰：267

7.T20⑰：264

8.T18⑤：606

9.T20⑰：270

10.T18⑤：603

8. 0　　　4厘米　　余 0　　　6厘米

图4－11　土台Ⅰ营筑堆积中出土的陶器
1. 鼎　2～7. 鼎足　8. 小杯　9. 罐圈足　10. 小盆

T20⑰：265，凿形。夹砂红陶。这类材质的凿形足甚为少见（图4－11，3）。

T20⑰：268，凿形。粗泥红陶。足面微内凹，足背面弧凸。足面戳刻呈散点状（图4－11，4）。

T20⑰：266，鱼鳍形。粗泥红陶。抹划粗浅（图4－11，5）。

T20⑰：267，鱼鳍形。粗泥红陶。竖向抹划浅，但间距较紧，线条有序（图4－11，6）。

T20⑰：264，鱼鳍形。夹砂红陶。横截面呈扁椭圆形。抹划粗浅（图4－11，7）。

3. 罐圈足

T20⑰：270，泥质灰陶。镂刻圆和弧边三角组合图案。圈足径约12厘米（图4－11，9）。

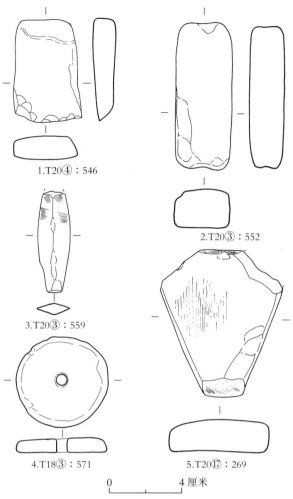

图 4 – 12 土台 I 营筑堆积中出土的石器
1、2. 锛 3. 镞 4. 纺轮 5. 砺石

4. 小杯

T18⑤:606，泥质红陶。捏制。高 5.3、口径 3～3.2、底径 2.3～2.6 厘米（图 4 – 11，8；彩版4 – 74）。

5. 小盆

T18⑤:603，泥质灰陶。微敛口，底微内凹，整器不圆整。高 4.5～5、口径 8.7～9、底径6～6.5 厘米（图 4 – 11，10；彩版4 – 75）。

（二）石器

1. 锛

T20④:546，流纹岩。刃部有崩缺。长 5.4、宽 3.7、最厚 1.1 厘米（图 4 – 12，1）。

T20③:552，流纹岩。刃部残断，但已经磨圆。长 7.75、宽 3、最厚 2 厘米（图 4 – 12，2；彩版 4 – 76）。

2. 镞

T20③:559，泥岩。柳叶形，有铤，横截面为扁菱形。残长 5.3、宽 1.8、厚 0.65 厘米（图4 – 12，3）。

3. 纺轮

T18③:571, 角岩。外径 4. 7 ~ 4. 9、厚 0. 75、孔径 0. 6 厘米（图 4 - 12, 4）。

4. 砺石

T20⑰:269, 石英砂岩。两面及边缘面均有磨痕。长 7. 7、宽 6. 8、最厚 1. 7 厘米（图 4 - 12, 5）。

七　土台 I 以草木灰为代表的废弃堆积及出土物

土台 I 以层状草木灰为代表的废弃堆积主要分布于土台北部, 呈斜坡状。陶片等遗物主要出土于如 T17 之第⑧、⑨、⑪和⑭层。陶片数量丰富, 主要集中在 T17、T19 靠近土台 I 的部位。其中 T17③ ~ ⑦层和 T19③ ~ ⑨层为土台 I 第二阶段的草木灰堆积层, T17⑬、T19⑩层为土台 I 第一阶段的草木灰堆积层（彩版 4 - 77、78）[①]。

土台 I 北部草木灰堆积层实际上也是土台 II 的废弃堆积, 考虑到堆积中的包含物均靠近各自土台边缘的斜坡地带, 凹陷的中心反而没有什么遗物, 故把 T16、T23、T13 探方的层状草木灰堆积层统归到土台 II 的废弃堆积中。

（一）土台 I 第一阶段

1. 陶鼎

（1）鼎口沿

T19⑩:314, 粗泥红陶。宽折沿, 盆形, 腹部套接部位外部有一周凸脊, 凸脊面按捺不明显。口径约 20 厘米（图 4 - 13, 1）。

（2）鼎隔档

T19⑩:745, 粗泥红陶。腹部较直, 腹部以下折斜收, 折腹上部安两周凸脊, 凸脊上另有按捺（图 4 - 13, 2）。

（3）鼎足

多为粗泥陶凿形足, 仅一件夹砂陶鱼鳍形足。

T19⑩:303, 粗泥红陶。足根上部呈圆拱形凸出, 以圆窝为中心刻划斜网格线, 足背面纵向捺窝凸脊, 足横截面为圆角三角形（图 4 - 13, 3; 彩版 4 - 79）。

T19⑩:309, 粗泥红陶。足根上部呈圆拱形凸出, 足背面有纵向捺窝, 足正面以圆形捺窝为中心, 抹划圆弧线组合纹样, 足横截面呈扁三角形（图 4 - 13, 4; 彩版 4 - 80）。

T19⑩:305, 粗泥红陶。两件大小、形制完全一致, 当为同一个体。足面上部呈圆拱形凸出, 按捺呈倒三角形布列的圆窝, 下方为双线抹划斜网格纹, 足两侧面有按捺, 足横截面呈边微弧凸的三角形, 足背面另有纵向捺窝凸脊（图 4 - 13, 5; 彩版 4 - 81）。

T19⑩:307, 粗泥红陶。足根上部呈圆拱形凸出, 足侧面内凹弧, 足横截面呈扁椭圆形（图 4 - 13, 6; 彩版 4 - 82）。

T19⑩:308, 粗泥红陶。足根上部呈圆拱形凸出, 足背面有纵向捺窝凸脊, 足横截面呈三角形（图 4 - 13, 7）。

[①]　野外地层编号与工地最后整理通层的编号不一致, 但是顺序一致, 标本地层编号据原始记录。

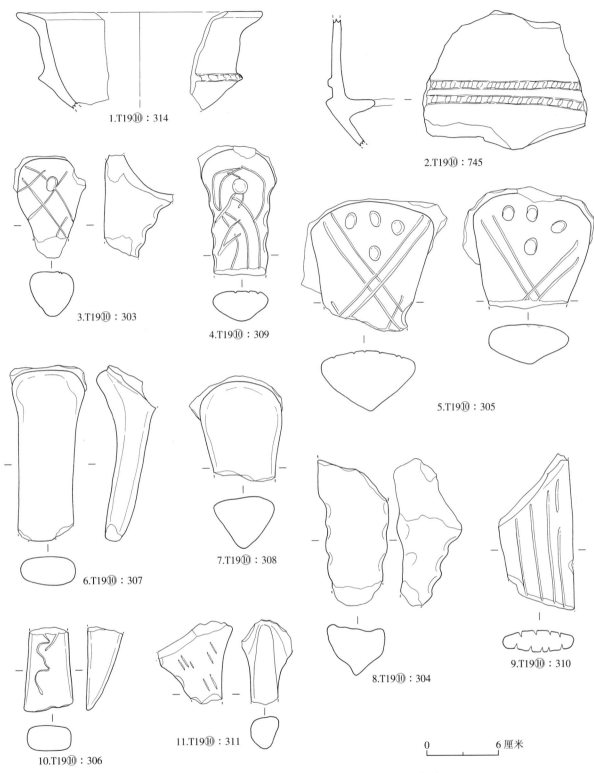

图4－13　土台Ⅰ第一阶段废弃堆积中出土的陶鼎
1. 鼎口沿　2. 鼎隔档　3~11. 鼎足

　　T19⑩：304，粗泥红陶。足面内凹，足两侧面按捺，足背面也有纵向捺窝凸脊，足横截面呈三角形（图4－13，8）。

　　T19⑩：306，粗泥褐陶。足根部残损，残留有抹划图案，横截面为扁椭圆形（图4－13，10；

彩版 4 - 83）。

T19⑩：310，夹砂红陶。两面线条刻划粗、深（图 4 - 13，9）。

T19⑩：311，粗泥红陶。足尖残损，足两面多组由两斜短线组成的刻划，足外侧面上部呈圆拱形突出，但较粗泥陶足正面上部为圆拱形的凿形足狭扁，足横截面呈狭长状的三角形（图 4 - 13，11）①。

2. 陶豆（盘）

T17⑬：480，豆盘。泥质灰陶。敛口，假腹，假腹部位有镂孔剔刻残痕，应为圆和弧边三角组合图案。盘径约 24 厘米（图 4 - 14，1）。

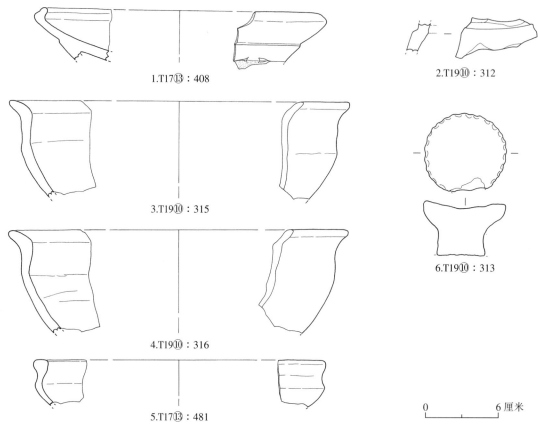

1.T17⑬：408
2.T19⑩：312
3.T19⑩：315
4.T19⑩：316
5.T17⑬：481
6.T19⑩：313

0　　　　　　6 厘米

图 4 - 14　土台 I 第一阶段废弃堆积中出土的陶器
1. 豆盘　2. 豆柄　3～5. 盆　6. 盖纽

T19⑩：312，豆柄。泥质灰陶。呈台形（图 4 - 14，2）。

3. 陶盆

T19⑩：315，泥质灰陶。翻沿，直颈，收腹。口径约 28 厘米（图 4 - 14，3）。

T19⑩：316，泥质灰陶。翻沿，直颈，收腹。口径约 28 厘米，不甚圆整（图 4 - 14，4）。

T17⑬：481，泥质褐胎黑皮陶。厚唇，束颈。口径约 24 厘米（图 4 - 14，5）。

4. 陶盖纽

T19⑩：313，粗泥红陶。纽面内凹，缘面按捺呈花边状，纽脱落部位有多道粘贴时加固的刻

---

① 这类鼎足形态，应该是凿形足向鱼鳍形足演变的过渡形式之一。

划。纽高4~4.3、纽外径6.2~6.7厘米（图4-14，6）。

（二）土台Ⅰ第二阶段

1. 陶器

分为粗泥陶和夹砂陶两类，相对于土台Ⅰ第一阶段的堆积，土台Ⅰ第二阶段中出土的夹砂陶鼎数量明显增加。

（1）粗泥鼎

①口沿

T17④：161，粗泥红陶。宽折沿，沿面有多道不甚平行的凹弦纹，外腹壁残留有凹弦纹。口径约40厘米（图4-15，1）。

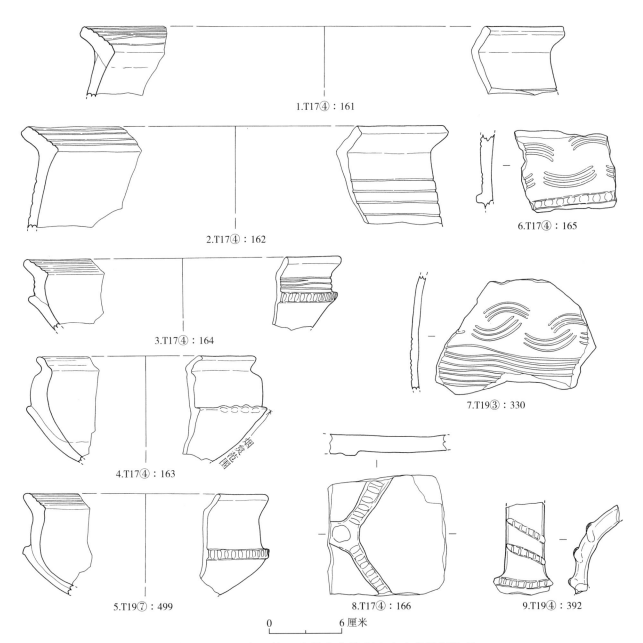

图4-15　土台Ⅰ第二阶段废弃堆积中出土的粗泥陶鼎

1~5. 鼎口沿　6~8. 鼎腹底　9. 鼎提梁

T17④:162，粗泥红陶。宽折沿，沿面有多道凹弦纹，外腹壁有多道不甚平行的凹弦纹。口径约 35 厘米（图 4 - 15，2）。

T17④:164，粗泥褐陶。侈口，折腹，沿内面有多道凹弦纹，折腹部位为套接并有凸脊，凸脊上有斜向捺窝，折腹上部有多道不甚平行、断续的凹弦纹。鼎外壁附着有烟炱。口径约 26 厘米（图 4 - 15，3）。

T17④:163，粗泥褐陶。侈口，折腹，口沿内面微内凹，折腹部位为套接并有凸脊，凸脊上另有成组捺窝，折腹下部留有烟炱。口径约 18 厘米（图 4 - 15，4；彩版 4 - 84）。

T19⑦:499，粗泥褐陶。折翻沿，沿内面有多道凹弦纹，折腹部位为套接，有按捺的凸脊。口径约 20 厘米（图 4 - 15，5）。

②腹、底片

T17④:165，腹片。粗泥红陶。凸脊上部有成组弧线抹划（图 4 - 15，6）。

T19③:330，腹片。粗泥红陶。腹部外壁不甚平行的成组凹弦纹上方另抹划有成组凹弧线（图 4 - 15，7）。

T17④:166，底片。粗泥红陶。鼎腹、底部按贴三条等分的放射状泥条，交汇部位按捺为圆窝，泥条上另有按捺。从发现的鼎足按贴情况看，这三条宽带状的泥条延伸到足跟部位，应起到加固的作用（图 4 - 15，8）。

③提梁

T19④:392，粗泥红陶。提梁粘贴多道泥条，泥条上另有按捺（图 4 - 15，9）。

④凿形鼎足

均粗泥红陶，其中 T19③:329 硕大。

T19③:329，足中部横截面呈扁圆形，足尖部位有制作时的双向切割痕。足长 22 厘米（图 4 - 16，1；彩版 4 - 85）。

T17③:101，足长 18 厘米（图 4 - 16，2）。

T17⑦:263，足正面有纵向布列的捺窝，从上往下捺窝渐大，其余部位用管状物斜向无序戳刺，面目狰狞（图 4 - 16，3）。

T17④:156，正面根部收呈尖三角形，两侧有按捺（图 4 - 16，4）。

T17⑬:183，足正面为两略弧弯线组成的一组刻划，并有序地呈错落状。这类刻划形式也见于同时期鱼鳍形鼎足的两面（图 4 - 16，5；彩版 4 - 86）。

T17⑬:181，足正面纵向刻划两组八字形线[①]，足内面根部有纵向捺窝，足横截面呈弧凸边三角形（图 4 - 16，6；彩版 4 - 87）。

T17⑦:260，足正面残留有刻划，刻划整体呈八字形，足背面有纵向按捺窝的凸脊，足中部横截面略呈三角形（图 4 - 16，7）。

T17⑥:478，足正面中部有纵向圆形捺窝，足面再有管状物的斜向戳刺，足两侧按捺，足根背面上部按捏呈凸脊状（图 4 - 16，9）。

T17④:157，足中部横截面为扁圆形（图 4 - 16，8）。

---

① 同样形式的八字形刻划也出现在鱼鳍形足足面上，可证这两种不同陶系、不同形式鼎足之间的内在联系。

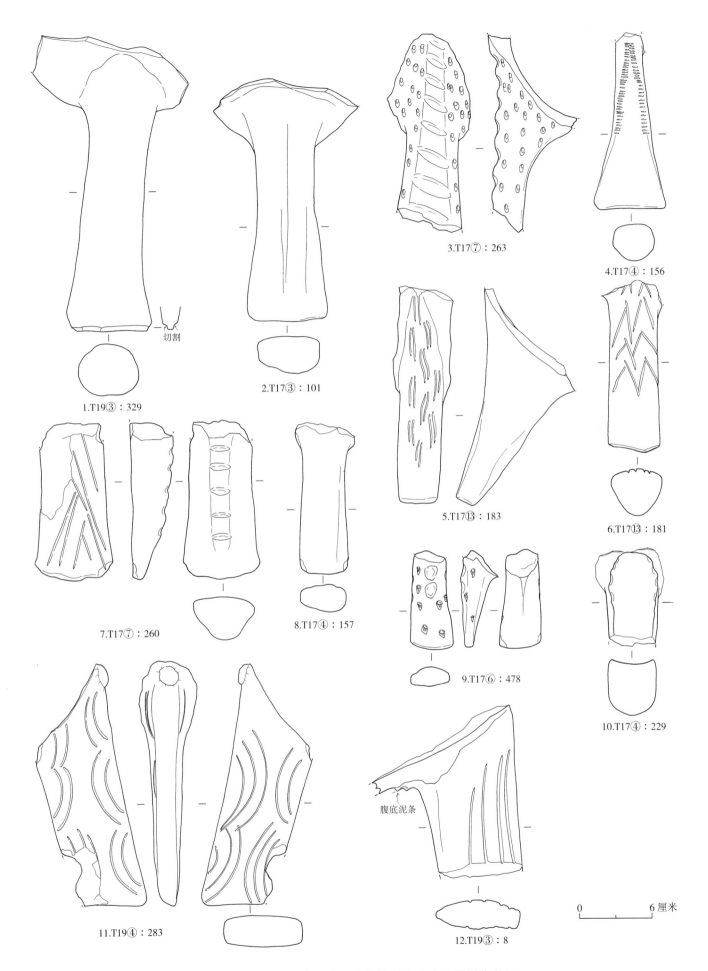

切割

1.T19③：329

2.T17③：101

3.T17⑦：263

4.T17④：156

5.T17⑬：183

6.T17⑬：181

7.T17⑦：260

8.T17④：157

9.T17⑥：478

10.T17④：229

腹底泥条

11.T19④：283

12.T19③：8

0　　　　　　6厘米

图4－16　土台Ⅰ第二阶段废弃堆积中出土的粗泥陶鼎足
1~10. 凿形足　11、12. 鱼鳍形足

T17④:229，足正面上部呈圆拱形凸起，并有按捺，足正面微内凹（图4-16，10）。

⑤鱼鳍形鼎足

T19④:283，粗泥红陶。类鱼鳍形。足两面刻划成组凹弧线，足侧面上部按贴一圆形泥突，其形制与凿形足有密切联系（图4-16，11；彩版4-88）。

T19③:8，粗泥红褐陶。鱼鳍形。抹划粗浅，足根内侧与腹底部残留有按捺的泥条（图4-16，12）。

（2）夹砂陶鼎

①口沿

T19③:76，夹砂红陶，内外壁均施红衣。宽折沿，沿面上部有两道凹弦纹。口径约30厘米（图4-17，1）。T19③:77，腹部内外壁均有红衣。腹部残留有两道凸弦纹，足为鱼鳍形，两面刻划的短线多有交错（图4-17，2）。与T19③:76鼎口沿可能为同一个体。

T19⑨:421，夹砂红陶。宽折沿，沿面有一道凹弦纹。口径约24厘米（图4-17，3）。T19⑨:420，鱼鳍形鼎足，刻划错落斜短线（图4-17，4）。与T19⑨:421鼎口沿可能是同一个体。

T19④:287，夹砂红陶。宽折沿，沿面有一道凹弦纹。口径约30厘米（图4-17，5）。

T17⑦:385，夹砂红陶，内外皆有红衣。宽折沿，沿面有两道凹弦纹，唇部另有按捺。口径约26.6厘米（图4-17，6）。

T19③:335，夹砂红陶，胎心依次为黑色和红褐色，外壁施红衣。宽折沿。口径约26厘米（图4-17，7）。

②鱼鳍形鼎足

未说明者均为夹砂红陶。

T17⑬:180，足两面刻划错落有序的斜直线，足外侧面另有两短线一组的刻划（图4-18，1；彩版4-89）。

T17⑥:146，刻划错落有序的斜直线（图4-18，2）。

T19④:282，刻划错落有序的短直线（图4-18，3）。

T19③:9，刻划粗、深的短直线（图4-18，4）。

T17④:155，刻划大体平行的斜直线（图4-18，5）。

T19④:281，刻划错落的短直线（图4-18，6）。

T17③:102，刻划成组布列有序的斜短线，每组为八字形[①]（图4-18，7；彩版4-90）。

T17⑦:259，刻划错落的斜短直线（图4-18，8）。

T19③:73，夹少量蚌末。刻划斜长短线组合（图4-18，9）。

T17④:244，褐陶。刻划的短直线可辨为一组八字形（图4-18，10）。

T17⑥:476，刻划雨点状短直线（图4-18，11）。

T17⑥:475，刻划短、直线（图4-18，12）。

T19③:332，刻划错落的短直线（图4-18，13；彩版4-91）。

T19⑦:497，刻划八字形的短直线（图4-18，14）。

---

① 崧泽文化晚期的夹砂质鱼鳍形鼎足的刻划，其线条往往有一定的组合方式。

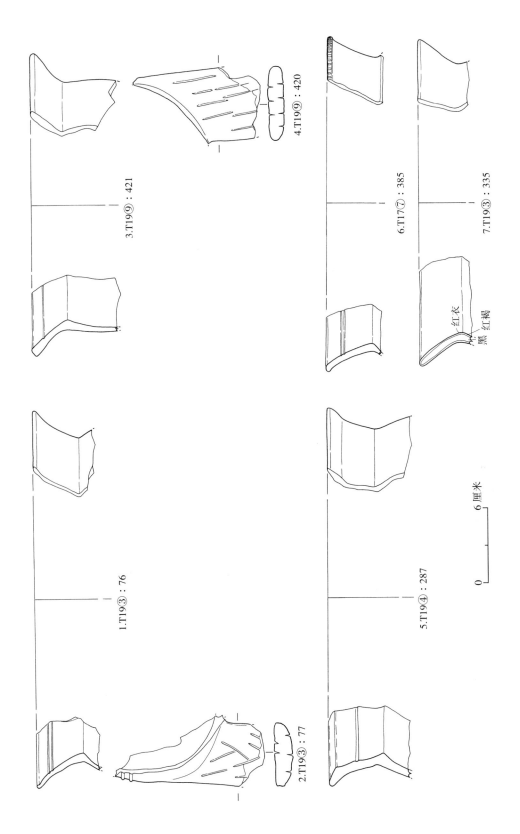

图4-17　土台 I 第二阶段废弃堆积中出土的夹砂陶鼎

1、3、5~7. 鼎口沿　2、4. 鼎足

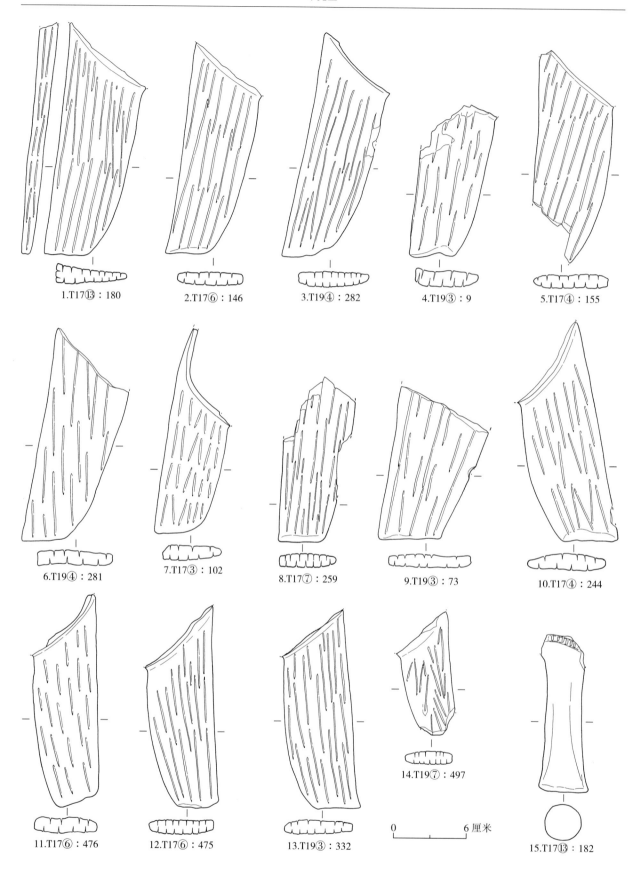

1.T17⑬：180　　2.T17⑥：146　　3.T19④：282　　4.T19③：9　　5.T17④：155

6.T19④：281　　7.T17③：102　　8.T17⑦：259　　9.T19③：73　　10.T17④：244

11.T17⑥：476　　12.T17⑥：475　　13.T19③：332　　14.T19⑦：497

0　　　　　6厘米

15.T17⑬：182

图4-18　土台I第二阶段废弃堆积中出土的夹砂陶鼎足

1～14. 鱼鳍形足　15. 凿形足

③凿形鼎足

T17⑬:182，夹砂红陶。凿形。足正面上部有一道弯弧状凸脊，脊上并有按捺，足中部横截面呈近圆形。夹砂红陶凿形足甚为少见（图4-18，15；彩版4-92）。

（3）豆（盘）

①豆盘盘体

T17④:174，泥质青灰胎灰陶。折敛口，口沿外壁有两道凹弦纹。口径约24厘米（图4-19，1）。

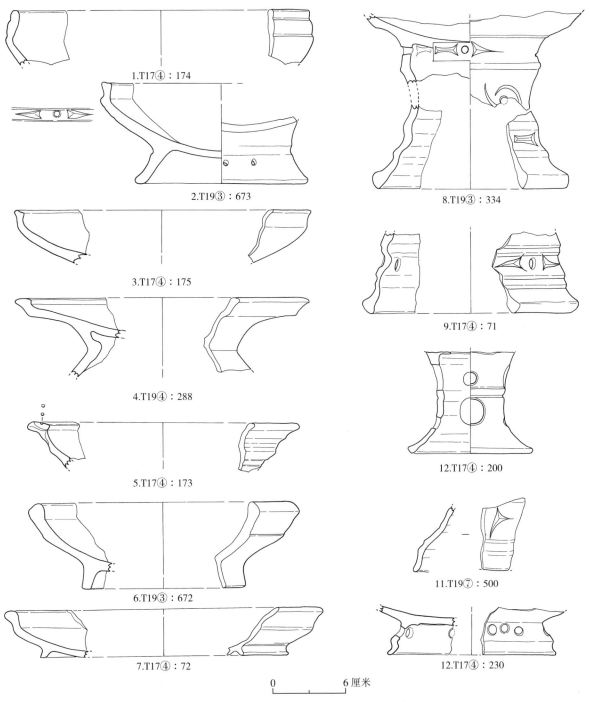

0　　　　　6厘米

图4-19　土台Ⅰ第二阶段废弃堆积中出土的陶豆（盘）

1~7. 豆盘盘体　8~12. 豆柄和豆盘圈足

T19③：673，泥质灰胎灰陶。微敛口，豆盘外腹壁按剔有圆和弧边三角组合图案，圈足上有两个小圆镂孔。高约8.1、复原口径约22.8、圈足径14.1厘米（图4-19，2）。

T17④：175，泥质灰胎黑皮陶。弧敛口，唇面内凹。口径约24厘米（图4-19，3）。

T19④：288，泥质褐胎黑皮陶，剥蚀甚。坦腹，厚唇。口径约24厘米（图4-19，4）。

T17④：173，泥质红褐胎红褐陶。宽沿内敛，外壁内凹弧。器壁剖面可见口沿部位的按贴痕。口径约22厘米（图4-19，5；彩版4-93）。

T19③：672，泥质灰胎黑皮陶，黑皮剥蚀甚。厚唇微敛，矮圈足。高约6.8、口径约22.3、圈足径约13.3厘米（图4-19，6）。

T17④：72，泥质褐胎青灰陶，过烧变形。折坦腹，矮圈足。高约3.8、口径约26、圈足径约20厘米（图4-19，7）。

②豆柄和豆盘圈足

T19③：334，泥质褐陶。圈足部位不能与豆盘拼接，但可肯定是同一个体。圈足纹样分为上、中、下三组，上、下两组均为圆和弧边三角组合图案，但一侧的弧边三角实为弧边四角；中间一组也为圆和弧边三角组合图案，但有螺旋线填刻。圈足径约16厘米，豆柄复原高约12厘米（图4-19，8；彩版4-95）。

T17④：71，泥质褐胎褐陶，火候甚低。镂孔剔刻圆和弧边三角组合图案。圈足径约18厘米（图4-19，9）。

T17④：200，泥质灰陶。豆柄纹样以弦纹为界分为上、下两组，各为大小圆形镂孔四个，上下左右错落分布。豆柄高8、豆柄上部安接处外径约7.4、圈足径10.4厘米（图4-19，10）。

T19⑦：500，泥质灰陶。残留有圆和弧边三角组合图案。圈足径不明（图4-19，11）。

T17④：230，泥质灰陶。圈足部位有三个一组的穿孔。圈足径约14厘米（图4-19，12）。

（4）罐

有口沿、腹片和圈足、平底等。

T17③：185，泥质灰陶，剥蚀甚。翻沿。口径约10厘米（图4-20，1）。

T17③：103，泥质灰胎灰黑陶。翻沿，口沿部位为套接。口径11.5~12厘米（图4-20，2）。

T19③：75，泥质黑褐胎黑陶，胎心颜色分层明显。口沿残损（图4-20，3）。

T17⑥：144，泥质灰陶，火候甚高，外壁打磨光亮。翻沿，沿面有三道凹弦纹，一侧还微下按呈流状①。口径约18厘米（图4-20，5）。

T17④：228，泥质灰褐陶，火候不高，胎心呈红褐色。外壁装饰三组圆和弧边三角组合图案，组合图案上、下各有一周凸棱宽6.5厘米，二方连续布列。圆为管状物戳按而成，弧边三角中以圆为中心的弧边为半圆管戳按而成，另两边为剔刻（图4-20，4；彩版4-94）。

T17④：69，泥质青灰胎灰陶。圈足部位有两戳孔。圈足径12.8~13.4厘米（图4-20，6）。

T17⑦：262，泥质灰陶。圈足上部有等分三组2个穿孔。圈足径12.6厘米（图4-20，7）。

T19③：10，泥质黑胎灰陶。假圈足，假圈足外侧另贴。底径10.2厘米（图4-20，8；彩版4-96）。

---

① 沿面凹弦纹较深，推测不应作流用，可能是烧造变形。

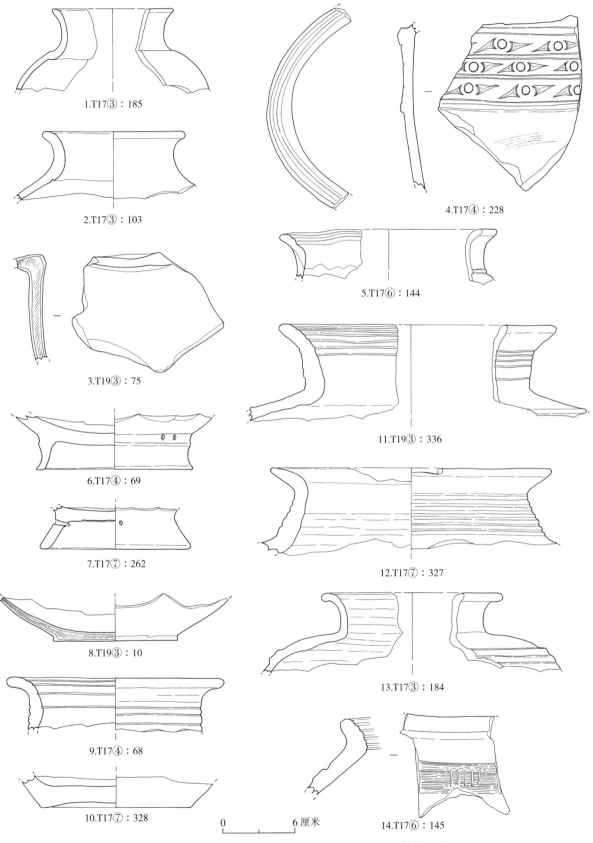

1.T17③：185
2.T17③：103
3.T19③：75
6.T17④：69
7.T17⑦：262
8.T19③：10
9.T17④：68
10.T17⑦：328
4.T17④：228
5.T17⑥：144
11.T19③：336
12.T17⑦：327
13.T17③：184
14.T17⑥：145

0　　　　　　6厘米

图4－20　土台 I 第二阶段废弃堆积中出土的陶罐、瓮
1~8. 罐残片　9~14. 瓮残片

（5）瓮

有口沿、底片等。

T17④:68，泥质灰陶。翻沿，沿内面和颈部各有多道凹弦纹。口径18厘米（图4-20，9）。

T19③:336，泥质灰陶。翻沿，沿内外两面均有多道不甚平行的凹弦纹。口径约22厘米（图4-20，11）。

T17⑦:327，泥质灰陶。与T13⑤:324形制完全一致。宽折沿，斜长颈，颈部有多道凹弦纹。口径约23厘米（图4-20，12）。

T17③:184，泥质灰陶。翻沿，沿内面有多道抹划，溜肩部位按贴有一周凸宽带，宽带上再有刮抹。口径约15厘米（图4-20，13）。

T17⑥:145，泥质灰陶。厚唇，唇内面有多道凹弦纹，肩部按贴一周凸起宽带，宽带上有竖向刻划，可能象征鼻穿。口径甚大，片小不能测量（图4-20，14）。

T17⑦:328，泥质青灰胎黑陶。质地坚硬，外壁光亮。内凹底。底径约12.4厘米（图4-20，10）。

（6）壶

有口沿、底片等。

T17③:104，泥质灰胎黑陶。翻唇，长颈，肩部有一道按抹。口径7.5~7.8厘米。根据器形特征和器壁相对较薄，定为壶类（图4-21，1）。

T17④:172，泥质青灰胎黑皮陶，剥蚀甚。直口，口沿残留有一穿孔，长颈，溜肩部位抹按一周。口径约5.8厘米（图4-21，2）。

T19③:74，泥质灰陶。翻沿，唇部有鸡冠状按贴，并有一穿孔。口径约12厘米（图4-21，3）。

T19③:11，泥质灰陶。内凹底。底径约9厘米（图4-21，4）。

T17⑥:147，泥质灰陶。平底微内凹。底径约8.4厘米（图4-21，5）。

T17④:227，泥质青灰—红黑胎灰陶。底部微内凹，残留有烧前刻划符号。底径约6厘米（图4-21，6；彩版4-97）。

（7）杯

按底部分为平底内凹和花瓣足两类，前者多直腹，后者多鼓腹。

T17⑦:8，泥质灰胎灰陶。口微敛，下腹部有两道凹弦纹，内凹底。高12.1、口径4.6~4.7、底径4.6~4.8厘米（图4-21，7）。

T19⑤:594，泥质灰胎灰陶。口微敛。高8.8、口径3.5~3.6、底径4.0~4.3厘米（图4-21，8；彩版4-98）。

T19④:284，泥质灰陶。直口。口径约6厘米（图4-21，9）。

T17④:167，泥质灰陶。内底留有逆时针方向的拉坯痕，平底微内凹。底径4.6~4.7厘米（图4-21，11）。

T17④:168、169，泥质灰胎黑皮陶，两件可能为同一个体。束颈，外壁有三组凸弦纹，每组由三道组成，花瓣足。口径约12、底径6厘米，复原通高约12.5厘米（图4-21，10）。

T17④:170，泥质灰胎黑皮陶。花瓣足。底径6.6厘米（图4-21，12）。

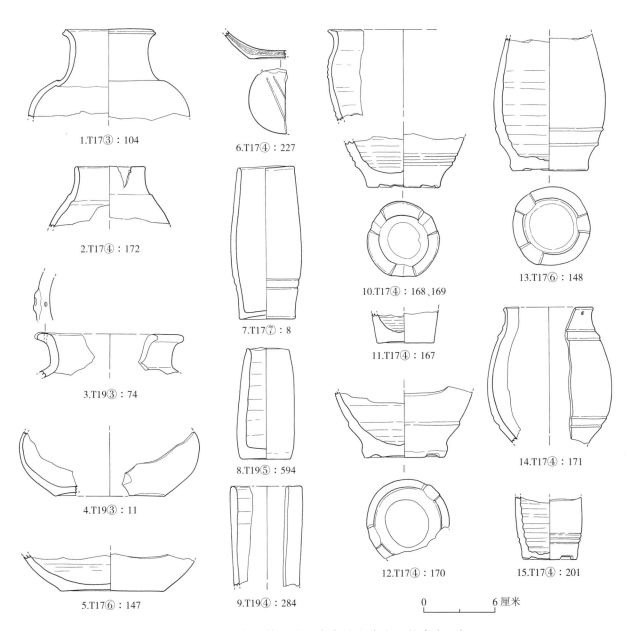

图 4 - 21　土台 I 第二阶段废弃堆积中出土的陶壶、杯
1~6. 壶　7~15. 杯

T17⑥:148，泥质灰胎黑皮陶。鼓腹，下腹部有两周凸棱，凸棱上下部位有朱痕，花瓣足。底径6.5厘米（图 4 - 21，13）。

T17④:171，泥质灰胎黑皮陶。口沿部位残有一穿孔，鼓腹，鼓腹上下各有两道凹弦纹。口径约7.2厘米（图 4 - 21，14）。

T17④:201，泥质褐胎黑皮陶，剥蚀甚。下腹部有两道凹弦纹，内壁拉坯痕迹明显，花瓣足。底径约4.5厘米（图 4 - 21，15）。

（8）盆

T17④:202，泥质褐胎青灰陶。宽折沿，沿内面上部有一道凹弦纹。口径约32厘米（图 4 - 22，1）。

T17⑦：186，泥质灰胎灰陶。宽折沿，沿面有多道凹弦纹，鼓腹，斜收底，内壁留有刮抹痕，平底。高约13.8、口径28.8、底径14.2厘米（图4－22，2）。

T19③：13，泥质灰陶。折翻沿，斜收腹。口径约24厘米（图4－22，3）。

T17⑦：187，泥质灰胎青灰陶，外壁光亮。宽折沿，沿面微内凹。口径约20厘米（图4－22，8）。

T19③：12，泥质红陶。折翻沿，斜收腹。口径约20厘米（图4－22，4）。

T19③：333，泥质灰陶。侈口。口径约17厘米（图4－22，9）。

T19⑦：498，泥质灰陶。敛口，平底。高4.8、口径约14厘米（图4－22，7）。

T19③：331，泥质灰陶。束颈。口径约11厘米（图4－22，6）。

T17⑦：428，泥质灰陶。口沿残，折腹部位起凸棱，内凹底。底径4.5厘米（图4－22，5）。

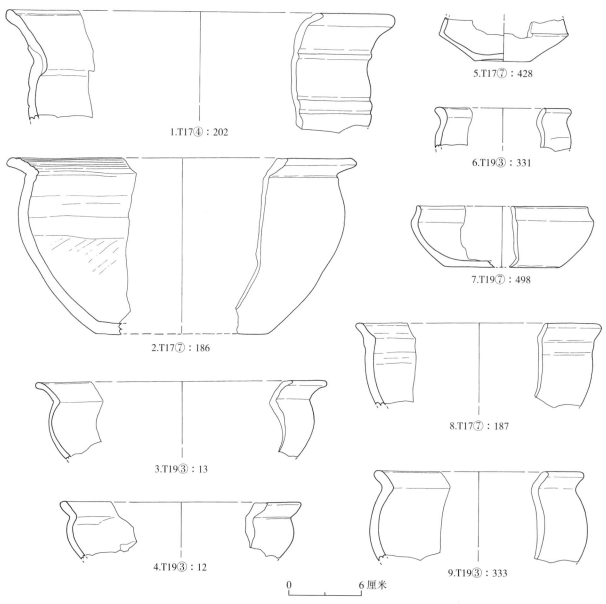

图4－22　土台Ⅰ第二阶段废弃堆积中出土的陶盆

（9）大口缸

T17⑦：261，夹粗砂红陶。直口，口沿内凹器壁相对较薄，口沿外壁上部有两道弦纹，弦纹为口部以下拍印的篮纹所叠压。从口部往下约 11 厘米处，有一层夹砂的陶衣抹在拍印的篮纹上，内壁施白衣。口径约 34 厘米（图 4 - 23，1；彩版 4 - 103）。

T19④：280，夹粗砂褐陶。直口，口沿外壁四道弦纹，下拍印斜向篮纹（图 4 - 23，2；彩版 4 - 104）。

T17④：158，夹粗砂红陶。口沿外壁弦纹刻划叠压拍印的篮纹。口径不明（图 4 - 23，3）。

T17⑥：455，夹粗砂红陶，外壁施白衣，内壁局部也有白衣。腹部残片。残片器壁厚约 2.8 厘米，在 1.7 厘米处可见分层贴塑（图 4 - 23，4）。

T17④：159，夹粗砂红陶。腹部残片。腹壁厚 3.6 厘米。剖面制作痕迹为斜向分层线，泥条盘

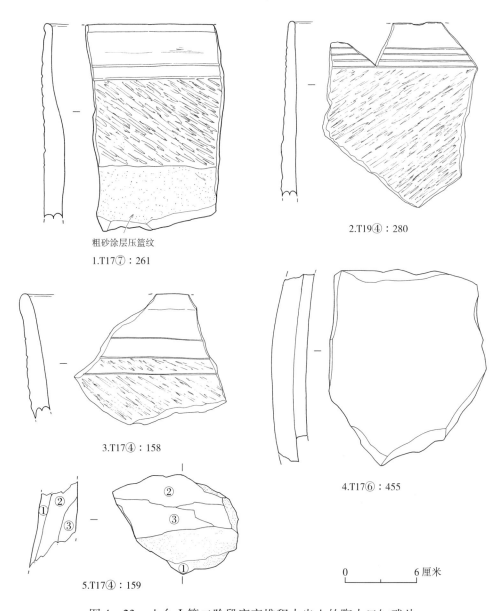

粗砂涂层压篮纹

1.T17⑦：261

2.T19④：280

3.T17④：158

4.T17⑥：455

5.T17④：159

0　　　　　6厘米

图 4 - 23　土台 I 第二阶段废弃堆积中出土的陶大口缸残片

筑（图4-23，5；彩版4-105）。

（10）器盖

复原器1件，余多为盖纽残片。

T17⑥：648，粗泥红陶。浅杯形纽。器形硕大，全器仅缺约三分之一盖体。高11.5、盖体外径约48厘米（图4-24，1；彩版4-99）。

T17⑥：477，泥质灰陶。盖面残留有弧线组合刻划。盖径约28厘米（图4-24，2）。

T19③：14，粗泥红陶。浅杯形纽。纽高仅1.5厘米，盖体残留有穿孔四个（图4-24，3）。

T19④：285，粗泥红陶。浅杯形纽。纽内面烧前刻划两个半圆组成的圆形符号，纽内面有相应的戳捺加固窝。纽径约6.5厘米（图4-24，4；彩版4-100）。

T19④：286，粗泥红陶。浅杯形纽。缘面有按捺，纽内面烧前刻划"×"形符号。纽径5.6厘米（图4-24，5；彩版4-101）。

T17⑦：384，粗泥灰黑陶。浅杯形纽。缘面有捺窝，纽内面烧前刻划"×"形符号。纽径约5厘米（图4-24，6）。

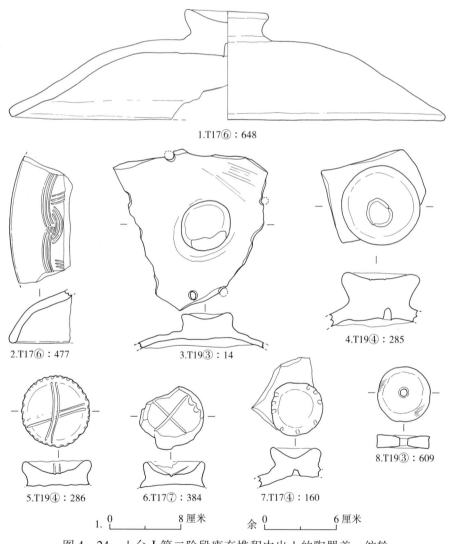

1.T17⑥：648

2.T17⑥：477　　　3.T19③：14　　　4.T19④：285

5.T19④：286　　　6.T17⑦：384　　　7.T17④：160　　　8.T19③：609

1.　0　　　　8厘米　　　余　0　　　　6厘米

图4-24　土台Ⅰ第二阶段废弃堆积中出土的陶器盖、纺轮

1. 盖　2~7. 盖纽　8. 纺轮

T17④：160，粗泥红陶。浅杯形纽。缘面有按捺，盖纽内面另有戳按的小圆窝。纽径约4.3厘米（图4-24，7）。

（11）纺轮

T19③：609，泥质灰胎黑皮陶。利用杯底改制。外径4.3、厚1、孔径0.5厘米（图4-24，8；彩版4-102）。

2. 石器

T17④：70，残石锛坯。角岩。下部残损，正面上部已初步打制为隆起状[1]。宽5.7、最厚2.3厘米（图4-25，1）。

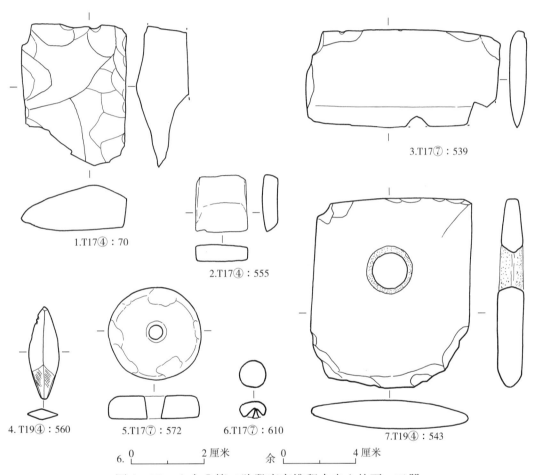

图4-25　土台Ⅰ第二阶段废弃堆积中出土的石、玉器
1. 石锛坯　2. 石锛　3. 石刀　4. 石钺　5. 石镞　6. 石纺轮　7. 玉隧孔珠

T17④：555，锛。流纹岩。弧背。长3、宽2.8、最厚0.8厘米（图4-25，2）。

T17⑦：539，刀。角岩。长方形，双面刃。长10.6、宽5.1、最厚0.9厘米（图4-25，3）。

T19④：543，钺。角岩。刃部残损，琢制孔。长9.9、宽8.7、最厚1.4厘米，孔内径1.9、外径2.5厘米（图4-25，7；彩版4-106）。

T19④：560，镞。泥岩。柳叶形，横截面为扁菱形，石镞卯插部位留有粗糙的摩擦痕。长4.9、宽

_____

[1]　小兜里遗址的这件标本说明，崧泽文化石器的弧背和斜脊形石锛的成形也是打制，这些遗址虽然本身没有石材资源，但是也掌握基本的石器制造技术。

1.7、厚 0.6 厘米（图 4 - 25，5）。

T17⑦：572，纺轮。粉砂岩（?）。可能为单面管钻。外径 4.9~5.0、厚 1.2、孔内径 0.75、外径 1.1 厘米（图 4 - 25，6；彩版 4 - 107）。

3. 玉器

T17⑦：610，隧孔珠。灰白色，沁蚀甚。已碎裂。外径 0.65~0.70、厚 0.3 厘米（图 4 - 25，6；彩版 4 - 108）。

4. 红烧土块

T17④：266，肉眼不辨掺和料，与泥质陶材质非常接近。一面平整，另面有外径约 1.5 厘米的秆印痕，秆印痕底部至平整面厚 3.1 厘米（图略）。

第二节　土台Ⅱ及相关遗迹和遗物

土台Ⅱ位于 T23、T16、T24 和 T21，土台整体呈正方形的慢坡状，北部慢坡为马桥文化时期的堆积所叠压，南部被与土台Ⅰ共同的多层"草木灰"堆积所叠压，叠压土台Ⅱ的东、西遗存为土台Ⅱ的拓展和营建堆积，其中向土台Ⅱ西北的拓展堆积跨度到良渚文化时期。

野外测绘的土台Ⅱ中心范围东西长约 8.6、南北长约 7.2 米，面积近 62 平方米，略呈正方形。由于清理时土台的底边需要剖面才能最终确认，经 T16、T21 西壁地层的确认，土台南北长约 10 米，现台面长约 6.4 米。

土台Ⅱ周边的斜坡状堆积除了南部的多层草木灰之外，北部和东部有夹杂丰富红烧土颗粒的褐色土，红烧土内不夹杂秕谷，堆积中包含陶片很少（彩版 4 - 109、110）。

一　土台Ⅱ可能存在的建筑

土台Ⅱ埋设的崧泽文化时期的墓葬位于土台的西南部，计有 M24、M38、M30、M31、M51 五座（参见第三章第二节）。土台中部未发现墓葬，有残存的竖置大口缸和浅坑迹象，推测应存在建筑遗存[①]（图4 - 26；彩版 4 - 111、112）。

二　与土台Ⅱ相关地层堆积中出土的遗物

与土台Ⅱ相关的堆积主要集中在 T16 南部和紧邻的 T17 北部，以及向东南方向的 T13[②] 和 T14 北部。堆积性状以草木灰为主，T13 出土的陶片最为丰富。说明在 T13 和 T14，至少有一次明确的土台拓展。

（一）陶器

陶器有鼎、豆、罐、壶、杯、盆、瓮、大口缸、器盖等。

1. 鼎（含甗）

鼎分为粗泥陶和夹砂陶两大类。粗泥陶鼎基本为侈口翻沿或折沿，沿面宽大，且有多道凹弦纹。夹砂陶鼎也为侈口折沿，沿面也多宽大，一些沿面有两道凹弦纹。一些粗泥陶鼎的口径甚大，超过或

---

① 大口缸除了与墓葬关联，还常与建筑遗存有关。桐乡普安桥 F3 室外西侧地面埋设一鼎一大口缸，室外东侧还有一外径约 40 厘米的露天灶塘，F3 室外北侧地面倾斜较大，并有大量灰烬堆积。参见北京大学考古学系、浙江省文物考古研究所、日本上智大学联合考古队：《浙江桐乡普安桥遗址发掘简报》，《文物》1998 年第 4 期，页 66。

② 因为工程部门桥梁建设的破坏，T13 出土的陶片可能受到了扰乱，尤其是 T13 第 3 层，特此说明。

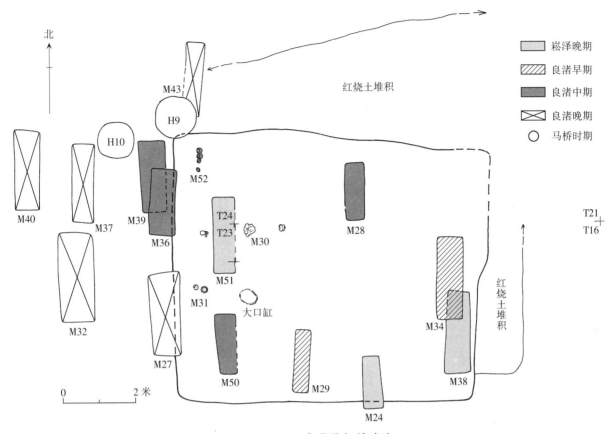

图 4-26　土台 Ⅱ 及相关遗迹

接近 40 厘米，报告称为"大鼎"，以示分别。相对而言，夹砂陶鼎的个体就要小一些。粗泥陶鼎片中还有相当数量的隔档，实际上即甗，甗的口沿特征与鼎完全一致，只是前者的腹部相对较直，考虑到碎片难以甄别，故鼎、甗一并叙述。没有发现夹砂材质的鼎隔档片。粗泥陶鼎足的形制主要分为凿形和鱼鳍形，凿形足中一类上端部位呈半圆拱形状较为特别，这类鼎足往往正面刻划有纹样。粗泥陶鱼鳍形足的刻划均较为粗浅，与夹砂陶鼎足形成鲜明的对比。夹砂陶鱼鳍形鼎足的刻划除了一些随意刻划之外，可以分为断续相间的短直线和八字形短直线两种，这两种刻划在粗泥陶鼎足上也可以见到。以下按陶系分类，再以修复器和口沿、腹部、足等部分叙述。

①粗泥陶鼎

T13⑤:137，褐陶。翻沿，垂腹，垂腹部位有一周凸脊，凸脊处及以下即安装鼎足。凸脊面在装置鼎足的两侧有按捺，当起到加固鼎足的作用。鱼鳍形足，横截面为扁橄榄形，两面有竖向浅抹划（图 4-27A，1）。

②粗泥陶大鼎口沿

均红陶，侈口折沿。

T16⑤:650，粗泥红陶。折沿，沿面有多道凹弦纹，弧腹，上腹部有三组各 3 道凹弦纹。下腹部有凸脊，脊面有按捺。口径约 44 厘米（图 4-27B，1）。

T16⑥:38，外腹壁残留有三组 3 道不甚平行的凹弦纹。口径约 40 厘米（图 4-27A，2）。

T23⑤:177，沿面有多道凹弦纹，上腹部有一道凸脊，脊面有按捺，凸脊下残留有凹弦纹。口径约 41 厘米（图 4-27B，2）。

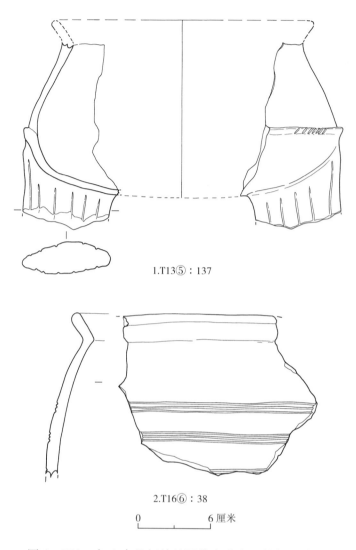

1.T13⑤：137

2.T16⑥：38

0　　　　　6 厘米

图 4 - 27A　与土台 II 相关地层堆积中出土的粗泥陶鼎

T13⑤：82，沿面有多道浅凹弦纹，外壁残留有三组 3 道凹弦纹。口径约 44 厘米（图 4 - 27B，3）。

T16③：134，沿面有多道凹弦纹，口沿部位有明显的套接痕迹。口径约 40 厘米（图 4 - 27B，4）。

T16③：135，沿面有多道凹弦纹，折腹部位有凸棱，凸棱面上有按捺，折腹为套接，凸棱以上有三道 3 组不甚平行的凹弦纹。口径约 40 厘米（图 4 - 27B，5）。

③粗泥陶鼎（含甗）口沿

粗泥陶鼎口沿分为鼎和隔档鼎（甗）两类。鼎类有深腹和浅腹两种，浅腹者均有腰沿或凸脊，上下套接而成，与马家浜文化时期的腰沿釜制作技法一致。未说明者均红陶。

T16④：236，折沿，沿面有两道凹弦纹，折腹套接，折腹上部有三道凹弦纹。口径约 30 厘米（图 4 - 28A，1）。

T16④：235，折沿，沿面三道凹弦纹，斜收浅腹，腹部外壁有凸脊一周，脊面按捺，凸脊上部有三道不甚平行的凹弦纹。鼎下腹部尚留有安装鼎足的印痕。口径 30 厘米（图 4 - 28A，2）。

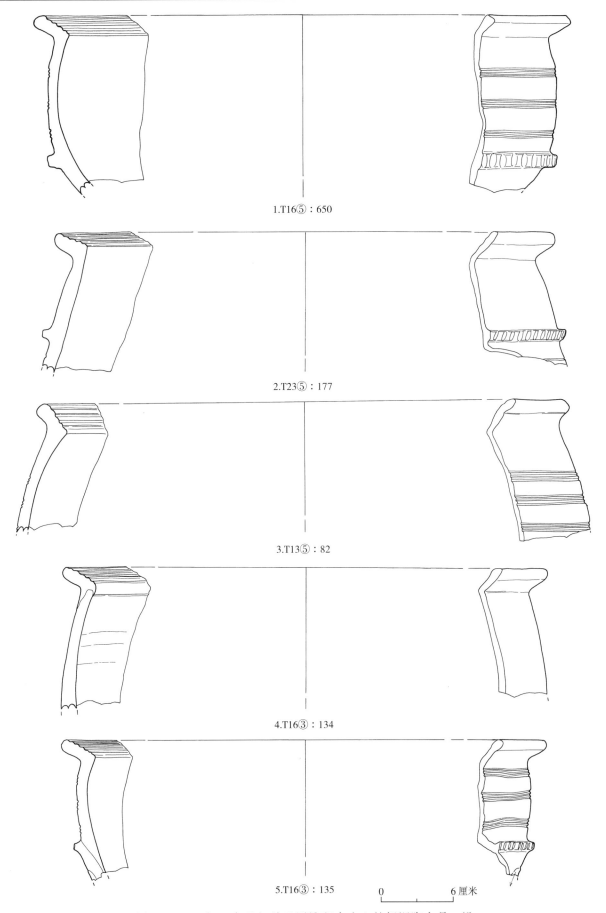

1.T16⑤：650

2.T23⑤：177

3.T13⑤：82

4.T16③：134

5.T16③：135

0　　　　　　6厘米

图4-27B　与土台Ⅱ相关地层堆积中出土的粗泥陶大鼎口沿

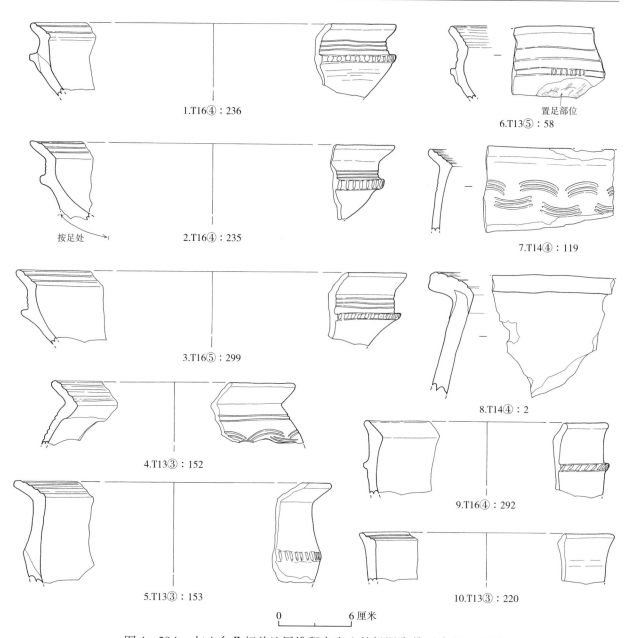

图 4 - 28A　与土台 II 相关地层堆积中出土的粗泥陶鼎（含甗）口沿

T16⑤:299，侈口折沿，沿面有三道凹弦纹，折腹部位有凸脊，脊面按捺，凸脊上部抹划三道不甚平行的凹弦纹。口径约 32 厘米（图 4 - 28A，3）。

T13⑤:58，褐陶。侈口折沿，沿面有多道凹弦纹，折腹部位有凸脊，脊面在安置鼎足部位有按捺，折腹上部另有抹划的凹弦纹。不能复原口径（图 4 - 28A，6）。

T13⑤:136，褐陶。翻沿，折腹，腹部上下有两组各由 5 道凹弦纹组成的纹样，鼎足按贴位置在折腹部位。口径约 26 厘米（图 4 - 28B，1）。

T16⑨:530，折沿，沿面有多道凹弦纹，腹壁较直，残留有两周凸脊，上周凸脊脊面有断续的按捺，下周凸脊脊面也有按捺，其相应的鼎内壁装置隔档。剖面上似可见隔档部位鼎身的上下套接和凸脊安置痕迹。口径约 32 厘米（图 4 - 28B，2）。

T14④:119，折沿，沿面有多道凹弦纹，鼎外壁刻划瓦棱纹。口径约 28 厘米（图 4 - 28A，7）。

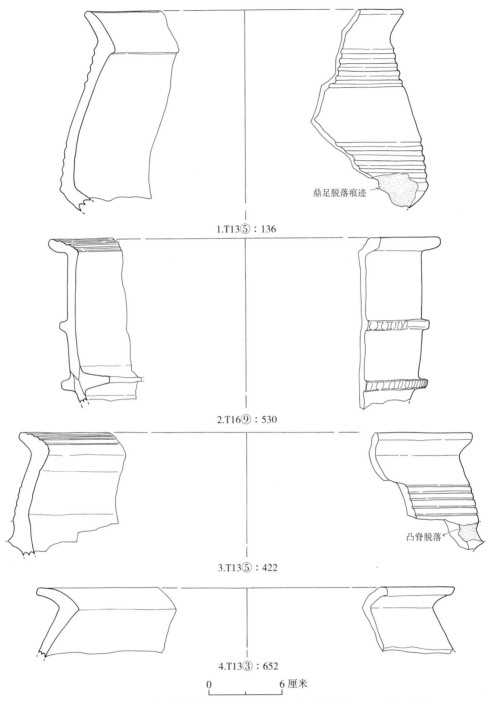

1.T13⑤：136

2.T16⑨：530

3.T13⑤：422

鼎足脱落痕迹

凸脊脱落

4.T13③：652

0　　　　　　　6 厘米

图 4 - 28B　与土台 II 相关地层堆积中出土的粗泥陶鼎（含甗）口沿

　　T13⑤[①]：422，侈口翻沿，沿面有多道凹弦纹，折腹部位的凸脊脱落，折腹上部有多道不甚平行的凹弦纹（图 4 - 28B，3）。T13⑤：423 凿形足可能与此配伍。

　　T13③：152，侈口翻沿，沿面有多道凹弦纹，外壁上部抹划两道不甚平行的凹弦纹，下部刻划瓦棱状纹。口径约 20 厘米（图 4 - 28A，4）。

　　T14④：2，翻沿，沿面有多道凹弦纹，口沿部位可见套接痕迹。复原口径约 34 厘米（图 4 - 28A，8）。

_____

　　①　均出于土台 II 的红烧土面上。

T13③：153，侈口翻沿，沿面多道凹弦纹，折腹套接，折腹外壁另有竖状按捺。外壁附有烟炱。口径约 26 厘米（图 4 - 28A，5）。

T13③：652，侈口翻沿。口径约 34 厘米（图 4 - 28B，4）。

T16④：292，小折沿，上腹部外壁有一周凸脊，脊面有斜向按捺。口径约 20 厘米（图 4 - 28A，9）。

T13③：220，微直口，沿面有两道凹弦纹。口径约 21 厘米（图 4 - 28A，10）。这类鼎仅发现一件。

④粗泥陶甗隔档

均粗泥红陶。

T16⑨：529，外壁残留有三道凸脊，上两周凸脊面上的按捺断续，最下面一道凸脊与足相连，足上部呈圆拱形，足两侧脊面上有按捺，与其相应的内壁装置隔档，隔档微上翘（图 4 - 29，1）。

T13③：221，隔档部位的上、下腹部按接而成，外壁按贴凸脊一周，凸脊面上另有按捺。凸脊上部有多道不平行凹弦纹，下腹部斜收甚。下腹残留有装置鼎足时的按脊，脊面上有多道横向按捺。隔档微上翘。鼎器壁甚厚，达 1.6～1.8 厘米，器形当相当大，复原后其腹部外径不少于 56 厘米（图 4 - 29，2）。

T16⑤：300，圆弧腹，外壁凸脊面上有按捺，凸脊上部抹划不甚平行的凹弦纹，与凸脊相应的鼎内壁安装隔档（图 4 - 29，3）。

T16④：238，鼓腹部位有凸脊，脊面有按捺，凸脊上部有多道凹弦纹，凸脊相应的鼎内壁下方装置隔档（图 4 - 29，4）。

T13③：504，外壁施灰白衣。圆弧腹，腹部外壁有凸脊，脊面有按捺。上腹部除凹弦纹之外，另按贴有一小鸡冠耳。隔档略上翘（图 4 - 29，5）。

T13③：90，折腹部位的凸脊局部有斜向按捺，折腹上部除抹划四五道不平行凹弦纹外，另有凸脊，凸脊面上有按捺和半环状凸起。隔档位于折腹上部，隔档上有戳孔（图 4 - 29，6）。

T13③：36，外壁凸脊有单个捺窝，隔档有戳孔（图 4 - 29，7；彩版 4 - 113）。

T16④：381，外腹壁残留有两周凸脊，脊面上有按捺，凸脊之间刻划瓦棱纹，下周凸脊相应的鼎内壁安装上翘的隔档（图 4 - 29，8）。

T19⑤：7，腹部外壁有一周凸脊，脊面上有按捺，凸脊上部刻划有瓦棱纹。凸脊相应的鼎内壁有隔档，隔档上翘，有斜向戳孔。腹径复原可达 48 厘米（图 4 - 29，9）。

T14④：47，外壁凸脊面上有按捺，凸脊上部残留有抹划纹，内壁隔档有凹缺（图 4 - 29，11）。

T13③：222，凸脊下斜收甚。下腹部器壁仅厚 0.8 厘米，腹径复原约 40 厘米（图 4 - 29，10）。

T13③：653，折腹套接，折腹部位有按捺。折腹上部另有凸脊一周，有分段按捺。鼎内部隔档位于折腹上部，有穿孔。最大腹径约 40 厘米（图 4 - 29，12）。

⑤粗泥陶鼎底

均粗泥红陶。

T14⑥：17，残留有三叉形按贴的泥条凸棱，棱面上有横向的按捺，凸棱交汇处为一小环状泥圈，圈面上也有按捺。凸棱延伸部位实际上就是装置鼎足的部位，起到了加固鼎足和鼎腹的作用，这一工艺具有一定的地域性和时间性（图 4 - 30，1）。

T14⑥：395，残留有三叉形按贴的泥条凸棱，棱面上有横向的按捺，凸棱交汇处为一小环状泥圈（图 4 - 30，2）。

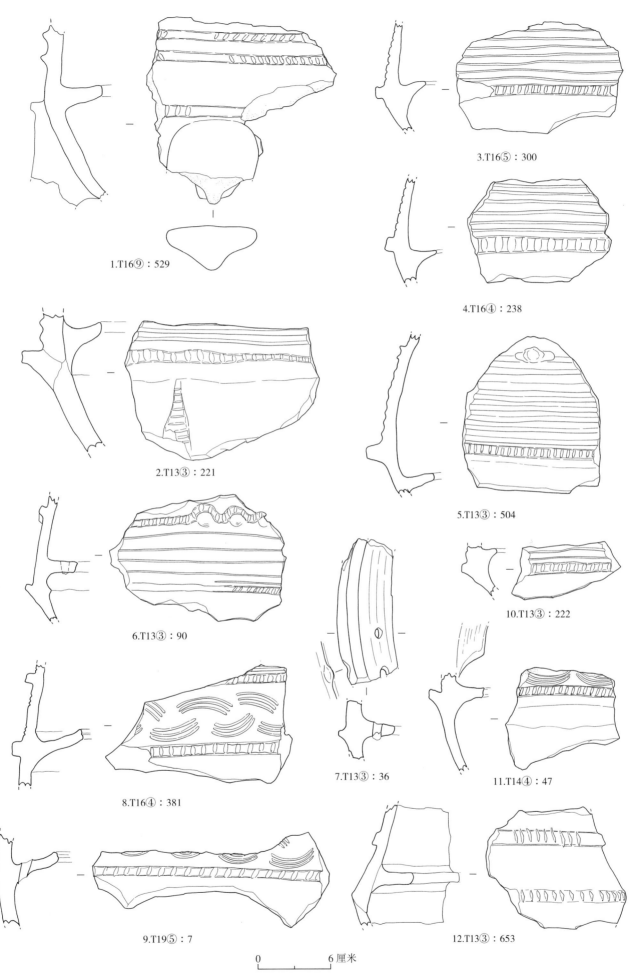

1.T16⑨：529

3.T16⑤：300

4.T16④：238

2.T13③：221

5.T13③：504

6.T13③：90

10.T13③：222

7.T13③：36

11.T14④：47

8.T16④：381

9.T19⑤：7

12.T13③：653

0　　　　　6厘米

图4-29　与土台Ⅱ相关地层堆积中出土的粗泥陶鬲隔档

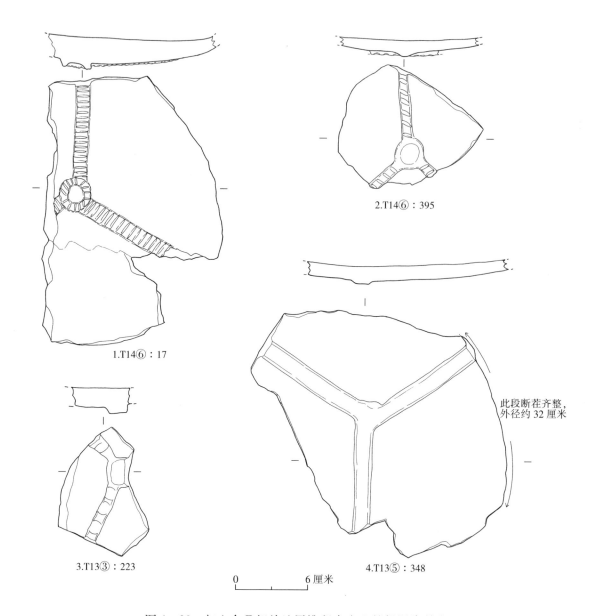

1.T14⑥：17

2.T14⑥：395

3.T13③：223

4.T13⑤：348

此段断茬齐整，
外径约 32 厘米

0   6 厘米

图 4 - 30   与土台 II 相关地层堆积中出土的粗泥陶鼎底

     T13③：223，底部有三叉形凸棱，棱面上另有按捺。底部胎厚 1.4 厘米（图 4 - 30，3）。

     T13⑤：348，底部粘贴有三叉形宽泥条，高出周边约 2 厘米，鼎底片一侧圆弧形断茬齐整，应为与鼎腹部套接脱落所致。鼎底部外径约 32 厘米（图 4 - 30，4；彩版 4 - 114）。

     ⑥粗泥陶凿形足

     色泽上有红、褐之分，未说明者均为粗泥红陶。足根部呈圆拱形凸起的凿形足往往刻划有纹样，《南河浜》称之为“兽形足”。

     T13⑤：342、343、344，陶质、纹样和大小完全一致，当属于同一个体。鼎腹部有一周凸脊，脊面上有按捺。鼎足上部为圆拱形凸起，鼎足正面有一道竖线，两侧多道成组弧线刻划，一侧还另有两相向的短弧线。足中部横截面略呈三角形，足正面弧凸，背面两边略内凹弧（图 4 - 31，1；彩版 4 - 115）。

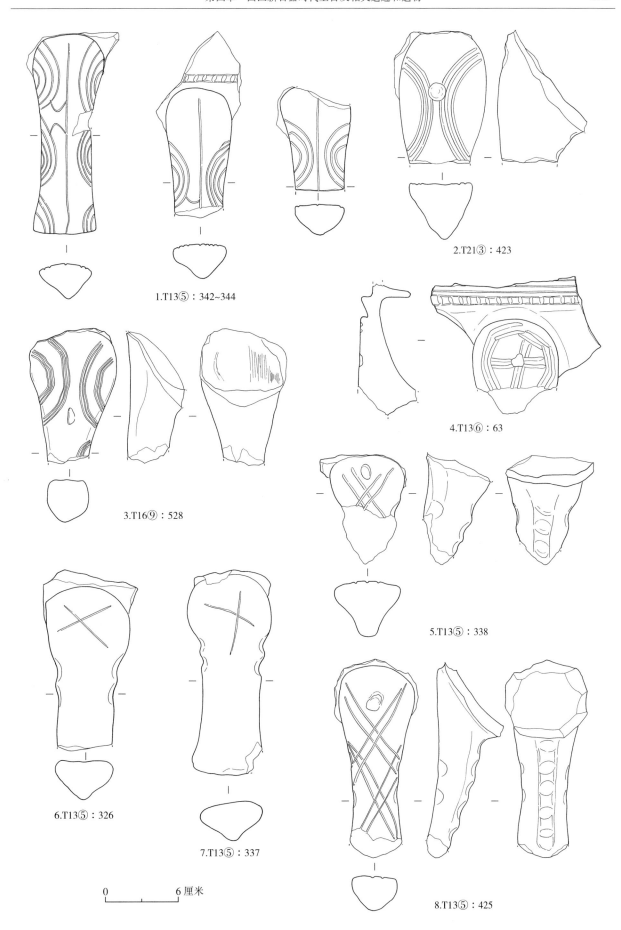

1.T13⑤：342~344

2.T21③：423

3.T16⑨：528

4.T13⑥：63

5.T13⑤：338

6.T13⑤：326

7.T13⑤：337

8.T13⑤：425

0　　　6厘米

图4-31　与土台Ⅱ相关地层堆积中出土的粗泥陶凿形鼎足

　　T16⑨：528，足正面上部呈圆拱形，两侧对称刻划弧线，正中有一按捺（图4-31，3；彩版4-117）。

　　T21③：423，足正面上部呈圆拱形，以按捺的圆窝为中心，两侧对称刻划三道弧线。足背面有按捺。可能与T13⑤：422鼎口沿配伍（图4-31，2；彩版4-116）。

　　T13⑥：63，褐陶。足正面上部为圆拱形凸起，有围绕圆窝的"＋"形刻纹。鼎足上部为一周脊面有按捺的凸脊，凸脊上部即鼎上腹部残留有多道凹弦纹，凸脊相应的鼎内壁有隔档（图4-31，4；彩版4-118）。

　　T13⑤：338，褐陶。足上部呈圆拱形凸起，两道"×"形刻划上方有一圆形凹窝，足两侧面有按捺，足背面脊状凸起，且有按捺（图4-31，5；彩版4-119）。

　　T13⑤：326，足上部为圆拱形凸起，刻划"×"形纹样，足两侧有按捺，足背面上部有捺窝一个，足中部横截面呈三角形（图4-31，6；彩版4-120）。

　　T13⑤：337，足上部呈圆拱形凸出，有"×"形刻划，两侧有按捺，足背面有脊状凸起，按捺一凹窝，足中部横截面呈三角形。足长16厘米（图4-31，7；彩版4-121）。

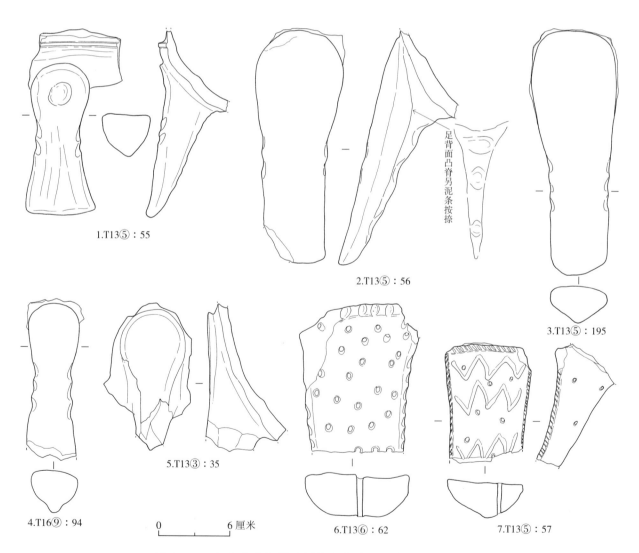

1.T13⑤：55　　2.T13⑤：56　　3.T13⑤：195

足背面凸脊另泥条按捺

4.T16⑨：94　　5.T13③：35　　6.T13⑥：62　　7.T13⑤：57

0　　　　　6厘米

图4-32　与土台Ⅱ相关地层堆积中出土的粗泥陶凿形鼎足

　　T13⑤：425，足正面上部呈圆拱形，以按捺的圆窝为中心，刻划双向斜网格纹样。足背面有按捺凹窝的纵向凸脊（图4-31，8；彩版4-122）。

　　T13⑤：55，褐陶。鼎腹部有一周凸脊。足上部为圆拱形凸起，足两侧有按捺，足背面微起脊，足中部横截面呈三角形。足高约12厘米（图4-32，1；彩版4-123）

　　T13⑤：56，足上部呈圆拱形凸起，两侧有按捺，足背面起凸脊，脊面有三个捺窝，从制作痕迹可确认凸脊实为另一泥条按贴而成，按捺后固定鼎足和鼎身。足高18.5厘米（图4-32，2；彩版4-124）。

　　T13⑤：195，足根部呈圆拱形，足中部横截面近似三角形，足正面两侧有按捺，足背面折棱状凸起，另有横向按捺。足长19.5厘米（图4-32，3）。

　　T16⑨：94，足正面上部呈圆拱形，足两侧有按捺（图4-32，4）。

　　T13③：35，足根上部呈半圆形凸起（图4-32，5；彩版4-125）。

　　足正面上部呈框形的鼎足，也很具特色。

　　T13⑥：62，足正面呈框形，框缘有按捺，框内面有透穿的戳孔（图4-32，6；彩版4-126）。

　　T13⑤：57，足正面呈框形，框缘有按捺，框内面刻划有波折纹，并间或戳孔，横截面略呈三角形（图4-32，7；彩版4-127）。

　　凿形足中有些个体甚大，应该与那些粗泥陶大鼎配伍。相对而言，粗泥陶鱼鳍形鼎足个体多不大，或者可以说明那些粗泥陶大鼎的足均应为凿形足。

　　T23⑤：176，足正面有一棱状凸起。长逾22厘米（图4-33，1）。

　　T16⑤：746，足正面微隆起，足下部有切割痕迹。与T16⑤：649鼎口沿共出，可能配伍（图4-33，2）。

　　T16⑤：651，朽甚。足正面上部收缩为尖形，有横向捺窝，足两侧抹划三道一组的短直线（图4-33，3）。

　　T14⑦：459，足中部横截面呈扁椭圆形，足正面纵向手捺一列，手指印宽在0.8~1厘米，似非成年男性所为，两侧各有管状工具的戳刺（图4-33，4）。

　　T16③：126，足正面横向按捺，两侧另有戳刺的点状纹样。足中部横截面呈扁椭圆形（图4-33，5）。

　　T19③：123，足正面和两侧面均有纵向抹划（图4-33，6）。

　　T16⑤：467，足正面上部收缩为尖状，纵向有"C"形抹划，两侧另有管状物斜向戳刺，足中部横截面呈不规则圆形。鼎足安装上部即为凸脊，脊面有按捺（图4-34，1；彩版4-128）。

　　T13③：32，足面弧凸，纵向刻划连续的"V"形纹样（图4-34，2）。

　　T13⑤：196，足下部横截面为扁椭圆形，内面略弧凸，足正面用三道刻划绞丝状纹样（图4-34，3；彩版4-129）。

　　T13⑤：28，足正面有由两道刻划组成的"×"形纹样，足内面起脊并有捺窝（图4-34，4）。

　　T13③：151，足正面刻划三道线组成的"×"形图案（图4-34，5）。

　　T14⑥：393，黑胎红陶。足正面有散点状戳刺，戳刺工具纤维痕迹较粗（图4-34，9）。

　　T16⑨：93，粗泥，夹杂少量沙粒。足两侧有按捺，足中部横截面呈三角形（图4-34，10）。

　　T13③：31，足中部横截面呈三角形（图4-34，6）。

　　T16⑤：437，足正面有"卜"形刻划，足背面按捺起脊。足根部按贴处尚留有加固的划痕（图4-

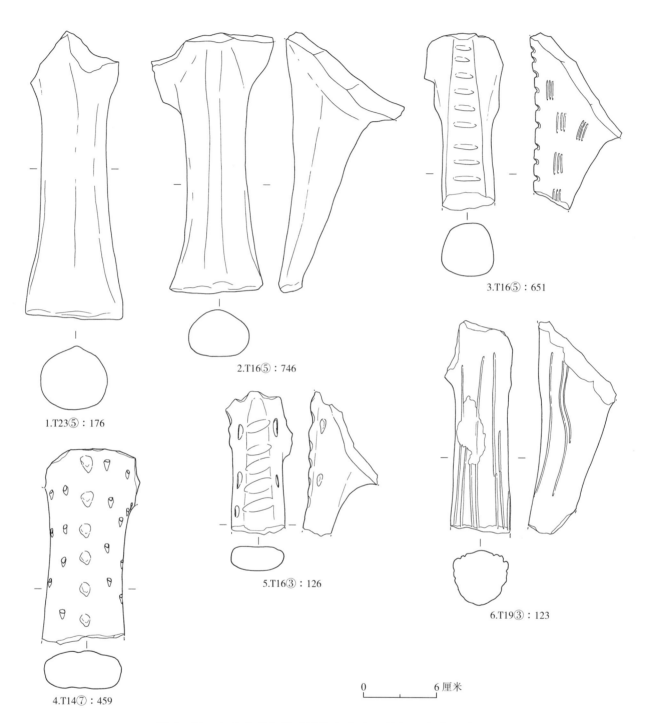

1.T23⑤：176

2.T16⑤：746

3.T16⑤：651

4.T14⑦：459

5.T16③：126

6.T19③：123

0　　　　　　　　　6厘米

图4-33　与土台Ⅱ相关地层堆积中出土的粗泥陶凿形鼎足

34，7；彩版4-130）。

　　T16⑨：535，足背面下端部位有指抹痕迹（图4-34，8）。

　　T13⑤：340，捏制痕迹明显，足背面隆起呈凸脊（图4-34，11）。

　　⑦粗泥陶鱼鳍形足

　　未说明者，均粗泥红陶。

　　T16④：237，鼓腹部位按贴有凸脊，脊面有按捺，凸脊上部为抹划的凹弦纹，下部安装鼎足，从残

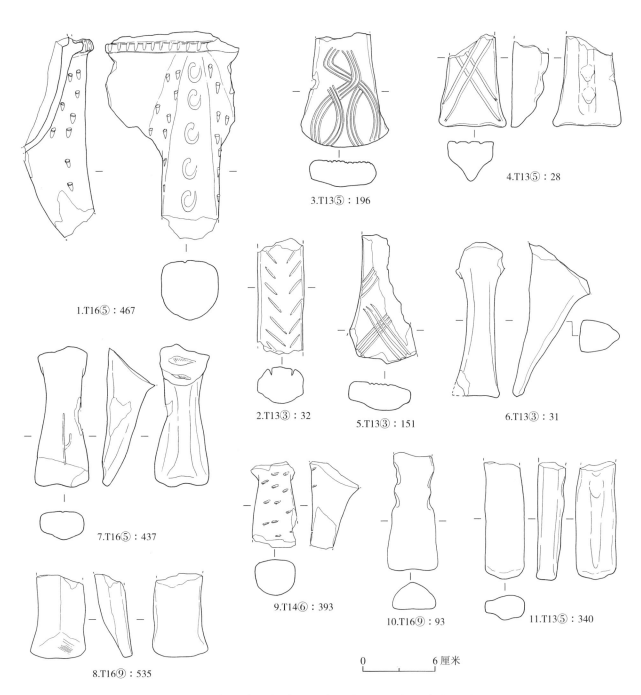

图4-34　与土台Ⅱ相关地层堆积中出土的粗泥陶凿形鼎足

痕判断应为鱼鳍形足（图4-35，1）。

　　T13⑤：341，类鱼鳍形。两面抹划有由两道或三道弧线组成的绞丝状纹样，足正面上部凸起，形制接近于那类上部圆拱形凸起的凿形足。足横截面呈扁橄榄形（图4-35，2；彩版4-131）。

　　T13⑤：197，两面均用三道线刻划绞丝状纹样（图4-35，3；彩版4-132）。

　　T13⑥：61，两面用三道或二道线刻划绞丝状纹样，足正面上部有凸起，足横截面呈扁橄榄形，两面均微微隆起（图4-35，4；彩版4-133）。

　　T16⑤：297、298，抹划浅直线，足根部有泥条（凸脊）按贴，凸脊呈鸡冠状（图4-36，1）。

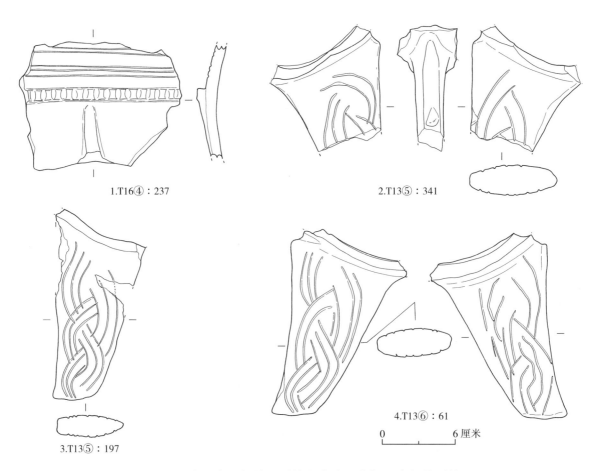

1.T16④:237　　　　2.T13⑤:341

3.T13⑤:197　　　　4.T13⑥:61

0　　　　6厘米

图4-35　与土台Ⅱ相关地层堆积中出土的粗泥陶鱼鳍形鼎足

T13⑤:424，褐陶。刻划竖向浅直线，鼎足上部有凸脊，鼎内壁相应部位转折明显（图4-36，2）。

T13⑤:54，红褐陶。抹划浅直线（图4-36，3；彩版4-134）。

T13⑤:339，浅抹划，线条歪弧（图4-36，4）。

T13③:216，浅抹划（图4-36，5）。

T16⑨:92，抹划浅直线（图4-36，6）。

T16⑨:533，褐陶。抹划线条歪扭，两面的外侧线条均呈"卜"字形（图4-36，7）。

T13③:53，抹划斜向直线，间或透穿的戳孔（图4-36，8；彩版4-135）。

T13③:656，竖向浅抹划（图4-36，9）。

T13⑤:26，两面有粗深的抹划（图4-36，10）。

T16⑨:95，小鱼鳍形。没有抹划（图4-36，11）。

T16⑨:534，小鱼鳍形。没有抹划（图4-36，12）。

⑧夹砂陶鼎

可复原夹砂鼎2件。

T13③:52，夹砂红陶，内外壁均施红衣，且打磨较好。侈口，沿面有一道凹弦纹，唇部也做修整。垂腹，底部较平坦，胎厚约0.5厘米。上腹部按贴有两周凸棱，垂腹转折部位胎壁渐渐趋薄，最薄处

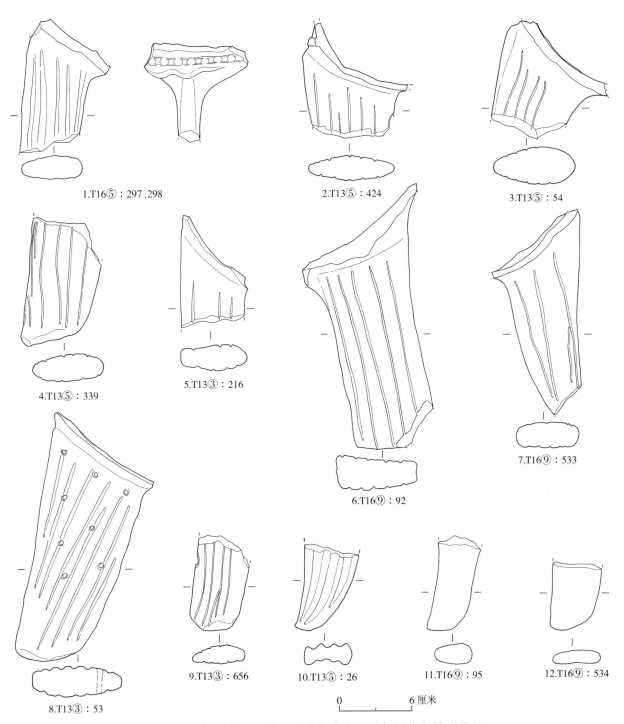

图 4-36　与土台 II 相关地层堆积中出土的粗泥陶鱼鳍形鼎足

仅厚 0.2 厘米。鼎足应与其为同一个体，但不能拼接，鱼鳍形，刻划纵向布列的八字形短直线。口径约 28 厘米（图 4-37，1）。

　　T16②:600，夹砂褐胎红陶。折沿，浅扁腹，鱼鳍形足。高约 22.5、口径约 25 厘米（图 4-37，2；彩版 4-136）。

　　⑨夹砂陶鼎口沿

　　未说明者均夹砂红陶。

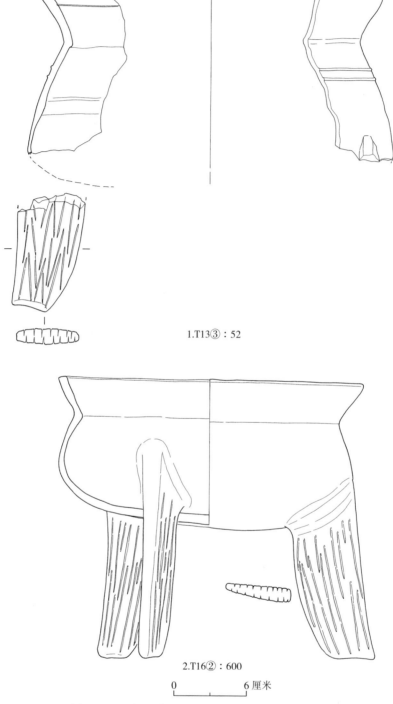

1.T13③：52

2.T16②：600

0   6厘米

图4-37　与土台Ⅱ相关地层堆积中出土的夹砂陶鼎

　　T13⑤：347，黑胎褐陶。翻沿，沿内面有多道凹弦纹，沿外壁微有隆起。口径约32厘米（图4-38，1）。

　　T19⑤：6，内外打磨，且施红衣。折沿，沿面有一道断续的凹弦纹，唇部有一未穿孔的小牛鼻耳。溜肩，肩部按贴有两道凸弦纹。腹壁甚薄，仅厚0.25厘米。口径约30厘米（图4-38，2）。

　　T13③：214，内外壁均施红衣。腹壁最薄处厚仅0.35厘米。侈口，口沿内面有两道凹弦纹，口沿唇部按贴有未穿孔小鼻。口径约27厘米（图4-38，3）。

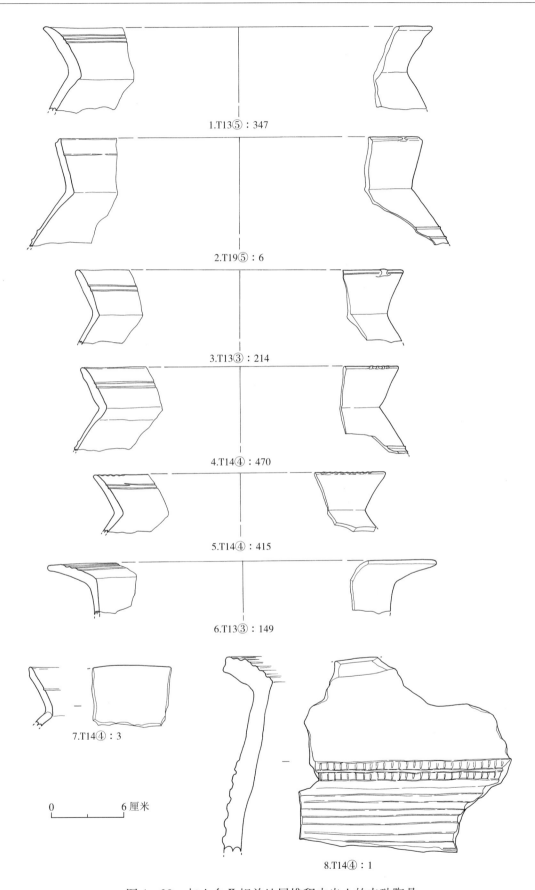

1.T13⑤：347

2.T19⑤：6

3.T13③：214

4.T14④：470

5.T14④：415

6.T13③：149

7.T14④：3

0　　　　6厘米

8.T14④：1

图4－38　与土台Ⅱ相关地层堆积中出土的夹砂陶鼎

T14④：470，内外壁均施红衣。侈口折沿，沿面有两道凹弦纹，唇部局部有小锯齿状按捺，腹部外部残留有两道按贴的凸弦纹。口径约 26 厘米（图 4 - 38，4）。

T14④：415，侈口折沿，沿面有两道凹弦纹，弦纹相接处有分叉。唇部另有一段长约 6 厘米的锯齿状按捺。口径约 24 厘米（图 4 - 38，5）。

T14④：3，折沿，沿面有一道凹弦纹。鼎外壁打磨光亮，留有烟炱。陶片过小口径不明，估算约在 32 厘米（图 4 - 38，7）。

T14④：1，胎心可见沙粒和炭化的白色蚌（？）末。翻沿，沿面多道凹弦纹，外壁按贴有凸棱，上部两道凸棱面上另有按捺。口径不能复原，估算约大于 32 厘米。可能为鼎口沿（图 4 - 38，8）。

T13③：149，内外皆施红衣。翻沿，沿面有多道弦纹。口径约 32 厘米。可能为鼎口沿（图4 - 38，6）。

⑩夹砂陶鱼鳍形足

未说明者均红陶。刻划的线条除了随意的直线外，分为八字形和错落短直线两种。

T17④：439，刻划八字形短直线（图 4 - 39，1；彩版 4 - 137）。

T16③：125，刻划八字形或倒八字形短直线（图 4 - 39，2）。

T16④：386，刻划八字形短直线（图 4 - 39，3）。

T14②：317，刻划八字形或倒八字形短直线（图 4 - 39，4）。

T13③：33，刻划八字形短直线（图 4 - 39，5）。

T13③：86，褐陶。刻划八字形（或波折形）短直线，间或戳刻（图 4 - 39，6）。

T16②：81，刻划八字形或倒八字形短直线，间或戳孔（图 4 - 39，7）。

T13③：85，刻划错落短直线，呈雨点下落状（图 4 - 39，8）。

T14⑥：18，刻划错落短直线（图 4 - 39，9）。

T16④：380，刻划错落的短直线（图 4 - 39，10）。

T13③：412，刻划错落的短直线（图 4 - 39，11）。

T14⑤：458，刻划错落的短直线（图 4 - 39，12）。

T14④：471，刻划错落短直线（图 4 - 40，1）。

T19③：124，刻划雨点状短直线（图 4 - 40，2）。

T13③：150，刻划错落的短直线（图 4 - 40，3）。

T13③：215，刻划错落的直线（图 4 - 40，4）。

T14④：374，刻划断续的斜直线，足根部位戳刺呈雨点状（图 4 - 40，5）。

T14②：318，刻划长、短直线（图 4 - 40，6）。

T14⑦：460，刻划竖向直线（图 4 - 40，7）。

T17⑤：375，刻划断续短直线（图 4 - 40，8）。

T16④：509，刻划错落的长、短直线（图 4 - 40，9）。

T16③：19，刻划错落短直线（图 4 - 40，10）。

T14④：413，两面仅刻划三道长直线（图 4 - 40，11）。

T14⑥：396，刻划斜网格状直线（图 4 - 40，12）。

另有鼎底片一件，T16④：507，夹砂褐陶，附着烟炱。已做测年标本。

2. 豆（盘）

豆、盘的区分主要根据豆盘外径和器高之比，豆盘外径明显大于器高的称之为"盘"，反之称之

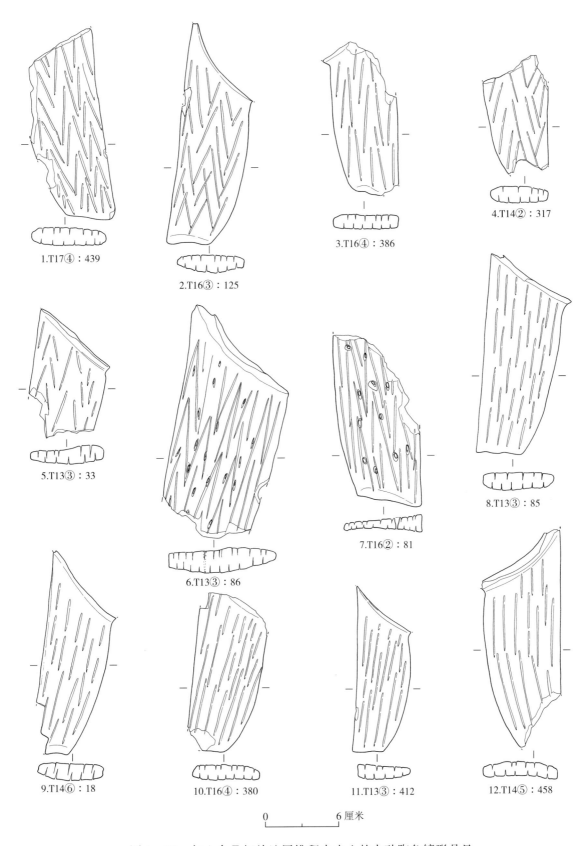

1.T17④：439　2.T16③：125　3.T16④：386　4.T14②：317
5.T13③：33　6.T13③：86　7.T16②：81　8.T13③：85
9.T14⑥：18　10.T16④：380　11.T13③：412　12.T14⑤：458

0　　　　　6厘米

图4-39　与土台Ⅱ相关地层堆积中出土的夹砂陶鱼鳍形鼎足

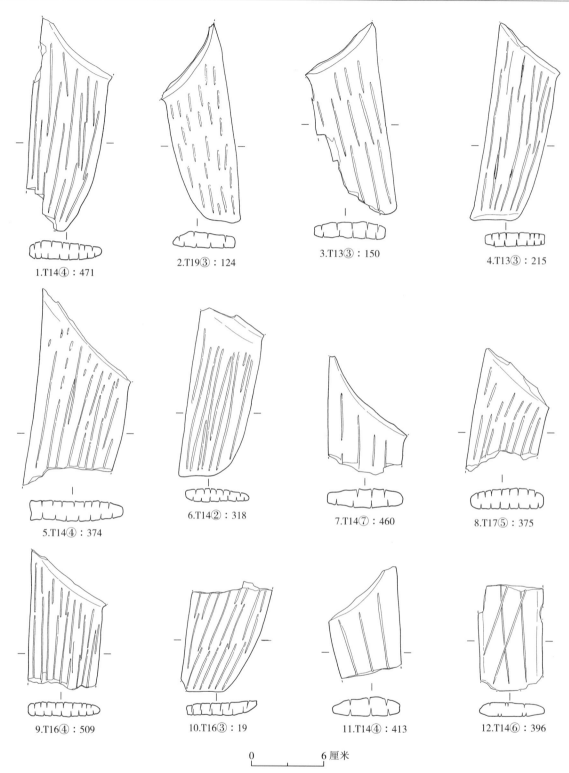

1.T14④：471
2.T19③：124
3.T13③：150
4.T13③：215
5.T14④：374
6.T14②：318
7.T14⑦：460
8.T17⑤：375
9.T16④：509
10.T16③：19
11.T14④：413
12.T14⑥：396

0　　　　　6厘米

图4-40　与土台Ⅱ相关地层堆积中出土的夹砂陶鱼鳍形鼎足

为"豆"。由于完整复原器少，以下主要根据碎片部位叙述。其特征主要在于豆盘部位，如有敛口弧
腹、垂棱、多弧腹、折腹等之分，豆柄或圈足往往装饰圆和弧边三角组合纹样。

①敛口凸棱豆

T13⑤：351，泥质灰陶。坦腹，豆盘剖面可见明显分层。豆柄内凹，有三组凸棱，并间杂上下两组圆形镂孔，上组镂孔五个，下组六个。高 14.3、口径约 21、圈足径约 10 厘米（图 4-41，1）。

②敛口豆盘

T13③:411，泥质灰褐胎褐陶，质地坚硬，烧制火候甚高。微敛口，折腹外部弧状起伏。口径约 24 厘米（图 4-41，2）。

T13③:219，泥质灰陶。卷唇。口径约 24 厘米（图 4-41，3）。

T13⑤:323，泥质灰黑陶。口径约 24 厘米（图 4-41，4）。

T13⑤:24，泥质青灰胎灰陶。腹部外壁有起伏，圈足残，圈足部位有圆形孔。豆盘外径约 23 厘米（图 4-41，5）。

T13⑤:346，泥质褐胎黑皮陶，外壁残留有朱绘痕迹。口沿一侧原本按贴有上翘的小鋬，已脱落。假圈足，圈足装饰有圆和弧边三角组合纹样，其中还结合了螺旋线刻划（图 4-41，6）。

T23③:388，泥质灰胎黑皮陶，黑皮多剥蚀。坦腹，内卷唇。口径约 22 厘米（图 4-41，7）。

T13⑤:485，泥质褐胎黑皮陶。口径约 24 厘米（图 4-41，8）。

③垂棱豆盘

垂棱豆盘的外壁往往有涂朱漆绘（另一类涂朱漆绘的为敛口凸棱豆）。

T14②:617，泥质灰陶，外壁至垂棱部位涂朱。唇部按贴有小鸡冠状鼻，并有小穿孔，腹部按贴垂

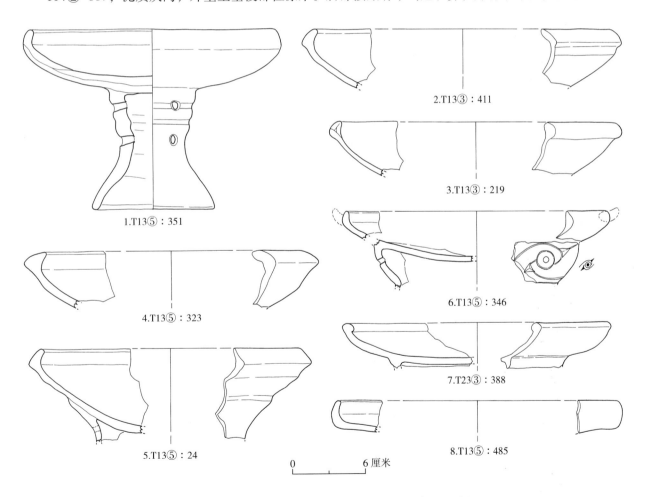

1.T13⑤:351

2.T13③:411

3.T13③:219

4.T13⑤:323

6.T13⑤:346

5.T13⑤:24

7.T23③:388

8.T13⑤:485

0　　　　6厘米

图 4-41　与土台Ⅱ相关地层堆积中出土的陶豆（盘）

1. 敛口凸棱豆　2~8. 敛口豆盘

棱。口径约 20 厘米（图 4 - 42，1）。

T16⑤:512，泥质灰陶，外壁至垂棱部位涂朱。微敛口，唇上按贴上翘的小鼻，小鼻上有斜向穿孔，腹部按贴垂棱。口径约 22 厘米（图 4 - 42，2）。

T14⑤:479，泥质青灰胎灰陶。敛口，折腹，腹部按贴有垂棱，垂棱上有小戳孔。口径约 22 厘米（图 4 - 42，3）。

T13③:506，泥质黑胎黑皮陶。坦腹，有垂棱。口径约 26.8 厘米（图 4 - 42，4）。

T17④:405，泥质灰陶。厚唇外展，折腹，有垂棱。口径约 26 厘米（图 4 - 42，5）。

④折腹豆盘

T16③:133，泥质褐红胎灰褐陶。近直口，口沿残留有鸡冠状按贴，其上有戳刺。口径约 19 厘米（图 4 - 42，6）。

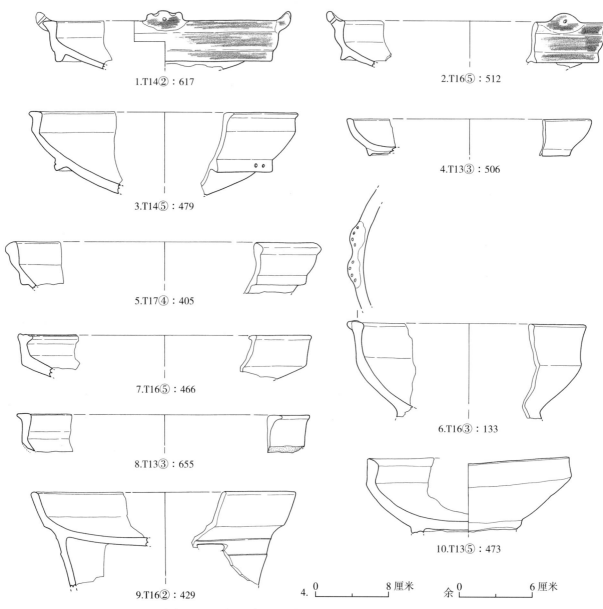

1.T14②: 617

2.T16⑤: 512

3.T14⑤: 479

4.T13③: 506

5.T17④: 405

6.T16③: 133

7.T16⑤: 466

8.T13③: 655

9.T16②: 429

10.T13⑤: 473

4. 0　　　　8 厘米　　余 0　　　6 厘米

图 4 - 42　与土台 Ⅱ 相关地层堆积中出土的陶豆盘

1~5. 垂棱豆盘　6~10. 折腹豆盘

T16⑤：466，泥质灰陶。唇内敛，唇面起伏。口径约24厘米（图4-42，7）。

T13③：655，泥质灰陶。微敛口，宽唇，折腹外壁有齐整的剥离按贴痕迹，当是豆盘和圈足接茬处。口径约24厘米（图4-42，8）。

T16②：429（出土坐标：390×270-50），泥质黑—白灰胎黑皮陶。敞口，圈足上部有一周凹弦纹，弦纹内残留有长方形镂孔。口径约22厘米（图4-42，9）。

T13⑤：473，泥质陶，二次氧化呈橙红色，质地甚为坚硬。口微敛。口沿变形，口径16.2~18.5厘米（图4-42，10）。

⑤多弧腹豆盘

T13⑤：598，泥质灰胎灰陶。整器不圆整。敛口，假腹，圈足上镂剔圆和弧边三角组合图案五组。高8.8~9.2、口径约15、圈足径约9.5厘米（图4-43，1；彩版4-138）。

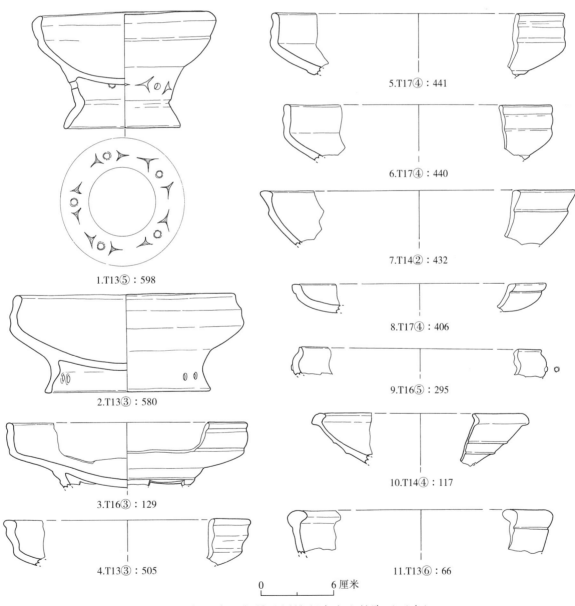

1.T13⑤：598

2.T13③：580

3.T16③：129

4.T13③：505

5.T17④：441

6.T17④：440

7.T14②：432

8.T17④：406

9.T16⑤：295

10.T14④：117

11.T13⑥：66

0　　　　　　6厘米

图4-43　与土台Ⅱ相关地层堆积中出土的陶豆（盘）

1~6. 多弧腹豆盘　7~11. 其他形式豆盘

T13③:580（出土坐标：350×230－227），泥质灰胎灰陶。完整，盘内尚残留有动物牙齿。敛口，口沿外壁有两道凹弧，圈足部位有圆形镂孔。高 7.5～7.8、口径 18.2、圈足径 13.4～13.7 厘米（图 4－43，2；彩版 4－140）。

T16③:129，泥质灰胎灰黑陶。近直口，折腹，豆盘外壁有上下抹划形成的弧凸壁，圈足残留有凹弧长边镂孔。口径约 19.6 厘米（图 4－43，3）。

T13③:505，泥质灰陶。折弧腹，腹壁内外略有起伏。口径约 20 厘米（图 4－43，4）。

T17④:441，泥质灰陶。敛口，弧腹。口径约 24 厘米（图 4－43，5）。

T17④:440，泥质灰陶。微敛口，折弧腹，外部弧凸。口径约 22 厘米（图 4－43，6）。

⑥其他形式的豆盘

T14②:432，泥质灰陶。微敛口，口沿外壁内凹。口径约 26 厘米（图 4－43，7）。

T17④:406，泥质灰胎黑皮陶，黑皮多已剥落。坦腹，口沿外壁有一周凹弦纹。口径约 21 厘米（图 4－43，8）。

T16⑤:295，泥质褐胎黑皮陶。敛口，鼓腹，腹部外壁残留有按贴的小泥点①。口径约 20 厘米（图 4－43，9）。

T14④:117，泥质灰胎灰陶。敛口，外腹壁有凸弦纹两周。口径约 18 厘米（图 4－43，10）。

T13⑥:66，泥质灰陶。敛口，厚唇。口径约 22 厘米（图 4－43，11）。

⑦豆柄和豆盘圈足

T23⑥:602，泥质灰胎黑皮陶。亚腰形豆柄，三组凹凸弦纹之间按捺、刻剔圆和弧边三角组合图案，其中圆与圆单元之间以螺旋线连接。豆柄高约 15.1、圈足径 15.9～16.3 厘米（图 4－44，1；彩版 4－141）②。

T16⑨:532，泥质黑皮陶，凸棱上涂朱。凸棱之间镂刻成组小戳孔，小戳孔组合无规律。豆柄内壁上部有刮削痕迹，下部有制作时留有的旋痕。圈足径约 11 厘米（图 4－44，2；彩版 4－139）。

T13⑥:67，泥质灰陶。仅残存豆盘和圈足相接部位，两组凹弦纹之间装饰圆和弧边三角组合纹样，弧边三角的方向一致（图 4－44，6）。

T16④:387，泥质灰胎黑皮陶。圈足部位弦纹之间镂刻长方形孔和圆形孔。圈足上径约 12 厘米（图 4－44，4）。

T13⑤:345，泥质灰陶。残留有三角形镂孔，纹样现存留有上下三组，刻划"＋"、"×"等纹样。圈足径约 14 厘米（图 4－44，3；彩版 4－142）。

T23⑤:178，泥质灰胎灰陶。假腹，残留有弧边三角刻剔纹样（图 4－44，7）。

T16⑥:40，泥质黑胎灰陶。圈足部位除了两个圆孔外，还有由两个小戳点组成的无序装饰。圈足径约 18 厘米（图 4－44，8）。

T14④:116，泥质青灰胎青灰陶，火候甚高，质地坚硬。圈足微有弧凸，上镂刻有小圆孔，圈足底部有一"丨"形刻划。圈足径约 11 厘米（图 4－44，5；彩版 4－143）。

3. 罐

罐、壶、瓮的区分主要根据口部特征、器壁厚度和整器的大小。壶一般为小口，器壁较薄，泥质

---

① 崧泽文化晚期阶段豆盘和壶类器物外壁的小泥点按贴最早确认是通过湖州昆山的发掘。参见浙江省文物考古研究所、湖州市博物馆：《昆山》，文物出版社，2006 年。

② 豆柄图案展开为示意，参见浙江省文物考古研究所、湖州市博物馆：《昆山》，文物出版社，2006 年。

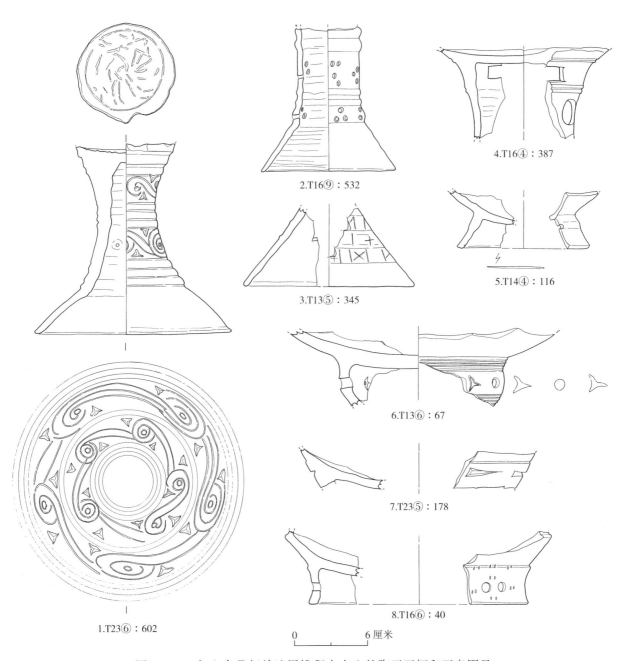

2.T16⑨：532

3.T13⑤：345

4.T16④：387

5.T14④：116

6.T13⑥：67

7.T23⑤：178

8.T16⑥：40

1.T23⑥：602

0　　　　　　6厘米

图4－44　与土台Ⅱ相关地层堆积中出土的陶豆豆柄和豆盘圈足

灰陶和黑皮陶均有；瓮个体较大，器壁厚，多为泥质灰陶，均平底；罐相对于瓮而言，个体小，有泥质陶和夹砂陶。

①罐口沿

相对于瓮而言，罐的口沿形制多样。

T13⑤：60，泥质灰陶。翻沿，颈部较长，外部有两道凸弦纹。口径约15厘米（图4－45，1）。

T14⑤：456，泥质红陶。侈口折沿，剖面可见明显的泥条盘筑痕迹，肩部装饰有圆和弧边三角组合纹样。口径约22厘米（图4－45，2）。此标本与T13③：410应为同一个体，但不能拼合。

T13③：410，泥质橙红陶。短直口，肩部有圆和弧边三角组合纹样，内壁可见明显的泥条盘筑痕迹（图4－45，4；彩版4－144）。

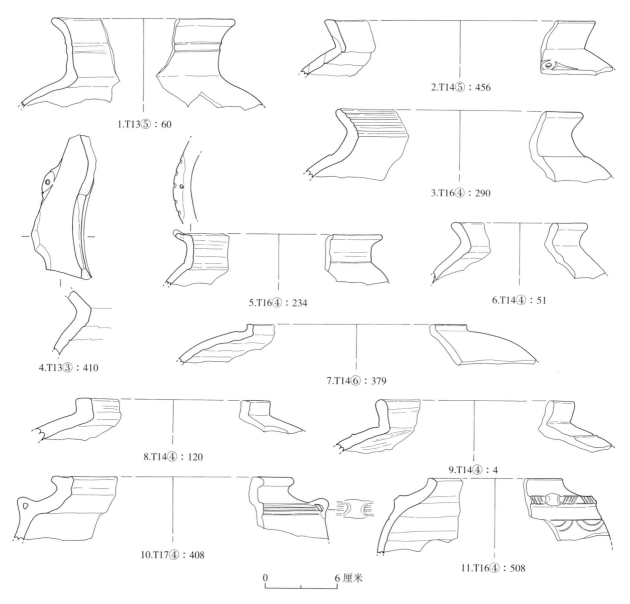

图 4 - 45　与土台 II 相关地层堆积中出土的陶罐

T16④:290，泥质灰陶。翻沿，沿面有多道凹弦纹，溜肩，肩颈部位内凹。口径约 20 厘米（图 4 - 45，3）。

T16④:234，泥质灰陶。短直颈，宽沿外展，沿面附贴有鸡冠小耳，外缘有按捺，其上有一小穿孔。口径约 17 厘米（图 4 - 45，5）。

T14④:120，泥质灰陶。小口，广肩。口径约 16 厘米（图 4 - 45，8）。

T14④:4，泥质灰陶，火候甚高。侈口，肩部残留有一周凸弦纹。口径约 16 厘米（图 4 - 45，9）。

T17④:408，泥质陶，二次氧化呈红色。宽唇内凹，肩部有多道凹弦纹且按贴有小牛鼻耳。口径约 20 厘米（图 4 - 45，10）。

T14⑥:379，泥质灰陶。敛口，广肩。口径约 18 厘米（图 4 - 45，7）。

T14④:51，泥质灰陶。侈口，溜肩。口径约 11 厘米（图 4 - 45，6）。

T16④:508，泥质灰陶。敛口，肩部有一周凸棱，凸棱面上有按捺和不透穿的牛鼻耳按贴，腹部另有半圆形刻划。口径约 11 厘米（图 4 - 45，11）。

②罐腹片

T13③:29，泥质红陶。鼓腹，上下弦纹之间刻划相向的鳞状图案（图 4 - 46，1）。

T14④:414，泥质灰陶。残留有腹部外壁凸棱上的圆形按贴，其上另有四个小戳窝（图 4 - 46，2）。

T13③:657，泥质暗红色陶，过烧起泡。肩部按贴有鼻（图 4 - 46，3）。

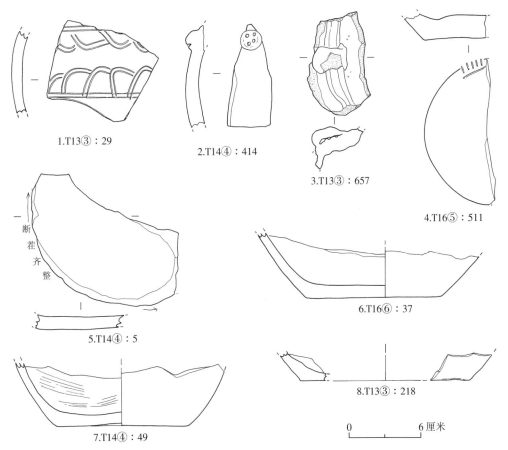

图 4 - 46　与土台 II 相关地层堆积中出土的陶罐
1 ~ 3. 罐腹片　4 ~ 8. 罐平底

③罐平底

T16⑤:511，泥质灰陶。底边一侧有烧前刻划符号。底径约 12 厘米（图 4 - 46，4；彩版 4 - 145）。

T14④:5，泥质红陶，火候甚高。平底微内凹，一侧断茬圆整，当是与罐身套接脱落所致。底径复原约 16 厘米（图 4 - 46，5）。

T16⑥:37，泥质灰陶。平底。底径 10.8 ~ 11 厘米（图 4 - 46，6）。

T13③:218，泥质橙红陶。底径约 14 厘米（图 4 - 46，8）。

T14④:49，泥质灰陶。内壁有刮削痕，平底微内凹。底径 11 厘米（图 4 - 46，7）。

④罐圈足

T16⑤:436，泥质青灰胎灰陶。圈足部位有两个小圆穿孔，圈足与下腹部之间有一周圆和弧边三角组合纹样。圈足径约 18 厘米（图 4 - 47，1）。

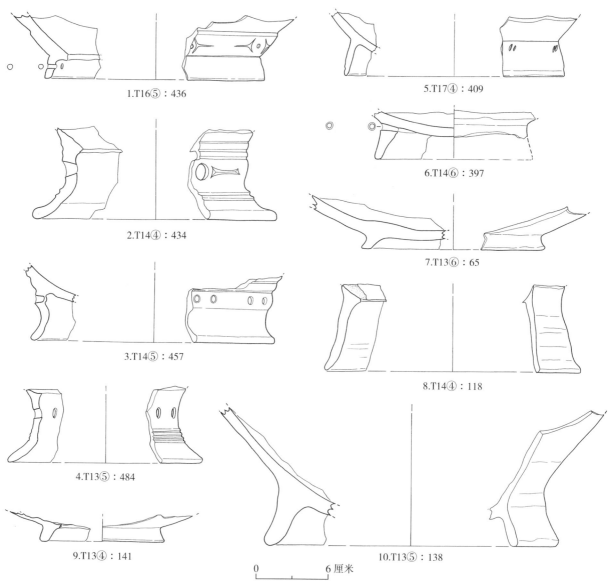

1.T16⑤：436　　　　　　　　　5.T17④：409

2.T14④：434　　　　　　　　　6.T14⑥：397

3.T14⑤：457　　　　　　　　　7.T13⑥：65

4.T13⑤：484　　　　　　　　　8.T14④：118

9.T13④：141　　　　　　　　10.T13⑤：138

0　　　　　6 厘米

图 4 - 47　与土台Ⅱ相关地层堆积中出土的陶罐圈足

　　T14④:434，泥质黑皮陶，胎心依次为黑—灰白，黑皮多已脱落。圈足部位装饰有圆和弧边三角组合纹样，但弧边三角的外侧不尖突，可能是两侧相对弧边三角拼合后的简约形式（图 4 - 47，2）。

　　T14⑤:457，泥质灰陶。装饰有圆形镂孔。圈足径约 20 厘米（图 4 - 47，3）。

　　T13⑤:484，泥质灰陶。有圆形镂孔和弦纹装饰。圈足径约 16 厘米（图 4 - 47，4）。

　　T17④:409，泥质灰陶。圈足部位戳刺小花瓣形纹样，应该与圆和弧边三角组合纹样中的"圆"一致。圈足径约 18 厘米（图 4 - 47，5）。

　　T14⑥:397，泥质灰陶。有两个一组的小圆戳孔，彼此间距仅 3.5 厘米。圈足径约 13 厘米（图 4 - 47，6）。

　　T13⑥:65，泥质红陶。内外壁打磨较好。圈足径约 15 厘米（图 4 - 47，7）。

　　T13④:141，泥质红陶。仅为圈足和圈足附贴于罐体的部位。圈足径约 10.2 厘米（图 4 - 47，9）。

　　T13⑤:138，夹砂褐陶。胎壁粗厚。圈足径约 24 厘米（图 4 - 47，10）。

　　T14④:118，夹砂褐陶。圈足径约 21 厘米（图 4 - 47，8）。

4. 壶

未能复原完整器。

T17③：616，泥质黑—灰胎黑皮陶。口沿残，长颈，颈部有多道凹弦纹，折腹，花瓣足。底径6.2～6.6厘米（图4-48，1）。

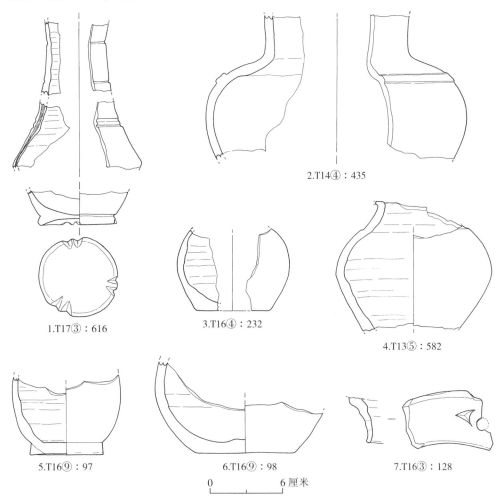

1.T17③：616

2.T14④：435

3.T16④：232

4.T13⑤：582

5.T16⑨：97

6.T16⑨：98

7.T16③：128

0　　　　　　6厘米

图4-48　与土台Ⅱ相关地层堆积中出土的陶壶

T14④：435，泥质灰胎黑皮陶。口沿残，长颈，鼓腹上部有一周凸棱。口径约12厘米（图4-48，2）。

T13⑤：582，泥质褐胎黑皮陶。口沿和底部残损，推测为宽折沿，折腹。残高10.2厘米（图4-48，4；彩版4-146）。

T16④：232，泥质灰陶。鼓腹。底径约6厘米（图4-48，3）。

T16⑨：97，泥质青灰胎灰陶。假圈足按贴而成，内壁有刮削痕迹。底径6厘米（图4-48，5）。

T16⑨：98，泥质青灰胎灰陶。鼓腹，平底。底径7.7～8.2厘米（图4-48，6）。

T16③：128，泥质灰胎灰陶。装饰有圆和弧边三角组合纹样。圈足径约14厘米（图4-48，7）。

5. 杯

残片可辨器形有小平底和花瓣足两种。一些杯底有烧前刻划符号。

T14④：595，泥质褐胎灰胎。敛口，鼓腹，平底。高7、口径约5.1、底径4.7～5.0厘米（图4-49，1；彩版4-147）。

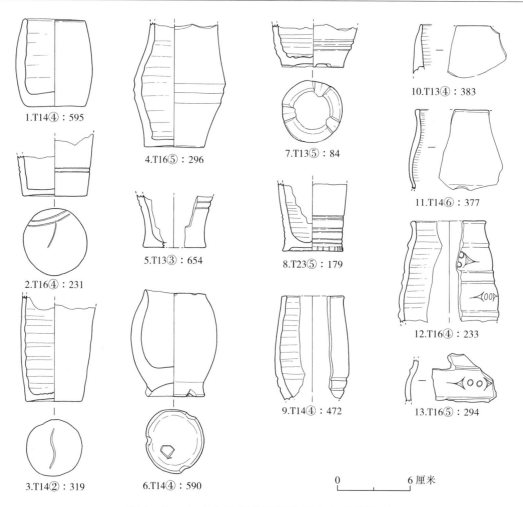

1.T14④：595
4.T16⑤：296
7.T13⑤：84
10.T13④：383
2.T16④：231
5.T13③：654
8.T23⑤：179
11.T14⑥：377
3.T14②：319
6.T14④：590
9.T14④：472
12.T16④：233
13.T16⑤：294

0　　　　　　6厘米

图4-49　与土台Ⅱ相关地层堆积中出土的陶杯

　　T16④：231，泥质灰陶。下腹部有两道凹弦纹，底部内凹，有"テ"形烧前刻符。底径5.1～5.2厘米（图4-49，2；彩版4-148）。

　　T14②：319，泥质灰陶。腹壁微鼓，内壁面有逆时针拉坯痕迹，平底微内凹，底部有一"S"形刻划。残高8.4、底径4.6厘米（图4-49，3；彩版4-149）。

　　T16⑤：296，泥质灰陶。整器不圆整。折腹部位有两道凹弦纹，平底微内凹。残高9.8、底径4.7～5.1厘米（图4-49，4）。

　　T13③：654，泥质黑胎褐陶。下腹部内凹弧，残留有两道凹弦纹。底径约5.2厘米（图4-49，5）。

　　T14④：590，泥质褐胎灰陶。敛口，鼓腹，花瓣足，足底部有一刻符。高8.5、口径5.2～5.3、足径4.8～5.1厘米（图4-49，6；彩版4-150）。

　　T13⑤：84，泥质褐胎黑皮陶。下腹部有两道凹弦纹，内底有拉坯痕，花瓣足。足径约5厘米（图4-49，7；彩版4-151）。

　　T23⑤：179，泥质灰胎灰黑陶。下腹部有三组各两道凹弦纹，圈足外撇，并有竖向刻剔呈小花瓣样。足径4.9厘米（图4-49，8）。

　　以下为杯口沿、腹部等残片。

　　T14④：472，泥质灰胎灰陶。鼓腹下部有两道凹弦纹，内壁留有拉坯痕。口径约5厘米（图4-

49，9）。

T13④：383，泥质橙红陶，外壁似有陶衣。口径不明（图4－49，10）。这类陶系的陶杯甚为少见。

T14⑥：377，泥质灰陶。微敞口，鼓腹，内壁有拉坯痕。口径不明（图4－49，11）。

T16④：233，泥质灰褐陶。敛口，鼓腹，外壁弦纹组间饰圆（双圆）和弧边三角组合纹样。腹径复原约8厘米，口径复原约6厘米（图4－49，12）。

T16⑤：294，泥质褐陶。杯腹部残片。弦纹之间为（双）圆和弧边三角组合纹样（图4－49，13；彩版4－152）。

6. 盆

基本为大敞口，所见均为平底，形制较为接近，有大小之分，形体大的腹部均较深。除一件为夹砂陶外，余均泥质陶。

T16⑨：99、100，泥质灰陶。翻沿，唇部和翻沿部位各有一道凹弦纹，平底。口径约35、底径约17厘米，两者可能为同一个体，复原高约18厘米（图4－50，1）。

T14⑥：486，泥质青灰胎黑皮陶。折沿，唇面微内凹，沿面有多道凹弦纹，腹部有一组凸棱，棱面上抹划凹弦纹。口径约36厘米（图4－50，2）。

T13⑤：349，泥质灰陶。敞口翻唇。口沿变形不甚圆整，口径约30厘米（图4－50，3）。

T17④：407，泥质褐胎灰褐陶。宽沿面上有变形的圆和弧边三角组合纹样，圆透穿。口径约28厘米（图4－50，4；彩版4－153）。

T13⑤：482，泥质灰陶。折沿外坦，折腹。口径约24厘米（图4－51，1）。可能与T13⑤：483平底为同一个体。

T13⑤：483，泥质灰陶。底径约11厘米（图4－51，2）。

T16④：291，泥质青灰胎灰黑陶。翻沿，沿面有三道凹弦纹。口径约26厘米（图4－51，3）。

T14②：320，泥质灰陶。折腹，敞口。口径约20厘米（图4－51，4）。

T14⑥：394，泥质橙红陶。束颈，敞口。口径约18厘米（图4－51，5）。

T16⑦：369，泥质灰陶。敞口。口径约17厘米（图4－51，6）。

T14⑥：378，泥质灰陶。微敞口。口径约12厘米（图4－51，8）。

T14②：431，泥质灰陶。近直口，唇面和口沿外壁有一道凹弦纹。口径约20厘米（图4－51，9）。

T13③：98，泥质灰陶。沿面上有多道凹弦纹，口沿一侧外凸，有未透的戳刺，残，可能有两组。口径约22厘米（图4－51，10）。

T16④：508，泥质灰陶。敛口，斜收腹。口径约18厘米（图4－51，7）。暂归盆类。

T16⑨：531，夹砂红陶，沙粒较粗。侈口折沿，折腹，折腹部位有小錾，应为平底。折腹以下剖面可见泥条盘筑痕迹。口径约31厘米（图4－51，11）。夹砂质盆甚为少见。

7. 瓮

个体甚大，一些瓮的口径超过了40厘米，可能与大盆的功能接近。另外一些瓮则为小口。个别瓮的腹径超过了50厘米，说明这一阶段生产和制作大型陶器已经娴熟。

①瓮口沿

T13⑤：350，泥质灰陶。翻沿，沿面及唇部有多道凹弦纹，口部变形不甚圆整，腹部残留有一周凸棱，棱面上另有凹弦纹。口径约52厘米（图4－52，1）。

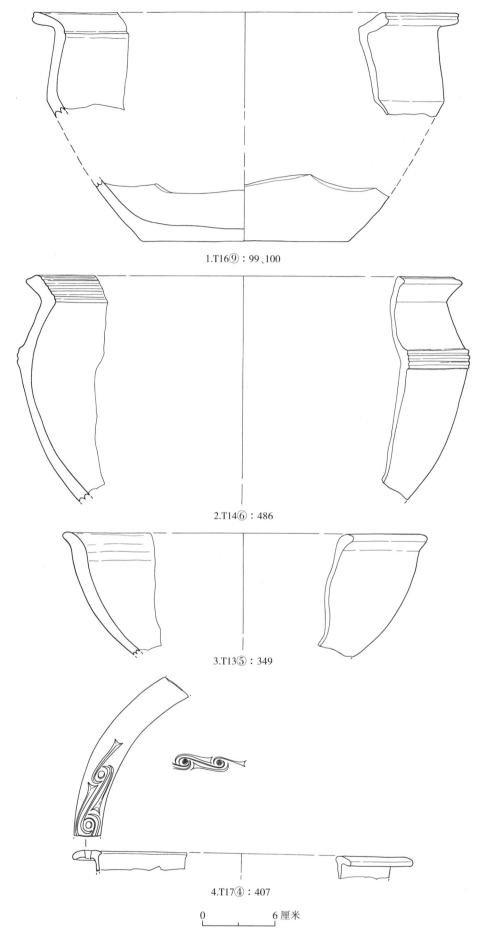

1.T16⑨：99、100

2.T14⑥：486

3.T13⑤：349

4.T17④：407

0   6厘米

图4-50　与土台Ⅱ相关地层堆积中出土的陶盆

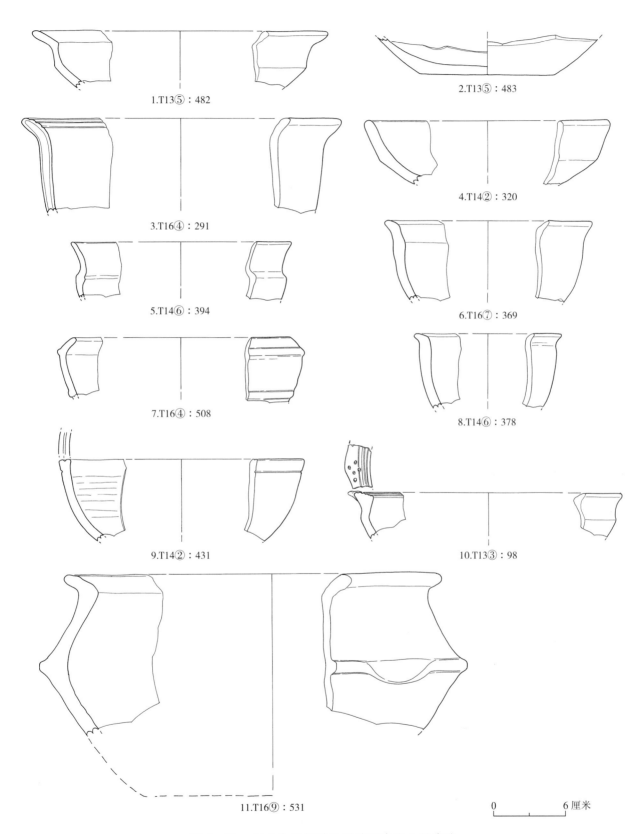

1. T13⑤：482

2. T13⑤：483

3. T16④：291

4. T14②：320

5. T14⑥：394

6. T16⑦：369

7. T16④：508

8. T14⑥：378

9. T14②：431

10. T13③：98

11. T16⑨：531

0　　　　　　6厘米

图4-51　与土台Ⅱ相关地层堆积中出土的陶盆

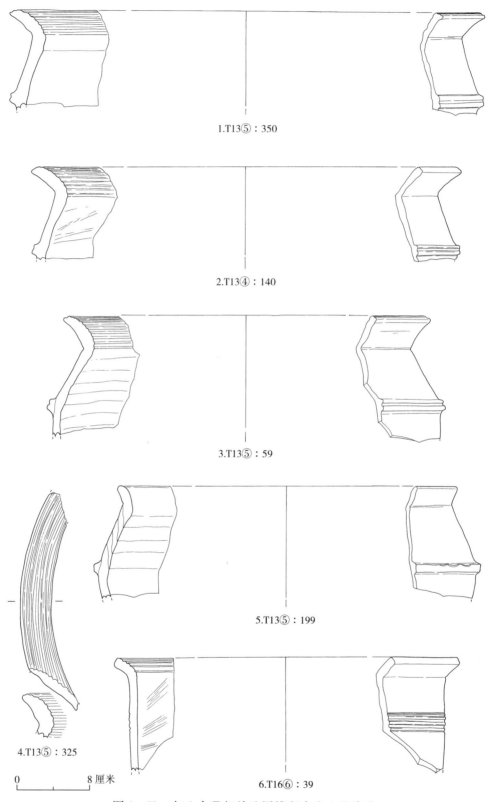

1.T13⑤：350

2.T13④：140

3.T13⑤：59

4.T13⑤：325

5.T13⑤：199

6.T16⑥：39

0　　　　　　8厘米

图4-52　与土台Ⅱ相关地层堆积中出土的陶瓮

　　T13④：140，泥质灰陶。侈口翻沿，沿面有多道凹弦纹，溜肩，肩腹部位按贴有凸棱。口径约47厘米（图4-52，2）。H5出土的瓮口沿残片可与此拼接。

　　T13⑤：59，泥质灰陶。折翻沿，沿面有多道凹弦纹，腹部残留有凸棱，凸棱面上另有凹弦纹。内部有制作时的修整抹划痕。口沿不圆整，口径约40厘米（图4-52，3）。

T13⑤：325，泥质灰陶。折翻沿，沿面有多道凹弦纹。口部有变形，复原口径甚大，约40厘米（图4-52，4）。

T13⑤：199，泥质灰陶。翻沿，弧腹，腹部有一周凸棱，凸棱局部有按捺。器壁剖面可见泥条盘筑痕迹。口径约37厘米（图4-52，5）。

T16⑥：39，泥质灰陶。翻沿，沿面有多道凹弦纹，腹壁较直，有成组凹弦纹装饰。口径约38厘米（图4-52，6）。

T16④：289，泥质灰陶。翻沿，耸肩，肩颈结合部位外壁内凹。口径约22厘米（图4-53，1）。

T13⑤：324，泥质灰陶。折翻沿，斜长颈，颈部外壁有密集的多道不甚平行的凹弦纹。口径19.1～19.5厘米（图4-53，2；彩版4-154）。

T14④：50，泥质灰陶。翻沿，唇缘面及沿面上部有多道凹弦纹，颈部外壁也有多道凹弦纹，下部最为密集。口径18.2～18.4厘米（图4-53，3）。

T13④：143，泥质灰陶。翻沿，沿面内凹，斜长颈，颈部外壁有多道不甚平行的凹弦纹。颈部剖面可见明显的泥条盘筑痕迹。口径约17厘米（图4-53，4）。

T16②：80，泥质青灰胎灰陶。翻沿，沿外壁有多道凹弦纹。口径约22厘米（图4-53，5）。

T16⑤：302，泥质青灰胎灰陶。翻沿，溜肩，口部略有变形。口径约17.6厘米（图4-53，6）。

②瓮腹片

T14②：322，泥质灰陶。外壁残留有凸弦纹。器形甚大，腹径复原至少可达54厘米（图4-54，1）。

T16⑤：301，泥质青灰胎灰陶。外壁按贴凸棱，棱面上有多道凹弦纹，且有横向"｜∞｜"形小泥条按贴。腹径复原可达38厘米（图4-54，2；彩版4-155）。

T16②：79，泥质青灰胎褐陶。腹部凸棱上有两个贯穿小孔（图4-54，3）。

T19③：121、122，泥质陶，二次氧化从胎至表均呈红色。残留有两周凸棱，下周凸棱上有耳状泥条粘贴，凸棱之间为多道刻划组成的绞索状纹样，其间再填刻圆和弧边三角组合纹样，其中"圆"为两个或三个戳刺，一侧三角或阙如（图4-54，7）。

③瓮平底

T14④：51，泥质灰陶。下腹部残留有两组两道凸弦纹，平底微内凹。底径15.5厘米（图4-54，5）。

T14②：321，泥质灰陶。外壁残留有四道凸弦纹。底径约16厘米（图4-54，6）。

T13⑤：25，泥质灰陶。底部微内凹，底部与腹部可见接痕。底径14.3、底部厚1.6厘米（图4-54，4）。

8. 大口缸

T16③：130，夹粗砂红陶。直口，卷唇，口沿上部有烧前刻划"×"形符号，其下有一周宽约8.5厘米的斜向篮纹。篮纹以下的大口缸腹部附贴一层夹杂粗沙粒的"泥衣"，泥衣层下隐约可见横向的制作旋痕。口径约36厘米（图4-55，1；彩版4-156）。

T16⑤：510，夹粗砂红陶，外壁施灰白衣。直口，唇外卷，口沿外壁弦纹下拍印宽约8厘米的篮纹，篮纹以下为夹粗沙的"泥衣"，泥衣覆盖篮纹。口径不明（图4-55，2）。

T16⑤：293，夹粗砂红陶，内外壁均施白衣。直口，口沿外壁三道弦纹下拍印宽约7.5厘米的

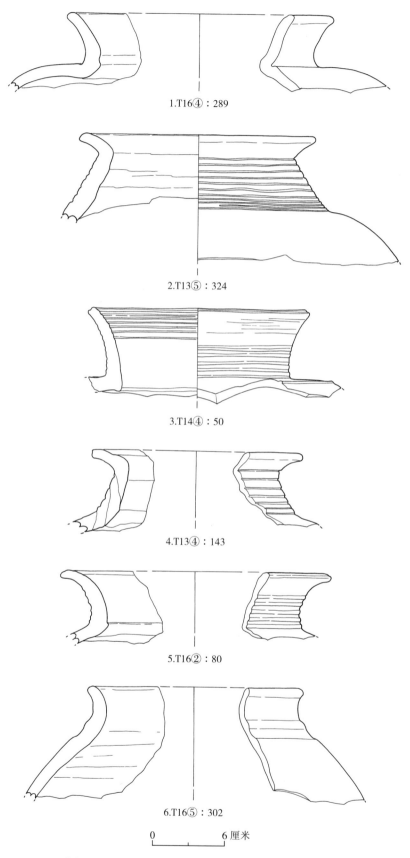

1.T16④：289

2.T13⑤：324

3.T14④：50

4.T13④：143

5.T16②：80

6.T16⑤：302

0 ⊢———————⊣ 6 厘米

图 4 - 53　与土台 Ⅱ 相关地层堆积中出土的陶瓮

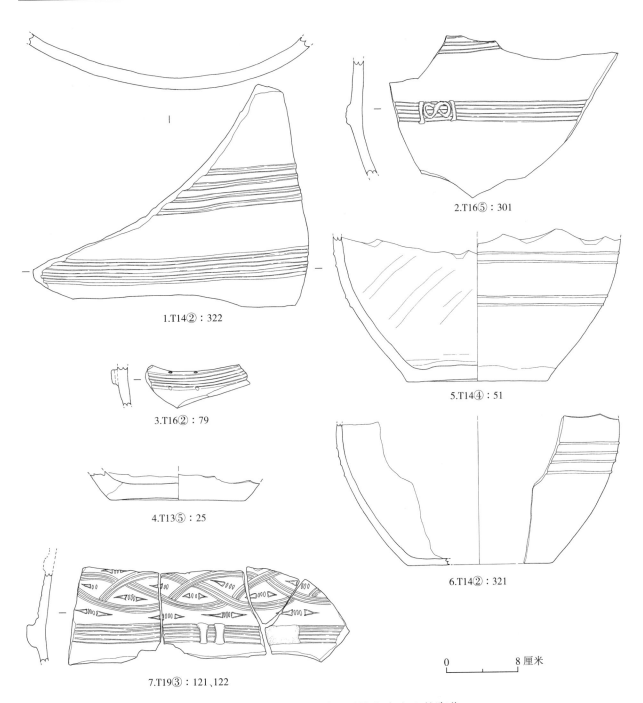

图4-54　与土台Ⅱ相关地层堆积中出土的陶瓮
1~3、7. 瓮腹片　4~6. 瓮平底

斜向篮纹，篮纹为下方的夹杂沙粒的白衣覆盖涂抹。复原口径约34厘米（图4-55，3；彩版
4-157）。

　　T16②:78，夹粗砂红陶。外壁拍印一周宽约5.5厘米的篮纹，篮纹单元分割清晰，分割单元中且
有分割线延伸到外壁。口径不能复原（图4-55，4）。

　　T13③:29，夹粗砂红陶，内壁施灰白衣。外壁拍印横向篮纹，器壁最厚处达4.5厘米，剖面可见
明显的贴片痕迹（图4-55，5）。

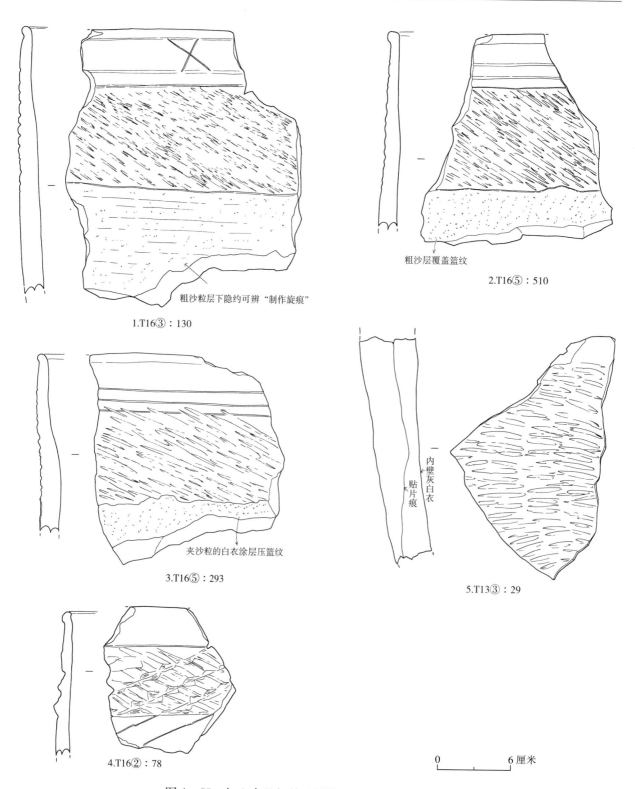

粗沙粒层下隐约可辨 "制作旋痕"

1.T16③：130

粗沙层覆盖篮纹

2.T16⑤：510

夹沙粒的白衣涂层压篮纹

3.T16⑤：293

内壁灰白衣

贴片痕

5.T13③：29

4.T16②：78

0   6 厘米

图 4 - 55   与土台 Ⅱ 相关地层堆积中出土的陶大口缸

9. 器盖

形制、大小甚为丰富，适合于不同种类的陶器所用。

T16③：131，粗泥褐陶。盖纽中部有浅戳窝，盖纽缘一侧有两个捺窝。纽径 6~6.2 厘米（图 4 -
56，1）。盖体可参考 T16③：132。

T16③:132，粗泥褐陶。盖径约30厘米（图4-56，2）。

T13③:611，粗泥褐陶。纽面内凹，抹划符号。纽径约5.3厘米（图4-56，3；彩版4-158）。

T13⑤:198，粗泥红陶。浅杯形盖纽，纽缘面有按捺，内底刻划"—"形符号，盖内面相应部位有戳按。纽径约4.8厘米（图4-56，4；彩版4-159）。

T13④:612，粗泥红陶。纽面内凹，抹刻符号。纽径4~4.2厘米（图4-56，5；彩版4-160）。

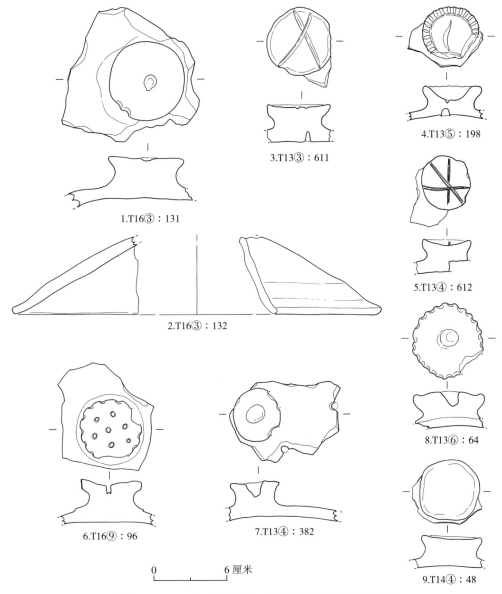

图4-56 与土台Ⅱ相关地层堆积中出土的陶器盖
1、3~9. 盖纽 2. 盖体

T16⑨:96，粗泥红陶。纽面内凹，有围绕中心的戳刺，纽缘面另有按捺。纽径约5厘米（图4-56，6）。

T13④:382，粗泥红陶。浅杯形盖纽，盖面有戳孔。纽径约4.2厘米（图4-56，7）。

T13⑥:64，粗泥红陶。纽缘面有按捺，中部有戳窝。纽径约6厘米（图4-56，8）。

T14④:48，粗泥红陶。纽面内凹。纽径4.6~5厘米（图4-56，9）。

T16⑤：465，粗泥青灰胎红陶，内壁红，外壁灰黑。宽唇面上有多道凹弦纹。盖径约 40 厘米（图
4－57，1）。

T16⑨：536，粗泥红陶。盖径约 30 厘米（图 4－57，2）。

T13④：142，泥质灰陶。这类陶系的盖甚少。盖径约 32 厘米（图 4－57，3）。

T14⑤：459，粗泥红陶。盖面残留有波浪线和放射线组合纹样。盖径约 40 厘米（图 4－57，4）。

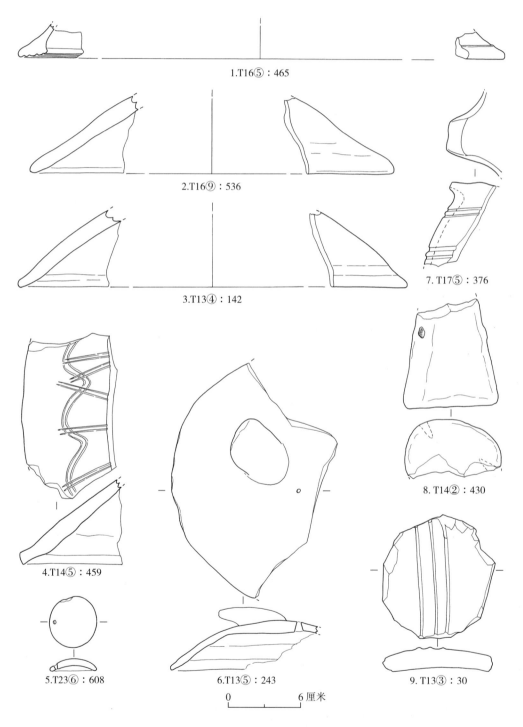

图 4－57　与土台 Ⅱ 相关地层堆积中出土的陶器

1~6. 器盖　7. 带流罐　8. 支座　9. 陶饼

T13⑤:243，粗泥红陶。盖中心残，歪把形钮位于盖体一侧，盖面有戳孔。这类形制特别的盖具有时代和地域特点。盖径约19厘米（图4-57，6；彩版4-161）。

T23⑥:608，泥质灰陶。一侧有一小圆孔。高0.85、外径3.8～4厘米。应该是小壶或杯的盖（图4-57，5；彩版4-162）。

10. 带流罐

T17⑤:376，泥质灰陶。流微上翘，外壁残留有两组凹弦纹。口径不明（图4-57，7）。

11. 支座

T14②:430，粗泥褐陶，外壁局部似有白色陶衣。柱状，捏制，残留有两个戳孔。残高8.5厘米。这一阶段的支座发现数量极少，由于小兜里遗址没有马家浜文化时期的堆积，支座应该是这一阶段的遗物，作为炊器的釜已经不见，支座可能另作他用（图4-57，8；彩版4-163）。

12. 陶饼

T13③:30，泥质青灰胎灰陶。利用瓮腹片打制而成。外径9～10厘米（图4-57，9）。

（二）石器

1. 锛

T14②:433，角岩。两侧边、端面和正、背两面均有打磨，但整器仍保留有大块的琢打痕迹，是一件未完成的锛坯件。长7.9、最宽2.9、最厚0.7厘米（图4-58，1）。

T13③:89，下部残损。流纹岩，竖向纹理。宽3.7、最厚1.4厘米（图4-58，2）。

T14②:548，泥岩，外表沁蚀甚。尚可辨打制痕迹。长10.8、宽5、最厚2.2厘米（图4-58，4；彩版4-164）。

2. 刀（？）

T17④:403，角岩。残损。不甚明显的单面刃，刃部一侧的磨面位于侧边，另一侧的磨面位于尖端部位。最厚1.3厘米（图4-58，5）。

3. 双肩石器初坯

T17④:402，黑色，角岩。打制初坯，残损。残长13、肩宽10.2、最厚1.9厘米（图4-58，3；彩版4-165、166）。

4. 石英块

T13③:217，可用作夹砂材质或钻磨时的介质材料（彩版4-167）。

（三）红烧土块

T16③:20，一面留有秆痕及捆扎秆的绳索痕，另面涂抹呈起伏状。最厚5厘米（图4-58，6）。

T13③:154，夹秕谷，一面有秆印痕，另面较平整（彩版4-168）。

T13⑤:239，夹秕谷，一面平整，另面有密集排列的秆痕。厚2.8～3厘米（彩版4-169）。

T13⑤:83，火候甚高，坚硬，有夹秆痕，肉眼不能辨认掺和料（彩版4-170）。

T17④:404，夹秆，有小秆印痕，外径仅0.8厘米，夹杂秕谷。

另有取样于T4土台拓展边缘的红烧土标本，编号705～715号（彩版4-171～181）。

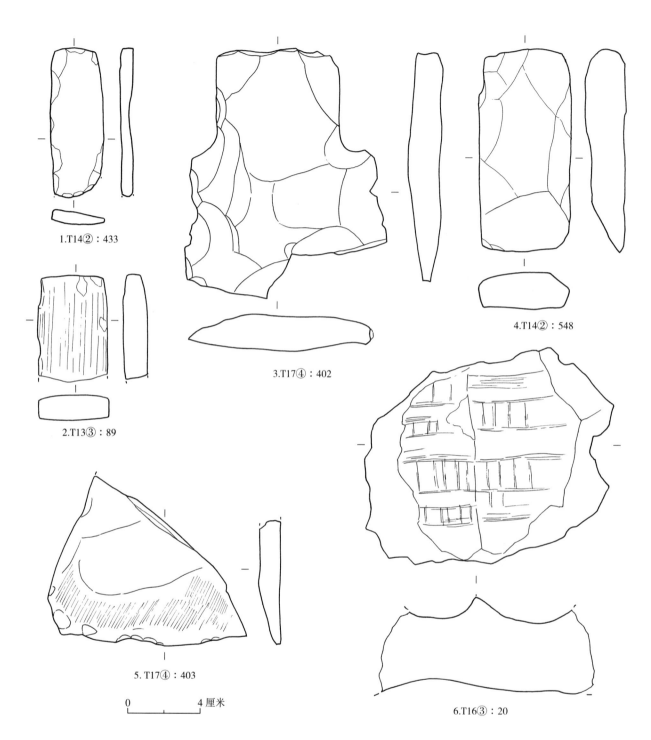

1.T14②：433

2.T13③：89

3.T17④：402

4.T14②：548

5.T17④：403

0　　　　　　4 厘米

6.T16③：20

图 4 - 58　与土台 Ⅱ 相关地层堆积中出土的石器和红烧土块

1~3. 石锛　4. 石刀（?）　5. 双肩石器初坯　6. 红烧土块

第三节　其他遗迹和遗物

其他遗迹和遗物主要指灰坑、地层以及这些单元中出土的遗物。

一　灰坑

西区共清理灰坑 12 座，其中新石器时代灰坑 5 座，H6 为剖面铲刮后编号，以下介绍 H2、H4、H5 和 H11。

（一）H2

H2 位于 T16 中部，开口于 T16 第④层（可以归属到土台 Ⅱ）。平面呈不规则椭圆形，浅圜底。填土为黑灰土，质地松软。坑长约 2.15、宽 1.25、深仅 0.2 米，坑口标高约 - 2.30 米（图 4 - 59）。H2 出土陶片数量少，可辨器形有粗泥陶盖纽和盖片 3 片，粗泥和夹砂陶的鼎腹片各 10、6 片，夹砂陶鼎口沿 2 片，夹砂陶鱼鳍形鼎足 4 片（分属两个个体），以及少量的泥质灰陶壶、罐、豆盘等碎片（图 4 - 60；彩版 4 - 182、183）。

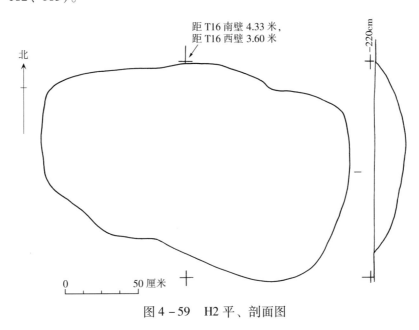

图 4 - 59　H2 平、剖面图

H2:1，盖纽。粗泥黑陶。纽缘有按捺，纽面内凹。纽径约 6.5 厘米。

H2:2，钵口沿。泥质灰陶。敛口，斜收腹，口部残留有提梁。口径约 18 厘米。

H2:3，豆盘。泥质灰陶。微敛口，厚唇，坦腹。唇面残留有按剔的圆和弧边三角组合纹样。

H2:4，鼎足。夹砂红陶。鱼鳍形。刻划错落的短直线（彩版 4 - 184）。

H2:5，鼎足。夹砂红陶。鱼鳍形。刻划错落的短直线（彩版 4 - 185）。

H2:6，鼎足。夹砂红陶。鱼鳍形。刻划纵向布列的八字形短直线（彩版 4 - 186）。

H2:7，鼎足。夹砂红陶。鱼鳍形。刻划错落的短直线（彩版 4 - 187）。

（二）H4

H4 位于 T16 南部和 T17 的北部，开口于 T17 西壁大地层的第⑧层下。平面呈圆形，圜底。灰黑色填土，质地松软。坑口外径约 2.7、深约 0.4 米，野外未做完整清理（图 4 - 61；彩版 4 - 188）[1]。出土陶片数量不多，以夹粗砂红陶大口缸片和粗泥陶鼎片最多。大口缸残片有 17 片，其中有一片大口缸底片有孔，从内壁施白衣的情况判定，大口缸碎片至少有 2 个个体。鼎均为粗泥陶，有隔档、折腹、

---

[1]　T17 北壁地层标注的地层号，参照 T22—T18—T17—T16—T21 西壁大剖面编号。

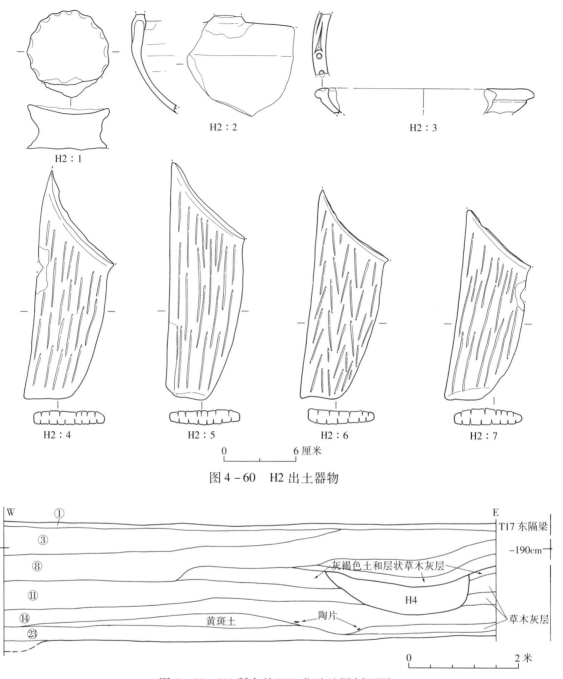

图 4 - 60　H2 出土器物

图 4 - 61　H4 所在的 T17 北壁地层剖面图

凿形足以及其他腹片等，共 19 片。另有少量泥质灰陶罐、壶等陶片（图 4 - 62）。

H4:1，鼎腹片。粗泥红陶，外壁附着有烟炱。口沿残，沿面有多道凹弦纹，折腹上部有两组三道不甚平行的凹弦纹，折腹部位为套接，折腹凸棱面上另有按捺。

H4:2，大口缸片。夹粗砂红陶，外壁施白衣。胎壁厚 3.6 厘米（彩版 4 - 189）。

H4:3，壶。泥质灰胎灰陶。鼓腹，内凹底。底径约 6 厘米（彩版 4 - 190）。

H4:4，大口缸片。夹砂红陶。底部穿孔（彩版 4 - 191）。

H4:5，罐。泥质灰陶。底部残，余腹部约 1/3 残。翻沿，耸肩，平底内凹。高 20、口径 11.8 ~ 12、底径约 11 厘米（彩版 4 - 192）。

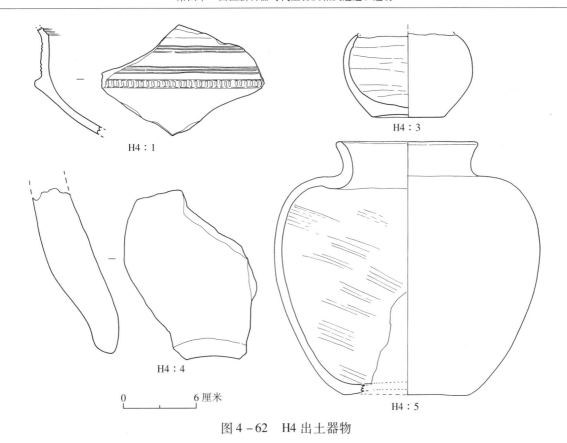

H4：1

H4：3

H4：4

H4：5

0　　　　　6厘米

图4-62　H4出土器物

（三）H5

H5位于T17东北部，开口于T17第⑪层下，坑口出露时呈"8"字形。灰黑色填土，质地松软。清理后发现为两个圆形坑组成，坑口外径分别为1.00、1.30米，深分别为0.40、0.25米，坑口标高-275厘米（图4-63；彩版4-193、194）。出土陶片数量甚少，可辨器形仅有泥质灰陶瓮、杯以及

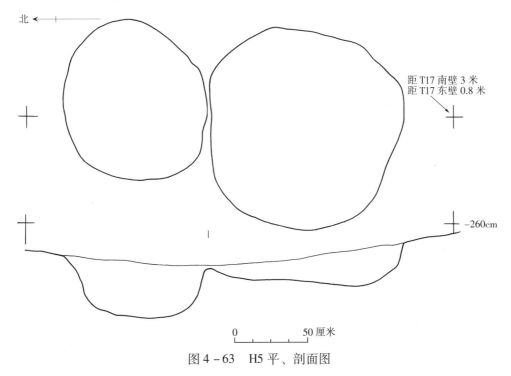

北←

距T17南壁3米
距T17东壁0.8米

-260cm

0　　　　　50厘米

图4-63　H5平、剖面图

粗泥陶鼎等（图4-64）。

H5：1，鼎足。粗泥红陶。凿形足。足背面有一道纵向凸脊，脊面有捺窝。

H5：2，瓮口沿。泥质灰陶。折沿，内面内凹弧，斜长颈内收。颈外壁有多道凹弦纹。口径约18厘米。

（四）H11

H11位于T24西南部，开口于表土层下。灰褐色填土，质地松软。坑口平面呈圆形，平底。坑口外径约1.15、深仅0.2米，坑口标高-250厘米（图4-65；彩版4-195）。

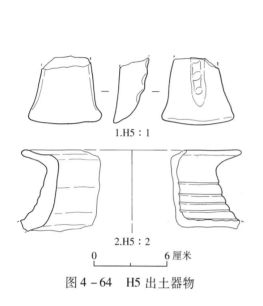

图4-64　H5出土器物

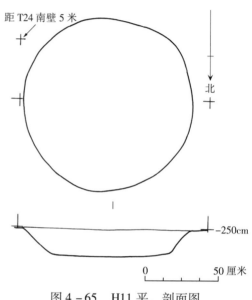

图4-65　H11平、剖面图

坑内陶片出土数量甚少，可辨器形仅有泥质橙红陶罐残片、夹砂红陶鼎残片、泥质灰陶罐残片、泥质灰胎黑皮陶罐平底、夹粗砂红陶大口缸残片等。个体也甚小。但出土了不少红烧土残块，种类有夹秆和直接涂抹形成的，也有过烧变形的，甚至过烧之后还黏附陶片。举例如下：

H11：1，一面平整、另面有多盘格状的红烧土最具特色，格子隆起高约1厘米，整体厚约4.5厘米，一侧呈圆弧状，似乎原红烧土形状为圆形（图4-66；彩版4-196）。

H11：2，两面，内红褐色（彩版4-197）。

H11：3，仅一面较为平整，通体红色（彩版4-198）。

H11：4，两面加一侧面，内芯黑色（彩版4-199）。

H11：5，仅一面较为平整，内芯黑色（彩版4-200）。

H11：6，两面加一侧面，内芯黑色（彩版

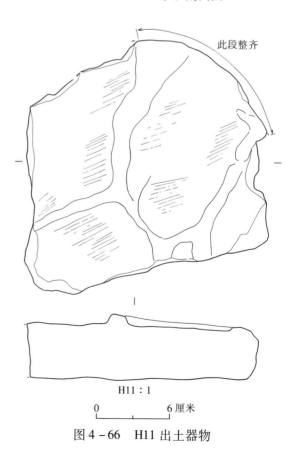

图4-66　H11出土器物

4－201）。

H11:7，整体不规则，没有观察到掺和料，质地较为致密，坚硬（彩版4－202）。

H11:8，一面黏附过烧的陶片（彩版4－203、204）。

二　地层中出土的遗物

小兜里遗址最早的遗存为崧泽文化晚期阶段，以土台Ⅰ、土台Ⅱ为中心，堆积遍布整个发掘区，其中在土台使用、废弃和拓展的往复过程中，向东最为明显。其中包括T13所在的第①、②层和T13G1的红烧土等，这一阶段的陶片已经发生了明显的变化，可归属到良渚文化。T4所在的土台拓展也是向东的又一过程之一。这里把T13①层、T13②层、T4②层、T1②层、T2②层等单元出土的标本一并在此叙述。

除了遗址的主体过程之外，良渚文化阶段，发掘区西北也存在着土台的一次营建和废弃，只是由于晚期堆积的扰动，遗迹不清楚，遗物也较少。

（一）其他区域内的崧泽文化阶段标本

标本分别来自T1、T2、T6、T21，以T6出土的最为丰富，有陶器、石器和骨器。

1. 陶鼎（鬲）

分为粗泥陶和夹砂陶两类。

①粗泥陶鼎口沿

T6④:364，粗泥褐陶。折沿，折腹，折腹部位有凸脊，脊面上有按捺，折腹部位为套接。口径约19厘米（图4－67，1）。

②粗泥陶鬲隔档

T6④:366，粗泥红陶，外红内黑。外壁残留有两周凸脊，下部凸脊处即折腹，上部凸脊相应的鼎内壁安置隔档，隔档有多个近视等分的穿孔，隔档缘有花边形按捺。腹径约32厘米（图4－67，4）。

T6④:367，粗泥红陶。外壁凸脊上方有多道凹弦纹，脊面有按捺，凸脊相应的鼎内壁偏下部位为隔档，隔档上有穿孔，剖面可见凸脊部位鼎身为上下套接。腹径可达37厘米（图4－67，2）。

③粗泥陶凿形足

T1③:21，粗泥红陶。足正面上部呈圆拱形凸起，足中部横截面为三角形，足正面以竖向刻划为中心，两侧刻划对称的成组弧线。足背面有一道凸脊，脊面有按捺（图4－67，5；彩版4－205）。

T6④:352，粗泥红陶。足正面上部渐收缩，有横向按捺，足背面有凸脊，也有横向按捺（图4－67，3）。

T6④:353，粗泥红陶。足正面上部有圆形捺窝，足背面可见明显的纵向粘贴，呈凸脊状，并向鼎腹底延伸。如果该鼎底部有三叉形泥条粘贴的话，那么极有可能安足后再以长泥条固定（图4－67，6）。

T6④:365，粗泥红陶。足正面上部呈圆拱形凸起，上有圆形捺窝（图4－67，10）。

④粗泥陶鱼鳍形足

T6④:354，粗泥陶，二次氧化呈红色。刻划浅直线（图4－67，11）。

⑤夹砂陶鼎口沿

T1③:748，夹砂褐陶。折沿，长颈，颈内壁有多道起伏弧面，抹划面甚为光整，颈腹部位胎陡然趋薄，仅厚0.2厘米。口径约28厘米（图4－67，8）。

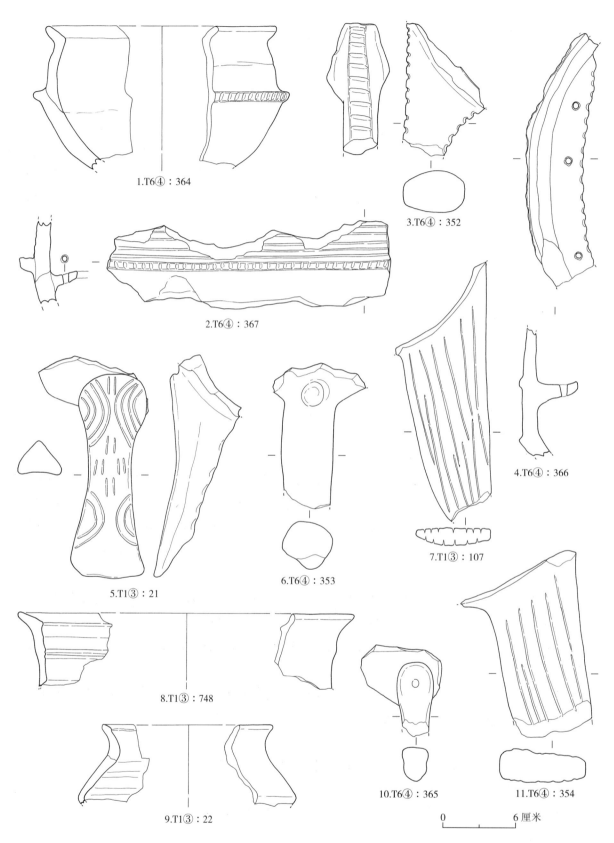

图 4 - 67　其他区域地层中出土的崧泽文化阶段陶器标本

1、8、9. 鼎口沿　　2、4. 甗隔档　　3、5、6、10. 凿形足　　7、11. 鱼鳍形足

T1③：22，夹砂红陶。翻沿，唇微内卷，折腹。口径约14厘米（图4-67，9）。

⑥夹砂陶鱼鳍形足

T1③：107，夹砂红陶。刻划长、短直线（图4-67，7）。

2. 陶豆盘

T1③：601，泥质青灰胎灰胎，烧制火候较高，整器变形。敛口，圈足部位有两组小圆孔。最高7.5、口径13.7~15.3、圈足径10.0~11.1厘米（图4-68，1；彩版4-206）。

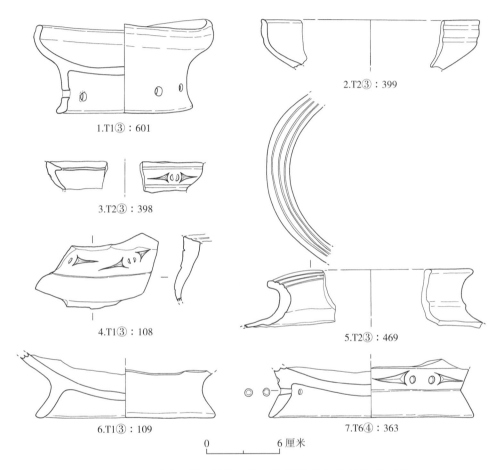

图4-68　其他区域地层中出土的崧泽文化阶段陶器标本

1~4. 豆盘　5. 罐口沿　6、7. 罐圈足

T2③：399，豆盘残片。泥质灰陶。外壁弧凸。口径约18厘米（图4-68，2）。

T2③：398，豆盘圈足残片。泥质灰陶，剥蚀甚。刻划圆和弧边三角组合纹样，"圆"为双道戳刻（图4-68，3）。

T1③：108，豆盘圈足残片。泥质青灰胎灰陶。刻划圆和弧边三角组合纹样，"圆"为双道戳刻（图4-68，4）。

3. 陶罐

T2③：469，口沿。泥质青灰胎灰陶。翻沿，沿面有多道凹弦纹，口沿一侧捏成流状。口径约17厘米（图4-68，5）。

T1③：109，圈足。夹砂红陶。圈足径14.6~15厘米（图4-68，6）。

T6④:363，圈足。泥质黑胎灰陶。圈足内折弧，上部镂刻四组圆和弧边三角组合纹样，"圆"为双圆；下部仅一组双圆镂孔。圈足径约17厘米（图4-68，7）。

4. 陶壶

T2③:468，泥质灰陶。鼓腹部位有凸弦纹，弦纹之间刻剔圆和弧边三角组合纹样，"圆"为双圆。口径约9厘米（图4-69，1）。

T5②:659，泥质灰陶。整器拼合后基本完整。侈口，折腹，内凹底。高13.2～13.4、口径7.2～7.5、底径6厘米（图4-69，2；彩版4-207）。

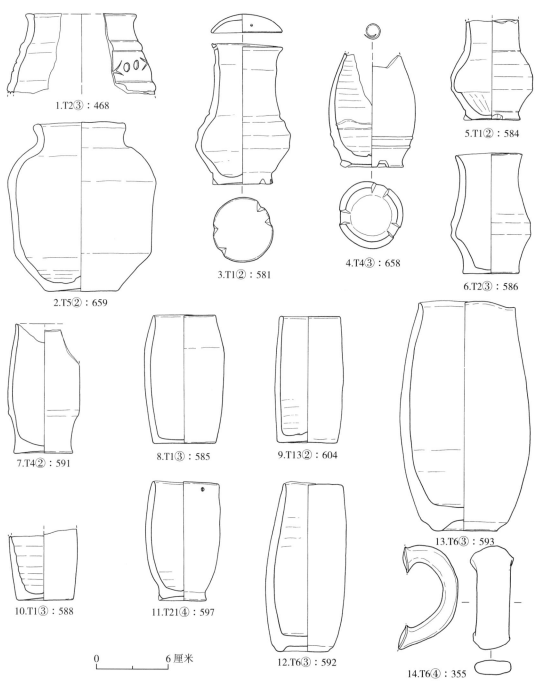

1.T2③:468

2.T5②:659

3.T1②:581

4.T4③:658

5.T1②:584

6.T2③:586

7.T4②:591

8.T1③:585

9.T13②:604

10.T1③:588

11.T21④:597

12.T6③:592

13.T6③:593

14.T6④:355

0　　　　　6厘米

图4-69　其他区域地层中出土的崧泽文化阶段陶器标本

1、2. 壶　3. 带盖杯　4～13. 杯　14. 半环状把手

5. 陶杯

T1②:581，带盖杯。盖体为泥质灰白胎灰陶，壶体为泥质青灰胎灰陶。盖体为穹隆碗形，有一小圆穿孔。壶敞口，双唇，颈部内收，口唇部位也有一小圆穿孔，折腹，花瓣足。盖体高1.55、外径6.0厘米。壶体高11.2、口径5.9、底径4.9~5.1厘米（图4-69，3；彩版4-208）。

T4③:658，泥质褐胎灰黑陶，外表光亮。口部残损，鼓腹，下腹部有两道凸弦纹，花瓣足。底径5.2厘米（图4-69，4；彩版4-209）。

T1②:584，泥质灰胎黑皮陶。口部残损，折腹，花瓣足，内底有刮削痕。残高8、底径4.6~4.7厘米（图4-69，5；彩版4-210）。

T2③:586，泥质褐胎红陶。敞口，颈部内收，腹部有一道宽凹道，平底。高9.6、口径5.4~5.6、底径4.4~4.6厘米（图4-69，6；彩版4-211）。

T4②:591，泥质灰胎灰陶。下腹部有一周凸棱，内凹底。高10.3、口径约4.9、底径4.6~4.8厘米（图4-69，7；彩版4-212）。

T1③:585，泥质灰胎灰陶。敛口，平底。高8.1、口径5.2、底径5.2~5.4厘米（图4-69，8）。

T13②:604，泥质灰胎黑皮陶。直腹，微敛口，微内凹底。高10、口径约5、底径5厘米（图4-69，9）。

T1③:588，泥质灰陶。口部残，内凹底。残高5.6、底径4.7厘米（图4-69，10）。

T21④:597，泥质灰胎灰陶。口沿一侧有一小穿孔，微鼓腹，花瓣足。高9.5、口径5.5~5.6、底径3.9~4.3厘米（图4-69，11；彩版4-213）。

T6③:592，泥质灰胎灰陶。敛口，微鼓腹，圈足残损后经过修整。高13.5、口径4.7~5.0、现圈足径4.2~4.4厘米（图4-69，12；彩版4-214）。

T6③:593，泥质褐胎灰陶。敛口，微鼓腹，圈足残损后经过修整。高18.2、口径7.4~7.9、现圈足径约5.3厘米（图4-69，13；彩版4-215）。

T6④:355，泥质灰陶。半环状杯把手（图4-69，14）。

6. 陶瓮

T1③:23，泥质黑胎灰陶。翻沿，溜肩。口径约17厘米（图4-70，1）。

T6④:362，泥质灰陶。敛口，广肩，肩部有一周凸棱，其上残留有小牛鼻耳。口径约18厘米（图4-70，2）。

T1③:749，泥质青灰胎灰陶。矮小口，鼓腹。口沿经过削整，略有高低。口径9.2~9.4厘米（图4-70，3）。

T21④:139，泥质黑胎灰黑陶，外壁多剥蚀。翻沿，沿面有多道凹弦纹，腹壁相对较直，残留有一周凸棱和一组3道凸弦纹，凸棱面上另有凹弦纹，且有成组短线状按捺；凸弦纹为细泥条按贴修整而成。整器不圆整，口径约42厘米（图4-70，5）。

7. 陶盆

T6④:358，泥质黑胎灰黑陶，质地坚硬。微敛口，沿面有多道凹弦纹。口径约22厘米（图4-70，4）。

T6④:359，泥质灰陶。折沿，折腹，折腹上部有多道弦纹，折腹部位剖面可见套接痕迹。口

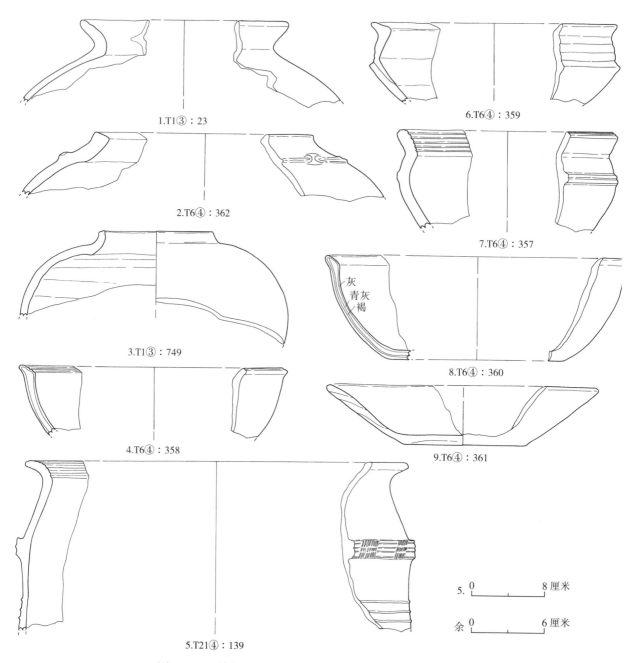

图 4 - 70　其他区域地层中出土的崧泽文化阶段陶器标本

1~3、5. 瓮口沿　4、6~9. 盆口沿

径约 20 厘米（图 4 - 70，6；彩版 4 - 217）。

　　T6④：360，泥质青灰—褐—灰胎黑皮陶，黑皮剥蚀甚。微敛口。高 8.3、口径复原约 24.5、底径约 14 厘米（图 4 - 70，8）。

　　T6④：361，泥质灰陶。敞口，泥条盘筑。高 4.7、口径复原约 22、底径复原约 10 厘米（图 4 - 70，9）。

　　T6④：357，泥质灰陶。折沿，唇面和沿面有多道凹弦纹，鼓腹部位有凸脊一周。口径约 18 厘米（图 4 - 70，7）。

8. 陶器盖

T1③:105，夹砂红陶。纽中部有捺窝。纽径6.5~6.8厘米（图4-71，1）。

T1③:106，粗泥红陶。纽面有"＋"字形刻划。纽径4.8~5.1厘米（图4-216）。

T6④:356，夹砂红陶。扁环状把手，有多道刻划（图4-71，3）。

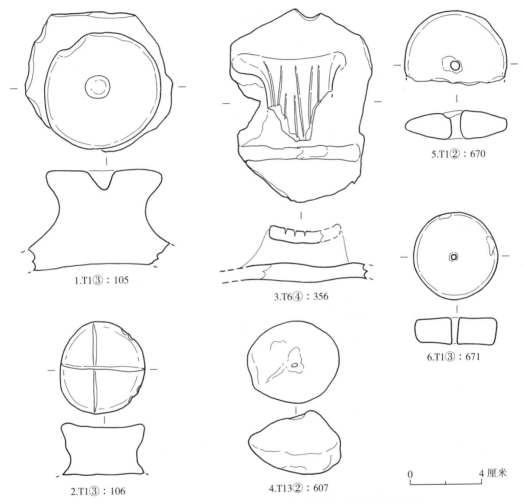

图4-71　其他区域地层中出土的崧泽文化阶段陶器标本
1、2. 盖纽　3. 盖把手　4~6. 纺轮

9. 陶纺轮

T13②:607，泥质红陶。过烧变形。外径4.4~4.9、厚2.9厘米（图4-71，4）。

T1②:670，泥质褐胎红陶。外径约5.6、中部厚1.5、孔内径0.5厘米（图4-71，5）。

T1③:671，泥质黄褐色胎红陶。外径4.6、厚1.4、孔径0.3厘米（图4-71，6）。

10. 石锛

T3②:540，角岩。刃部残损，弓背，背面留有琢打痕。残长13.7、宽4.6、最厚5.1厘米（图4-72，1）。

T6②:541，角岩。一面残缺，刃部也残损。残长8、宽3.8、最厚3.3厘米（图4-72，2）。

T13②:551，流纹岩。残断。残长10、宽5、最厚2.2厘米（图4-72，3）。

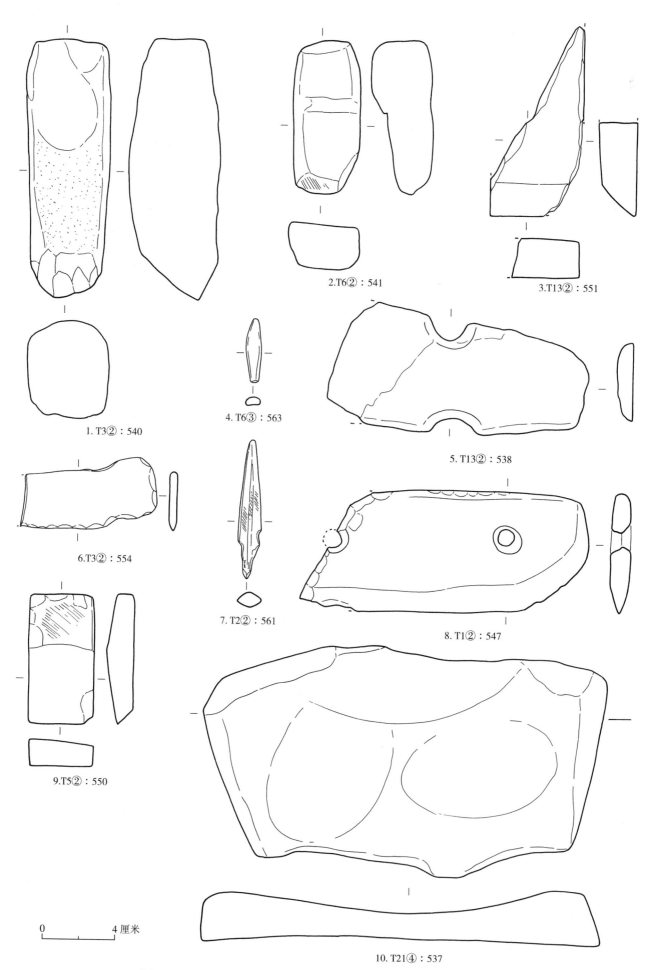

0   4厘米

2.T6②：541

3.T13②：551

4.T6③：563

1.T3②：540

5.T13②：538

6.T3②：554

7.T2②：561

8.T1②：547

9.T5②：550

10.T21④：537

图4-72　其他区域地层中出土的崧泽文化阶段石器、骨器标本

1～3、9. 石锛　4. 骨镞　5. 石镰（？）　6. 石刀残件　7. 石镞　8. 双孔石刀　10. 砺石

T5②:550，流纹岩。折背。长6.8、宽3.6、最厚1.5厘米（图4-72，9；彩版4-218）。

11. 双孔石刀

T1②:547，灰绿色，辉绿岩。双面刃，一边侧残，另一边侧也起刃。残长15.7、宽6.3、最厚1厘米。一孔残，另孔内径约0.75、外径1.2~1.5厘米，两面实心钻（图4-72，8；彩版4-219）。

12. 石刀

T3②:554，角岩。捉手部位有凹缺，刃端部位残。残长约7.3、宽2.8~3.2、最厚0.4厘米（图4-72，6）。

13. 石镰（？）残件

T13②:538，泥岩，沁蚀甚。残损，两侧留有单向实心钻，可能为石镰残件。残长约13.5、残宽约6.5、最厚0.8厘米（图4-72，5；彩版4-220）。

14. 石镞

T2②:561，泥岩。柳叶形，有铤，两侧均未开刃，应是半成品。长7.4、宽1.3、厚0.75厘米（图4-72，7；彩版4-221）。

15. 砺石

T21④:537，出土于T21的生土面上。细砂岩。两面均有磨面，其中一面下凹甚，且有小范围集中的凹磨面。长约22、宽约11.5、最薄0.8厘米（图4-72，10）。

16. 骨镞

T6③:563，动物肢骨制成。长3.4、宽0.8、厚0.5厘米（图4-72，4）。

（二）土台向东拓展过程中地层出土的标本

以T13、T1和T2顺序叙述，主要是第①层[1]、第②层，归属良渚文化，但是夹杂了相当数量的崧泽文化阶段陶片，在此一并叙述。

1. T13出土的标本

（1）陶鼎（含甗）

①口沿

T13②:513，夹砂红陶，内外皆施红衣。折沿外展，宽沿面中部有两道凹弦纹。口径约40厘米（图4-73，1）。

T13②:491，夹砂红陶。折沿外展，宽沿面中部微凸起。口径约40厘米（图4-73，2）。

T13②:451，夹砂褐陶，外壁施灰白色陶衣。折沿，沿内面有凹凸起伏，溜肩，肩部残留有三道凸弦纹。口径约22厘米（图4-73，3）。

②腹片

T13②:454，粗泥红陶。折腹上部有多道凹弦纹，外壁附着有烟炱（图4-73，4）。

T13②:110，粗泥红陶。隔档，折腹为套接，折腹部位按捺呈波浪状，折腹上部有多道凹弦纹。腹径约35厘米（图4-73，5）。

T13②:523，粗泥红陶。外壁凸棱上有按捺，相应内壁有上翘的隔档，隔档上有穿孔，凸棱外

① 表土层统一起取后，T13堆积从第①层新石器时代地层开始编序。

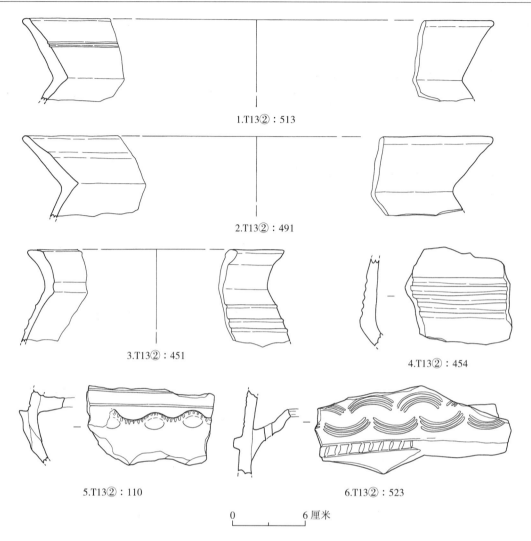

1.T13②：513

2.T13②：491

3.T13②：451

4.T13②：454

5.T13②：110

6.T13②：523

0　　　　　　6厘米

图4－73　土台向东拓展过程中 T13 地层出土的陶鼎、甗标本

1~3. 鼎口沿　4. 鼎腹片　5、6. 甗隔档

壁刻划有瓦棱纹（图4－73，6）。

③足

T13②：516，夹砂褐陶。鱼鳍形，外侧面略厚。两面刻划短直线，呈波折状，间有三个小戳孔（图4－74，1）。

T13②：255，夹砂红陶。鱼鳍形。刻划八字形短直线，呈波折状，间有小戳孔（图4－74，2）。

T13①：750，夹砂红陶。鱼鳍形。刻划长短直线，间有扁橄榄形戳孔，戳孔未透（图4－74，3）。

T13①：188，夹砂红陶。鱼鳍形。刻划长短直线，间有小戳孔（图4－74，4）。

T13②：492，夹砂红陶。鱼鳍形。刻划错落短直线，有一个戳透的小孔（图4－74，5）。

T13②：517，夹砂褐陶。鱼鳍形。刻划错落短直线（图4－74，6）。

T13②：111，夹砂红陶。鱼鳍形。刻划错落短直线（图4－74，7）。

T13②：527，夹砂红陶。鱼鳍形。一面刻划错落的短直线，另面刻划错落的短直线和纵向布列的八字形线（图4－74，8）。

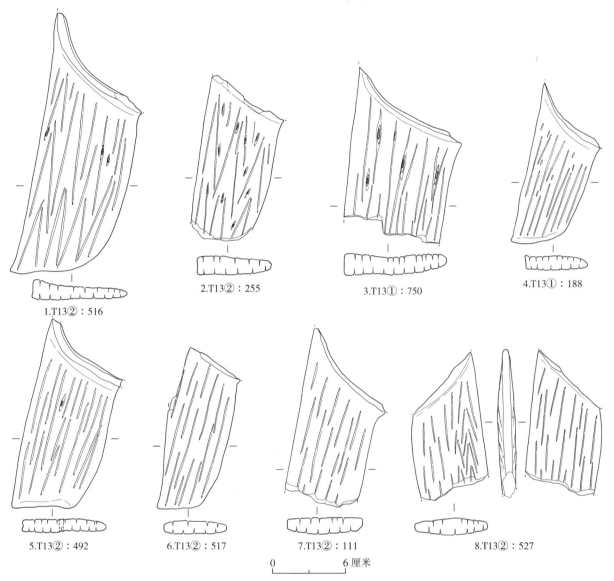

1.T13②：516　　2.T13②：255　　3.T13①：750　　4.T13①：188

5.T13②：492　　6.T13②：517　　7.T13②：111　　8.T13②：527

0　　　　6厘米

图4-74　土台向东拓展过程中T13地层出土的陶鼎足标本

T13②：256，夹砂红陶。"T"字形。足两面刻划长短直线并间有戳孔，外侧面刻划纵向布列的"W"形波折状短线（图4-75，1）。

T13①：189，夹砂红陶。"T"字形。足两面刻划错落短直线，外侧面刻划纵向布列的"w"形短线（图4-75，2）。

T13②：443，夹砂红陶。"T"字形。足两面刻划错落短直线，外侧面刻划纵向布列的"V"形短线（图4-75，3）。

T13②：450，夹砂红陶。"T"字形。足外侧面宽大，足底部有一道纵向的抹划，足两侧面有细直线刻划（图4-75，4）。

T13②：442，夹砂褐陶。宽扁侧足。足正面和背面均有纵向刻划（图4-75，5）。

T13②：110，粗泥红陶。隔档鼎。隔档相应的外壁有一周凸棱，棱面有按捺，鱼鳍形足，有短直线刻划（图4-75，7）。

T13②：526，粗泥红陶。鱼鳍形。抹划浅直线，间有小圆形戳孔（图4-75，6）。

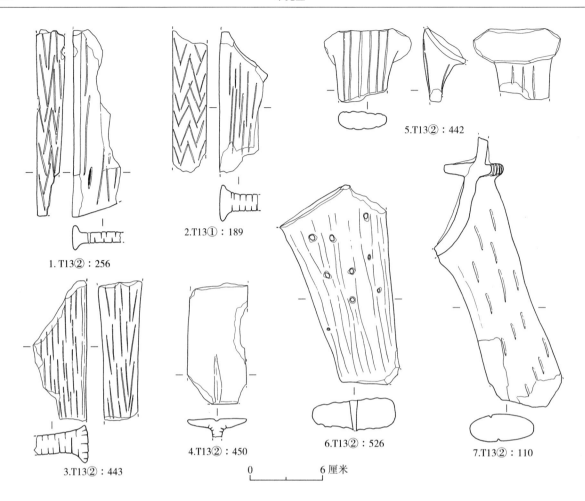

图 4 - 75　土台向东拓展过程中 T13 地层出土的陶鼎足标本

（2）陶豆盘

T13②:493，泥质黑胎黑皮陶。弧折腹，唇部略厚，外壁按捺和剔刻圆和弧边三角组合图案。口径约 20 厘米（图 4 - 76，1）。

T13①:193，泥质灰胎黑皮陶。折翻沿，沿面外壁内凹。口径约 22 厘米（图 4 - 76，2）。

T13①:192，泥质灰胎灰陶。折翻沿，沿面外壁微内凹。口径约 26 厘米（图 4 - 76，3）。

T13①:194，泥质灰陶。坦腹，敛口，宽沿面且弧凸。口径约 24 厘米（图 4 - 76，4）。

T13①:191，泥质灰胎灰陶。坦腹，卷唇。口径约 20 厘米（图 4 - 76，5）。

T13②:210，泥质灰褐陶。折腹，敛口，口沿残留有粘贴的小鼻。口径约 22 厘米（图 4 - 76，6）。

T13②:447，泥质灰陶。折腹。口径约 15 厘米（图 4 - 76，7）。

（3）陶罐

T13②:449，泥质灰陶。微敛口，肩部微内凹，折肩部位为凸弦纹，其上另有一道凹弦纹。口径约 22 厘米（图 4 - 77，1）。

T13②:257，泥质灰陶。折沿外展，折肩部位有凸弦纹，其上安置假小牛鼻耳，折肩以下的腹壁较直。口径约 18 厘米（图 4 - 77，2）。

T13①:190，夹砂灰黑陶。圈足径约 18 厘米（图 4 - 77，3）。

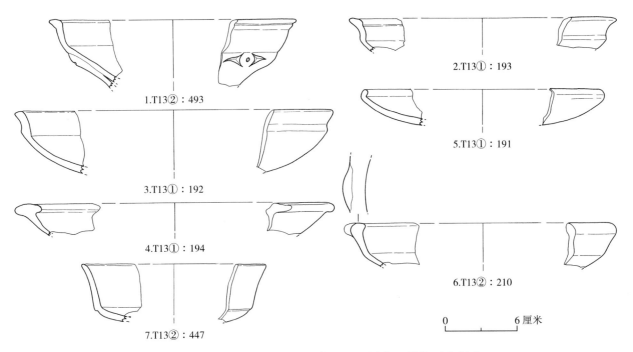

图 4 - 76 土台向东拓展过程中 T13 地层出土的陶豆盘标本

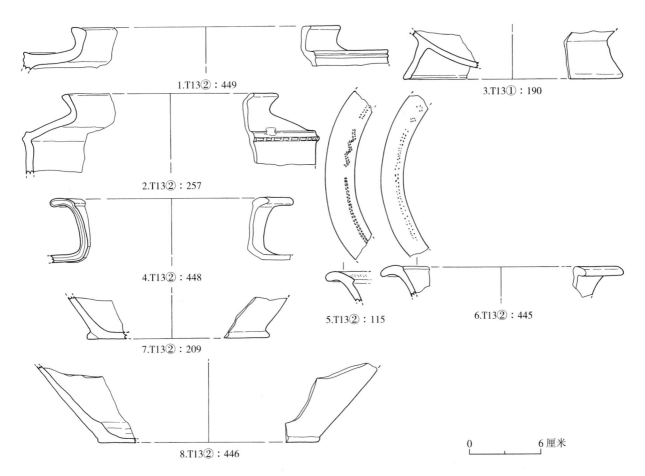

图 4 - 77 土台向东拓展过程中 T13 地层出土的陶罐标本

T13②：115，泥质橙红陶。宽沿面上有以波折纹为中心的戳刺。口径约 21 厘米（图 4 - 77，5）。

T13②：445，泥质橙红陶。翻沿，弧凸的宽沿面上有戳刺纹样，纹样以一组独立符号为中心，惜外表剥蚀甚，详细不明（图 4 - 77，6）。

T13②：448，泥质黑胎心橙红陶。翻沿，宽沿面微弧凸，沿面戳刺纹已脱落，不能辨认。口径约 20 厘米（图 4 - 77，4）。

T13②：209，泥质青灰胎橙红陶。平底缘外凸。底径约 16 厘米（图 4 - 77，7）。

T13②：446，泥质橙红陶。平底部外缘有刮削痕迹。底径约 18 厘米（图 4 - 77，8）。

（4）陶壶

T13②：515，泥质陶，二次氧化为红色。仅为腹片，外腹壁有多道凹凸弦纹，内壁有拉坯痕。腹径约 10 厘米（图 4 - 78，1）。

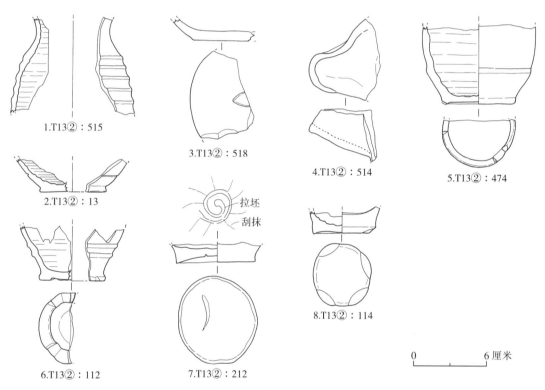

图 4 - 78　土台向东拓展过程中 T13 地层出土的陶壶、杯标本
1. 壶腹片　2、3. 壶底　4. 壶流　5 ~ 8. 杯底

T13②：13，泥质灰陶。底缘外凸，内壁有拉坯痕。底径约 5.4 厘米（图 4 - 78，2）。

T13②：518，泥质灰陶。外底残留有刻符一个。底径约 11 厘米（图 4 - 78，3；彩版 4 - 222）。

T13②：514，泥质灰陶。仅为残流（图 4 - 78，4）。

（5）陶杯

T13②：474，泥质青灰胎灰陶。外壁留有涂朱痕，内底留有顺时针拉坯痕。矮圈足，刻剔花瓣样。圈足径约 6 厘米（图 4 - 78，5；彩版 4 - 223）。

T13②：112，泥质陶，二次氧化为红色。外壁残留有两道凸弦纹，花瓣足。底径约 5.5 厘米（图 4 - 78，6）。

T13②：114，泥质灰陶。底微内凹，底缘面有四处切削。底径约 4.8 厘米（图 4 - 78，8）。

T13②：212，泥质灰胎黑皮陶。底部内凹，有一道短弧歪形刻划符号，内壁留有顺时针拉坯痕和刮削制作痕迹。底径5.5~7厘米（图4-78，7；彩版4-224）。

（6）陶盆

T13②：258，泥质灰陶。略不圆整。翻沿，腹部有一周凸棱，棱面上另有两道凹弦纹。口径约26厘米（图4-79，1）。

（7）陶瓮

T13②：213，翻沿，长颈，唇部和沿面上部有多道凹弦纹，颈外壁有多道凹弦纹。口径约26厘米（图4-79，2）。

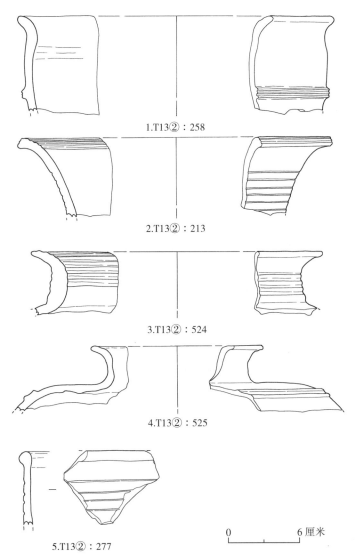

图4-79　土台向东拓展过程中T13地层出土的陶盆、瓮、大口缸标本
1. 盆　2~4. 瓮　5. 大口缸

T13②：524，泥质灰陶。翻沿，长颈，沿面和颈外壁有多道凹弦纹（图4-79，3）。

T13②：525，泥质灰陶。翻沿，耸肩部位有一周凸棱。口径约14厘米（图4-79，4）。

（8）陶大口缸

T13②：277，夹粗砂灰白陶。厚唇微外卷，口沿外壁有多道凹弦纹。口径约28厘米（图4-79，5）。

（9）陶器盖

T13②：211，泥质橙红陶。盖沿面内卷。盖径约 22 厘米。甚为少见（图 4 – 80，1）。

T13②：276，夹砂红陶。扁环状把手，刻划错落短直线（图 4 – 80，2）。

T13②：522，粗泥红陶。纽面上有多个小圆形戳按，相应内面也有一个。纽径 4.8 ~ 5.5 厘米（图 4 – 80，3；彩版 4 – 225）。

T13②：452，粗泥红陶。歪把形把手位于盖体一侧。盖径约 14 厘米（图 4 – 80，4）。

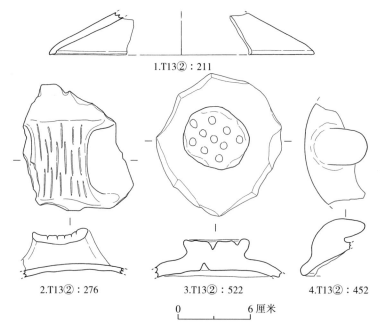

1. T13②：211

2. T13②：276　　　3. T13②：522　　　4. T13②：452

0　　　　　　6 厘米

图 4 – 80　土台向东拓展过程中 T13 地层出土的陶器盖标本
1. 盖体　2. 盖把手　3、4. 盖纽

（10）红烧土木骨泥墙残块

T13②：278，夹杂秕谷，一面较平整，另面夹杂木骨痕。厚约 2 厘米（图 4 – 81，1）。

T13②：279，夹杂秕谷，一面平整，另面夹杂木骨。厚约 3 厘米（图 4 – 81，2）。

T13②：444，夹杂秕谷，一面平整，另面夹杂木骨痕迹，垂直相交。最厚约 3.2 厘米，木骨径 0.5 ~ 0.7 厘米，可能是芦苇或竹子类的秆茎（图 4 – 81，3）。

T13②：519，一面较为平整，另面有木骨痕，木骨实为密集捆扎的芦苇或竹子而成，留有编扎痕。现厚 7.5 厘米（图 4 – 81，4）。

T13②：520，一面较为平整，另面有纵向和横向的木骨痕。厚 4.8 ~ 6.5 厘米（图 4 – 81，5）。

T13②：521，烧糊变形（图略）。

T13G1：716 ~ 724、734 ~ 740（彩版 4 – 226 ~ 241）。其中 T13G1：734 较为特殊，为多面的长方体。

2. T1 出土的标本

（1）陶鼎足

T1③：416，夹砂红陶，内壁有红衣。鱼鳍形。两面刻划纵向的波折纹短直线，并间有戳孔（图 4 – 82，1）。

T1②：495，夹砂红陶。“T”字形。足外侧面素面，足两面刻划线条甚细。剖面可见制作时

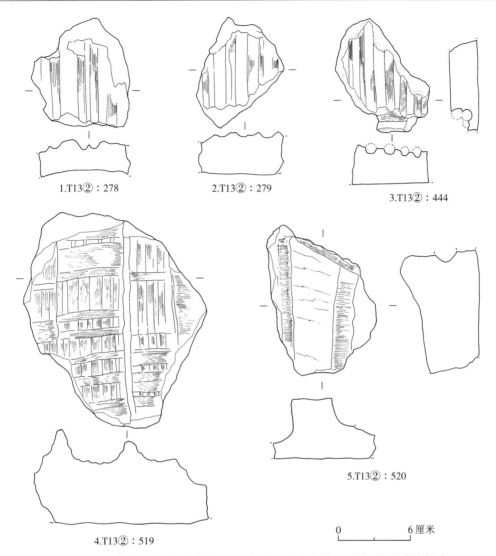

1.T13②：278　　　　　2.T13②：279

3.T13②：444

4.T13②：519

5.T13②：520

0　　　　　　6厘米

图4-81　土台向东拓展过程中T13地层出土的红烧土木骨泥墙残块标本

为"V"形按贴后再于外侧面附贴足面而成（图4-82，2）。

T1②：496，夹砂红陶，外壁施灰白衣。"T"字形。足两面刻划甚细，剥蚀难辨，足外侧面微起棱面（图4-82，3）。

（2）陶豆盘

T1③：418，泥质灰陶。折腹。口径约16厘米（图4-82，4）。

（3）陶罐

T1③：419，泥质橙红陶。翻沿，宽沿面上残留有戳刺纹，颈部另有一穿孔。口径约24厘米（图4-82，5）。

T1②：494，泥质橙红陶。翻沿，宽沿面上残留有戳刺纹。口径约20厘米（图4-82，7）。

T1③：417，泥质橙红陶，内外皆施红衣。内凹底，内底留有拉坯（轮修?）的痕迹（图4-82，6）。

3. T2出土的标本

（1）陶鼎足

T2②：41，夹砂红陶。鱼鳍形。刻划错落长直线（图4-83，1）。

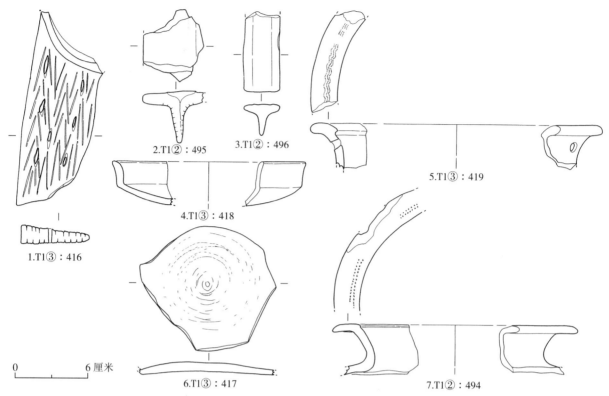

图4-82　土台向东拓展过程中T1地层出土的陶器标本
1~3. 鼎足　4. 豆盘　5、7. 罐口沿　6. 罐底

T2②:42，夹砂红陶。"T"字形。两面刻划错落短直线（图4-83，2）。

（2）陶瓷口沿

T2②:44，泥质青灰胎灰陶。翻沿，长颈，沿面和颈部外壁均有多道凹弦纹（图4-83，4）。

T2②:45，泥质灰陶。短直口微外敞，折肩部位有凸棱，棱面有凹弦纹。口径约32.4厘米（图4-83，3）。

（3）陶瓷腹片

T2②:43，泥质灰陶。外腹壁残留有多道凸棱，棱面上另有凹弦纹，其中一道凸棱上粘贴有"│∞│"形小泥条。腹径最大可达40厘米（图4-83，5）。

（4）陶盖把手

T2②:46，泥质灰胎灰陶。环状把手，其上有小泥条粘贴，并有按捺（图4-83，6）。

（三）其他地层出土的良渚文化阶段标本

如位于发掘区T23、T21西北部的第③层，数量极少。主要为良渚文化阶段遗物，少量为早期遗留。

1. 陶鼎

①带盖鼎*

T24②:619（出土坐标：140×380-240），盖和鼎体共出，疑为墓葬残留。盖体为泥质灰陶，浅杯形纽，盖体高约3、外径约17厘米。鼎为夹砂红陶，朽烂甚，不能复原，可辨为"T"字形足（图4-84，1）。

②鼎

T21③:426（出土坐标：80×260-226），夹砂红陶。朽烂甚，不能复原。折沿，长颈，"T"字

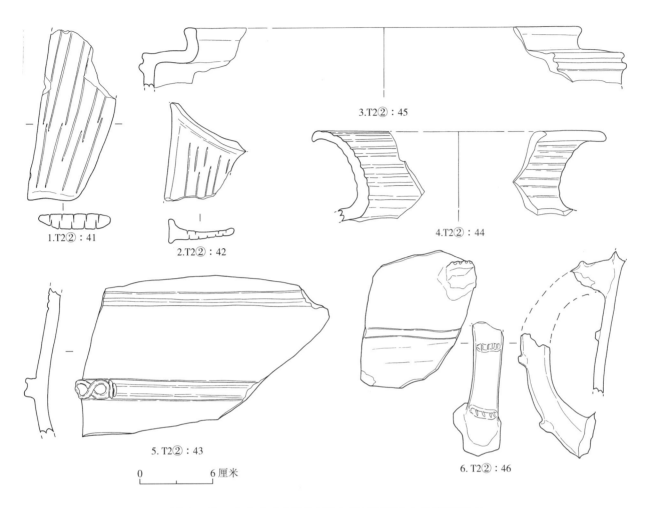

图 4 - 83　土台向东拓展过程中 T2 地层出土的陶器标本
1、2. 鼎足　3、4. 瓮口沿　5. 瓮腹片　6. 盖把手

形鼎足。外壁多剥蚀，内壁附着有烟炱。口径不明，口沿部位器壁厚仅 0.3 厘米（图 4 - 84，2）。

③鼎口沿

T23④:487，夹砂褐陶，外壁施红衣。折沿，沿内面有两道甚浅的凹弦纹，外壁局部略内凹弧，肩部残留有两道凸弦纹。口径约 37 厘米（图 4 - 84，4）。

T23③:275，夹砂褐陶。折沿，沿内面有弧折线。口径约 30 厘米（图 4 - 84，5）。

T23②:370，夹砂红陶，外壁施红衣。折沿外展，长颈，颈部内壁有凹弧。口径不明（图 4 - 84，3）。

④鼎足

T23④:488，夹砂红陶。鱼鳍形，外侧面略厚。刻划"V"形短直线（图 4 - 85，1）。

T23②:372，夹砂红陶。鱼鳍形。刻划长直线，有交错（图 4 - 85，2）。

T23③:273，夹砂红陶。"T"字形，器形甚小。两面为波折线刻划，间有小戳孔，外侧面为纵向布列的两列八字形短直线刻划（图 4 - 85，3）。

T23③:272，夹砂红陶。鱼鳍形，外缘稍厚，足尖（图 4 - 85，5）。

T23②:373，夹砂红陶。鱼鳍形。刻划重叠的八字形短线（图 4 - 85，4）。

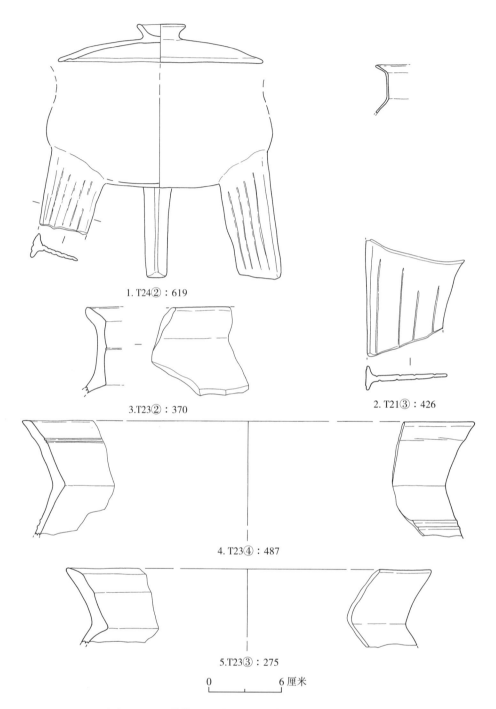

1. T24②：619

3.T23②：370

2. T21③：426

4. T23④：487

5.T23③：275

0　　　　　　6 厘米

图 4 - 84　其他地层出土的良渚文化阶段陶鼎标本

T23③：271，夹砂红陶。鱼鳍形。两面刻划八字形短直线，并间有戳孔，外侧面略厚，上部呈圆拱形凸起，外侧面纵向刻划波折线，或可视作两组八字形短直线。这类足外侧面上部呈圆拱形的形态显然受到同时期或略早阶段粗泥陶凿形足的影响（图 4 - 85，6）。

T24②：462，夹砂红陶。"T"字形。两侧面刻划有八字形短直线，间有戳孔（图 4 - 85，7）。

T24②：461，夹砂红陶。"T"字形。两面及内侧面刻划有细直线，外侧面有纵向弧凸面，未有刻划（图 4 - 85，8）。

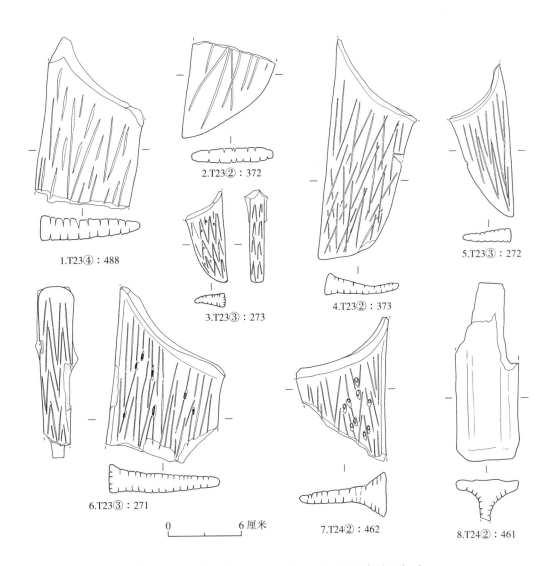

2.T23②：372

1.T23④：488

3.T23③：273

4.T23②：373

5.T23③：272

6.T23③：271

0　　　　　　6厘米

7.T24②：462

8.T24②：461

图4－85　其他地层出土的良渚文化阶段陶鼎足标本

2. 陶盘

T23③:682，泥质褐胎黑皮陶。整器不圆整。折沿外敞，圈足上有三个圆形镂孔。高9.3～10.3、口径20.1～21、圈足径14.2～15.0厘米（图4－86，1；彩版4－242）。

3. 陶豆盘

T21③:464，泥质黑胎灰陶，剥蚀甚。敞口，折腹，豆柄残。口径约20厘米（图4－86，2）。

4. 陶豆盘圈足

T23③:244，泥质灰陶。圈足上有两周凸弦纹，上组弦纹中有四个等分的小长方形镂孔。圈足径13.6厘米（图4－86，3）。

T23③:246，泥质灰陶。圈足外壁弧凸，残留有大圆孔（上）和小圆孔（下）的装饰（图4－86，4）。

5. 陶罐圈足

T23③:245，夹砂黑胎红陶。圈足径约21厘米（图4－86，5）。

6. 陶罐底

T23④：490，泥质黑胎橙红陶，外壁施红衣。平底缘外凸。底径约 16 厘米（图 4 – 86，6）。

7. 陶杯

T21②：589，泥质褐胎黑皮陶。敞口，斜直腹，圈足。高 6.25 ~ 6.5、口径 8.2 ~ 8.4、圈足径 3.2 ~ 3.5 厘米（图 4 – 86，7）。

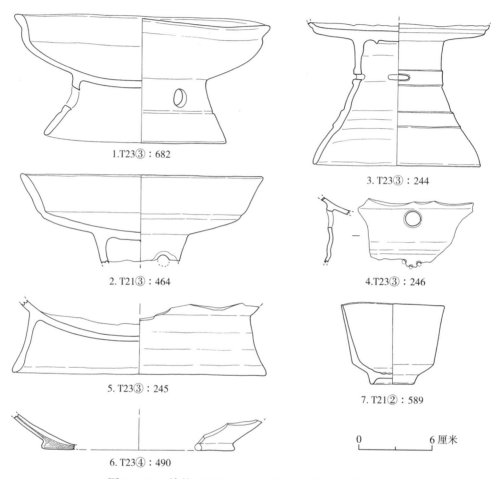

1.T23③：682

3. T23③：244

2. T21③：464

4.T23③：246

5. T23③：245

7. T21②：589

6. T23④：490

0　　　　　　6 厘米

图 4 – 86　其他地层出土的良渚文化阶段陶器标本
1. 盘　2. 豆盘　3、4. 豆圈足　5. 罐圈足　6. 罐底　7. 壶

8. 陶壶

T24②：463，泥质灰陶。鼓腹部位上耸，假圈足。底径 5 ~ 5.1 厘米（图 4 – 87，1）。

T16②：676，壶底。泥质灰陶。圈足。圈足径约 6.7 厘米（图 4 – 87，2）。

T23④：489，壶底。泥质灰陶。花瓣足。底径约 7.5 厘米（图 4 – 87，3）。

9. 陶大口缸

T22③：401，夹粗砂红陶。腹片。外壁涂抹的灰白色夹砂陶衣叠压斜向拍印的篮纹，并有一道凹弦纹分割（图 4 – 87，4；彩版 4 – 243）。

10. 陶器盖

T23③：274，夹砂褐陶。盖缘内敛。盖径约 30 厘米（图 4 – 87，6）。

T23②：371，盖纽。夹砂红陶。半环状把手，纵向刻划直线（图 4 – 87，5）。

T22③:400，盖纽。位于石磡解剖探沟南部。泥质灰陶。半环形盖纽，上有两两成组的戳点（图4-87，7）。

11. 石锛

T23③:545，流纹岩。有段。长8.7、宽5.6、最厚2厘米（图4-87，7）。

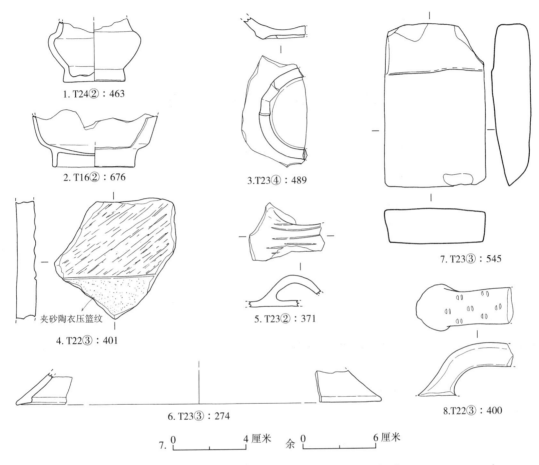

1. T24②:463

2. T16②:676

3.T23④:489

4.T22③:401
夹砂陶衣压篮纹

5. T23②:371

6. T23③:274

7. T23③:545

8.T22③:400

7. 0　　　4厘米　　余 0　　　6厘米

图4-87　其他地层出土的良渚文化阶段标本
1. 陶壶　2、3. 陶壶底　4. 陶大口缸腹片　5、8. 陶盖纽　6. 陶器盖　7. 石锛

第五章 西区马桥文化时期和其他时期文化遗存

第一节 马桥文化时期遗存

小兜里西区马桥文化时期的遗存主要分布于土墩南、北两侧，均呈斜坡状堆积。除此之外，还有灰坑单元。从分布区域看，堆积主要集中于遗址的西部。

一 灰坑

归属于马桥文化时期的灰坑主要根据其坑内废弃堆积中的遗物来判定，共编号6座（H1、H7、H9、H10、H12、H13）。

（一）H1

H1位于T18、T20隔梁的北部，打破红烧土遗迹（F1）。坑口呈圆角方形，边长约1.00、深达2.60米，坑口标高约−115厘米～−130厘米（参见图2−5和图4−1）。坑上部填土为灰褐色，至底部为黑色淤泥，土质甚为松软，出土可复原的硬陶罐等。H1为井。

H1的开挖和使用不但打破了红烧土遗迹，而且使坑口边的红烧土遗迹下沉（彩版5−1～3）。

H1出土遗物中，除了1号石镞位于填土上层外，余均位于坑底淤泥中（图5−1）。

H1:1，石镞。泥岩。有铤。长3.65、宽1.6、最厚0.4厘米（彩版5−4）。

H1:2，硬陶罐。基本完整。泥质褐胎紫褐色硬陶。翻沿，拍印方格纹，内凹底。高16.3～16.9、口径14～14.2、底径约5厘米（彩版5−6）。

H1:3，硬陶罐。泥质灰白胎硬陶，施薄釉，局部有剥釉。翻沿，口部残损，鼓腹，腹部有系，但已脱落，外表有抹划痕迹，内壁有垫痕，内凹底，底部缘面有垫烧时的颗粒。残高16、底径约7.2厘米（彩版5−7）。

H1:4，硬陶纺轮。泥质橙红色硬陶。外径4～4.2、厚1、孔内径0.5厘米（彩版5−5）。

H1:5～7，均残片，分别为罐和豆圈足。灰白色胎，质地纯净，外表施薄釉（彩版5−8）。

H1:8，硬陶罐。残。泥质褐胎青紫色硬陶，外壁施薄釉。内壁有垫痕，内凹底。底径约5.3～5.6厘米（彩版5−9）。

H1:9，刻符硬陶片。泥质灰白色胎青紫色硬陶。肩腹部位有一斜向的"S"形刻符（彩版5−10）。

H1:10，软陶罐残片。泥质灰胎红陶。外壁拍印方格纹，内壁有垫痕，内凹底。底径约7厘米（彩版5−11）。

（二）H7

H7位于T21北部，开口于表土层下。坑口平面呈东西向的椭圆形，灰褐色填土。坑口长

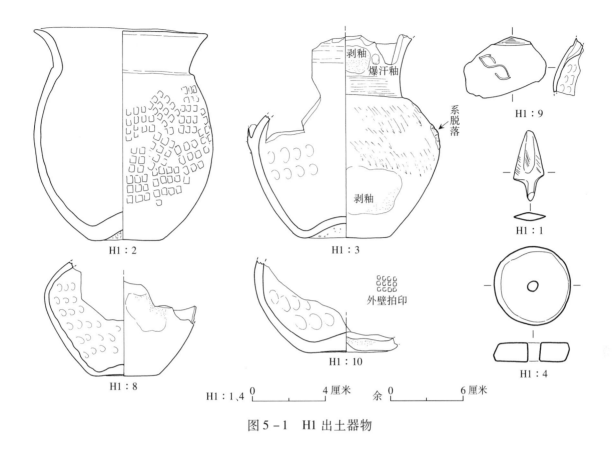

H1:2　　H1:3　　H1:9

H1:1

H1:8　　H1:10　　H1:4

H1:1,4　0　　　4厘米　　余　0　　　6厘米

图5-1　H1 出土器物

1.95、宽 0.80、深 0.25 米，坑口标高 -210 厘米（图 5-2；彩版 5-12、13）。

H7 出土遗物不多，共编号 5 件（图 5-3）。

H7:1，软陶盆。泥质灰陶。翻沿，束颈，颈部有凹凸弦纹，腹部拍印小方格纹。口径约 16 厘米（彩版 5-14）。

H7:2，硬陶罐口沿。泥质青紫色硬陶。过烧起泡，口部已变形。折沿外翻，口沿部位有多道弦纹，束颈，外壁拍印斜向条纹（彩版 5-15）。

H7:3，硬陶罐腹片。泥质红褐色硬陶。拍印条格纹（彩版 5-16）。

H7:4，软陶罐腹片。泥质青灰胎软陶，外表青灰色，内壁红褐色。拍印条格纹（彩版 5-17）。

H7:5，软陶罐腹片。泥质橙红色软陶。拍印条格纹（彩版 5-18）。

（三）H9

H9 位于 T24 东部，局部在东壁中。坑口呈圆形，灰褐色填土。坑口外径约 1.1、深 1.05 米，坑口标高 -240 厘米（图 5-4；彩版 5-19~21）。

H9 出土遗物数量不多，编号标本 18 件，其中一件残石钺（图 5-5）。

H9:1，陶鼎足。粗泥红陶。瓦形。鼎腹部拍印斜向绳纹（彩版 5-22）。

H9:2，软陶罐口沿。泥质青灰胎红陶，内外皆有灰白色陶衣。折沿，敛口，沿面内凹且有多道弦纹，外壁拍印之字形纹。口径约 16 厘米（彩版 5-23）。

H9:5，硬陶罐。泥质青灰色硬陶，胎心橙红色。折沿沿面有多道弦纹，口部略变形，丰肩，拍印叶脉纹，内壁垫痕明显。口径约 22 厘米（彩版 5-24）。

H9:9，软陶盆。泥质褐胎黑皮陶，外表剥蚀甚。内壁有垫痕。翻沿，束颈，腹壁拍印叶脉纹。

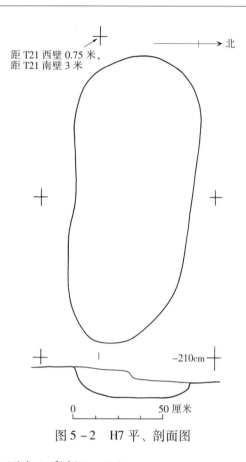

距 T21 西壁 0.75 米，
距 T21 南壁 3 米

北

−210cm

0　　　　　　50 厘米

图 5 − 2　H7 平、剖面图

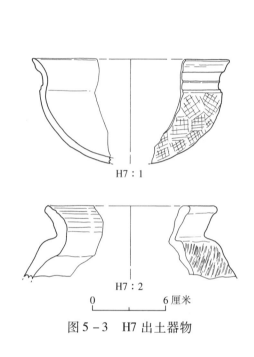

H7：1

H7：2

0　　　　　6 厘米

图 5 − 3　H7 出土器物

口径约 28 厘米（彩版 5 − 25）。

H9：10，硬陶罐。泥质紫褐色硬陶。过烧变成局部鼓出气泡，气泡内中空酥松呈青灰色。敛口，外壁拍印叶脉纹。口径约 12 厘米（彩版 5 − 26）。

H9：11，陶鼎足。夹砂灰陶，残留有灰黑色陶衣。扁侧足，足外侧面有两组纵向布列的"V"形刻划，足两面有浅抹划（彩版 5 − 27）。

H9：14，软陶罐。夹砂灰陶。泥条盘筑法制成。外壁刻划方格纹和斜线。残片过小，器形不明（彩版 5 − 28）。

H9：16，原始瓷罐。泥质灰白色胎，外壁有灰褐色薄釉。翻沿，沿面有多道弦纹，耸肩，略有变形。口径约 10 厘米（彩版 5 − 29）。

H9：17，软陶罐（釜?）。夹砂黑陶。口沿残，外壁拍印斜向绳纹（彩版 5 − 30）。

H9：18，石钺。泥岩。沁蚀甚，残损。顶部一侧有内，刃部残。长 13.2、残宽 7.6、最厚 1.8 厘米（彩版 5 − 31）。

印纹陶纹样标本 8 件，均为罐残片。

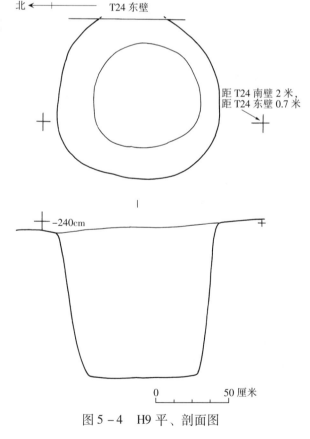

北　　　　　T24 东壁

距 T24 南壁 2 米，
距 T24 东壁 0.7 米

−240cm

0　　　　　　50 厘米

图 5 − 4　H9 平、剖面图

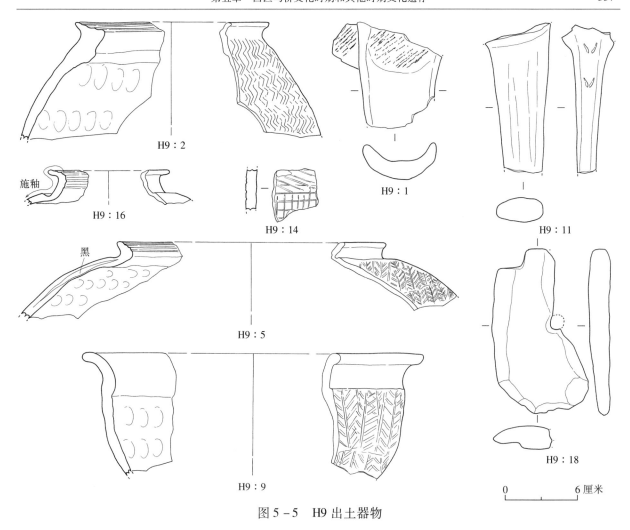

施釉 H9:16

黑 H9:5

H9:2 H9:1 H9:11

H9:14

H9:9 H9:18

0 6厘米

图 5-5　H9 出土器物

H9:3，泥质橙红色软陶。拍印叶脉纹（彩版 5-32）。

H9:4，泥质橙红色软陶。拍印方格纹（彩版 5-33）。

H9:6，泥质灰红色软陶。拍印叶脉纹（彩版 5-34）。

H9:7，泥质灰红色软陶。拍印条格纹（彩版 5-35）。

H9:8，泥质青灰胎青灰色硬陶。拍印条纹（彩版 5-36）。

H9:12，泥质青灰胎青灰色硬陶。拍印小方格纹（彩版5-37）。

H9:13，泥质青灰胎青灰色硬陶。拍印方格纹（彩版 5-38）。

H9:15，泥质青灰胎青灰色硬陶。拍印席纹（彩版 5-39）。

（四）H10

H10 位于 T24 中部偏东部位，M37、M39 以北。坑口呈圆形，外径约 1.00、深 0.85 米，坑口标高 -250 厘米。灰褐色填土（图 5-6；彩版 5-40）。

H10 仅有少量的印纹陶碎片。

（五）H12

H12 位于 T26 南部，一半伸入到 T26 南壁之外。平面或呈圆形，圜底。坑口外径约 1.35、深0.5 米，坑口标高 -190 厘米。坑内堆积分为两层：上层为灰褐色土，质地相对紧密；下层为灰黑色土，质地相对松软，出土印纹陶片等（图 5-7；彩版 5-41）。

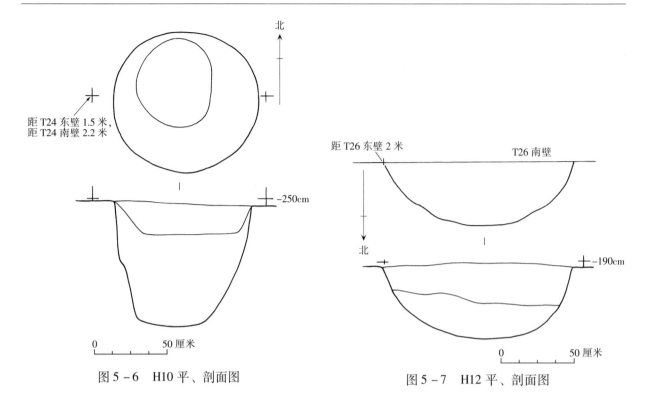

北

距 T24 东壁 1.5 米，
距 T24 南壁 2.2 米

−250cm

距 T26 东壁 2 米　　　　　　　T26 南壁

北

−190cm

0　　　　　　　50 厘米

0　　　　　　　50 厘米

图 5 - 6　H10 平、剖面图

图 5 - 7　H12 平、剖面图

H12 整理编号标本 7 件（图 5 - 8）。

H12：1，硬陶瓮腹片。泥质褐陶。拍印回字纹（彩版 5 - 42）。

H12：2，硬陶罐腹片。泥质褐陶。拍印回字纹和曲折纹（彩版 5 - 43）。

H12：3，硬陶罐腹片。泥质褐陶。拍印席纹（彩版 5 - 44）。

H12：4，硬陶罐腹片。泥质褐陶。拍印回字纹，纹样单元较 H12：1 略小（彩版 5 - 45）。

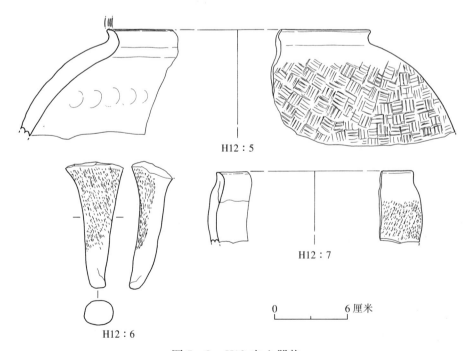

H12：5

H12：7

H12：6

0　　　　　　　6 厘米

图 5 - 8　H12 出土器物

H12：5，软陶罐口沿。泥质灰胎灰陶。翻沿，短唇，唇面上有两道凹弦纹，丰肩，拍印席纹，内壁留有垫痕。口部略有变形，口径约22厘米（彩版5-46）。

H12：6，陶鼎足。夹砂红陶，外壁残留有灰白色陶衣。足外侧面及根部拍印绳纹，足尖略外撇，足横截面为扁圆形（彩版5-47）。

H12：7，陶鼎（釜?）口沿。夹砂黑陶。微敛口，外壁拍印斜向绳纹。口径约16厘米（彩版5-48）。

（六）H13

H13位于T20东南部，开口于表土层下。坑口呈圆形，灰褐色填土，至底部为深褐色淤泥。坑口外径约1.20、深达2.60米（图5-9；彩版5-49~51）。应是水井。

H13出土遗物甚少，仅标本2件，均出土于底部（图5-10）。

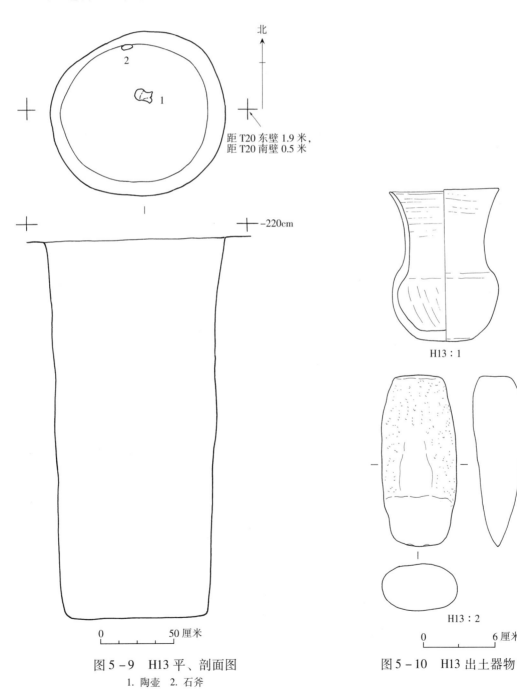

图5-9　H13平、剖面图　　　　　　　　图5-10　H13出土器物
1. 陶壶　2. 石斧

H13:1，陶壶。泥质黄褐胎灰陶。敞口，鼓腹，圜底。高11.9～12.1、口径约9厘米（彩版5－52）。

H13:2，石斧。灰绿色，辉绿岩。双面刃，刃部以上为琢打面。长13.7、宽6.4、最厚4厘米（彩版5－53）。

二 地层中出土的遗物

（一）陶器

1. 鼎（甗）口沿

T22②:251，夹砂红褐陶。折沿，沿面有多道凹弦纹，腹壁较直，拍印横向绳纹。口径约26厘米（图5－11，1）。

2. 鼎（甗）足

T22②:620，夹砂灰褐陶。扁足（图5－11，2；彩版5－54）。

T22②:247，夹砂红陶。扁足（图5－11，4；彩版5－55）。

T3②:633，夹砂灰白陶。扁侧足（图5－11，3；彩版5－56）。

3. 豆柄

T22②:250，泥质灰陶。纹样剥蚀甚，豆柄较粗大，凹弦纹之间有拍印并结合长方形小镂孔（图5－11，5）。

T22②:248，泥质黑灰陶，胎心灰色。有凸棱和弦纹装饰（图5－11，8）。

T22②:249，泥质灰陶。凸棱和弦纹之间有交互螺旋线，并结合小圆镂孔（图5－11，6；彩版5－57）。

4. 硬陶罐口沿

T22②:621，泥质褐胎灰褐色硬陶。折沿，沿面内凹且有多道弦纹，束颈，外壁拍印叶脉纹。口径约18厘米（图5－11，10；彩版5－58）。

T2②:627，泥质灰黑胎褐色硬陶，过烧变形。折沿，沿面内凹有弦纹，溜肩，拍印竖向的之字形纹。口径约14厘米（图5－11，9；彩版5－59）。

T3②:632，泥质灰白胎灰白色硬陶。翻沿，长颈，口沿及颈内壁有多道弦纹，唇部至外壁有爆汗釉。溜肩，拍印席纹。口径约15厘米（图5－11，11；彩版5－60）。

5. 软陶罐残片

T22②:252，泥质橙红陶。拍印叶脉纹，拍印单元约4.4×2.5厘米（图略）。

T22②:253，泥质青灰陶，过烧（图略）。

T22②:254，泥质橙红陶。拍印叶脉纹（图略）。

6. 硬陶罐残片

T2②:625，泥质红褐胎褐色陶。拍印方格纹（彩版5－61）。

T22②:624，泥质褐胎灰褐色陶。拍印条格纹（彩版5－62）。

T2②:628，泥质红胎红陶。拍印小方格纹（彩版5－63）。

T2②:629，泥质褐胎褐色陶，内壁深紫色。拍印小方格纹（彩版5－64）。

T2②:630，泥质灰黑胎浅紫色陶。拍印小方格纹（彩版5－65）。

T2②:631，泥质紫色胎紫色陶。拍印叶脉纹（彩版5－66）。

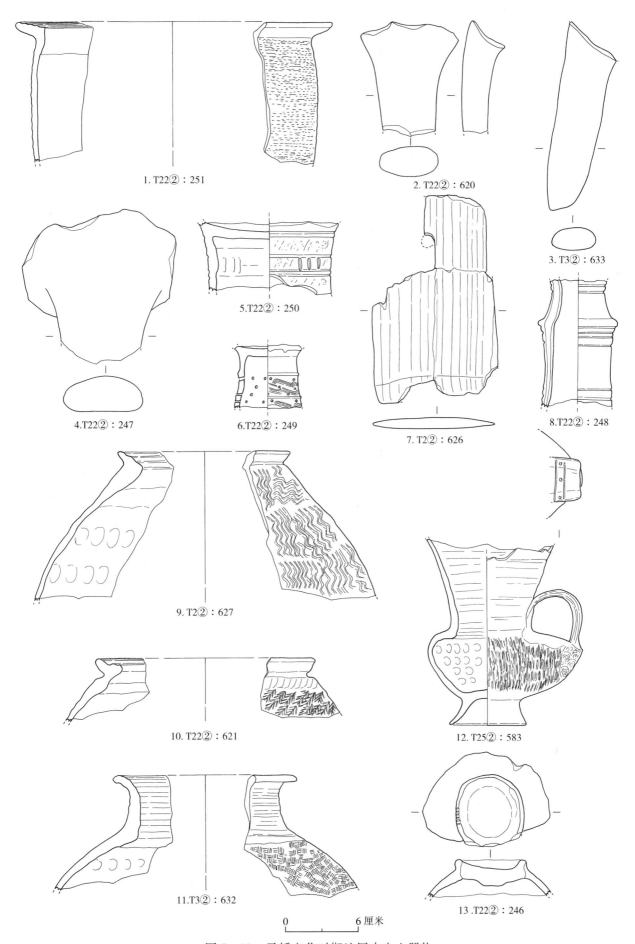

1. T22② : 251

2. T22② : 620

3. T3② : 633

4. T22② : 247

5. T22② : 250

6. T22② : 249

7. T2② : 626

8. T22② : 248

9. T2② : 627

10. T22② : 621

11. T3② : 632

12. T25② : 583

13. T22② : 246

0　　　　6 厘米

图 5－11　马桥文化时期地层中出土器物

1. 陶鼎（甗）口沿　2～4. 陶鼎（甗）足　5、6、8. 陶豆柄　7. 石钺　9～11. 硬陶罐口沿　12. 陶鸭形壶　13. 陶器盖

7. 釜（？）残片

T22②∶622，夹砂黑陶。拍印绳纹（彩版 5 - 67）。

8. 鸭形壶

T25②∶583，泥质青灰—紫灰色胎青紫色硬陶。口沿残损，余完整。口颈外敞，内外壁留有横向旋痕。壶体为泥条盘筑，内壁留有垫痕，外壁拍印条纹。圈足部位烧制温度较低，呈砖红色。按贴环状把手，把手上部粘贴小泥点。残高 14.8、壶体长 12.8、圈足径 6.5 ~ 6.7 厘米（图 5 - 11，12；彩版5 - 68）。

9. 器盖

T22②∶246①，泥质红陶。纽面内凹，纽缘面一侧有按戳，纽内面与盖体粘贴而成。纽径约 6.6 厘米（图 5 - 11，13）。

（二）石器

铖

T2②∶626，泥岩。残朽甚，应是新石器时代遗留物。残长 16.4、宽 10.2、最厚 0.8 厘米，内孔径约 1 厘米（图 5 - 11，7；彩版 5 - 69）。

第二节　其他遗存和遗物

包括扰土层中的采集物和历史时期的少量遗物。

一　扰土层中采集的新石器时代标本

扰土层中采集的新石器时代标本除了少量陶器外，主要以石器为主。

（一）陶器

1. 鼎足

HX 采∶636，粗泥红陶。足正面有竖向浅抹划。崧泽文化早期（图 5 - 12，1；彩版 5 - 70）。

T2①∶389，夹砂青灰陶，沙粒较粗。良渚文化晚期（图 5 - 12，2）。

T2①∶390，夹砂红陶。"T"字形鼎足，外表剥蚀甚，足正面有纵向浅刻划。良渚文化晚期（图 5 - 12，3）。

HX 采∶635，夹砂灰白陶。侧扁足。良渚文化晚期（图 5 - 12，5；彩版 5 - 71）。

HX 采∶634，夹砂灰褐陶。大鱼鳍形足。良渚文化末期或钱山漾文化时期（图 5 - 12，4；彩版5 - 72）。

2. 豆柄

T2①∶391，泥质灰陶。竹节形豆柄，凸棱间有小长方形镂孔。良渚文化晚期（图 5 - 12，6）。

3. 杯

T4①∶587，泥质褐胎红陶。口沿残，腹部有三道凹弧，花瓣足。底径约 4.2 厘米（图 5 - 12，7；彩版 5 - 73）。

_____

① 这一单元遗物均出土于石磡南部的马桥文化时期地层堆积中。

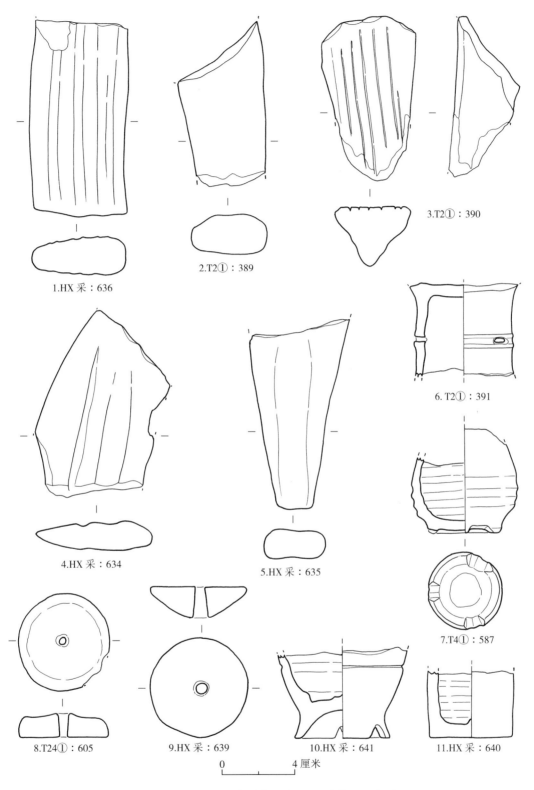

图 5 – 12　扰土层中采集的新石器时代陶器标本
1~5. 鼎足　6. 豆柄　7、10、11. 杯底　8、9. 纺轮

　　HX 采:641，泥质褐胎黑皮陶，外壁局部残留有朱痕。花瓣足。底径约 5.2 厘米（图 5 – 12，10）。

　　HX 采:640，粗泥褐陶。底径约 4.7 厘米（图 5 – 12，11）。

4. 纺轮

HX 采：639，泥质红陶。外径 5.2、厚 1.6 厘米（图 5 - 12，9）。

T24①：605，泥质褐胎灰陶。外径 5～5.1、厚 2.1 厘米（图 5 - 12，8）。

（二）石器

1. 锛

T3①：557，流纹岩。残断。残长 5.7、宽 3.4、最厚 3.2 厘米（图 5 - 13，1）。

HX 采：570，流纹岩。残断，背面有打片痕迹。残长 4.3、宽 3.1、最厚 1.1 厘米（图 5 - 13，2）。

T3①：542，流纹岩。刃部残断。残长 9.6、宽 5.3、最厚 2.3 厘米（图 5 - 13，4）。

2. 斧

T2①：556，黄绿色，辉绿岩。残长 5.7、宽 6.9、最厚 3.7 厘米（图 5 - 13，3；彩版 5 - 74）。

3. 镰

T1①：544，泥岩，沁蚀甚。单面刃，端部残。残长 13.8、宽 3.1～5.8、最厚 1.3 厘米（图 5 - 13，5；彩版 5 - 75）。

T2①：553，镰（刀）。泥岩。单面刃。残长 8.3、宽 4.3、最厚 0.9 厘米（图 5 - 13，6；彩版 5 - 76）。

4. 刀（？）

HX 采：637，砂质泥岩。单面刃。两侧边留有琢打疤痕，正面打磨，背面保留打制的破裂面疤痕。长 7.8、刃宽 6.6、最厚 1 厘米（图 5 - 13，7；彩版 5 - 77）。

HX 采：638，泥岩。扁长条形，一端有双面刃，另端有一双向实心钻孔。长 11.5、宽 4、厚 1 厘米（图 5 - 13，8；彩版 5 - 78）。

5. 镞

T16①：558，泥岩。扁铤。残长 5.4、宽 2.2、厚 0.8 厘米（图 5 - 13，9）。

T21①：564，泥岩。长铤。残长 7、宽 1.8、厚 1 厘米（图 5 - 13，10）。

T2①：565，泥岩。柳叶形，有铤。长 6.9、宽 2.3、厚 0.7 厘米（图 5 - 13，11；彩版 5 - 79）。

T24①：562，泥岩。长铤。长 10.6、宽 2.1、厚 1.1 厘米（图 5 - 13，16）。

T2①：566，镞坯。泥岩。扁长条形，留有打制疤痕。残长 4.8、宽 2.8、最厚 1.4 厘米（图 5 - 13，15；彩版 5 - 80）。

6. 网坠

HX 采：567，泥岩。扁长条形砾石，两侧琢打凹缺。长 4.8、宽 1.7、厚 0.5 厘米（图 5 - 13，12；彩版 5 - 83）。

7. 石英环玦

HX 采：568，石英岩。管钻成形，一侧残留有小圆孔。外径约 3、最厚 0.5 厘米（图 5 - 13，14；彩版 5 - 81）。

8. 石钺钻芯

HX 采：569，弱熔结角砾凝灰岩。双向管钻，上下弦痕不平行。外径约 3.7、厚 0.8 厘米，端面直径 3.2、3.4 厘米（图 5 - 13，13；彩版 5 - 82）。

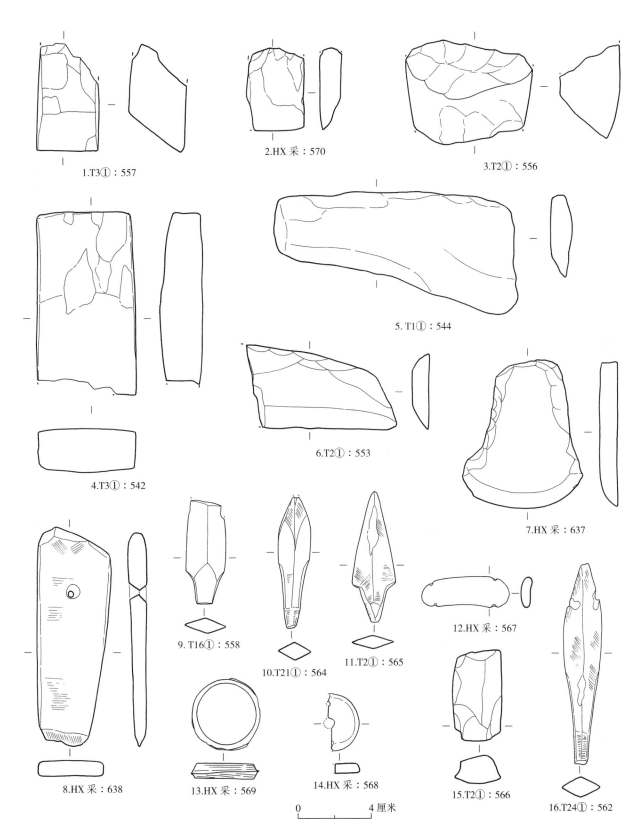

1.T3①：557

2.HX 采：570

3.T2①：556

4.T3①：542

5. T1①：544

6.T2①：553

7.HX 采：637

8.HX 采：638

9. T16①：558

10.T21①：564

11.T2①：565

12.HX 采：567

13.HX 采：569

14.HX 采：568

15.T2①：566

16.T24①：562

0　　　　　　4 厘米

图 5 - 13　扰土层中采集的新石器时代石器标本

1～3. 锛　4. 斧　5. 镰　6. 镰（刀）　7、8. 刀　9、11、16. 镞　12. 网坠　13. 石钺钻芯　14. 石英环玦　15. 镞坯

二　历史时期遗物

主要有汉镜和宋元时期瓷碗，完整，为残墓所留。

1. 铜镜

HX 采：747，博局镜。东汉（彩版 5 - 84）。

2. 瓷碗

HX 采：674，元明时期龙泉窑系。工艺粗陋。高 7.6、口径 14.9 ~ 15.4、圈足径约 6.5 厘米（图5 - 14，1）。

HX 采：677，五代至北宋越窑系。灰白色胎，绿色泛黄釉。碗内底有垫烧痕，外底垫烧在圈足端面。高 5.5、口径 15.1、圈足径 7.5 厘米（图 5 - 14，2）。

HX 采：678，五代至北宋越窑系。胎体质地不紧密，坯体打磨不精，圈足内底有垫烧痕。高 3.1 ~ 3.6、口径 13.3 ~ 13.6、圈足径约 7.5 厘米（图 5 - 14，3）。

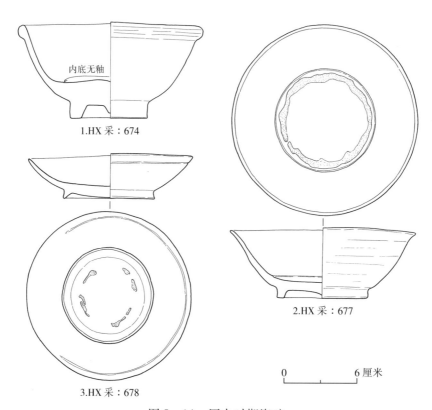

1. HX 采：674

2. HX 采：677

3. HX 采：678

0　　　　　6 厘米

图 5 - 14　历史时期瓷碗

第六章 东区的发掘

第一节 概 述

一 东区的地理环境

考虑到小兜里遗址东、西部保存状况的差别及发掘工作的分别进行，为便于叙述，以文苑北路和小兜里桥为界，将遗址分为东、西两区。东区主体现为东西长约80米、南北宽约40～50米的长方形台地，高出现北部农田约0.5米。农田里钻探显示：马桥文化时期地层堆积下为湿地沼泽相堆积，台地的南面为池塘，东面越过田间道路则地势陡降，高差约4～5米，西与遗址西区无明显的地理分界。东区的东北部有一块相对独立的台地，东西长约30米、南北宽约20米，南面呈缓坡状，此台地略高于西南部的主体台地，两者之间隔以宽约5米、长10余米的池塘，这一区域未勘探，故不清楚这一台地的年代和地下堆积情况。

据当地农民反映，20世纪八九十年代之前，小兜里遗址东区高出周边农田1米以上，后因取土烧窑，致遗址遭受了严重的破坏，仅剩下台地的底部。取土时曾有玉石器等遗物出土，推测土台上部原有较多的新石器时代墓葬被破坏。

二 东区的发掘与整理经过

小兜里遗址西区发掘接近尾声时，我们得知海宁市经济技术开发区胜万河拓宽疏浚工程将对遗址东区造成破坏，为进一步了解东区的地下堆积情况，考古队于2010年6月至7月对东区进行了较全面的钻探，确定了东区的主体范围，并在东区东部布置了4×28米的探沟一条（TG1）进行试掘，试掘发现一座崧泽文化土台（TT2），并在土台西南部清理了2座同时期的墓葬（M48、M49）。经国家文物局批准，2010年12月3日至2011年5月25日，浙江省文物考古研究所与海宁市博物馆联合对小兜里遗址东区进行了考古发掘［考执字（2011）第（169）号］。

本次发掘，沿用了遗址西区的测量坐标体系，但考虑到遗址今后可能会继续发掘，因此，在东区东北部高压线塔基处设定了永久测量基点，在东区的西南部设定临时测量基点，采用电子全站仪统一布方，按第一象限法编号，如TN2E6。由于时间与经费的限制，先期布方位置主要集中在河道疏浚工程的范围内（编号TN1E5～TN1E8，TN2E5～TN2E7），发现新石器时代土台后，向西、北扩方TN2E4、TN3E2～TN3E5，共布设10米×10米探方9个。TN1E6～TN1E8三个探方因南部为池塘，布方均为10米×8米。TT1和F3出露后，因为时间等关系，无法整体揭露发掘。为了解TT1和F3的堆积情况，分别开挖解剖沟1和解剖沟2，前者15米×0.5米，后者5米×0.5米。之后，为了解东区的整体情况，又先后布设了两条南北向的探沟即TG3、TG4，宽均1米，TG3长27米（北端为池塘），TG4长34米。另外，TG2为3米×30米。发掘面积共1382平方米（图6-1；彩版6-1）。

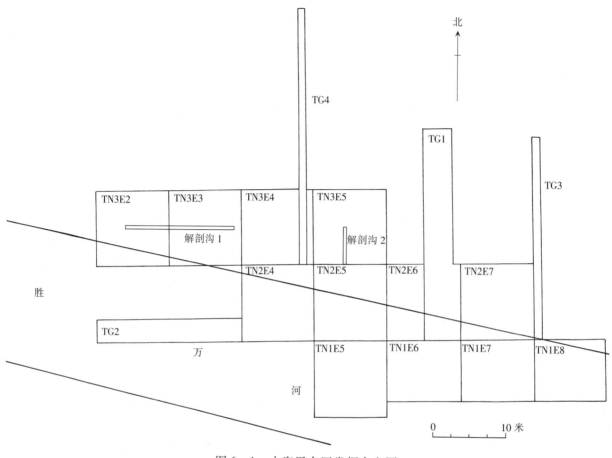

图 6 - 1　小兜里东区发掘布方图

东区发掘领队方向明，具体负责仲召兵，先后参加发掘的有海宁市博物馆朱芸芸和业务技术人员蒋广权、马来运、李西军、仲勤。发掘过程中，海宁市博物馆周建初参与了讨论并与董月明副馆长做了大量的前期准备工作及后勤保障工作。

小兜里东区遗存的整理工作于 2013 年 1 月 6 日开始，同年 7 月 18 日结束。报告的撰写及遗迹图、器物图绘制由仲召兵完成，器物照片由盛文嘉拍摄，方向明对器物图的绘制及文字部分提出了大量宝贵意见与建议。

第二节　地层堆积和遗址堆积过程

一　地层堆积概况

小兜里东区主体台墩上部的良渚文化堆积已被取土破坏殆尽，现仅存崧泽文化阶段土台的底部，在台墩外围分布有马桥文化和宋代的文化堆积，并在土台外围清理了以上各个时期的灰坑、水井、沟槽等遗迹。

东区地层堆积共分 12 层：

第①层，表土层，褐色，土质松软，厚 0 ~ 50 厘米，含较多的草类根茎。北部略高于南部呈倾斜状堆积。本层下开口有 H28、G4 等宋代遗迹，已发现的新石器时代土台大多也在表土层下开口。

第②层，宋代层，灰褐色，土质疏松，厚 10 ~ 30 厘米。出土有灰砖、青瓷片等。仅在发掘区东南角的 TN1E7 和 TN1E8 的南半部有分布。

第③层，按土质土色不同，分两个亚层。

第③A 层，黄褐色斑土，土质硬密，厚 0 ~ 70 厘米。含陶片较多，见有崧泽文化、良渚文化时期的鱼鳍形、凿形鼎足，大口缸片、泥质灰陶盆、罐等器形及马桥文化时期的夹砂灰褐陶圆锥形、侧扁形鼎足和印纹硬陶片。分布于发掘区的 TN2E4 ~ TN2E6 的南半部和 TN2E7 东、南部及 TN1E5 ~ TN1E8 全方，即新石器时期土台的南缘，北高南低呈倾斜状分布。H24 等绝大部分马桥文化时期的灰坑均为此层下开口。

第③B 层，黄褐色，夹较多灰淤斑，质地较③A 层细软，厚 0 ~ 20 厘米。陶片不多，见有印纹硬陶残片等。仅分布于 TN1E7、TN1E8、TN2E7 及 TG3。

第④层，黑褐色黏土，夹大块黄斑，土质硬密，厚 0 ~ 35 厘米。含零星陶片，见有粗泥陶凿形鼎足和泥质黑皮陶花瓣足杯。发掘区内仅见于 TN2E6 的北半部，并向北延伸。为人工堆土，呈凹弧状分布于 TT2 与 TT3 之间的凹洼地带。

第⑤层，黑灰土，中间夹灰白色细沙土，呈夹心状，土质松软，厚 0 ~ 15 厘米。含少量陶片，泥质灰陶为主，见有罐、盆、豆、杯残片及粗泥陶凿形鼎足和夹砂陶鱼鳍形足。发掘区内主要见于 TN2E6、TN2E7 并往发掘区外北部延伸，即主要分布在 TT2 的四周及其与 TT3 的中间地带。H16、H17、G1 ~ G3 等开口于此层下。

第⑥层，浅灰褐色斑土，质地疏松。含少量陶片，泥质灰陶为主，见有罐、豆及粗泥陶鼎、夹砂陶大口缸残片。本层呈北高南低倾斜状分布于发掘区内 TN2E4 ~ TN2E7 的南半部及 TN1E5 ~ TN1E8 全方。此层面上开口的遗迹有 H18 ~ H20、F2 等。

第⑦层，灰绿色花斑土，含青斑、红烧土颗粒、炭屑等，质地松软，厚 0 ~ 40 厘米。陶片较多，泥质灰陶和粗泥陶为主，见有罐、豆、凿形鼎足及夹砂红褐陶鱼鳍形鼎足、大口缸和零星动物骨骼。本层在发掘区内仅见于 TN2E5 东北部及 TN2E6 西部，呈凹弧状分布于 F3 与 TT2 之间，为生活堆积。

第⑧层，黑灰土，含大量炭屑，质地松软。从解剖沟 2 剖面上看，在黑灰土形成的过程中堆筑了一层黄土，据此，将此层分为两个亚层。

第⑧A 层，厚 0 ~ 10 厘米。陶片较多，见有粗泥陶凿形鼎足、划纹鱼鳍形鼎足和泥质灰陶罐、器盖等。分布于 TN2E5 北部及 TN3E5、TN3E4 全方，倾斜状叠压在 TT3 东部及北部的坡脚上，为 TT3 的使用阶段堆积。被 F3 叠压。

第⑧B 层，厚 0 ~ 10 厘米。包含物及分布范围与⑧A 层基本相同，被 TT4 叠压。

第⑨层，黄色黏土层，质地硬密，厚 0 ~ 20 厘米。包含陶片以粗泥陶和泥质灰陶为主，可见器形有粗泥陶鼎足，泥质灰陶豆、盆、杯、澄滤器，夹砂红褐陶大口缸和鱼鳍形鼎足等。分布于 TN2E4 ~ TN2E7 南半部及 TN1E5 ~ TN1E7 全方，倾斜状叠压于 TT2Ⅱ、TT3 南部坡脚，为人工铺垫的活动层。

第⑩层，黄褐色斑土，黏性，质地较软，厚 0 ~ 20 厘米。出土陶片与上层相近。本层呈倾斜状分布在 TT2 的南、北、西三面。

第⑪层，黑灰土，土质松软，厚 0 ~ 15 厘米。本层未清理，无陶片出土。仅分布于 TN3E3 的东南部，西高东低倾斜状叠压 TT1 的东部坡脚。

第⑫层，黑褐色黄斑黏土，土质硬密，易干裂，厚 10 ~ 20 厘米。含少量陶片，以泥质灰陶和粗泥黄褐陶居多，可辨器形有粗泥陶鱼鳍形鼎足、凿形足及夹砂红褐陶大口缸。整个发掘区均有分布。

二　典型地层剖面举例

（一）解剖沟 1—TN2E4—TN2E5—TN2E6—TN2E7 北壁①（图 6-2；彩版 6-2 、3）

第①层，表土，灰褐色，土质疏松，厚 15～20 厘米左右。混杂少量陶片，既有印纹硬陶片又有鱼鳍形鼎足。TT1、TT2 Ⅲ、TT3、TT5、F3 均在此层下开口。

第③层，黄褐色斑土，质地紧密，厚 0～50 厘米。此层主要分布在发掘区东南部的诸探方，此剖面上，仅在 TN2E7 东半部呈西高东低的倾斜状分布，显示了此层的西界。本层常见印纹硬陶，也不乏鱼鳍形足等良渚文化遗物。按土质土色，本层可以分为两个亚层，下层较上层质软且含较多灰淤斑。

第④层，黑褐色黏土，夹大块的黄斑，质地硬密，日晒后易干裂，厚 0～35 厘米。此层呈凹弧状分布在 TT2 与 F3 之间的凹洼处。包含物很少，见有泥质灰胎黑皮陶花瓣状圈足杯、粗泥黄褐陶凿形鼎足及夹砂红褐陶圆锥形把手等残片。此层显然系人工搬运而成。

第⑤层，黑灰土层，质地松软，厚 0～8 厘米。此剖面上见于 TN2E5～TN2E7 内。出土陶片以泥质灰陶为主，粗泥黄褐陶与夹砂红褐陶数量相当，见有泥质灰陶罐、豆、盆、杯和粗泥陶凿形足鼎、夹砂红褐陶鱼鳍形鼎足等。应为生活废弃堆积。

第⑦层，灰绿色花斑土，普遍含红烧土颗粒、炭屑等，质地松软，厚 0～40 厘米。陶片较多，以泥质灰陶和粗泥陶为主，见有罐、豆、凿形鼎足及夹砂红褐陶鱼鳍形鼎足、大口缸片和零星动物骨骼。此剖面上仅见于 TN2E5 及 TN2E6，呈凹弧状分布于 F3 与 TT2 之间，为 F3 使用阶段的堆积。

第⑧层，黑灰土层，含较多炭屑，质地松软，厚 0～20 厘米。本层见有粗泥陶凿形鼎足、划纹鱼鳍形鼎足和泥质灰陶罐、器盖等。本层可细分为上、下两层，但包含物相同。此剖面上仅在 TN2E5 内有分布，西高东低呈倾斜状叠压在 TT3 的东部坡脚上，为 TT3 使用阶段的堆积。

第⑪层，黑灰土层，质地松软，厚 0～15 厘米。未见遗物。此剖面上仅在 TN3E3 内有分布，叠压 TT1 的东部坡脚，为 TT1 使用阶段的堆积。

第⑫层，黑褐色黏土，普遍夹杂黄斑，质地较硬，厚约 20 厘米。此层在发掘区内均有分布，为人工铺垫层。至此层面便停止发掘，故本层未见遗物。

以下为生土，黄色黏土夹灰淤斑。

（二）TG1—TN2E6—TN1E6 东壁（图 6-3；彩版 6-4、5）

第①层，表土，灰褐色，质地疏松。见有印纹硬陶及鱼鳍形足等。

第③A 层，黄褐色斑土，土质硬密，厚 0～70 厘米。含陶片较多，见有鱼鳍形、凿形鼎足、大口缸片、泥质灰陶盆、罐和较多的印纹硬陶片。此剖面上本层北高南低呈倾斜状分布在 TN2E6 与 TN1E6 内。马桥文化时期 H24 及新石器时代 H20、H26、G1、G2、G3 等遗迹均为此层下开口。据包含物判断，此层应是马桥文化时期形成。

第③B 层，黄色黏土，厚 0～70 厘米。倾斜状分布于 TG1 的北端。较纯净，未见包含物，年代不明。

---

① 解剖沟 1 位于 TN3E2、TN3E3 中部，南距 TN2E4—TN2E5—TN2E6—TN2E7 北壁剖面 5.5 米，两者不在同一个剖面上。此处放在一起叙述，目的是为了完整表明遗址的堆积过程。

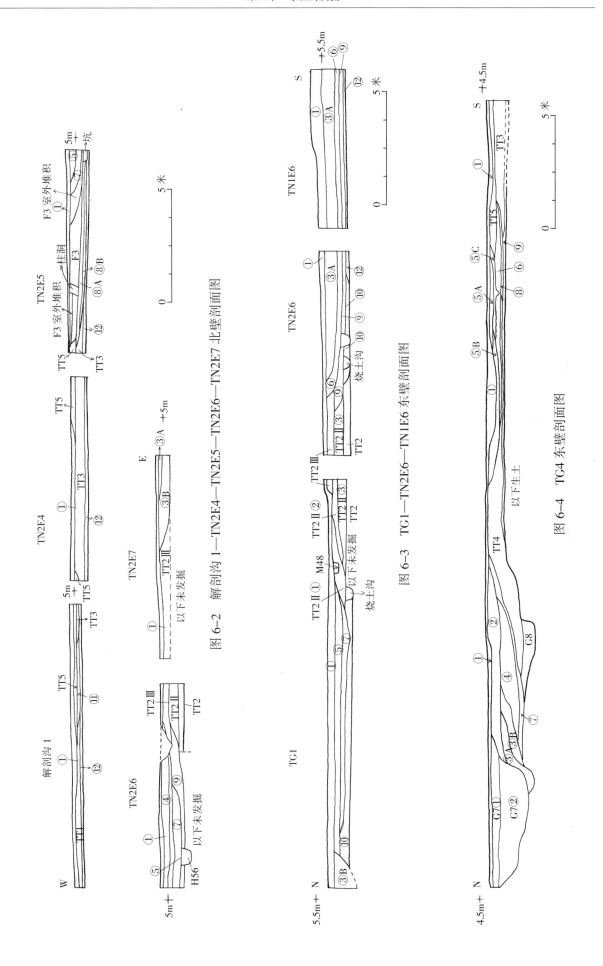

图 6-2 解剖沟 1—TN2E4—TN2E5—TN2E6—TN2E7 北壁剖面图

图 6-3 TG1—TN2E6—TN1E6 东壁剖面图

图 6-4 TG4 东壁剖面图

第⑤层，黑灰土，质地松软，厚 0～30 厘米。南高北低呈倾斜状分布于 TG1 北部，叠压 TT2Ⅱ。

第⑥层，浅灰褐色斑土，质地较软。含少量陶片，见有泥质灰陶罐、豆及粗泥陶鼎、夹砂陶大口缸残片。此剖面上本层呈北高南低倾斜状分布于 TN1E6 及 TN2E6 内。

第⑦层，青褐色黏土，质地较软，厚 0～30 厘米。本层南高北低呈倾斜状分布于 TG1 北部，叠压 TT2Ⅱ北缘。

第⑨层，黄色黏土，质地较硬，厚 0～20 厘米。出土陶片有粗泥陶鼎足，泥质灰陶豆、盆和夹砂红褐陶大口缸片等。此剖面上本层呈北高南低倾斜状分布于 TN1E6 及 TN2E6 内。

第⑩层，黄褐色斑土，质地较软，厚 0～30 厘米。未见包含物。本层呈倾斜状分布于 TT2 南北两侧。

（三）TG4 东壁①（图 6-4）

第①层，表土，灰褐色，质地疏松。G7 开口于此层下。

第②层，黄褐色土，夹灰淤斑，质地较硬，厚 10～50 厘米。出土少量印纹硬陶片。本层南高北低呈倾斜状分布于探沟的北部，上部被破坏，同时被 G7 打破，为马桥文化时期堆积。

第③层，褐色斑土，上部被破坏，厚 0～75 厘米。按土质土色，可分两个亚层。

第③A 层，灰褐色斑土，夹较多的炭屑和红烧土颗粒，质地较硬，厚 0～35 厘米。出土陶片以泥质灰陶为主，其次为夹砂红褐陶，见有罐、鱼鳍形鼎足、桥形把手等。本层南高北低呈倾斜状分布，北部被 G7 打破。

第③B 层，黄褐色斑土，质地较硬，厚 0～40 厘米。包含物与上层基本相同，但数量较少。南高北低呈倾斜状分布。

第④层，黄褐色黏土，夹少量红烧土块，质地较硬，厚 0～80 厘米。包含少量陶片，见有泥质灰陶罐、夹砂红褐陶鱼鳍形鼎足等。上部被破坏，南高北低呈倾斜状分布，可能为 TT4 的拓展堆积。

第⑤层，分三个亚层。

第⑤A 层，黄褐色黏土，厚 0～15 厘米。未见包含物。

第⑤B 层，灰黄色细黏土，质地松软，厚 0～30 厘米。含少量陶片，见有泥质灰陶罐、豆和粗泥陶凿形鼎足等。呈倾斜状叠压于 TT4 的南缘。

第⑤C 层，黄色细黏土，含较多红烧土颗粒，质地松软，厚约 0～15 厘米。本层中部有一东西向沟槽，沟槽宽、深约 0.2 米，槽内填以红烧土块。未见包含物。呈倾斜状叠压于 TT5 的北缘，可能为 TT5 或 F3 的使用堆积。

第⑥层，灰黄色细黏土，质地松软，厚 0～30 厘米。未见包含物，为 TT4 外围垫土。

第⑦层，灰褐色黏土，厚 0～30 厘米。北高南低倾斜状叠压 TT4 北部坡脚。本层北部发现一处南北宽约 1.5 米的陶片面，包含泥质灰陶罐、豆，夹砂红褐陶鱼鳍形鼎足、大口缸片、桥形把手，粗泥黄褐陶凿形足、陶拍和红烧土块等。

第⑧层，黑灰土，质地松软，厚 0～12 厘米。此层探沟内未见包含物。南高北低呈倾斜状叠压于 TT3 北侧坡脚，同时被 TT4 叠压。

---

① TG4 大部分地层与其他探方无法对应，故地层单独编号。

第⑨层，黑褐色黏土，质地较硬，厚 0～25 厘米。包含陶片见有粗泥黄褐陶凿形足及鱼鳍形鼎足及夹砂红褐陶大口缸片等。为人工垫土。

以下为生土，黄色黏土夹淤斑，质地较硬。

三 遗址堆积过程的分析

据上述地层关系，可以将小兜里东区的文化堆积分为新石器时代、马桥文化时期、宋代三个时期，其中以新石器时代遗存为主体，并可根据聚落的变化将其分为前、后两个阶段。

（一）新石器时代遗存

1. 第一阶段——东西分列的 TT1、TT2 及其拓展与 TT4 的新建

最初，于 TN3E2、TN2E7 内分别堆筑了 TT1 和 TT2。TT1 因取土破坏仅残存底部，土台未全面揭露，在土台的南部清理 M54、M55 两座崧泽文化晚末期墓葬。开挖河道时，在土台外围南部发现有填土为黑灰土的灰坑或水井类遗迹，因以上遗迹的原始地层关系均遭破坏，不能确定其年代是否与 TT1 同时共存。

稍晚，TT1 向东拓展形成 TN3E4 内的 TT3，TT2 在原地堆土加高（TT2Ⅱ），并在两个土台外围的南部铺垫了第⑨层黄色硬黏土作为活动地面。这一活动面上布列了 H23、H43、H46、H48～H57 等日常生产、生活的灰坑和水井等遗迹。同时，在 TT3 使用的过程中，于其北部新建了另一土台即 TT4，被 TT4 叠压的 G8 也属于这一阶段。

2. 第二阶段——TT1～TT3 合体加高形成 TT5、TT2Ⅲ 及 TT6 的新建

首先，以 TT1 与 TT3 为基础，合体加高形成 TT5，同时，在 TT5 的东缘堆土营建了 F3。TT2、TT4 在前一阶段的基础上继续堆土加高或拓展。另在 TT2 东北部新建了 TT6。这一阶段的遗迹有 F2、F3、H16～H20、H26、H38～H42、H44、H45、H47、G1～G3 等，其中，H18～H20、H26、G1～G3 开口于第③层下，打破第⑥层，年代可能稍晚于其他遗迹。之后，出现了第⑤层黑灰土层，覆盖以上大部分遗迹，标志着聚落的阶段性废弃。以上两个阶段聚落的年代为崧泽文化末期，部分遗迹进入良渚文化早期。

（二）马桥文化时期对土台的拓展和利用

马桥文化时期利用了新石器时代的高墩，并向外围拓展，相关的遗迹有灰坑、水井、沟槽等（详见本章第四节）。

（三）宋代时期的沟槽与灰坑

宋代的堆积仅见于发掘区东南部的 TN1E7、TN2E7 和 TN1E8 三个探方，地层堆积也较薄，发现灰坑 1 座（H28），沟渠 1 条（G4）。

第三节 新石器时代文化遗存

一 遗迹

小兜里东区发现新石器时代土台 6 座（编号 TT1～TT6），清理新石器时代墓葬 5 座（编号 M48、M49、M53～M55），灰坑 27 座（编号 H16～H20、H23、H26、H38～H57），建筑遗迹 2 处（编号 F2、F3），沟槽 5 条（编号 G1～G3、G6、G8）（图 6-5）。

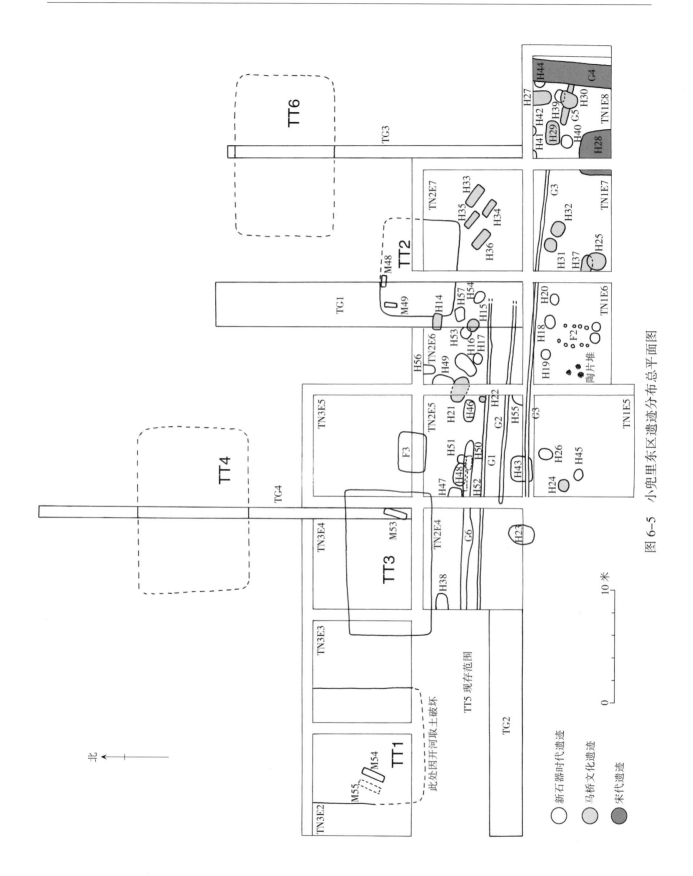

图 6-5　小兜里东区遗迹分布总平面图

（一）土台

东区发现的新石器时代土台，因破坏严重，加之未能整体揭露，只是在探方平面或剖面上局部出露，所以只能了解土台的位置、形状、大小、范围、现存高度、堆土的土质土色等信息，下面简单介绍各土台的基本情况。

TT1

主体位于发掘区最西部的 TN3E2 内，上部被早年取土烧砖破坏，现仅存厚约 0.2 米的土台底部，南部被河道拓宽施工破坏，北部伸入探方外未发掘，因而南、北界均不明。土台表土层下开口，起建于第⑫层上。从西南转角判断，土台为长方形，东西长约 10 米，南北宽 7 米以上。TT1 上南部发现 2 座墓葬（M54、M55），东缘叠压有一层厚 0.1 米左右的黑灰土层，此层包含不少陶片，可能为 TT1 使用期间的废弃堆积。TT1 堆土为黑褐色黄斑黏土，平面上呈黄色与黑褐色相间的不规则团块状，直径 0.2~0.3 米左右，与海盐仙坛庙崧泽文化土台及良渚彭公水坝的营建方法相同，应该是以草茎类有机物包裹，以便搬运和堆筑。

TT2

TT2 的北半部未揭露，南半部位于 TN2E6、TN2E7 的北部。起建于生土层，系由黑褐色夹黄斑黏土堆筑而成，质地较硬。从南部的两个转角看，TT2 平面为（长）方形，又从 TG1 的东壁剖面可知，土台南北长约 8 米，高 0.25 米，东西长度不明。土台南、北缘外围均有东西向沟槽，沟槽中填以红烧土碎块。沟槽底部圆弧，口径宽 0.55~0.6 米，深 0.35 米。

之后，TT2 经历了两次堆土加高的过程。TT2II 为第一次加高形成的台墩，系由黄褐色花土堆筑而成，质地较硬。据 TG1 及 TN2E6 东壁剖面可知，TT2II 为覆斗状，南北长约 8 米，高 0.45 米，东西长度不明。TT2III 为第二次加高形成的台墩，揭露了其东南转角，系由浅黄色粉土堆筑而成。覆斗状，平面基本呈圆角方形，边长约 8 米，上部遭到后期破坏，现存高度 0.25 米。在土台的西北缘清理崧泽文化墓葬 2 座（M48、M49）。

TT3

主体位于 TN2E4、TN3E4 内，西距 TT1 约 1.3 米。西侧坡脚叠压在 TT1 东缘的第⑪层黑灰土上，显系 TT1 向东拓展形成。土台堆土为黑褐色黄斑黏土，长方形，覆斗状，东西长 15.5 米，南北宽 9.5 米，高 0.4~0.5 米。土台外围南部铺垫了第⑨层黄色硬黏土作为活动地面。

TT4

位于 TG4 中部附近。发掘 TG4 时发现，未全面揭露。从 TG4 剖面判断，TT4 起建于第⑨黑褐色黏土上，南侧坡脚叠压 TT3 使用堆积即第⑧层黑灰土，北侧坡脚叠压 G8。土台呈覆斗状，南、北缘坡度很缓，底部南北长 15 米，顶面宽仅 3 米，东西长度不明，高约 0.6 米。堆土为黄色斑土，质地硬密，堆土中包含粗泥陶凿形鼎足、泥质灰陶罐、夹砂陶大口缸等器形的残片。

TT5

主体位于 TN3E3 及 TN3E4 内，南缘进入邻方。叠压 TT1、TT3，TT5 系将这两个土墩合体加高形成的。呈长方形覆斗状，西端及上部已遭破坏，东西现存长度 18.5 米，估计其原有长度在 24 米左右，南北宽近 10 米，现存高度 0.2 米。堆土为黄褐色花斑粉土。在土台的东缘精心堆筑了纯净的黄土台基，在其上营建了 F3。在土台上东缘与 F3 之间发现崧泽文化墓葬 1 座，即 M53。

TT6

位于 TG3 北部附近，西南距 TT2 约 5 米。发掘 TG3 时发现，未全面揭露。从 TG3 西壁剖面上判断，土台呈长方形覆斗状，北部被宋代坑和鱼塘破坏，南北现存长度 9 米，现存高度 0.5 米，东西长度不明。堆土为黄色斑土，质地较硬。土台的南缘被黑灰土叠压。

（二）墓葬

因遗址上部被破坏严重，东区发现的良渚文化时期的遗迹很少，已清理的 5 座墓葬均为崧泽文化末期。分布较分散，分属三个不同的土台。

M48

位于 TG1 东壁隔梁处。表土层下开口，打破 TT2。长方形土坑，长 1.1、宽 0.45、深约 0.4 米，墓口距地表 0.2 米。方向 270°。墓主人骨架保存尚可，仰身直肢葬，身高 0.6 米，为孩童墓。头部右侧竖置陶杯 1 件（图 6－6A、B；彩版 6－6）。

M48:1，陶杯。泥质灰胎黑皮陶。口部有残缺，腹部上、下各装饰有一圈凹弦纹。矮圈足由外底旋削而成，刻剔三个近等分的凹缺。高 7.8～8.0、口径 5.1～5.2、圈足径 5.2～5.4 厘米（彩版 6－7）。

M49

位于 TG1 内 TT2 西缘。表土层下开口，打破 TT2。长方形土坑，长 1.2、宽 0.45～0.52、深约 0.15 厘米。方向 195°。墓主人骨架保存尚可，仰身直肢葬，身高 0.8 米，为孩童墓。左臂上置带盖陶鼎 1 件（图 6－7A、B；彩版 6－8）。

M49:1，陶鼎（含器盖）。盖为粗泥橘红陶。浅杯形盖纽，盖面有三等分镂孔。盖高约 4.9、盖径 11.4～11.5 厘米。鼎为泥质灰胎黑皮陶，黑皮多剥蚀。侈口，平沿微内凹，颈微束，微折腹，三足均残缺。鼎身高 8.9～9.1、口径 11.1 厘米（彩版 6－9）。

M53

位于 TN3E4 东南角，发掘 TG4 时发现，开口于 TT5 台面。长方形竖穴土坑墓，底部略弧。墓坑长 2.16、宽 0.56、深约 0.4 米。方向约 270°。填土为夹大块黄斑的褐色黏土，质地紧密。因土台及填土的保水性能较好，墓主骨骸保存极佳，唯头骨破碎。仰身直肢，头向南，面朝左，左手桡骨交叉在尺骨之上，骨架无其他异常。未发现葬具痕迹。随葬品共 5 件，玉隧孔珠 1 件，位于头骨下，可能为冠饰；石钺 1 件，摆放在右侧腰腹部，刃向内；左腿膝盖下端置 1 件矮把带盖陶豆，盖上施朱漆彩绘；脚端置粗泥陶鱼鳍形足带盖鼎和泥质黑皮陶壶各 1 件（图 6－8A、B；彩版 6－10、11）。

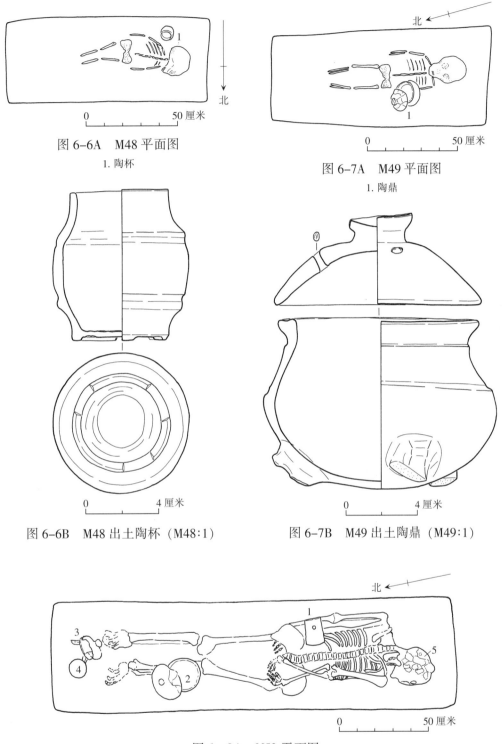

图 6-6A　M48 平面图
1. 陶杯

图 6-7A　M49 平面图
1. 陶鼎

图 6-6B　M48 出土陶杯（M48:1）

图 6-7B　M49 出土陶鼎（M49:1）

图 6-8A　M53 平面图
1. 石钺　2. 陶豆　3. 陶鼎　4. 陶壶　5. 玉隧孔珠

　　M53:1，石钺。浅灰色。"风"字形，器体扁平。顶端保留琢打痕迹，刃部无明显使用痕。双面管钻孔，钻孔两侧保留有朱漆痕，呈"V"形。高 14.2、厚 0.9 厘米（彩版 6-12、13）。

　　M53:2，陶豆（含器盖）。两者均泥质红胎黑皮陶。杯形盖纽。盖高 7.2、盖径约 18.8 厘米。豆敛口，斜弧腹，矮宽把。器盖和豆把上均施镂孔和红色彩绘图案。器盖上施上、下两条红彩条

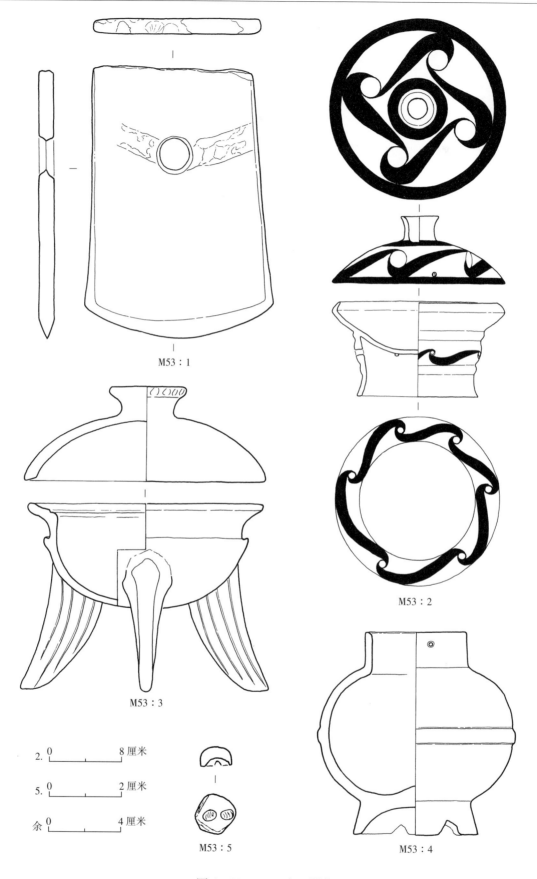

M53：1

M53：2

M53：3

2. 0   8厘米

5. 0   2厘米

余 0   4厘米

M53：5

M53：4

图6-8B　M53出土器物

带，带间等距绘四个圆涡纹，圆涡之间以条带勾连，颇具漩涡纹的动感。豆把上则等距饰六个镂孔，镂孔之间以相同的条带勾连。口径 17、通高 17 厘米（彩版 6－14）。

M53：3，陶鼎（含器盖）。两者均粗泥黄褐陶。捉手纽。盖高 5.0、盖径 13.1 厘米。鼎敞口，颈部内束，浅圜底，鱼鳍形鼎足，足上施多道刻划纹。口径 13、高 9.8 厘米（彩版 6－15）。

M53：4，陶壶。泥质黄胎黑皮陶。直口，圆鼓腹，腹中部施一周宽凸弦纹，圈足底部有四个三角形镂缺，呈花瓣状。口径 5.4、高 10.7 厘米（彩版 6－16）。

M53：5，玉隧孔珠。墨绿色。呈半球状，底部平，略呈方形，底面中部施牛鼻状穿孔，四周保留有片切割痕。底面边长约 1 厘米，厚 0.5 厘米（彩版 6－17）。

M54

位于 TN3E2 中部，表土层下开口，打破 TT1，发现时已被破坏至墓底。长方形土坑墓，墓坑长 2.2、宽 0.56、深约 0.05 米。填土为黄粉土，夹灰淤斑。方向 198°。骨骸残存左半身，仰身直肢葬。随葬品共 6 件，头端数片泥质灰陶器残片，器形不明；颈部出有玉璜 1 件，左腿下部倒置 1 件陶豆，脚端置陶鼎和石纺轮各 1 件；另有 1 件陶器器形不明，泥质红胎黑皮陶，器表施红色彩绘（图 6－9A、B；彩版 6－18）。

M54：1，器形不明。泥质灰陶。

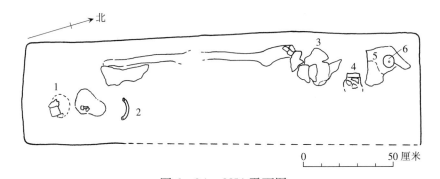

图 6－9A　M54 平面图
1、4. 器形不明　2. 玉璜　3. 陶豆　5. 陶鼎　6. 石纺轮

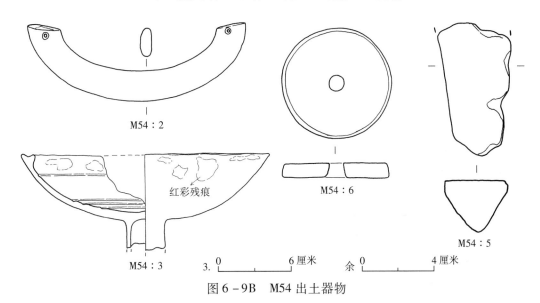

图 6－9B　M54 出土器物

M54:2，玉璜。玛瑙质。桥形，器身一面扁平，一面弧凸，两端实心钻小圆孔。长 12、截面宽 1.6、厚 0.6 厘米（彩版 6 - 19）。

M54:3，陶豆。泥质黄褐陶。子母口，敛口，斜弧腹，细高把，把下端残，豆盘内壁有凹弦纹痕，内外壁均残留有彩绘痕。口径 20.4 厘米。

M54:4，器形不明。泥质红胎黑衣陶，器表施红色彩绘。

M54:5，陶鼎。残，粗泥黄褐陶。鼎足横截面呈三角形。

M54:6，石纺轮。圆形，器身扁平。直径 6、厚 0.7 厘米（彩版 6 - 20）。

M55

位于 TN3E2 内，东距 M54 约 1 米。被开河取土破坏，墓坑不存。仅残存陶鼎 1 件，陶鼎下有粉末状骨骸遗存。据此并考虑其与 M54 的位置关系，判断应为墓葬。

M55:1，陶鼎。粗泥黄褐陶。敞口，浅坦腹，腹中部施一周附加堆纹，足为素面鱼鳍形。口径 16、高约 10.5 厘米（图 6 - 10）。

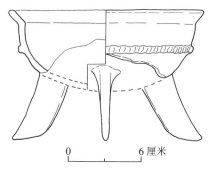

0   6 厘米

图 6 - 10　M55 出土陶鼎（M55:1）

（三）灰坑

东区已清理的 27 座新石器时代灰坑，绝大多数分布在土台的南部。依坑口形状分，主要有近圆形、椭圆形、圆角方形等，少数形状不规整。常见弧壁圜底和直壁平底。坑口口径一般在 1 米左右。从功能上，可分为水井、窖穴及生活垃圾坑三类。择要介绍如下，部分灰坑以列表的形式附后（表 6 - 1）。

H16

位于 TN2E6 西部。开口于第⑤层下，打破第⑦层、⑨层至生土。平面呈椭圆形，西南部呈慢坡状，弧壁，平底。长径 2.3、短径 1.3、深 1.2 米（图 6 - 11A；彩版 6 - 21）。

坑内堆积分两层：

第①层，灰黄色夹褐斑黏土，质地较软。未见包含物，呈锅底状堆积，为废弃后的凹陷沉积土。

第②层，黑灰土，质地湿软，厚约 35 厘米。包含较多的陶片及零星动物骨骸。陶器以粗泥黄褐陶和泥质灰陶为主，少量夹砂红褐陶，可辨器形有粗泥陶凿形足鼎、泥质灰陶大型罐、凸棱高把豆和夹砂陶鱼鳍形足鼎（图 6 - 11B）。

H16:1，陶盆。泥质灰陶。沿面内凹，折腹，腹上部施一周凸弦纹，平底。口径 18.5、底径

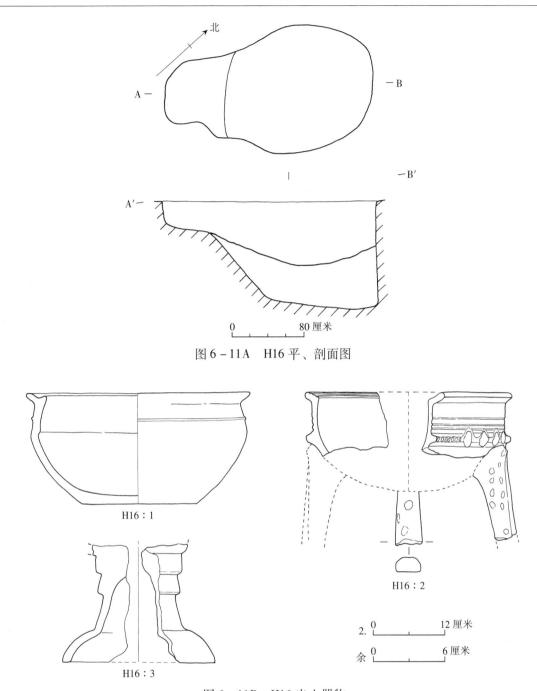

图6-11A　H16平、剖面图

图6-11B　H16出土器物

9.5、高8.8厘米。

H16：2，陶鼎。粗泥黄褐陶。圆唇，沿面有多道凹弦纹，半球形腹，腹上部施三条凹弦纹，中部施附加堆纹，凿形足，足上戳印凹窝。口径34、残高12厘米。

H16：3，陶豆把。泥质灰陶。下部为台形，上部呈垂棱状。高9.5厘米。

H17

位于TN2E6西部，紧邻H16。开口于第⑤层下，打破第⑦层、⑨层至生土。平面呈不规则圆形，弧壁，圜底。直径1.1～1.2、深0.65米。坑内堆积为黑灰土，包含较多的陶片和零星动物骨骼。陶器以泥质灰陶为主，少量夹砂红褐陶，可辨器形有泥质灰陶豆、盆、罐和夹砂红褐陶鱼鳍形足鼎（图 6 - 12A、B；彩版 6 - 22）。

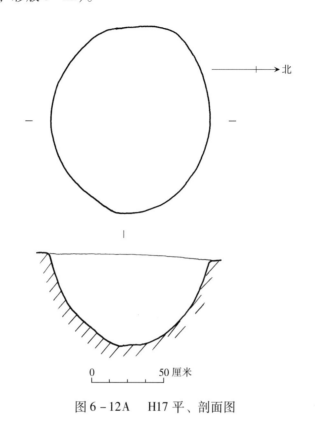

图 6 - 12A　　H17 平、剖面图

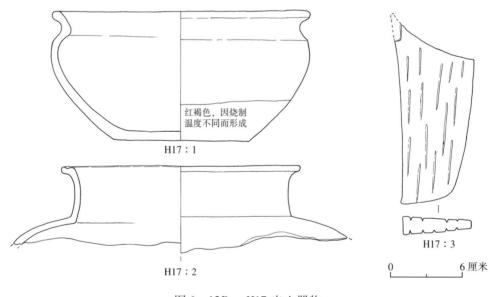

图 6 - 12B　　H17 出土器物

H17：1，陶盆。泥质灰陶。圆唇，侈口，鼓肩，平底。口径 19、底径 11.2、高 10.2 厘米。（彩版 6 - 23）

H17：2，陶罐口沿。高领，弧肩。口径 19.8 厘米。

H17：3，陶鼎足。鱼鳍形，横截面呈楔形，足两面施短刻划线。高 15 厘米。

H20

位于 TN1E6 东北部。开口于第③层下，打破第⑥层、⑨层。平面呈圆形，弧壁，圜底。直径 0.9、深 0.25 米。坑内堆积为黑灰色黄斑土，包含一些陶片，见有粗泥黄褐陶鼎、夹砂红褐陶鱼鳍形鼎足、泥质灰陶罐等残片（图 6-13；彩版 6-24）。

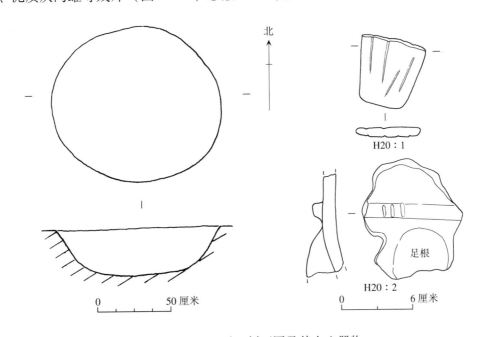

北

H20：1

足根

H20：2

0　　　　50 厘米

0　　　　6 厘米

图 6-13　H20 平、剖面图及其出土器物

H20：1，陶鼎足。夹砂红褐陶。鱼鳍形，横截面呈扁平片状，两面刻划纵向的短划线。高 5.5 厘米。

H20：2，陶鼎。粗泥黄褐陶。鼎足大部残，腹下部施一周凸棱，凸棱上压印成组的凹窝。

H23

位于 TN2E4 东南部，南半部伸延出探方外。开口于第⑥层下，打破第⑨层、⑫层至生土。平面呈椭圆形，敞口，坑壁内弧，坑底东南部凸起。南北长 2.35、东西宽 1.94、深 1.05 米。从其结构、深度和坑内堆积判断，H23 原应为水井（图 6-14；彩版 6-25）。

坑内堆积分三层：

第①层，黄色黏土，夹灰斑，质地偏软，厚 0~35 厘米。堆积呈锅底状，含零星泥质灰陶片。为灰坑废弃后凹陷形成的沉降土。

第②层，黑色灰土，较干，质地松软，厚 0~25 厘米。锅底状堆积，含较多陶片，可见器形有粗泥陶凿形足鼎、泥质灰陶罐，本层还见有枝条编织物及较多的动物骨骼。

第③层，黑灰土，含较多沙，黏湿，质地松软，厚约 50 厘米。包含陶片与上层相似，坑底西北部出土陶鼎 1 件。

H23：1，陶鼎。粗泥黄褐陶。侈口，圆腹，腹部施一周附加堆纹并于其上按捺连续的凹窝，底部残，凿形足。口径 14、高 20 厘米（彩版 6-26）。

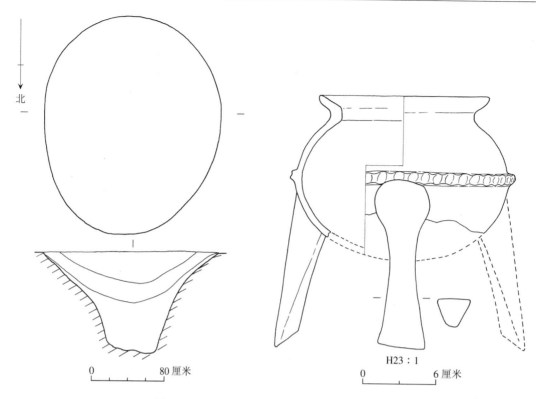

图 6 - 14　　H23 平、剖面图及其出土器物

H43

位于 TN2E5 南部，南半部进入 TN1E5 北隔梁。开口于第⑥层下，打破第⑨层、⑫层至生土。平面呈圆角方形，坑壁斜直内收，坑底较平。边长 2.2、深 0.7 米。坑内填土为黑灰土，质地松软，含较多陶片，以泥质灰陶和粗泥黄褐陶为主，零星夹砂红褐陶及泥质黑皮陶，见有大型罐、豆、杯、凿形鼎足、鱼鳍形鼎足等。其原功能可能为窖穴（图 6 - 15A、B；彩版 6 - 27）。

H43:1，陶盘。泥质红陶。口部残，斜弧腹，矮圈足，圈足上部等距饰五组圆形镂孔，每组 2 个。底径约 13.2、残高 7 厘米。

H43:5，陶杯。泥质灰陶。高领，领、腹交界处形成折棱。口径约 6、残高 7 厘米。

H43:6，陶鼎足。粗泥黄褐陶。凿形，根部残。高 9 厘米。

H43:7，陶鼎足。粗泥黄褐陶。鱼鳍形，截面略呈长方形，两面饰纵向的刻划纹。残高 6、厚 1.3 厘米。

H43:11，陶鼎。夹砂红褐陶。唇下部附两个长方形小泥突，腹上部饰一组凸弦纹。口径约 22 厘米。

H46

位于 TN2E5 东部。开口于第⑦层下，打破第⑨层、⑫层至生土。平面呈圆角长方形，坑口 0.2 米以下内收变为长方形，壁近直，底平。坑口东西长 2.05、南北宽 1.3、深约 0.8 米。根据其结构、深度和坑内堆积判断，H46 原为水井（图 6 - 16A；彩版 6 - 28）。

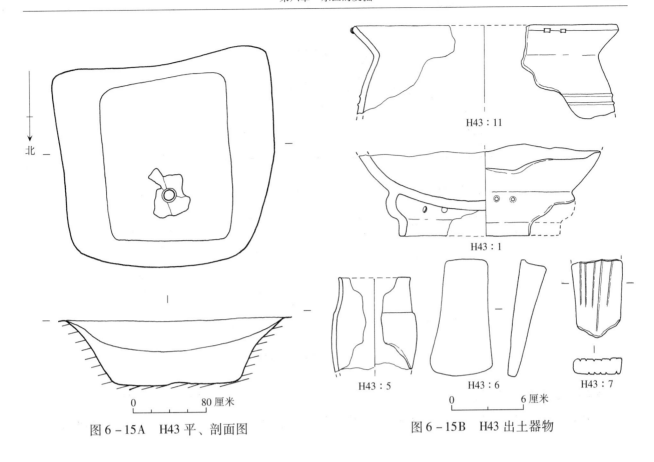

图 6 – 15A　H43 平、剖面图　　　　　图 6 – 15B　H43 出土器物

坑内堆积分两层:

第①层,黄褐色黏土,质地松软,厚 0 ~ 35 厘米。锅底状堆积。未见包含物。为废弃后的凹陷堆积。

第②层,黑灰土,质地松软,厚 45 厘米。包含大量陶片,粗泥陶居多,其次为泥质灰陶,少量夹砂红褐陶,可见器形有粗泥陶鼎、器盖、平底罐和泥质灰陶罐、夹砂红褐陶鼎及大口缸（图 6 – 16B）。

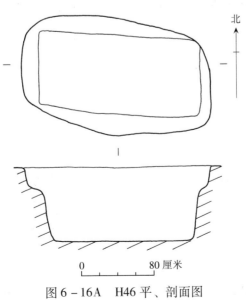

图 6 – 16A　H46 平、剖面图

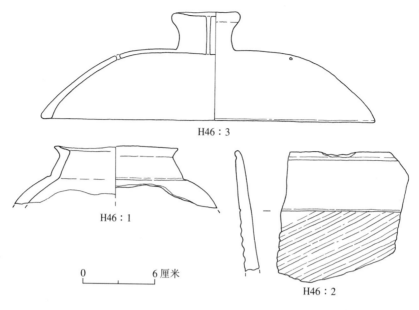

H46：3

H46：1

0 ——— 6厘米

H46：2

图 6-16B　H46 出土器物

H46：1，陶罐。泥质灰陶。尖唇，侈口，短颈呈喇叭状，溜肩。口径约10.2厘米。

H46：2，陶大口缸片。夹砂红褐陶。口沿从上至下渐厚，器身拍印斜向篮纹。最厚处1.1厘米。

H46：3，陶器盖。粗泥黄褐陶。亚字形捉手，捉手中央饰圆形小穿孔，器盖中部镂一周四个等距的圆形穿孔。盖直径27.4、高8.5、孔径0.3厘米（彩版6-29）。

H47

位于TN2E5西部。开口于第⑥层下，打破第⑨层、⑫层至生土并打破TT5、TT3。平面呈方形，西部位于TN2E4东隔梁下未发掘，壁近直，北壁紧傍TT5呈弧坡状，底凹凸不平。南北边长1.3、深0.45米。据其位置、结构、深度等判断，H47原为窖穴（图6-17A；彩版6-30）。

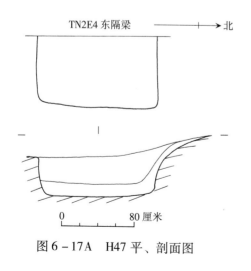

TN2E4 东隔梁 ——→ 北

0 ——— 80厘米

图 6-17A　H47 平、剖面图

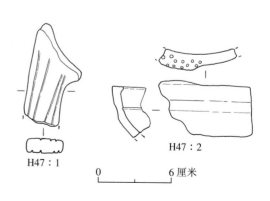

H47：1

H47：2

0 ——— 6厘米

图 6-17B　H47 出土器物

坑内堆积分两层：

第①层，灰黄色夹褐斑黏土，质地较软，厚约 30 厘米。基本不见包含物。从北往南略呈倾斜状堆积。

第②层，黑灰土，质地松软，厚约 15 厘米，北部呈缓坡状叠压 TT5 坡脚。含少量陶片，见有泥质灰陶豆、杯，粗泥黄褐陶鱼鳍形足鼎及夹砂红褐陶大口缸（图 6 - 17B）。

H47：1，陶鼎足。粗泥黄褐陶。鱼鳍形，截面呈扁片状，两侧饰纵向刻划纹。残高 8、厚 1.2 厘米。

H47：2，陶豆盘。泥质灰陶。敛口，平沿，口沿上安凸出的耳，耳面上戳印窝点纹。

H48

位于 TN2E5 西部。开口于第⑥层下，打破第⑧层和 H50、H51、H52。平面呈椭圆形，斜壁内收，平底。长径约 2.05、短径 1.4、深 0.7 米。坑内堆积为黑灰斑土，质地松软，含少量陶片，可辨器形有粗泥陶凿形鼎足、器盖和泥质灰陶盆等（图 6 - 18A、B；彩版 6 - 31）。

H48：1，陶鼎足。粗泥黄褐陶。凿形，两侧及鼎足正面根部施按窝。残高 9 厘米。

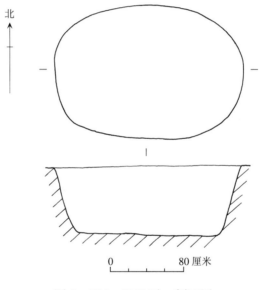

图 6 - 18A　H48 平、剖面图

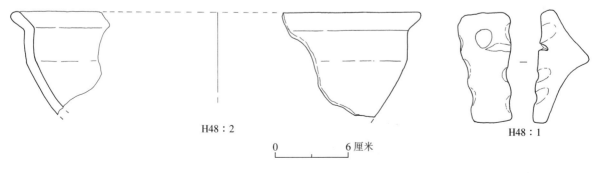

图 6 - 18B　H48 出土器物

H48：2，陶盆。泥质灰陶。侈口，折腹在上部。口径约 34 厘米。

H49

位于 TN2E6 西部，西部进入 TN2E5 东隔梁。开口于第⑦层下，打破第⑨层、⑫层至生土。平面呈方形，弧壁，平底。坑口南北长 2、深约 0.5 米（图 6 – 19A；彩版 6 – 32）。

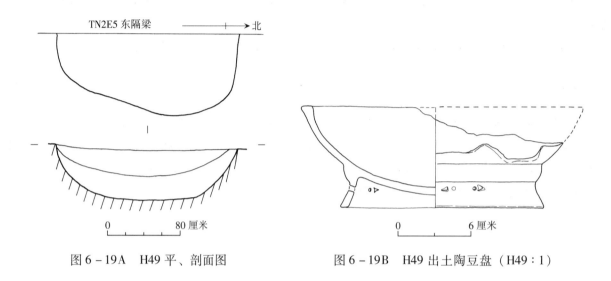

图 6 – 19A　H49 平、剖面图　　　　　　图 6 – 19B　H49 出土陶豆盘（H49：1）

坑内堆积分两层：

第①层，黄褐色花斑黏土，质地松软，厚约 20 厘米。未见包含物。

第②层，黑灰土，质地松软，厚 30 厘米。包含少量陶片，可见器形有粗泥陶鼎、泥质灰陶矮宽把豆、大型罐及泥质黄褐陶盆。

H49：1，陶盘。泥质灰陶。平沿，斜弧腹，矮圈足，圈足上等距饰圆形与弧边三角形镂孔组合图案四组。口径 23、高 8.1 厘米（图 6 – 19B；彩版 6 – 33）。

H51

位于 TN2E5 中部偏西。开口于第⑥层下，打破第⑧层、⑫层至生土，南半部分别被 H48、H50 打破。平面近圆形，壁近直，平底。直径约 1、深 0.6 米。坑内堆积为黑灰斑土，质地较软，含少量陶片，可辨器形有粗泥陶素面鱼鳍形鼎足和泥质灰陶大型罐、圈足豆等，坑底北部平置一支鹿角（图 6 – 20A；彩版 6 – 34）。

H51：1，鹿角。表面有切割和砍斫的痕迹。长 50 厘米（图 6 – 20B）。

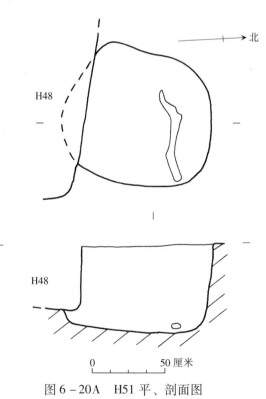

图 6 – 20A　H51 平、剖面图

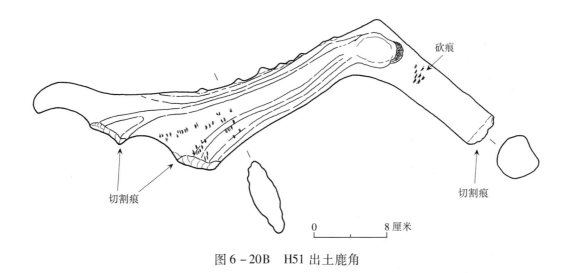

图 6 – 20B　H51 出土鹿角

H52

位于 TN2E5 西部。开口于第⑥层下，打破第⑨层、⑫层至生土，被 G6 叠压，东北部被 H50、H48 打破。长方形，平底。长约 1.8、宽 0.3、深 0.1 米。坑内填土为黄褐斑土，未见包含物。坑底放一动物，下肢残缺，残长 1 米（图 6 – 21；彩版 6 – 35）。

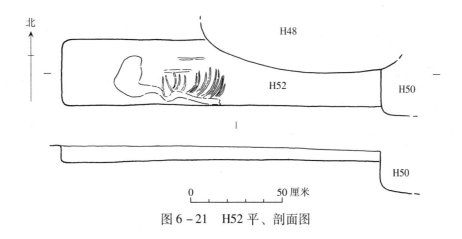

图 6 – 21　H52 平、剖面图

H53

位于 TN2E6 中部。开口于第⑦层下，打破第⑨层至生土。平面呈圆形，口部以下约 0.2 米处口径内收，壁面较直，平底。坑口直径约 1 米，深 1 米。根据其结构、深度和坑内堆积判断，H53 原为水井（图 6 – 22A；彩版 6 – 36）。

坑内堆积分两层：

第①层，黑灰土，质地松软，厚约 40 厘米。含较多陶片，可见器形有粗泥陶凿形鼎足和泥质灰陶盘、罐、杯等（图 6 – 22B）。

第②层，黄褐色花斑黏土，质地松软，厚约 60 厘米。本层陶片很少。

H53：1，陶盘。泥质灰陶。敞口，斜弧腹，平底。口沿上安附一组对称的器耳，器耳上戳满

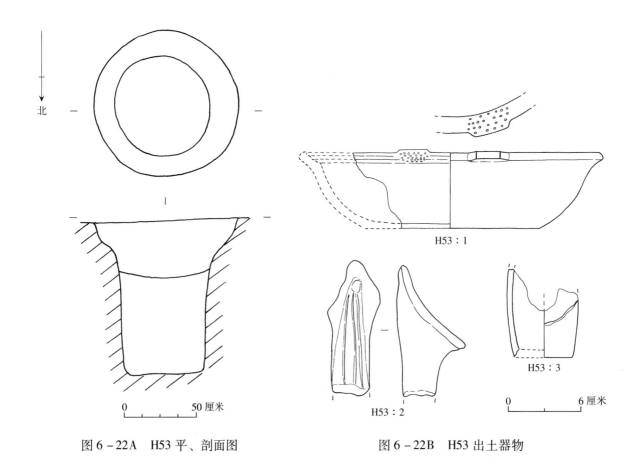

图 6 - 22A　H53 平、剖面图　　　　　图 6 - 22B　H53 出土器物

圆形凹窝，在器耳之间的口沿上，直接戳印，戳印的圆窝环绕着两个圆孔，一个穿孔，另一个为盲孔。口径约 25、底径 14、高 6 厘米（彩版 6 - 37）。

H53：2，陶鼎足。粗泥黄褐陶。凿形。下端残，鼎足正面饰纵向束状划线，足根部有一椭圆形按窝。高 10.3 厘米。

H53：3，陶杯。泥质灰胎黑皮陶。口部及底部残缺，腹微外弧。残高 6 厘米。

H54

位于 TN2E6 东部。开口于第⑦层下，打破第⑨层至生土。平面呈梨形，口部西北侧留有缓坡状台阶，口部以下约 0.3 米处口径内收成近圆形，壁面较直，平底。坑口长径 1.2 米，坑底直径约 0.7 米，深 1.05 米。坑内堆积为浅灰色细黏土，含零星红烧土颗粒，质地松软。出土少量陶片和动物骨骼，坑底放置两件完整的泥质黑皮陶壶。根据其结构、深度和坑内堆积判断，H54 原为水井（图 6 - 23A、B；彩版 6 - 38）。

H54：1，陶壶。泥质灰胎黑皮陶。敞口，长颈，圆鼓腹，矮圈足。颈部及腹部饰满平行的凹弦纹。口径 7、高 13.6 厘米（彩版 6 - 39）。

H54：2，陶壶。泥质灰胎黑皮陶。侈口，圆鼓腹，假圈足。腹中部饰三条平行的凸弦纹。口径 6、高 9.6 厘米（彩版 6 - 40）。

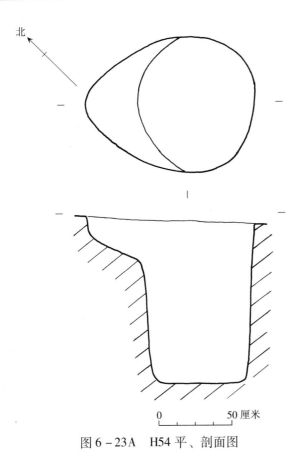

图 6 - 23A　H54 平、剖面图

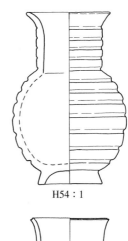

H54：1

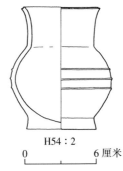

H54：2

图 6 - 23B　H54 出土器物

H57

位于 TN2E6 东部偏北。开口于第⑦层下，打破第⑨层至生土。平面呈不规则圆角方形，壁较直，至底部略内收，平底。边长 1.1 ~ 1.3、深 1.45 米。出土较多陶片。根据其结构、深度和坑内堆积判断，H57 原为水井（图 6 - 24A；彩版 6 - 41）。

坑内堆积分三层：

第①层，黄褐色黏土，含较多红烧土颗粒，质地偏软，厚约 1.1 米。本层下部出土较多陶片，以泥质灰陶居多，其次为粗泥红褐陶，可见器形有泥质灰陶罐、杯、豆，粗泥红褐陶鱼鳍形足鼎和夹砂红褐陶大口缸等（图 6 - 24B）。

第②层，黄色黏土中夹杂较多黑灰土，质地松软，厚约 20 厘米。包含少量陶片。

第③层，黑灰土，湿软。含少量陶片和动物骨骼。

H57：1，陶盘。泥质灰陶。敛口，尖唇，斜腹，矮圈足。圈足上等距饰四组弧边三角形与圆形镂孔的组合图案，每组图案之间以圆形镂孔相间。口径 23、底径 16.6、高 8.7 厘米（彩版 6 - 42）。

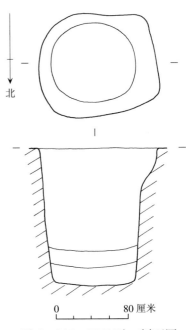

图 6 - 24A　H57 平、剖面图

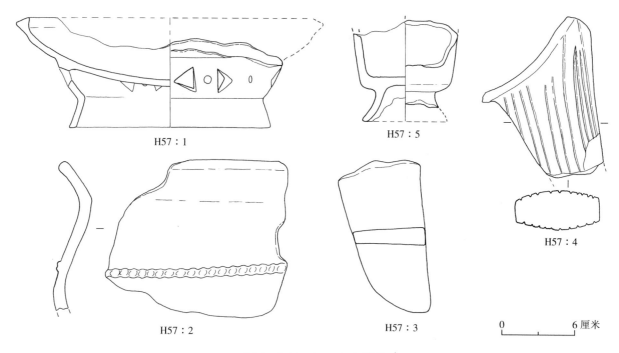

H57：1

H57：5

H57：2

H57：3

H57：4

0　　　　　　　　6 厘米

图 6 - 24B　H57 出土器物

H57：2，陶鼎。粗泥黄褐陶，夹少量沙。侈口，方唇，腹部饰一周附加堆纹。胎厚约 0.8 ~ 1 厘米。

H57：3，陶鼎足。粗泥黄褐陶。鱼鳍形。器身扁平，素面。高 12.5 厘米。

H57：4，陶鼎足。粗泥黄褐陶。残，鱼鳍形。中间厚，两侧薄，两面饰满纵向的刻划。高 12 厘米。

H57：5，陶杯。泥质灰胎黑皮陶。上部残，直腹，圈足。残高 8 厘米。

（四）建筑遗迹

F2

位于 TN1E6 中部。平面呈南北向的长方形，长 3.8、宽 2.1 米，由 11 个柱洞组成。柱洞直径大多为 0.3 ~ 0.35 米，南侧的 D6、D7 两个柱洞直径分别为 0.85、0.80 米。经解剖，柱洞现存深度多为 0.15 ~ 0.2 米，D6 深 0.56 米，D7 深 0.5 米。柱洞内的填土均为黏性黄褐斑土，夹杂淤泥色灰斑，含少量红烧土星和炭屑，质地略紧密，未见包含物。D1、D6、D9 三个柱洞口部填有碎石块。根据柱洞的分布，推测门道可能在 D1 与 D11 之间。室内外未发现明显的活动面（图 6 - 25；彩版 6 - 43）。

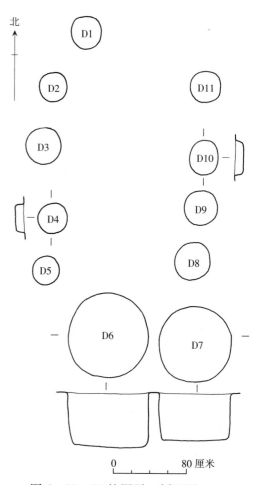

北

D1

D2　　　　D11

D3　　　　D10

D4　　　　D9

D5　　　　D8

D6　　　　D7

0　　　　　80 厘米

图 6 - 25　F2 柱洞平、剖面图

在 F2 北侧 1 米处，分布 H18、H19、H20 三个灰坑，基本呈东西向排列。F2 西侧 1.5 米处发现三处陶片堆，呈三角形分布，各陶片堆间距 0.3 ~ 0.5 米。陶片绝大部分为厚胎的粗砂红褐陶，多为大口缸残片。各陶片堆平面略呈圆形，直径 0.3 ~ 0.35 米，高出地面约 0.05 米。经解剖确认，陶片叠压紧密，上下较规整，深约 0.23 米，未见明显的坑口和坑壁。陶片堆附近未发现火烧等迹象（彩版 6 - 44）。

F2 发现于第⑫层面上，第⑫层及叠压本层的第⑨层均较纯净，而柱洞内的填土为花斑土，含少量红烧土星和炭屑，与叠压第⑨层的第⑥层土质土色相近，结合 F2 与第⑥层面上的 H18 ~ H20 及陶片堆的位置关系，推测 F2 应该开口于⑥层层面上，与以上遗迹共存。

F3

位于 TN2E5 北部及 TN3E5 南部。上部被破坏，表土层下开口，起建于第⑧层黑灰土上并叠压 TT5 东缘。由于时间等实际原因，F3 在揭露其平面范围后仅在其北部做了解剖，未做进一步的发掘。F3 现存为一覆斗状土台，土台以黄色黏土堆筑。顶面东西长 5.2、南北宽 3.2 米，底面东西长 7.2、南北宽 3.9 米，高 0.7 米。土台周围共发现柱洞 7 个，呈 "L" 形分布，间距 0.3 ~ 0.4 米，行距 3 米。D5 ~ D7 三个柱洞位于台下边缘，其中 D5 上端向台内倾斜。柱洞均近圆形，直径 0.3 ~ 0.35 米，深 0.2 ~ 0.4 米。洞内填土为黄褐色，夹杂有烧土颗粒和炭屑。在 F3 土台的北侧从内往外分别由灰黄色细黏土、红烧土、黄褐斑土、黑灰土依次叠压土台，当为 F3 的使用堆积和废弃堆积。土台南侧的灰褐斑土、黄褐斑土与土台北侧土层不同，因外隔梁未发掘，未发现它们间直接的地层对应关系（图 6 - 26A、B；彩版 6 - 45 ~ 47）。

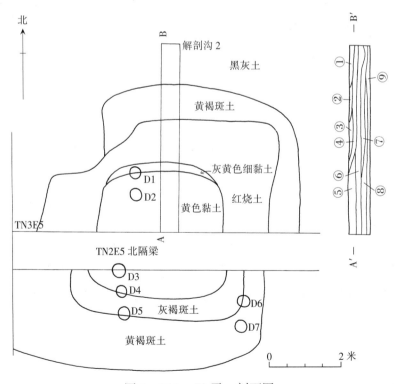

图 6 - 26A F3 平、剖面图

（①黑灰土 ②黄褐斑土 ③红烧土 ④灰黄色细黏土 ⑤黄色黏土 ⑥黑灰土 ⑦黄色黏土，纯净 ⑧黑灰土 ⑨青褐色黄斑黏土）

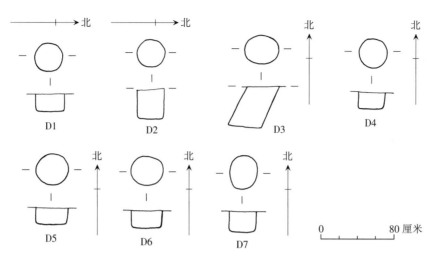

图 6 - 26B　F3 柱洞平、剖面图

（五）沟槽

东区共发现新石器时代沟槽 5 条，其中 G8 位于 TG4 内未作整体发掘，G1 ~ G3、G6 四条沟槽则位于土台外围南部，东西向，且大体平行分布，间距 1.5 ~ 2 米。已揭露长度 15 ~ 30 米不等，宽 0.4 ~ 0.6、深 0.08 ~ 0.2 米。沟槽内填土为黄褐色斑土，含少量泥质灰陶和夹砂红褐陶片。沟槽内未发现柱洞。性质不明（彩版 6 - 48、49）。

G1

位于 TN2E4 ~ TN2E6 的南部，东西向。开口于第③层下，打破第⑤、⑥层，中段被 H22 打破。长条形，直壁，平底。填土为黄褐色斑土，较疏松，在 TN2E6 中段的沟槽中填有石块，石块间间杂有一些陶片，主要为泥质灰陶和粗泥黄褐陶，见有盘、罐、凿形足鼎等残片，夹砂红褐陶仅见有大口缸腹片（图 6 - 27；彩版 6 - 50）。

G6

位于 TN2E4 中部及 TN2E5 的中西部。开口于第⑥层下，打破第⑨层，叠压 H48、H50、H51、H52。总体呈东西向长条形，壁略弧，底近平。已清理部分长 15 米，宽 0.6 ~ 1 米，深 0.25 米左右。沟槽内填土为褐色斑土，较疏松，包含炭屑和少量陶片，以泥质灰陶居多，另见有粗泥黄褐陶凿形鼎足及隔档鼎腹片（图 6 - 28A、B）。

G6：1，陶鼎足。粗泥黄褐陶。凿形。两侧面施按窝。高 12 厘米。

G6：2，陶鼎足。夹砂红褐陶。鱼鳍形，残。两面施划槽。残长 6 厘米。

G6：3，陶鼎足。粗泥黄褐陶。凿形。正面刻划波浪纹，侧面戳印短凹槽，背面施按窝。高 13.5 厘米。

二　遗物

小兜里东区出土遗物不多，主要包括陶器、石器两大类。陶器完整器较少，主要为出自地层和灰坑的陶片，分为粗泥黄褐陶、夹砂红褐陶、泥质灰陶，粗泥陶主要为凿形足鼎和器盖，夹砂

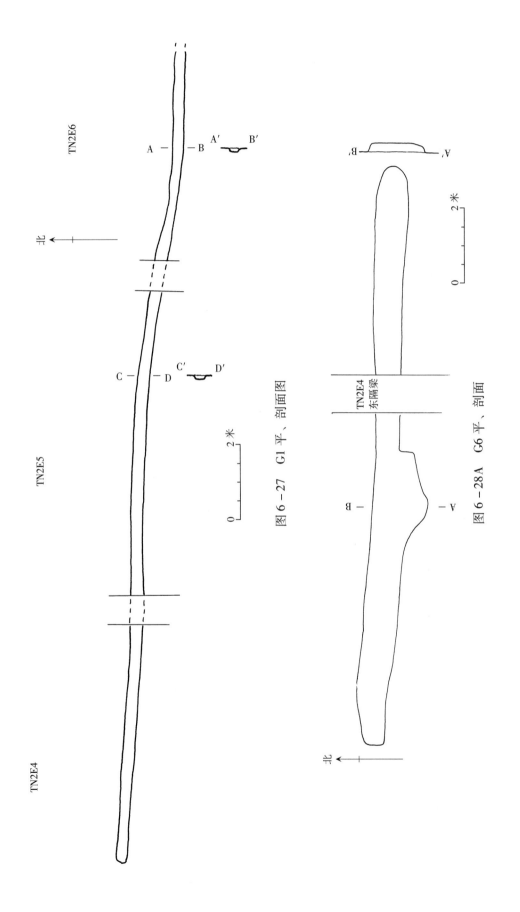

图 6 - 27　G1 平、剖面图

图 6 - 28A　G6 平、剖面

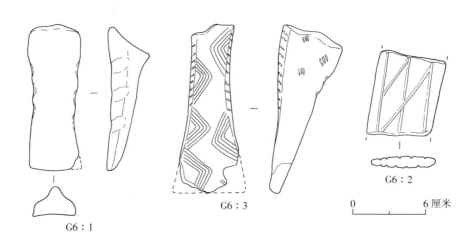

图 6 – 28B　　G6 出土陶鼎足

红褐陶主要为鱼鳍形足鼎及大口缸，泥质灰陶多为豆、罐、壶、盆、杯等。石器绝大部分出自地层，主要为锛、镰、刀，个别石镞。现将上文未涉及的陶器、石器择要介绍如下。

（一）陶器

1. 鼎

多为鼎足，主要为夹砂红褐陶鱼鳍形鼎足和粗泥红褐陶凿形足。

TN2E5⑥:5，鼎足。夹砂红褐陶。鱼鳍形。足横截面扁平，足上饰刻划纹，上端残。高 10 厘米（图 6 – 29，1）。

TN2E5⑨:13，鼎足。粗泥黄褐陶。鱼鳍形。足横截面扁平，足上饰刻划纹。残高 7 厘米（图 6 – 29，2）。

TN2E5⑧:16，鼎足。粗泥黄褐陶。鱼鳍形。上饰刻划纹。残高 10 厘米（图 6 – 29，3）。

TG4G8①:3，鼎足。夹砂红褐陶。鱼鳍形。底端外撇，足两面饰刻划纹。残高 11 厘米（图 6 – 29，4）。

TG4⑫:26，鼎足。粗泥黄褐陶。鱼鳍形。素面。残长 12 厘米（图 6 – 29，5）。

TN2E6④:2，鼎足。粗泥黄褐陶。凿形。素面。残长 12 厘米（图 6 – 29，6）。

TN2E5⑧:15，鼎足。粗泥黄褐陶。凿形。正面戳印成组的短线并捺窝。残高 10 厘米（图 6 – 29，7）。

TT6:21，鼎足。粗泥黄褐陶。凿形。腹足交接处饰一周附加堆纹，堆纹和鼎足正面压印凹窝。残高 22 厘米（图 6 – 29，8）。

TT6:23，鼎。粗泥黄褐陶。侈口，弧腹，腹部饰附加堆纹，堆纹上压印按窝，底残。口径 26 厘米（图 6 – 29，9）。

H50:1，鼎。夹砂红褐陶。尖唇，敞口，斜腹，腹大部残。口径 26 厘米（图 6 – 29，10）。

TN2E7③B:17，鼎。夹砂红褐陶。内壁附隔档，隔档下部钻有圆孔。壁厚 0.7、孔径 1.1 厘米（图 6 – 29，11）。

2. 豆（把）

TN1E4⑥:1，泥质红胎黑皮陶。宽把，把上以弦纹带分为上、下两层，每层饰 3 组镂孔图案，

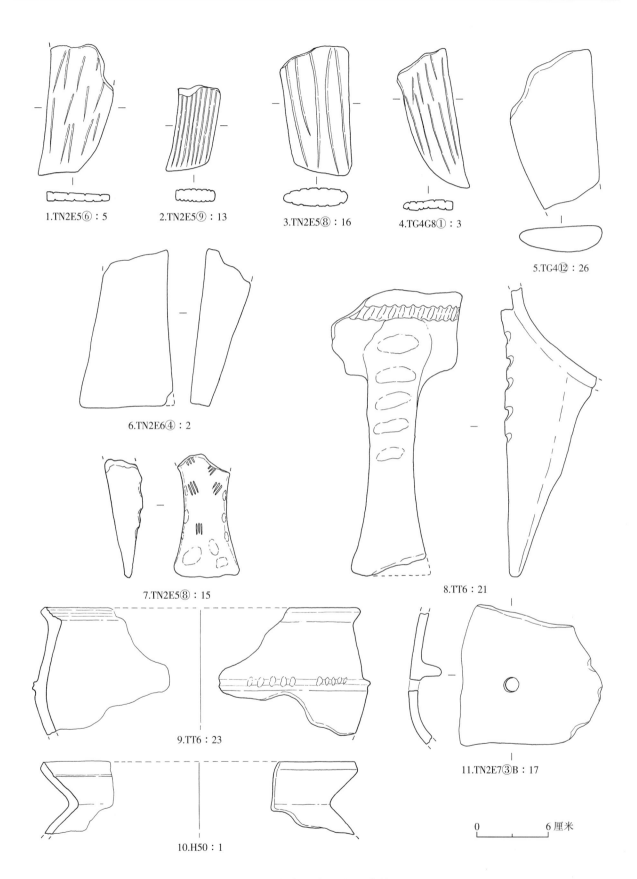

1.TN2E5⑥：5   2.TN2E5⑨：13   3.TN2E5⑧：16   4.TG4G8①：3

5.TG4⑫：26

6.TN2E6④：2

7.TN2E5⑧：15   8.TT6：21

9.TT6：23   11.TN2E7③B：17

0   6厘米

10.H50：1

图 6 - 29 小兜里东区出土陶鼎（足）

每组图案由两个盲孔、两组弧边三角形夹一弧边长方形镂孔组成。把外径 11.7、残高 9 厘米（图 6 - 30，1；彩版 6 - 51）。

　　TN2E5⑧：17，豆把。残。泥质红胎黑皮陶。豆把上部饰凸棱纹（图 6 - 30，2）。

　　TN2E6⑨：15，豆把。下部残。泥质灰胎黑衣陶。豆把上饰多道凸棱，凸棱间饰圆形镂孔。残高 6 厘米（图 6 - 30，3）。

　　3. 盘

　　TN1E6⑥：8，泥质灰陶。敛口，斜弧腹，矮圈足，圈足上饰两组基本对称的圆形镂孔。口内径约 19、高 8.3 厘米（图 6 - 30，4）。

　　TN2E5⑥：4，泥质灰陶。直口，矮宽把，把上饰圆与弧边三角组合图案，圆为盲孔。口径 23 厘米（图 6 - 30，5）。

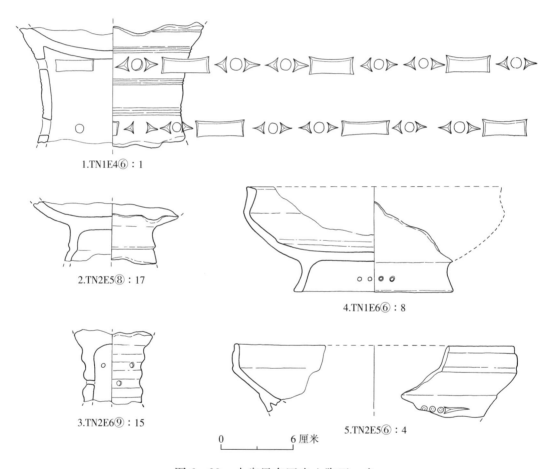

　　1.TN1E4⑥：1

　　2.TN2E5⑧：17

　　4.TN1E6⑥：8

　　3.TN2E6⑨：15

　　5.TN2E5⑥：4

　　0　　　　　6 厘米

图 6 - 30　小兜里东区出土陶豆、盘

　　3. 罐

　　TN2E5⑥：2，泥质灰胎黑皮陶。敞口，翻沿，高领。口径 20 厘米（图 6 - 31，1）。

　　TT4：22，灰胎黑皮陶。侈口，圆腹，底残。口径 18.6 厘米（图 6 - 31，2）。

　　H41：2，灰陶。侈口，折腹，腹中部饰凹弦纹，底残。口径 9 厘米（图 6 - 31，3）。

　　TT6：22，泥质灰陶。直口，斜弧肩，肩部于附加泥条上饰两条平行的凹弦纹，且保留有器耳脱落的痕迹。口径约 15.7 厘米（图 6 - 31，4）。

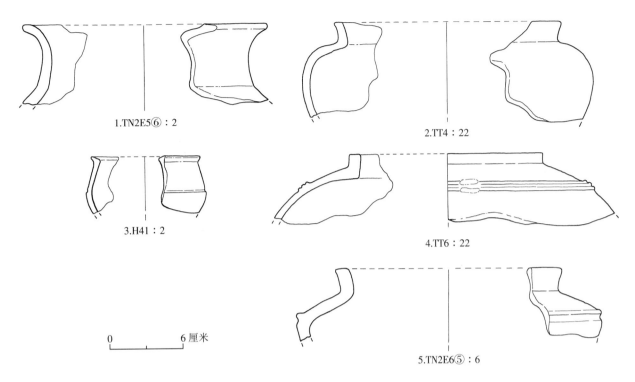

1.TN2E5⑥：2

2.TT4：22

3.H41：2

4.TT6：22

0　　　　　6厘米

5.TN2E6⑤：6

图6-31　　小兜里东区出土陶罐

TN2E6⑤：6，泥质灰陶。侈口，折肩，肩部饰一周凸棱纹（图6-31，5）。

4. 盆

TG2④：15，泥质灰陶。敛口，弧腹，底部残。口径约22厘米（图6-32，1）。

TN2E7③B：14，泥质灰陶。侈口，弧腹。口径约16厘米（图6-32，2）。

5. 杯

TN2E6⑨：17，残。方折腹，矮圈足，腹部饰多道凸棱纹。残高6.5厘米（图6-32，4）。

TN2E5⑤：1，弧腹，底残，器身饰多组凹弦纹。口径5厘米（图6-32，5）。

6. 澄滤器

TN2E6⑨：13，敛口，斜直腹，底部残，腹内壁饰满竖向的划槽。口径22、高11.5厘米（图6-32，3）。

7. 拍

TG4⑧：13，粗泥红陶。喇叭形，底面平。底径8~9厘米（图6-33；彩版6-52）。

（二）石器

1. 镰

TT3：15，梯形，刃略弧，尾端打磨较薄且钻一圆孔。长13.5、宽1.5~3.7、厚0.8厘米（图6-34，1；彩版6-53）。

TN2E6⑦：1，梯形，器身扁平，刃略弧，尾端钻一圆孔。长14.7、宽5~6.4、厚1.25厘米（图6-34，2；彩版6-54）。

2. 刀

TN1E5⑥：3，近长方形，一面平整，另一面开刃，上部钻两个圆孔。长10、宽3.7、厚0.3~

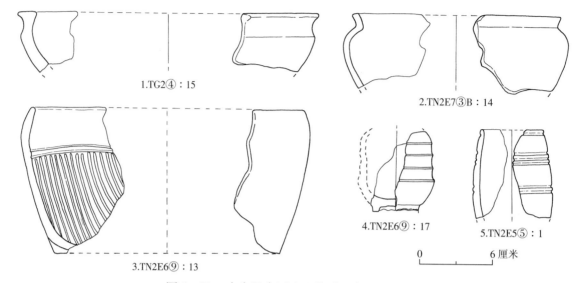

1.TG2④：15

2.TN2E7③B：14

3.TN2E6⑨：13

4.TN2E6⑨：17

5.TN2E5⑤：1

0　　　　　6厘米

图6-32　小兜里东区出土陶盆、杯、澄滤器

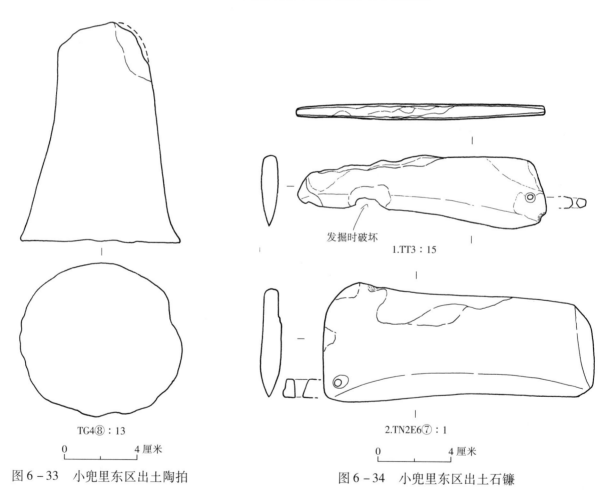

TG4⑧：13

0　　　　4厘米

图6-33　小兜里东区出土陶拍

发掘时破坏

1.TT3：15

2.TN2E6⑦：1

0　　　　4厘米

图6-34　小兜里东区出土石镰

0.5厘米（图6-35，1；彩版6-55）。

3. 镞

G3：1，柳叶形，截面呈菱形，后端有铤。长7.3、宽2.4、厚0.9厘米（图6-35，4；彩版6-56）。

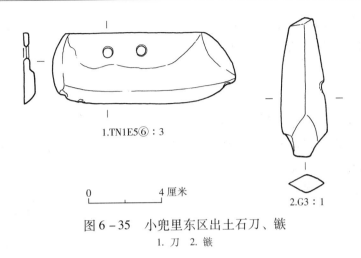

图6-35　小兜里东区出土石刀、镞
1. 刀　2. 镞

第四节　马桥文化时期遗存

一　遗迹

马桥文化时期遗迹均分布在新石器时代土墩的外围，主要包括 H14、H15、H21、H22、H25、H27、H29、H30、H32～H37 等灰坑 14 座，H24、H31 水井 2 口，G5、G7 沟槽两条。

（一）灰坑

H15

位于 TN2E6 中东部。开口于第③层下，打破第⑤、⑥、⑨、⑪层至生土。平面近圆形，直壁，平底。坑口直径约 1、深 0.5 米。坑内堆积为暗黄褐色斑土，土质较硬，仅在近坑口的填土中出土 1 件残陶盆（图 6-36A；彩版 6-57）。

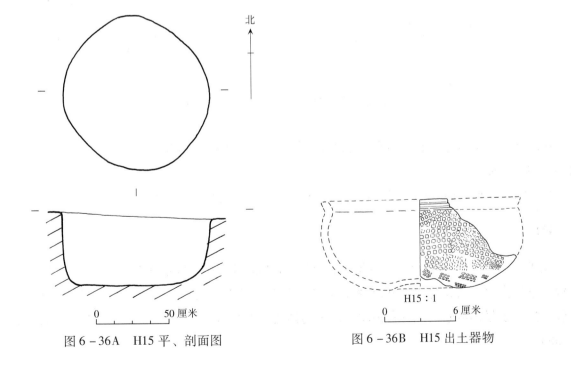

图6-36A　H15 平、剖面图　　　　图6-36B　H15 出土器物

H15：1，陶盆。残。泥质灰陶。侈口，弧腹，底内凹，口沿下饰两条凹弦纹，器身拍印方格纹。口径约16.5、高7厘米（图6-36B）。

H21

位于TN2E5东部，部分进入TN2E6。开口于第①层下，打破第④、⑤、⑦层。平面近椭圆形，直壁，坑底南部内凹。长径约2.5、短径约1.5、深0.45~0.65米。坑内堆积为黄褐色淤斑土，质地较硬，见有少量印纹陶残片（图6-37A、B）。

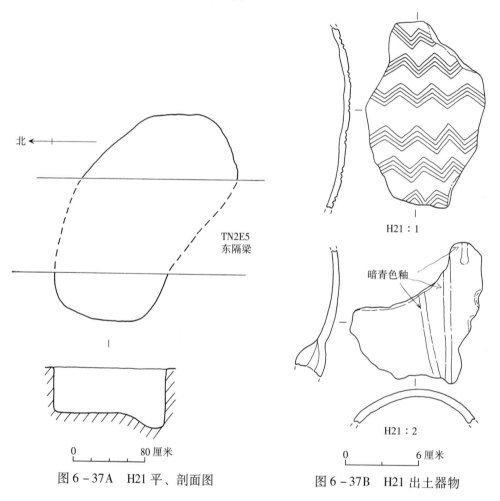

北

TN2E5
东隔梁

0　　　　　　80厘米

图6-37A　H21平、剖面图

H21：1

暗青色釉

H21：2

0　　　　　6厘米

图6-37B　H21出土器物

H21：1，陶罐腹片。泥质黄陶。弧腹，器表拍印波浪纹，内壁保存凹凸不平的垫窝。残高14.5、厚0.5厘米。

H21：2，器形不明。泥质灰胎硬陶，器表保留有暗青色挂釉。残高11厘米。

H22

位于TN2E5东部。开口于第③层下，打破G1和第⑥、⑨、⑪层至生土。平面呈不规则圆形，直壁，下部内收。直径约0.7~0.8米，清理至深1.1米仍未到底。坑内堆积为黄褐色斑土，质地偏软，出土少量印纹硬陶，见有拍印云雷纹的器盖、方格纹盆、绳纹鼎等（图6-38A、B；彩版6-58）。

H22：1，陶器盖。泥质灰陶。喇叭形捉手，盖沿微上翘，盖身饰三组平行的凹弦纹，弦纹带之间施满云雷纹。口径20.5、高9厘米（彩版6－59）。

H22：2，陶鼎。夹砂灰褐陶。敞口，口沿略内凹，肩部斜直，拍印纵向绳纹。口径21厘米。

H22：3，陶盆。泥质黄胎黑衣陶。直口，斜弧腹，底残，器表拍印方格纹。口径24厘米。

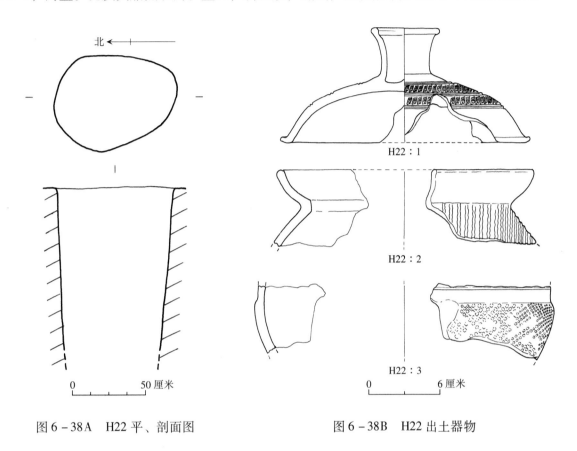

图6－38A　H22平、剖面图　　　　　　　　　图6－38B　H22出土器物

H29

位于TN1E8西北部。开口于第③A层下，打破第⑤、⑥层。平面近椭圆形，弧壁，平底。长约2.2、宽1.1、深0.38米。坑内堆积为暗黄褐色斑土，夹较多炭屑，质地偏软，包含较多陶片，见有釉陶豆、壶和拍印方格纹的泥质灰陶罐、夹砂黄褐陶侧扁鼎足等（图6－39A、B；彩版6－60）。

H29：1，陶鼎足。夹砂黄褐陶。侧扁足，根部有圆形按窝，足尖按捺微翘，足一侧面上部饰两道划槽。高16厘米。

H29：2，陶豆。青黄色釉陶。上部残，矮喇叭形把。残高6厘米。

H29：3，陶三足盘。残。釉陶。浅坦腹，下安三个弧状铲形足，足正面饰多道凹弦纹。口径约9、高6.2厘米。

H29：4，陶壶。灰褐色釉陶。敞口，喇叭形高领，口沿局部烧制变形，口沿内部有凹弦纹。口径约10厘米。

H29：6，石镞。横截面略呈三角形，底面平。长6.5、厚0.7厘米。

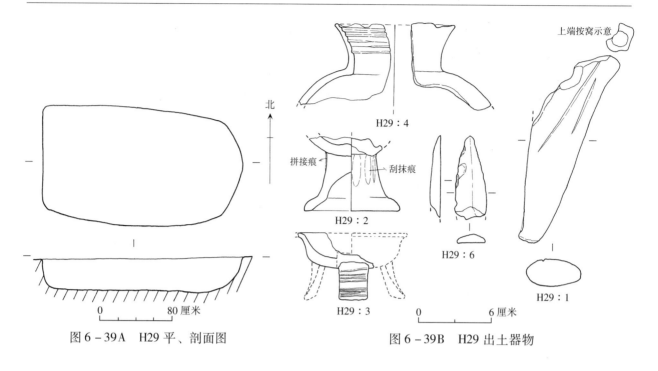

图 6 - 39A　H29 平、剖面图

图 6 - 39B　H29 出土器物

H36

位于 TN2E7 中部偏西。开口于第③A 层下，打破第③B、⑥层至生土。平面呈长方形，东南—西北向，直壁，平底。长 1.8、宽 0.9、深 0.5 米。坑内填土为黄褐色灰斑黏土，质地较紧密，出土少量陶片，可辨器形有鼎足、杯等（图 6 - 40A、B）。

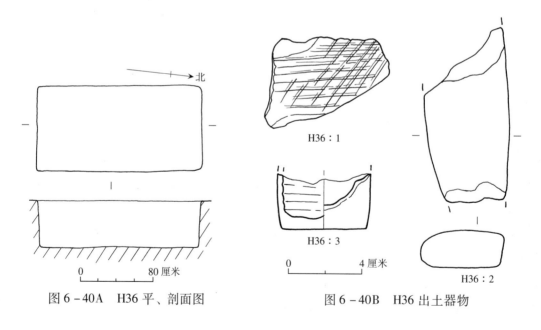

图 6 - 40A　H36 平、剖面图

图 6 - 40B　H36 出土器物

H36:1，器形不明。泥质黄褐陶。表面拍印交错的条纹。

H36:2，陶鼎足。夹砂红褐陶。下端残。横截面近圆角长方形。残长 9、厚 2 厘米。

H36:3，陶杯。泥质灰陶。上部残。平底。残高 3 厘米。

（二）水井

H24

位于 TN1E5 西北部。开口于第③A 层下，打破第⑥、⑨、⑪层至生土。平面呈圆形，直壁，下部内收。直径 1.1 米，清理至深 1.5 米仍未到底。坑内堆积为黄褐色斑土，质地较松软，包含较多的陶片，多为印纹硬陶和夹砂黄褐陶（图 6-41A、B；彩版 6-61）。

H24：1，陶盆。泥质黄胎灰陶。器身拍印菱格纹。口径约 32 厘米。

H24：2，陶壶。黑色釉陶。高领，肩部饰对称的桥形耳，口沿内壁布满凹弦纹。口径 14 厘米。

H24：3，陶鼎足。夹砂黄褐陶。侧装，扁片形，下端残。素面。高 11、厚 1 厘米。

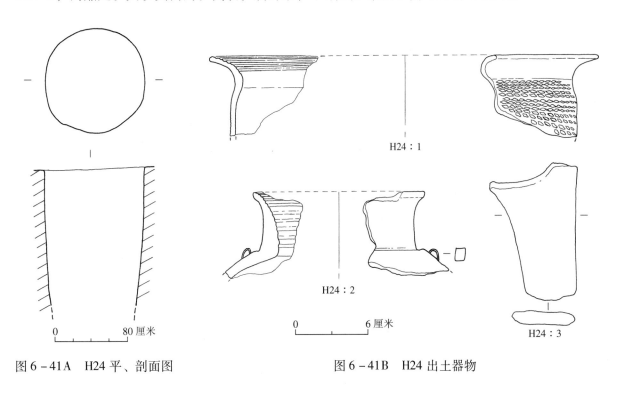

H24：1

H24：2

H24：3

0　　　　　80 厘米

0　　　　　6 厘米

图 6-41A　H24 平、剖面图　　　　　　图 6-41B　H24 出土器物

（三）沟槽

G5

位于 TN1E8 中东部，东端伸出隔梁外未清理。开口于第③B 层下，打破第⑥层，叠压 H39，被 G4 和 H30 打破。基本呈东西向长条形，壁较直，底近平。残长约 4、宽 0.4～0.6、深约 0.3 米。沟槽内填土为深灰褐色斑土，包含少量陶片，多为印纹陶，拍印纹饰有方格纹、波浪纹等（图6-42A、B）。

G5：1，陶鼎足。夹砂黄褐陶。侧扁足，横截面呈扁圆形。下端残。残高 8.5、厚 1.5 厘米。

G5：2，器形不明。泥质红陶。表面压印条形纹，内壁凹凸不平。胎厚 0.7 厘米。

G5：4，器形不明。泥质灰陶。表面拍印方格纹。

G5：5，器形不明。泥质黄陶。表面拍印波浪纹。

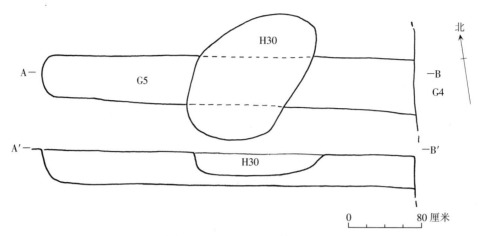

图 6 - 42A　G5 平、剖面图

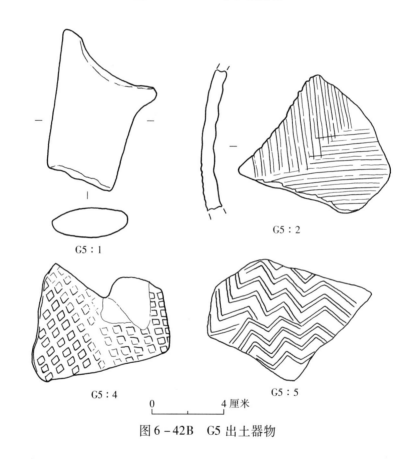

图 6 - 42B　G5 出土器物

二　遗物

（一）陶器

1. 鼎（足）

H37:2，鼎足。夹砂黄褐陶。抱腹式扁铲形足，截面呈椭圆形。高16厘米（图6-43，1）。

TN1E7③B:12，鼎足。夹砂红褐陶。侧扁足，足尖处有一按窝。高11厘米（图6-43，2）。

TN1E7③B:13，鼎足。夹砂黄褐陶。圆锥形。高12厘米（图6-43，4）。

TN1E7③B:16，鼎口沿。夹砂灰褐陶。敛口，深斜腹（图6-43，3）。

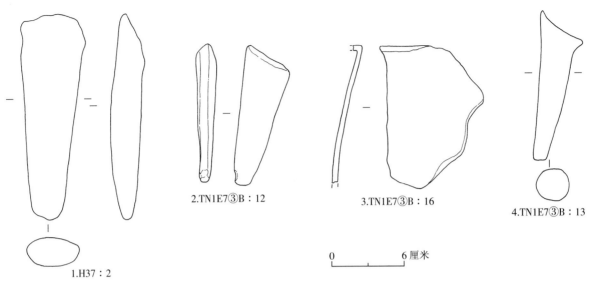

1.H37：2

2.TN1E7③B：12

3.TN1E7③B：16

4.TN1E7③B：13

0　　　　　　6厘米

图6-43　马桥文化堆积出土陶鼎（足）

2. 豆

TN1E7③A：14，豆把。灰色硬陶，器表施青釉。器把上部以三组弦纹分隔为上、下两层，每层均饰云雷纹，器把下部内外壁均保留有细密的快轮制作痕。高约11厘米（图6-44，1）。

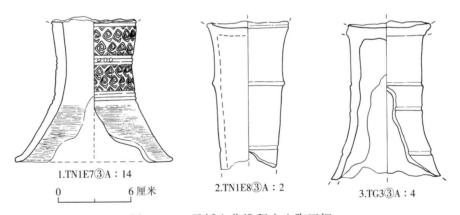

1.TN1E7③A：14

0　　　　　6厘米

2.TN1E8③A：2

3.TG3③A：4

图6-44　马桥文化堆积出土陶豆把

TN1E8③A：2，豆把。泥质灰胎黑皮陶。下部残，呈竹节状。残高11厘米（图6-44，2）。

TG3③A：4，豆把。泥质灰陶。喇叭形高把，把上饰数道凹弦纹。残高12厘米（图6-44，3）。

3. 罐

H27：1，泥质灰陶。敞口，翻沿，短颈，弧肩，肩部压印绳纹。口径20厘米（图6-45，1）。

H30：1，红褐色硬陶。敞口，翻沿，短颈，弧肩，肩部保留有器耳状附件脱落的疤痕。口径15厘米（图6-45，2）。

TN1E8③A：1，泥质灰陶。敞口，口沿下饰数道凹弦纹，上腹拍印方格纹（图6-45，3）。

G7①：1，黄褐色硬陶。敛口，平沿，斜肩，口沿以下拍印曲尺纹，沿面上保留数周凹弦纹。口径11厘米（图6-45，5）。

TN1E7③A：15，灰色硬陶。表面拍印方格纹，内壁凹凸不平（图6-45，6）。

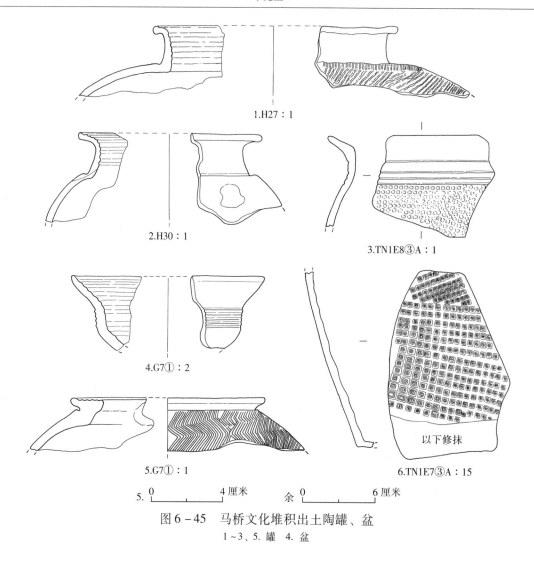

图 6 - 45　马桥文化堆积出土陶罐、盆

1~3、5. 罐　4. 盆

4. 盆

G7①: 2，泥质灰陶。敞口，曲腹，底部残。腹上部饰数道凹弦纹，腹内壁布满凹弦纹痕迹。口内径 15.4、残高 6 厘米（图 6 - 45，4）。

（二）石器

此部分的石器有些应该属新石器时代，因出自马桥文化时期的堆积中，所以，在此一并介绍。

1. 镰

TN1E7①: 3，青灰色。截面呈梯形，单面锋，两侧均开刃且刃上均留有使用所致的崩缺。长 14.5、宽 4.6、厚 0.55 厘米（图 6 - 46，1；彩版 6 - 62）。

TN1E8③A: 1，青黄色，器表剥蚀严重。近三角形，弧刃。长 13.5、厚 1.25 厘米（图 6 - 46，2；彩版 6 - 63）。

TN1E7③A: 5，青灰色。半月形，上部对钻两个圆孔，刃近直，单面锋。长 13.7、高 4.8、厚 0.4 ~ 0.6 厘米（图 6 - 46，3；彩版 6 - 64）。

2. 刀

TN1E5③A: 2，青灰色。近长方形，上部对钻两个圆孔，直刃，单面锋。长 11.5、宽 4、厚 0.65 厘米（图 6 - 46，4；彩版 6 - 65）。

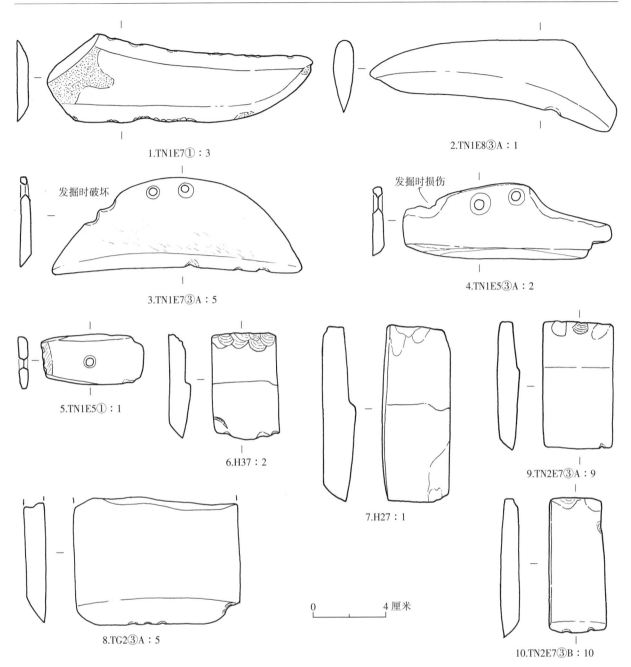

图 6 - 46　马桥文化堆积出土石镰、刀、锛
1~3. 镰　4、5. 刀　6~10. 锛

TN1E5①:1，青灰色。长方形，中部对钻一圆孔，未开刃。长 5.5、宽 2.7、厚 0.5 厘米（图 6 - 46，5；彩版 6 - 66）。

3. 锛

H37:2，青灰色。长方形，有段。长 5.5、宽 3.5、厚 1.2 厘米（图 6 - 46，6；彩版 6 - 67）。

H27:1，青灰色。长方形，有段。长 9.2、宽 3.8、厚 1.8 厘米（图 6 - 46，7；彩版6 - 68、69）

TG③A:5，青灰色。长方形，残上端残。残长 6.5、宽 9、厚 1.2 厘米（图 6 - 46，8；彩版 6 - 70）。

TN2E7③A:9，青灰色。长方形，上端起段。长 6.7、宽 3.8、厚 1 厘米（图 6 - 46，9；彩版 6 - 71）。

TN2E7③B：10，青灰色。长方形，器身扁平。长7.2、宽3、厚1厘米（图6-46，10；彩版6-72）。

4. 斧

TN1E7③B：1，两面保留大量的片疤。长16、宽8.5、厚2.4厘米（图6-47，1；彩版6-73）。

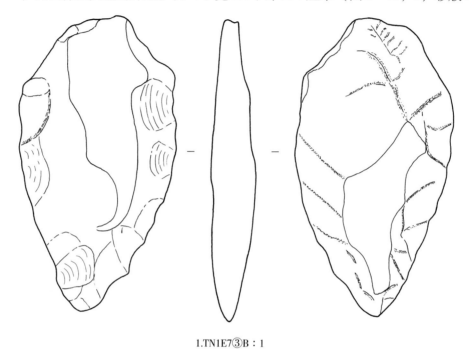

1.TN1E7③B：1

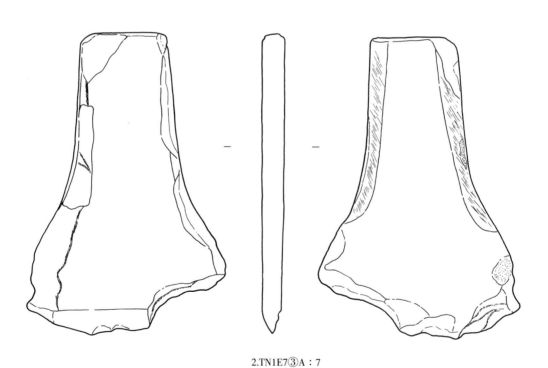

2.TN1E7③A：7

0 —————— 4厘米

图6-47 马桥文化堆积出土石斧、铲
1. 斧 2. 铲

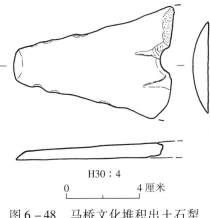

H30：4

0 —————— 4 厘米

图 6 - 48　马桥文化堆积出土石犁

5. 铲

TN1E7③A：7，青灰色。单面锋，两侧及刃部留有打制的片疤，其他部位磨光。长 16、厚 1.2 厘米（图 6 - 47，2；彩版 6 - 74）。

6. 犁

H30：4，青灰色。三角形，后端残，正面弧凸，背面平整，后端钻孔，两侧刃部有使用所致的崩缺。残长 8.5、厚 0.45 ~ 0.8 厘米（图 6 - 48；彩版 6 - 75）。

附表 6-1

小兜里遗址东区灰坑统计表

编号	位置	地层关系	形状	结构	尺寸（米）	填土	遗物	年代	备注
H14	TN2E6 东北部	①层下开口，打破④层	梯形	直壁、平底	长1.38、宽0.5~1，深0.64	黄褐色花斑黏土	泥质灰陶凸棱罐残片	马桥	
H15	TN2E6 中东部	③层下开口，打破⑤层	近圆形	直壁、平底	直径1，深0.5	暗黄褐色斑土	坑上部出土1件残陶盆	马桥	
H16	TN2E6 西部	⑤层下开口，打破⑦、⑨层生土	近椭圆形	西南部呈漫坡状，弧壁、平底	长径2.3、短径1.3，深1.2	坑内堆积分2层：第①层灰黄色夹褐斑黏土，第②层黑灰土	陶盆、鼎，豆把等	新二段	
H17	TN2E6 西部	⑤层下开口，打破⑦、⑨层至生土	不规则圆形	弧壁、圆底	坑口直径1.1~1.2，深0.65	黑灰土	含较多陶片和零星动物骨骼，陶器以泥质灰陶为主，少量夹砂红褐陶，可辨器形有豆、盆、罐及夹砂红褐陶鱼鳍形足鼎	新二段	
H18	TN1E6 北部	③层下开口，打破⑥层	圆形	弧壁、圆底，底部中心下凹	直径1.1，深0.26	黑灰色黄斑土	夹砂红褐陶鱼鳍形鼎足	新二段	
H19	TN1E6 西北部	③层下开口，打破⑥层	圆形	弧壁、圆底	直径1，深0.3	黑灰色黄斑土	零星陶片，见有粗泥红褐陶鼎	新二段	
H20	TN1E6 北部偏东	③层下开口，打破⑥、⑨层	圆形	弧壁、圆底	直径0.9，深0.25	黑灰色黄斑土	粗泥黄褐陶鼎，夹砂红褐鱼鳍形鼎足、泥质灰陶罐	新二段	
H21	TN2E5、TN2E6 交界处	①层下开口，打破④、⑦层	近椭圆形	直壁，坑底南部内回	长径约2.5，短径约1.5，深0.45~0.65	黄褐色渌斑土，较硬	少量印纹陶残片	马桥	
H22	TN2E5 东部	③层下开口，打破G1⑥、⑨、⑩层至生土	不规则圆形	直壁，下部内收	直径0.7~0.8，清理至深1.1米未及底	黄褐色黄斑土	少量印纹硬陶，见有拍印云雷纹的器盖、方格纹盆、绳纹陶鼎等	马桥	
H23	TN2E4 东南部，南半部进入TN1E4内	⑥层下开口，打破⑨、⑩层至生土	椭圆形	敞口，坑壁内弧，坑底东南部凸起	南北长2.35、东西长1.94，深1.05	坑内堆积分3层：第①层黄色黏土，第②层黑灰土、含砂，第③层黑灰土，黏湿	粗泥陶罐形鼎、泥质灰陶罐、枝条编织物及动物骨骼	新一段	水井
H24	TN1E5 西北部	③a层下开口，打破⑥、⑩层生土	圆形	直壁，下部内收	直径1.1，清理至深1.5米仍未及底	黄褐色黄斑土，松软	含较多的陶片，多为印纹黄褐陶和夹砂黄褐陶	马桥	水井
H25	TN1E7 西南部	③a层下开口，打破③b层	圆形	弧壁、平底	直径1.7，深0.55	黄褐色黄斑土，硬	包含陶片多为印纹硬陶	马桥	

续附表 6－1

编号	位置	地层关系	形状	结构	尺寸（米）	填土	遗物	年代	备注
H26	TN1E5 西北部	③层下开口，打破⑥层	圆形	弧壁、圆底	直径1.1、深0.2	黑灰色黄斑土	少量陶片，见有粗泥陶鱼鳍形鼎足，泥质灰陶圈足豆等	新二段	
H27	TN1E8 北部偏东	①层下开口，打破③层	椭圆形，北部未发掘	弧壁、平底	长径1.5、深0.2	黄褐色斑土，夹较多烧土颗粒	含少量印纹硬陶	马桥	
H28	TN1E7 东南、西南	②层下开口，打破③a层	方形，南部未发掘	斜直壁、平底	边长约4	黄褐色斑土	含多灰砖及大石块	宋代	
H29	TN1E8 西北部	③a层下开口，打破⑤、⑥层	近椭圆形	弧壁、平底	长约2.2、宽1.1、深0.38	暗黄褐色斑土，夹多炭屑，质地偏软	釉陶豆、壶、拍印方格纹的泥质灰陶罐、夹砂黄褐陶侧扁足等	马桥	
H30	TN1E8 中部	③b层下开口，打破 G5 和⑥层	近椭圆形	弧壁、平底	长1.3~1.9、深0.25	灰黑土，夹较多炭屑和红烧土颗粒	含少量印纹硬陶	马桥	
H31	TN1E7 西北部	③a层下开口，打破③b层	圆形	直壁、底不明	直径1.2、据钻探深1.8米以上	黄褐色斑土，夹红烧土颗粒	夹砂灰褐陶圆锥形鼎足、泥质黄陶绳纹罐、泥质灰陶罐等	马桥	水井
H32	TN1E7 西北部	③a层下开口，打破③b层	不规则圆形	弧壁、平底	直径1.4、深0.35	黄褐色斑土	含少量黄褐陶罐口沿、泥质和夹砂灰陶罐残片各1	马桥	
H33	TN2E7 东南部	③a层下开口，打破③b层	长方形	直壁、平底	长1.9、宽0.9、深0.5	黄褐色斑土	出土1件残鱼鳍形鼎足	马桥	
H34	TN2E7 中部偏南	③a层下开口，打破③b层	长方形	直壁、平底	长1.6、宽0.7、深0.5	黄褐色斑土	出土拍印方格纹硬陶和泥质灰陶罐残片1件	马桥	
H35	TN2E7 中部	③a层下开口，打破③b层	长方形	直壁、平底	长1.5、宽0.6、深0.5	黄褐色斑土	出土夹砂红褐陶鱼鳍形鼎足1件	马桥	
H36	TN2E7 西南部	③a层下开口，打破③b层	长方形	直壁、平底	长1.8、宽0.9、深0.5	黄褐色灰斑土	夹砂红褐陶、泥质红陶、泥质灰陶残片	马桥	
H37	TN1E7 西南部	③b层下开口，打破⑥层，被 H25 打破	椭圆形	弧壁、平底	长径1.8、短径1、深0.5	黄褐色斑土	含少量陶片，见有夹砂灰褐陶铲形足、釉陶片	马桥	
H38	TN2E4 西北角	⑥层下开口，打破⑨层	椭圆形，西部进入邻方未发掘	弧壁、圆底	已清理部分东西1.5、南北1.15、深0.2	灰褐色斑土	零星陶片，见有泥质灰陶罐、粗泥陶鬶形鼎足	新二段	

续附表6-1

编号	位置	地层关系	形状	结构	尺寸（米）	填土	遗物	年代	备注
H39	TN1E8 中东部	⑤层下开口，打破⑥层	圆形	弧壁、平底	直径1.1，深0.22	黑灰色土，质地松软	含少量陶片，有夹砂红褐陶鱼鳍形鼎足、薄胎大口缸、泥质灰陶豆等	新二段	
H40	TN1E8 西部	⑤层下开口，打破⑥层至生土	圆形	弧壁，底部凹凸不平	直径0.8，深0.33	深黄褐色斑土，含少量砂，质地紧密	可辨器形有粗泥陶凿形鼎、夹砂红褐陶鱼鳍形鼎足、大口缸残片等	新二段	
H41	TN1E8 西北角	⑤层下开口，打破⑥层	椭圆形，大部位于西，北隔梁下未清理	弧壁，圜底	已清理部分长径0.6、短径0.3，深0.38	灰黑色斑土，质地松软	含少量陶片，见有粗泥质隔档鼎腹片、鱼鳍形鼎足及泥质灰陶小罐	新二段	
H42	TN1E8 北部	⑤层下开口，打破⑥层	圆形，大部位于北隔梁下未清理	弧壁，平底	直径0.6，深0.2	黑灰土，质地松软	出土粗泥陶凿形鼎足、泥质灰陶镂孔高领灰豆	新二段	
H43	TN2E5 南部，南半部进入TN1E5 北隔梁	⑥层下开口于⑨，⑪层至生土	圆角方形	坑壁斜直内收，坑底较平	长2.2，深0.7	黑灰土，质地松软	含较多陶片，以泥质灰陶和粗泥黄褐陶为主，见有大型罐、豆、杯、凿形鼎、鱼鳍形鼎足等	新一段	窖穴
H44	TN1E8 北部偏东	⑤层下开口，打破⑥层，⑨层至生土	圆形	近直壁，平底	直径0.98，深0.2	黑灰土，质地松软	含少量陶片，可辨器形有粗泥陶凿形鼎足、夹砂褐陶鱼鳍形鼎足等	新二段	
H45	TN1E5 中西部	③层下开口，打破⑥层	梨形	直壁，平底	直径1，深0.05	灰褐色斑土	含较多红烧土块，大小在10厘米以上	新二段	
H46	TN2E5 东部土台3下东南部	⑦层下开口，打破⑨，⑪层至生土	圆角长方形，坑口0.2米以下内收变为长方形	近直壁，平底	东西长2.05，南北长1.3，深约0.8	坑内堆积分2层：第①层黄褐色黏土，第②层黑灰土	②层含大量陶片，以粗泥陶为主，泥质灰陶有罐、器盖、平底罐、大口缸	新一段	水井
H47	TN2E5 西部	⑥层至生土并打破TT5、TT3	方形，西部位于TN2E4东隔梁下未发掘	壁近直，北壁傍TT5呈弧坡状，底凹凸不平	长1.3，深0.45	坑内堆积分2层：第①层灰黄色夹黄褐斑黏土，第②层黑灰土	②层含少量陶片，见有泥质灰陶豆、杯、粗泥黄褐陶鱼鳍形足鼎及夹砂红褐陶大口缸	新二段	窖穴
H48	TN2E5 西部	⑥层下开口，打破⑧层和H50、H51、H52	椭圆形	斜壁内收，平底	长径约2.05、短径1.4，深0.7	黑灰斑土	含少量陶片，可辨器形有粗泥陶鼎、器盖、泥质灰陶盆	新一段	

续附表 6－1

编号	位置	地层关系	形状	结构	尺寸（米）	填土	遗物	年代	备注
H49	TN2E6 西部，西部进入 TN2E5 东壁	⑦层下开口，打破⑨。⑪层至生土	方形	弧壁，平底	南北长 2，深约 0.5	堆积分 2 层：第①层黄褐色斑土，第②层黑灰土	含少量陶片，可见器形有粗泥陶鼎、泥质灰陶矮宽把豆、大型罐等	新一段	
H50	TN2E5 西部	⑥层下开口，打破 H48、H51 和⑧层	长方形	壁近直，底东部下凹	长 1.3，宽 0.7，深 0.5～0.6	黄褐斑土，质地较软	出土粗泥陶素面鱼鳍形鼎足，夹砂陶鼎口沿及泥质灰陶杯、罐	新一段	
H51	TN2E5 西北部	⑥层下开口，打破⑧，南部被 H48、H50 打破	近圆形	壁近直，平底	直径约 1，深 0.6	黑灰斑土，质地较软	含少量陶片，可辨器形有粗泥陶素面鱼鳍形鼎足、泥质灰陶大型罐、圈足豆等，坑底北部平置一鹿角	新一段	
H52	TN2E5 西部	⑥层下开口，打破⑨，⑪层被 G6 叠压，被 H48、H50 打破	长方形	直壁，平底	长约 1.8，宽 0.3，深 0.1	黄褐斑土	未见包含物，坑底平放一动物下肢残骸，残长 1 米	新一段	
H53	TN2E6 中部	⑦层下开口，打破⑨层至生土	圆形	口部以下约 0.2 米处内收，壁面较直，平底	直径约 1，深 1	堆积分 2 层：第①层黑灰土，第②层黄褐色斑黏土	①层含大量陶片，可见器形有粗泥陶谐形鼎足、罐、杯等	新一段	水井
H54	TN2E6 东部	⑦层下开口，打破⑨层至生土	梨形，大部位于隔梁下部未清理	口部西北部留有缓坡状台阶，口部以下约 0.3 米处内收成近圆形，壁面较直，平底	坑口长径 1.2，直径 0.7，深 1.05	浅灰色细黏土	出土少量陶片，坑底放置两伴完整的泥黑皮陶壶	新一段	水井
H55	TN2E5 东南角	⑥层下开口，打破⑨层	圆形，大部分位于隔梁下部未清理	弧壁，平底。	直径约 1.2，深 0.2	黑灰土，质地松软	含陶片多为泥质灰陶大型罐残片	新一段	
H56	TN2E6 西北部	⑦层下开口，打破⑨层	圆角长方形，北部位于隔梁下未清理	斜壁，平底	南北长 1.1，宽 0.7，深 0.4	黄褐色斑土夹烧土颗粒，土质疏松	出土零星的粗泥红褐陶和泥质灰陶残片及烧土块	新一段	
H57	TN2E6 东北部	⑦层下开口，打破⑨层至生土	不规则圆角方形	壁较直，至底部略内收，平底	边长 1.1～1.3，深 1.45	堆积分 3 层：第①层黄褐色黏土，第②层黄褐色黏土，第③层黑灰土	含较多陶片，以泥质灰陶居多，其次为粗泥红褐陶，可见器形有罐、杯、粗泥红褐陶鱼鳍形足鼎、大口缸等	新一段	

说明：1. 小兜里东区灰坑编号接续西区。
2. 新一段即新石器时代第一阶段，新二段即新石器时代第二阶段。

第七章　多学科考古研究

第一节　小兜里植物遗存调查分析报告

陈旭高（浙江省文物考古研究所）

小兜里遗址是崧泽文化晚期到良渚文化时期遗址，发掘过程中发现了不少灰坑和其他遗存，对其进行了植物遗存调查。淘洗工作由考古领队安排民工完成，科技考古室对其进行了分类鉴定，结果如表 7 - 1 所示。

表 7 - 1　　　　　　　　小兜里植物遗存调查分析结果

样品单元	体积/L	炭化米	小穗轴	桃核	甜瓜	葡萄子	柿子	楝树子	碎米莎草	未知种子	炭屑	烧土	陶片	骨头
H16	10	39	18		8	1	1	5		3				
H18	10	1		5							2	7	8	7
H19	10	1										11	4	9
H20	10									1	2	13	6	3
H23	10													32
H23 草灰上层	0.3	4	2	3					1	1		10	15	8
H43	10													
M23 大口缸上	15										12	21	8	
M23 大口缸下	8										30			
M35 大口缸上	7											25	9	
M35 大口缸下	7											26	8	

注：灰坑部分样品使用 3 毫米孔径筛子，大口缸样品使用 1.25 毫米孔径筛子。

小兜里遗址由于土台的堆积，地势相对较高，并且土样中沙粒含量很高，因此与其他良渚遗址的保存环境差异比较大，保存情况不是很好，筛选结果显示植物遗存密度不高。主要选取了有机质保存情况相对丰富的灰坑和几个大口缸内的土样进行了分析。灰坑样品中发现有炭化米、小穗轴、桃核、甜瓜、葡萄、柿子、楝树子、碎米莎草等植物种子以及碎陶片、烧土、骨头碎片和炭屑。其中以 H3 和 H10 草灰上层两个样品的植物遗存相对较多，并且以可食性的植物种类为主。可食性的植物种子遗存伴有陶片、红烧土和骨头，应该是典型的居住区废弃物的组合特征。对 M23 和 M35 出土的大口缸中的土样进行了观察，M23、M35 中都发现有少量烧土或碎陶片，在 M23 的大口缸中还发现有少量的炭屑，未发现植物种子遗存，缸内土样来源不明。

第二节　小兜里遗址出土植物遗存分析

高玉、秦岭（北京大学考古文博学院）

小兜里是浙北地区新石器时代典型的台墩型遗址，其主要内涵为崧泽文化晚期至良渚文化早中期遗存。为了解该遗址在这一时期的生业形态及古人与周边植物资源的关系，在小兜里遗址第二、三期的发掘中采集了浮选土样，由此获得一批植物遗存资料，为揭示浙北地区新石器时代晚期一般聚落的生产和生活提供了线索。

一　采样与浮选

发掘中主要采用针对性采样法[①]采集土样，选择堆积保存较好的遗址西部，在探方剖面上严格按照地层采集序列样品，并补充了几个性质年代明确的灰坑、灰沟等遗迹单位。每个堆积单位大多取一份样，较厚的堆积根据土质土色细分成小层再取样[②]。两次共取样40份，包括崧泽晚期样品34份和良渚早中期样品6份[③]，每份土样由2.5升到12升不等（表7-2）。

表7-2　　　　　　　　　　　　小兜里遗址取样登记表[*]

取样单位	体积（升）	取样位置	样品年代	取样单位	体积（升）	取样位置	样品年代
T21②	2.5	东壁	良渚	T14②c	7	北壁	良渚
T17②	3	西壁	崧泽	T14②d	7	北壁	良渚
T17③	4	西壁	崧泽	T14③a	6	北壁	崧泽
T17④	8	北壁	崧泽	T14③b	6	北壁	崧泽
T17⑤	7.5	北壁	崧泽	T14③c	8	北壁	崧泽
T17⑥	5	东壁	崧泽	T14④a	5	北壁	崧泽
T17⑦	5	东壁	崧泽	T14④b	5.5	北壁	崧泽
T17⑧	5	东壁	崧泽	T14④c	5.5	北壁	崧泽
T17⑨	7	东壁	崧泽	T14⑤	6.5	北壁	崧泽
T17⑩	5	东壁	崧泽	T18⑩a	4.5	东壁	崧泽
T17⑪	9	东壁	崧泽	T18⑩b	4	东壁	崧泽
T17⑫	5	南壁	崧泽	T18⑩c	4	东壁	崧泽
T17⑬	9	东壁	崧泽	T23②	4	东壁	良渚
T17⑭	5	北壁	崧泽	T23③	5	东壁	崧泽
H5	11		崧泽	T23④	5	东壁	崧泽
H4	9		崧泽	T23⑤	4	东壁	崧泽
H3	12		崧泽	T23⑥	5	东壁	崧泽
T14②a	7	北壁	良渚	T23⑧	5	东壁	崧泽
T14②b	7	北壁	良渚	T23⑨	6.5	东壁	崧泽
T18⑩c 下灰坑	6		崧泽	T23⑨ 下灰沟	3		崧泽

*所有取样单位均采用发掘时的原始编号。

---

① 赵志军：《植物考古学的田野工作方法——浮选法》，《考古》2004年第3期，页80~87。
② 例如T14②、③、④和T18⑩层，是在采样现场根据土质土色细分成亚层再分别取样。
③ 此处的崧泽晚期包含了报告结语中分为良渚早期的部分堆积。数据分析时堆积单位的相对年代未变，故没有按照报告结语作相应调整。特此说明。

由于南方遗址的地下水位普遍较高，部分植物遗存因饱水致使比重较大，无法利用水的浮力来提取收集，所以采取了浮选和湿筛相结合的方法提取植物遗存，即先对土样进行浮选，再对剩余的重浮物进行湿筛，收取轻浮物和湿筛的筛网最小孔径均为 0.3 毫米。筛选获得的样品在当地阴干后，带回北京大学考古文博学院植物考古实验室进行分类鉴定。

二　实验室分选

在实验室工作阶段，通过预研究发现，在小于 0.45 毫米的样品中仅能发现极少量的小穗轴碎片和难以鉴定的小型种子，且其在整个样品中所占比例甚微。因此在处理这批样品时，统一对大于 0.45 毫米的部分进行了分选、鉴定。同时，对于部分体积较大的样品，随机选择样品量的三分之一到二分之一进行分选，再根据体积比例计算得出该样品中全部植物遗存的数量。

目前我们仅对样品中的植物种子和果实等进行了分拣、鉴定和统计。此外，大量的木炭、小型动物骨骼没有处理，待今后交由相关的专家进行研究。

三　筛选结果

通过对 40 份样品的分析，共获得 12545 粒植物种子和果实遗存，有 33 种植物遗存可以鉴定到科属，少量可以鉴定到种。各样品的密度从 0 到 766 个/升不等，平均密度为 53 个/升，与环太湖地区其他遗址相比，植物遗存密度相对较低。

根据植物学分类及其与人类关系的不同，大致可分三类，即，谷物类、果实类和杂草类（图 7-1；表 7-3；附表 7-1）。

良渚阶段的样品少，包含的植物遗存绝对数量不高，崧泽和良渚两个时期的植物数据缺乏可比性，因此下文中将这两个阶段的植物遗存情况进行合并讨论。

表 7-3　　　　　　　　　　　　　　小兜里遗址各类植物遗存出土情况统计表

年代	崧泽晚期			良渚早中期		
	出土概率 n = 34	绝对数量 （个）	绝对数量 所占比例	出土概率 n = 6	绝对数量 （个）	绝对数量 所占比例
谷物类	97%	12027	98.3%	100%	274	88.8%
果实类	26%	25	0.2%	33%	10	3.3%
杂草类	88%	185	1.5%	83%	24	7.8%

（一）谷物类遗存

水稻（*Oryza sativa*）是目前发现的唯一谷物类遗存，除了 T17③中未发现任何植物遗存，其他每份样品中都发现了水稻。稻遗存有稻米、稻胚和小穗轴三种（彩版 7-1 ~ 7-11）。出土最多的稻遗存是大量的小穗轴，共计 12301 个，这也是出土植物遗存的最大宗，占总数的 98.1%。其次为稻米碎片和稻胚，完整稻米仅发现 22 粒。其中一些米粒本身较为窄瘦，表面通常有褶皱，同时可以看到有明显的边缘，有的甚至只是薄薄的一片；根据以往的鉴定标准①，这些应为未成熟的稻米。

---

① 傅稻镰、秦岭等：《田螺山遗址的植物考古分析》，《田螺山遗址自然遗存综合研究》，文物出版社，2011 年，页 47 ~ 96。

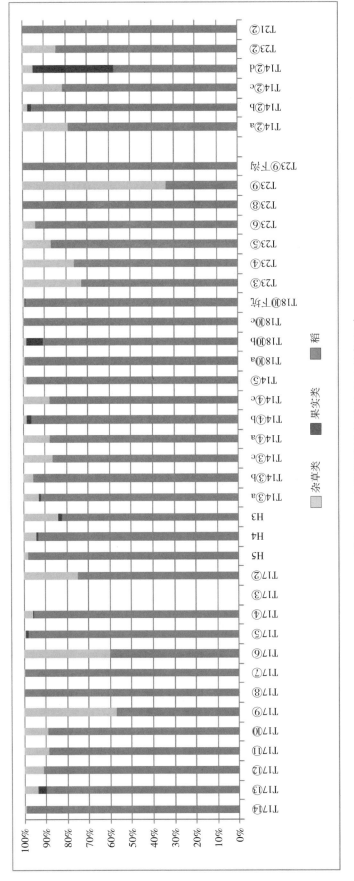

图 7 – 1 小兜里遗址各样品出土植物组合

注：此图表用相对百分比值列举所有浮选样品的植物种类组合和比例。

1）直方图按取样位置即探方排列；每个探方内按从早到晚层位关系排列（自左向右）；

2）左侧样品（从 T17 到 T23⑨下沟）为松泽阶段；右侧 6 个样品（T14②a – T21②）为良渚阶段；

3）T17③取样但为拣选出可鉴定植物标本，特此说明。

由于一个小穗轴可以代表一颗稻米,而样品中小穗轴的数量要远远多于稻米的数量,所以本文在统计时用小穗轴的数量代表水稻遗存的数量。

根据以往研究,小穗轴依据形态特征可以进行自动落粒型和非自动落粒型的区分,这是判断水稻驯化与否的一个重要指标。小兜里遗址出土的小穗轴除了有一些无法鉴定以外,绝大部分属于驯化型。这类小穗轴又可以细分成不同的形态,但总体上都表现出"粗糙"即非自动落粒的特点,故汇总为驯化型小穗轴①(具体特点详见彩版 7-1~7-9)。高比例的驯化型小穗轴说明这一地区在崧泽晚期前就已经完成了水稻的驯化,并且成为本地主要的食物来源,也是唯一的谷物品种。

小兜里遗址共出土完整稻米 22 粒,但因为稻米在炭化过程中多出现爆裂变形,仅 6 粒稻米可以进行测量(表 7-4),均来自崧泽晚期。

表 7-4 小兜里出土崧泽时期稻米测量数据表 (单位:mm)

单位	长	宽	厚
T17④	4.205	2.298	1.809
T17⑭-1	4.294	2.74	1.934
T17⑭-3	5.121	2.216	1.486
T14⑤	5.063	2.383	1.83
T14③a	4.874	1.938	1.869
T18⑩c	3.767	2.081	1.632

(二)果实类遗存

通过浮选发现了菱角、芡实和构树,此外还有少量果壳碎片,由于过于残破无法鉴定。

芡实(*Euryale ferox*),一年生的水生浮叶植物,多生于池沼湖塘浅水中。芡实不仅种子可食,其叶柄和花柄剥去外皮后也可以作菜蔬。芡实种子表面覆盖着细颗粒状的小凸起,特征明显,很小的残块也能鉴定(彩版 7-12)。在崧泽和良渚时期均有发现,不过数量不多,8 份样品中共发现 18 块芡实残片,出土概率为 20%。

菱(*Trapa* sp.),一年生浮水水生植物,多生长于深水水域,其果实富含淀粉,可食用或者酿酒。根据形态可以分为四角菱、两角菱和无角菱三种,样品中发现的都是炭化的菱角果实碎片,所以仅鉴定到菱属。需要说明的是,菱角不仅可供人类取食,也是很好的猪饲料,猪甚至可以带壳食用。仅在崧泽时期的两个单位中发现 4 个菱角碎片。

构树(*Broussonetia papyfirera*)。长江以南地区常见的落叶乔木,由于鸟传播种子,可生于山坡疏林,也见于田野路边。其聚合果呈球形,味酸甜。小兜里遗址仅在良渚早中期地层中发现 1 颗构树种子(彩版 7-13)。

(三)杂草类遗存

小兜里遗址出土的杂草类遗存有 30 余种,但是数量较少,约占总数的 1.7%。出土较多的是禾本科(Poaceae)、莎草科(Cyperaceae)、蓼科(Polygonaceae)、藜属(*Chenopodium* sp.)等常见的田间杂草,偶尔出土猪殃殃(*Galium* sp.)、粟米草(*Mollugo pentaphylla*)、铁苋菜(*Acalypha*

---

① 驯化型小穗轴的多样性在遗传学研究成果中可以得到理论支持,并且在其他遗址也有所体现。

australis）、十字花科（Brassicaceae）、豆科（Fabaceae）、马齿苋科（Portulacaoleracea）、旋花科（Convolvulaceae）、百合科（Liliaceae）、眼子菜科（Potamogetonaceae）等（彩版 7 - 14 ~ 7 - 27）。出土豆科种子包括 3 颗野大豆（*Glycine soja*），分别来自崧泽时期的三个堆积单位，因为数量太少且没有人类栽培或利用的证据，所以本文暂时按照杂草类遗存进行统计。还有一些待鉴定的炭化种子或果实也暂且归入此类，约占杂草总数的 31.1%。

小兜里发现的杂草既有常见的莎草科、眼子菜等湿地杂草，也有藜属、禾本科、马齿苋等旱地杂草，但这些杂草都常见于村头田间、路旁沟边，不具有明确的环境指示意义。同时浮选样品中缺乏稗等典型的稻田杂草，暂且无法复原古稻田的生态环境。

四　相关讨论

（一）生业形态

小兜里遗址出土的植物遗存组合中，从崧泽晚期到良渚早中期，水稻遗存一直占有绝对的优势地位，几乎每个样品中都发现了水稻，而且基本每个样品中水稻所占比例都要高于 70%[1]。果实类遗存偶有发现，出土概率是 27.5%，绝对数量更是微乎其微。由于加工、保存方式的不同，这些数据不能简单地等同于水稻和其他可食性植物资源在本地食谱中的比例和构成，但还是能够充分显示出崧泽晚期至良渚早中期稻作经济在浙北地区生业经济中所占的重要地位，当时已经形成了以稻作农业为主体的生业形态。

（二）可食性植物资源

通过系统浮选只发现了构树、菱角、芡实等果实类遗存，根据对小兜里遗址植物遗存的调查，在其他堆积单位中还发现了桃、甜瓜、葡萄、柿等[2]。从目前出土的材料看，小兜里先民的食物结构，除了谷物，有水生的菱角、芡实补充淀粉类，还有生长在田园路边的甜瓜、葡萄、桃、柿、构树等水果。这些都是史前长江中下游地区常见的果蔬类遗存，可能已经开始了对这些果蔬的管理和栽培，不过尚无明确证据。

（三）作物加工的线索

小兜里遗址主要是在崧泽晚期至良渚早中期土台营建、扩建和使用过程中的形成堆积。水稻小穗轴是稻谷在去壳过程中产生的废弃物，它几乎出现在每个取样的堆积单位中，区别只在于密度的大小。例如土台营建过程中的堆积一般土质较为致密、土色较纯，包含的植物遗存数量也很少[3]，但这极少数的植物遗存也多以小穗轴为主。因此可以理解为先民在日常生活中不断重复进行稻谷去壳的加工，才造成了小穗轴在遗址上的普遍出现。也就是说，水稻收获后以稻谷的形式在居址贮藏，去壳不是集约化大规模进行的，而是日常活动的一项内容。至于去壳之前的脱粒、扬场等加工步骤是否在遗址上进行还有待今后类似遗址的系统浮选进一步验证。

综上，小兜里遗址主体是崧泽文化晚期到良渚文化早期的堆积，文化发展完整无缺环，聚落格局稳定，出土植物组合稳定，与遗址文化面貌相吻合。小兜里出土的植物遗存反映了该遗址

---

[1]　个别样品出土植物遗存太少不具有统计意义，故而在计算水稻比例时统计的是出土植物遗存总数大于 10 的样品。除了 7 份出土植物遗存总数小于 10 的样品，其他 33 个样品中 T21②的水稻比例为 57.7%，余者水稻比例均高于 70%。

[2]　详见本章第一节。

[3]　如 T17⑫、T17⑨、T17⑧、T17⑥、T17③、T17②和 T21②这几个单位，出土植物遗存数量均少于 10 个。

在崧泽晚期至良渚早中期以稻作农业为主体的生业经济，同时充分利用周边环境中的资源，这是先民长期适应区域地理环境条件的结果，基本可以代表这一地区新石器时代晚期先民的生业形态。

以往对长江下游史前农业的研究，多集中在新石器中期即河姆渡—马家浜阶段，研究重点也落在稻作农业起源这一议题；随着对良渚文化和社会研究的深入，及临平茅山大型良渚水稻田的发现，对良渚时期遗址的浮选和植物考古研究近十年来也显著增加。相比之下，崧泽时期的原始数据积累不多，形成本地区早期农业发展长程研究中的缺环和软肋。尽管小兜里遗址出土植物遗存的数量和多样性在本地区内都不算丰富，但作为一批以崧泽晚期炭化植物遗存为主的系统取样材料，仍旧是对长江下游新石器植物考古的一个重要补充。

（样品采集：方向明、高玉、邓振华、庄奕杰、洪晓纯、秦岭）

第三节　小兜里遗址出土人骨的性别年龄鉴定报告

王伟（海宁市博物馆）

小兜里遗址位于海宁市海昌街道火炬社区，20 个世纪 50 年代被发现。2009 年 4 月至 2011 年 5 月，浙江省文物考古研究所联合海宁市博物馆对遗址进行野外抢救性考古发掘。共清理新石器时代墓葬 55 座，出土多具人类骨骸，对保存相对完好的人骨进行收集取回。在遗址资料室内整理阶段，领队方向明老师将这批人骨资料交付给笔者观察研究。由于埋藏环境等原因，目前全国的人骨研究多数集中于黄河流域，长江流域的相关研究相对较少，这批材料的研究对了解长江下游地区新石器时代古代居民的体质状况具有相当意义。遗址出土的人骨整体保存状况较差，多数腐朽泥化，难以辨识。笔者仅对其中尚可辨认的部分进行观察和描述，综合骨骼整体特征进行性别和年龄鉴定，并对鉴定的结果进行初步分析，现将成果报告如下。

一　人骨描述

小兜里遗址收集人类骨骸 15 例，多数保存较差。参照吴汝康[①]、邵向青[②]、朱泓[③]等有关论著中人体解剖学的内容，对这 15 例人骨进行体质人类学观察和描述（NO. 1 ~ NO. 15 为笔者编号，括号内为田野编号）。

NO. 1（09HXM4）

残留颅骨及骨盆。颅骨保存相对较好，整体破碎但依稀可辨。脑骨骨壁较厚，额骨眶上缘圆顿，眉弓突出，眉间显著突出，顶骨矢状缝未完全愈合，枕骨隆凸明显，人字缝未完全愈合，颞骨乳突发育较大。面部颧骨粗大，颧骨上颌骨下缘欠圆顿，鼻部呈梨状孔，齿槽多数保存。下颌骨整体较大、较厚，肌肉附丽处较为粗糙，下颌支髁突较大，间距较长，下颌体联合较高。牙齿多数保存，门齿呈铲形，臼齿齿尖磨平，已露出细小齿质点。盆骨保存相对完整。髂骨翼高而陡

---

① 吴汝康、吴新智、张振标：《人体测量方法》，科学出版社，1984 年。
② 邵象清：《人体测量手册》，上海辞书出版社，1985 年。
③ 朱泓：《体质人类学》，高等教育出版社，2004 年。

直，髂翼较厚，髂嵴已愈合。坐骨棘发达，坐骨大切迹窄而深。闭孔愈合，骶骨长而窄，曲度明显而匀称，第一骶椎上关节面大，占骶骨底部三分之一以上。其余骨骼不可辨认。

NO.2（09HXM5）

残留数颗牙齿。门齿1颗，前白齿2颗，臼齿4颗。多数腐朽松散，齿根泥化不见，仅剩齿冠，呈米黄色，均有磨损。臼齿齿尖磨平，露出微小齿质点。

NO.3（09HXM6）

残留部分上颌齿槽及臼齿1颗。齿槽与臼齿齿根泥化严重，不可辨认，臼齿齿冠呈米黄色，齿尖磨平，露出齿质点。

NO.4（09HXM8）

残留数颗牙齿。牙齿酥软破碎，呈灰白色，齿根泥化不见，齿冠破裂，无法辨认。

NO.5（09HXM10）

残留部分上颌骨齿槽及牙齿。齿槽与臼齿齿根泥化严重，不可辨认，臼齿齿冠呈米黄色，齿冠破碎严重，无法辨认。

NO.6（09HXM12）

残留部分齿槽及臼齿1颗。齿槽与臼齿齿根泥化严重，不可辨认，臼齿齿冠呈白色，齿尖磨平，露出微小齿质点。

NO.7（09HXM14）

残留部分上下颌齿槽及牙齿。上下颌齿槽腐朽泥化严重。牙齿呈米黄色，齿冠均磨耗，齿根多数泥化不见，齿冠除上颌第一臼齿完整外，其余多破碎。臼齿齿尖磨平，露出较大齿质点。

NO.8（09HXM16）

残留数颗牙齿。多数腐朽松散，齿根泥化不见，仅剩齿冠。呈乳白色，均为恒齿，齿冠大多数保存，无磨耗。

NO.9（09HXM18）

残留数颗牙齿。残留有下颌门齿1颗，上颌白齿3颗，下颌臼齿3颗。多数腐朽松散，齿根多数泥化不见，齿冠呈米黄色与乳白色相交，齿冠大多数保存，无磨耗。

NO.10（09HXM21）

残留数颗牙齿。牙齿酥软破碎，呈米黄色，齿根泥化不见，齿冠破裂，无法辨认。

NO.11（09HXM25）

残留颅骨。颅骨保存相对一般，部分腐朽泥化。整体较大，略有变形。脑部骨壁较厚，整体呈楔形。额骨整体较为倾斜，上眶缘圆顿，额结节明显，冠状缝半愈合状态。顶骨骨壁较厚，矢状缝几乎全部愈合。面部下凹，略有变形。眶部呈圆形，颧骨较大，颧弓较粗，颞部乳突较大。下颌骨保存相对完好，下颌支髁突较粗，间距较大，下颌体及下颌角肌肉付丽处痕迹明显，较为粗糙，下颌角呈钝角，颏部略呈方形，下颌体与下颌联合较高。牙齿多数保存，酥软松散，整体较大，门齿呈铲形，臼齿齿尖磨平，露出较大齿质点。其余骨骼不可辨认。

NO.12（09HXM27）

残留颅骨。颅骨保存相对一般，部分腐朽泥化。整体较小，略呈楔形。微变形。脑部相对完整，额骨陡直，上眶缘薄锐，额结节明显，冠状缝未愈合。顶骨、枕骨骨壁较薄，矢状缝、人字缝未愈合。颞骨骨壁较薄，乳突较小。面部多数泥化不见，颧骨小而纤细，上颌齿槽多不见。下颌骨整体保存较好，上颌支髁突纤细，间距较小，下颌支联合较低，表明平滑，颏部呈尖形，下颌角呈钝角，内翻。牙齿酥软松散，上颌多不见，下颌恒齿全部萌出，表面光鲜发白，臼齿齿尖略有磨损。其余骨骼不可辨认。

NO. 13（09HXM32）

残留颅骨。颅骨保存较差，多数腐朽泥化，无法辨认。脑部顶骨骨壁厚度中等，矢状缝未愈合，齿槽多腐朽不见，牙齿松散破碎，颜色光鲜发白，臼齿齿尖略有磨损。其余骨骼不可辨认。

NO. 14（09HXM33）

残留颅骨。颅骨保存情况较差，大部分腐朽泥化，整体较大，略微变形。脑部多数碎裂，骨壁较厚，额结节明显，冠状缝未愈合，顶骨骨片较厚，矢状缝呈半愈合状态。面部下凹变形，鼻部呈梨形，颧骨粗大，颧骨上颌骨下缘欠圆顿，颞骨乳突部发育中等。下颌骨整体较小，颏部呈圆形，下颌角较大，下颌体与下颌联合较高，下颌支较窄。牙齿较大，多数保存，门齿呈铲形，臼齿齿尖略有磨耗，上下颌第一臼齿已有细小齿质点暴露。其余骨骼不可辨认。

NO. 15（09HXM41）

残留颅骨。颅骨保存相对较差，多数泥化不清，无法分辨。脑部骨壁厚度中等，矢状缝半愈合状态，上颌齿槽多保存，齿弓呈抛物线形。下颌骨粗壮程度中等，颏部呈方形。牙齿多数保存，门齿呈铲形，臼齿齿尖大部分磨去，暴露出微小齿质点。其余骨骼不可辨认。

二 鉴定结果

个体的性别鉴定主要依据颅骨及骨盆上所反映的性别差异特征，记录以"男性""男性疑似""女性""女性疑似"和"性别不明"五种为内容；个体的年龄鉴定主要依据牙齿的萌发情况、磨耗程度以及颅骨骨缝的愈合情况等方面，采用"具体数字表示法"[①] 进行记录。参照《人体测量方法》[②]、《人体测量手册》[③] 等有关标准，对这15具人骨进行鉴定，其结果如表7-5所示。

表 7 –5 　　　　　　　　　小兜里遗址人骨性别、年龄鉴定表

编号	墓号	性别	年龄
1	M4	男	30～35
2	M5	?	25～30
3	M6	?	35～40
4	M8	?	?
5	M10	?	?
6	M12	?	25～30
7	M14	?	35～40

---

① 朱泓：《体质人类学》，高等教育出版社，2004年。

② 吴汝康、吴新智、张振标：《人体测量方法》，科学出版社，1984年。

③ 邵象清：《人体测量手册》，上海辞书出版社，1985年。

续表 7 – 5

编号	墓号	性别	年龄
8	M16	?	13 ~ 15
9	M18	?	6 ~ 13
10	M21	?	?
11	M25	男	35 ~ 40
12	M27	女	15 ~ 20
13	M32	?	15 ~ 25
14	M33	男	25 ±
15	M41	男?	25 ~ 30

三 相关分析

从表 7 – 2 可以看出，15 例人骨中，可鉴定性别者 5 例，占总数的 33.33%；可鉴定年龄者 12 例，占总数的 80.00%。由于保存状况较差，可鉴定性别的个体样本数量较少，而可鉴定年龄的个体样本数量相对较多，具有较为可靠的统计学意义，所以现仅对小兜里遗址古代居民的死亡年龄做进一步的分析研究。

一般研究中采用阶段性年龄分期的方法来归纳鉴定结果，将年龄大致分为未成年（< 14 岁）、青年期（15 ~ 23 岁）、壮年期（24 ~ 35 岁）、中年期（36 ~ 55 岁）和老年期（> 56 岁）五个阶段。为了探讨小兜里遗址古代居民的人口学特征，我们对其死亡年龄进行分期统计，结果见表 7 – 6、图 7 – 2。

表 7 – 6　　　　　　　　　　小兜里遗址人骨死亡年龄统计

年龄分期	未成年	青年期	壮年期	中年期	老年期
例数	2	2	5	3	0
死亡率	16.67%	16.67%	41.67%	25.00%	0.00%

从表 7 – 6、图 7 – 2 可以看出，所鉴定的人骨中，死亡年龄段主要集中在壮年期和中年期，壮年期是死亡高峰期，未成年和青年期也占有较高的比例，而老年期则无个体，可见小兜里遗址古代人群的寿命较短。为了进一步分析小兜里遗址古代居民的死亡年龄，选择相邻地区新石器时代的三星村[1]、大墩子[2]以及龙虬庄[3]三组古代人群的死亡年龄进行对比研究，对比结果见表 7 – 7、图 7 – 3。

---

[1] 张君、王根富：《江苏金坛三星村新石器时代墓葬中的人口统计与研究》，《文物》2004 年第 2 期，页 54 ~ 60。
[2] 韩康信、陆庆伍、张振标：《江苏邳县大墩子新石器时代人骨的研究》，《考古学报》1974 年第 2 期，页 125 ~ 135。
[3] 龙虬庄遗址考古队：《测量研究报告——龙虬庄遗址新石器时代人骨的研究》，《龙虬庄——江淮东部新石器时代遗址发掘报告》，科学出版社，1999 年，页 419 ~ 439。

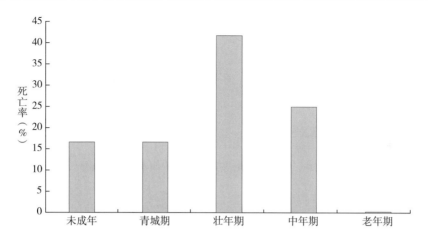

图 7 - 2　小兜里遗址人骨死亡年龄统计

表 7 - 7　　　　　　　　　　　小兜里古代居民死亡率与其他古代对比组的比较

组别	未成年%	青年期%	壮年期%	中年期%	老年期%
小兜里组	16. 67	16. 67	41. 67	25. 00	0. 00
三星村组	17. 10	18. 20	22. 30	18. 20	2. 20
大墩子组	5. 50	10. 60	26. 60	38. 70	18. 60
龙虬庄组	10. 50	39. 30	35. 20	11. 30	3. 60

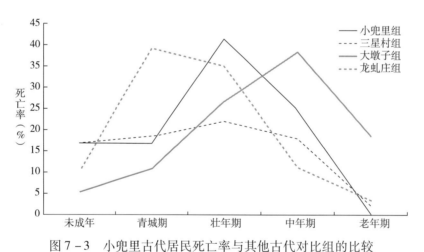

图 7 - 3　小兜里古代居民死亡率与其他古代对比组的比较

从表 7 - 7、图 7 - 3 可以看出，四组古代居民的死亡多数集中在壮年期与中年期，而死于老年期比例较低。"化石人类的寿命比新石器时代人类为短。新石器时代人活到中、老年的明显增加，但大多数仍死于壮、中年。现代人则死于中、老年居多。"[1]可见，小兜里遗址古代居民死亡年龄多数集中在壮年期和中年期这一特点在新石器时代应属正常现象。[1]

---

[1]　韩康信、陆庆伍、张振标：《江苏邳县大墩子新石器时代人骨的研究》，《考古学报》1974 年第 2 期，页 125～135。

第四节　小兜里遗址崧泽文化晚期红烧土块的分析研究

杨玉璋¹，陈茜茜²，姚凌¹，张居中¹，方向明³

（1. 中国科学技术大学科技史与科技考古系）

（2. 安徽建筑大学应用化学系）

（3. 浙江省文物考古研究所）

一　引言

小兜里遗址位于浙江省海宁市海昌街道火炬村 7 组，遗址主体原为东西长约 150 米、南北宽约 40 米、高出周边水田约 1.5 米的长方形土墩，因遗址东端早年遭当地村民取土破坏，现存遗址东西长仅余约 70 米。自 2009 年 4 月起，为配合海宁市经济技术开发区基本建设工程，浙江省文物考古研究所等单位对该遗址进行了持续数年的大规模考古发掘，取得了丰富的成果①。根据遗址地层堆积及出土器物特征分析，发掘者认为小兜里遗址的时代为崧泽文化晚期至良渚文化时期。小兜里遗址的发掘为进一步研究良渚文化遗址群余杭核心区与"桐乡—海宁遗址群"之间的关系，以及嘉湖地区良渚文化分布、社会状况、聚落形态、墓葬形制等提供了重要的实物资料。

值得注意地是，考古工作者在遗址发掘区的西南部崧泽文化晚期土台上发现一处边长约 7 米大体呈正方形的红烧土遗迹（F1），该遗迹呈浅凹状，其红烧土堆积厚度达 10 厘米。据发掘者的初步观察，遗迹中的红烧土块基本为不规则形，结构致密、火候较高，且质地非常纯净。发掘者根据大量红烧土存在的现象，初步认为其可能是一处废弃的房址，然而，在揭去红烧土堆积后，却未发现任何柱洞、地面等属于房址的遗迹现象，因此，对于这一特殊遗迹现象的性质，目前需要进行进一步的深入研究。

本文拟利用超级平行光体式显微镜、X 射线荧光光谱仪、X 射线衍射仪及高温热膨胀仪等对小兜里遗址红烧土遗迹及另两处地点出土的 3 件红烧土样品进行了显微结构、化学成分、物相组成及烧成温度分析，以期了解红烧土遗迹出土红烧土块的理化特征，并为揭示该遗迹的性质提供科学依据。

二　实验

（一）实验样品

本次实验共选择了 3 块来自不同遗迹单位的红烧土样品（图 7-4），其中 1 块来自红烧土遗迹（编号 XDL-1），另两块分别来自 T13G1（编号 XDL-2）和 T4 土台边缘（编号 XDL-3）。初步观察发现，这 3 件样品皆有一面较为平整、其他面凹凸不平呈不规则形，其中样品 XDL-1 与其他两块红烧土样品在质地、颜色及掺和料方面有明显差异，值得注意的是，XDL-2 和 XDL-3

①　浙江省文物考古研究所、海宁市博物馆：《2009 年海宁小兜里遗址良渚墓葬的发掘收获》，《南方文物》2010 年第 2 期，页 38~48。

样品中夹杂了大量炭化稻壳，且这些掺和物呈现出明显的定向排列及水平层理结构特征，样品详细情况见表7-8。

图7-4　小兜里遗址不同遗迹单位出土红烧土样品

表7-8　　　　　　　　　　　　　　　小兜里遗址红烧土样品详细情况

样品编号	出土单位	样品时代	颜色	质地	掺和料
XDL-1	红烧土遗迹（F1）	崧泽晚期	砖红色	致密	无
XDL-2	T13G1	崧泽晚期	红褐色中夹灰褐色	疏松	大量稻壳
XDL-3	T4土台边缘	崧泽晚期	红褐色中夹灰褐色	疏松	大量稻壳

（二）实验方法

1. 显微结构观察

用橡皮锤分别轻敲3件红烧土样品边缘使其受力破碎，再选择大小合适的破碎红烧土块，在中国科学技术大学科技考古实验室利用 Leica M205A 超级平行光体视显微镜观察其显微结构。

2. 化学组成分析

实验采用波长色散 X 射线荧光光谱法（wave disperse X-ray fluorescence，WDXRF）对样品的成分进行测试。实验在中国科学技术大学合肥微尺度物质科学国家实验室（筹）进行。实验仪器为日本岛津公司生产的 XRF-1800 型波长色散型 X 射线荧光光谱仪，实验条件为管压 40 kV，管流 70 mA，束斑直径 3 毫米。实验前先将样品置于玛瑙研钵中细磨成粉末，过 200 目标准筛，并在 110℃ 温度下烘干 2 小时。准确称取 0.75 克样品粉末，5.6 克无水 $Li_2B_4O_7$ 和 0.4gLiF，倒入坩埚中均匀混合，再加入数滴 3% LiBr 溶液，烘干后置于 Shimadzu 熔样机中在 150℃～1100℃ 温度下熔融样品，将熔好的样品冷却后，送入 X 荧光光谱仪内测定。

3. 物相分析

选择小块红烧土放入玛瑙研钵中细磨，过 200 目标准筛，在恒温干燥箱中烘干后装入纸袋中待用。在中国科学技术大学理化科学实验中心利用 X 射线衍射仪测定样品的物相组成。测试仪器为日本玛珂公司生产的 MXPAHF 型 18kW 转靶 X 射线衍射仪。工作条件：Cu 靶 Ka 辐射，电压、电流分别为 40kV、100mA，DS、SS 和 RS 分别为 1°、1° 和 0.15mm。测试的 2θ 角范围为 10°～70°。

4. 烧成温度测试

用陶瓷切割机从 3 件样品上分别切割下小块红烧土试样，再将试样磨制成 $5 \times 5 \times 15mm^3$ 的长方体小块，将制备好的样品放置于高温膨胀仪中按 1℃/min 的升温速度在真空状态下加热升温至 1000℃，通过高温膨胀仪自动描述装置，将待测样品的受热膨胀收缩曲线记录下来。实验在中国科学技术大学理化科学实验中心进行，实验仪器为德国 Netzsch 公司生产的 DIL402C（1600℃ model）型高温热膨胀仪。

三 结果与讨论

（一）显微结构分析

显微结构观察结果显示，样品 XDL-1 内部质地致密、细腻，无明显孔隙，基本不见稻壳等掺和物。标本 XDL-2 和 XDL-3 结构类似，样品中夹杂大量炭化水稻稻壳及少量水稻茎秆，质地疏松多孔（图7-5）。

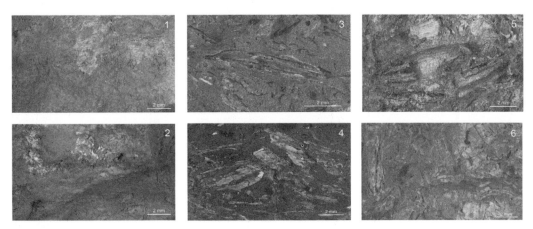

图7-5　小兜里遗址红烧土样品显微结构
（1-2：XDL-1；3-4：XDL-2；5-6：XDL-3）

（二）化学组成分析

本次实验共测定了 Si、Al、K、Na、Ca、Mg、Fe、Ti、Mn、P、S 共 11 个常量元素，各元素的氧化物百分含量见表7-9。

表7-9　　　　　　　　　小兜里遗址红烧土块常量元素化学组成（wt%）

样品编号	SiO$_2$	Al$_2$O$_3$	K$_2$O	Na$_2$O	CaO	MgO	TFe$_2$O$_3$	TiO$_2$	MnO	P$_2$O$_5$	SO$_3$
XDL-1	61.01	18.92	2.99	0.71	0.583	0.0652	8.13	1.043	0.0652	1.318	0.082
XDL-2	65.94	16.02	2.81	0.9	0.875	0.1034	6.77	0.887	0.1034	0.321	0.071
XDL-3	62.49	17.09	2.93	1.47	0.797	0.2775	7.98	0.906	0.2775	0.424	0.083

从上述分析结果来看，虽然有个别元素（如 Na、Mn、P）的含量在不同样品间存在一定差异，但总体来看，小兜里遗址 3 件红烧土样品的常量化学元素含量基本一致。这一结果表明，实验分析的 3 件红烧土样品应该具有相同的制作原料来源。

（三）物相组成分析

物相分析结果显示，小兜里遗址 3 件红烧土样品的主要矿物组成皆为 α-石英（图7-6a、b、c），同时含有微量的其他矿物，将 3 件样品 XRD 图谱叠加后可以发现，这 3 件样品的物相组成基本一致，这一结果再次证明了 3 件红烧土样品具有相同或相近的原料来源（图7-6d）。

（四）烧成温度分析

图7-7 为 3 件红烧土样品的热膨胀曲线，从图中可见，3 件样品的烧成温度均在 900℃ ～

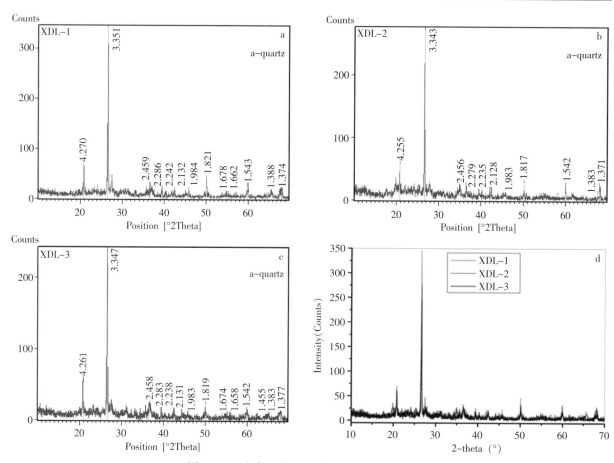

图 7 - 6　小兜里遗址红烧土样品 XRD 图谱

（a：XDL - 1；b：XDL - 2；c：XDL - 3；d：3 件红烧土样品的 XRD 图谱叠加）

950℃之间，从烧成温度来看，这 3 件红烧土样品均经过人为有意地高温烧制。

　　综上所述，小兜里遗址红烧土遗迹（F1）出土红烧土质地纯净、致密、细腻，不含稻壳等有机掺和物，而其余两处遗迹出土红烧土块中含大量炭化稻壳残骸，质地疏松多孔，两者在质地、结构上差异明显。化学元素组成分析显示，除个别元素有较小的差异外，其主要元素组成基本相同，而物相分析结果也表明，红烧土遗迹（F1）与 G1 及 T4 土台边缘出土红烧土块的主要物相皆为 α - 石英，同时含有微量的其他矿物组成，元素组成及物相组成分析结果均表明上述 3 件红烧土块是用相同的原料烧制而成的，其制作原料应该来源于遗址附近的黏土。烧成温度测试结果显示，3 件红烧土样品的烧成温度皆在 900℃ ~950℃之间，表明它们具有相似的烧成环境，且都经过人为有意烧制而成。值得注意地是，这一烧成温度范围与安徽含山凌家滩、蒙城尉迟寺以及湖北大溪文化红烧土房屋残存红烧土的烧成温度范围一致[①]，结合新石器时代中晚期在长江中下游及汉江流域、淮河流域多处遗址发现红烧土房址的现象，我们有理由相信，小兜里遗址这 3 件红烧土样品应同样来源于该遗址的红烧土房屋建筑。然而，如前所述，红烧土遗迹（F1）出土红烧土的质地和包含物与 G1 和 T4 土台边缘出土红烧土明显不同，因此，它们很可能分属房屋建筑的不同

---

① 李乃胜：《凌家滩红烧土遗迹建筑基础初探》，《中国文物科学研究》2008 年第 3 期，页 64 ~66。李乃胜、王吉怀、毛振伟等：《安徽蒙城县尉迟寺遗址红烧土排房建筑工艺的初步研究》，《考古》2005 年第 10 期，页 76 ~82。李文杰：《大溪文化红烧土房屋研究》，《中国国家博物馆馆刊》2012 年第 6 期，页 6 ~14。

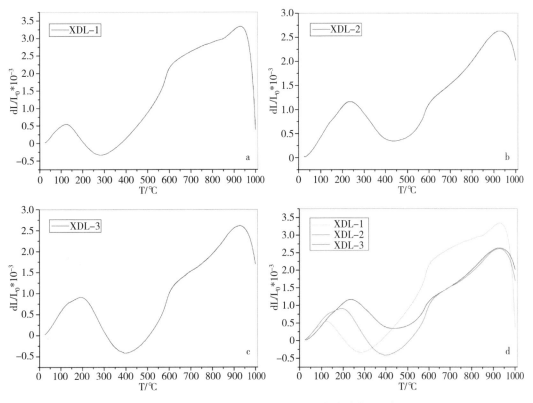

图 7 - 7　小兜里红烧土样品的热膨胀分析图谱

部分。根据中国社会科学院考古研究所王吉怀先生介绍，安徽蒙城尉迟寺遗址红烧土房的墙体红烧土中掺杂了大量的水稻稻壳及少量稻秆，而室内居住面则是用非常细腻的黏土在原始地面上涂抹并烧成，地面红烧土厚度约为 5 厘米，烧成后居住面红烧土质地细腻纯净，这一情况与小兜里遗址 F1 出土红烧土结构极为类似，因此，我们认为，小兜里遗址 F1 红烧土可能来源于该遗址红烧土房屋的居住面，而其他两块含有大量稻壳的红烧土块应来源于房屋墙体，从红烧土内稻壳的定向排列和层理结构来看，应是当时在墙壁上逐层涂抹形成的。然而，发掘者发掘时在红烧土堆积周围及其红烧土堆积之下并未发现柱洞、居住面等属于房屋的遗迹现象，因此，红烧土堆积是否为一处红烧土房屋的倒塌堆积尚难以确定。不过，如果该遗迹属于一处原生的红烧土房屋废弃堆积，那么这些红烧土堆积中应该包含大量掺有稻壳的墙体红烧土块，而这一点从发掘情况来看红烧土堆积是不具备的，再结合该堆积位于一个土台之上，且具有类似正方形的规则外形，因此我们认为，该遗迹很有可能是在某些或某处红烧土房屋倒塌之后，将其室内居住面致密、细腻的红烧土层搬运至土台之上二次堆积形成一个特殊的方形遗迹，以作为某些特殊活动的场地。先民们使用这些纯净的红烧土而不是掺杂大量稻壳的红烧土来铺垫场地，可能与这些红烧土块质地细腻、致密，吸水率低、不易酥裂风化等特性以便长期使用有关。

四　结论

综上所述，小兜里遗址 3 件红烧土样品制作原料相同，烧成温度接近，均在 900℃ ~950℃ 之间，结合安徽、河南、湖北等地新石器时代中晚期红烧土房屋建筑工艺研究结果来看，这 3 件红烧土样品应为小兜里遗址红烧土房屋的建筑残块，从质地及包含物特点来看，红烧土遗迹中的红烧土可能属于红烧土房屋的室内铺垫层，而另两件含大量稻壳的红烧土块属红烧土房屋的墙体残块。结合红烧土遗迹（F1）中红烧土的质地特征以及该遗迹在遗址中的位置及其外形特征，我们认为红烧土遗迹（F1）很有可能是在某些或某处红烧土房屋倒塌之后，将其室内居住面致密、细腻的红烧土层搬运至土台之上二次堆积形成的一个特殊的方形遗迹，以作为先民进行某些特殊活动场地的铺垫层来使用。

第五节　小兜里遗址出土玉器的初步科学分析

秦岭、崔剑锋、杨颖亮（北京大学考古文博学院）

传统对玉质文物的分析手段，不外乎通过肉眼观察，对玉料的质地、颜色、光泽和透明度进行综合评估，辅以硬度、比重测定等物理方法，来判断玉料的质地和种类。这类分析方法的主要缺点包括：1）仅对玉器进行基本的矿物学分析，缺乏精度，对玉料的特征和产地无法进行深入的比较分析；2）由于是有损分析，对玉器本身有一定的破坏性，因此大部分是对玉器残片进行检测，无法获得重要遗物的直接数据。

近年来，无损分析研究方法不断完善并被陆续应用到考古学实例中，常见方法包括用质子激发 X – 射线荧光（PIXE）测定玉器的化学成分，用 X – 射线衍射（XRD）测定玉器的矿物组成，拉曼（Raman）光谱测定玉石的结构，以及用不同方法测定玉器中的微量元素来进行产源分析等等。已有学者对良渚文化各地玉器开展过无损分析[①]，此类分析的优势十分明显：1）可以对重要的文物进行无损分析，能够直接获得玉琮等代表性遗物的信息；2）能对玉料的微量元素进行测定和比较分析，进而可以讨论玉器的来源。因此，无损分析方法及其应用对深化玉器手工业和古代社会经济研究具有很大的学术潜力。

本文以小兜里遗址出土的部分崧泽—良渚文化玉器为研究对象，采用显微红外光谱分析技术测定玉石器质地，使用能量色散 X 荧光光谱分析技术进行主微量元素的成分分析，最终同考古学分析手段相结合，对该遗址玉器的来源及特点进行初步讨论。

一　遗址和样品背景

小兜里遗址位于浙江海宁海昌街道火炬社区，是一处东西长逾 100、南北宽约 50 米的长方形台墩形遗址，2009～2011 年分东、西两区对遗址进行了四期考古发掘。本文测试玉器均出自西区的墓葬。

根据土台堆筑过程和空间位置，西区墓地包括西北、西南和东南三个空间区域，按本发掘报告对墓葬的分组和分期，可分为崧泽晚期到良渚早中晚期四个阶段[②]。本文测试玉器共 32 件，包

---

① 干福熹、曹锦炎、承焕生等：《浙江余杭良渚遗址群出土玉器的无损分析研究》，《中国科学：技术科学》2011 年第 1 期，页 1～15。顾冬红、干福熹、承焕生等：《江阴高城墩遗址出土良渚文化玉器的无损分析研究》，《文物保护与考古科学》2010 年第 4 期，页42～52。张文元、崔强、李青会等：《综合分析方法对余杭良渚遗址群出土玉器的原位无损研究》，《敦煌研究》2013 年第 1 期，页73～81。

② 样品测试分析时，参考发掘者意见仅分为崧泽、良渚两大期进行初步研究，当时归入崧泽阶段的墓葬包括 M17、M20、M21、M25、M26 五座，余为良渚阶段。崧泽阶段特征参见浙江省文物考古研究所、海宁市博物馆：《海宁小兜里遗址第一～三期发掘的崧泽文化遗存》、《海宁小兜里遗址第四期（东区）发掘收获》（《浙北崧泽文化考古报告集（1996～2014）》，文物出版社，2014 年）。该分析结果由崔剑锋代表课题组在 2014 年 10 月杭州"崧泽文化学术研讨会"上做过题为"崧泽玉器无损分析"的学术报告。由于墓葬分组分期的方案不同，在数据的分析解释上该报告与本文略有差别，冲突之处，以本文为准。

括崧泽晚期墓葬一座 1 件，良渚早期墓葬六座 13 件，良渚中期墓葬六座 18 件（详见表 7 – 10）。从空间分布上看，良渚早期包括西南区土台Ⅰ第二阶段红烧土遗迹（F1）两侧的所有四座墓葬，以及东侧土台另组分布的 M3、M14。良渚中期墓葬则集中在东南区域，包括 M2、M5、M6 一组显贵墓葬；M8 中心墓葬；和 M12、M13 一组小型墓。

表 7 – 10　　　　　　　　　　　小兜里测试玉器样品编号及背景

时代	墓号	器物号	器形	照片	材质	墓葬位置及随葬品情况
崧泽晚期	M17	M17：4	玦		软玉	位于东侧土台；随葬品 7（陶器 5、玉器 2）；玉玦位于胸部；墓坑西南有大口缸
良渚早期	M20	M20：3	坠饰		软玉	土台Ⅰ红烧土遗迹（F1）东侧；随葬品 8（陶器 5、玉器 3）；玉纺轮位于脚端；墓坑西南有大口缸
		M20：6	纺轮		软玉	
	M21	M21：12	镯形器		软玉	与 M20 并列；随葬品 19（陶器 6、玉器 13——管珠均单独编号）；玉镯位于右臂上部
	M25	M25：1	坠饰		软玉	红烧土遗迹（F1）西侧；随葬品 8 件（陶器 7、玉器 1）
	M26	M26：1	镯		软玉	红烧土遗迹（F1）西侧；残墓，随葬品 6 件（陶器 3、玉器 2、石钺 1）
		M26：3	管		软玉	

时代	墓号	器物号	器形	照片	材质	墓葬位置及随葬品情况
良渚早期	M3	M3：1	隧孔珠		软玉	东侧土台；随葬品 21 件（陶器 6、石钺 1、玉器 13、漆器 1）；有冠状饰；随葬燧孔珠较丰富；M3：7 小玉环出土于玉筒形器内（臂饰？）
		M3：7	小环		软玉	
	M14	M14：4	隧孔珠		软玉	东侧土台，与 M3、M7 为一组；随葬品 28（陶器 6、石钺 4、玉器 14、骨质器 1、牙器 3 组）
		M14：12	钺		软玉	
		M14：20	长管		软玉	
		M14：21	坠饰		叶蜡石	
		M14：26 - 13	管串之一		叶蜡石	
良渚中期	M2	M2：9	璜形器		软玉	东侧土台，与 M5、M6 同一组显贵墓葬；随葬品 34 件（陶器 21、石刀 1、玉器 12）；有玉冠状梳背、锥形器、残玉钺、镯、管类等
		M2：10	璜形器		软玉	
		M2：16	冠状梳背		软玉	

时代	墓号	器物号	器形	照片	材质	墓葬位置及随葬品情况
良渚中期	M5	M5:3	锥形器		蛇纹石?	显贵墓；随葬品 59 件（陶器 33、石器 9、玉器 16、牙器 1 组）；M5:3 锥形器与 M5:2 锥形器一对，出土于脚端陶瓿上；M5:37 长玉管位于头骨下方；此墓多双孔石刀
		M5:37	长管		软玉	
	M6	M6:15	钺		软玉	位于 M2、M5 之间的显贵墓葬；随葬品 47 件（陶器 27、石器 7、玉器 12、牙器 1 组）；石钺多
		M6:17	锥形器		软玉	
		M6:22	隧孔珠		蛇纹石	
		M6:34	坠饰		蛇纹石	
	M8	M8:1	璜		软玉	位于东部土台中部，单独埋设的显贵墓葬；随葬品 26 件（陶器 7、石钺 4、玉器 14、牙器 1 组）
		M8:2	镯		软玉	

时代	墓号	器物号	器形	照片	材质	墓葬位置及随葬品情况
良渚中期	M8	M8∶7	钺		软玉	位于东部土台中部,单独埋设的显贵墓葬;随葬品 26 件(陶器 7、石钺 4、玉器 14、牙器 1 组)
		M8∶8	镯		软玉	
		M8∶9	系孔圆牌		软玉	
		M8∶11	坠饰		软玉	
	M12	M12∶3	锥形器		高岭石	东侧土台北部的良渚小型墓;随葬品 8(陶器 5、玉器 3);玉器仅管串、隧孔珠和一件锥形器。
		M12∶4 - 28	管		叶蜡石	
	M13	M13∶13 - 2	管串之一		其他	东侧土台北部的良渚小型墓;与 M12 并列,残;随葬品 13(陶器 5、石钺 5、玉器 3)

二　分析方法

本次测试主要采用显微红外光谱分析技术测定玉石器质地,使用能量色散 X 荧光光谱分析技术进行主微量元素的成分分析。具体方法及设备简介如下:

(一)红外光谱分析

测试设备是北京大学考古文博学院科技考古实验室的美国热电尼高利 380 红外光谱仪。使用漫反射附件,测试范围为 $4000 - 650\text{cm}^{-1}$,分辨率为 8cm^{-1},扫描次数为 64 次,所得光谱进行了基线校正和纵坐标归一化处理。

（二）能量色散 X 荧光光谱分析（XRF）

使用设备为日本 Horiba（堀场）公司的 XGT-7000 能量色散 X 荧光光谱显微镜。在北京大学考古文博学院科技考古实验室利用此台设备对小兜里玉器进行了无损定量分析。

分析条件如下：X 光管电压，30kV；管电流，1mA；采谱时间，150 秒；每次分析采谱 2-3 次，取平均值。解谱方法为单标样基本参数法。

三　分析结果

（一）红外光谱分析结果

红外光谱分析在此项研究中主要用来对玉器质地加以分类。经过分析，本次测试的 32 件玉器中，透闪石类玉器 24 件，非透闪石玉器 8 件（包括蛇纹石 3 件、叶蜡石 3 件、高岭石 1 件及其他质地 1 件）。这几类质地分别举例如下：

1. 透闪石/阳起石类

透闪石/阳起石类即我们一般所说的软玉，其标准谱图参见图 7-8：

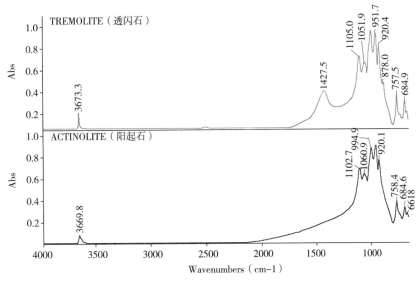

图 7-8　透闪石、阳起石红外吸收光谱

本次测定的玉器中，有 24 件属于此类材质。以良渚中期的 M2：16 冠状饰和良渚早期的 M21：12 镯形器为例（图 7-9）。

由于标准谱库中是纯矿物的谱图，而我们所测的常常是以透闪石和阳起石为主的混合物，因此在谱图上有二者的叠加特征，峰位与标准谱图比较有所偏移，但是整体峰形仍然能够很好的反应出所测样品是以透闪石和阳起石为主的软玉。

2. 非透闪石类

蛇纹石的特征峰为 1044cm^{-1}，990cm^{-1} 和 669cm^{-1}，蛇纹石谱图可以参见图 7-10。我们测得样品的峰位和它基本吻合，以良渚中晚期的 M6：22 燧孔珠为例，特征峰分别为 1068cm^{-1}，990.1cm^{-1} 和 668.2cm^{-1}（图 7-11）。

此外，共有 3 件样品与标准谱库比较后为叶蜡石（图 7-12），1 件为高岭石（图 7-13），另 1 件为其他材质（M13：2）。

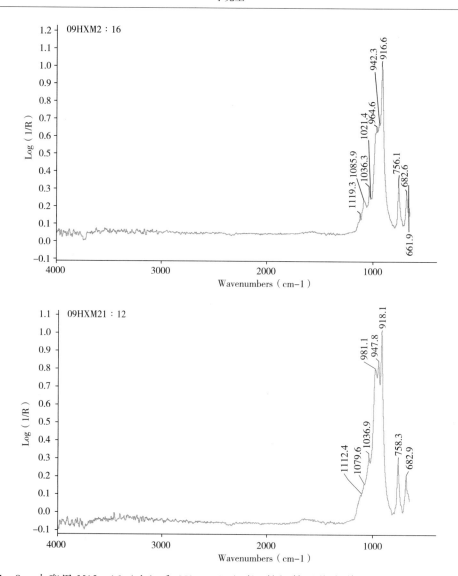

图 7 - 9　小兜里 M12：16（上）和 M21：12（下）的红外吸收光谱（透闪石/阳起石类）

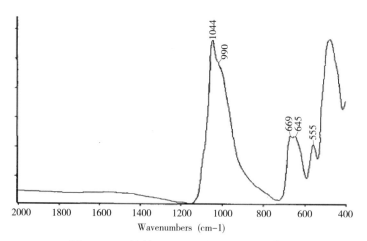

图 7 - 10　蛇纹石玉的红外吸收光谱①

① 引自熊燕等：《白色软玉及其相似玉石的红外吸收光谱差异性比较》，《红外技术》第 36 卷第 3 期，页 238 ～ 243。由于测试方法不同，本文测定的红外谱图仅到 650cm - 1，因此与文献比较 2000 - 650cm - 1 的峰位。

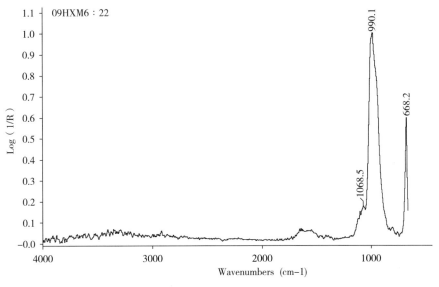

图 7 - 11　小兜里 M6∶22 的红外吸收光谱（蛇纹石类）

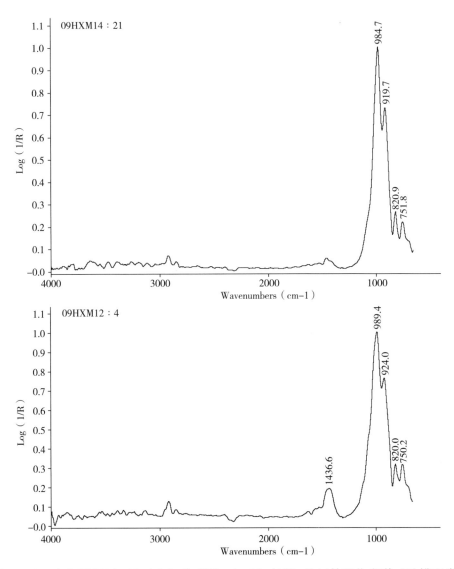

图 7 - 12　小兜里 M14∶21（上）和 M12∶4 - 28（下）的红外吸收光谱（叶蜡石类）

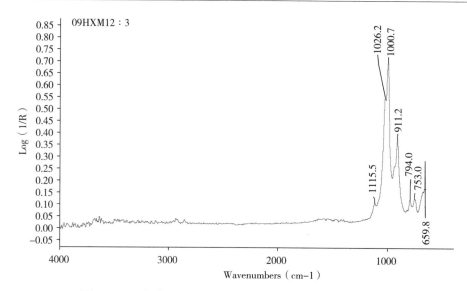

图 7 - 13　小兜里 M12：3 的红外吸收光谱（高岭石类）

（二）XRF 分析结果

用能量色散 X 荧光光谱显微镜，我们对 32 件样品进行了化学成分分析，结果列表如下（表 7 - 11）。

表 7 - 11　　　　　　　　　　　　　　　　小兜里玉器的 XRF 分析结果

器物号	材质	时代	化学成分组成（%）							
			Na₂O	MgO	Al₂O₃	SiO₂	K₂O	CaO	TiO₂	Fe₂O₃（T）
M17：4	透闪石	崧泽晚		21.32	1.27	61.76	0.07	14.43	0.03	1.11
M20：3	透闪石	良渚早		22.08	1.06	61.49	0.02	14.04	0.04	1.26
M20：6	透闪石	良渚早		21.45	1.65	61.45	0.04	13.94	0.01	1.36
M21：12	透闪石	良渚早		21.28	1.31	61.49	0.08	13.72	0.03	1.96
M25：1	透闪石	良渚早		22.04	1.5	60.88	0.08	13.98	0.02	1.44
M26：1	透闪石	良渚早		21.92	1.85	60.42	0.09	13.67	0.01	1.97
M26：3	透闪石	良渚早		22.82	1.04	61.59	0.08	13.82	0.01	0.57
M3：1	透闪石	良渚早		22.08	0.74	62	0.04	13.76	0.02	1.33
M3：7	透闪石	良渚早		21.5	0.8	60.49	0	13.78	0.02	2.82
M14：4	透闪石	良渚早		23.02	1.09	61.89	0.08	13.29	0.02	0.57
M14：12	透闪石	良渚早		22.81	3.29	60.39	0.03	11.07	0.01	2.34
M14：20	透闪石	良渚早		22.35	0.81	61.84	0.08	13.97	0.02	0.87
M14：21	叶蜡石	良渚早	5.49	1.32	40.96	42.06	2.97	5.38	0.13	0.76
M14：26 - 13	叶蜡石	良渚早	4.01	1.24	38.17	47.55	7.52	0.43	0.29	0.44
M8：1	透闪石	良渚中		20.27	3.11	60.74	0.16	13.53	0.04	2.02
M8：2	透闪石	良渚中		18.52	5.11	61.38	0.37	13.23	0.05	1.21
M8：7	透闪石	良渚中		19.53	5.02	60.25	0.18	12.05	0.04	2.85
M8：8	透闪石	良渚中		20.6	3.15	61.08	0.14	13.84	0.01	1.08
M8：9	透闪石	良渚中		20.88	2.59	61.87	0.12	12.94	0.02	1.37
M8：11	透闪石	良渚中		22.68	1.13	62.17	0.06	13.17	0.02	0.7

器物号	材质	时代	化学成分组成（%）							
			Na₂O	MgO	Al₂O₃	SiO₂	K₂O	CaO	TiO₂	Fe₂O₃（T）
M2：9	透闪石	良渚中		22.67	0.56	61.87	0.03	14.22	0.01	0.58
M2：10	透闪石	良渚中		22.32	0.46	61.72	0.03	14.34	0.03	0.85
M2：16	透闪石	良渚中		21.02	0.93	61.43	0.01	13.93	0.01	2.6
M5：3	蛇纹石	良渚中		39.61	2.81	56.62	0.14	0.05	0.01	0.75
M5：37	透闪石	良渚中		22.73	1.28	61.65	0.07	13.26	0.02	0.91
M6：15	透闪石	良渚中		16.53	4.79	59.63	0.65	12.93	0.16	1.56
M6：17	透闪石	良渚中		19.17	3.18	61.26	0.15	13.54	0.03	2.58
M6：22	蛇纹石	良渚中		29.16	0.91	68.65	0.03	0.21	0.02	1.04
M6：34	蛇纹石	良渚中		28.52	0.68	70.1	0.14	0.08	0.01	0.45
M12：3	高岭石	良渚中		0.57	42.5	54.17	0.25	0.26	0.06	0.21
M12：4 - 28	叶蜡石	良渚中	0.86	0.97	34.83	51.13	10.1	0.83	0.32	0.34
M13：13 - 2	其他	良渚中		27.12	22	48.36	0.49	0.19	0.01	0.39

四　结果讨论

（一）崧泽—良渚选用玉料的标准

小兜里测试样品中，崧泽晚期玉器仅 1 件，为透闪石类质地；良渚早期玉器 13 件，除年代相对最晚的 M14 中有 2 件叶蜡石外，余皆为闪石类质地；而良渚中期玉器 18 件，则出现了蛇纹石、叶蜡石、高岭石等多种质地，闪石类的比例仅为 67%（三分之二）。尽管测试样品数量有限，挑选样品时也可能存在一定的主观性，但软玉比例逐步降低的特点，在其他遗址的数据中也有所反映，这正是良渚文化制玉工业的特征之一。

从马家浜文化惯用石英质玉器（玉髓），到崧泽早期开始出现石英质和软玉质共存并进[①]，再到崧泽中晚期，环太湖地区发展为以软玉为主要玉料——这是长江下游地区探知"玉"概念的漫长过程。而到崧泽晚期—良渚早期，透闪石—阳起石软玉显然已经成为这一地区先民心目中的"真玉"，其他材质居于极其次要的地位。进入良渚文化高峰期后，随着玉器生产使用规模的扩大，人们选用的矿物品种更为丰富。从良渚中期开始，出现了与红山文化玉器质地相同的蛇纹石玉，同时还有一类高岭石—叶蜡石质地的玉器出现。此外，马家浜时期的玉髓以及崧泽时期的白云母质地的材质在良渚时期也被发现。软玉质当然仍是良渚文化玉器的大宗，但相较崧泽和良渚早期比例则显著下降；虽然缺乏良渚晚期系统检测数据，但根据晚期重要墓葬资料推测，软玉比例逐步降低仍是明显趋势。这种情况反映出良渚时期玉的消费规模比崧泽时期扩大很多，因此可能会存在原料短缺的情况，这时就不得不找品质近似的材料代替。

按照现代矿石学对于透闪石—阳起石玉的划分标准，当比值 MgO／（MgO＋FeO）大于 0.9 时，软玉属于透闪石玉；而当该比值小于 0.9 大于 0.5 时，属于阳起石玉。比值越大，意味着呈色离子 Fe^{2+} 的含量越低，因此软玉呈现白色，此时属于青白玉至白玉的范围。而该比值处于阳起石玉

---

① 比较凌家滩、北阴阳营等地，也会看到玉髓质和软玉质不同器类器形共同使用的现象。

范围时，玉质属于青玉至墨玉的范围。我们按照这个标准，计算了小兜里玉器的比值（图 7 - 14）。由图 7 - 14 可知，崧泽到良渚早期的软玉比值几乎全部大于 0.9，均采用透闪石玉；良渚中期后，有个别（3 例）玉器比值小于 0.9，略偏阳起石。由于计算时使用了全铁的质量百分数，因此实际上这些偏阳起石类的比值也应该大于或接近 0.9。以上分析表明，崧泽时期开始，本地先民对于玉质的选择标准即偏向透闪石玉。而透闪石玉色泽以白或青白为主，与优质的白玉髓类似，体现了本地区玉文化传统的延续。

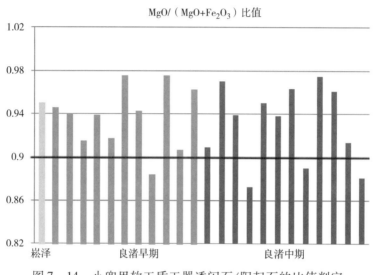

图 7 - 14　小兜里软玉质玉器透闪石/阳起石的比值判定

（二）小兜里玉料来源的差异

小兜里墓地从崧泽晚期到良渚晚期，历经四个阶段，在空间布局上发生比较明确的位移，随葬品组合数量上也发生显著变化。那是否在随葬玉器的来源上也存在一定的差别呢？我们使用 $MgO - Fe_2O_3$ 散点图（图 7 - 15），以期研究不同阶段玉料来源的异同。

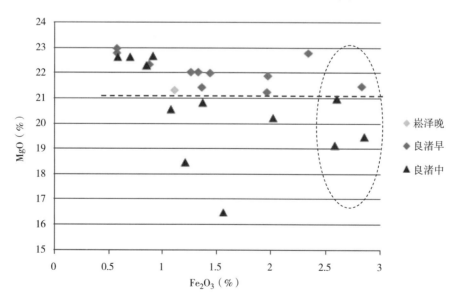

图 7 - 15　小兜里软玉质玉器的 $MgO - Fe_2O_3$ 散点图

由图 7 – 15 分析，我们可以看到 MgO – Fe₂O₃两个方向所表现出来的早晚差异。第一，在 MgO 值上，崧泽晚期到良渚早期的数据均大于 21%；而良渚中期的软玉质玉器则可分成两组，一组与早期玉器在 MgO – Fe₂O₃值上聚群分布，另一组则在 MgO 含量上低于 21%。这似乎暗示，良渚中期后，一部分软玉制品延续了早期的来源，同时也有新的产地和玉制品出现。

第二，如图 7 – 15 右侧虚线圈所示，有几件玉器已经达到了阳起石玉的范围（$0.5 < \text{MgO}/(\text{FeO} + \text{MgO}) < 0.9$）。这其中除了 3 件良渚中期玉器外，唯一 1 件良渚早期阶段玉器来自 M3。根据报告分析，M3 位于同良渚中期墓所在位置一致的东侧土台（图 7 – 16），年代上也介于良渚早期到中期的过渡阶段。因此这种情况说明小兜里遗址的良渚人对玉料质量的选择逐渐放宽了要求，或许是对玉色的要求变得宽泛，又或许因为高质量的透闪石玉已经愈来愈难以获得。

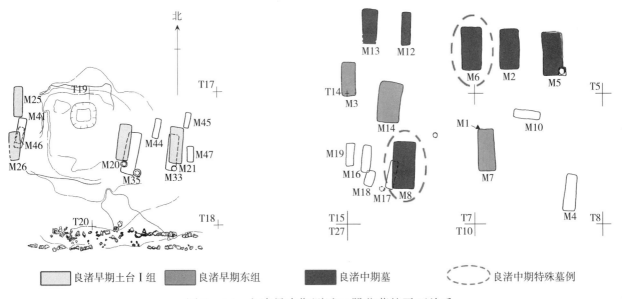

图 7 – 16　良渚早中期测试玉器墓葬的平面关系

考虑到良渚早期墓葬中有一组墓葬 M3、M14、M7，在空间位置上同良渚中期墓群一致，年代上也介于土台 I 组墓葬和良渚中期墓葬之间，我们可试将这批测试玉器分成四组来比较分析（图 7 – 16），即把良渚早期墓葬分为土台 I 组和东组，年代上也是早晚承继的关系。下面使用 Al₂O₃ – K₂O 散点图进行比较（图 7 – 17）。

由图 7 – 17 分析，在 Al₂O₃ – K₂O 值上，崧泽晚期—良渚早期土台 I 组的数据明显聚群（虚线圈内），暗示背后软玉产地的同源性。而良渚早期东组和良渚中期的分布范围更为吻合，这同报告对墓葬时代细部差异的认识相呼应，说明玉料来源的确存在年代上的差异。并且，良渚早期东组和良渚中期的软玉质玉器可以明显分为两组：一组在 Al₂O₃ 和 K₂O 值上均低于早期玉器，明显聚群，分布上偏于早期玉器组的左下方；另一组在 Al₂O₃ 和 K₂O 值上均远远高于早期玉器组，分布范围和数值变幅也较大。这一现象同我们在 MgO – Fe₂O₃值上看到的差异相结合（图 7 – 15），进一步证明在小兜里遗址，墓地空间变化和玉器来源的变化是相对应的，东部土台开始埋设 M3、M14、M7 墓组时，随葬玉器的来源也开始发生了相应的变化；其中一部分玉器与早期来源相对接近，同时也出现了一大批来源略有差异的玉制品（图 7 – 16）。

必须指出，即使图 7 – 15、7 – 17 均表现出小兜里玉器年代上的显著差别，但其总体分布范围集

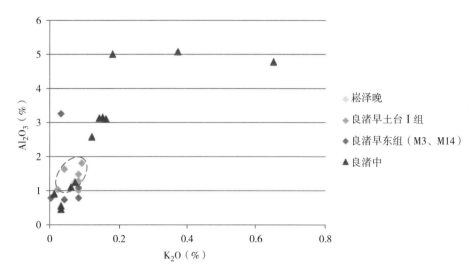

图 7 - 17　小兜里软玉质玉器的 Al_2O_3 – K_2O 散点图

中，散点分布的趋势线明显。因此虽然早晚玉器间存在一定的成分差异，这种差异也很有可能只是采矿位置变化所造成。在没有更大空间范围的对比数据之前，不能据此认为是采矿地点发生了变化。

（三）墓葬个体差异

通过上述分析，能有效地在 MgO – Fe_2O_3 和 Al_2O_3 – K_2O 比较中看到时代差异。那是否可以进一步利用成分分析数据讨论墓葬个体差异呢？图 7 - 15、7 - 17 显示出，崧泽—良渚早期阶段软玉数据十分接近、明显聚群，因此在样品量有限的情况下不再作进一步尝试。而对于数值分布范围较大的良渚早期东组墓群和良渚中期墓群，我们尝试进行墓葬个体之间的比较（图 7 - 18、7 - 19）：

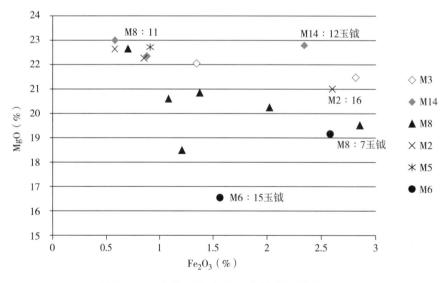

图 7 - 18　小兜里良渚墓葬个体差异比较之一

按照报告对良渚墓葬的聚落考古研究，我们将小兜里良渚早期偏晚和良渚中期的墓葬分成四组逐一讨论：

第一组：M3、M14、M7。这一组测试玉器来自 M3、M14，共 7 件，M14 中有两件为叶蜡石，所以图 7 - 18、7 - 19 中仅有五件一组的玉器。M14：12 玉钺，非常明显在所有数值上有异于其他玉器，

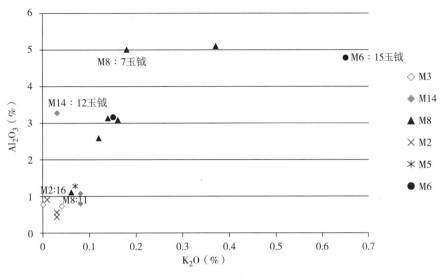

图 7 - 19　小兜里良渚墓葬个体差异比较之二

参看其形制和料色（彩版 3 - 468），也很容易将之从其他玉器中区分出来。M3、M14 组的其他玉器聚群较好，并且在 Al_2O_3 - K_2O 值上位于分布区左下方，跟崧泽—良渚早期土台 I 墓葬更为接近。

　　第二组：M6、M2、M5 组。作为一组随葬品丰富的良渚显贵墓葬，这三座墓在东侧土台的北部排列整齐（图 7 - 16）。而从玉器成分上看，M6 和另外两座墓的差异则十分明显。M6 测试玉器共 4 件，2 件蛇纹石、2 件软玉；M5 测试玉器 2 件，1 件蛇纹石、1 件软玉；M2 测试玉器 3 件，均为软玉。尽管选择的测试样品十分有限，但一定程度上反映出这一阶段良渚墓葬中玉器质地的复杂性，同墓葬实际情况也是相符的。而从软玉分布看，M2、M5 的软玉制品同 M3、M14 聚在一组，也表示同早期墓葬的玉器来源有更密切的关系。M6 测试的两件软玉，分布则没有规律，其中一件 M6：15 是保存较残的玉钺（彩版 3 - 260），质地、器形均与同墓玉器和其他墓葬玉钺不同。M2 测试的 3 件玉器，两件是同类璜形器，一件是冠状饰（M2：16），从图 7 - 19 看到，在 Al_2O_3 - K_2O 值分布上，璜形器组和冠状饰的成分差别虽小，仍能够很好的得到表现，这也进一步验证了通过 Al_2O_3 - K_2O 值分析玉器产源的可行性。

　　第三组：M8。M8 是位于东部土台中心的一座良渚显贵墓葬（图 7 - 16）。共测试 M8 玉器 6 件，除 M8：11 外，其余 5 件同 M6 的两件软玉一样，分布在 MgO 相对较低、Al_2O_3 - K_2O 值相对均较高的区域，亦说明玉器杂质较多。M8：11 是一件类锥形器，器形不规整，同典型良渚锥形器不同（彩版 3 - 333），发掘者认为可能是类似野猪獠牙的冠饰。考虑到这件软玉制品是 M8 测试样品中唯一一件同 M3、M14、M2、M5 聚类的器物，也意味着这件玉器来源同早期墓葬更为接近，因此不排除这是一件早期（崧泽式）遗留物的可能性。M8：7 玉钺从器形和料色上看（彩版 3 - 329）跟福泉山出土玉钺类似，在成分组成上，也同其他墓葬玉钺一样，各有特色。

　　第四组：M12、M13 小墓。这两座墓葬共测试样品 3 件，均为非透闪石类玉器，因此没有出现在散点图中。这也说明虽然都是位于东部区域的良渚同时期墓葬，小墓跟邻近显贵墓葬的玉器来源却是有所不同的。

　　综上，良渚墓葬的个体差异，是有可能通过软玉成分组成做进一步分析讨论的。首先，M6、M8 的玉器来源有异于其他良渚中期墓葬，结合图 7 - 15、7 - 17 的早期玉器数据，说明中期开始出现的显贵墓葬可能获得了同早期不完全同源的玉器制品。其次，这次测试的 3 件玉钺，分布在所有测试玉器分布范围的最外围，数据差异性和变幅最大，这同良渚文化玉器趋同性强、时代特征明显，但玉钺却没有固定形态、个体差异突出的特点是相吻合的。进一步推测，玉钺可能是墓主人生前使用或以其他方式获得的个人身份标志物，它同其他玉器的功能和象征意义是不同的，背后反映的玉器生产—流通体系也是分离的，因此玉钺的来源才会最为多样化。第三，到了良渚中晚期，小兜里墓葬中开始出现相当比例的非透闪石类玉器，显贵墓葬中软玉制品的比例下降，一般小型墓葬则只有非软玉质的类玉器随葬；这再一次说明随着用玉需求的增长，软玉资源日渐匮乏，对青白料色的偏好也被迫淡化；这为我们理解良渚晚期高节玉琮和玉璧的流行提供了旁证。

五　小结与展望

通过小兜里玉器的无损分析研究，在小兜里遗址内，即能看到崧泽到良渚阶段玉器产地上的延续性，又能看到良渚中期后玉料来源的日趋多样化和差异——这对认识杭嘉湖平原崧泽和良渚的文化关系，以及一般聚落在玉器生产消费上的模式是非常重要的线索。

从社会和文化层面而言，收获有三：第一，再次证明崧泽晚期—良渚间的承继关系十分密切，玉器生产流通上的变化发生在良渚中期前后，而非崧泽—良渚之间；第二，从小兜里墓地的分期和空间变化上看，玉器分析显示出的差异与聚落演变墓葬分化是相呼应的，这也再次说明在崧泽良渚社会中，玉器生产使用同社会结构与个体地位存在对应关系，玉器是社会权力的体现和来源；第三，本地区社会复杂化的进程应以崧泽晚期为变化节点，今后不管对玉器的分析还是对社会的研究都应追溯至崧泽末期。

小兜里玉器无损分析，是我们与杭州市余杭博物馆、浙江省文物考古研究所合作开展的"玉架山玉器无损分析"课题中的一部分研究内容；对其他相关地点玉器的测试工作业已完成，分析结果也将陆续发表，在对不同地点不同墓地逐一分析的基础上，遗址间的比较必然会提供更多新的线索和信息。

无损分析技术在玉器研究上的应用，是否能为已有的玉器研究和早期社会形态研究开拓出更大的发展空间和深度，是本项研究在小兜里墓葬之外意图得到的学术收获。尽管小兜里墓葬测试样品数量有限，样品选择上也没有做事先的规划和设计，但初步分析的结果，仍然为我们提供了继续发展和完善此类研究的线索。以墓葬为单元、并且考虑器形器类差别的分析，目前看来还是有进一步展开的学术潜力；在软玉的成分组成上，利用 $MgO - Fe_2O_3$ 和 $Al_2O_3 - K_2O$ 数值进行二元作图分析，能否对玉器差异特别是产源差别做有效的分类研究，也还有待更多材料累积。

第六节　小兜里遗址出土石器的红外吸收光谱分析

杨颖亮（北京大学考古文博学院）

对小兜里遗址出土玉器进行无损分析时，对一部分石器也做了红外光谱分析。由于岩石通常是多种矿物组成的集合体，红外图谱相对复杂，因此我们仅将原始谱图发表出来，以供相关人员参考。

使用的测试设备为北京大学考古文博学院科技考古实验室的美国热电尼高利 380 红外光谱仪。

使用漫反射附件，测试范围为 $4000-650 \text{cm}^{-1}$，分辨率为 8cm^{-1}，扫描次数为 64 次，所得光谱进行了基线校正和纵坐标归一化处理。

1. 可能含有星叶石类矿物？（图7-20、7-21）

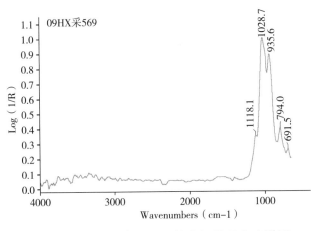

图7-20　采:569石钻芯红外吸收光谱图

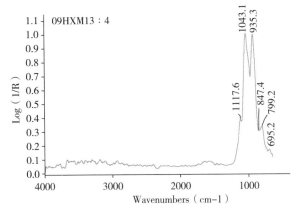

图7-21　M13:4石钺红外吸收光谱图

2. 可能含有沸石类矿物（图7-22至图7-26）

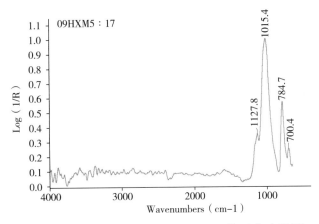

图7-22　M5:17双孔石刀红外吸收光谱图

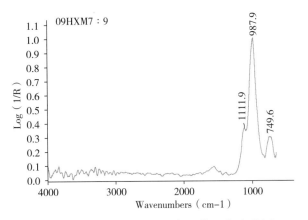

图7-23　M7:9石锛红外吸收光谱图

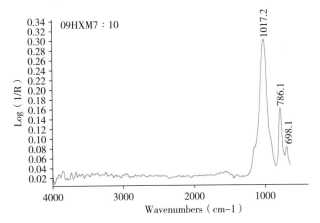

图7-24　M7:10石钺红外吸收光谱图

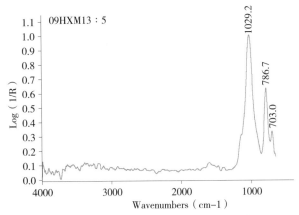

图7-25　M13:5石钺红外吸收光谱图

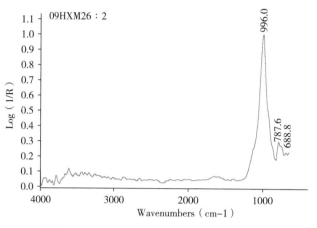

图 7 - 26　M26：2 石钺红外吸收光谱图

3. 其他（图 7 - 27 至图 7 - 33）

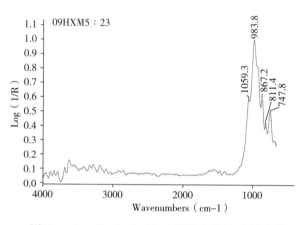

图 7 - 27　M5：23 石钺（可能为磁铁矿类矿物）
红外吸收光谱图

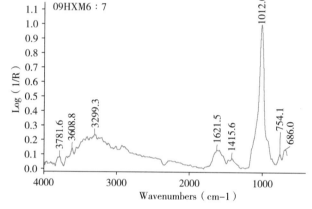

图 7 - 28　M6：7 石钺（可能为云母类矿物）
红外吸收光谱图

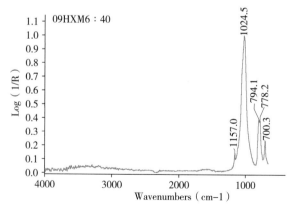

图 7 - 29　M6：40 石钺（可能为蒙脱石类矿物）
红外吸收光谱图

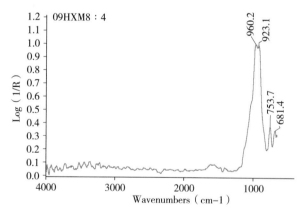

图 7 - 30　M8：4 石钺（可能为硅钛钠石）
红外吸收光谱图

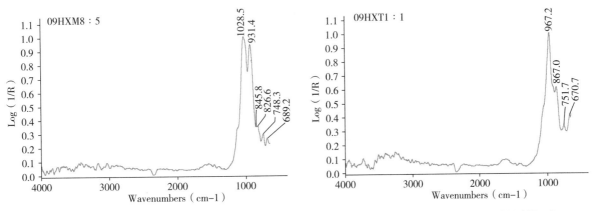

图7-31 M8:5石钺（可能为暖昧石）
红外吸收光谱图

图7-32 T1:1石钺（可能为基性异性石）
红外吸收光谱图

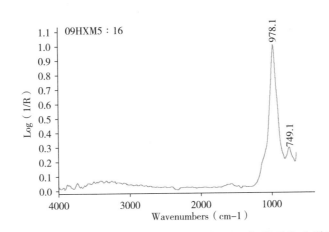

图7-33 M5:16石钺（可能包含异性石）红外吸收光谱图

第七节 小兜里遗址年代测试报告[*]

吴小红（北京大学考古文博学院）

应浙江省文物考古研究所委托，根据国家科技支撑计划项目"中华文明探源及其相关文物保护技术研究"之课题"公元前3500年至前1500年考古学文化谱系的年代研究"（课题编号2013BAK08B01）的需要，我们对海宁小兜里遗址进行了系统取样和碳十四年代测定。

一 样品采集

小兜里遗址采样位置主要集中在一处典型的生活土台堆积，分别采自T17的四壁剖面（图7-34、7-35）；另有T21东壁的样品一个。采样剖面所在位置是一处典型的生活土台堆积，土台堆土和日常使用堆积的土质及包含物差异明显，如图7-9所示。在不同阶段堆土层采集样品，共采

* 本项研究得到国家科技支撑计划项目"中华文明探源及其相关文物保护技术研究"之课题"公元前3500年至前1500年考古学文化谱系的年代研究"（课题编号2013BAK08B01）的资助。

集了 17 份土壤样品，其中有一份来自陶罐中土壤。对这些土壤样品进行浮选拣选出炭化植物种子和炭屑作为测年样品，T17⑥、⑧、⑨层土质纯净、包含物少，未能拣选出合适的测年样品，有一个测年样品来自陶片上的残留烟炱，共取得 15 个测年样品。具体情况见表 7 - 12。

图 7 - 34 小兜里遗址浮选土样采样剖面（T17 北壁）

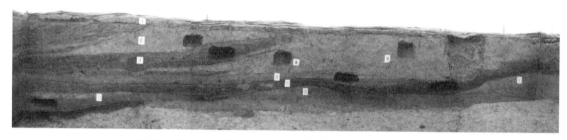

图 7 - 35 小兜里遗址浮选土样采样剖面（T17 东壁）

表 7 - 12 小兜里遗址测年样品统计表

实验室编号	样品物质	原编号	取样位置	堆积土质描述
BA120063	疑似炭化稻碎片	09HXT17②	T17 西壁	青膏泥夹黄斑及红烧土颗粒
BA120064	炭屑	09HXT17③	T17 西壁	青灰色土，土质类似第 2 层，下部有较多红烧土块
BA120065	炭化稻	09HXT17④	T17 北壁	黑色土夹红烧土颗粒及黄斑
BA120066	炭化稻	09HXT17⑤	T17 北壁	黄黑土夹少量红烧土颗粒
BA120067	疑似炭化稻 + 芡实碎片	09HXT17⑦	T17 东壁	黑灰土层，有较厚的"草木灰"
BA120068	炭化稻	09HXT17⑩	T17 东壁	青色土夹少量"草木灰"
BA120069	炭化稻	09HXT17⑪	T17 东壁	黑色，"草木灰"层
BA120070	炭屑	09HXT17⑫	T17 南壁	黄色胶泥质，夹青膏泥斑
BA120071	炭化稻	09HXT17⑬	T17 东壁	青黑色土，有草木灰条带，上部有黄土条带，样品取自下部青灰土部分
BA120072	炭化稻	09HXT17⑭	T17 北壁	

实验室编号	样品物质	原编号	取样位置	堆积土质描述
BA120073	炭屑	09HXT21②	T21 东壁	褐色，较硬，致密
BA120074	炭化稻	09HXH3	东部陶罐内土	
BA120075	炭化种子（不可鉴定）	09HXT17H4	T17 北壁	黑色土夹黄色斑块，"草木灰"层
BA120076	疑似炭化稻碎片	09HXT17H5	T17 内	
BA140118	陶片上残留烟炱	09HXT16④		

二　样品前处理

植物种子和木炭样品采用通常的 ABA 方法进行预处理。处理后样品用氧化铜氧化制成二氧化碳气体，二氧化碳以铁粉做催化剂用氢气还原后制成石墨。石墨压靶后在北京大学物理学院小型加速器质谱仪上进行碳十四测量。陶片残留物采用低温燃烧法制备二氧化碳气体，以避免陶片残留物可能带有的黏土矿中碳的影响。经测量后，共有 10 个样品得到碳十四年代数据，见表 7 - 13。

三　测年结果及数据讨论

得到的碳十四年代数据经过树轮校正后得到日历年代，结果见表 7 - 13。所用校正程序为 Ox-Cal V4.2.4（Christopher Bronk Ramsey 2014），所用树轮曲线为 Intcal 13 大气曲线（Reimer, et al, 2013）。

表 7 - 13　　　　　　　　小兜里遗址碳十四年代和简单校正后日历年代数据表

实验室编号	原编号	碳十四年代（BP）	树轮校正后日历年代	
			1δ，68.2%	2δ，95.4%
BA120065	09HXT17④	4455 ± 25	3320 ~ 3028	3332 ~ 3022
BA120067	09HXT17⑦	4515 ± 35	3347 ~ 3114	3357 ~ 3097
BA120068	09HXT17⑩	4450 ± 25	3314 ~ 3026	3331 ~ 3017
BA120069	09HXT17⑪	4490 ± 25	3331 ~ 3102	3341 ~ 3094
BA120072	09HXT17⑭	4600 ± 30	3491 ~ 3351	3501 ~ 3136
BA120074	09HXH3	4450 ± 30	3320 ~ 3025	3336 ~ 2945
BA120075	09HXT17H4	4185 ± 35	2882 ~ 2698	2891 ~ 2637
BA120076	09HXT17H5	4495 ± 25	3332 ~ 3105	3341 ~ 3097
BA120073	09HXT16④	4490 ± 30	3332 ~ 3101	3348 ~ 3090
BA140118	09HXT21②	4360 ± 35	3012 ~ 2918	3089 ~ 2901

从校正后数据分布图（图 7 - 36）中可以看出：

1）采自 T17 北壁的样品 09HXT17⑭给出最早的年代，与其他的年代数据分布几乎没有交集，结合考古地层来看，T17⑭是取样剖面的最下面一层，似乎可以认为这个样品所代表的年代应该是生活土台堆积之前的年代而不是土台使用过程中的年代；

2）同样采自 T17 北壁的样品 09HXT17H4 给出最晚的年代，根据所在剖面的层位来看，它属

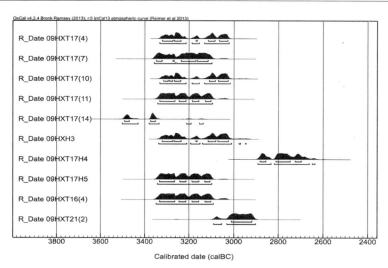

图 7 - 36　　小兜里遗址碳十四数据简单校正数据分布图

于 T17⑤层下开口，所测年代应该比 09HXT17④早或者相同，但实际测年数据偏晚。由于这个灰坑挂在隔梁上，没有进行发掘，所以无法根据包含文化遗物做进一步讨论；

3）根据文化堆积状况，T17 所在位置是连续使用、扩建的土台，从堆土和日常生活堆积的分布可以明确分成三个阶段。但目前获得的测年数据未能表现出土台营建使用的阶段性和延续性，数据相对比较集中。

4）由于样品 09HXH3 和 09HXT16④与陶器相关，其样品年代应能代表土台日常生活堆积的年代。又由于 T21②与 T17 没有直接的地层叠压打破关系，我们没有掌握更多信息可以把 T21②与 T17 的地层对应起来考虑，所以这里暂且搁置不与讨论。这样除去 09HXT17⑭、09HXT17H4 和 T21②，将其余数据作为一期，用 OxCal V4.2.4 程序中分期的模型进行校正，并加入 Interval 指令计算这一期的时间范围。所得结果见表 7 - 14 和图 7 - 37。从这个结果可以看出，用分期模型校正后的日历年代与没用模型校正后的日历年代相比数据范围变窄了，68.2% 置信度的数据对比差别尤其明显。两个边界之间的年代间隔在置信度为 68.2% 和 95.4% 的情况下分别为 18 年和 78 年，也就是说这个土台的生活堆积使用的时间范围是 18 年的概率为 68.2%，土台的生活堆积使用的时间范围是 78 年的概率为 95.4%。再看图 7 - 37 中方括号［］中 A 后面的数值表示的是经计算后这个模型或年代数据的符合度，通常 >60% 就是可以接受的结果，而这里的符合度均达到 100% 左右，说明符合度非常高，也就是说这个模型和计算结果在数学上是合理的，可以被使用。

表 7 - 14　　　　　　　　小兜里遗址碳十四数据和用分期模型校正后日历年代数据表

实验室编号	原编号	碳十四年代（BP）	简单校正后日历年代		分期模型校正后日历年代	
			1σ, 68.2%	2σ, 95.4%	1σ, 68.2%	2σ, 95.4%
Boundary Start（起始边界）					3346 ~ 3256	3395 ~ 3101
BA120065	09HXT17④	4455 ± 25	3320 ~ 3028	3332 ~ 3022	3317 ~ 3233	3331 ~ 3082
BA120067	09HXT17⑦	4515 ± 35	3347 ~ 3114	3357 ~ 3097	3325 ~ 3212	3336 ~ 3098
BA120068	09HXT17⑩	4450 ± 25	3314 ~ 3026	3331 ~ 3017	3316 ~ 3234	3331 ~ 3052
BA120069	09HXT17⑪	4490 ± 25	3331 ~ 3102	3341 ~ 3094	3320 ~ 3220	3334 ~ 3095

续表7－14

实验室编号	原编号	碳十四年代（BP）	简单校正后日历年代		分期模型校正后日历年代	
			1δ，68.2%	2δ，95.4%	1δ，68.2%	2δ，95.4%
BA120074	09HXH3	4450±30	3320~3025	3336~2945	3319~3232	3333~3054
BA120076	09HXT17H5	4495±25	3332~3105	3341~3097	3322~3219	3335~3097
BA120073	09HXT16④	4490±30	3332~3101	3348~3090	3321~3220	3335~3095
Boundary End（结束边界）					3300~3220	3315~3013
Interval 两边界之间的时间间隔					18	78

5）如果我们不排除 T21②，而是把它作为土台堆积的最晚年代来考虑的话，同样用分期模型进行计算，可得到如下结果，见图 7－38。其中 09HXT21②的符合度只有 48%，低于 60%，这个是不被接受的，整个模型的符合度也下降到 76%。此时，两个边界之间的年代间隔在置信度为68.2% 和 95.4% 的情况下分别为 33 年和 125 年。

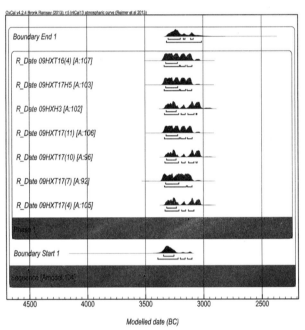

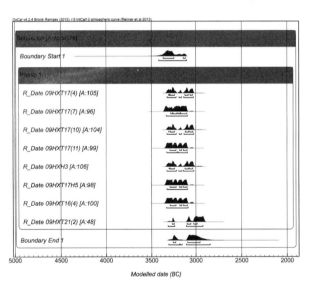

图7－37　小兜里遗址土台集中使用分期模型　　　图7－38　小兜里遗址分期模型（加入09HXT21②）
　　　　校正后日历年代数据分布图　　　　　　　　　　校正后日历年代数据分布图

6）若只将那个与地层关系不符的 09HXT17H4 去掉，将 09HXT17⑭作为土台堆积使用的最早年代，09HXT21②作为土台堆积使用的最晚年代，用分期模型进行校正后得到图 7－39。其中09HXT17⑭和 09HXT21②两个数据的符合度刚接近 60%，此时两个边界之间的年代间隔在置信度为 68.2% 和 95.4% 的情况下分别为 42 年和 142 年。也就是说在现有数据下，可以知道土台被使用的最长时间分别为 42 年（68.2% 的概率）和 142 年（95.4% 的概率）。

总之，不论是那种计算模式，都显示出小兜里遗址土台堆积使用的时间很短，若按 95.4% 的概率来考虑的话，可以是 78 年，最长也不过 142 年。

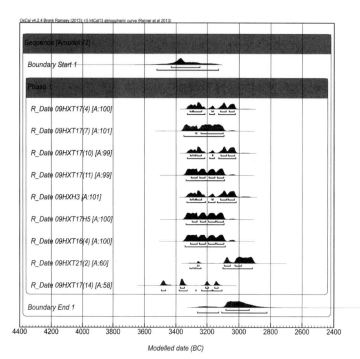

图 7 - 39 小兜里遗址分期模型校正后的数据分布图

附表 7 - 1　　小兜里植物遗存浮选结果统计表

样品编号 / Sample	T21②	T17②	T17③	T17④	T17⑤	T17⑥	T17⑦	T17⑧	T17⑨	T17⑩	T17⑪	T17⑫	T17⑬	T17⑭
谷物类 Cereals														
稻 Oryza sativa grain				1										5
稻碎片 Oryza sativa frags		11		42	27		6	2		17	5	6	24	96
不成熟稻 Oryza sativa immature					3									
不成熟稻碎片 Oryza sativa immature frags														
稻胚 Oryza sativa embryo										1			2	73
驯化型小穗轴 Oryza spiklete base domestic type	3	2		407	140	1	152	1	1	20	13		100	1548
野生型小穗轴 Oryza spiklete base wild type				2							1			43
不成熟小穗轴 Oryza spiklete base immature type										1				19
不确定小穗轴 Oryza spiklete base unkown	1			13			7			1				99
残损小穗轴 Oryza spiklete base frags		1		173	88		71		2	17	2	8	39	357
果实类 Fruits and Nuts														
睡莲科　芡实 Euryale ferox				1	2								3	
睡莲科　疑似芡实 cf. Euryale ferox														
菱科　菱角属 Trapa sp.														
菱科　疑似菱角 cf. Trapa sp.								1						
桑科　构树 Broussonetia papyifera														
桑科　果壳碎片 Fruit stone shell														
杂草类 Weeds														
蓼科　萹蓄 Polygonum aviculare				1										
蓼科　蓼属 Polygonum sp.											1			
蓼科　酸模属 Rumex sp.					1								3	
蓼科　疑似荞麦属 cf. Fagopyrum sp.				1										
蓼科　疑似蓼科 cf. Polygonaceae				1						1				1
蓼科　其他蓼科 Polygonaceae														

续附表 7－1

科	中文名	Sample	T21②	T17②	T17③	T17④	T17⑤	T17⑥	T17⑦	T17⑧	T17⑨	T17⑩	T17⑪	T17⑫	T17⑬	T17⑭
藜科	藜属	*Chenopodium* sp.				2										2
莎草科	碎米莎草	*Cyperus iria*														
	藨草属	*Scirpus* sp.				2										
	藨草	*Scirpus triqueter*														
	飘拂草属	*Fimbristylis* sp.														
	水毛花	*Scirpus triangulatus*														
	莎草属	*Cyperus* sp.						1								
	其他莎草科	Cyperaceae														
禾本科	牛筋草	*Eleusine indica*														
	狗尾草属	*Setaria* sp.				5									5	4
	黍亚科	Panicoideae														
	疑似禾本科	cf. Poaceae				1										
	其他禾本科	Poaceae				4			1						1	
十字花科	十字花科	Brassicaceae														
茜草科	猪殃殃	*Galium* sp.														
番杏科	粟米草	*Mollugo pentaphylla*														
豆科	野大豆	*Glycine soja*														
	疑似豆科	cf. Fabaceae														
马齿苋科	马齿苋	*Portulaca oleracea*		1							3			1		
茄科	疑似茄科	cf. Solanaceae														
旋花科	旋花科	Convolvulaceae														
百合科	百合科	Liliaceae														
大戟科	铁苋菜	*Acalypha australis*														
眼子菜科	眼子菜科	Potamogetonaceae														
待鉴定		indet.				7	1	1				4	2		4	10

样品编号 Sample	H3	H4	H5	T14②a	T14②b	T14②c	T14②d	T14③a	T14③b	T14③c	T14④a	T14④b	T14④c	T14⑤
谷物类 Cereals														
稻 Oryza sativa grain								1						8
稻碎片 Oryza sativa frags	25				8	9	3	31	91	33	7	14	7	77
不成熟稻 Oryza sativa immature									1	1				3
不成熟稻碎片 Oryza sativa immature frags			2						1					4
稻胚 Oryza sativa embryo			2						3	2	1			23
驯化型小穗轴 Oryza spiklete base domestic type	28	63	30	10	84	15	9	44	59	37	12	18	15	824
野生型小穗轴 Oryza spiklete base wild type					2			3	5			2	2	38
不成熟小穗轴 Oryza spiklete base immature type			1		4					2				56
不确定小穗轴 Oryza spiklete base unkown		2		6	39	7		19	25	18	9	21		382
残损小穗轴 Oryza spiklete base frags	23	35	13	14	51		2	38	17	20	9	12	11	187
果实类 Fruits and Nuts														
睡莲科　芡实 Euryale ferox	1				3		6							
疑似芡实 cf. Euryale ferox								1				1		
菱科　菱角属 Trapa sp.														
疑似菱角 cf. Trapa sp.														
桑科　构树 Broussonetia papyifera							1							
果壳碎片 Fruit stone shell		1												
杂草类 Weeds														
蓼科　萹蓄 Polygonum aviculare														
蓼属 Polygonum sp.														
酸模属 Rumex sp.														1
疑似荞麦属 cf. Fagopyrum sp.														
疑似蓼科 cf. Polygonaceae				3	2									
其他蓼科 Polygonaceae										1				

科	名称	Sample	H3	H4	H5	T14②a	T14②b	T14②c	T14②d	T14③a	T14③b	T14③c	T14④a	T14④b	T14④c	T14⑤
藜科	黎属	*Chenopodium* sp.				1					1		1			
莎草科	碎米莎草	*Cyperus iria*				2	1	1		2	1					
	藨草属	*Scirpus* sp.								1					1	10
	藨草	*Scirpus triqueter*														7
	飘拂草属	*Fimbristylis* sp.										1				
	水毛花	*Scirpus triangulatus*										1				
	莎草属	*Cyperus* sp.														
	其他莎草科	Cyperaceae										3				
	牛筋草	*Eleusine indica*													1	
禾本科	狗尾草属	*Setaria* sp.		2								2				2
	黍亚科	Panicoideae											1			
	疑似禾本科	cf. Poaceae														
	其他禾本科	Poaceae	3	3		1					2	1				1
十字花科	十字花科	Brassicaceae										1				
茜草科	猪殃殃	*Galium* sp.					1									
番杏科	粟米草	*Mollugo pentaphylla*														
豆科	野大豆	*Glycine soja*									1		1		1	
	疑似豆科	cf. Fabaceae														
马齿苋科	马齿苋	*Portulaca oleracea*								1						
茄科	疑似茄科	cf. Solanaceae			1											
旋花科	旋花科	Convolvulaceae									1					
百合科	百合科	Liliaceae													1	
大戟科	铁苋菜	*Acalypha australis*						2								
眼子菜科	眼子菜科	Potamogetonaceae	1													
待鉴定		indet.	6	2		1	1	2	1	4	1	1		1		2

样品编号 / Sample	T18⑩a	T18⑩b	T18⑩c	T18⑩下坑	T23②	T23③	T23④	T23⑤	T23⑥	T23⑧	T23⑨	T23⑨下沟
谷物类　Cereals												
稻　Oryza sativa grain	1			2								1
稻碎片　Oryza sativa frags	18	1	43	75	1	5	8	2	11			2
不成熟稻　Oryza sativa immature			1									
不成熟稻碎片　Oryza sativa immature frags	11	4	18	4					1			1
稻胚　Oryza sativa embryo			187	276				1				3
驯化型小穗轴　Oryza spiklete base domestic type	109	54	2334	1540	9	4	5	11	51	2		20
野生型小穗轴　Oryza spiklete base wild type	13	2	223	427								
不成熟小穗轴　Oryza spiklete base immature type	10	2	54	32								
不确定小穗轴　Oryza spiklete base unkown	46	26	544	544	4	4	4	3	23		1	1
残损定小穗轴　Oryza spiklete base frags	60	22	447	503	14	4	4	6	24			5
果实类　Fruits and Nuts												
睡莲科　灰实　Euryale ferox												
睡莲科　疑似灰实　cf. Euryale ferox												
菱科　菱角属　Trapa sp.				1								
菱科　疑似菱角　cf. Trapa sp.												
桑科　构树　Broussonetia papyifera												
桑科　果壳碎片　Fruit stone shell		9										
杂草类　Weeds												
蓼科　扁蓄　Polygonum aviculare												
蓼科　蓼属　Polygonum sp.				2	2							
蓼科　酸模属　Rumex sp.												
蓼科　疑似荞麦属　cf. Fagopyrum sp.									2		1	
蓼科　疑似蓼科　cf. Polygonaceae												
蓼科　其他蓼科　Polygonaceae												

续附表 7－1

科	样品编号	Sample	T18⑩a	T18⑩b	T18⑩c	T18⑩下坑	T23②	T23③	T23④	T23⑤	T23⑥	T23⑧	T23⑨	T23⑨下沟
藜科	藜属	*Chenopodium* sp.		1		1		1	1				5	
莎草科	碎米莎草	*Cyperus iria*												
	蔗草属	*Scirpus* sp.			1	1								
	蔗草	*Scirpus triqueter*												
	飘拂草属	*Fimbristylis* sp.												
莎草科	水毛花	*Scirpus triangulatus*												
	莎草属	*Cyperus* sp.												
	其他莎草科	Cyperaceae												
	牛筋草	*Eleusine indica*												
禾本科	狗尾草属	*Setaria* sp.								1				
	黍亚科	Panicoideae												
	疑似禾本科	cf. Poaceae					2	1	2					
	其他禾本科	Poaceae	1		2	3	2							
十字花科	十字花科	Brassicaceae			1									
茜草科	猪殃殃	*Galium* sp.												
番杏科	粟米草	*Mollugo pentaphylla*			1									
豆科	野大豆	*Glycine soja*												
	疑似豆科	cf. Fabaceae				1								
马齿苋科	马齿苋	*Portulaca oleracea*												
茄科	疑似茄科	cf. Solanaceae												
旋花科	旋花科	Convolvulaceae												
百合科	百合科	Liliaceae												
大戟科	铁苋菜	*Acalypha australis*												
眼子菜科	眼子菜科	Potamogetonaceae												
待鉴定		indet.	1	1	2	1	1	1	1	2	4			

第八章 结 语

一 小兜里遗址的文化演变与年代、分期

小兜里新石器时代文化遗存的分期以墓葬随葬及其随葬品为基础，以遗址的地层关系为依据。墓葬的分期以墓葬随葬器物组合为基本单元，将墓葬分组，依据墓葬间的叠压打破关系及遗址的地层关系确定文化遗存的演变方向，综合划定文化的发展阶段。

首先，根据随葬品形制、种类及组合的差异可以将55座新石器时代墓葬分为四组。

第一组包括M4、M10、M11、M15～M19、M31、M33、M35、M38、M41、M44、M46～M49、M51、M53～M55，共22座墓葬。

第二组包括M3、M7、M8、M14、M20～M23、M25、M26、M29、M34，共12座墓葬。

第三组包括M2、M5、M6、M12、M13、M28、M36、M39、M50、M52，共10座墓葬。

第四组包括M9、M27、M32、M37、M40、M43，共6座墓葬。

M1、M24、M30、M42、M45五座墓葬因没有随葬品或随葬品太少、不够典型而不能确定组别。

第一组墓葬，陶器组合以鼎、豆为主，辅以罐、壶、杯、盆、盘等，另有个别大口缸。玉石器较少，玉器主要为各种形制的坠饰和珠，偶见玦。石器多为钺。鼎绝大多数为浅腹盆形，腹部流行饰一周附加堆纹，鼎足常见凿形，少数为鱼鳍形，但质地均为粗泥质，未见夹砂质鼎。豆主要为敛口、矮宽把的假腹豆和敛口、浅腹的矮喇叭形豆，豆把上常见镂空，以红彩和黑彩强化弧边三角形夹圆形镂孔的主题图案也是这一时期较为典型的装饰手法。罐、壶以圆腹为总体特征，杯呈深垂腹，这三种器物常见花瓣足。盆多为敞口、曲腹、平底，胎较厚。除了夹砂缸，这一组墓葬中基本不见夹砂质陶器。

第二组墓葬，陶器群以鼎、豆、壶为主要组合，但与第一组墓葬出土陶器相比，陶质与器形均发生了显著的变化。鼎，开始流行夹砂质鱼鳍形足深腹釜形鼎，不见凿形足鼎，与第一组的粗泥陶浅腹盆形鼎迥然不同，当另有来源。值得注意的是，这一组墓葬中新出现的鼎内壁均带隔档，有的鼎腹隔档以下还戳穿一圆孔。豆最大的特点是直口、矮喇叭形把。出现短颈、圆腹、矮圈足的双鼻壶。罐以小口、圆腹、矮圈足最具特征，且多为夹砂质。盆为窄平沿、浅腹、矮圈足。玉器的数量较第一组明显增多，多为珠、管等，同时新出现了钺、筒式宽体镯、冠状器、锥形器等新的器形。石器以钺为主，数量较第一组有所增加，且出现了大孔、刃角圆弧、质地独特的"花石钺"。

第三组墓葬，器类构成与第二组墓葬相比，发生了较大的变化。陶器群在鼎、豆、双鼻壶、罐、盆的基础上新出现了带流宽把杯和少量簋。鼎，与第二组墓葬相比，总的来说，腹相对较浅，底变平，出现外侧边略厚的楔形鼎足，同时，鼎身的形式更加丰富，新出现了浅身平底的盆形鼎和高领圆腹鼎（即图8-1中C、D型鼎）。豆流行直口，豆把的发展由矮到高，且豆把上常见横

扁孔。双鼻壶总体特征是长颈、扁圆腹，圈足也较第二组双鼻壶略高。罐多为夹砂质、小口、鼓肩、矮圈足。盆腹壁较直。新出现的带流宽把杯腹部圆胖，平底、圈足、三足兼有。这一组墓葬中石器出现较多的是石刀，一种呈展翅的鸟形，两侧端上翘、顶部正中钻圆孔；一种为横梯形，个体较大，背上靠顶部钻两个大圆孔。玉冠状器顶部呈尖凸状，两侧边内收较甚，且下端出现榫突。玉锥形器细长，下端出现榫突。

第四组墓葬因被晚期破坏的缘故，数量较少。陶器组合与第三组近同，罐数量很少，簋数量增加，新出现贯耳、鼓腹、平底壶。鼎，足呈"T"形，出现瓦足鼎。壶，长颈，口部外敞，圈足较高。宽把杯腹部变直。因这组墓葬等级较低，玉器基本未见。石器主要为刀。

以上四组墓葬中，存在叠压或打破关系的有以下7组：

（1）M26→M41→M46

（2）M20→M35

（3）M21→M33

（4）M8→M17

（5）M16→M18

（6）M34→M38

（7）M36→M39

由 T22—T18—T17 西壁剖面可确定，以 M41、M35、M33 等为代表的墓葬被以 M21、M25 为代表的墓葬叠压，分属同一社会单元的两个不同的发展阶段。之后，该土台向东拓展营建，以 M8 和 M6 为代表的显贵大墓就是这一拓展营建过程中形成的主要遗迹[1]。由 T16—T23 北壁剖面可知，西北土台也存在由东向西的拓展过程，M40、M37、M32、M27 等墓葬晚于东侧的 M29、M34、M51 等墓葬。

根据以上地层关系，可确定第一、二、三、四组墓葬的形成过程与先后顺序。从器物形态上看，四组墓葬所代表的文化遗存紧密相接，中间无缺环，是一个连续的发展过程。但在第一、二阶段之间，随葬品的形制、种类及组合发生了整体性的变化（图 8 - 1）。

第一阶段，M49 随葬的鼎，小口，长颈，垂腹，具有崧泽文化早期的特征。其他绝大多数墓葬出土的陶器与吴江龙南第一、二期[2]和上海姚家圈[3]、余杭庙前第一期[4]等遗存文化面貌相同，为崧泽文化末期遗存[5]。关于这一阶段文化遗存属性的认定涉及崧泽文化与良渚文化的划分，学界存在不同的认识，造成分歧的主要原因是大家对过渡阶段遗存文化属性的认定标准不同。考古学文化的区分不能仅以某些器形的变化或某些新文化因素的出现为标准，不仅要依据器物群的整体嬗变，还要从时代的聚落变迁及社会进程等方面综合考量崧泽文化与良渚文化的分界[6]。在小兜里

① 浙江省文物考古研究所、海宁市博物馆：《海宁小兜里遗址第一～三期发掘的崧泽文化遗存》，浙江省文物考古研究所主编《浙北崧泽文化考古报告集（1996～2014）》，文物出版社，2014 年。

② 苏州博物馆、吴江县文物管理委员会：《江苏吴江龙南新石器时代村落遗址第一、二次发掘简报》，《文物》1990 年第 7 期。

③ 上海市文物管理委员会考古部：《上海市松江县姚家圈遗址发掘简报》，《考古》2001 年第 9 期。

④ 浙江省文物考古研究所：《庙前》，文物出版社，2005 年。

⑤ 本文的崧泽文化末期遗存指所谓的崧泽文化至良渚文化过渡阶段遗存。宋建：《关于崧泽文化至良渚文化过渡阶段的几个问题》，《考古》2000 年第 11 期。

⑥ 仲召兵：《环太湖地区崧泽文化末期考古学文化面貌与聚落的变迁——兼谈崧泽文化与良渚文化的分界》，《东南文化》2013 年第 3 期。

遗址，这一分界也是清晰的，从图 8－1，我们可以清晰地看到第二阶段与第一阶段器物群的显著变化，上文已述，此不赘言。

第二阶段，小兜里 M21∶3、M25∶2 陶壶均为短颈、圆腹，与罗墩① M13∶2、M3∶26 近同。小兜里 M8 与罗墩 M3 年代相当。M25∶5、M26∶4 豆与瑶山② M9∶80、庙前二期 M31∶5、M24∶3 风格相似，鼎 M12∶5 与庙前二期 M30∶8 形态相近，M3 鼎、豆与赵陵山③ M60 同类器一致。以上单元遗存的年代均为良渚文化早期。因此，小兜里遗址第二阶段遗存的年代为良渚文化早期。

第三阶段，小兜里 M5 与福泉山④第三期 M120 年代相当，小兜里 M13∶10 豆与反山⑤ M22∶61 豆形制高度一致。以上单元遗存的年代为良渚文化中期。因此，小兜里遗址第三阶段遗存的年代为良渚文化中期。

第四阶段，出现了"T"形鼎足、大贯耳壶等器形，为典型的良渚文化晚期特征。

二　小兜里遗址的聚落与社会

小兜里遗址东、西两区共计发掘面积约 3300 平方米，较清晰地揭示了遗址自崧泽文化晚期至良渚文化中晚期聚落的演变过程，其聚落布局与演变在嘉兴地区和良渚文化中颇具代表性，是继桐乡普安桥⑥、海盐仙坛庙⑦之后的又一重要发现，为研究崧泽文化与良渚文化的聚落形态、社会组织结构及社会分化等提供了新的资料。

崧泽文化末期，小兜里遗址东、西两区至少存在六至七个人工营建的土台。这些土台大体为东西向成排分布，相对独立，间隔 10 米左右，土台基本为东西向的长方形，边长 8～10 米左右，各土台上都分布有数量相当的墓葬。墓葬均为南北向，一般分布在土台的东、西两侧。有的土台顶面中部还保留有建筑的遗迹，如西区的 F1、东区的 F3。小兜里东区⑧各土台外围则布列了灰坑、窖穴、水井等生活遗迹（主要分布在土台南部），而以灰烬层为标识的生活废弃堆积则叠压在土台的东缘或北缘坡脚，生动形象地展现了当时的生活场景。从东区的情况来看，这些土台的拓展和营建还较为频繁。

小兜里良渚文化时期的聚落演变，东区因被破坏，不得而知，从西区的情况来看，基本延续了崧泽文化末期的聚落格局，主要是依据崧泽文化时期的土台向外拓展。如西区西北部以崧泽文化时期的原土台Ⅱ为基础，向西拓展，形成了以 M27 等墓葬为代表的墓群。西区西南部的土台Ⅰ第一阶段东侧埋设两座成人显贵墓 M35、M33，另有三座未成年墓位于 M33 的周边；土台西侧埋设 M41 和 M46 两座墓葬。两组墓葬之间的台面上有多处烧结面，此处很可能为这些墓主人生前的居址。土台Ⅰ第一阶段结束后，开始了第 13 层堆积，即土台Ⅰ第二阶段，这一阶段的营建更为讲

① 苏州博物馆、常熟博物馆：《江苏常熟罗墩遗址发掘简报》，《文物》1999 年第 7 期。
② 浙江省文物考古研究所：《瑶山》，文物出版社，2003 年。
③ 南京博物院：《赵陵山——1990～1995 年度发掘报告》，文物出版社，2012 年。
④ 上海市文物管理委员会：《福泉山——新石器时代遗址发掘报告》，文物出版社，2000 年。
⑤ 浙江省文物考古研究所：《反山》，文物出版社，2005 年。
⑥ 北京大学考古学系、浙江省文物考古研究所、日本上智大学联合考古队：《浙江桐乡普安桥遗址发掘简报》，《文物》1998 年第 4 期。
⑦ 浙江省文物考古研究所、海盐县博物馆：《海盐仙坛庙遗址的发掘》，嘉兴市文化局编《崧泽·良渚文化在嘉兴》，浙江摄影出版社，2005 年。
⑧ 浙江省文物考古研究所、海宁市博物馆：《海宁小兜里遗址第四期（东区）发掘收获》，浙江省文物考古研究所主编《浙北崧泽文化考古报告集（1996～2014）》，文物出版社，2014 年。

究，除了加高土台、新建居址（红烧土遗迹，即F1）外，稍晚还向南拓展，并在南缘垒砌了石磡。

土台Ⅰ第二阶段的四座墓葬M25和M26、M20和M21两两分布在土台的东、西两侧，值得注意的是这四座墓葬仍未打破台面的红烧土遗迹，而且M20、M21显贵大墓的埋设方式与被它们分别叠压打破的M35、M33的埋设方式也一致（即东西排列），同样，土台西侧的M25、M26的埋设方式也与早一阶段的M41、M46的埋设方式相同（即南北排列）①。按上文的分期，M20、M21、M25、M26四座墓葬已进入良渚文化时期。因此，小兜里良渚文化早期聚落清晰地沿用了之前的聚落格局。

西区东南部墓地的形成轨迹也非常清楚。崧泽文化末期也应该还有一个主体土台，台上埋设以M16～M19为主体的墓组。良渚文化早期，墓地向北扩展，大约此时，西南部的土台Ⅰ可能也已废弃，良渚文化的聚落重心向东北方向转移，依托崧泽文化晚期土台Ⅰ、土台Ⅱ和东南部M17墓组所属的土台直接向东和东北方向营建、拓展，先后形成了以M14、M8以及以M6、M2和M5为代表的墓组②。

从陶器形态的细微演变上，还可以发现M3、M14、M8与M13—M12—M6—M2—M5两组墓葬似乎都是自西向东依次形成的。M6—M2—M5三座墓葬现距墓口深度由西向东递增，或许也可以证明三座墓葬的埋设顺序即M6→M2→M5③。（图8-2）

尽管在崧泽文化向良渚文化转变的过程中，小兜里聚落的变化是稳定而延续的，但在物质文化层面上的转变可谓是激进的，诸多文化因素并不像是传统因素的自然生长。比如从崧泽末期的浅腹盆形鼎到良渚早期的深腹釜形鼎，而直口豆、鼓腹罐、锥形器、冠状器也都是新出现的器形，釜形鼎、鼓腹罐流行于余杭地区，小兜里的玉器中有透闪石软玉的鸡骨白颜色，也有淡雅的翠绿色，更有数量丰富的叶蜡石材质，是这一时期桐乡—海宁遗址群玉料的代表④，这与良渚遗址群的鸡骨白或蓝瓜黄的玉质明显不同，因此，小兜里在良渚文化的形成过程中有来自不同地区的文化因素的参与，具体的来源还需要极为细致的梳理。

小兜里崧泽文化末期各土台上墓葬的数量一般在5座左右，西区西南部土台Ⅰ第一阶段的7座墓葬是这一时期中心墓组最典型的单元，土台东侧的M33、M35墓主人为成年，其他三座为未成年，土台西侧的两座墓葬一座为成年，另一座为孩童墓。由于保存原因，以上墓葬主人无法从体质学上确认各自的性别，但我们认为，在此聚落形态中与这样一个人口规模、年龄结构相对应的社会单元为家庭的可能性较大，而以若干土台为依托标识的家庭则构成了以血缘为基础的更高一级的社会组织——家族。

小兜里西区墓葬的空间关系较清晰地反映了其社会组织结构，而各单元的墓葬数量也反映了社会基本构成单位的规模。聚落上的"分而不离"，一方面反映了社会组织的分化，同时也显示了血缘纽带在强有力地维系着族群的整体性。但在社会财富的占有方面，社会分化的脚步却从未停

①　浙江省文物考古研究所、海宁市博物馆：《海宁小兜里遗址第一～三期发掘的崧泽文化遗存》，浙江省文物考古研究所主编《浙北崧泽文化考古报告集（1996～2014）》，文物出版社，2014年。

②　见本报告第二章第二节。

③　浙江省文物考古研究所、海宁市博物馆：《2009年海宁小兜里遗址良渚墓葬的发掘收获》，《南方文物》2010年第2期。

④　方向明：《控制中的高端手工业——良渚文化琢玉工艺》，浙江省文物考古研究所等编著《权力与信仰——良渚遗址群考古特展》，文物出版社，2015年。

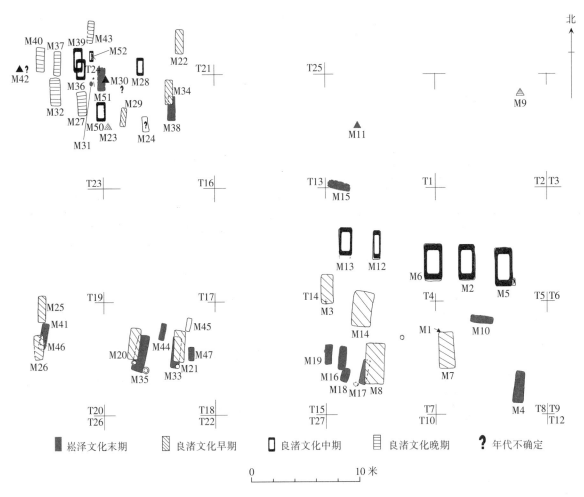

图 8 - 2　小兜里西区墓葬所表现的聚落变化

歇而且在不断加快。

　　总体来说，崧泽文化时期社会成员对资源的占有和分配相对平均，但以墓群为代表的社会单元之间呈现出分化的现象，墓群内部个别成员的地位也被强调和突出，这与崧泽文化晚期以来的社会情形是相同的。以小兜里西区为例，崧泽文化末期各墓葬的随葬品数量一般为 2 ~ 5 件，绝大多数墓葬随葬品均为陶器，少数墓葬随葬 1 ~ 2 件小玉件，石器仅见石钺和纺轮，M33 甚至随葬了多颗石子，显示出玉石器资源在当时极其的珍贵。随葬玉器的墓葬一般在墓坑外的东南角或西南角还埋设夹砂大口缸。由以上这些信息可以认定，随葬品的数量多寡、玉器及大口缸的有无与墓主人身份、地位有着明显的关联。若以此为标准，小兜里遗址西区稍高等级的墓葬均分布在本区的西南组和东南组，而不见于西北组。另一个有意思的现象是，3 件凿形足鼎（M10∶2、M11∶3、M17∶6）均出自西区东南墓组，而 3 件鱼鳍形足鼎（M33∶7、M35∶3、M47∶3）均出自西区西南墓组，若不是偶然巧合，是否可以理解为不同家庭单位的表征？

　　按上文对社会组织的分析，崧泽文化末期，小兜里西区三组墓葬可能为三个独立的家庭，社会内部的家庭之间已出现了初步的社会分化。到了良渚文化时期，这一社会分化得到了进一步的强化和加剧，主要表现在墓坑的大小、葬具的有无与规格、随葬品的种类与数量等方面，下面从随葬品总数及玉石器的种类与数量方面分析小兜里西区三组良渚文化墓葬（表 8 - 1）。

表 8 – 1　　　　　　　　　　　　小兜里西区良渚文化墓葬出土玉石器比较

分区	墓葬编号	珠	隧孔珠	管	长管	串饰	坠饰	圆牌	纺轮	钺	镯	璜	锥形器	冠状梳背	钺(石)	花石钺	刀	双孔石刀	锛	随葬品总数
东南组	M12		1			1 – 53							1							8
	M13					2 – 11							1		3	2				13
	M6		1	3	1	1 – 106	1			1	1		2	1	3	4				47
	M2			3		1 – 59	1			1	1	3	1	1				1		34
	M5	3	2	2	1	2 – 110					1		4	1	2	1	1		5	59
	M3		6	2		1 – 16	1				2		1		1					21
	M14		2	4	1	3 – 39	1		1	1			1		3	1				28
	M7														3		1		1	10
	M8			4		1 – 195	3	2		1	2	1			2	2				26
西南组	M20						2	1												8
	M21	2	9			1					1									19
	M25					1														8
	M26				1						1				1					6
西北组	M22																			6
	M23																			2
	M24																			1
	M27		1															2		13
	M28																	1		5
	M29																			5
	M30						1													2
	M32																			5
	M36																			5
	M37																	1		11
	M39															1		1		8
	M40												1			1		1		11
	M43												1					1	1	8
	M50																			4

注:"串饰"中以 M5 之 2 – 110 为例,表示该墓出土 2 组串饰共 110 颗。

据表 8 – 1 可知,小兜里西区东南、西南、西北三个墓群平均随葬品数量分别为 27.33、10.25、6.14 件（组），比值为 4.45∶1.67∶1,而且 93% 以上的玉器及 82% 以上的石器出土于东南墓群,所以,不论随葬品的数量还是种类,东南墓群均占有绝对的优势,如果墓群是基于血缘和家庭,则显著地表明了良渚文化时期尤其是到了以 M6—M2—M5 为代表的良渚文化中期,社会内部家庭之间的分化已达到了空前剧烈的程度,这也是良渚文化社会分化的缩影。

三 良渚文化高等级墓葬的比较

通过上文的年代分析,我们明晰了小兜里遗址良渚文化遗存的时代坐标,小兜里以 M2、M5、M6 为代表的高等级墓葬与新地里[①] M98、M108、M109,龙潭港[②] M9,福泉山 M109、M132、M136,赵陵山[③] M77,罗墩 M3、M7 和瑶山、反山主体部分等高等级墓葬的年代基本同时,均相当于良渚文化中期。下面重点分析和比较这一时间断面上这几处遗址的高等级墓葬。

(一)社会分化的时间节点

小兜里遗址自崧泽文化晚末期到良渚文化晚期文化的发展完整无缺环。良渚文化早期出现较大的变化之一是玉石器资源的获取较之前明显增加,并出现了锥形器、冠状器及个体较大的玉钺等器件,这些玉石器的分配基本集中在西区的东南组墓群。从 M3—M14—M7 诸墓出现,小兜里社会分化开始加速启动,到了 M6—M5—M2 的良渚文化中期,社会的分化已极为剧烈,绝大部分社会财富已集中到少数人或某个家庭手中。

新地里良渚文化早期遗存基本不见,因而良渚早期社会分化情况不清楚,但 M98、M108、M109 等墓葬表明,到了良渚文化中期,社会财富集中到显贵阶层的手中,且这些高等级墓葬集中成排分布,社群内部的分化相当尖锐,其反映的社会发展状况与小兜里是极其一致的,只是物质表现形式不同,待下文展开叙述。

福泉山遗址良渚文化早期的遗存发现较少,主要是良渚中晚期墓葬,而邻近的赵陵山遗址则良渚文化早期墓葬丰富,两个遗址互相补充,对于阐释太湖东部地区的社会演进具有重要意义。赵陵山第④、③层下的大部分墓葬年代为良渚文化早期,这批墓葬随葬的陶器具有浓厚的崧泽文化遗风,随葬品的数量一般都在 5 ~ 10 件左右,陶器中杯的数量较多,常见四系罐,玉器的数量也较少,值得注意的是很多墓都随葬石钺,M33、M38、M64、M78 均随葬 6 ~ 8 件石钺,福泉山 M139 甚至随葬了 12 件石钺,显现出社会初步分化的态势。到了赵陵山 M77 阶段,这一地区的社会分化剧烈地呈现出来,赵陵山 M77 共随葬器物 111 套(组)157 件,以玉石器为主,陶器只有 10 件,石器 21 件,其中石钺 15 件,骨牙器 3 件,其他 123 件均为玉器,占随葬器物的 78.3%。福泉山 M109、M132、M136 诸墓体现的社会分化情况与赵陵山 M77 类似。

综上可知,嘉兴地区及沪西地区社会进程的步调是一致的,良渚文化早期是社会分化开始加速启动阶段,良渚文化中期是其社会急剧分化的大变革时代。但与反山、瑶山、罗墩墓地的情况相比,以上两个地区的社会进程则略显滞后,反映了地区之间发展的不平衡。

(二)社会分化的物质表现形式有别

除了以上各地区社会变革的步调不尽一致,社会分化的表现形式也各有不同。

苏南—沪西地区这一时期高等级墓葬的陶器组合主要为鼎、豆、双鼻壶、带流宽把杯、盆,带流宽把杯出现的时间早于嘉兴地区。玉器主要见有锥形器、环镯、钺及一些珠串饰,冠状器较少见,似乎其获取较嘉兴地区更为不易。石器中常见一墓多钺,且出现薄体大孔石钺,有少量礼器化的石锛。福泉山高等级墓葬也流行随葬大口缸的习俗,但大口缸埋葬的位置与方式较嘉兴地

① 浙江省文物考古研究所:《新地里》,文物出版社,2006 年。
② 浙江省文物考古研究所、海盐县博物馆:《浙江海盐县龙潭港良渚文化墓地》,《考古》2001 年第 10 期。
③ 南京博物院:《赵陵山——1990 ~ 1995 年度发掘报告》,文物出版社,2012 年。

区更为复杂。此外，福泉山还见有多例人殉的现象。福泉山、赵陵山也未见两侧翼上翘的石刀，似乎暗示着后一类型石刀分布的东缘。

余杭地区的高等级墓葬多埋葬在专门堆筑的高台或祭台上，随葬大量的玉器、石器，陶器很少，流行鼎、豆、罐的组合且较为固定。玉器的种类、数量、质量都非常高，是其他地区所不能比拟的。有学者指出尽管太湖东部地区福泉山等墓地也出土很多玉器，但"用玉制度"却与余杭地区不同①。

嘉兴地区以小兜里 M6、M2、M5 为例，陶器构成主要有鼎、豆、双鼻壶、宽把杯、罐、盆；玉器主要为锥形器、冠状器、钺、镯、珠、管和串饰，琮、璧、三叉形器等大件玉器不见；石器仅见钺、"耘田器"和双孔石刀。以上三个墓葬位置紧邻，墓坑东南角均埋设大口缸，随葬品的构成和形制也非常一致，似乎有定制。比如，三个墓都随葬了 4 件鼎，A、B、C、D 每型各 1 件，其中隔档鼎是小兜里自崧泽文化晚期以来非常有特色的常见器形。均随葬多件双鼻壶和高把豆及 2～3 件带流宽把杯。玉器均有锥形器和冠状器。

同时期的海盐龙潭港高等级墓葬 M9 随葬品的构成、墓坑规格、葬俗与小兜里 M6、M2、M5 三座墓葬非常一致。以陶器为例，M9 随葬鼎 5 件，分属小兜里的 B、C、D 三型，随葬品中也常见高把直口豆和双鼻壶、宽把杯，墓坑外东南部也埋设大口缸。小兜里与龙潭港相距只有 10 千米，显然，两个聚落联系非常密切。

值得注意的是，小兜里与新地里同属桐乡东南部—海宁西北部地块，但新地里良渚中期的高等级墓葬的随葬品在器物构成、形制等方面均与小兜里存在显著的差别。新地里良渚文化中期（二段）墓葬的随葬品以玉石器为主，陶器相对较少，陶器配伍为鼎、豆、壶、罐，未见带流宽把杯。鼎器形较单一，主要是接近小兜里的 A 型鼎，不见其他形式的鼎，隔档鼎出现的时间明显较小兜里晚且数量较少。流行矮圈足盘，基本不见直口高把豆。墓葬中石器的构成与小兜里有着明显的差别，新地里良渚文化墓葬中石器除了钺、耘田器外，其常见的石锛、石镰、A 型直背石刀及高等级墓葬中的石犁均不见于小兜里，呈现出更多的"农业化"色彩。玉器的类型与小兜里相似，主要为珠、管、锥形器、冠状器及镯等。但新地里遗址良渚文化中期未见玉钺，这一时期的冠状器均为扁片状，下端不减地出榫，且质料均为叶蜡石，这是新地里与小兜里玉器的主要差别。

有意思的是，通过玉器的 X 荧光光谱（XRF）成分分析和显微红外光谱（M—IR）分析发现，相距很近且年代跨度相同的小兜里遗址与普安桥遗址从崧泽文化晚期至少至良渚文化中期，两者玉器都有各自不同的来源，显示了聚落间更为复杂的网络关系②。

《新地里》中将沪南—嘉兴地区的良渚文化分为 7 个地块，并详细归纳这 7 个地块文化面貌的特点，上文的比较也表明各地块内部仍然有着一定的差别，而且存在进一步细化的可能。这种差别可以视为各聚落间交流方向的指示，反映了聚落（群）之间的交流与密切程度，是我们探讨聚落（群）间微观关系的一条重要途径。

四　"花石钺"的相关问题

在上文对高等级墓葬的比较中，我们注意到这些高等级墓葬有一个重要的共同点是，它们绝

① 黄建秋：《良渚文化玉冠帽饰——兼谈考古学研究需要理论》，《中国文物报》2003 年 3 月 7 日第 7 版。
② 崔剑锋、秦岭：《崧泽玉器化学成分分析及相关结果的初步讨论》，浙江省文物考古研究所编《崧泽文化学术研讨会文集》，文物出版社，2015 年。

大多数都伴有一种大孔弧刃石钺的出土，因其典型的材质为花斑色的溶结凝灰岩，因而也俗称"花石钺"（为行文简洁，下文采用此名称）。学界早已注意到了这一现象，刘斌先生认为这类石钺与玉矿有伴生关系，并应该考虑其生产与传播上的特殊性[1]。朔知先生指出反山、瑶山出土大量的这类石钺与凌家滩在用料、形态上有很大程度的相似性，似乎显示了某种亲密的亲缘关系，并认为在钺已丧失了实用功能的前提下，而且板岩、页岩等片状的石料已广泛运用于钺的制造、形态已基本变为扁薄的时期，这种质地和形制的石钺仍顽固地保留下来，尤其主要是在良渚文化中保留下来，更是一种特殊的有意识的行为了，他推测这更可能是保持理念的原因，或者说有某种程度的追模祖先或祖艺的含义[2]

此类石钺，发端和盛行于宁镇—巢湖地区，马家浜文化末期至崧泽文化时期在太湖地区一直有零星的分布，其中苏南沿江地带出土数量略多，张家港东山村崧泽文化早中期高等级墓葬中多有出土[3]。崧泽文化晚期，太湖以南地区的海宁达泽庙[4]、良渚石马兜[5]等遗址也有零星分布。但这一时期的"花石钺"在各种规格的墓葬中都有出土，与社会等级尚看不出明确的关联性，可能只是作为异地输入的特殊物品，而没有观念上的特殊含义。

从良渚早期瑶山、反山、罗墩、赵陵山等墓地开始，这类石钺质料发生变化，以反山、瑶山为代表，与墓葬等级的关联性明确起来，而且愈演愈烈，到了良渚文化中期已在各地区普遍盛行开来，同时，石钺的质料明显非常多样化了。以小兜里遗址为例，共出土"花石钺"10 件，其中 M8、M13 各出土 2 件，M5、M14 各出土 1 件，M6 出土 4 件。依肉眼判断，质料就达五六种之多，孔多为小孔，实心钻和管钻都有。赵陵山 5 座良渚早中期墓葬同样出土"花石钺"10 件，质料也比较多样，既有管钻也有实心钻，孔多为小孔，值得注意的是，M79：5、M77：56 两件石钺为典型的溶结凝灰岩，管钻且孔径较其他同类石钺大，色质、形态与反山、瑶山的石钺非常一致，因此，秦岭推定这两件石钺无疑来自良渚遗址群[6]。

其他绝大多数遗址的情况也基本如此。总结良渚文化早中期"花石钺"的特点主要有如下几点：

1. 除了各区域中心的高等级墓葬使用外，主要流行于中等级聚落的高等级墓葬中。

2. 良渚中期开始盛行，同时，石钺材质走向多元化、复杂化，但几乎不见普通石钺和石锛常用的板岩、页岩、泥岩等质料。

3. 实心钻与管钻并存，大孔与小孔都有。

4. 多未开刃或无使用痕迹，因而不具有实用功能。

5. 贯穿良渚文化的始终，表现出顽强的执着性。

---

[1] 刘斌：《良渚文化的玉钺与石钺》，《玉魂国魄——中国古代玉器与传统文化学术讨论会文集》，北京燕山出版社，2002 年。

[2] 朔知：《长江下游的"玉石分野"与社会变革》，北京大学考古文博学院、北京大学中国考古学研究中心编《考古学研究（九）——庆祝严文明先生八十寿辰论文集》，文物出版社，2012 年。

[3] 周润垦等：《江苏张家港市东山村新石器时代遗址》，《考古》2010 年第 8 期。南京博物院、张家港市文物管理委员会、张家港博物馆：《张家港东山村新石器时代遗址发掘报告》，《考古学报》2015 年第 1 期。

[4] 浙江省文物考古研究所、海宁市博物馆：《海宁达泽庙遗址的发掘》，浙江省文物考古研究所编《浙江省文物考古研究所学刊》，长征出版社，1997 年。

[5] 刘斌等：《良渚遗址群石马兜 2004～2007 年发掘——填补了良渚遗址群文化发展序列的缺环》，浙江省文物考古研究所编《浙江考古新纪元》，科学出版社，2009 年。

[6] 秦岭：《环太湖地区史前社会结构的探索》，北京大学博士研究生学位论文，2003 年。

　　尽管目前我们无法从岩性方面去追踪这类石钺的产地和流向，但以上特点在某种程度上暗含着生产、流通、功能等方面的信息。如果赵陵山等遗址的部分"花石钺"确实是来自良渚遗址群，那么，早期"花石钺"可能就是从少数高等级聚落首先传播出去，作为身份、地位的标识物被各地区模仿，它的流通范围远较高等级玉器宽泛，但它流通的重心在社会的中上层，至少良渚中期还是这样，但又并不是每个聚落都可以自己生产使用，从小兜里等嘉兴地区的许多遗址来看，它们大多不具备自己加工石器的条件，因而，应该存在区域的石器加工中心。正如秦岭所说，在玉石器的使用和分配上，良渚社会是一种分层的模式①。

　　"花石钺"作为权利和身份的标识物，它的流通并不是孤立的，它和玉器的流通体系是伴生的。因此，我们还要结合玉器的流通状况才能更完整地看清社会资源的流通和社会关系的网络。

　　上文已提及小兜里的玉器与良渚遗址群的鸡骨白或蓝瓜黄的透闪石软玉明显不同，应该是地区性的产品，至少来源较复杂，因此，玉器的加工和流通也有不同的层级中心。但我们不能将这些不同的层级中心理解为政治性的社会等级，不能将墓葬及玉石器中心的等级划分与社会阶层的划分直接挂钩，对于社会分层的研究必须局限在一个社会群体范围内，超过特定社会群体范围的墓葬或墓地之间的"等级差别"只能看做是社会分化，它并不等于社会分层②。

　　已有的研究成果表明：良渚文化中，对玉石手工业经济的控制，既是社会权力的表现，也是社会权力的来源③。通过上文"花石钺"的剖析，我们也可以从另一条通道在某种程度上窥探良渚社会的石器加工分配体系及背后蕴藏着的社会结构、权力与观念。

　　自崧泽文化晚期以来，石钺逐渐固化为男性墓葬中不可或缺的身份标识，到了良渚早中期已成定制，这是有其深刻的社会背景的。张弛先生认为进入良渚文化时期前后，太湖区域内外存在大规模的社群迁移，由周边地区迁入太湖地区的社群不仅带来了大量的人口和新的文化因素，而且还进一步造成社群间为控制资源和争夺领地而出现的关系的紧张④。顺便说到，自崧泽文化晚末期以来，男性在社会中威信和地位的跃升应该也与社会关系的紧张有关，当然也有社会组织小型化的缘故，这一时期的社会需要男性更多地承担诸如战争、外联、获取玉石资源等更突出的社会任务。

　　以上只是石钺大量出现的普遍性原因，也可以作为"花石钺"盛行的背景，但"花石钺"有其特殊的一面，其独特性暗示其背后应该有着特殊的社会观念。良渚社会的贵族们不计石料的杂乱优劣，执着地仿制或追求这类石钺，且千年不变，表明"形"的意义大于"质"，但反过来，"花石钺"几乎不使用普通石钺和石锛常用的板岩、页岩、泥岩等质料，说明对"质"又是有所选择和舍弃的，这"形"与"质"究竟寄托着良渚先民怎样的观念和情怀？限于时间和能力，"花石钺"的生产和流通的问题并未深入到实质，其良渚晚期的状况也未涉及，这些仍然是我们需要继续探索的问题。

① 秦岭：《权力与信仰——解读良渚玉器与社会》，浙江省文物考古研究所等编著《权力与信仰——良渚遗址群考古特展》，文物出版社，2015年。
② 张弛：《中国史前葬仪中的社会、观念与权力》，《社会权力的起源——中国史前葬仪中的社会与观念》，文物出版社，2015年。
③ 秦岭：《权力与信仰——解读良渚玉器与社会》，浙江省文物考古研究所等编著《权力与信仰——良渚遗址群考古特展》，文物出版社，2015年。
④ 张弛：《良渚社会的基本结构及其形成过程》，张忠培、许倬云主编《新世纪的考古学——文化、区位、生态的多元互动》，紫禁城出版社，2006年。

后　记

　　小兜里遗址西区新石器时代堆积保存完整，墓葬等级高，尤其是 M5 等一组显贵墓葬。通过对于墓坑内堆积相的判断，如空间的多层次淤泥、葬具的"板灰"等，以及随葬陶器不同层次和倒塌后碎片散落的情景观察，为探索这一时期葬具结构和随葬品放置状况提供了不可多得的材料；M5、M6 随葬了大量的陶器，丰富了这一阶段的陶器类型学研究。遗址主要内涵为崧泽文化晚期至良渚文化早中期，从土台营建和使用、废弃和拓展看，一脉相承，是继桐乡普安桥、海盐仙坛庙遗址发掘之后的又一发现。

　　嘉兴地区桐乡、海宁以及与此交界的海盐、平湖，是崧泽文化晚期至良渚文化遗址分布的密集区。近年来，由于相关部门管理不甚到位，尤其是掀起的土地整理运动全然不顾地下文物的保护，致使不法分子猖狂盗掘，嘉兴地区新石器时代遗址遭受了前所未有的破坏，每每想起都备感痛心。盗掘分子也曾光顾小兜里遗址，但被当地村民金鹤松鱼塘值守的狗叫吓住，未能得逞，小兜里西区发掘时，除了 T18 有一个盗坑抵达了陶片面，另外的盗坑连表土还未去除，真是大幸。

　　小兜里遗址的发掘得到了海宁市文广新局的大力支持，也得到了浙江省文物局、海宁市分管市领导的关注，浙江省文物考古研究所李小宁所长、分管考古发掘经费的王海明副所长也给予了极大的指导和关心，虽然因为建设方的赶工和中途推诿，使得发掘屡有波折，但还是较为顺利地完成了发掘任务。发掘期间，牟永抗先生和浙江省文物考古研究所学术委员会曾专门组织观摩了 M6 的发掘，指导并进行了交流；海盐淇里浜考古队芮国耀、马竹山先生友情支持了 M2、M5 的清理；时值曹锦炎先生上任浙江大学历史文化遗产研究院常务副院长不久，浙大相关人员对遗址进行了物探、三维扫描等尝试，取得了一定的收获；日本金泽大学中村慎一先生等在第二期发掘期间到工地进行考察，中村慎一教授专门提到他本人对于石砌的兴趣；上海博物馆考古部宋建先生、周丽娟女士也曾到工地考察交流；南京博物院左骏先生和昆山张浦镇文化站的相关人员也曾专门到工地参观；南京大学历史系黄建秋教授不但让博士梁丽君、硕士徐凤芹和蔡树亮一起参加了第二期发掘的实习，还亲自前来交流；植物考古工作除了本所科技考古室参与之外，还得到了北京大学考古文博学院秦岭副教授的大力支持，高玉、邓振华等同学以及澳大利亚国立大学洪晓纯、伦敦大学学院庄奕杰博士亦参与了这项工作。

　　小兜里遗址整理场地安排在海宁市博物馆后院的简易房子内进行，参加整理的主要有方向明、盛文嘉、仲召兵，方向明和盛文嘉负责小兜里第一至第三期发掘材料的整理，仲召兵负责小兜里东区发掘材料的整理。海宁市博物馆周建初承担了墓葬出土大口缸、部分彩绘陶器、青铜镜的修复，海宁市博物馆王伟观察了墓葬起取的部分人骨，并出具初步分析报告。部分陶器分别运往余杭临平玉架山和海宁皇坟头遗址考古工地，在领队楼航和芮国耀的支持下，帮助进行了修复。2013 年 7 月，在刘斌副所长和秦岭副教授的支持下，小兜里部分玉石器随同余杭博物馆、浙江省文物考古研究所、北京大学考古文博学院三家合作的"玉架山遗址出土玉器无损分析研究"课题组到北京大学考古文博学院进行矿物学材质和微量元素的测定。小兜里遗址出土的红烧土块显微结构烧制温度等检测得到了中国科技大学张居中教授的帮助,在他们的实验室进行检测分析。

整理期间,因为海宁市博物馆临时展厅空档,在许赛君馆长、董月明副馆长的邀请下,我们举办了"五千年前的碶石人——2009~2011年小兜里的考古"特别展,金雪女士还专门手写了文物说明牌。虽然博物馆本身就没有多少人来看,但我们自己对展览非常满意。

小兜里遗址整理具体分工如下:盛文嘉负责墓葬出土器物的绘图和文字描述,少量地层和灰坑单元的完整器也由盛文嘉绘图,最后由方向明核实,方向明对器物文字描述进行了较大的改动。盛文嘉负责拍摄小兜里遗址全部出土遗物。方向明负责地层和灰坑等单元的整理和统计,负责选取标本的绘图、上墨和文字撰写,负责墓葬中不能复原器物的观察和描绘示意图、撰写文字说明,负责墓葬等遗迹图的上墨,负责地层图的拼接和上墨。仲召兵负责小兜里东区整理工作。

小兜里报告撰写具体如下:第一章第一、二、三节由周建初执笔;第三章墓葬出土遗物的文字描述由盛文嘉执笔,方向明修改;第六章、第八章由仲召兵执笔;第七章分别由北京大学考古文博学院吴小红、高玉、崔剑峰、秦岭、杨颖亮,中国科技大学张居中和杨玉璋、浙江省文物考古研究所陈旭高、海宁市博物馆王伟等执笔;第一章第四节、第二章、第三章每座墓葬的概述、第四章、第五章均由方向明执笔。英文提要翻译梁颖琪、陈明辉。报告完成后,由方向明最后统一审定。

方向明

2014 年 6 月 4 日

Abstract

Xiao Dou Li site is located in the plain in Northern Zhejiang, northwest of Haining, Zhejiang province. It is now a rectangular mound whose western side is better preserved. It is about 150 meters long from east to west, 40 meters wide from north to south and 0.5m to 1.5m higher than surrounding paddy fields. Zhejiang Provincal Institute of Cultural Relics and Archaeology and Haining Municipal Museum have jointly carried out urgent excavations to explore an area of about 3300 square meters in here from April, 2009 to May, 2011 and have successfully exposed a settlement from late Songze culture to late Liangzhu culture with abundant Neolithic relics, including at least 7 artificially piled up terraces, 3 architectural relics, 5 wells, 32 ash pits, 55 tombs and 5 trenches. Besides, Maqiao culture relics and a small amount relic of Song dynasty are also found here.

In late Songze Culture, artificially piled up terraces are relatively independent and they generally distribute in an east – west row with an interval of 10 meters between each other. Roughly identical number of tombs spread on their eastern and western sides. Some terraces preserve architectural relics in the middle of the surface. Living facilities such as ash pits, cellar holes, and wells are found in the southern edge of the terrace on the Eastern side. Waste accumulations symbolized by ash layers overlie on the toe of the slope of the eastern or northern edge, which vividly display real human settlement scenes of that time.

In the southwest of the west area, there are 7 tombs in the first term of terrace I and they are the most typical components of human settlement of that period. On the east side of the terrace, the owner of tomb M33、M35 are adults and the rest three belong to juveniles. On the west side of the terrace, one tomb belongs to an adult and one belongs to a child. The possibility that this social unit constitutes a household is quite big, while households spread on different terraces constitute a higher level of social network based on kinship which is called family clan。

Human settlements of Liangzhu period mainly expand outward in an east – west direction based on original terraces in this area. The most important ones are those orderly scattered dignitary burials of early and mid Liangzhu culture in the southeast of the west area, they shed important light on studies of the social evolution of Liangzhu Culture. It shows that Early Liangzhu Culture experienced accelerated social differentiation. Till Mid – Liangzhu Culture, over 93 percent of the jade and over 82 percent of the stone vessels in the west area are found in the southeast tombs, which indicates that social differentiation between families in the settlement are very intense and have reached to an unprecedented level.

Another important achievement is the recovery of its coffin structure and forming process by observing and stripping the funerary coffin of Liangzhu dignitary tombs.

There is a clear difference in the aspect of vesselgroup, shape and emerging time of some cultural factors between Xiao Dou Li site and its adjacent sites such as Xin Di Li site. However, it is the same as Long Tan Gang and other sites on the east side. These findings are of enlightening significance to find out microscopic relationship among settlements in Jiaxing area.

小 兜 里

（下）

浙江省文物考古研究所
海 宁 市 博 物 馆　编著

文物出版社

北京 · 2015

Xiaodouli

II

(with an English Abstract)

by

Zhejiang Provincal Institute of Cultural Relics and Archaeology

Haining Municipal Museum

Cultural Relics Press

Beijing · 2015

彩版目录

6

1-1 遗址第三期发掘后（2010年9月18日，采自 GOOGLE EARTH）

1-2 遗址现状（2012年3月15日，采自 GOOGLE EARTH）

1-3　2009 年 4 月 11 日小兜里遗址发掘前（东北—西南）

1-4　第一期发掘中（南—北）

1-5　第一期发掘结束时的场景（西南—东北）

1-6　第一期发掘结束时的场景（西南—东北）

1-7 第一期发掘结束时的场景（西南—东北）

1-8 第二期发掘开始时的场景（南—北）

1-9　取样（第二期发掘）

1-10　浮选（第二期发掘）

1-11　观察（第二期发掘）

1-12　挑选（第二期发掘）

1-13　第三期发掘中的植物考古

1-14　第三期发掘植物考古人员在小兜里桥合影（左起：方向明、秦岭、高玉、庄奕杰、邓振华、洪晓纯）

1-15　小兜里考古队与中村慎一教授一行合影
（左起：小柳美树、渡部开也、中村慎一、方向明、槙林启介、蔡述亮、盛文嘉、梁丽君、周建初、徐凤芹、郭宗录）

1-16　第二期发掘结束时的场景（北—南）

1-17　第三期发掘开始时的场景（从小兜里桥东向西）

1-18　第三期发掘结束时打隔梁（北—南）

2-1　"草木灰"堆积细部

2-3　T22—T18 西壁细部

2-2　T22—T18 西壁整体

2-4　T22—T18 西壁细部

2-5　T22—T18 西壁细部

红烧土遗迹（F1）

⑰

⑱

⑲

㉑

㉒

㉓

2-6　T22—T18 西壁细部

2-7　T22—T18 西壁细部

2-8　T17 西壁整体（图上地层编号为野外发掘时的原始地层编号）

2-9　T16 西壁整体

2-10　T21 西壁局部

2-11　T21 西壁局部

2-12　T20 北壁

2-13　T18 北壁

2-14　T16 南壁

2–15　T23 南壁局部

2–16　T23 南壁局部

2–17　T23 南壁局部

2-18　T14 北壁

2-19　T4 北壁局部

2-20　T4北壁局部

2-21　T4北壁局部

2-22　T10西壁

3-3　西北区域墓葬分布
情况（西—东）

3-4　西北区域墓葬分布
情况（南—北）

3-5　东部区域墓葬分布
　　情况（西—东）

3-6　东部区域墓葬分布情况
　　（东—西）

3-7　M1 石钺出土情况（东—西）

3-9　M1：2 石钺

3-8　M1：1 石钺

3-10　M1：3 玉钺

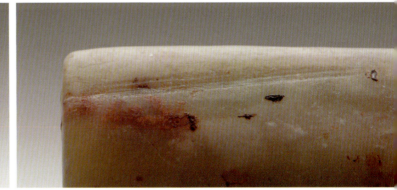

3-11　M1：4 玉管

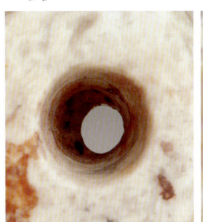
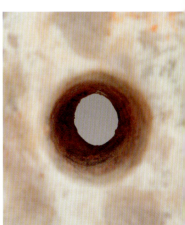

3-12　M1：5 玉管

3-13　M2 平面开口（南—北）

3-14　M2 开始清理（南—北）

3-15　M2 横剖面（南—北）

3-16　M2 墓底结构（北—南）

3-17　M2 墓底结构局部（南—北）

3-19　M2 叠压玉器之上的多层板灰痕迹（东—西）

3-18　M2 红陶罐朝上一面留下的砸击点（南—北）

3-20　M2 棺椁之间陶器起取后的层状淤泥堆积（西—东）

3-21　M2（西—东）

3-22　M2（北—南）

3-23　M2：1 陶翘流盉

3-24　M2：2 陶盆

3-25　M2：3 陶盆

3-26　M2：4 陶双鼻壶

3-27　M2：5 陶翘流盉

3-28　M2 长玉管出土情况（北—南）

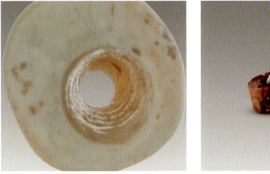

3-29　M2：6 长玉管

3-30　M2：7 玉管串

3-31　M2 玉锥形器、璜形器、分体式缀镯等出土情况（西—东）

3-32　M2：8 玉锥形器

3-33　M2：9 玉璜形器

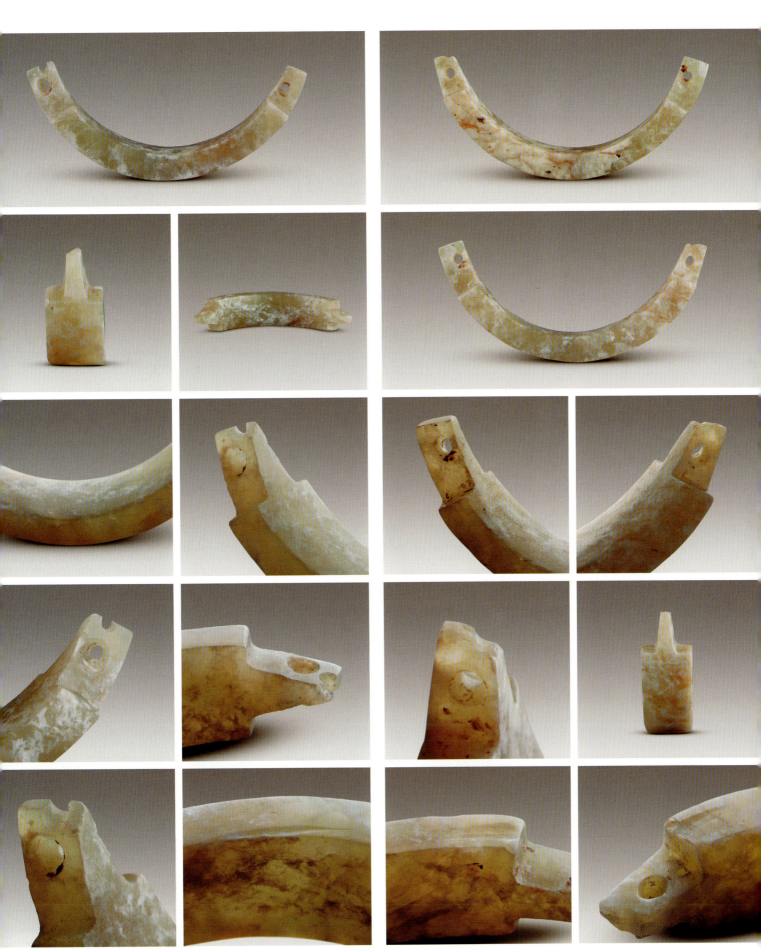

3-34　M2：10 玉璜形器　　　　　　　　　　　　3-35　M2：11 玉璜形器

3-36　M2：12 分体式玉缀镯

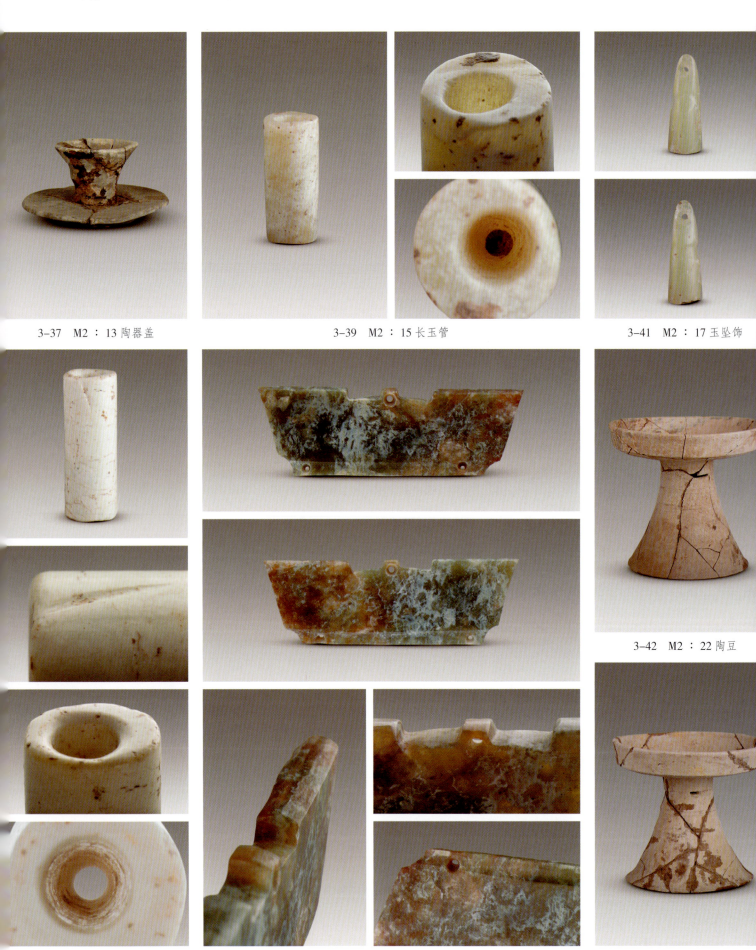

3-37　M2：13 陶器盖

3-39　M2：15 长玉管

3-41　M2：17 玉坠饰

3-38　M2：14 长玉管

3-40　M2：16 玉冠状梳背

3-42　M2：22 陶豆

3-43　M2：23 陶豆

3-44　M2：18 红陶罐

3-45　M2：19 陶鼎

3-46　M2：20 陶鼎

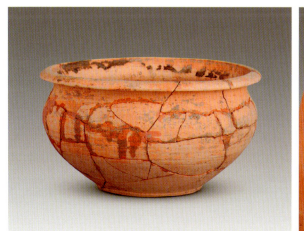

3-47　M2：21 红陶盆

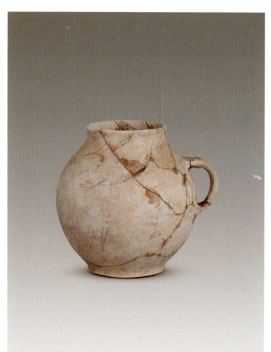

3-49　M2：25 陶杯

3-48　M2：24 陶甗

3-50　M2：26 石刀

3-51　M2：27 陶纺轮

3-52　M2：28 陶甗

3-54　M2：30 陶罐

3-53　M2：29 陶簋

3-55　M2：31 陶器盖

3-56　M2：32 陶器盖

3-57　M2：33 陶双鼻壶

3-58　M2：34 玉钺

3-61　M3 南部器物出土情况（东—西）

3-62　M3 北部器物出土情况（东—西）

3-59　M3（北—南）

3-60　M3 横剖面（南—北）

3-63　M3 玉隧孔珠与玉管的配伍

3-64　M3：1 玉隧孔珠

3-65　M3：2 玉隧孔珠　　　　　　　　　　　　　　3-66　M3：3 玉隧孔珠

3-67　M3：4 玉管珠串

3-70　M3：4-3 玉管珠

3-68　M3：4-1 玉管珠

3-69　M3：4-2 玉管珠

3-71　M3：4-4 玉管珠

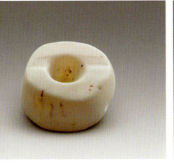

3-72　M3：4-5 玉管珠

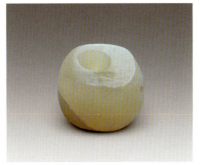

3-73　M3：4-6 玉管珠

3-74　M3：4-8 玉管珠　　　　　　　　　　　　　　　　　　　　　　3-75　M3：4-7 玉管珠

3-76　M3：4-9 玉管珠

3-77　M3：4-10 玉管珠

3-78　M3：4-11 玉管珠

3-79　M3：4-12 玉管珠

3-81　M3：4-14 玉管珠

3-80　M3：4-13 玉管珠

3-82　M3：4-16 玉管珠

3-83　M3：4-15 玉管珠

3-84　M3：5 玉坠饰

3-85　M3：6 玉筒形器出土情况（东—西）

3-86　M3 玉筒形器内的小玉环

3-87　M3：6 玉筒形器

3-88　M3：7 小玉环

3-89　M3：8 石钺

3-90　M3：9 陶壶

3-91　M3：10 漆器

3-92　M3：11 陶双鼻壶

3-95　M3：14 玉管和 M3：15 玉
隧孔珠

3-94　M3：12 玉管

3-93　M3：13 玉隧孔珠　　　　　3-96　M3：16 陶簋　　　　　3-97　M3：18 玉隧孔珠

3-99　M3：20 陶罐

3-98　M3：19 陶甑

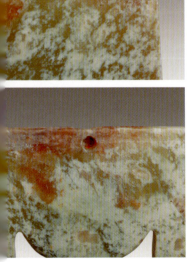

3-100　M3：21 玉冠状梳背

3-101　M4（北—南）

3-102　M4：1 陶罐

3-103　M4：4 石钺

3-104　M4：2 陶盘

3-105　M4：3 陶盆

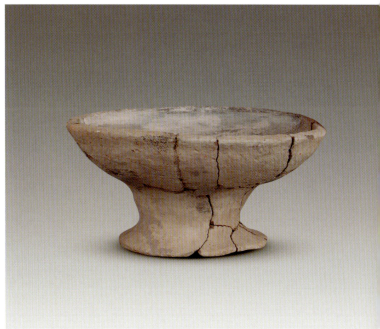

3-106　M4：6 陶豆

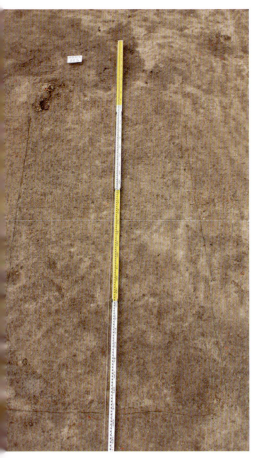

3-107　M5 平面出露（北—南）

3-108　M5 十字隔梁清理（北—南）

3-109　葬具出露（北—南）

3-110　M5 的清理（北—南）

3-111　M5 的清理（北—南）

3-112　M5 清理结束（南—北）

榫痕，厚度平面清晰（宽约 8 厘米），剖面不清晰

6 号豆的出土位置

墓主肢骨

被压扁了的宽把杯片以及多件带盖小杯，与墓主肢骨同叠压在层状淤泥之下

3-113　M5 横向剖面的解剖说明（北—南）

3-114　M5：4 带盖陶甗的出土情况（南—北）

15 圈足和把

15 圈足

15 流

15 盖

7 号豆盘的下落

7

5

6

3-115　M5：7 陶豆盘和 M5：15 陶宽把杯碎片的散落情况（南—北）

3-116　M5 墓主的牙齿

3-117　M5：1 红陶罐

3-118　M5：2 玉锥形器

3-119　M5：4 陶甗

3-120　M5：3 玉锥形器

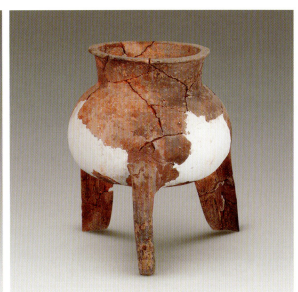

3-121　M5：5 陶鼎

3-122　M5：7 陶豆

3-123　M5：8 陶甗

3-124　M5：9 陶簋

3-125　M5：10 陶宽把杯

3-126　M5：11 陶双鼻壶盖

3-127　M5：12 陶鼎

3-128　M5：13 陶罐

3-129　M5：14 陶盆

3-130　M5：15 陶宽把杯

3-131　M5：16 石钺出土情况（南—北）

3-132　M5：16 石钺

3-133　M5 双孔石刀出土情况（西—东）

3-134　M5：17 双孔石刀

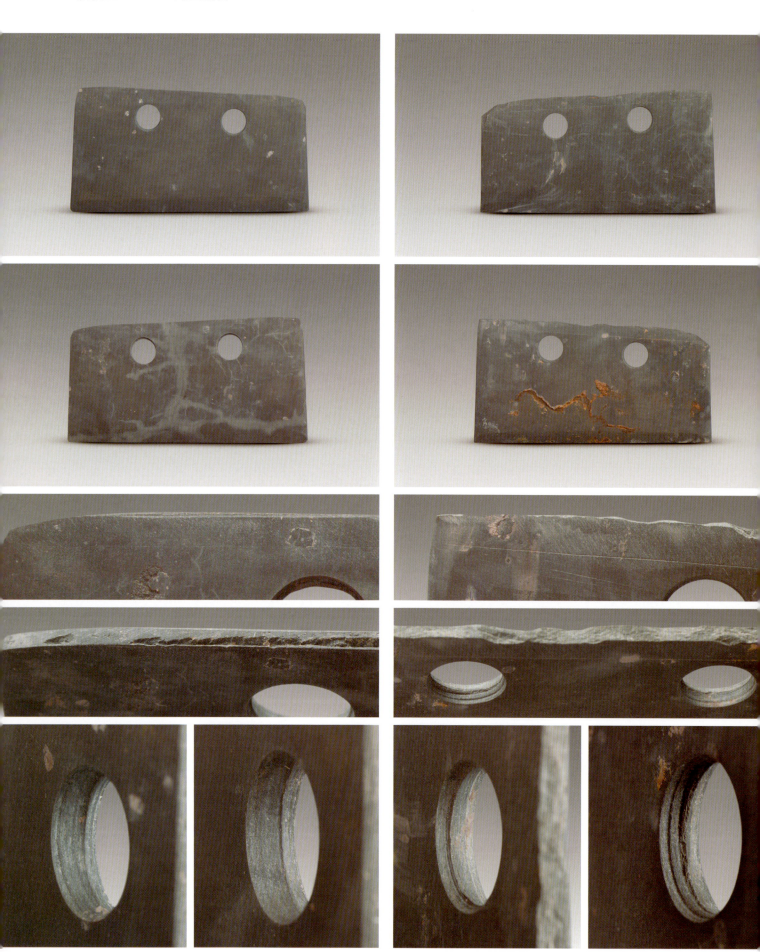

3-135　M5：18 双孔石刀　　　　　　　　　　　3-136　M5：19 双孔石刀

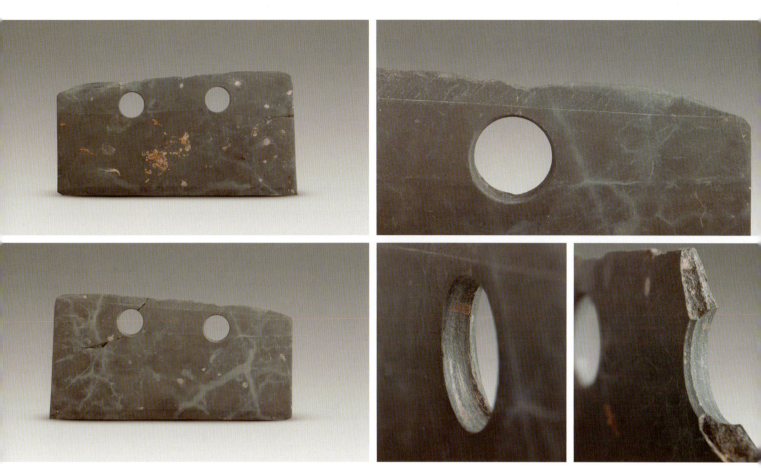

3-137　M5：20 双孔石刀

3-138　M5：21 双孔石刀

3-139　M5：22 石钺　　　　　　3-140　M5：23 玉钺

3-141　M5：24 陶双鼻壶

3-142　M5：26 陶杯

3-143　M5：27 陶杯

3-144　M5：25 陶翘流盉

3-145　M5：28 陶双鼻壶出土情况（西—东）

3-146　M5：28 陶双鼻壶

3-148　M5：31 玉隧孔珠

3-149　M5：32 石刀出土情况（东—西）

3-147　M5：30 玉锥形器

3-150　M5：32 石刀

3-151　M5：34 陶双鼻壶

3-152　M5：35 陶双鼻壶

3-154　M5：39 陶罐

3-153　M5：36 陶盆

3-155　M5：43 陶器盖

3-156　M5：37 长玉管

3-157　M5：41 玉隧孔珠　　　　　　3-158　M5：42 玉珠　　　　　　3-159　M5：38 玉锥形器

3-160　M5∶40石钺出土情况（北—南）

3-161　M5∶40石钺

3-162　M5∶44玉冠状梳背出土时的状况（东—西）

3-163　M5∶44玉冠状梳背和象牙梳起取时的情况

3-164　M5∶44玉冠状梳背现状

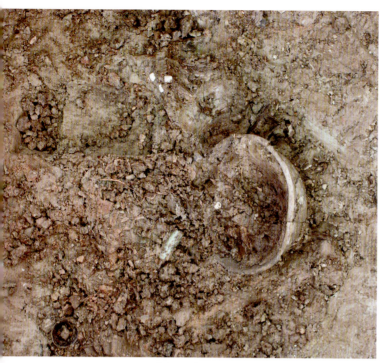

3-165　M5 墓主头骨下方的玉管珠串

3-166　M5：45-1 玉管

3-167　M5：45-60 玉管

29　　30

28

3-168　M5：45-28、29、30 玉管珠

3-169　M5：45 玉管珠串

3-170　M5：45-61~66 玉管珠

3-171　M5：50 玉管

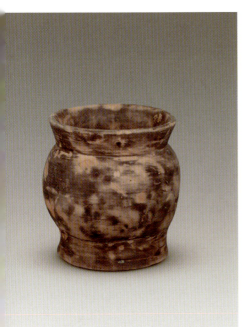

3-172　M5：46 陶杯　　　　　　　　　　　　3-173　M5：47 陶杯

3-174　M5：48 陶杯

3-175　M5：49 陶大口缸

彩版六二　M5 出土器物

3-176　M5：51 陶盘

3-177　M5：52 陶盘

3-178　M5：53 陶器盖　　　3-179　M5：54 陶器盖　　　3-180　M5：59 陶器盖

3-181　M5：55 玉管串

3-183　M5：56 玉珠

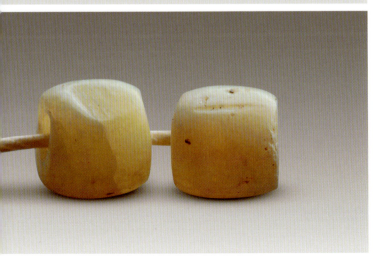

3-182　M5：55-1、2 玉珠

3-184　M5：57 喇叭形玉管

3-185　M6 在发掘区的位置（北—南）

3-186　浙江大学文化遗产院夜晚对 M6 进行三维扫描

3-187　周建初修复 M6 起取器物

3-188　M6 遭遇灾害性天气后

3-189　牟永抗先生和所里同事观摩 M6 的发掘

3-190　当地媒体采访 M6 的清理发掘

3-191　参加 M6 清理的考古队员和民工

3-192　M6 墓口的确认（南—北）

3-193　M6 清理 10 厘米深度后出露的葬具（椁）痕迹（南—北）

3-194　M6 清理 24 厘米深度后出露的葬具（椁）痕迹（南—北）

3-195　M6 葬具内的清理

3-196　M6 葬具内上层随葬品的清理（北—南）

3-197　M6 葬具内上层随葬品揭取后（西—东）

3-198　M6横剖面（北—南）

3-199　M6横剖面局部（北—南）

3-200　M6西北部葬具痕迹与层状淤泥堆积（西—东）　　　　3-201　M6西北部纵剖面葬具痕迹局部：棕褐色土和灰白色淤泥（西—东

3-202　M6 西北葬具痕迹与层状淤泥堆积（西—东，小竹签为绘图测点）

—203　M6 纵剖面北部多层棕褐色土夹杂灰白色淤泥、灰褐色土的堆积（西—东）

3-206　M6 东南部随葬陶器与多层次的淤积堆积（南—北）

3-204　M6 西南剖面局部（西—东）

3-205　M6 东北剖面局部（东—西）

3-207　M6 东南剖面局部（东—西）

3-208　M6 南段纵向小隔梁的清理

3-209　M6 棺底葬具剖面的细部

墓坑填土或倒塌土

椁

棺南壁

盖一

盖二

这件双鼻壶可能是位于棺椁之间的

骨骸

这件双鼻壶在盖二堆积时出露，应该位于棺内

小兜里 M6，东南 1/4

小兜里 M6（由北向南）

红陶罐位于板灰 1 上

红陶罐碎片叠压板灰 1/2 上

以上为填土或倒塌土

板灰 1　　板灰 2

位于板灰 1 之上

西北 1/4

3-210　野外对于小兜里 M6 堆积层次的判读

3-211　M6 清理葬具结构

3-212　M6 墓底葬具痕迹的解剖

3-213　M6 墓底葬具痕迹的解剖

3-214　M6：25 红陶盆开始出露

3-217　M6：25 红陶盆内的堆积

3-218　M6：25 红陶盆下的随葬器物（西—东）

3-219　M6：41 陶豆所在的剖面细部（西—东）

215　M6：26 红陶罐南侧明显低于盆口沿的灰白色淤泥堆积（北—南）

-216　M6：26 红陶罐南侧明显低于盆口沿的灰白色淤泥堆积细部（东—西）

3-220　M6：26 红陶罐碎片所在的层状淤泥堆积

3-222　M6：9 陶双鼻壶及其下的堆积（南—北）

3-221　M6：9 陶双鼻壶出土时叠压白色层状淤泥（南—北）

3-223　M6：3 陶双鼻壶的出土情况（西—东）

3-224　M6：1 陶翘流盉在葬具倒塌后被砸击的疤痕（东—西）

3-225　M6 葬具内随葬器物的高差（南—北）

3-227　M6 带盖陶甂的出露

3-226　M6 红陶盆、罐的出露和起取

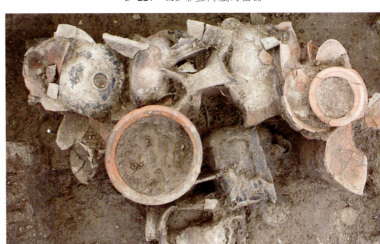

3-228　M6 北部陶器的起取

3-229　M6 红陶盆、罐起取后出露的陶鼎、甗和灰白色淤泥

3-230　M6 陶鼎、甗起取后出露的灰白色淤泥层和下层陶器

3-231　M6 北部下层陶器的出土情况（东—西）

3-234　被头骨叠压的 M6：15 玉钺的出土情况（东—西）

3-232　M6 北部下层陶器的出土情况（北—南）

3-235　M6 墓主头骨下方的玉管珠串（西—东）

3-236　M6：23 玉冠状梳背的出土情况

3-233　M6：10 石钺的出土情况（西—东）

3-237　M6：23 玉冠状梳背起取后的状况

3-238　M6 墓主头骨的位移（西—东）

3-242　M6：18 玉镯起取后背面的墓主肢骨的残痕

3-239　M6 头骨附近的朱痕

3-243　M6 墓主的牙齿

3-240　M6 墓主头骨内的棕褐色淤泥堆积

3-244　M6 墓主的牙齿

3-241　M6：6 石钺起取后背面黏附的墓主骨骸

3-245　M6 西北部位出土的不明肢骨（西—东）

3-246　M6：1陶翘流盉

3-247　M6：2陶盘

3-248　M6：3陶双鼻壶

3-249　M6：4石钺

3-250　M6：5 石钺

3-251　M6：6 石钺

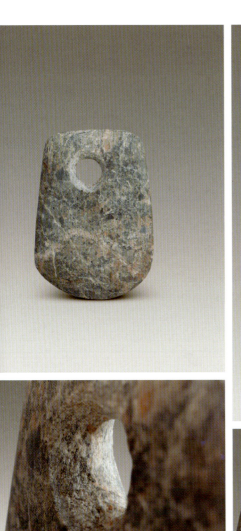

3-252　M6：7 石钺

3-253　M6：8 石钺

3-254　M6：9 陶双鼻壶

3-255　M6：11 陶翘流盉

3-256　M6：12 陶盆

3-257　M6：10 石钺

3-259　M6：14 陶盆

3-258　M6：13 陶双鼻壶

3-260　M6：16 玉管

3-261　M6：15 玉钺

3-262　M6：17 玉锥形器

3-263　M6：18 玉镯

3-264　M6：19 玉管

3-265　M6：21 玉管串

3-266　M6：22 玉隧孔珠

3-267　M6：23 玉冠状梳背

3-268　M6：24 长玉管

3-269　M6：25 红陶盆

3-270　M6：26 红陶罐

3-273　M6：29 陶鼎

3-271　M6：27 陶甗

3-274　M6：30 陶甗

3-275　M6：32 陶罐

3-272　M6：28 陶鼎

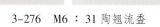

3-276　M6：31 陶翘流盉

3-277　M6：33 陶器盖

3-278　M6：34 玉坠饰

3-279　M6：35 玉管

3-280　M6：36 玉锥形器

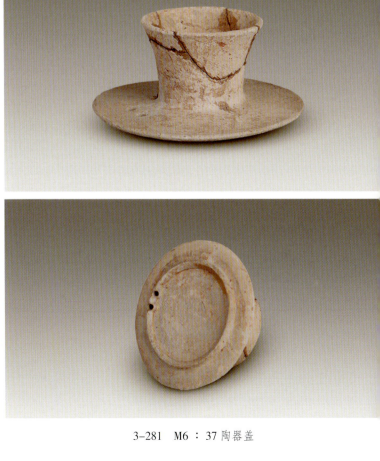

3-281　M6：37 陶器盖

3-282　M6：38 陶器盖　　　　　　　　　　3-283　M6：39 陶器盖

3-284　M6：40 石钺　　　　　　　　　　　3-285　M6：41 陶豆

3-286 M6：42 陶双鼻壶

3-287 M6：43 陶双鼻壶

3-288 M6：44 陶杯

3-290 M6：46 陶簋

3-289 M6：45 陶豆

3-291 M6：47 陶器盖

3-292　M7（北—南）

3-293　M7 脚端部位随葬器物出土情况（北—南）

3-294　M7：10 安秋石钺出土情况（东—西）

3-295　M7：1 陶盆

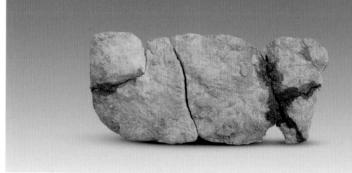

3-296　M7：2 石刀

3-297　M7：3 石钺

3-298　M7：4 石钺

3-299　M7：5 陶豆

3-300　M7：7 陶簋

3-301　M7：8 陶罐

3-302　M7：9 石锛

3-303　M7：10 石钺上的朱痕

3-304　M7：10 石钺

3-305　T7 的刮面和观察（注意探方西北角被错过的 M14）

3-306　M8 所在 T7 的刮面

3-307　M8 的清理

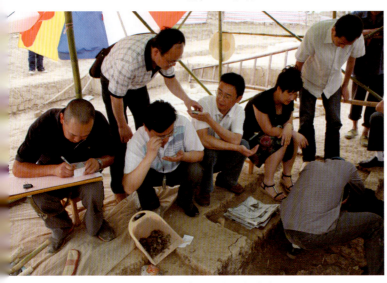

3-308　浙江省鉴定委员会现场考察 M8

3-309　M8：12 玉管珠串的测绘

3-310　M8 十字隔梁的留取（南—北）

3-312　M8 横剖面（北—南）

3-313　M8 脚端部位的彩绘痕迹（南—北）

3-311　M8（南—北）

3-314　M8 脚端部位彩绘细部（南—北）

3-315　M8 脚端部位彩绘的提取

3-316　M8 墓室中部随葬品的出土情况（北—南）

3-317　M8：1 玉璜

3-318　M8：2 玉镯

3-319　M8 ：3 石钺背面黏附的属于 M8 ：4 石钺的彩痕

3-321　M8 ：4 安柲石钺的柲痕

3-322　M8 ：4 石钺提取后的彩痕黏附

3-320　M8 ：3 石钺

3-323　M8 ：4 石钺背面的彩痕

未有彩绘痕，置于蚤内的深度。

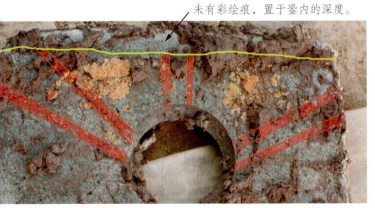

3-324　M8 ：4 石钺彩痕的认定

3-325　M8 ：4 石钺起取后的痕迹

3-326　M8：4 石钺

3-327　M8：5 石钺

3-328　M8：6 石钺

3-329　M8：7 玉钺

3-330　M8：8 玉镯

3-331　M8：9 系孔玉圆牌

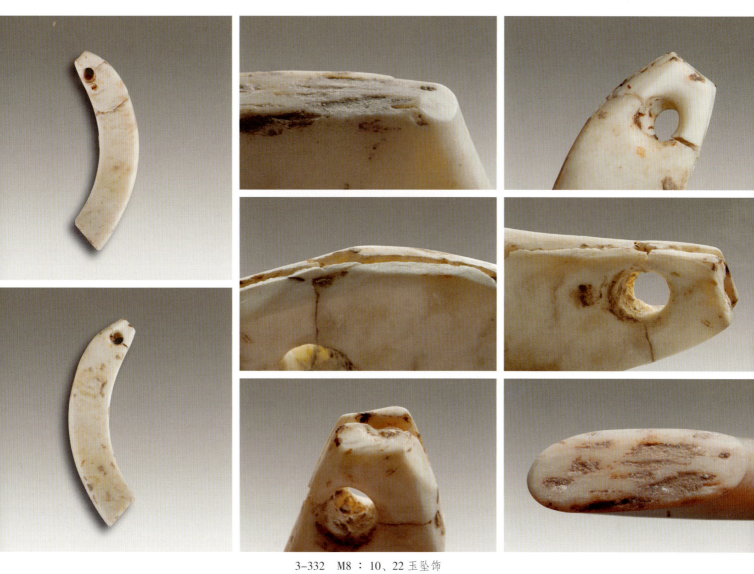

3-332　M8：10、22 玉坠饰

3-333　M8：11 玉坠饰　　　　　　　　3-334　M8：12 玉管珠串等出土情况（东—西）

3-335　M8：12 玉管珠串的下层出土情况

3-336　M8：12-119~124 玉管和珠间隔的串系

3-337　M8：12 玉管珠串

3-338　M8：12-4 玉管

3-342　M8：12-17 玉管

3-345　M8：12-27 玉管

3-339　M8：12-9 玉管

3-346　M8：12-34 玉管

3-340　M8：12-11 玉管

3-343　M8：12-21 玉管

3-347　M8：12-50 玉管

3-341　M8：12-28 玉管

3-344　M8：12-23 玉管

3-348　M8：12-51 玉管

3-349　M8：12-62 玉管　　　　3-350　M8：12-124 玉管　　　　3-351　M8：12-135 玉隧孔珠

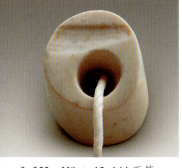

3-352　M8：12-144 玉管　　　　3-353　M8：12-145 玉管　　　　3-354　M8：12-146 玉管

3-355　M8：12-155 玉管　　　　　　　3-356　M8：12-156 玉隧孔珠

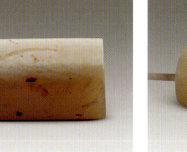

3-357　M8：12-158 玉管　　　　　　　3-358　M8：12-180 玉管

3-359　M8：12-163 玉管　　　　　　　3-360　M8：12-164 玉管

3-361 M8：13 陶豆

3-362 M8：14 陶盆

3-364 M8：16 陶双鼻壶

3-363 M8：15 陶豆盖

3-366 M8：18 陶罐碎片堆积剖面与凹弧底葬具

3-365 M8 脚端部位的随葬品（西—东）

3-367 M8：20 陶盆

3-368　M8：21 玉圆牌

3-369　M8：22 残断的玉坠饰

3-370　M8：23 玉管

3-371　M8：24~26 玉管

3-372　M8 脚端部位的漆绘图案

3-373　M8 东北部陶大口缸的出露　　　　　　　　3-374　M8 东北部陶大口缸的起取

3-375　T7②：683 陶大口缸

3-376　M9（北—南）

3-377　M9：1 陶贯耳壶

3-378　M9：2 陶双鼻壶

3-379　M9：3 陶宽把杯

3-380　M10 及墓坑东北的灰黑土堆积（东—西）

3-381　M10（西—东）

3-382　M10 墓主头骨细部（南—北）

3-383　M10 脚端随葬陶器（北—南）

3-386　M10：3 带盖陶罐的出土情况（北—南）

3-384　M10：1 陶豆

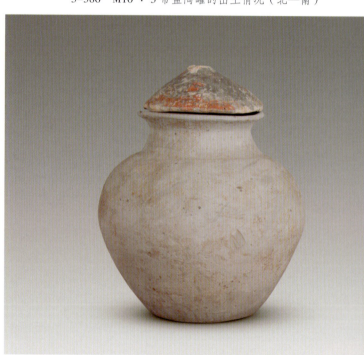

3-387　M10：3 陶罐

3-385　M10：2 陶鼎

3-388　M11（南—北）

3-390　M11：2 陶豆

3-389　M11：1 陶盘

3-391　M11：3 陶鼎

3-392　M11：4 陶盆

3-393　M11：7 陶纺轮

3-394　M11：5 陶罐

3-395　M11：6 陶杯

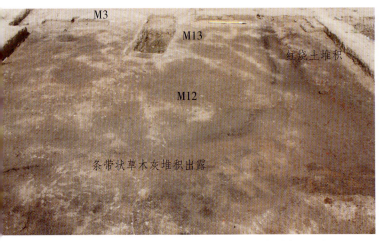

3-396　M12 所在 T4 中部表土层揭露后的迹象（东—西）

3-397　M12（西—东）

3-398　M12 墓主的牙齿

3-399　M12 纵剖面（东—西）

3-400　M12 纵剖面细部（东—西）

3-401　M12 头端随葬品出土情况（北—南）

3-402　M12 脚端随葬陶器出土情况（北—南）

3-403　M12：4 玉管珠串出土细部（南—北）

3-404　M12：1 陶盆

3-405　M12：2 陶双鼻壶

3-407　M12：6 陶罐

3-406　M12：5 陶甗

3-408　M12：7 陶簋

3-410　M12：4-1~24 玉管珠串

3-411　M12：4-25~48 玉管珠串

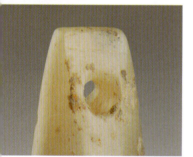

3-409　M12：3 玉锥形器

3-412　M12：4-49~53 玉管珠串

3-414　M12：4-29 玉管

3-413　M12：4-28 玉管

3-415　M12：8 玉隧孔珠

3-416　M13（北—南）

3-418　M13 位于股骨之间的朱痕

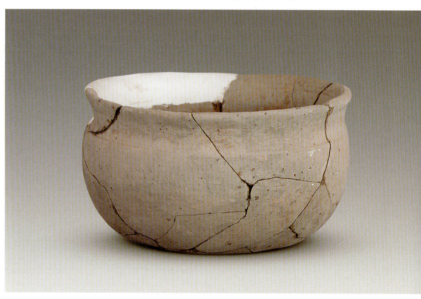

3-419　M13：1 陶盆

3-417　M13（南—北）

3-420　M13：2 陶双鼻壶

3-422　M13：5 石钺

3-421　M13：3 石钺

3-423　M13：6 石钺

3-424　M13：4 石钺

3-426　M13：11 玉管串出土情况（北—南）

3-427　M13：11-1~6 玉管

3-428　M13：12 石钺

3-425　M13：7 玉锥形器

3-429　M13：13-1~5 玉管

3-430　M13 脚端随葬器物出土情况（南—北）

3-432　M13：9 陶罐

3-431　M13：8 陶甗

3-433　M13：10 陶豆

3-434　M14 的开口（北—南）

3-436　M14（东—西）

3-437　M14 横剖面（北—南）

3-435　M14（北—南）

3-438　M14 横剖面局部：肢骨出土情况（北—南）

3-439　M14 横剖面（第 3 层堆积细部）

3-442　M14 墓主牙齿

3-440　M14 墓室东部独木棺下方的木质痕迹

3-443　M14 墓主头骨上方的朱痕局部

3-441　M14 墓坑南部的纵剖面（东—西）

3-444　M14 墓主头骨内的淤泥堆积

3-445　M14：1 陶双鼻壶

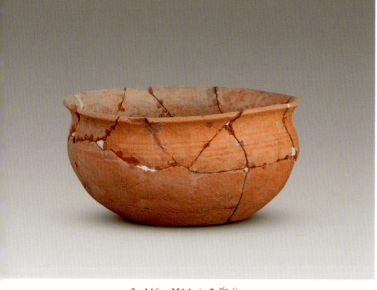

3-446　M14：2 陶盆

3-447　M14 玉隧孔珠出土细部（东—西）

3-448　M14：3 玉隧孔珠

3-449　M14：4 玉隧孔珠

3-450　M14：5 玉管

3-452　M14：7 玉管串出土情况（东—西）

3-453　M14：7-1~4 玉管

3-451　M14：6 玉管

3-454　M14：7-3 玉管孔

3-455　M14：7-4 玉管孔

3-456　M14 位于墓主胸腹部位的石钺（北—南）

3-457　M14：8 和 M14：9 石钺出土情况（东北—西南）

3-458　M14：8 石钺起取后背面孔上方的朱痕（北—南）

3-459　M14：10 石钺和 M14：12 玉钺出土情况（东—西）

3-460　M14：10 石钺起取后（东—西）

3-461　M14：10 石钺起取后的再清理（东—西）

3-462　M14：8 石钺

3-463　M14：9 石钺

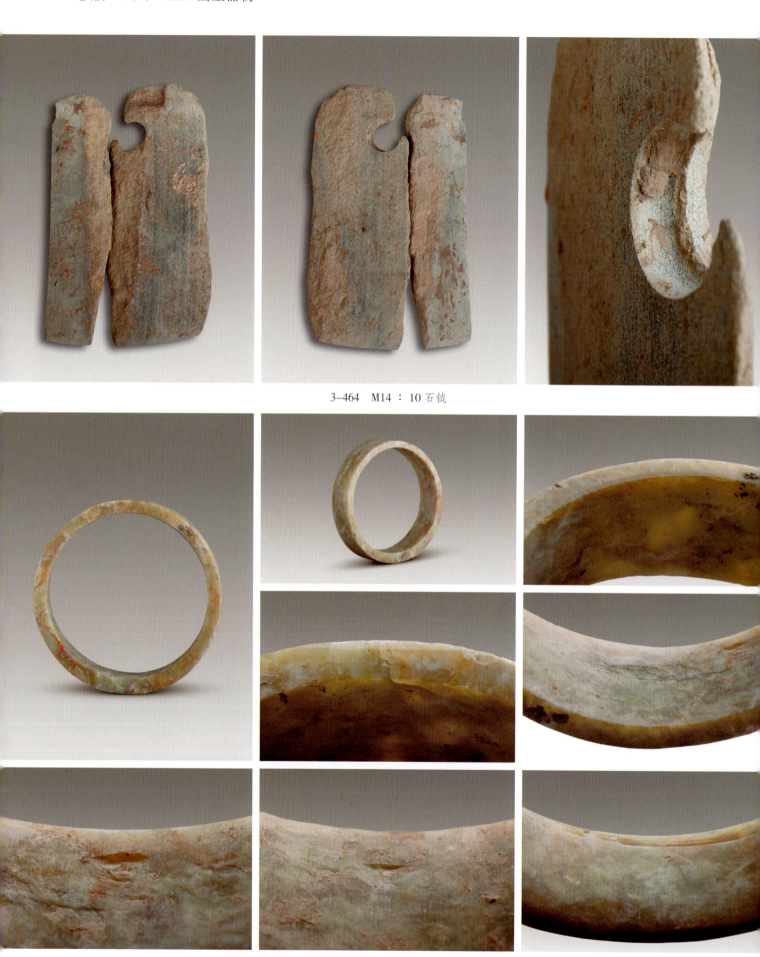

3-464　M14：10 石钺

3-465　M14：11 玉镯

3-466　M14：12 玉钺与象牙瑁和镦的配伍（西—东）　　　　3-467　M14：13 象牙镦刚出露时的情况

3-468　M14：12 玉钺

3-469　M14：13 象牙镦

3-470　M14：14 石钺出土情况（西—东）

3-471　M14：14 石钺起取后背面的捆系痕迹

3-472　M14：14 石钺安柲痕迹的判读

3-473　M14：14 石钺

3-474　M14：15 玉锥形器

3-475　M14：16 陶簋

3-476　M14：17 陶簋盖　　　　　　　　　3-477　M14：19 陶甋

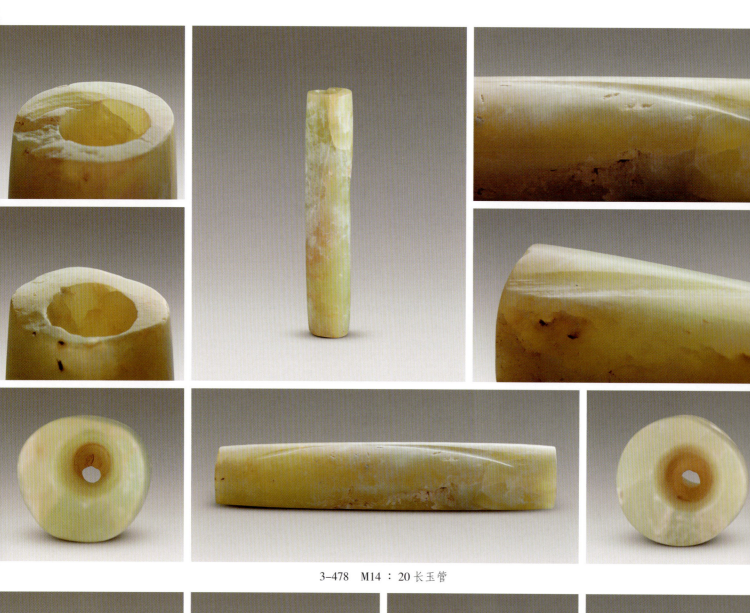

3-478　M14：20 长玉管

3-479　M14：21 玉坠饰

3-480　M14：22 玉管　　　　　　　　　　　3-481　M14：24 象牙瑁

3-482　M14：25-1 玉管

3-483　M14：25-2 玉管　　　　　　　　　　　　　3-484　M14：25-3 玉管

3-485　M14：25-4 玉管

3-486　M14：25-5 玉管

3-487　M14：25-6 玉管

3-488　M14：25-7 玉管

3-489　M14：25-8 玉管

3-490　M14：26 玉管串

3-496　M14 头端部位清理情况（南—北）

3-491　M14：26-1~8 玉管

3-492　M14：26-9~16 玉管

3-497　M14 墓主头骨下方的玉器（东—西）

3-493　M14：26-17~24 玉管

3-494　M14：26-25~27 玉管

3-495　M14：27 玉管

3-498　M14 墓主头骨起取后的出土遗物（东—西）

3-499　M15（北—南）

3-502　M15：3 陶罐

3-500　M15：1 陶鼎

3-501　M15：2 陶盘

3-503　M15：4 陶豆

3-504　M16（北—南）

3-505　M16 墓主的牙齿

3-506　M16 脚端陶器出土情况（东—西）

3-507　M16：1 陶壶

3-508　M16：2 陶豆

3-509　M16：3 陶豆

3-510　M16：4 陶鼎

3-512　M17 西南角的陶大口缸

3-513　M17 陶大口缸的发掘

3-514　M17 陶大口缸出土时的剖面

3-511　M17（北—南）

3-515　M17 陶大口缸现场用 502 胶水加固

3-516　M17 陶大口缸内的堆积

3-520　M17：3 带盖陶壶出土情况

3-517　M17：1 玉坠饰

3-518　M17：2 陶盆的侧倾（北—南）

3-521　M17：3 带盖陶壶起取后黏附的彩绘图案

3-519　M17：2 陶盆

3-522　M17：3 陶壶

3-523　M17：4 玉玦

3-524　M17：5 陶盘

3-525　M17：6 陶鼎出土情况（西—东））

3-526　M17：6 陶鼎

3-527　M17：7 陶大口缸

3-528　M18（北—南）

3-529　M18 墓主的牙齿

3-533　M19：1 陶罐

3-530　M18：1带盖陶盘出土情况（东—西）

3-531　M18：1 陶盘盖

3-532　M19（北—南）

3-534　M20 和 M21 的相对位置（东南—西北）

3-535　M20 横剖面（南—北）

3-536　M20 横剖面细部（北—南）

3-537　M20（北—南）

3-538　M20 东南角陶大口缸的出露（西—东）

3-539　M20 头端部位的随葬品（北—南）

3-540　M20：1 陶盆

3-541　M20：4 陶壶的起取和壶体的彩绘

3-542　M20：4 陶壶

3-543　M20 脚端部位的随葬品（西—东）

3-544　M20：5 陶豆盖

3-545　M20：2 玉坠饰

3-546　M20：3 玉坠饰

3-547　M20：6 玉纺轮

3-548　M20 陶大口缸出土时剖面（西—东）

陶大口缸底部的黄土铺垫

3-549　M20 埋设陶大口缸的小坑剖面（西—东）

3-550　M20 埋设陶大口缸的小坑剖面（北—南）

3-551　M20 ：8 陶大口缸内的填土

3-552　M20 ：8 陶大口缸

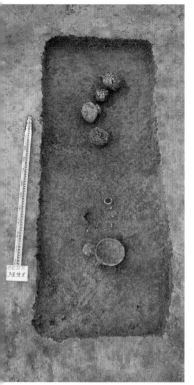

3-553　M21（南一北）

3-554　M21 脚端部位的随葬品
（南一北）

3-557　M21：2 陶盆

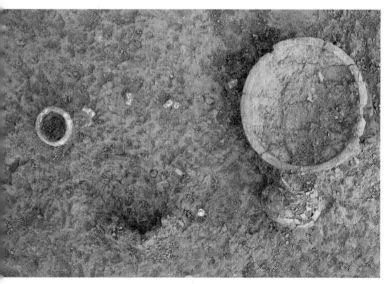

3-555　M21 头端部位的随葬品（西一乐）

3-558　M21：3 陶壶

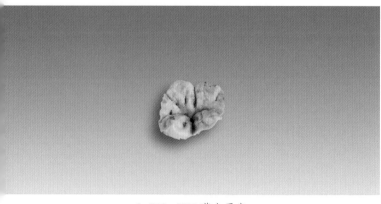

3-556　M21 墓主牙齿

3-559　M21：19 陶鬲

3-560　M21∶1 玉坠饰　　　　　　3-561　M21∶4 玉管　　　　　　3-562　M21∶5 玉管

3-563　M21∶6 玉管

3-564　M21∶7 玉管　　　　　　　　　3-565　M21∶8 玉隧孔珠

3-566　M21∶9 玉管　　　　　　3-567　M21∶10 玉管　　　　　　3-568　M21∶11 玉管

3-569　M21：12 玉镯形器　　　　3-570　M21：13 玉隧孔珠　　　3-571　M21：14、15 玉管

3-572　M22（东—西）

3-573　M22 随葬陶器细部（东—西）

3-574　M22：1 陶盆

3-575　M22：5 陶盘

3-576　M22：6 陶纺轮

3-577　M23 的一组陶双鼻壶（西—东）

3-578　M23：1 陶双鼻壶

3-580　M24（北—南）

3-579　M23：2 陶双鼻壶

3-581　M24：1 陶罐

3-582　位于红烧土遗迹（F1）西侧的 M25 和 M26（北—南）

3-583　M25（北—南）

3-584　M25 头端随葬品出土情况（西—东）

3-585　M25 脚端随葬品出土情况（西—东）

3-586　M25：1 玉坠饰

3-587　M25：2 陶双鼻壶

3-588　M25：3 陶盆

3-589　M25：4 覆置的陶盆

3-590　M25：4 陶盆

3-591　M25：5 陶豆

3-592　M25：6 陶罐

3-593　M25：7 陶壶

3-594　M26（西—东）

3-595　M26（南—北）

3-596　M26：3 玉管

3-597　M26：1 玉镯

3-600　M26：4 陶豆

3-601　M26：5 陶豆

3-598　M26：2 石钺

3-599　M26：4带盖陶豆的明显位移（北—南）

3-602　M26：6 陶甗

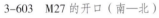

3-603　M27 的开口（南—北）

3-604　M27：1 红陶盆出土情况（东—西）

3-605　M27 的清理（南—北）

3-606　M27 墓坑南部的清理（西—东）

3-607　M27 横剖面上部（南—北）

3-608　M27 墓底横剖面（南—北）

3-609　M27 骨骸上方棕褐色的葬具残痕（南—北）

3-612　M27 墓主头骨提取后陶器出土情况（西—东）

3-613　M27 北部随葬品出土情况（西—东）

3-610　M27（南—北）

3-614　M27：1 红陶盆

3-611　M27 南部随葬品出土情况（西—东）

3-615　M27：2 陶盆

3-616　M27：3、4 陶双鼻壶（3号为盖，4号为壶体）

3-617　M27：5 玉隧孔珠

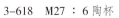
3-618　M27：6 陶杯

3-619　M27：7 陶器盖

3-620　M27：8 陶盘

3-621　M27：10 陶纺轮

3-622　M27：9 石刀

3-623　M27：13 石刀

3-624　M27：11 陶鼎

3-626　M27：01 砺石

3-625　M27：12 陶罐

3-627　M27：03 陶盘

3-628　M28（西—东）

3-629　M28：1 石刀

3-630　M28：5 陶双鼻壶

3-631 M29（南一北）

3-633 M29 脚端随葬陶器（西一东）

3-634 M29：1 陶盆

3-632 M29 陶鼎下的墓主下肢骨（西一东）

3-635 M29：2 陶甗

3-636　M29：3 陶罐

3-637　M29：4 陶双鼻壶

3-638　M29：5 陶簋

3-639　M30：2 玉坠饰

3-640　M31（北—南）

3-642　M31：3 陶纺轮

3-643　M31：4 陶塔形壶

3-641　M31：2 陶罐

3-644　M31：01 石铲

3-645　M32 和 M27（北—南）

3-647　M32（东—西）

3-646　M32（北—南）

3-648　M32 横剖面（北—南）

3-650　M32：2 陶双鼻壶

3-649　M32：1 陶双鼻壶

3-651　M32 脚端随葬陶器（西—东）

3-652　M32：3 陶三足盘

3-653　M32：4 陶双鼻壶

3-654　M32：5 陶鼎

3-655　M33 在 T18 东部的位置（南—北）

3-656　M33 的开口（南—北）

3-657　M33 的野外清理

3-658　M33 留取东西向剖面清理（北—南）

3-659　M33 清理中（西—东）

3-660　M33 清理完毕（东—西）

3-661　M33 东西向剖面的上部（南—北）

3-662　M33 东西向剖面的上部（北—南）

3-663　M33 东西向剖面清理中（北—南）

3-664　M33 东西向剖面的下部（北—南）

3-665　M33 东西向剖面的下部（南—北）

3-666　M33 南北向剖面（西南—东北）

3-667　M33 清理剖面时出土的完整陶壶（北—南）

3-668　M33 墓主盆骨部位的凹陷（西—东）

3-669　M33 墓穴南部（西—东）

3-670　M33 墓穴北部（西—东）

3-671　M33：6 玉玦出土情况（北—南）

3-672　M33：9 位于墓主耳郭部位的玉隧孔珠

3-673　M33：4 动物掌骨出土情况（北—南）

3-674　M33 骨容器中的石英子

3-676　M33：1 陶大口缸的剖面　　　　3-677　M33：1 陶大口缸下
　　　　　　　　　　　　　　　　　　　　　　的铺垫黄土

3-675　位于 M33 墓穴南部的大口缸（北—南）　　　3-678　M33：1 陶大口缸起取后底部的剖面

3-679　M33：1 陶大口缸

3-680　M33：2 带盖陶壶上的彩绘

3-681　M33：2 带盖陶壶现场起取后的鲜艳图

3-682　M33：2 陶壶

3-683　M33：3 骨容器中的石英子

3-684　M33：5 陶盆

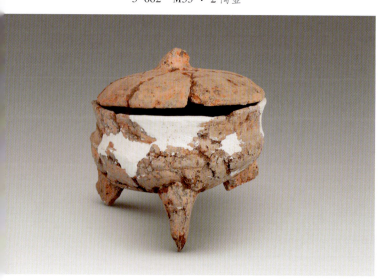

3-685　M33：7 陶鼎

3-686　M33：8 陶豆

3-687　M33：6 玉玦

3-688　M33：9 玉隧孔珠　　　　　　　　　　　　　　　3-689　M33：01 陶壶

3-690　M34（南—北）

3-692　M35 和 M33（北—南）

3-693　M35 的开口（北—南）

3-695　M35 的测绘

3-691　M34：1 陶双鼻壶

3-694　M35 的清理

3-696　M35 陶大口缸的出露

3-697　M35 南部的陶片堆积和陶片面（南—北）

3-698　M35 墓穴南部的陶片堆积（西—东）

3-699　M35 墓穴北部的草木灰堆积（北—南）

3-700　M35 墓穴南部陶片堆积的局部（南—北）

3-701　M35 墓穴陶片清理中（南—北）　　　　3-702　M35 墓穴陶片清理完毕（南—北）　　　　3-703　M35 陶片起取一层后（南—北）

3-704　M35 陶片起取一层后的细部（西—东）

3-705　M35 横剖面（北—南）

3-706　M35 横剖面（南—北）

3-707　M35 纵剖面局部（西—东）

3-708　M35 纵剖面局部细部（西—东）

3-709　M35（南—北）

3-710　M35 打解剖隔梁（北—南）

3-711　M35 脚端随葬陶器（北—南）

3-712　M35 彩绘陶豆出土情况（西—东）

3-713　M35 陶大口缸埋设的剖面

3-714　M35 陶大口缸起取后的底部

3-715　M35：1 玉隧孔珠

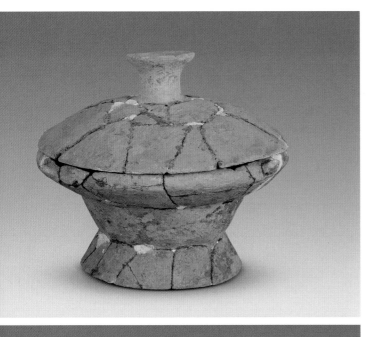

3-717　M35：3 陶鼎

3-716　M35：2 陶豆

3-718　M35：01 陶壶

3-719　M35：4 陶盆

3-720　M35：5 陶大口缸

3-723　M36 脚端陶器出土情况（西—东）

3-725　M36：4 陶罐

3-722　M36（北—南）

3-724　M36：2 陶双鼻壶

3-726　M36：3 陶鼎

3-727　M36：5 红陶盆

3-728 M37（北—南）

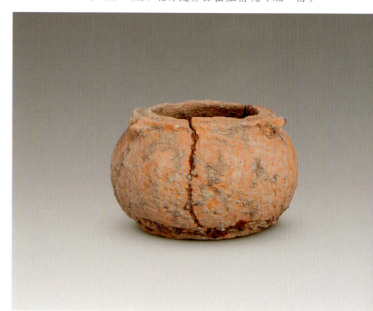

3-729 M37 北部随葬品出土情况（北—南）

3-730 M37：1 陶三系罐

3-731 M37：2 陶双鼻壶

3-732 M37：3 陶簋

3-733　M37：4 陶双鼻壶

3-734　M37：5 陶三系罐盖

3-736　M37：7 陶双鼻壶盖

3-735　M37：6 陶双鼻壶

3-737　M37：11 陶纺轮

3-738　M37：10 石刀

3-739　M38（南—北）

3-741　M38：1 陶盆

3-742　M38：2 陶杯

3-740　M38 北部随葬陶器出土情况（东—西）

3-743　M38：3 陶盘

3-744　M38：4 陶簋

3-745　M39（南—北）

3-746　M39 墓主头骨的移位（东—西）

3-747　M39 北部随葬品出土情况（东—西）

3-748　M39 石刀等器物出土情况（北—南）

3-749　M39：1 陶双鼻壶

3-750　M39：2 陶双鼻壶

3-751　M39：3 石钺

3-752　M39：4 陶器盖

3-753　M39：5 陶盘

3-754　M39：6 陶鼎

3-755　M39：7 陶双鼻壶

3-756　M39：8 石刀

3-758　M40 头端部位随葬品出土情况（东—西）

3-757　M40（南—北）

3-759　M40 脚端部位随葬品出土情况（东—西）

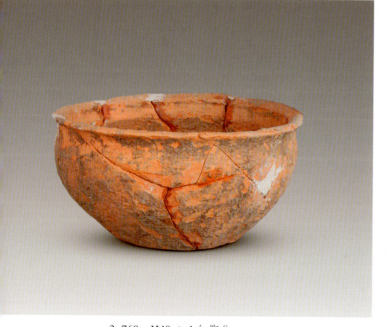

3-760　M40：1 红陶盆

3-761　M40：3 陶盆

3-762　M40：2 陶双鼻壶　　　　　3-763　M40：4 陶双鼻壶　　　　　3-764　M40：5 陶双鼻壶

3-765　M40：6 石钺

3-766　M40：7 陶罐

3-768　M40：10 石刀

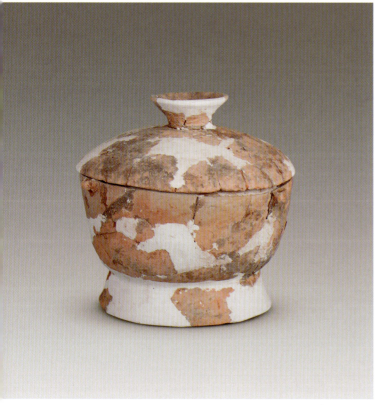

3-767　M40：8 陶簋

3-769　M40：11 玉锥形器

3-770 M41 的开口（北—南）

3-772 M41 头端部位随葬品出土情况（北—南）

3-773 M41 头端部位细部（俯视）

3-771 M41（北—南）

3-774 M41 脚端部位随葬品出土情况（西—东）

3-775　M41：1 陶壶

3-776　M41：2 陶盆

3-778　M41：4 陶豆

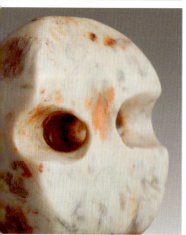

3-777　M41：3 玉璲孔珠

3-779　M42：1 陶盆

3-780　M43 的开口（西—东）

3-781　M43（西—东）

3-783　M43：5 陶甗

3-782　M43：2 陶双鼻壶

3-784　M43：7 玉锥形器

3-785　M43：8 石刀

3-787　M44（北一南）

3-789　M44：1 陶豆

3-788　M44 彩绘陶豆器盖碎片野外起取时

3-790　M44：2 陶盆

3-791　M44：3 陶杯

3-793　M45：1 陶壶

3-792　M45（北—南）

3-795　M46 陶鼎和陶豆出土情况（西—东）

3-794　M46（北—南）　　　　3-796　M46 彩绘陶杯的起取　　　　3-797　M46 带盖陶鼎出土情况（南—

3-798　M46：1 陶杯

3-799　M46：2 陶鼎盖

3-800　M46：3 陶豆

3-801　M47（北—南）

3-802　M47：1 陶壶

3-803　M50（南—北）

3-804　M47：3 陶鼎

3-805　M50：1 陶盆

3-806　M50：3 陶豆

3-807　M50：4 陶鼎

3-808　M51 北部随葬陶器出土情况（西—东）

3-809　M51：2 陶罐

3-810　M51：4 石纺轮

3-812　M52（西—东）

3-811　M51：5 陶盘

3-813　M52：4 陶双鼻壶

3-814　T1 ② : 599 陶豆

3-815　T1 ② : 577 陶盘

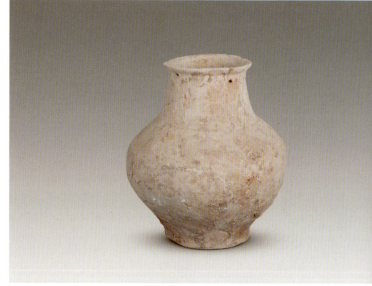

3-816　T1 ② : 578 陶壶

3-817　T1 ② : 575 陶壶

3-818　T1 ② : 579 陶壶

3-819　T1②：576 陶盆

3-820　T1②：675 陶盆

3-821　T1②：574 陶器盖

3-822　T1②：573 石钺

4-1　位于发掘区西南的中心土台Ⅰ（南—北）

土台Ⅰ第二阶段（早晚）

土台Ⅰ第一阶段

4-2　T18 西壁剖面上的土台Ⅰ第一、二阶段堆积

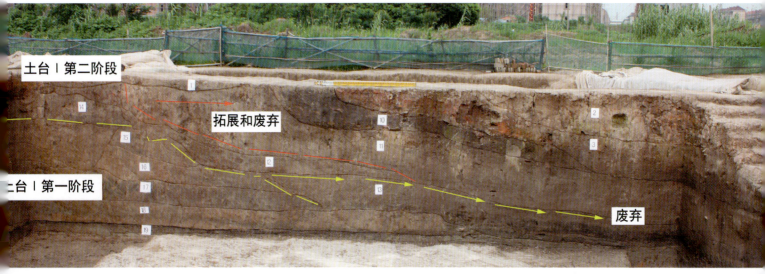

土台Ⅰ第二阶段

拓展和废弃

土台Ⅰ第一阶段

废弃

4-3　T17 西壁剖面上的土台Ⅰ第一、二阶段堆积（地层编号为野外原始地层编号）

4-4　T19东壁上土台Ⅰ的1号烧结面

4-5　T20东壁剖面上的3号和4号烧结面

4-6　土台Ⅰ的4号烧结面

4-7　土台Ⅰ的5号烧结面

4-8　土台Ⅰ的6号烧结面

4-9　在清理土台堆筑层时发现的上下叠压的
烧结面

4-11　陶片面清理之初的细部（南—北）

4-10　陶片面清理之初（南—北）

4-13　陶片面清理后（东—西）

4-14　陶片面局部

4-12　为了便于控制陶片面的开口层面，局部留取剖面进行清理发掘（西—东）

4-15　陶片面与F1（南—北）

4-16　石磡的出露（西—东）

4-17　石磡与土台（东南—西北）

4-18　石础的清理（西—东）

4-19　石础的解剖（东—西）

4-20　石础在南北向剖面中的局……
（东—西）

4-21　红烧土遗迹的出露（西—东）

4-22　红烧土遗迹的出露（东—西）

4-23　红烧土遗迹的初步揭露（南—北）

4-24　红烧土遗迹西北部（东—西）

4-25　红烧土遗迹西北部（东北—西南）

4-26　红烧土遗迹西北部（南—北）

4-27　红烧土遗迹所在 T17 剖面及土台（东—西）

4-28　红烧土遗迹所在 T18 北壁剖面局部（南—北）

4-29　红烧土遗迹所在 T18 西壁剖面局部（东—西）　　　　　4-30　红烧土遗迹所在 T20 东壁剖面局部（西—东）

4-31 红烧土遗迹西北部的剖面（东南—西北）

4-32 红烧土遗迹西北部堆积的剖面（东—西）

4-33 红烧土遗迹西部的清理（东—西）

4-34 红烧土遗迹西部堆积揭去后的烧灼面（西—东）

4-35 红烧土遗迹西部堆积揭去后的烧灼面（东—西）

4-36 红烧土遗迹西部堆积揭去后的烧灼面

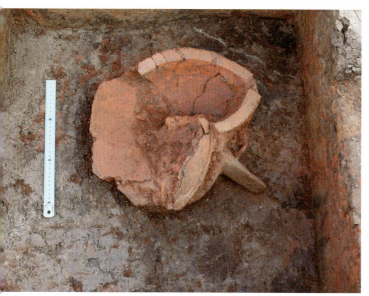

4-37　红烧土遗迹1号陶鼎清理后

4-38　红烧土遗迹堆积中的陶鼎等

4-39　红烧土遗迹堆积中的陶器

4-40　红烧土以及其中的陶盆和陶罐

4-41　红烧土遗迹中陶盆出露的剖面

4-42　红烧土遗迹中陶盆出露的俯视

4-43　红烧土遗迹中陶盆内清理后

4-44　F1：17 陶鼎足

4-45　F1：8 陶鼎足

4-46　F1：16 陶盖纽

4-47　F1：6 陶盆

4-48　F1：725 红烧土块

4-49　F1：726 红烧土块　　　　　　　　　　　　4-50　F1：727 红烧土块

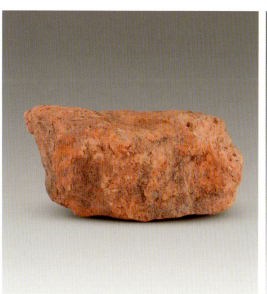

4-51　F1：728 红烧土块

4-52　F1：729 红烧土块

4-53　F1：730 红烧土块

4-54　F1：731 红烧土块

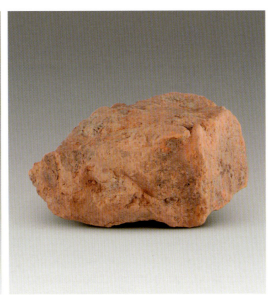

4-55　F1：732 红烧土块

4-56　F1：733 红烧土块

4-57　H3 和土台Ⅰ（北—南）

4-58　H3 和土台Ⅰ（西—东）

4-59　H3（东—西）

4-60　H3 遗物的出露（北—南）

4-62　H3 出土遗物局部（东—西）

4-63　H3 出土遗物局部（东—西）

4-61　H3 的清理（东—西）

4-64　H3 的测绘（北—南）

4-65　H3：1 陶瓮

4-66　H3：3 陶杯

4-67　H3：8 陶杯

4-68　H3：14 陶盘

4-69　H3：15 陶罐口沿

4-70　H3：23 陶瓮

4-71　H3：28 陶盆

4-72　H3：30 骨镞

4-73　T18⑤：613 陶鼎足

4-74　T18⑤：606 小陶杯

4-75　T18⑤：603 小陶盆

4-76　T20③：552 石锛

4-77　T17 所在土台Ⅰ草木灰的
　　　废弃堆积（东南—西北）

4-78　T17 所在土台Ⅰ草木灰的废弃
　　　堆积（北—南）

4-79　T19⑩：303 陶鼎足

4-80　T19⑩：309 陶鼎足

4-81　T19⑩：305 陶鼎足

4-82　T19⑩：307 陶鼎足

4-83　T19⑩：306 陶鼎足

4-84　T17④：163 陶鼎

4-85　T19③：329 陶凿形鼎足　　　　　　4-86　T17⑬：183 陶凿形鼎足

4-87　T17⑬：181 陶凿形鼎足　　　　　　4-88　T19④：283 陶鱼鳍形鼎足

4-89　T17⑬：180 陶鱼鳍形鼎足

4-90　T17③：102 陶鱼鳍形鼎足

4-91　T19③：332 陶鱼鳍形鼎足

4-92　T17⑬：182 陶凿形鼎足

4-93　T17④：173 陶豆盘

4-94　T17④：228 陶罐圆和弧边三角组合纹样

4-95　T19③：334 陶豆盘圈足上部

4-96　T19③：10 陶罐底片剖面

4-97　T17④：227 陶壶底刻符

4-98　T19⑤：594 陶杯

4-99　T17⑥：648 陶器盖

4-100　T19④：285 陶盖纽

4-101　T19④：286 陶盖纽

4-102　T19③：609 改制于陶杯底的纺轮

4-103　T17⑦：261 陶大口缸　　　　　　　　4-104　T19④：280 陶大口缸

4-105　T17④：159 陶大口缸

4-106　T19④：543 石钺

4-107　T17⑦：572 石纺轮

4-108　T17⑦：610 玉隧孔珠

4-109　土台Ⅱ北部的红烧土堆积（北—南）

4-110　土台Ⅱ的出露及草木灰堆积（T16）（东南—西北）

土台Ⅱ

M27

4-111　土台Ⅱ和其上竖置的陶大口缸（西南—东北）

4-112　土台Ⅱ上陶大口
剖面（南—北）

4-113　T13③：36 陶鼎隔档

4-114　T13⑤：348 陶鼎底片

4-115　T13⑤：342、343、344 陶鼎足

4-116　T21③：423 陶鼎足

4-117　T16⑨：528 陶鼎足

4-118　T13⑥：63 陶鼎足

4-119　T13⑤：338 陶鼎足

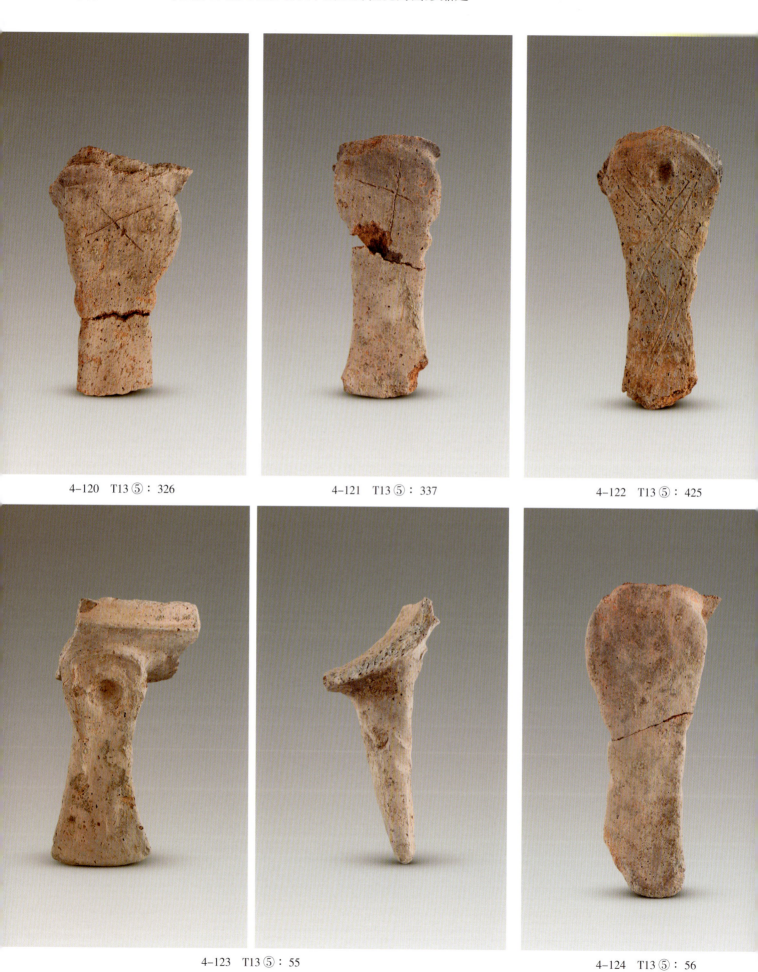

4-120　T13 ⑤：326　　　　　　4-121　T13 ⑤：337　　　　　　4-122　T13 ⑤：425

4-123　T13 ⑤：55　　　　　　　　　　　　　4-124　T13 ⑤：56

4-125　T13③：35

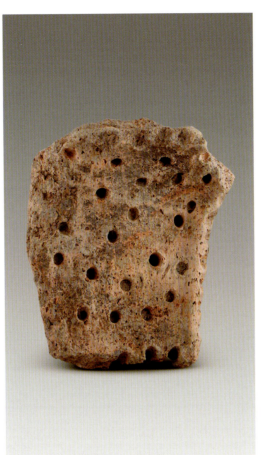

4-126　T13⑥：62

4-127　T13⑤：57

4-128　T16⑤：467

4-129　T13⑤：196

4-130　T16⑤：437

4-131　T13⑤：341 粗泥陶鱼鳍形鼎足

4-132　T13⑤：197 粗泥陶鱼鳍形鼎足

4-133　T13⑥：61 粗泥陶鱼鳍形鼎足

4-134　T13⑤：54 粗泥陶鱼鳍形鼎足

4-135　T13③：53 粗泥陶鱼鳍形鼎足

4-136　T16②：600 夹砂陶鼎

4-137　T17④：439 夹砂陶鱼鳍形鼎足

4-138　T13⑤：598 陶盘

4-139　T16⑨：532 陶豆圈足

4-140　T13③：580 陶盘

4-141　T23⑥：602 陶豆柄

4-142　T13⑤：345 陶豆盘圈足

4-143　T14④：116 陶圈足底部的刻划　　　　4-144　T13③：410 陶罐口沿

4-145　T16⑤：511 陶罐平底　　　　　　　　4-146　T13⑤：582 陶壶

4-147　T14④：595 陶杯

4-148　T16④：231 陶杯底部刻符

4-149　T14②：319 陶杯

4-150　T14④：590 陶杯

4-151　T13⑤：84 陶杯

4-152　T16⑤：294 陶杯

4-153　T17④：407 陶盆口沿

4-154　T13⑤：324 陶瓮口沿

4-155　T16⑤：301 陶瓮腹片

4-156　T16③：130 陶大口缸

4-157　T16⑤：293 陶大口缸

4-158　T13③：611 陶盖纽

4-159　T13⑤：198 陶盖纽

4-160　T13④：612 陶盖纽

4-161　T13⑤：243 陶器盖

4-162　T23⑥：608 陶器盖

4-163　T14②：430 陶支座

4-164　T14②：548 石锛

4-166　T17④：402 双肩石器初坯

4-165　T17④：402 双肩石器初坯

4-167　T13③：217 石英块

4-168　T13③：154

4-169　T13⑤：239

4-170　T13⑤：83

4-171　标本 705　　　　　　　　　　　　　　4-172　标本 706

4-173　标本 707　　　　　　　　　　　　　　　4-174　标本 708

4-175　标本 709

4-176　标本 710

4-177　标本 711

4-178　标本 712

4-179　标本 714

4-180　标本 713

4-181　标本 715

4-182　H2 的开口（西—东）

4-183　H2 清理后（北—南）

4-184　H2：4 陶鼎足

4-185　H2：5 陶鼎足

4-186　H2：6 陶鼎足

4-187　H2：7 陶鼎足

4-188　T17北壁东部上的H4（南—北）

4-189　H4：2陶大口缸

4-191　H4：4陶大口缸

4-190　H4：3陶壶

4-192　H4：5陶罐

4-193　H5 的开口（西—东）

4-194　H5 清理后（北—南）

4-195　H11（东—西）

4-196　H11：1盘格红烧土　　　　　　　　　　4-197　H11：2红烧土块

4-200　H11：5 红烧土块

4-198　H11：3 红烧土块

4-199　H11：4 红烧土块

4-201　H11：6 红烧土块

4-202　H11：7 红烧土块

4-203　H11：8 红烧土块

4-204　H11：8 红烧土块上黏附的过烧陶片

4-205　T1③：21 陶凿形鼎足

4-206　T1③：601 陶盘　　　　　　　　　　　　4-207　T5②：659 陶壶

4-208　T1②：581 带盖陶杯　　　　　　4-209　T4③：658 陶杯　　　　　　4-210　T1②：584 陶杯

4-211　T2③：586 陶杯

4-214　T6③：592 陶杯

4-212　T4②：591 陶杯

4-215　T6③：593 陶杯

4-213　T21④：597 陶杯

4-216　T1③：106 陶盖纽

4-217　T6④：359 陶盆

4-218　T5②：550 石锛

4-219　T1②：547 双孔石刀

4-220　T13②：538 石镰（？）残件

4-222　T13②：518 陶壶底的刻符

4-223　T13②：474 陶杯

4-221　T2②：561 石镞

4-224　T13②：212 陶杯底的刻符

4-225　T13②：522 陶盖纽

4-226　T13G1：716

4-227　T13G1：717

4-228　T13G1：718

4-229　T13G1：719

4-230　T13G1：720

4-231　T13G1：721

4-232 T13G1 ： 722

4-233 T13G1 ： 723

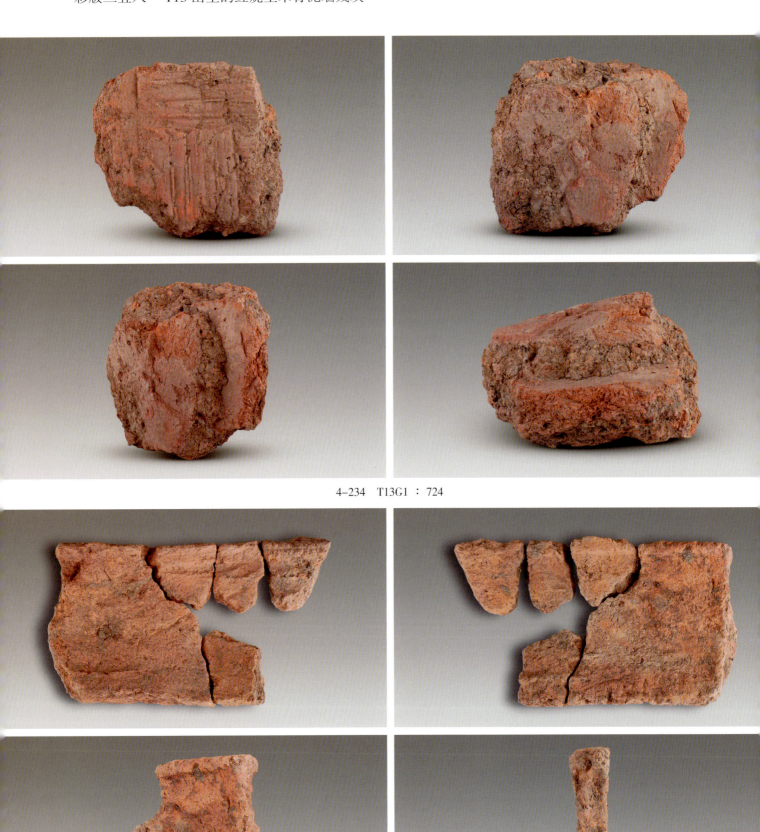

4-234　T13G1：724

4-235　T13G1：734

4-236　T13G1：735

4-237　T13G1：736

4-238　T13G1：737

4-239　T13G1：738

4-240　T13G1∶739　　　　　　　　　　　　　4-241　T13G1∶740

4-242　T23③：682 陶盘

4-243　T22③：401 陶大口缸

5-1　H1 的开口（南—北）

5-2　H1 的清理（北—南）

5-4　H1：1 石镞

5-3　H1 上部情况和红烧土遗迹的下沉（南—北）

5-5　H1：4 硬陶纺轮

5-9　H1：8 硬陶罐

5-6　H1：2 硬陶罐

5-7　H1：3 硬陶罐

5-10　H1：9 刻符硬陶片

5-8　H1：5~7 残片

5-11　H1：10 软陶罐残片

5-12　H7 的开口（北—南）

5-13　H7 清理后（南—北）

5-14　H7：1 软陶盆

5-15　H7：2 硬陶罐口沿

5-16　H7：3 硬陶罐腹片

5-17　H7：4 软陶罐腹片

5-18　H7：5 软陶罐腹片

5-19　H9 所在的位置（北—南）

5-22　H9：1 陶鼎足

5-20　H9 的开口（北—南）

5-23　H9：2 软陶罐口沿

5-21　H9 清理后（西—东）

5-24　H9：5 硬陶罐口沿

5-25　H9：9 软陶盆口沿

5-26　H9：10 硬陶罐口沿

5-27　H9：11 陶鼎足

5-29　H9：16 原始瓷罐口沿

5-28　H9：14 软陶罐

5-30　H9：17 软陶罐（釜？）

5-31　H9：18 石钺

5-32　H9：3 叶脉纹陶片

5-33　H9：4 方格纹陶片

5-34　H9：6 叶脉纹陶片

5-35　H9：7 条格纹陶片

5-36　H9：8 条纹陶片

5-37　H9：12 小方格纹陶片

5-38　H9：13 方格纹陶片

5-39　H9：15 席纹陶片

5-40　H10 清理后（北—南）　　　　　　　　　　5-41　H12 的开口（南—北）

5-42　H12：1 回字纹陶片　　5-43　H12：2 回字纹和曲折纹陶片　　5-44　H12：3 席纹陶片　　5-45　H12：4 回字纹陶片

5-46　H12：5 软陶罐口沿　　　　　5-47　H12：6 陶鼎足　　　　　5-48　H12：7 陶鼎（釜？）口沿

5-49　H13 的开口（南—北）

5-50　H13 底部的陶壶（西—东）

5-51　H13 清理后（南—北）

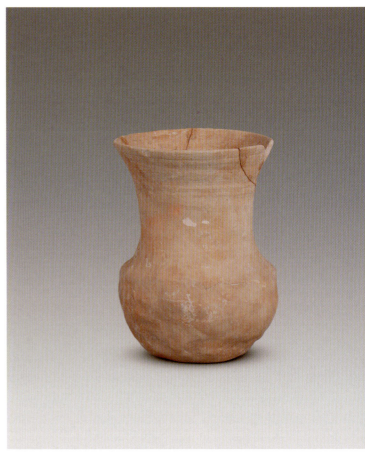

5-52　H13：1 陶壶

5-53　H13：2 石斧

5-54 T22②：620 陶鼎（甗）足

5-55 T22②：247 陶鼎（甗）足

5-56 T3②：633 陶鼎（甗）足

5-57 T22②：249 陶豆柄

5-58 T22②：621 硬陶罐口沿

5-59 T2②：627 硬陶罐口沿

5-60 T3②：632 硬陶罐口沿

5-61　T2②：625 硬陶罐残片

5-62　T22②：624 硬陶罐残片

5-63　T2②：628 硬陶罐残片

5-64　T2②：629 硬陶罐残片

5-65　T2②：630 硬陶罐残片

5-66　T2②：631 硬陶罐残片

5-67　T22②：622 陶釜（？）残片

5-68　T25②：583 陶鸭形壶

5-69　T2②：626 石钺

5-70　HX 采：636 陶鼎足

5-71　HX 采：635 陶鼎足

5-72　HX 采：634 陶鼎足

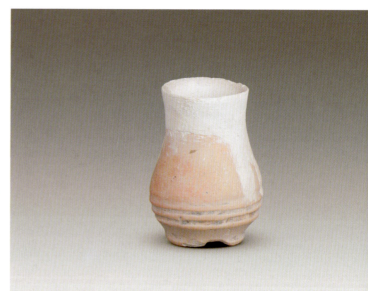

5-73　T4①：587 陶杯

5-74　T2①：556 石斧

5-75　T2①：544 石镰（刀）

5-77　HX采：637 石刀（？）

5-76　T2①：553 石镰（刀）

5-78　HX采：638 石刀（？）

5-79　T2①：565 石镞

5-80　T2①：566 石镞坯

5-81　HX 采：568 石英环玦

5-82　HX 采：569 石钺钻芯

5-83　HX 采：567 石网坠

5-84　HX 采：747 铜镜

6-1　小兜里东区发掘场景（西—东）

6-2　TN2E5 北壁

F3 与土台之间的生活堆积　　　土台 2

6–3　TN2E6 北壁

6–4　TG1 东壁

TT2 Ⅲ　　　　马桥文化堆积

TT2 Ⅱ

TT2　　　　烧土沟

6–5　TN2E6 东壁

6-6　M48（南—北）

6-7　M48：1 陶杯

6-8　M49（西—东）

6-9　M49：1 陶鼎

6-10　M53（西—东）

6-11　M53：2 陶豆出土情况（北—南）

6-12　M53：1 石钺

6-13　M53：1 石钺刃部

6-14　M53：2 陶豆

6-15　M53：3 陶鼎

6-16　M53：4 陶壶

6-17　M53：5 玉隧孔珠

6-18　M54（北—南）

6-19　M54：2 玉璜

6-20　M54：6 石纺轮

6-21　H16（东北—西南）

6-22　H17（东—西）

6-23　H17：1 陶盆

6-24　H20（南—北）

6-25　H23（北—南）

6-26　H23：1 陶鼎

6-27　H43（南—北）

6-29　H46：3 陶器盖

6-31　H48（南—北）

6-28　H46（西—东）

6-30　H47（东—西）

6-32　H49（东—西）

6-33　H49：1 陶盘

6-34　H51（南—北）

6-35　H52（东—西）

6-36　H53（北—南）

6-37　H53：1 陶盘

6-38　H54（北—南）

6-41　H57（东—西）

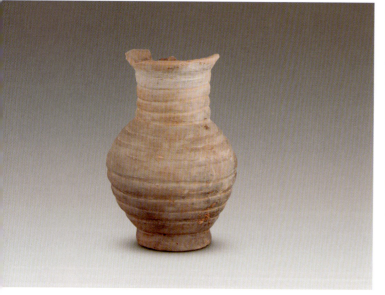

6-39　H54：1 陶壶

6-42　H57：1 陶盘

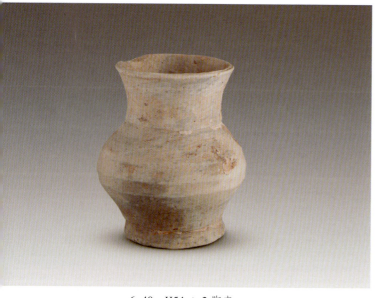

6-40　H54：2 陶壶

6-43　F2（南—北）

6-44　F2西侧陶片堆（西—东）

6-45　F3北部平面（北—南）

6-46　F3北部解剖沟2东壁剖面

6-47　F3南部柱洞（南—北）

6-48　G1、G2（TN2E5）清理前（西—东）

6-49　G1、G2（TN2E6）清理后（东—西）

6-50　G1内的石块与陶片（南—北）

6-51　TN1E4⑥：1 陶豆

6-52　TG4⑧：13 陶拍

6-53　TT3：15 石镰

6-54　TN2E6⑦：1 石镰

6-55　TN1E5⑥：3 石刀

6-56　G3：1 石镞

6-57　H15（东一西）

6-58　H22（西一东）

6-59　H22：1陶器盖

6-60　H29（北一南）

6-61　H24（北一南）

6-62　TN1E7①：3 石镰

6-63　TN1E8③A：1 石镰

6-64　TN1E7③A：5 石镰

6-65　TN1E5③A：2 石刀

6-66　TN1E5①：1 石刀

6-69　H27：1 石锛段部微痕

6-67　H37：2 石锛

6-68　H27：1 石锛

6-70　TG③A：5 石锛

6-71　TN2E7③A：9 石锛

6-72　TN2E7③B：10 石锛

6-73　TN1E7③B：1 石斧　　　　　6-74　TN1E7③A：7 石铲　　　　　6-75　H30：4 石犁

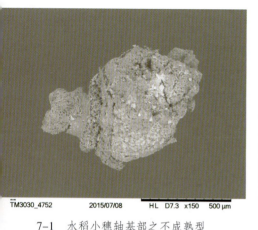

7-1　水稻小穗轴基部之不成熟型

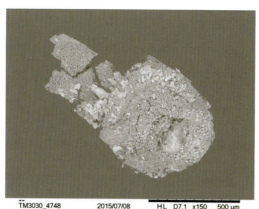

7-2　水稻小穗轴基部之驯化 A 典型

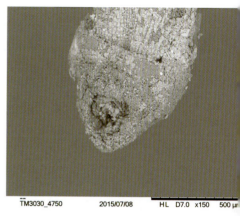

7-3　水稻小穗轴基部之驯化 A 典型

7-4　水稻小穗轴基部之驯化 B 凸出型

7-5　水稻小穗轴基部之驯化 B 凸出型

7-6　水稻小穗轴基部之驯化 C 小台面

7-7　水稻小穗轴基部之驯化 C 小台面

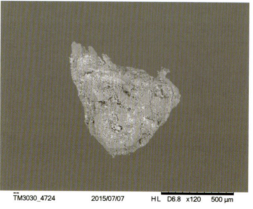

7-8　水稻小穗轴基部之野生型

7-9　水稻小穗轴基部之野生型

7-10　T14⑤稻米 Oryza sativa

7-11　T18⑩c 稻胚 rice embryo

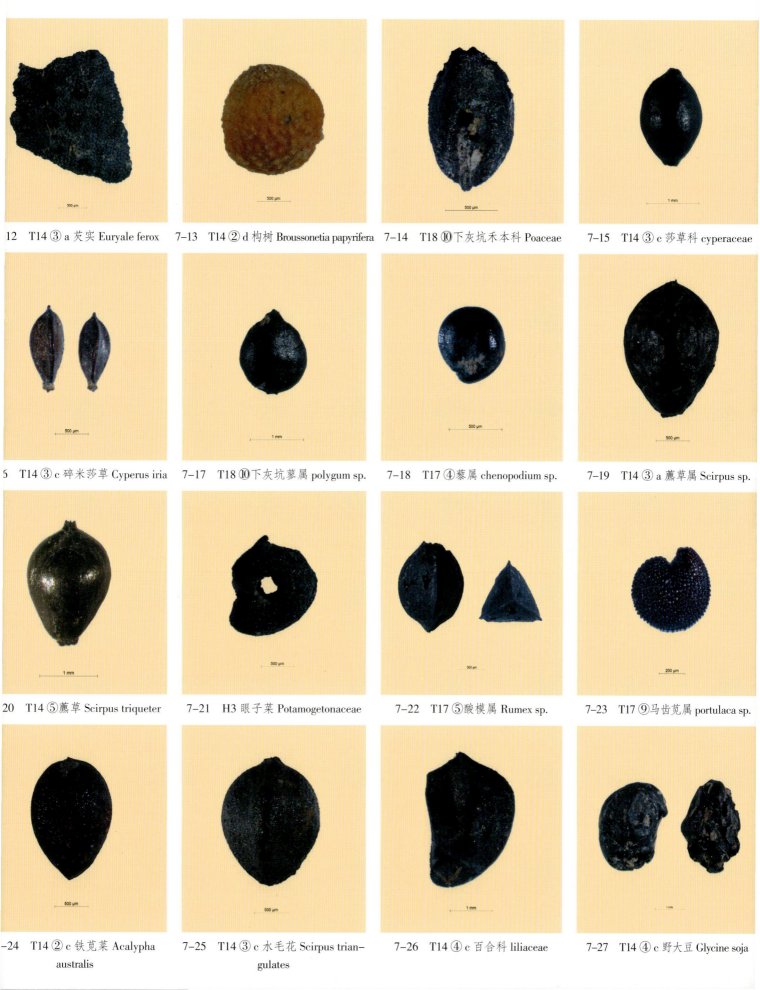

12 T14③a 芡实 Euryale ferox　　7-13 T14②d 构树 Broussonetia papyrifera　　7-14 T18⑩下灰坑禾本科 Poaceae　　7-15 T14③c 莎草科 cyperaceae

5 T14③c 碎米莎草 Cyperus iria　　7-17 T18⑩下灰坑蓼属 polygum sp.　　7-18 T17④藜属 chenopodium sp.　　7-19 T14③a 藨草属 Scirpus sp.

20 T14⑤藨草 Scirpus triqueter　　7-21 H3 眼子菜 Potamogetonaceae　　7-22 T17⑤酸模属 Rumex sp.　　7-23 T17⑨马齿苋属 portulaca sp.

-24 T14②c 铁苋菜 Acalypha australis　　7-25 T14③c 水毛花 Scirpus triangulates　　7-26 T14④c 百合科 liliaceae　　7-27 T14④c 野大豆 Glycine soja